빛의 혁명 183
: 12·3 내란의 어둠을 뚫고 물민광장을 밝힌 제헌활력
183 Days of the Luminous Revolution
: The Constituent Power that Broke Through the Darkness
of the December 3rd Rebellion and Lit up the MULMIN-Square

지은이	조정환	ISBN	978-89-6195-389-4 03300
펴낸이	조정환	도서분류	1. 정치철학 2. 정치비평 3. 사회비평 4. 사회운동 5. 역사 6. 문학 7. 혁명사 8. 빛의 혁명
책임운영	신은주		
편집	김정연		
디자인	조문영	카테고리	아우또노미아총서 87 Potentia
홍보	김하은		
프리뷰	김미정 · 박서연 · 손보미 윤인로 · 이미정 · 이수영 전성욱 · 정현주 · 추유선	값	29,000원
		펴낸곳	도서출판 갈무리 1994. 3. 3. 등록 제17-0161호 서울 마포구 동교로18길 9-13 2층 T. 02-325-1485 F. 070-4275-0674 www.galmuri.co.kr galmuri94@gmail.com
종이	타라유통		
인쇄 · 제본	영신사		
라미네이팅	금성산업		ⓒ 조정환
초판 인쇄	2025년 7월 7일		
초판 발행	2025년 7월 17일		

일러두기

1. 특별한 사유가 없는 한 존칭을 생략했으며
   필요한 경우 이름 앞에 직함을 넣었다.

2. 용어는 글쓰기 과정 속에서 이루어진
   개념적 더듬기를 드러내기 위해
   꼭 필요한 경우가 아니라면 글을 쓸
   당시의 것으로 보존했다.

3. 정치철학적 현장비평에세이 성격의 글에서
   시간이 중요한 의미를 갖기 때문에
   작성 일시를 넣었다.

4. 단행본, 전집, 정기간행물, 보고서에는
   겹낫표(『』)를, 논문, 논설, 기고문, 기사에는
   홑낫표(「」)를, 텔레비전 프로그램, 유튜브
   계정, 단체명, 웹사이트, 영상, 노래에는
   가랑이표(< >)를 사용하였다.

5. 본문에 사용된 이미지는 모두 저자가
   현장에서 촬영한 것이다.

차례

7	**책머리에** 촛불 이후, 빛의 시간
15	**1장** 탄핵이 다가왔다
	— 12·3 이전의 혁명적 고양 (2024. 10. 6 ~ 2024. 12. 2)
57	**2장** 내란을 혁명으로
	— 빛의 시민의 등장과 탄핵광장 (2024. 12. 3 ~ 2024. 12. 14)
105	**3장** 내란을 체포하라
	— 남태령을 넘어 한남동 키세스로 (2024. 12. 15 ~ 2025. 1. 15)
183	**4장** 아무 일도 없지 않았다
	— 헌법 속에서의 제헌활력 (2025. 1. 16 ~ 2025. 2. 25)
277	**5장** 8 대 0은 예정되어 있지 않았다
	— 법치주의 심리와 내란세력의 역습 (2025. 2. 26 ~ 2025. 3. 8)
297	**6장** 국민이 헌법이다
	— 파면광장의 한과 꿈 (2025. 3. 9 ~ 2025. 4. 4)
401	**7장** 대의민주주의라는 난감한 실험실
	— 정권 교체와 그 너머 (2025. 4. 5 ~ 2025. 5. 8)
481	**8장** 오래 지연된 과제
	— 물민다중의 섭정민주주의와 사회대개혁 (2025. 5. 9 ~ 2025. 6. 3)
551	**9장** 문제는 삶이다 (2025. 6. 4 ~ 2025. 6. 9)
577	**맺음말** 혁명 이후를 사유하기
589	**부록** 파시즘이 도래했다 (해리 클리버 글, 조정환 옮김)

우리가 민주주의의 마지막 방어선이다.

어느 시민의 깃발

2025년 4월 2일 수요일 오전 6시 58분 서울 안국동 로터리 횡단보도

:: 책머리에

촛불 이후, 빛의 시간

2002년 월드컵 응원전에 레즈(붉은악마)가 등장하고 미선·효순의 죽음을 애도하는 촛불시위가 시작된 이후 나는 광우병 소고기 수입을 계기로 폭발한 2008년의 반이명박 촛불시위, 세월호 진실 규명을 촉구하는 2014년 촛불시위, 그로부터 발전한 2016~2017년 박근혜 탄핵 촛불봉기 등에 참여하여 다중 주체성의 움직임의 양상과 특이성을 기록하고 분석해 왔다. 『제국의 석양, 촛불의 시간』(2002)[1], 『미네르바의 촛불』(2009)[2], 『절대민주주의』(2017)[3]는 각 시기별 촛불집회에 대한 현장 참여관찰의 기록이자 주체성의 새로운 구성에 대한 분석이다. 2020년 초에 동시 출간한 『증언혐오』와 『까판의 문법』도 본질적으로는 유사한 작업이다.[4] 박근혜 탄핵 촛불봉기 이후 그것의 2차 파도로 일어난 미투와 페미니즘 투쟁에 대한 참여적 기록이자 분석이기 때문이다.

'참여관찰'이라고 썼지만 나는 내가 왜 2~30년에 걸쳐 지속적으로 이러한 글쓰기로 이끌려 왔는지 정확히 알지 못한다. 분명한 것은 그때그때의 역사적 사건들이 나의 사색과 글쓰기를 강제로 추동한다는 것이다. 나는 오래전인 1989년에 보고문학 글쓰기를 제안한 바가 있다.[5]

---

1. 조정환, 『제국의 석양, 촛불의 시간』, 갈무리, 2002.
2. 조정환, 『미네르바의 촛불』, 갈무리, 2009.
3. 조정환, 『절대민주주의 : 신자유주의 이후의 생명과 혁명』, 갈무리, 2017.
4. 조정환, 『증언혐오 : 탈진실 시대에 공통진실 찾기』, 갈무리, 2020. 그리고 조정환, 『까판의 문법 : 살아남은 증언자를 매장하는 탈진실의 권력 기술』, 갈무리 2020.
5. 조정환, 「문학가의 전선이탈과 창작의 침체를 돌파하는 노동자계급의 문예운동전술 —

글쓰기를 노동자 투쟁 현장과 연결시키자는 제안이었다. 돌아보면 나의 최근의 글쓰기도 현장적 글쓰기를 실천하는 한 방식으로서 일종의 보고문학이자 역사적 증언의 문학적 실천이 아닐까라고도 생각해 본다.6

이러한 글쓰기 실천의 역사에서 2024년 빛의 혁명에 대한 현장 참여는 내게 각별한 의미를 갖는다. 12·3 내란 전인 9월 말부터 〈민주사회를위한지식인종교인네트워크〉 회원들과 함께 촛불집회에 참여하고 있었고, 내란의 그 밤에 〈다중지성의정원〉 동료들과 함께 국회의사당 앞 반독재 계엄철폐 시위에 합류할 수 있었기 때문이다. 이후 파면까지 123일 동안, 2008년에 그랬듯이, 중요 집회에 거의 빠짐없이 참석했다. 그로부터 2개월간에 걸친 조기 대선 기간에는 후보 전술(권영국 지지)로 참여관찰하면서 선거 상황을 기록하고 쟁점과 문제를 분석하고 나름대로의 개인적 생각을 제시했다. 그래서 이 책은 빛의 혁명 6개월을 중심으로 짧은 전사와 후사를 갖는 일관된 체제를 갖는다.

책으로 묶어 내기 위해 12·3 이전에 내가 쓴 글들을 읽던 중 나 자신도 놀란 것은 대통령 윤석열이 계엄을 선포하거나 전쟁을 일으킬 것이라는 불안한 예감이 곳곳에 숨어 있고 파시즘이 도래할 수 있다는 우려까지 표명되어 있는 것이었다.7 이 불안과 우려는 탄핵이 다가왔다는 혁명적 실감과 공존하는 것이었다. 내가 보낸 2024년 하반기는 이렇게 혁명과 반혁명이 교차하는 이중적 시공간이었다. 12·3 내란은 이 착종의 상황에서 반혁명이 선제적 결단 행동에 나선 것에 지나지 않았다.

혹자는 빛의 혁명을 수사적 표현으로 보지만 나의 경험에 비춰 보면 그것은 단순한 수사적 표현 이상이다. 그것은 사람들의 실재하는 분

'보고문학창작단' 조직을 제안한다」, 월간 『노동해방문학』 7, 노동문학사, 1989.11.
6. 출간 직전에, 이러한 글쓰기가 자문화기술지(autoethnography)적 글쓰기의 (무의식적) 실험 형태라고 일러준 것은 원고를 프리뷰한 문학평론가 김미정이다.
7. 2024년 11월 8일에 번역한 해리 클리버의 「파시즘이 도래했다」는 부록으로 실었다.

노, 외침, 실망, 좌절, 탄식, 재기의 노력, 환호, 환희, 연대, 돌봄의 정동적 순간들로 실재할 뿐만 아니라 윤석열 정권의 예외주의 파시즘 기획을 무너뜨린 강력한 삶정치의 에너지로 실재한다. 혁명이 정치권력의 교체라는 생각은 일면적일 뿐만 아니라 낡았다. 혁명은 자신의 운명을 바꾸려는 인간·비인간 다중의 끈질긴 몸부림이고 운동이다. 권력이 강력하게 버티고 있을 때에도 혁명은 두더지처럼 그 구조물 아래를 파고들어가 권력이 딛고 선 자리를 비게 만든다. 빛의 혁명은 그런 방식으로 윤석열 정권을 텅 빈 기표로 만들어온 힘이며 그 정권의 반혁명 폭력을 좌초시키고 결국 파면으로 이끈 힘이었다. 나는 〈사회대전환대선연대회의〉 대선후보 선출과 운동에 부분적으로 참여했는데 이것은 대의주의 시공간에서 빛의 혁명이 어떻게 움직이는지를 좀 더 체감적으로 살피기 위해 선택한 방법이기도 했다.

이 책에 실린 글들을 쓰면서 나는 2008년, 2017년에 이어 헌법이 무엇인지를 다시 생각하게 되었다. 이 과정에서 2017년에 착상했던 (직접민주주의를 바탕으로 한 대의민주주의에 대한 섭정이라는) 섭정민주주의적 구상을 좀 더 명확하게 가다듬을 수 있었다. 섭정민주주의는 다중이 권력을 장악하지 않고 권력으로부터의 활력적 독립성과 자율성을 가지면서 자신의 힘의 소외태인 권력이 자신의 삶의 필요에 맞게 행사되도록 지휘하고 통제한다는 생각을 표현한다. 우리 헌법은 제1조에서 국민을 주권자로 호명하면서도 그것을 권력의 원천으로만 규정하고 있다. 이 때문에 국민다중은 자신의 주권을 대표자에게 위임함으로써 주권을 대리적으로 행사하는 길을 선택할 수밖에 없다. 직접민주주의는 대의민주주의의 정치적 디딤돌로만 규정되며 섭정의 구상은 억압되어 있다.

대의제의 이러한 위임 구조와 그것의 실상에 대한 실망 때문에 우리는 대의제만이 아니라 국민, 주권, 권력 등 헌법의 실증적 개념들 일체를 부정하는 쪽으로 나아가곤 했다. 이러한 태도는 정치적 삶의 국지와 빈틈에서 해방적 가능성을 열어주기도 하지만 정치적 삶의 구조 자체를 바꾸는 데서는 어려움을 겪는다. 나는 2017년 이후 자유 위임 제도를 구속적(혹은 기속적) 위임 제도로 대체하는 다중 섭정 개혁을 통해 이 궁지를 벗어나는 길을 모색해 왔다. 이 작업은 이 책에서 국민 정체성에서 출발하되 국민다중으로, 다시 물민다중[8]으로 열리는 주체성의 확장 방안과 결합된다. 이것은 주권을 국가주권으로부터 해방시켜 다중의 제헌활력과 구성력을 기반으로 다시 생각하는 기획으로 나아간다.

이 책을 쓰면서 내가 거둔 개념적 혁신이라고 자평할 만한 것이 있다. 그것은, (현존의 지배적 생산관계인 자본주의에 대한 찬반을 기준으로) 우와 좌로 나뉘어온 정치적 대립을 대의권력 공간에서의 대립으로 파악하고 대의민주주의 권력과 직접민주주의 활력의 차이를 그 대의정치적 대립에서 독립적인 정치의 공간으로 설정한 것이다. 이 문제의식은 자본주의가 노동력을 착취하고 수탈하는 경제체제일 뿐만 아니라 제헌활력, 즉 주권을 약탈하는 정치체제이기도 하다는 생각에 바탕을 둔다.

정치공간의 이 이중성을 몰각하고 정치공간을 좌우 대의공간으로 단순화할 때 제헌활력의 차원이 시야에서 사라지게 된다. 그 결과 경제체제로서의 자본주의를 국유화를 통해 극복하려고 해온 20세기 역사적 사회주의의 대의주의적 방법은 자본주의 극복이라는 그것의 문제의식에도 불구하고 그 자체가 당에 의한 다중의 주권 약탈의 체제로 귀착되었다. 국가가 노동력 착취와 수탈의 직접 기관으로 전화하는 국가자본주의를 재생산하는 것으로 귀착되고 만 것이다.

자본주의의 폐지는 주권 약탈 기제인 국가에 의지해서는 완성될 수 없다. 이러한 나의 문제의식은 제헌활력의 자기표현으로서의 직접민주

---

8. 물민다중에 대해서는 이 책의 8장, 특히 521쪽 참조.

주의가 정치공간(나라) 전체의 평형수라는 테제로 나타난다. 직접민주주의적 활력 평형수가 그득하게 될 때 대의제 평면에서 좌우나 보수·진보의 권력 대립은 상대적으로 중요성이 줄어들게 되며 그 대립 자체가 직접민주주의 활력의 상상계를 통해 재점검되고 재구성되어야 할 것으로 나타난다.

나는 오랫동안 '정치적 좌파'로 환원될 수 없는 다중 자율주의의 특성이 무엇인가에 대해 고민해 왔고 때로 그것을 '사회적 좌파'라는 이름으로 부르곤 했다. 이번 내란 과정은 나로 하여금 좌파적 문제의식을 직접민주주의에 기초한 평형의 문제의식과 결합시킬 필요를 느끼게 만들었다. 좌파만으로는 부족하고 평형파이기도 해야 한다는 것이다.

평형파에 대립하는 것은 예외파다. 이해를 돕기 위해 이 개념을 x축(수평축)과 y축(수직축)으로 구성된 좌표상에 배치해 보자. 위쪽으로 권력, 아래쪽으로 활력을 향하는 y축에서 예외파는 플러스 지대 어느 지점에서건 자신의 아래를 예(例)로, 자신을 예외로 설정하면서 끊임없이 예외화하는 경향이 있다. 평형파는 예외파를 해체시키면서 y축 자체를 납작하게 만들어 소멸시킴으로써 각자를 수직적 예외 없는 예외, 즉 특이점으로 전화시키려는 경향을 갖는다.

대의권력의 공간은 y축의 어떤 지점을 가로지르는 x축으로 설정할 수 있다. 그 축이 높아지면 권력화 경향이 강한 것이고 아래로 낮아지면 활력화 경향이 강한 것이다. 이 x축의 왼쪽 끝을 좌로, 오른쪽 끝을 우로 구분한다면 사분면이 생기는데 평형좌파, 예외좌파, 평형우파, 예외우파가 그것이다. 그 사분면 각각의 크기가 그 세력의 크기를 지시할 것이다.

박근혜 탄핵 후의 국민의힘을 평형우파적[9] 경향의 대두라 부른다면

---

9. 평형의 문제의식은 대의민주주의와 그것의 법적 표현으로서의 법치주의에서는 약하게 나타나며 직접민주주의적 섭정에서는 강하게 나타난다. 대의민주주의적 평형은 위임을 통해 간접적으로 민주주의가 실현되는 전도된 형태인데 주기적으로 다중에 의한 직접

윤석열의 비상계엄은 평형우파가 자리 잡을 수 있는 토양을 말살하면서 예외우파로서의 극우가 등장한 사건이라고 볼 수 있다. 스탈린주의나 주사파의 영향하에서 전개된 한국의 역사적 좌파 운동은 오랫동안 예외좌파적 경향을 띠었는데 1990년대 이후 대의공간에 진출하면서 약한 형태의 평형좌파적 실험을 거쳤다고 볼 수 있다.

그러나 직접민주주의에 대한 취약한 문제의식 속에서 이루어진 약한 평형좌파적 실험은 최근 들어 독자적 공간을 얻지 못하고 점점 다중들로부터 배척되었다. 원외화는 그것의 결과일 것이다. 나는 이것을 강한 평형좌파에 대한 사회적 요구의 표현으로 읽는다. 2025년 광장에서 성장해 나온 〈사회대전환대선연대회의〉의 연합정치적 실험은 어느 정도 강한 평형파적 문제의식을 갖고 있지만 예외파의 간섭을 저지하고 독자성을 가질 만큼의 강도는 아니다. 그 결과 강한 평형좌파적 실험은 아직 과제로 남아 있다. 그것이 빛의 혁명의 남은 과제다. 그 과제를 아래로부터 다중의 제헌활력의 활성화를 통해 충실하게 수행하는 것이, 윤석열의 내란이라는 형태로 우리가 직접 체험했고 국내를 넘어 전 세계에서 폭넓고 강력하게 대두하고 있는 예외우파(즉 극우) 흐름과 싸워 민주주의를 절대화할 수 있는 가장 효과적인 길이라고 나는 생각한다.

1월 초 겨우살이 채비를 하러 제주도로 잠시 내려갔다온 탓에 키세스의 현장 기억을 갖지 못한 것이 못내 아쉽다. 광장과 거리에서 집회와 행진을 마치고 늦게 돌아와 꿈결에조차 사태를 반추해 보고 아이디어가 잡히면 여러 자료를 검토한 후 집회에 나가기 전까지 글쓰기를 반복했던 6개월여! 이 동안에 글자 수로 5만 6천여 자, 원고지로 2천8백 매를 썼다. 제목에 붙인 183은 2024년 12월 3일부터 2025년 6월 3일까지의 날수다. 이 책에는 12월 3일 이전에 쓴 몇 편의 글과 6월 3일 이후

평형 행위가 돌아오기 때문에 약한 평형이라고 볼 수 있다. 이 책에서 법치주의, 대의주의, 대의 정치, 대의 권력 등의 표현은 약한 평형의 경향을 지칭하는 표현들이다.

에 쓴 몇 편의 글이 빛의 혁명의 앞 이야기와 뒷이야기로 붙어 있다. 이것은 빛의 혁명이 12월 3일에 시작된 것이 아니라 그전에 이미 시작된 것이며 6월 3일에 끝난 것이 아니라 그 후로도 이어지고 있음을 보여준다. 김미정·박서연·손보미·윤인로·이미정·이수영·전성욱·정현주·추유선 등 아홉 분의 세심한 프리뷰 수정을 거쳐 다음어진 이 책은 내가 쓴 것처럼 보이지만 실제로는 나의 신체를 통과한 무수한 시민들의 자기 기록이다. 나로 하여금 감동, 환희, 사색, 글쓰기를 멈추지 못하도록 끊임없이 충동했던 저 이름 모를 빛의 시민들께 이 책을 바친다.

2025년 7월 3일 목요일 오전

1장
탄핵이 다가왔다

12·3 이전의 혁명적 고양

2024. 10. 6 ~ 2024. 12. 2

섭정의 문제와 존 홀러웨이

2024년 10월 6일 일요일

세월호 사건에서 촉발된 2014~2017년의 장기 촛불집회는 대통령 박근혜의 파면을 가져왔다. 거리에서의 퇴진 투쟁이 의회를 매개로 대통령을 탄핵시킨 것이다. 그리고 이어진 선거를 통해 촛불정부를 자임한 문재인 정부로의 정권 교체가 이루어졌다. 나는 2017년 5월에 출간한 『절대민주주의』의 한 장에서 이 사건을 다중의 절대민주주의적 섭정의 한 사례로 분석했다. 이때 내가 처음 '섭정'이라는 용어를 사용했는데 찾아보니 그것은 "중심에서 질서를 잡아가는 것이 아니라, 이리저리 흩어지는 소산의 과정 속에서 어렴풋하게 새로운 질서의 윤곽이 드러나도록 만드는 것" 혹은 비슷한 말이지만 "담당 주체를 바꾸면서 권력을 실체화하는 방향으로 나아가기보다 운동들과 투쟁들의 확산하는 연결망을 통해, 새로운 권력의 윤곽이 아래로부터의 투쟁의 그림자로서 나타나게 하고, 실체로서의 권력 기구들을 그것에 종속시키는 것"[1]으로 서술되어 있다.

칠 년이 지난 지금 서울시청을 비롯한 전국 각지에서는 윤석열 정권의 퇴진을 주장하면서 의회를 향해 윤석열 대통령에 대한 탄핵을 촉구하는 거리 투쟁이 '촛불행동' 혹은 '비상시국대회' 등의 이름으로 전개되고 있다. 아직 법률적 의미의 탄핵은 이루어지지 않았지만 20% 주변을 오르내리는 낮은 지지율은 정치권력이 파면에 준하는 상태에 처했음을 지표로서 보여주고 있는 것으로 읽힌다. 2016~2017년에 천만 명이 넘는 다중의 집결을 통해 권력을 뒤흔들고 압도했던 섭정운동이 지금은 그보다 훨씬 적은 수의 집결로도 실효를 보이고 있는 것이 아닌가

---

1. 조정환, 『절대민주주의』, 갈무리, 2017, 193쪽.

생각된다. 2017년에 섭정의 경로가 열렸기 때문일까?

『폭풍 다음에 불』[2]에 나타난 존 홀러웨이의 정치철학은 거시적인 투쟁들(저항, 반항, 반란)을 중시하면서도 절규, 비복종 같은 미시적 투쟁의 힘과 그것이 자본관계에 가져오는 균열 효과에 서술의 초점을 좀 더 맞추는 방식을 택하고 있다. 그의 정치철학은 아래로부터 섭정의 전략이 가능하고 또 필요하다는 생각을 명시적으로 지지하는 것으로 읽히지는 않는다. 오히려 섭정의 전략이 국가형태에 힘을 보태 자본관계를 지속시키는 조력자가 될 것을 우려하지 않을까 하는 생각도 든다. 하지만 그가 섭정의 전략에 문을 닫아 버리는 것도 아니라고 생각한다. 왜냐하면 마지막 장에서 그는, 공원에서 자신의 책『폭풍 다음에 불』을 읽고 나서 고개를 들어 위를 쳐다보다가 거기에 여전히 괴물이 있음을 발견하는 한 소녀의 한숨을 그린 후 "모자라. 모자라. 모자라"라고 마침표도 찍지 않은 채 글을 끝내고 있기 때문이다. 물음은 계속된다. 그래서 나는 여기서 다중의 절대민주주의적 섭정 구상에 대해 홀러웨이 정치철학이 던지는 함의에 대해 한번 생각해 보려고 한다.

결론부터 말하자면 홀러웨이의 정치철학은 다중의 절대민주주의적 섭정 전략을 정초하는 데 풍부한 밑거름을 제공한다고 말하고 싶다.

그 밑거름의 첫 번째는 다중의 절대민주주의는 국가권력을 장악하지 않으면서 세상을 바꾸는 운동이라는 명제다. 섭정력은 피섭정체에서 독립해 있어야 하며 그것과 하나가 되어서는 안 된다. 다중과 국가의 관계가 그렇다. 다중은 국가권력을 장악하는 순간 동일성의 힘으로 전화되어 하나의 정체성으로 응고되기 시작한다. 그때부터 다중은 세상을 바꾸는 차이의 힘이 아니라 국가를 지키는 동질성의 권력으로 전화한다. 다국가 체제의 세계 속에서 다른 국가 및 국민들과 경쟁하고 전쟁하는 국민으로 전화한다. 국민으로의 퇴락은 다중의 자기 부정이다.

---

2. 존 홀러웨이,『폭풍 다음에 불 : 희망 없는 시대의 희망』, 조정환 옮김, 갈무리, 2024.

그런데 지금 우리의 촛불운동 속에 너무나 강한 국가애가, 국가권력을 장악하려는 너무 강한 충동이 꿈틀거리고 있는 것은 아닌가? 그것은 분명히 우리 촛불의 한 요소로 남아 있다. 애국주의와 국가주의가 촛불 섭정 운동의 한 요소로 움직이고 있다. 이것은 우리의 촛불운동이 국가형태와 연접하여 국가 정체성의 동력으로 전화할 위험이 있음을 시사한다. 그것은 다중의 섭정력을 침식하여 결과적으로 무력화할 수 있는 위험 요소다. 하지만 우리의 촛불에는 국가형태의 존재 이유인 이윤체제 대신에 생명을 우선시하고 전쟁 대신에 평화를 옹호하며 수직적 위계제 대신에 수평적 네트워크를 선호하고 정체성보다 공통성을 확대하는 강한 경향이 있다. 이것은 국가형태를 넘어설 수 있는 잠재력이다. 그것은 국가기관과 국가권력을 초과하며 국가형태를 넘쳐흐르는 풍요와 과잉의 힘이다.

홀러웨이의 정치철학이 섭정의 정치학에 제공하는 두 번째 밑거름은 섭정의 편재성에 대한 인식이다. 섭정이 의식적으로 시도되기도 전에 이미 아래로부터 '무리'의 섭정이 펼쳐지고 있다는 인식이다. 홀러웨이의 생각을 섭정론의 관점에서 읽어보면 케인스주의와 사회국가는 무리의 봉기력에 대한 두려움의 산물이고 신자유주의적 금융화와 신용확장 역시 무리에 대한 두려움의 연속이다. 케인스주의와 신자유주의에 걸친 자본의 재구조화가 금을 대신하여 신용을 보증할 국가권력을 강화시켰지만 그것이 오히려 자본의 취약성을 극단화시키고 있는 일종의 역설적 과정이었다는 것이다. 이것을 무리의 '그림자 섭정'이라고 부른다면 어떨까? 루이 보나파르트를 취약함의 극단으로 몰고 갔던 두더지 섭정이 생각나지 않는가? 맑스는 『루이 보나파르트 브뤼메르 18일』[3]에서 "너 두더지여, 잘도 팠구나!"라고 말하는데, 홀러웨이는 "너 무리여, 잘도 다스렸구나!"라고 말하는 것 같다. 이 그림자 섭정은 자본관계의

---

3. 카를 마르크스, 『루이 보나빠르뜨 브뤼메르 18일』, 최형익 옮김, 비르투출판사, 2012 참조

취약화와 해체를 향한 일종의 '부정적 섭정'으로 나타난다. 그것은 자본과 국가가 가장 강한 것으로 보일 때조차 작동하고 있는 편재하는 섭정이다.

여기서 홀러웨이가 제공하는 세 번째 밑거름을 빼놓아서는 안 될 것 같다. 그것은 섭정이 대항-섭정이라는 사실이다. 국가권력을 넘쳐흐르는 풍요의 섭정은, 넘쳐흐르기를 멈추고 응고하면서 정체화하려는 경직 및 마비의 경향과의 긴장된 대결을 통해 전개된다는 점이다. 첫 번째 밑거름에서 언급한 독립성도 흐름의 독립성, 비정체화의 독립성, 그리고…그리고…의 독립성이다. 그것은 결코 특정한 정체성의 독립성이 아니다. 대항은 늘 새로운 열림, 새로운 시작이다. 절규, 풍자, 항의, 타도는 풍요의 대항적 넘쳐흐름의 양상들이고 대항은 새로운 열림의 입구이자 출구다. 홀러웨이가 희망을 대항-희망이라고 거듭해서 말하는 이유가 여기에 있지 않을까?

이런 밑거름 위에서 나는 섭정이 다중의 상상적 기획이며 공통적인 것의 긍정적 지시이고 넘쳐흐름의 새로운 방향 제시라는 점을 덧붙이고 싶다. 감히 신학적 용어를 가져와 보면 섭정은 섭리의 실현 과정이다. 이렇게 말하면서 나는 섭리를 뜻하는 providence가 어원적으로 pro(미리)와 videre(보다)의 합성어임을 염두에 두고 있다. 이 말은 신의 지성과 행위를 지칭해 왔지만 나로서는 미리 보는 자가 인간·비인간 다중의 공통된 지성과 정동, 그리고 존재론적 역량과 다르지 않다고 말하고 싶다. 사전에서 섭정은 "군주가 통치하는 군주국에서 군주가 아직 어려서 정무를 수행할 능력이 없거나 병으로 정사를 돌보지 못할 때 군주를 대신해서 통치권을 받아 국가를 다스리던 사람이나 그 일"로 정의되곤 한다. 그런데 우리 시대에 어리거나 병약해서 정사를 돌보지 못하는 상황은 특별하거나 예외적이지 않다. 왜냐하면 국가형태 그 자체가 어리석음과 병약함을 의미하기 때문이다. 국가형태는 본원적으로 이윤추구라는 자본의 협소한 이해관계에 구속되어 있어 다중의 특이함이나 공통성을 돌볼 능력을 갖추고 있지 않다. 그것은 정체화를 통해 다중을 국민, 시민, 주민 등의 형태로 호명하는 권력이다. 근로자, 산업역군, 주부, 진우 등의 이름도 그런 호명의 하나다. 성체화 속에서 다중은 협소해지고 병든다.

  국가형태가 무리에 대한 두려움에 의해 재구조화된다는 것은 무리의 비정체성에 대한 두려움이 가져오는 효과다. 그런데 무리는 국가가 제시하는 그 병적 질서 속에서, 삶의 모든 에너지가 이윤 회로를 통해서만 흐르도록 하는 그 착취적 질서 속에서 행복함 대신 고통을 느낀다. 고통과 절규는 다른 세계가 필요하다는 신호다. 분노는 그것이 가능하다는 표지다. 파업(노동 거부)과 담론적이거나 행동적인 집회 등에서 다중의 공통되기는 새로운 세계를 실현할 힘의 축적 과정이고 새로운 세계를 열기 위한 축제의 시작이다. 이 모든 것이 섭정의 요소이지만 다중이 섭정자로서의 얼굴을 표면에 드러내는 결정적 순간은 우리가 "혁명"이라고 부르는 그 순간일 것이다. 그림자 섭정자였던 다중은 혁명적 사건에서 '섭정군주'로 나타난다. 그러나 우리가 잊지 말아야 할 것은 섭정적 넘쳐흐름은 그 시각에서의 공통력 수준의 실험이기 때문에 국가형태의 백래쉬나 새로운 응고와 정체화의 위험을 피할 수 없고 이 위험의 파도를 헤쳐 나가야 한다는 운명을 피할 수도 없다는 사실일 것이다. 지금까지의 역사가 그것을 보여주고 있지 않은가?

국가에 대항하는 예술

2024년 10월 7일 월요일

  어제 오후에 〈대안예술공간이포〉(이하 이포)에서 열린 전시회를 다녀왔다.[4] 이포의 전시 주제는 평균적 갤러리 기준에 비추어 보면 늘 파격적인데 이번에는 '국가란 무엇인가?'가 주제였다. 여러 작품 중에서 하나의 작품과 하나의 이벤트에 대해서만 이야기하려고 한다. 작품들에 대한 평가를 통해 선별한 것은 아니고 지금까지 내가 이야기해 온 국가에 대한 사회의 WAB(within-against-beyond)적 관계라는 주제와 관련해 내가 (충분히 이해했다고 말하기 힘들고 또 이해한 만큼이라도 이야기하자면 긴 서술이 필요할 것 같은 다른 작품들보다) 이야기하기에 편한 요소들이 있어서다.

하나는 이포 3층 옥상 입구 계단 벽에 설치된 비디오 작품 〈멜팅 아이스크림〉(홍진훤, 2021, 다큐, 60분)이다. 이 작품은 1987 이후 약 30년 동안 여러 정권이 노동과 맺는 관계를 사진(수해를 입은 민주화운동 당시 사진의 복원)을 통해 살피는데 노동자들의 절규를 찍어 누르는 폭력의 이미지를 통해 양자 간의 적대를 보여주는 방식이었다. 김대중 정부 이후로 임금인상 및 노조건설에서 비정규직 철폐로 노동자들의 핵심 이슈가 바뀌었지만 파업, 거리 투쟁, 고공농성을 방망이와 방패로 때리고 찍어 누르는 국가폭력의 모습은 여전했다.

노동자에게 민주화란 무엇을 의미했는가, 라고 묻게 하는 다큐멘터리였다. 노동자들은 국가에 필요한 것을 요구하고 국가는 차갑게, 그리고 잔혹하게 그것을 거절하는 관계의 지속이기 때문이었다. 노동자들이 치열한 투쟁의 패배 후에 지르는 절규와 흘리는 눈물이 보호자로부터 버림받은 아이의 실의와 좌절처럼 느껴졌다. 이와 다르게 좀 더 결기 넘치는 노동자들의 항의와 투쟁의 장면도 있었는데 그것은 좋은 국가, 좋은 보호자를 만들자는 결의와 노력처럼 느껴졌다. 당시의 치열한 투쟁들에서 국가는 거부되거나 해체되기보다 수정·수선·교체되어야 할 어떤 것으로 인식되었던 것이 아닐까, 하는 생각이 들었다.

매우 긴장되고 흥미로웠던 탓에, 이 작품을 한 시간 동안 집중해서

---

4. 김봉준 외 11인, 《『신생』(新生)_"12몽키즈"》, 박지원 기획, 〈대안예술공간이포〉, 2024. 10. 4~10. 20.

보느라고 실시간 이벤트였던 『이반지하의 공간침투』 북토크는 정작 절반 이상 놓치고 뒤늦게 참가했다. 그래서 맥락을 따라 잡는 데 애를 먹었다. 이빈지하는 토크 내내 '이반지하 문화혜택비' 계좌를 적은 종이를 녹색 모자에 담아 사람들이 볼 수 있도록 공개하고 있었는데 "아티스트가 생산한 문화에 대해서 향유자가 혜택을 받았으면 받은 만큼 알아서 내는 방식"이라고 했다. 이런 방식을 선택한 이유에 대해서도 토크 중에 설명을 했다. 예술가로서 창작 시간을 더 확보하면서 국가 지원금에 대한 의존에서 벗어나기 위한 방법이라고 했다. 나는 이것이 '국가에 대항하는 예술'을 열어나가는 한 방식일 수 있다고 생각한다. 그래서 내가 자발적으로 정한 문화 혜택비를 송금했다.

이반지하는 자신의 반지하 공간을 하나의 국가로 정의하는 것으로 보였다. State로서의 국가는 아니고 nation으로서의 국가. 어원적으로 굳이 대비시켜 보자면 state는 stand를 함축하는 치안의 정치체이고 nation은 탄생nasci을 함축하는 생성의 정치체다. 현실에서는 마구 혼용되어 쓰이지만. '나의 공간이 나의 국가nation다'를 내 식으로 적극적으로 해석해 보자면 그것은 state가 훔치고 빼앗아 간 자기통치력을 만회하겠다는 의지다. 오늘날의 경제권력 형태인 화폐도 정치권력 형태인 국가가 만인의 자치권과 공통권의 압류에 기초하고 있는 것과 유사하게 만인의 소통과 교류의 능력을 중앙통제적인 교환가치로 환원하는 장치이고 각자의 화폐발행권의 압류에 기초하고 있다. 그래서 대안화폐들은 어떤 방식이건 (즉 노동화폐든 블록체인이든) 만인의 화폐발행권의 회복을 지향하게 된다. 자치력이 '내가 국가다', '내가 화폐다'… 식으로 자기증식해 가는 것은 해방적일 것이다. 내가 『예술인간의 탄생』[5]에서 주장하고 싶었던 것도 "내가 예술가다"의 민주화와 만인화에 다름 아니었다.

---

5. 조정환, 『예술인간의 탄생 : 인지자본주의 시대의 감성혁명과 예술진화의 역량』, 갈무리, 2015.

농단정치의 '업보'와 그 뿌리
2024년 10월 24일 목요일

오늘날 거리에서 '윤건희 = 김석열' 농단정권에 대한 태도는 탄핵, 퇴진, 타도 등으로 나타난다. 이것들은 이 정권을 권좌에서 끌어내려야 한다는 절박한 필요가 표출되어 나오는 여러 방식들일 것이다. 왜 시민들 사이에 이토록 절박한 요구가 생겼을까?

정권의 영향력은 전방위적이기 때문에 사회 곳곳에서 사람들이 느끼는 체감들이 질과 정도에서 모두 다르겠지만, 대체로는 이 정권하에서 살아가는 것이 고되고 수치스럽고 불안하다는 말로 요약할 수 있는 어떤 이유들일 것이다. 자영업자들은 찾아오지 않는 손님을 기다리며 늘 폐업을 걱정해야 한다. 노동자들은, 노동시간은 늘어나고 소득은 줄어드는 현실 앞에서 탄식한다. 여성들은 오프라인 성추행에 디지털 성폭력이 더해지면서 매 순간이 지뢰밭 같은 시간으로 느껴진다. 가난한 사람들은 부자들을 배불리기 위한 사회복지 삭감 정책으로 인해 점점 더 벼랑 끝으로 내몰린다. 사죄와 배상 없는 일본과의 결탁으로 위안부와 강제징용 노동자들의 가슴에는 대못이 박히고 일본의 제국주의 세력은 뻣뻣이 고개를 쳐든다. 대북 적대 정책으로 통일의 희망은 가없이 사라져 가고 분단의 상처는 깊어만 간다. 미국에 줄을 댄 군사동맹주의의 강화는 러시아, 중국, 북한을 자극하여 남중국해에서보다 먼저 한반도에서 전쟁이 터질지도 모르겠구나 하는 불안감을 점점 키워가고 있다. 신체 건강을 위협하는 고통, 정신력을 소모시키는 불안, 자존감을 꺾는 수치심이 일상을 지배하고 있는 것이 '윤건희 = 김석열' 농단정권 하에서 대한민국 시민들이 겪는 삶의 양상이다. 그래서인지 윤건희 정권 타도하자, 퇴진하라, 탄핵하라는 목소리가 봇물처럼 터져 흐르는 것이 전혀 이상한 일로 느껴지지 않고, 그 목소리가 아직도 모자란다는 아쉬움이 들곤 한다.

그런데 묘한 것은 '윤건희=김석열' 정권을 끌어내린다고 뭐가 제대로 풀릴까, 우리 삶이 나아질까 하는 의문이 지금 거리에 나선 많은 사람들의 마음 한편에 자리 잡고 있다는 점이다. 정권을 바꾸면 뭔가 달라지고 나아지겠지 하는 기대는 사실 막연하기만 하다. 바로 앞에서 '윤건희=김석열' 정권하에서의 삶의 고통, 불안, 수치의 경우들에 대해 열거했지만 그중에는 이 정권에 고유한 고통, 불안, 수치만이 아니라 정권을 넘어 연속되고 있는 것들도 많기 때문이다. 정권이 바뀐다고 해서 별로 달라질 것 같지 않은 것들도 많기 때문이다. 왜 그럴까?

농단정치가 '윤건희=김석열' 정권만의 것이 아니고 국가정치 그 자체의 본질이기 때문이다. 국가는 시민사회 내부의 계약과 갈등을 중재해 준다는 명분으로 시민사회 위에 정립된 농단기관이다. 그래서 나는 국가정치는 농단정치의 경향을 갖는다고 주장하고 싶다. 법의 견제는 충분치 못하다. 왜냐하면 오늘날은 법이 국가기관 중의 하나인, 그리고 자유대의제를 통해 국민으로부터 분리된 입법부에서 제정되기 때문이다. 국가의 행동을 국가 자신이 정하는 것이다. 일종의 자기참조self-referencing인 셈이다. 오늘날의 입법과 사법은 국가에서 출발해서 국가로 돌아가는 재귀 회로를 따라 움직인다. 그래서 최순실-박근혜 정권의 특수한 농단을 처벌한 법도 국가 자체의 일반적 농단은 방기하거나 방조하는 경향이 있다. 이것이 '윤건희=김석열' 정권의 농단을 처벌하러 나선 우리의 마음 한구석에 남아 있는 찜찜함의 정체다. 국가정치가 농단정치로 되는 것을 견제할 수 있기 위해서, 그리고 정치가 국가정치의 한계에서 벗어나도록 견인하기 위해서, 국가에서 독립된 다중의 절대민주주의적 운동이 필요한 이유가 여기에 있다.

여러 사건과 증거들은 '윤건희=김석열' 정권이 농단정치의 길로 깊숙이 접어들었음을 보여준다. 이렇게 쓰고 보니 '접어들었다'는 표현이 좀 부적절한 것 같다. 10월 22일에 범어사를 찾은 윤석열은 지금까지 걸어온 그 길을 '업보'로 받아들인다고 하면서 "돌을 던져도 맞고 가겠다"는 자신의 결심을 천명했다. 주지하다시피 행위와 그 결과를 뜻하는 업보라는 말은 해탈, 즉 업보에서 벗어나기 위한 구도의 길을 찾기 위한 발견의 언어인데, 절에 가서 스님들 앞에서 업보라는 말을 쓴 윤석열은 그냥 그 업보를 계속 쌓겠다는 식의 말로 아집을 드러내 보였다. 농단정치가 원인이고 그에 대한 사회 각처로부터의 지탄이 결과인 농단정치의 업보 메커니즘을 알고 있는 우리에게 윤석열의 이 말은 이제 노골적으로 농단정치를 하겠다는 의지의 표명 이상으로 들리지 않는다.

여러 사람이 말하다시피, 이 농단정치를 이끄는 '주술사'는 김건희다. 그의 이력은 그가 "입지전적" 인물임을 보여준다. 그의 이력이 15세에 아버지를 여읜 여성으로서 대한민국의 대권을 대리 장악한 여정을 보여주기 때문이다. 그런데 어떤 '입지'^{立志}일까? 그가 세운 뜻이 무엇일까? 그의 이력에서(나는 여기서 이력 조작 즉 '허위' 문제는 일단 제쳐두겠다) 눈에 띄는 단어는 '디자인', '게임', '콘텐츠'다. 그의 이력에는 그가 테크노디자인, 디지털콘텐츠디자인, 산업디자인, 컴퓨터게임, 시각디자인, 영상디자인, 문화 콘텐츠 등을 공부하거나 가르치거나 전시한 것으로 기록되어 있다. 이러한 미술적 이력은 언론대학원 최고언론과정, 경영전문대학원 경영전문과정, 인문대학 최고지도자 인문학과정 등에서 제도 학력을 축적하기 위한 비미술적 노력과 결합되어 있다. 이 결합이 무엇을 위한 것이었는가는 도이치모터스 주가조작 사건에서 명확하게 밝혀졌다. 재테크, 즉 돈이었다. 김건희는, 부동산 투기를 통해 치부를 해서 대한민국 88대 부동산 상습 투기꾼에 이름을 올렸던 어머니 최은순의 재테크 기술을 주식 투기를 통해 현대화하고 혁신했다. 그 혁신 기술에 '주가조작'이 포함되지 않는다면 오히려 이상할 것이다.

이렇게 돈을 벌고자 하는 욕망은 다시 권력에의 욕망과 연결된다. 사실 자본주의에서 돈과 권력은 별개의 것이 아니고 일란성 쌍생아다. 그것들은 서로 다른 형태를 취하고 있지만 호환된다. 대검찰청 중앙수

사부 1과장이었던 윤석열과 결혼한 후 윤석열의 권력 서열상의 승진은 김건희에게 일종의 투자수익으로, 더 많은 화폐로 돌아왔다. 김건희의 갤러리 코비나컨텐츠가 기업들의 뇌물성 후원금이 답지하는 '문화기업'이 된 것이 그것을 사례로서 보여준다.

많은 사람들이 김건희를 '쥴리', '사기꾼' 등으로 부르곤 하는데 나는 그 이름들이 그의 고유하고 가장 심층적인 성질을 드러낸다고 생각하지는 않는다. 이 이름들이 때로는 성차별적 혐오감을 실어 나르고 사기와 같은 비정상 이면의 정상성이 갖는 어두운 얼굴을 감추곤 하기 때문에 불편하게 느껴질 때도 있다. 나는 그의 심층 성질은 자본의 두 얼굴인 화폐와 권력을 내면화하고 욕망화한 물신, 모든 것을 화폐와 권력으로 환원하여 흡수하는 인격화된 물신이라는 점에 있지 않은가 생각한다.

대한민국 제20대 대권의 화폐적 가격이 얼마인지 나는 알지 못하며 가늠도 하지 못한다. 하지만 김건희는 아마 계산할 수 있으리라 생각한다. 그가 창원의창 보궐선거 공천 가격을 계산해 내는 방식을 보면 미루어 짐작할 수 있다. 강혜경은 김건희가 명태균과 영적 대화를 많이 나눈다고 했다. 명태균은 꿈 이야기를 나눈 것은 맞다고 이에 호응했다. 그러나 그 영적 대화가 물신 유령들이 나누는 재테크와 축적의 대화이고, 그 꿈이 권력의 꿈이었음은 지금까지의 과정 속에서 드러날 만큼은 드러났다고 생각된다.

지금까지 내가 좀 긴 길을 돌아가며 이야기하고 싶었던 것은 농단정치란 물신주의적 국가정치에 다름 아니라는 것이다. 지금 김건희가 윤석열을 검객으로 부리면서 그 농단정치를 이끌고 있는 것으로 보이지만, 물신주의는 맑스가 말하듯이 자본주의의 시대정신이고 우리 모두가 원하든 원치 않든 어떤 방식으로든 연루되어 있는 체제이자 논리다.

'윤건희=김석열' 정권을 끌어내리는 일은 국가형태를 해체하는 일과 분리되어서는 장기적 효과를 볼 수 없다. 농단정치는 국가형태라는 언덕에서, 사람들과 생태에서 훔치고 빼앗아 온 장물로 만들어진 그 언덕에서 자라나기 때문이다. 농단정치를 없애기 위해서는 국가형태를 없애야 한다. 농단정권을 끌어내리는 일은 출발점일 수 있지만 목표일 수는 없다.

그리고 국가형태의 해소는 인간들 사이와 인간-비인간 사이의 관계를 비착취적이고 비수탈적인 것으로 바꾸는 공통장 정치를 통해서만 완수될 수 있는 과제임도 이야기 나온 김에 덧붙여 두고 싶다. 만약 그 과제가 완수된다면 국가는 다중의 공통장의 일부인 행정기관으로 해소될 것이다. 요컨대 '윤건희=김석열' 정권을 끌어내리는 과제는 인간-비인간 무리와 다중의 공통장적 자기 혁명, 자기조직화, 자기가치화라는 과제와 이어져 있는 과제다. 후자가 없이는 제2, 제3…의 '윤건희=김석열' 정권이 계속 생산될 것이기 때문이다. 그때마다 그 정권만을 끌어내리는 시지프스의 노동을 반복할 것인가? 그러면 우리는 아마도 지칠 것이고, 그때는 지금 지쳐서 '많이 힘들어한다'는 그 '집사람' 주술사(들)이 원기를 회복하여 더 큰 괴물적 권력으로 우리의 노동, 우리의 삶, 우리의 생태를 집어삼킬지도 모른다. 어떻게 할 것인가?

중국에서 법치주의의 부상과 그 이중성
2024년 10월 27일 일요일

〈다중지성의정원〉 역사비판 세미나에서 진행해온 클라우스 뮐한의 대작 『현대 중국의 탄생』[6]을 어젯밤 세미나로 끝냈다. 900쪽이 넘는 책이라서인지 지난 3월 초에 시작해서 거의 8개월이 걸렸다. 간단히 책에

---

6. 클라우스 뮐한, 『현대 중국의 탄생 : 청제국에서 시진핑까지』, 윤형진 옮김, 너머북스, 2023. 이 절에서 이 책으로부터의 인용은 괄호 속에 쪽수만 표기한다.

대한 인상을 적어 두자. 우선 국가주의와 자유주의가 경합하는 세계자본주의의 신냉전적 구도 속에서 국가주의를 잔재로 이해하고 자유주의를 미래처럼 서술하는 것이 서방에 치우친 관점이라 하지 않을 수 없겠지만 그럼에도 중국사를 따뜻하게 내재적으로 이해하려는 노력이 돋보였다고 말하고 싶다. 다음으로 아래로부터의 역사 관점에서 보면 위로부터의 제도사에 초점을 맞춘 저자의 역사 서술에 커다란 맹점과 구멍이 있다고 말하지 않을 수 없다. 그럼에도 중국의 근현대사를 실증적으로 이해하는 데 큰 도움을 주는 책이었다.

어제 세미나를 준비하다가 나의 눈길을 끈 대목은 760쪽 하단이었다. "견고한 법률 체제를 건설함으로써 정부는 무엇보다 갈등의 장을 거리에서 법정으로 옮기려고 시도했다. 정부는 상당한 권한을 시장, 법원, 그리고 다른 제도들로 점진적으로 이양했고 이들은 매일 빠르게 변화하는 경제와 사회에 요구되는 복잡한 결정과 정책을 매일 고심했다"라는 구절이 그것이다. 여기서 견고한 법률체계의 건설 시도는 1997년 장쩌민이 제15차 전국대표대회에서 제기한 '사회주의 법치국가' 개념을 가리킨다. 클라우스 뮐한은 이러한 시도를 자극한 요인들에 대해서 바로 그 앞 쪽에서 서술한다. 그 부분을 인용해 보자.

개혁기에는 무엇보다도 노동자, 농민, 환경주의자, 저널리스트, 주택 소유자, 종교 공동체, 소수민족, 에이즈 활동가, 인권 옹호자 등을 포함하는 광범위한 사회집단들의 사회적 활동의 증가가 인상적이었다. 불만이 있는 사회 집단들은 지방 관료들을 압박하는 지방의 행동주의에 관여하면서 '맨발의 변호사', 이웃의 연대 집단, 중국의 국내법·법정 같은 지방의 자원을 활용했다. 종교 운동, 문화 운동, 페미니스트 운동, 환경 운동 등의 활동가들은 지방, 지역, 심지어 국가를 넘어서는 네트워크를 구축했다.(759)

클라우스 뮐한은 법체제의 확장과 강화가 아래로부터 다양한 사회 운동들의 분출에 대한 위로부터의 대응임을 명확하게 서술하고 있다. 그가 "부분적으로는 사회적 행동주의가 제기한 도전을 다루기 위해서, 또한 경제적·사회적 장에서의 엄청난 변화에 수반되는 불안과 갈등을 완화하기 위해서 국가는 법체제의 확대를 시작했다"(760)라고 쓰기 때문이다. 이것이 이른바 '중국 특색의 법치'가 발전하는 조건이었다. 저항과 흡수의 계급투쟁 동역학이 그대로 재현된다. 이를 위해 헌법 수정(2004년 3월 14일), 법원과 중재위원회의 보강이 뒤따른다.

그것의 효과는 무엇이었을까? 나의 느낌을 말해 보면, 삶의 법률화 혹은 법률의 일상화라고 부를 수 있는 것이었다. 이 과정은 결코 평화롭고 순조로운 과정이 아니었다. 오히려 적대를 내장한 과정이었다. 그것을 저자 뮐한은 이렇게 표현한다. "법률은 통치의 도구일 뿐만 아니라 법률을 자신들의 주장을 펼치고 국가에 노동 인민을 위한 법적·계약적·윤리적 의무를 다하라고 압력을 가하는 지형으로 활용하는 사람들이 전유할 수 있는 자원이기도 했다." 법치주의에서의 법공간이 일방적 공간이 아니라 갈등적 공간임을 명시한 대목이다. 법률이 통치의 도구이면서 동시에 저항의 도구이기 때문에 생기는 갈등 말이다. 중국에서 법률과 규정의 증가와 확대는 이 갈등으로 인해 가속된다.

하지만 법적 공간에서의 갈등은 결코 대칭적이지 않았다. 클라우스 뮐한은 "법정에서 스스로의 정당한 이해와 권리를 지키려는 시민들의 노력은 종종 좌절되었다"(761)고 쓰기 때문이다. 법률공간의 비대칭성이 가져오는 좌절감으로 인해 식품 안전, 환경 오염, 산업 재해 등에 대해 농민·노동자·도시 거주자·주택 소유자들이 항의를 제기하고 국가에 도전하는 군체성群體性 사건으로 이어졌으며 그들의 전투적 전략 중에는 "교통 봉쇄, 철로 방해" 등이 있었고 심지어 "폭동과 정부기관 탈취"까지 이루어졌다. 이에 대한 국가의 대응도 폭력적이다. 강경하게 신문을 정간시키고 비판적 기자와 편집자는 처벌하고 영향력 있는 지

탄핵이 민주다!

2024년 10월 26일 토요일
오후 6시 18분 서울 시청 앞

식인을 공개 비난하고 지도자를 체포하고 시위자를 공격하는 등의 폭력적 대응이 이루어졌기 때문이다. 법적 공간 바깥에서 해결책을 찾으려는 노력이 재연된 것이다. 이것은 법적 공간이 법외적 기반 위에 얹혀 있는 일종의 상층구조임을 보여주는 것이 아닐까?

내가 정작 생각해 보고 싶은 것은 한국에서 법치주의의 부상과 양상에 관한 것인데 오늘은 여기서 이야기를 마쳐야 할 것 같다. 오늘은 클라우스 뮐한의 이야기를 빌려 중국의 1997년 이후 상황을 스케치하는 데 그쳤지만 한국의 1987년 이후를 이해하는 데, 특히 오늘날의 검찰 정권을 이해하는 데 이 중국 사례가 상당한 시사점을 갖는다고 생각한다는 점만 간단히 덧붙여 두는 것으로 마무리해야겠다.

탄핵이 다가왔다
2024년 10월 27일 일요일

어제는 10월 26일. 45년 전인 1979년 같은 날 당시 대통령이었던 박정희가 중앙정보부장이었던 김재규에 의해 피살된 날이었다. 이날 시청역 7번 출구 태평로에는 여느 주의 토요일과 마찬가지로 수천 명의 시민들이 모여 '윤건희=김석열' 정권 타도를 주장하고 퇴진을 요구하며 탄핵을 소리높여 외쳤다. 타도는 시민들이 서로를 향해 던지는 다짐이고, 퇴진은 국민들이 대통령을 향해 던지는 요구이며, 탄핵은 국민들이 국회의원들을 향해 던지는 명령이다. 촛불의 이 다짐, 요구, 명령의 목소리가 퍼지기 시작한 지는 꽤 시간이 오래되었지만 2024년 10월 26일은 촛불의 이 절대민주주의적 섭정 운동의 역사에서 하나의 전환점이 될 것으로 보인다. 그 이유는 다음과 같다.

첫째, 노동자·농민·학생·자영업자·여성 등 시민들의 불만이 견디기 어려울 정도로 높아졌기 때문이다. 예컨대 이태원참사 2주년을 앞두고 유가족들은 참사 이후 한국 사회에 대해 '아무것도 변한 것이 없다'고 말하면서 정부가 참사의 책임을 피해자에게 돌리는 현실을 개탄했다. 의사들도 덕수궁 앞에서 촛불을 들고 '대한민국 정부, 한국의료 사망선고' 집회를 이어가고 있다.

둘째, '윤건희=김석열' 정권이 국가권력을 사익을 위해 이용하는 농단정치를 자행하고 있다는 사실이 만천하에 드러나고 있기 때문이다. 강혜경의 증언은 그것을 부인하는 몇몇 관련자들의 말이 궁색한 변명에 지나지 않게 느껴지도록 만들기에 충분할 만큼 설득력이 있다.

셋째, 2년 이상 지속되어 온 정권 퇴진과 탄핵을 향한 섭정 운동에 민주당, 조국혁신당, 기본소득당, 사회민주당 등의 원내 정당들이 호응하여 장외집회로 나서고 있기 때문이다. 어제 조국혁신당은 서초동에서 탄핵 장외집회를 가졌고 민주당은 11월 2일 장외집회를 예고하고 있다.

넷째, 다중들의 불만과 항의에 직면한 지배계급이 수습책을 놓고 분열되고 있기 때문이다. 윤석열-한동훈 회담에서 윤석열이 보여준 볼썽사나운 모습에서 이미 드러났듯이 '윤건희=김석열' 정권은 부산 범어사에서 "돌을 던져도 맞고 간다"는 아집 외에 더 이상 보여줄 것이 없음을 자백했다. 20% 지지율 정권의 이 대책 없는 아집 앞에서 지금까지 탄핵으로 가는 길을 가로막아온 지배정당의 일각이, 다름 아니라 살아남기 위해서, '윤건희=김석열' 정권의 요구를 거부하고 다른 선택을 할 가능성이 매우 높아졌기 때문이다.

미래는 결코 결정되어 있지 않지만 지금의 상황은 우리로 하여금 "탄핵이 다가왔다!"고 말할 수 있게 한다. 하지만 주지하다시피 그것은 해결이 아니라 새로운 문제의 시작일 것이다. 우리는 어떤 준비를 하고 있는가?

법치, 검찰정권, 농단정치 그리고 시민사회에 대한 작업가설
2024년 11월 1일 금요일

검찰권력은 오랫동안 수사와 기소 권한의 독점, 과도한 권력 행사, 폐쇄적인 엘리트주의, 그리고 검사 간의 동일체 문화와 상명하복을 요구하는 중앙집권적 구조, 공안 도구화 등 여러 면에서 비판을 받아 왔다. 예를 들어, 검찰이 권력자와 관련된 사안이나 사회운동과 관련된 사건을 수사할 경우 상식 이하의 편파성을 드러낸다거나 외부 견제 수단의 부재로 인해 검찰권력이 자의적으로 통치의 도구로 전락한다는 등의 문제점이 지적되어 왔다.

이러한 비판들은 유의미한 비판들이지만 법치주의 틀 내에서 검찰권력을 분산하고 수평화하는 법률 개정과 조직 개편을 주요한 대안으로 내놓는 것에 집중한다. 실제로 여러 나라에서는 법적 장치의 개혁을 통해 검찰권력의 집중을 완화하고 특정 정치권력에 종속되지 않도록 개혁을 시도해 왔고 한국에서도 이러한 개혁 노력이 검찰 수사권의 제한이나 공수처 설치 등의 성과를 거둔 적이 있다. 그러나 이러한 법적 개혁이나 조직 개편은 법치주의 자체가 가진 역사적 조건과 한계를 넘어서지 못한다는 문제점을 갖는다. 법치주의는 그 자체로 역사적 맥락에 묶여 있으며, 그 틀 안에서는 검찰권력의 근본적인 해체나 민주화를 위한 새로운 가능성을 탐색하기가 어렵기 때문이다.

이제 윤건희 농단정권으로 변질된 윤석열 검찰정권이 위기에 직면한 지금, 검찰정권 = 농단정권을 해체하고 민주주의의 새로운 지평을 열 수 있는 절대민주주의적 전망이 필요하다. 이를 위해서는 법치주의의 의의와 한계를 동시에 고려하는 검찰권력에 대한 분석이 필요하다. 검찰정권의 해체를 완성하는 것은 단순한 법적 개혁을 넘어서는 더 심층적인 변화를, 다중의 섭정력을 요구하기 때문이다. 이런 문제의식 속에서 법, 법치, 법치주의, 검찰정권에 대한 비판적 연구를 수행해 나갈 작업가설을 그려 보고 싶다.

자본주의에서 국가와 법

1. 자본은 상품형태를 통해 인간과 비인간들을 착취하고 수탈하는 생태파괴적이고 폭력적인 사회관계다.

2. 지속되기 힘든 이 적대적 자본관계를 보증하고 지속시킬 폭력 수단의 필요 때문에 국가가 발생한다. 국가는 이런 의미에서 자본의 특수한 형태이자 특수기관이다.

3. 국가가 노골적 폭력형태로 나타날 것인가 법치적 폭력형태로 나타날 것인가는 자본관계 속에 통합된 계급적·생태적·성적·인종적 역관계에 따라 결정된다. 전자는 전제주의 국가로, 후자는 법치주의 국가로 나타난다. 이 양자는 분명히 구분될 수 있지만 역사 속에서 이들은 순수하게 나타나지 않고 서로 혼합되어 나타난다.

4. 자본관계는 인간·비인간 다중들의 에너지를 가두고 짜내는 과정의 반복을 통해 재생산되는 관계이기 때문에 이 관계 내부에서-그것에-대항하고-또-넘어서려는 다양한 객체들의 비복종, 거부, 저항은 필연적이고 항상적이다.

5. 이러한 비복종과-저항의 움직임이 크면 클수록 국가폭력만으로 다스리기 어렵게 되고 그럴수록 자본과 관련 객체들 사이의 직접적이거나 대리적인 계약 합의의 필요성은 커진다. 자본의 입장에서는 그것이 자신이 직면한 위기를 완화시킬 수 있고 다중의 입장에서는 자본의 폭력을 일정한 한도 속에서 제어할 수 있기 때문이다.

6. 요컨대 계약적 합의의 공적 형태인 법과 법치는 자본관계에 대항하고 그것을 넘어서려는 다중의 움직임이 활발할 때 그것을 자본관계 내부에 가두어 자본관계의 기능으로 역전시키기 위한 자본의 전략이자 장치로서 발전한다.

한국에서 법치주의의 역사

1. 한국에서 법치주의는 1948년 제헌헌법에서부터 명목상으로는 규정되어 있었지만 실제의 정치는 법치보다 관료적 폭력통치의 성격을 더 강하게 띠었다. 특히 박정희 군사정권은 1961년 군사쿠데타로 집권한 후 1972년 이후 유신통치를 통해 초법적 폭력통치를 수행했고 이 시기에 계약주의적 법치는 배경으로 밀려났다. 이러한 폭력통치는 12·12 쿠데타와 5·18 광주민중항쟁 진압을 통해 집권하고 억압적 폭력통치를 계승한 전두환 군부정권 내내 지속된다.

2. 1987년 6월 시민항쟁과 7~9월 노동자투쟁은 수십 년간 지속된 이 군사적 폭력통치에 대한 저항의 전국적 종합이었다. 법치주의는 이 거대한 저항에 직면한 자본이 불가피하게 받아들일 수밖에 없었던 자기보호 조치였다. 그것은 직선제 개헌을 통해 제헌헌법의 법치주의를 부분적으로 회복하는 것으로 나타났다.

3. 법치주의의 부상 속에서 자본의 이윤 충동을 충족시키는 데 필요한 특수부대는 더 이상 군부가 아니라 검찰이었다. 검찰은 기소 선택권을 통해 자본에 자유를 주고 다중에게 공포를 주는 방식으로 자본의 기관으로 기능하기 시작했다.

4. 사회운동의 일부가 위로부터의 법치주의를 받아들임으로써 형성된 1987년 법치주의 체제의 형성기(노태우, 김영삼, 김대중 정권)에 자본권력은 군사정권에 대한 다중의 분노를 법치의 사법력으로 전화하는 데 일차 성공한다. 전두환, 노태우에 대한 구속은 그것의 표현이다.

5. 이명박 정권은 검찰권력을 2008년의 촛불투쟁을 억압하기 위한 (미네르바 이대성 기소), 그리고 언론장악을 위한 무기로(정연주 KBS 사장에 대한 기소, 광우병 소고기를 다룬 MBC PD 수첩에 대한 기소) 사용했고 그 과정에서 검찰권력은 강화되었다.

6. 이후 검찰권력은 박근혜 정권에 대한 다중의 분노와 촛불저항(2008년, 2016년)을 법치주의적 사법 과정 속으로 흡수하는 데 성공한

다. 국회가 다중의 뜻을 받아들여 대통령 박근혜 탄핵소추안을 가결한 후 법치주의적 사법 과정의 지배가 확립되었다. 헌법재판소의 파면 결정, 그리고 특검에 의한 형사처벌의 과정이 그것이다.

7. 촛불정권을 자임한 문재인 정권하에서 검찰권력은 '적폐청산'이라는 이름으로 수행된 법치의 주역이 되었고 이를 통해 사법적 정의의 표상으로 부상했다.

8. 2022년 5월 9일 윤석열 정권의 탄생과 검찰정권화는 그러므로 1987년 민주항쟁에 대한 법치주의적 흡수와 2008, 2016 촛불민주주의 투쟁에 대한 법치주의적 흡수의 결과이고 총결산이다. 이렇게 법치주의는 민주주의적 동력을 사법화함으로써 생겨난 산물이다.

법치주의 권력의 탈법성과 그 한계

1. 역설적인 것이 있다. 그것은 법치주의의 산물인 검찰정권이 법치주의와 상반되는 탈법적 행동을 자행한다는 것이다. '윤건희 = 김석열' 정권이 그것의 대표적 사례다. 김건희와 윤석열의 공천 개입에서 드러나듯, '윤건희 = 김석열' 정권은 선거와 같은 대표적인 공적 과정을 왜곡시키는 탈법행위를 서슴지 않으며 여론에 투영되는 민의, 민심 즉 국민의 뜻을 진지하게 고려하지 않는다.

2. 이것은 법치주의 권력이 자신을 법치 밖에 놓으며 자본의 계약적 합의가 지배(즉 농단)를 위한 기술에 불과함을 자백하는 것이다.

3. 법치주의 권력이 스스로를 법 밖에 놓는 한에서 법치는 다중을 속박하는 권력기술에 지나지 않는다.

4. 하지만 법이 계약적 합의인 한 자본과 그 권력은 원리적으로 법이라 불리는 계약적 합의 밖에 있지 않다. 권력은 아래로부터 다중의 요구와 감시가 약할 때 법 밖으로 나가며 그것이 강할 때 법 안으로 들어온다. 법치주의 권력은 기회주의적이다.

5. 법이 다중의 민주주의의 요구이자 섭정 장치의 하나로 되는 것은

이 때문이다. 다중은 공통하고 연합한 힘의 정도만큼만 자본의 권력을 법 안에서 운동하도록 제약할 수 있다.

법적 힘 대 윤리미학적 힘

1. 하지만 다중의 해방적 힘은 결코 법에서 나오지 않으며 다중의 해방적 욕망은 궁극적으로 법을 통해 실현될 수 없다. 다중의 힘은 법적 힘이 아니라 존재론적이고 윤리적이며 미학적인 힘일 뿐만 아니라 법을 초과하는 힘이기 때문이다.

2. 법이 다중에 의한, 다중을 위한, 다중의 섭정장치로 사용될 때에도 그 섭정을 이끄는 것은 법적 힘이 아니라 삶의 힘, 삶의 존재론적 윤리적 정동적 미학적 힘이다. 그것은 제정된 법을 따르는 법치주의적 힘이 아니라 법을 제정하는 제헌적 미적 구성력이다.

3. 그것은 법치 속에서 그것에 대항하며 그것을 넘어서는 섭정의 힘이다. 촛불 다중이 "윤석열은 퇴진하라!"고 명령할 때 그것은 단순히 "법을 지키라"고 요구하는 것이 아니다. 만약 현행법을 어기면서 다중의 삶을 돌보는 정치를 펼친 어떤 대통령이 있을 때 촛불 다중이 법을 어겼으니 퇴진하라고 명령할 것인가 아니면 법을 고치게 만들어 그 대통령이 다중의 삶을 돌보는 정치를 계속하도록 할 것인가?

4. 자본권력의 탈법성은 이윤 충동에서 오지만 다중활력이 법을 넘어서는 힘은 그것의 윤리적·미적 충동에서 온다.

법치의 장 속에서 그것을 넘어설 길

1. 법치의 장은 질적으로 다른 이 두 법외적 충동이 법이라는 대리자를 내세워 싸우는 대리전의 무대이다.

2. 이 무대는 가설무대일 뿐 상설무대가 아니다. 그것은 결코 영원할 수 없다.

3. 자본주의의 틀 속에서 법치의 한계는 계엄, 전쟁 등 적나라한 적

대와 폭력통치로의 전환을 통해 드러나지만 탈자본주의의 방향에서 그것의 한계는 자본과 그 권력에 내재한 적대의 청산을 통한 법적 관계 자체의 해소로서 다중의 공통화를 통해 실현될 수 있는 것이나. 상이한 개체들 사이의 계약이 아니라 특이자들 사이의 공통화를 관계의 원리로 만드는 것이다.

4. '윤건희＝김석열' 법치주의 정권의 탈법성에 대한 고발, 비판, 처벌의 투쟁은 법의 이름으로 시작될 수 있다. 하지만 그 투쟁의 완성은 법 안에서 이루어질 수는 없다. 법은 본질적으로 탈법적 성향인 법치주의 정권의 (가설무대이지만) 핵심적인 무대이고 재충전의 장소이기 때문이다.

농단 아래의 법치

2024년 11월 2일 토요일

2024년 가을이다. 지난 며칠 동안은 그동안 안개 속에 희미하게 가려져 있던 윤석열 정권의 실상이 또렷하게 드러나는 시간이었다. 부끄럽게도 거기에 윤석열이 내 걸었던 '공정, 상식, 통합'의 기치를 우스꽝스럽게 만드는 힘들이 또아리를 틀고 있었다. 공정이 아닌 편법, 상식이 아닌 몰상식, 통합이 아닌 억압이 악취를 풍기고 있었다. 법치가 아닌 탈법, 자유가 아닌 구속, 투명이 아닌 비밀이 윤석열 정치의 원리로 자리 잡고 있었다. 조국을 공정의 배신자로 낙인찍으면서 들어선 정권이면서 말이다.

카카오톡에 남은 문자메시지와 (아마도 스마트폰) 녹음기에 남은 음성이 불투명함을 닦아주는 객체들이었다. 그 사물들은 정직하게 사실을 기록하고 있었다. 텔레비전과 유튜브 등의 매체를 통해 무한수로 반복 재생된 음성통화 기록과 문자메시지들은 상식을 넘어서는 그것의 내용 때문에 충격적이었지만 특히 나의 관심을 끈 두 개의 기록이 있다.

하나는 10월 31일 더불어민주당이 공개한 명태균 녹취파일의 일부다. 명태균이 김영선에게 소리를 치고 있는 이 녹취파일에는 (1) "김건희가 권력을 쥐고 있잖아요!" (2) "김건희한테 딱 붙어야 본인이 다음에 6선 할 거 아닙니까?" (3) "권력 쥔 사람이 오더를 내리는데 본인이 왜 잡소리 합니까?" (4) "내가 지시받았댔잖아. 오더 내려왔다 했잖아." (5) "본인 생각이 왜 필요해요? … 시키면 시키는 대로 하이소, 그냥."이라는 내용이 담겨 있다.

김영선은 22대 국회의원으로서 국민이 선출한 국민의 대표다. (여기서는 그에 대한 공천 자체가 탈법적 방식으로 이루어졌다는 점은 무시하겠다.) 국민의 대표에게 아무 "잡소리" 하지 말고 자신에게 전달된 김건희의 "오더"를 받들라고 말하고 있는 명태균은 누구인가? 그는 어떤 공직도 갖지 않은 사람이며 불법여론조사로 공직선거법을 위반하여 벌금형을 받았고 승진 로비를 빙자한 뇌물 수수로 사기죄 유죄를 받은 범죄 이력을 갖고 있는 인물이다. 그는 이 대화에서 위로부터의 오더를 전달하는 매개자의 자리에 자신을 위치시킨다. 권력의 수직적 위계 사다리에서 국회의원 위에 있는 인물이라는 의미다.

그렇다면 명태균에게 "오더"를 내렸다는 김건희는 누구인가? 널리 알려져 있듯이 그는, 부동산 투기꾼이자 통장 잔고 위조로 실형을 선고받은 최은순의 딸이며 학력 위조, 주가조작, 공천 개입 등 다양한 범죄 혐의로 의심을 받고 있는 인물이다. 그런데 명태균은, 대통령 윤석열의 부인일 뿐 어떤 공적 권력도 갖고 있지 않은 김건희가 어떤 의미에서 "권력을 쥐고 있"다고 인식하고 있을까? 그 이유는 2022년 5월 9일 윤석열-명태균 대화에서 드러난다.

윤석열 : 거 저 공관위에서 나한테 들고 왔길래. 내가 '김영선이 경선 때

부터 열심히 뛰었으니까, 그건 김영선이를 좀 해줘라' 그랬는데. 말이 많네, 당에서.
명태균 : 진짜 평생 은혜 잊지 않겠습니다. 고맙습니다.

다음은 2022년 6월 15일에 명태균이 지인에게 5월 9일 대화를 들려주면서 해석해 주는 대목이다.

지 마누라가 옆에서 '아니 오빠, 명 선생 일 그거 처리 안 했어? 명 선생님 이렇게 아침에 어, 이래 놀라셔 가지고 전화 오게끔 만드는 게, 이게 오빠 이거 오빠, 대통령으로 자격 있는 거야?' 그리고 처음에 뭣이 말이 많은지. '나는 했다, 나는 분명히 했다'라고 마누라 보고 얘기하는 거야. '그 장관 앉혀 뭐 앉혀' 아무것도 모르는데, '이거 앉혀라, 저거 앉혀라' 안 한 거야. 그리고 마누라 앞에서 했다고 변명하는 거야. 내가 '평생 은혜 잊지 않겠습니다' 했는데 '알았어. 내가 됐지?' 지 마누라한테 그 말이야. 마누라가 또 옆에서, 그리고 바로 끊자마자 지 마누라한테 전화 왔어. '선생님 윤상현이한테 전화했습니다. 보안 유지하시고, 내일 취임식에 꼭 오십시오.' 이러고 전화 끊은 거야.

남아 있는 모호함은 이 두 대화에 대한 더불어민주당 의원 노종면의 추가 해설을 읽어보면 어느 정도 풀린다.

이 대화에서 명태균 씨는 그 당시 통화, 여러분들 아시겠지만 저 통화는 2022년 5월 9일 통화 내용입니다. 그 통화 내용을 한 달 뒤인 6월 15일에 지인에게 들려주는 상황이고요. 그때 저 통화 내용과 관련된 부연 설명을 합니다. 저 통화 당시에 대통령 바로 옆에 김건희 여사가 있었다는 내용이 주된 내용이고요. 그리고 대화 내용 보면 당에서 말이 많다, 이런 얘기들에 대한 부연들. 그리고 저 대화가 명태균 씨와 대통령 사이에 이루어진 대화지만 사실은 김건희 여사에게 윤석열 대통령이, 이른바 보고하는 그러한 본질을 가지고 있다고 명태균 씨가 그 당시에 주장을 했습니다.

이 상황에서 윤석열에게 대통령의 자격을 부여하는 자는 김건희다. 주지하다시피 한국의 공직선거법은 대통령을 비롯한 공무원이 그 지위를 이용하여 당내 경선 운동을 하는 것을 금지하고 있고 선거에 영향을 미치는 행위를 하는 것 역시 금지하고 있다. 그런데 김건희는 대통령 당선인이자 하루 뒤(5월 10일)에 대통령이 되는 윤석열에게 당내경선에 개입하여 김영선을 국회의원 후보로 공천하는 데 영향력을 행사하도록 요구하고 이러한 불법을 행하는 자만이 대통령 자격이 있다고 압박하고 있다. 이에 호응하여 윤석열은, 경선 때 자신을 위해 봉사한 김영선을 공천 "해줘라"라고 당에 영향력을 행사했다는 사실을 수화기를 든 명태균(과 자신의 옆에 있는 김건희)에게 보고함으로써 자신이 "대통령 자격"이 있음을 확인하고 있는 것이다.

2016년 12월 박근혜-최순실 게이트 특검 수사팀장이자 문재인 정부의 검찰총장으로서 법치주의자의 이미지를 쌓고 그 이미지를 주요 자산으로 대통령에 당선된 윤석열은 취임을 하루 앞둔 날 탈법이야말로 대통령의 자격으로 자신이 행할 업무임을, 그리고 그 업무를 수행했음을 김건희에게 보고하고 있다.

그렇다면 우리가 대한민국은 법치국가라고 말할 수 있을까? 아마 여전히 그렇다고 말할 수 있을지 모른다. 하지만 그 법치法治는 범죄가 다스린다는 의미에서의 범치犯治 아래에 종속되어 있다. 범치세력이 저 높은 곳인 농단壟斷에서 법치의 뇌수를 빼먹으며 살아가고 있다. 윤석열 정권 위에는 그 정권을 노예로 삼고 사익을 챙기며 "오더"를 내리는 그림자 정부가 있다. 국회의원도, 검찰도, 대통령도 그 그림자 정부의 "오더"를 받고 "잡소리" 없이 움직이는 국가, 이것이 나라일까?

트럼프 당선이 말해 주는 것 : 미국은 어디로 가고자 하는가?

2024년 11월 7일 목요일

오래전부터 "대다수 미국인들은 '미국이 잘못된 방향으로 가고 있다'고 생각한다"고 언론들은 계속해서 보도해 왔다. 하지만 무엇이 잘못된 것인지, 무엇이 잘하는 것인지는 여전히 오리무중이다.

2024년 대선에서 트럼프를 대통령으로 선출한 미국인들이 미국을 잘된 방향으로 한 걸음 옮겨 놓는 것인지 그 반대인지 우리는 아직 분명하게 알 수 없다. 하지만 투표의 경향을 통해, 다시 말해 트럼프가 선거 승리에서 얻은 지지표의 움직임을 통해 미국인들의 다수가 지금 무엇을 원하고 있는지는 어느 정도 짐작할 수 있지 않을까?

미리 결론부터 말하자면 2024년 미국 대선은 한마디로 '제국 미국'에서 '강대한 미국'으로의 방향 전환으로 압축될 수 있다고 생각한다. 세계를 지휘하는 군주국 미국이 아니라 다른 국가들과의 경쟁에서 이겨 돈을 벌 수 있는 부자 국가로서의 미국이 되고 싶어 한다는 것이다. 이런 맥락에서 보면 2016년 이후 두 번째의 트럼프 집권은 미국이 제국의 군주국 지위를 유지하는 것의 불가능성을 확인한 미국 국민들이 미국 국력의 지속적 약화를 인정하고 이러한 현실 속에서 살길을 찾아나가는 길을 선택한 것으로 이해할 수 있을 것이다.

당연히 그 노력은 자기 보존을 위한 보수적 선택일 수밖에 없다. 트럼프의 "미국 우선"은 일국주의로의 회귀를 압축하는 슬로건이다. 그러므로 "다시 미국을 위대하게"는 제국으로의 복귀를 의미하는 것으로 볼 수 없다. 그것은 국민국가 미국의 강대함을 지시하는 슬로건이다. 위대함이 목표가 된다는 것은 현재의 취약함을 인정하는 것이다. 세계에 대한 지도력이 없음을 자인하는 것이다. 그것은 국민국가의 강화를 통해 도달하려는 위대함이다. 이런 역사적 맥락을 고려한다면 바이든 시대는 포스트제국을 향한 미국의 욕망이 희비극으로 끝난 한 시기로서 자리매김될 수 있을 것이다.

나는 오늘 2024년 미국 대선 결과에서 드러나는 네 가지 특징을 트럼프가 확보한 지지력을 중심으로 추출해 보려고 한다.

첫째는 2016년 선거에서 트럼프의 지지층으로 나타난 저학력의 백인 남성 노동자들이 2024년 선거에서는 선거 시기에 부는 일시적 바람이라고 할 수 없는 지지력으로, 즉 의식적이고 확고한 지지력으로 나타났다는 사실이다. 이 지지력에 이전 선거에서 민주당을 지지했던 청년층이 트럼프 지지력으로 전환했다는 것을 더하는 것이 필요할 것 같다.

저학력의 백인 남성 노동자들과 새로이 노동 시장에 진입하는 청년 남성층은 두 가지 종류의 경쟁자를 갖고 있다. 하나는 흑인 및 이주민이며 또 하나는 여성이다. 상대적으로 교육 수준이 높은 고학력 백인 남성 노동자들이 일자리와 임금, 그리고 복지 기금을 놓고 흑인, 히스패닉이나 여성과 경쟁할 가능성이 낮은 것에 비해 이들은 흑인, 히스패닉, 여성과 직접적으로 경쟁하고 있기 때문에 일자리와 임금, 그리고 복지 수혜에서 유리한 입장에 놓이기 위해서 손쉬운 방책으로 성차별과 인종차별 그리고 이민 금지를 필요로 한다. 이들에게 트럼프는 이 경쟁에서 이길 수 있는 정치적 도구로 사고된다.

이들은 척박하고 불안정한 삶에서 벗어나 안정을 원하는 것뿐이지만 신자유주의적 자본주의가 강제하는 일자리 확보나 임금 인상과 같은 개인주의적이고 경쟁주의적인 시스템과 세계관 속에 갇힌 채로 그것을 원하고 있다는 점에 문제가 있다. 다시 말해 서로를 경쟁시키는 자본주의 프레임을 타파할 힘(조직력과 사상력 등)을 확보하지 못한 상태의 절망감과 두려움 속에서 삶의 안정을 기대하고 있는 것이 문제다.

둘째는 오바마 시기에 전폭적으로 오바마를 지지했던 흑인, 히스패닉계의 일부가 트럼프를 지지하는 방향으로 선회했다는 사실이다. 이러한 선회는 갑자기 나타난 것이 아니라 오바마 시기 이후에 꾸준히 지속되어 온 경향이다. 이것은 앞서 이주해온 흑인, 히스패닉계의 사람들이 사회 하층에서지만 어느 정도 안정되어 가면서 그 안정의 정도만큼 새로 이주해 오는 이주민들을 일자리, 임금, 복지 기금의 경쟁자로 여기게 되는 현실을 반영한다. 기존 이주민이 유입될 이주민을 경계하면서 보수화되고 있다는 의미다. 이것은 등록 서류가 충분치 않은 이주민은 추방하고 국경 보안을 강화하면서 이주 금지 장벽을 확대해 나가겠다는 트럼프의 이민정책에 대한 지지 심리를 강화한다.

트럼프에 비해 상대적으로 이주에 포용적이지만 이주민을 미국 사회 하층에서 서로 경쟁하게 만들었던 민주당의 이민정책(이것의 최근 담당자가 바이든 정부의 부통령으로서 이주 억제 정책을 담당했던 카멀라 해리스다)은 이제 정치적으로 역설적인 효과를 내고 있다. 투표권을 가진 기존 이주민이 민주당에 등을 돌리는 현상이 그것이다. 이것은 이민에 대한 새로운 개념, 새로운 제도가 요구되는 시점에서 이민을 차별적이고 경쟁적이며 시혜적인 방식으로 배치하여 미국 자본주의의 동력으로 외삽하는 정책이, 트럼프의 반이민 정책만큼이나 낡아빠진 것임을 보여준다.

셋째는 이스라엘-하마스 전쟁의 효과다. 바이든 정부는 이스라엘을 지속적으로 편들었고 팔레스타인을 비롯한 아랍계 국가들에 대한 이스라엘의 전쟁을 지속시키는 데 중요한 역할을 수행했다. 이것이 전통적 민주당 지지층인 아랍계 주민들의 분노를 불러일으켰다. 이들이 전통적 투표 행태에서 이탈하여 투표를 포기하거나 심지어 트럼프에게 복수復讐 표를 던진 것은 이런 이유 때문이다.

바이든 행정부가 러시아-우크라이나 전쟁과 이스라엘-하마스 전쟁을 지속하는 이유는 군수산업이 바이든 행정부의 재정 기반 중의 하나라는 점 외에도 (트럼프와 달리) 민주당이 '제국 미국'의 지위를 유지하는 것에서 이익을 보려는 관점을 계속해서 갖고 있다는 점도 작용한다.

세계 여러 지역에서의 분쟁과 갈등을 관리해야 하는 '제국 미국'은 전쟁을 멈출 수 없는 체제다. 그것은 평화에 대한 세계시민들의 열망과 배치된다. 세계시민들은 전쟁의 즉각적 중지를 원한다. 미국이 다른 나라의 전쟁에 돈을 쏟아부을 필요가 없다는 트럼프의 주장은 철저히 자본주의적 경제 논리에 입각한 것이라는 점에서 성격을 달리하는 것이지만 전쟁을 멈춘다는 실효의 측면에서는 전쟁을 무한정 지속할 것으로 보이는 해리스의 어중간한 제국 논리보다는 나은 것으로 비추어질 수 있을 것이다. 하지만 트럼프는 '전쟁보다 평화'를 사랑하는 것이 아니라 '돈 안 되는 전쟁보다 돈 되는 전쟁'을 사랑하는 인물임을 잊지 않아야 할 것이다.

이상에서 언급한 세 가지 측면을 종합해 보면 미국의 시민들, 노동자들, 다중들은 신자유주의적 자본주의의 경쟁 질서 속에서 신음하면서 바이든 행정부하에서 심화된 인플레이션과 고물가의 고통을 벗어나 삶의 안전과 안정을 갈구하고 있으며 전쟁의 공포 속에서 평화를 갈구하고 있음을 보여준다. 물론 이것들이 자신보다 더 열악한 처지의 경쟁 상대에 대한 혐오와 차별을 수반한다는 것도 분명한 사실이다. 하지만 문제는 하루하루의 삶의 안전과 안정에 대한 갈구 그 자체가 아니라 살고자 하는 욕구를 혐오와 차별을 통해서만 실현할 수 있도록(실제로는 실현될 수 있을 것처럼!) 만드는 자본주의 체제의 원리다.

이 세 가지에 더하여 한 가지 특징을 더 이야기하는 것이 필요하다. 그것은 2024년 선거에서 미국의 가난한 하층 노동자들의 트럼프 지지는 미국의 돈주머니인 일론 머스크와 실리콘 밸리의 벤처 자본들의 트럼프 지지(그것은 한 표의 지지가 아니라 수천억 원의 지지였다)와 결합되어 있다는 사실이다. 이들의 트럼프 지지는 신자유주의에 대한 민주당의 부분적 규제정책에 대한 반대를 표현하는 것으로서 AI에 대한 윤리적 규제와 자율주행차에 대한 법적 규제를 철폐함으로써 디지털 시대 자본의 완전한 축적 자유를 실현하려는 정치적 시도다.

트럼프식 자본주의가 나아갈 경로나 그것이 미국과 세계의 다중들의 삶에 미칠 영향이 무엇인지를 충분히 가늠하기에는 나의 상상력이 너무나 부족하지만 그것이 고삐 풀린 화폐정치의 돌진으로 되리라는 것은 분명하다고 생각한다. 트럼프는 대선 승리를 선언하면서 미국의 "황금기"를 약속했는데 그것은 금의 시대, 돈의 시대, 화폐의 통치 시대를 표현하는 암구호일 것이다. 상품의 군주인 금이 트럼프의 이름으로 적나라한 통치를 선언하는 화폐정치의 시대에 우리는 무엇을 해야 할까?

폭력 대 평판 : 법 아래에서 법보다 근원적인
2024년 11월 10일 일요일

어제(2024년 11월 9일 토요일)는 2016~2017년 촛불봉기 이후 아마도 가장 많은 인파가 정권을 규탄하기 위해 태평로 일대를 뒤덮은 날로 느껴진다. 〈윤석열정권퇴진운동본부〉(이하 퇴진본부)의 1차 집회, 〈촛불승리전환행동〉(이하 촛불행동)의 촛불대행진, 5개 야당의 '제2차 국민행동의 날' 집회가 연달아 있었고 여기에 참가한 노동자·농민·학생·여성·청년·시민·당원들의 물결이 오후 2시부터 밤늦게까지 대한민국의 정치 심장부를 뒤덮었으며 그들의 분노의 함성이 윤석열 정부의 지배 질서를 뒤흔들었다.

다른 날과 달리 이날 눈에 띄는 것은 경찰의 복장과 행동 방식이었다. 전투복을 갖춰 입은 경찰이 집회에 참석한 시민들을 지키는 차원을 벗어나 집회 대오 외곽에서 국지적으로 집회 참여 시민들을 압박하거나 집회에 참가하려는 사람을 가로막아 충돌을 유발한다는 느낌을 주었다. 때로는 경찰이 시위대 속으로 들어와 집회를 공공연히 방해하는 모습도 볼 수 있었다. 윤석열 정부를 성토할 뿐 모든 것이 지극히 평화로웠던 집회에서 많은 노동자 시민들이 다치거나 심지어 앰뷸런스에 실려 나갔고 무려 11명의 시민이 공무집행방해로 체포되었다고 한다. 집회 방해도 '공무'인가?

경찰과의 충돌 양상이 뚜렷했던 퇴진본부 집회가 끝난 지 몇 시간 뒤에 열린 '국민행동의 날' 집회에서 단상에 오른 민주당 대표 이재명은 마이크를 잡자마자 '오늘 한 가지 눈에 띄는 변화가 있다'며 경찰이 나라의 주인인 국민의 집회 참가를 '불편'하게 만들고 있는 것이라고 비판했다. 그리고 이어 먼 나라(우크라이나)에 무기를 보내고 군인을 파병하려는 전쟁 책동을 멈추어야 한다고 강조했다. 두 달여 전인 지난 9월 1일에 그는 윤석열 정부가 계엄을 선포할 가능성에 주의를 기울일 필요성을 제기한 바 있다.

경찰, 전쟁, 계엄은 직접적으로 국가의 폭력과 연관되는 단어들이다. 경찰은 내치를 위한 행정폭력이며 전쟁은 다른 국가에 대한(대외전) 혹은 국내 정치세력의 도전에 대한(내전) 군사폭력의 행사이다. 계엄은 군부가 행정권과 사법권을 몰수하면서 (때로는 입법권까지 몰수하면서) 행사하는 군사폭력이다.

윤석열 정부의 임기 반환점에 왜 이렇게 폭력의 이름들이 정치의 전면에 등장하고 있는 것일까? 윤석열 정부는 정치는 곧 법치라고 선언하며 등장한 정부가 아닌가? 그 정부는 "법적으로 문제가 없다"면 어떤 행동, 어떤 조치도 가능하다고 주장해온 정부이다. 그런데 노동 개혁을 포함한 많은 개악들이 법치의 이름으로 강행되었다. 그리고 무엇이 법적으로 문제가 되는지를 판별하는 권한은 윤석열이 총장을 지낸 검찰에 주어져 있다. 검찰은 기소 선택권으로 법적으로 문제가 되는 것을 문제가 없는 것으로 덮어두거나 법적으로 문제가 없는 것을 문제가 되는 것으로 만들곤 했다. 윤석열 정부의 법치주의는 법 앞에서의 평등을 선언하면서 법 앞에서의 불평등을 실행하는 양두구육의 법치주의였다.

사람들 사이에서 선언과 실행 사이의 이 격차, 즉 법의 불공정한 행사에 대한 불만이 높아졌다. 이 고조된 불만은 지금 윤석열을 탄핵하라는 명령으로 구체화되고 있다. 대통령 윤석열에게는 이것이 의외의 것일 수 있을 것이다. '정치＝법치'를 통치의 '원칙'으로 삼는 그가 한 번도 진지하게 생각해 본 적이 없는 것이 있기 때문이다. 그것은 국가권력이 그렇듯이 법의 권력 원천이 국민인데 그 권력 원천인 국민은 법적 인간이기 이전에 사람들이며 사람은 법보다 더 근본적인 차원에 의지하여 사는 존재, 즉 법률적 존재 이전의 윤리적이고 미학적인 존재라는 사실이다.

다소 생소한 이야기일 수 있을 것이니 다른 말로 한 번 풀어보자. 요즈음 윤석열 정부의 태도가 '몰상식'하다는 말이 많이 사용된다. '상식'을 의미하는 영어의 common sense는 '공통감각'을 의미한다. 윤석열 정권이 '몰상식'하다는 말은, 사람들이 법 이전의 혹은 법에서 독립적인 삶에서 느끼는 공통감각과 배치되는 태도, 감각, 행동, 발화를 이 정권이 자주 보인다는 의미로 새겨볼 수 있을 것이다. 이것을 윤리적으로 선하지 않고 미학적으로 아름답지 않다는 말로 바꿔보면 어떨까?

"(법에 비추어) 문제가 안 된다"고 주장할 수 있는 것도 "(상식에 비추어서) 말이 안 된다"고 느껴질 때가 있는 것이다. 이것은 제도적으로 보면 법이 상식 "위"에 있지만 언제나 상식이 법 "아래"에서 법을 규율하는 '근원적' 힘임을 보여 주는 현상이다. 이전의 마을 공동체에서 행동을 규제하는 것은 '법'이 아니라 '평판'이었다.[7] 굳이 말하자면 평판은 상식의 작용, 상식에 의한 심판일 것이다. 한 국가의 대통령이 법률적 심급을 앞세우기에 급급한 나머지 이 평판의 차원을 망각하는 것은 커다란 실책이며 정치의 구멍일 것이다.

2024년 11월 10일 현재 윤석열 정권에 대한 평판은 바닥을 모르고

---

7. 전명산, 『국가에서 마을로』, 갈무리, 2012 참조.

추락하고 있다. 윤석열 정권의 법치는 평판의 추락을 가져왔고 사람들의 공통감각에서 윤석열은 더 이상 대통령 자격이 없는 것으로 인식된다. 헤게모니의 필수 요소 중의 하나인 동의의 지평에서 그는 이미 대통령이 아니다. 부인 김건희가 아무리 매일매일 대통령 자격을 반복해서 그에게 수여한다 해도 소용없는 일이다.

그런데 헤게모니의 다른 한 요소가 남아 있다. 억압과 폭력이 그것이다. 사법주의의 역설과 평판의 추락 이후에 어제 시청 주변에서 모습을 드러낸 것이 그 남은 요소가 아닐까? 며칠 전(11월 7일) 기자회견에서 그는 '2027년 5월 9일 임기를 마치는 그날까지 국민께 불편과 걱정을 드리는 일이 없도록 최선을 다하겠다'고 다짐했다. 그런데 광장의 목소리를, 윤석열은 퇴진하라, 윤석열을 탄핵하라, 윤석열을 타도하자는 분노의 함성을 고려하면 그 다짐 자체가 국민에 대한 조롱이자 도전임이 분명해지고 있다. 그 다짐이 바로 이틀 뒤에 국민들이 광장에 모이는 것을 방해하고 광장에 모인 국민을 압박하며 고의적으로 충돌을 야기하여 경찰폭력으로 집회 참가자들을 연행해 가는 것을 우리는 두 눈으로 똑똑히 목격하고 있기 때문이다. 동의가 사라지자 폭력이 움직이기 시작하고 있기 때문이다.

경찰폭력 말고도 꿈틀대고 있는 폭력이 있다. 군사폭력이 그것이다. 『워싱턴 포스트』는 지난해 12월에 이미, 한국 정부가 우회적 경로로 유럽 전체가 지원한 것보다 더 많은 살상 무기를 우크라이나에 제공했다고 보도했다. 최근 북한군의 러시아 파병을 계기로 한국군의 우크라이나 참관단 파견과 '국회 동의 없이 가능하다'고 하는 개별 파병이 구체적으로 검토되고 있는 이런 상황에서 윤석열 정부는 국민으로 하여금 '전쟁이 나지 않을까보다 전쟁을 내지 않을까 걱정'(이재명)하지 않을 수 없도록 만들고 있다. 국가권력이 국민 불안의 원천이 되고 있다.

지난 9월에 국민의힘 의원들은 민주당 대표 이재명이 '전시 상황'도 아닌데 계엄 우려를 표명한다면서 그것이 방탄용 정치공세 아니면 실성한 것이라고 비난했다. 그런데 윤석열 정권은 지금 고의로 '전시 상황'을 만들어 간다는 느낌을 주는 조치들을, 수많은 사람들의 불안과 수많은 사람들의 반대에도 불구하고 "최선을 다해" 밀어붙이고 있다.

어제 태평로에 위압적으로 등장해 집회 군중을 겁박하기 시작한 경찰의 행보가 드러내는 것이 무엇일까?, 다시 묻지 않을 수 없다. 평판이 추락해 더 이상 사람들의 동의를 얻을 수 없는 정권이 궁지에 몰려 의도적으로 내보인 폭력의 발톱이 아닐까?, 의심하지 않을 수 없다. 동의 없는 폭력의 지배는 언제나 비극적이었고 그러한 지배자는 결국 커다란 대가를 치렀다는 것이 역사가 우리에게 가르쳐주는 바이다. 하지만 그 비극에는 숱한 사람들의 고통과 희생이 수반된 것도 사실이다. 비극이 예감되는 이 상황에서 우리가 다른 길을 열어 나갈 수는 없을까?

징과 꽹과리
2024년 11월 13일 수요일

다큐멘터리 〈열 개의 우물〉(감독 김미례)은 서정적 음악, 조용한 말, 드물지 않은 웃음, 꾸밈없는 자연색의 파노라마 속에서 첨예한 논쟁을 제기하고 있는 영화로 다가왔다. 공간적으로는 인천(만석동과 십정동)과 충북 음성에 비교적 집중되어 있었지만 시간적으로는 한국전쟁에서 최근까지 약 70여 년의 긴 시간대를 회상 형식으로 오르내렸다. 상영 후의 토론(배주연, 김현미, 고정갑희, 심아정)에서도 그 일부가 제기되었지만 이 작품은 노동과 운동에서의 성별분업/성차별, 노동 대 삶, 돌봄과 노동, 아래로부터의 돌봄과 위로부터의 돌봄(즉 돌봄의 공공화), 운동과 행복 등의 주제들을 함축하고 있으면서 보는 이들로 하여금 이것들을 절박한 문제로 생각하도록 촉구한다.

영화를 본 지 시간이 얼마 흐르지 않았지만 오늘은 이 문제를 풀려고 달려들기보다 그것들을 장기간에 걸쳐 풀어야 할 숙제로 남겨 놓은 채 나의 마음에 깊은 여운과 함께 남겨진 한 가지 사물에 대해서만 이야기하고 싶다. 그것은 이 작품의 집단 주인공 중의 한 사람이면서 운동을 삶과 분리된 어떤 활동 분야로 특수화하기보다 삶의 일상적 장면의 하나로 하방하고자 하는 안순애의 마지막 대사 속에 나오는 꽹과리이다.

안순애는 〈열 개의 우물〉의 촬영 과정이 자신의 삶을 돌아보는 시간이었다고 말하면서 마지막 장면에서 그 돌아봄을 통해 얻은 어떤 깨달음 같은 것을 전달하려고 한다. 그는, 동학농민봉기 때에 아는 형을 따라 꽹과리를 치면서 나섰다가 앞에서 쏟아져 오는 총탄에 사람들이 마구 쓰러져 뒹구는 것을 돌아보던 중 문득 꽹과리를 다시 열정적으로 두드리는 어떤 청년에 대한 이야기가 생각난다면서 자신이 지금까지 해온 것이 그와 같은 '꽹과리 두드리기'가 아니었던가 생각이 든다고 말했다. 이 말에 그가 덧붙인 말이 "무섭기도 하고…"였다. 이 대목에서 안순애는 의미심장하게도 '꽹과리'라고 해야 할 대목에서 두 번 '징'이라고 잘못 말했다가 '꽹과리'로 바로잡곤 한다. 나는 이 실수를, 그의 무의식 안에서 징이 꽹과리와 구별되지 않고 혼동되거나 서로 뒤섞이거나 연결되어 있는 것의 흔적으로 읽고 싶다.

농악에서 꽹과리는 가락의 변화, 진을 짜는 방향과 순서, 개인의 기량을 펼치는 놀이의 차례를 지시한다. 한마디로 꽹과리는 농악대의 수장이자 지휘자의 역할을 한다. 이와 달리 징은 북이 기둥을 세우고 꽹과리와 장구가 장단을 채워나갈 때 그 장단의 전체를 웅장한 울음으로 감싸 나간다. 이런 의미에서 징은 농악대의 바탕 역할을 한다.

안순애는 "초등학교 졸업장을 받지 못한" 이른바 '저학력'의 노동자였지만 동일방직의 해고자 복직투쟁의 "투사"였고 〈한국노동조합총연맹〉(이하 한국노총) 대의원, 교육선전부장을 역임한 "선진" 노동자였다. 농민이 되어서도 그는 농민운동을 이끄는 "지도자", "활동가"의 역할을 했다. 하지만 영화에서 그는 선진노동자·투사·지도자·활동가라는 이름을 의식적으로 거부하면서 투쟁을, 살기 위한 것, 즉 일상적 삶의 한 단면으로 위치시키려고 한다. 그는, 누군가가 요약했듯이, "살기 위해 노동조합을 했고, 살기 위해 도망도 쳤고, 또 살기 위해 이장도 하고 여성 농민운동도 하게 됐다"[8]고 말하고 싶어 한다. 말하자면, 꽹과리 두드리기는 징 치기의 연속이었고 두 개가 분리되는 것이 아니었다는 것이다. 자신이 꽹과리를 두드렸지만 그것은 무서웠기 때문이라는 것이다. (물론 이 대답은 자본과 남성 어용노조에 맞선 안순애의 투쟁을 분노의 선도투쟁으로만 알고 있는 사람들에 대한 응답이므로 그 꽹과리 두드리기에 무서움만이 아니라 분노가 포함되어 있다는 것은 두말할 여지가 없을 것이다.)

안순애는 또 자신이 알았기 때문에 투쟁한 것이 아니라는 점을 강조한다. 이것은 당대의 (아니 지금까지도) 앎을 투쟁의 핵심으로 여기는 전위주의적 지향성과 감각에 대한 거부를 표현하는 것으로 읽힌다. 1970~1980년대의 전위주의는 선진노동자를 사회주의적 목적의식을 갖춘 전위의 전 단계 인간형으로 간주하곤 했다. 안순애는 전위주의를 명시적 비판 표적으로 삼고 있지는 않지만 그것과 거리를 두면서 자신을 투사로, 선진노동자로 불러세우려는 사람들의 손을 뿌리치기라도 하려는 듯이 꽃을 보아도 아름다움을 느낄 줄 모르는 자신 대신에 별꽃을 사랑할 줄 아는 자신을 선택하려고 했고(농촌으로의 도주) 그것이 좋았다고 말한다.

안순애의 꽹과리 두드리기가 깨달은 자, 아는 자의 선도 행위가 아니라 "모름"과 "무서움"을 수반한 몸부림이었다는 점은 내가 보기에 중

---

8. 림보(kilsh), 「나의 경험과 공명하는 영화」, 『오마이뉴스』, 2024년 3월 13일 수정, 2025년 7월 3일 접속, https://star.ohmynews.com/NWS_Web/OhmyStar/at_pg.aspx?CNTN_CD=A0003010094.

요하다. 조금 깊이 생각해 보면 안순애가 말한 저 동학 청년의 꽹과리 두드리기는 앞뒤 좌우의 사람들이 총탄에 쓰러져가는 것을 둘러보고서 더 강렬하게 전개되는 몸짓임이 분명하다. 무서움 때문에 치는 그 꽹과리 두드리기에서 우리는 세 가지 요소를 식별해 볼 수 있다.

하나는 둘러보는 돌봄이다. 그 꽹과리 소리는 주변을 둘러본 후에 나오는 소리이다. 그 둘러봄은 자신이 속한 농민 대오를 지키고자 하는 돌봄의 행동으로 이어진다. 돌봄은 둘러봄에 내재하는 것으로서 뒤로 돌아봄과 앞을 내다봄을 매개하는 행동이다. 앞을 내다보면서 뒤를 돌아보는 것, 혹은 뒤를 돌아보면서 앞을 내다보는 것이 돌봄이다.

또 하나는 상황적 앎이다. 꽹과리는 앞에서 적들이 총을 쏘고 있고 주변에서 동료들이 그 총알에 맞아 죽어가는 상황에 대한 앎을 갖게 된 후에 울려 나오는 것이기 때문에 명확히 상황적 앎을 포함한다. 꽹과리 두드리기는 이 상황적 앎을 자신의 동료들에게 전달하는 행위이다.

세 번째 요소는 공감, 연대, 규합의 효과이다. 총탄을 뚫고 흐르는 꽹과리 소리는 농민군들을 불러 모아 흩어질 위기의 힘들을 연결함으로써 그 자리에서 무엇이 가능할지를 집단적으로 생각해 내도록 자극하는 효과를 불러일으킨다. 이때 징 소리는 꽹과리 소리를 외롭지 않게 만들고 집단적 투쟁력의 저변을 넓히는 힘으로 작용할 것이다.

〈열 개의 우물〉에서 꽹과리는 마지막 장면에서 안순애의 입을 통해 자신의 삶을 돌아보는 이미지로 언표되지만 그 이미지는 이 영화 전체를 돌아보는 이미지로도 작용한다. 만석동과 십정동에서 전개된 빈민운동과 탁아운동 역시 가난이라는 재난과 그 때문에 방치되는 아이들을 돌아보는 둘러봄과 돌아봄, 그리고 내다봄의 행동이었기 때문이다. 노동운동, 농민운동의 안순애가 자신의 삶을 모름과 무서움 속에서 행한 꽹과리 두드리기로 묘사한 덕분에 우리는 인천 지역에서 빈민운동과 탁아운동을 해 온 사람들(홍미영, 유효순, 신소영, 김현숙 등)의 삶을, 나아가 우리 자신을 포함한 이 세상 모든 사람들의 삶을 가깝거나 먼, 크거나 작은 징 소리에 뒤섞인 어떤 꽹과리 소리로 느낄 수 있게 되기 때문이다.

오늘 나는 '나는 역사를 바꾸거나 혁명을 하려고 싸운 것이 아니라 뒤로 물러설 곳이 없어서 싸울 수밖에 없었던 것이다'로 시작하여 '나의 삶은 날아오는 총탄에 죽어가는 동료들을 돌아보면서 꽹과리를 두들긴 동학농민군 청년의 몸짓과 다름없었다'로 끝나는 〈열 개의 우물〉에 나타난 징과 꽹과리 이미지에 대해 생각해 보았다. 여러분은 어떻게 보았는지 궁금하다.

비밀의 숲 대통령실과 '직원 명단 공개 소송'
2024년 11월 14일 목요일

오래전부터 매일 사람들에게 불쾌감을 주고 사람들을 흥분하게 만드는 소식, 그러니까 좋지 않은 소식을 흘려보내는 국가기관이 몇 군데 있었는데 아마 검찰이 대표적인 기관일 것이고 그다음으로는 대통령실일 것으로 생각된다. 뉴스는 줄곧 "대통령실이 이렇게 말했다, 대통령실은 이렇게 반응했다, 아직 대통령실에서는 어떤 응답도 없다…" 등등의 방식으로 대통령실의 동태를 독자, 시청자들에게 전해 왔다.

여기서 "대통령실"은 하나의 집합주어로 사용되면서 하나의 집합주체로서 생각하고 판단하고 행동하는 것으로 나타난다. 그런데 우리는 그 "대통령실"이 누구인지 알 수 없다. 그곳은 비밀의 숲이다. 누가 그 집합주체의 구성원일까? 그 구성원들은 어떤 자격으로 그곳에 있는 것일까? 국민들의 세금으로 월급을 받는 것이 분명할 그들은 거기에서 무슨 일을 하는 것일까? 왜 그들이 사람들을 불쾌하게 하고 사람들을 고통스럽게 만드는 말과 행동을 일삼는 것일까? …궁금증은 끝이 없지만 말끔한 답이 없다.

그런데 『뉴스타파』와 〈투명사회를 위한 정보공개센터〉가 "도대체 대통령실에서는 누가 일하고 있는가?"라는 우리의 이 질문을 "윤석열 대통령실 직원 명단 공개" 소송으로 제기하여 1심, 2심에서 승소하고 대법원판결을 기다리고 있다는 반가운 소식을 전한다.[9] 나는 이것이 아래로부터의 섭정행동의 한 사례로서 중요한 의의를 갖는다고 본다. 대통령실은 상식적으로도 말이 되지 않는 비공개 사유들(행정 보안, 보안 인사의 비밀 유지, 개인정보보호)을 들고 있는데 대법원이 이에 대해 법리적으로 명확한 부적합 판정을 내려 대통령실이 비밀의 공간이 아니라 국민들의 감시가 가능한 투명 공간으로 변화하는 길을 열어주길 바란다.

시청에서 광화문으로 행진하며 떠오른 두 가지 질문
2024년 11월 30일 토요일

오늘(2024년 11월 30일) 태평로 촛불집회가 끝나고 광화문을 거쳐 정부서울청사 뒷문까지 행진이 이어졌다. 몇 그룹으로 나뉜 시위대를 각각 한 대씩의 시위 트럭에 올라탄 선동가가 이끄는 가운데 이 시위 그룹들의 맨 선두에서는 농악대가 흥을 돋우며 시위대 전체의 행진을 이끌었다. 꽹과리·북·장구 등등의 사물 소리가 어우러져 내는 소리가 시청광장, 청계천, 광화문 네거리를 진동시켰다. 악사들은 말할 것도 없고 행인들도 흥이 나서 덩실덩실 춤을 추었다. 시청광장 앞에서 백

---

9. 「1·2심 모두 승소… '윤석열 대통령실 직원 명단' 최초 공개 임박 - 뉴스타파」, 〈뉴스타파 Newstapa〉 유튜브, 2024년 11월 13일 수정, 2025년 7월 2일 접속, https://www.youtube.com/watch?v=sYoqOTu8To8.

발의 한 할아버지는 신호등에서 덕수궁 쪽으로 길을 건너려다 말고 들고 있던 가방을 길바닥에 내려놓은 후 리듬에 맞춰 눈을 감고 손과 발을 오르내리며 무아지경의 춤을 추었다. 얼마 동안 춤을 추다가 문득 농악대가 자신의 가방을 밟을 수 있다고 생각했는지 그 가방을 인도 쪽으로 올려놓고 다시 춤을 추었다. 탈근대적 인지자본주의 시대의 집회와 시위를 고대적이거나 중세적인 농악대가 이끈다는 것은 무엇을 의미할까? 왜 농악이 우리에게 지금도 감동을 주는 것일까? 농악이 그것의 생성 조건을 넘어서는 보편성을 갖고 있기 때문일까? 농업이 지금도 중요한 산업으로 지속되고 있기 때문일까? 맑스는 그리스 서사시가 수십 세기를 넘어 자신의 시대에도 지속적으로 감흥을 주는 이유를 풀어야 할 숙제로 남겨 두었다. 마찬가지로, 수천 년 전에 탄생한 농악이 그것을 산출한 조건이 사라지거나 크게 약화되었는데도 오늘날 우리에게 여전히 감흥을 주는 이유도 우리가 풀어야 할 숙제로 다가온다.

 2024년 11월 2일 민주당의 서울역 집회가 끝났을 때 참가자들 대부분은 연이어 촛불행동의 촛불집회가 열릴 장소인 태평로와는 반대 방향인 서울역 방향으로 흩어져 갔다. 일부의 대오가 태평로 쪽으로 왔는데 숭례문 앞에서 촛불행동 활동가가 "함께해 주세요"라고 외치고 있었는데도 불구하고 대오의 상당 부분은 그냥 깃발을 접고 대절 버스를 타고 돌아가거나 다른 곳으로 흩어져 갔다.

 2024년 11월 30일 풍경은 달랐다. 정부서울청사 뒷문에서 촛불대행진을 마친 촛불행동 대오는 정리 집회를 마치고 나서 행진 대오를 일정하게 유지한 채 광화문-경복궁 앞에서 열리고 있던 민주당의 국민행동 5차 집회로 걸어가 집회 대오 속으로 조용히 스며들었다. 11월 2일의 집회 풍경과는 사뭇 다른 이 풍경은 무엇을 의미할까? 민주당의 당원들이 촛불시민들을 과격하다, 급진적이다라고 보았기 때문일까? 당의 조직원이 촛불시민에 비해 더 정체성주의적이기 때문일까? 촛불시민이 전략적 관점에 더 충실하기 때문일까? 아니면…다른 무엇 때문일까?

2장
내란을 혁명으로

빛의 시민의 등장과 탄핵광장

2024. 12. 3 ~ 2024. 12. 14

내가 겪은 비상계엄
2024년 12월 4일 수요일

　국회와는 전혀 인연이 없는 내가 하루에 두 번 국회에 가게 될 줄은 몰랐다. 오전에는 '조광조의 사림개혁 정치와 대한민국 정치개혁의 방향' 심포지엄에 참가하기 위해 의원회관 9간담회의실에 갔다 왔는데 밤에는 윤석열의 비상계엄 선포에 항의하는 시위에 참가하기 위해 다시 국회 앞에 가야 했기 때문이다.

　12월 3일 밤 11시 조금 넘어 공중파에서 이미 방송이 끝난 저녁 뉴스의 마지막 부분을 유튜브로 시청하던 중에 도서출판 갈무리 운영대표 신은주로부터 계엄령이 선포되었다는 소식을 전해 들었다. 나는 저녁 뉴스에도 나오지 않았는데 뭔가 잘못된 정보겠지 생각하며 온라인 신문을 검색해 보았다. 그런데 사실이었다. 지난 11월 10일에 나는 페이스북에 '윤석열 정부가 계엄령을 선포할 가능성이나 전쟁을 일으킬 가능성에 주의를 기울일 필요'에 대해 쓴 바 있다.1 하지만 그것이 어제 같은 상황에서 어제 같은 방식으로 닥쳐오리라고는 전혀 상상하지 못했다.

　상황을 좀 더 구체적으로 파악하기 위해 여러 채널, 사이트, 신문을 검색하던 중에 포고령 1호가 발령되었다. 출판인의 한 사람으로서 "모든 언론과 출판은 계엄사의 통제를 받는다"는 포고령 3조에 대해서는 경악하지 않을 수 없었다. '막아야 한다'는 생각이 들었다. 선포된 비상계엄을 무효화할 수 있는 근본적 힘은 국민에게 있지만 일차적 힘은 국회에 있다. 그런데 포고령 1조는 "국회와 지방의회, 정당의 활동과 정치적 결사, 집회, 시위 등 일체의 정치활동을 금한다"고 되어 있었다. 어처구니없는 포고였다. 국회의 무효화 의결을 막기 위해 입법부의 정치활

---
1. 조정환,「폭력 대 평판 : 법 아래에서 법보다 근원적인」,〈페이스북〉, 2024년 11월 11일 수정, 2025년 6월 23일 접속, https://buly.kr/9tArZJp (이 책 46쪽).

동까지 금지한다는 내용이었기 때문이다.

국회에 집결하는 데 '의원이 빠른가 군인이 빠른가'가 사태를 결정짓는 기준으로 등장한 시간이었다. 국회에 국회의원이 집결하여 그 과반수가 계엄을 무효화해야 하는데 국회 출입문에서 경찰들이 의원들의 국회 진입을 차단하고 있었다. 민주당 대표 이재명은 의원들만으로는 역부족이니 나라의 주인이신 국민 여러분께서 국회로 와야 한다고 호소하고 있었다.

국회 앞에 약 1,500명의 시민들이 모여 경찰, 계엄군과 대치하고 있다고 했다. 유튜브 방송 화면에서 시민들의 수가 너무 부족해 보였다. 밤 12시경 신은주와 국회로 가기로 하고, 퇴근하여 쉬고 있던 편집부 김정연에게 운전 요청을 하여 셋이 함께 국회로 향했다. 150명의 국회의원이 국회에 모였다는 소식이 들렸다. 그중에 한 명만이라도 반대표를 던지면 계엄 무효화 의결이 안 되지 않는가? 더 많은 의원이 국회에 도착해야 했다.

올림픽대로에서 국회의사당으로 좌회전하는 교차로에 차가 밀려 아수라장이 되어 있었다. 더 이상 진행할 수가 없었다. 차에서 내려 걸어서 국회 정문으로 갔다. 의원회관 앞 도로에 경찰차가 즐비한 가운데 차와 인파에 끼어 움직이지 못하고 있는 장갑차와 군인들도 보였다. 도착하니 1,500명보다는 훨씬 더 많은 시민들이 정문과 도서관 입구, 그리고 의사당 앞 도로에서 무리지어 구호를 외치고 있었다. "계엄해제, 독재타도" 구호가 "윤석열을 체포하라"로 바뀌었다. 이때가 새벽 1시경. 계엄군이 국회로 진입하려고 시도하는 가운데 190명의 국회의원들이 만장일치로 계엄무효를 결의했다는 반가운 소식이 들렸다. 계엄군이 국회에서 물러나 여의도 둔치로 병력을 뺐다는 소식을 들은 시민들은 더욱 자신감을 얻은 것으로 보였다. 한 시민은 "우리가 온 마음으로 기다려온 오늘이다"라고 몇 번이나 외친 후 윤석열 세상이 오늘로서 끝날 것이고 그것을 기뻐하자는 취지의 연설을 했다. 〈전국민주노동조합

총연맹〉(이하 민주노총)은 총파업을 결의하고 오전 9시에 광화문에서 집결하겠다고 발표했다. 몇 시간 뒤 〈한국작가회의〉에서도 9시에 광화문 이순신 장군 상 앞에서 위헌적인 비상계엄 선포라는 폭거에 저항하는 집회를 가지겠다며 참여를 호소했다.

새벽 5시경 숙소로 돌아와 선잠을 잔 후 광화문 집회에 참가하기 위해 홍대 2호선 지하철역에 들어섰다. 계단에 『한겨레신문』과 『경향신문』의 호외가 뿌려져 있었다. 『한겨레신문』 호외는 "윤 대통령 계엄령, 국민에 대한 반역이다"라는 제호를, 『경향신문』 호외는 "반헌법적 계엄 선포, 국민에 대한 반역이다"라는 제호를 달고 있었다. 광화문 광장에 도착하니 이미 공식 집회는 끝나고 자유 발언이 진행되고 있었다. 한 청년은 "노동자들이 앞장서서 싸워 왔다는 이야기를 많이 들었다"며 "이번에도 노동자 여러분들이 앞장서 싸워주시기 바란다"고 당부하는 연설을 했다.

국회가 오늘 당장 윤석열 탄핵을 결의해야 한다는 것이 발언자들 대부분의 주장이었다. 진행자는 오늘 탄핵소추안을 제출해도 다음 날 심사를 거쳐 이틀 뒤인 6일, 금요일 본회의에서 탄핵을 의결할 수 있다며 불가피하게 필요한 시간을 또박또박 알려주었다.

조국혁신당과 기본소득당, 사회민주당은 지금까지 탄핵 방침에 동의해 왔다. 조국혁신당은 이번의 위법적이고 위헌적인 비상계엄선포만으로 탄핵사유가 충분하니 탄핵을 해야 한다고 주장했다. 지금까지 탄핵과는 거리를 두고 있던 민주당도 탄핵 방침을 결정한 것으로 알려졌다. 문제는 국민의힘이다. 계엄무효화 의결에는 18명이 찬성표를 던졌지만 그들이 탄핵안에 찬성표를 던질지는 더 두고 보아야 한다. 향후 이틀 동안 시민들이 그들을 압박하여 탄핵에 찬성할 정치 심리를 갖도록 만들어야 한다. 가능한 모든 방식으로 시민-다중의 섭정행동을 가속해야 한다. 집회에 참석한 사람들은 매일 밤 6시 광화문에 모여 광장을 지키자고 약속했다.

늦은 아침 식사를 하러 세종문화회관 뒤 식당에 들렀는데 집회에 참가했던 노동자와 시민들로 식당은 때아닌 호황을 누리고 있었다. 식당 안은 비장한 성토장의 분위기라기보다 왜 대통령 윤석열이 저토록 비정상적인 판단과 행동을 했는가 하는 수수께끼를 풀어내려는 쾌활한 경연장 같은 분위기였다.

윤석열-파라노이아-자유민주주의-위헌적-계엄정권
2024년 12월 5일 목요일

2024년 12월 3일 밤 11시 30분경 대한민국 전역에 선포된 계엄포고령에는 윤석열 정권이 누구를 적대시하고 있는지, 그 세력들의 윤곽이 그려져 있다. "대한민국"에 "체제전복 위협"을 가하고 있는 "반국가세력"은 누구인가? 조금 자세히 들여다보자.

1. 국회와 지방의회, 정당의 활동과 정치적 결사, 집회, 시위 등 일체의 정치활동을 금한다.

당, 정치단체가 적이다. 집회와 시위에 나서는 시민도 적이다. '일체의 정치활동'이 적이다.

2. 자유민주주의 체제를 부정하거나, 전복을 기도하는 일체의 행위를 금하고, 가짜뉴스, 여론조작, 허위선동을 금한다.

이 포고문의 한 글자 한 글자가 자유와 민주주의에 대한 압살 의도를 표현하고 있다. 계엄군과 경찰을 보내 국회의원의 국회 출입을 가로막고 유리창을 부수고 국회에 난입하여 국회의원이나 당대표들을, 국회의장을 체포하려는 행위, 사람들의 평온한 일상을 전복하여 밤새 차가운 여의도 밤거리에서 떨며 경찰, 계엄군과 맞서지 않을 수 없도록 만드는 행위. 이런 쿠데타 행위를 자행하는 정권이 적으로 선포하는 것은 "가짜뉴스, 여론조작, 허위선동"이다. 조폭을 조폭이라 부르고, 쿠데타를 쿠데타로 부르고, 검정을 검정이라고 말하는 뉴스와 여론은 가짜, 조작, 허위다. 진실을 말하는 SNS 사용자, 유튜버, 언론인들은 일체 윤석열 정권의 적이다.

3. 모든 언론과 출판은 계엄사의 통제를 받는다.

언론인, 출판인은 적이다. 언론, 출판과 관계하는 지식인, 작가, 예술가, 시민은 적이다. 그들의 일거수일투족, 한 마디 한 마디는 감시되고 검열되어야 한다. 윤석열 정권의 마음에 들지 않는 모든 문구는 삭제되고, 교체되고, 복자伏字로 채워지고, 빈 페이지로 남아야 한다.

4. 사회혼란을 조장하는 파업, 태업, 집회행위를 금한다.

노동자, 노동하는 사람들은 적이다. 파업, 태업, 집회는 자기표현의 수단이 아니라 사회혼란을 조장하는 행위다. 공장과 사무실에서 일만 하라, 기계의 리듬에 따라 일하라, 모여서 서로의 생각과 느낌을 교환하지 말라. 자본이 시키는 대로 명령에 복종하기만 하라.

5. 전공의를 비롯하여 파업 중이거나 의료현장을 이탈한 모든 의료인은 48시간 내 본업에 복귀하여 충실히 근무하고 위반시는 계엄법에 의해 처단한다.

의료인, 아예 직업 자체가 적으로 명시된 노동자 집단. 파업을 해서도 노동현장을 이탈해서도 안 되는 노동자. 지금 파업을 하면서 거리에 나서 집회를 하고 있지만 48시간 이내에 돌아와 노동해야 하는 집단. 이를 거부할 때에는 처단되어야 할 노동자. 다른 노동자의 고장 난 몸과 마음을 고쳐 자본을 위해 내일은 일할 수 있도록 만들어야 하는 수리 노동자 집단. 병원 상급자의 명령도 모자라 국가의 서슬 퍼런 명령에 복종해야 할 노동자 집단. 의료인.

그렇다. 여야를 불문한 정치가, 당원, 단체활동가, 의료인, 노동자, 언론인, 출판인, 지식인, 작가, 예술가, 유튜버, SNS 사용자가 적이다. 아니, 모든 사람들이 윤석열 정권의 적이며 현실적·잠재적 반국가세력이다. 모든 사람들이 말과 행동으로 "체제전복"의 위협을 가하고 또 가할 수 있기 때문이다. 김건희를 특검하라, 윤석열을 탄핵하라고.

자신 외의 모든 사람이 자신을 위협한다고 느끼는 질환이 파라노이아paranoia다. 자신이 바로 체제라고 생각하는, 자신이 바로 국가라고 생각하는 파라노이아. 내가-곧-국가다-파라노이아.

6. 반국가세력 등 체제전복세력을 제외한 선량한 일반 국민들은 일상생활에 불편을 최소화할 수 있도록 조치한다.

한 가지 예외. "선량한 일반 국민." 2024년 12월 4일 덕수궁 앞에 모인 전광훈-태극기집회는 이제, 윤석열의 오른팔이었던 한동훈이 바로 '반국가세력의 수괴'라며 구속해야 한다고 외친다. 어제의 오른팔이 반국가세력의 수괴, 우두머리-적으로 되는 현실에서 윤석열 정권이 생각하는 "선량한 일반국민들", '처단'을 피할 국민인 사람들은 과연 누구일까?

"선량한" 시민, 입 닫고 복종하는 국민의 삶만이 금지되지 않는다. "선량한 '일반' 국민." 일체의 정치활동을 빼앗긴 노예국민, 그래서 노동현장을 이탈하지도, 파업이나 태업을 하지도, 자신의 솔직한 생각을 언어로 표현하지도, 집회나 시위를 하지도, 정당을 조직하지도…않는 두뇌 없고, 발 없고, 입 없고, 사랑도 없는 이 로봇국민은 과연 '일반적' 인가? 일론 머스크는 AI가 모든 직업을 대체할 것이라고 말했다. 생각하고 말하고 행동하는 보통 사람들을 모조리 처단한 후, 모든 국민을 로봇으로 대체하고 싶어 하는 일론-머스크-윤석열-자유민주주의. 이 자유민주주 국가와 체제에서 계엄령은 헌법과 법률을 대체할 영원하고 유일한 유신법일 것이다.

그러나 그러한 윤석열의 꿈은 불과 6시간의 일장동몽一場凍夢으로 끝났다. 그런데도 잠이 덜 깬 그는 "야당에게 경고하기 위한 계엄"식의 비루한 변명을 잠꼬대처럼 늘어놓았고, 그의 당인 국민의힘 일부는 "대통령의 말벗이 되어주자"며 "계엄포고령적인-선량한-일반-국민"의 역할을 자처하고 나섰다(원문 그대로). 그 말벗 시중의 첫 동작이 2024년 12월 5일 새벽 의총에서 나온 탄핵-부결-당론이다.

그러나 그에 앞서 2024년 12월 4일 밤 서울 광화문과 국회, 광주 금남로, 부산 서면을 비롯한 전국 주요 도시에서 전국 동시다발 집회가 불타올랐다. 동화면세점 앞 집회를 마치고 용산으로 행진하던 시위 대오의 구호는 지난 2년여 동안 머물러 있었던 '윤석열은 퇴진하라', '윤석열을 탄핵하라'에서 '윤석열을 체포하라', '윤석열을 구속하라'로 도약했다. 탄핵, 체포, 구속의 길을 걸었던 박근혜의 운명이 바로 그를 체포하고 구속했던 윤석열에게서 반복될 수밖에 없으리라는 역사의 아이러니를 예고라도 하려는 듯이.

1970년 11월 13일 전태일은 "우리는 기계가 아니다"라고 외치며 분신했다. 54년 뒤인 2024년 12월 4일 전국의 시민들은 '우리는 로봇이 아니다', '우리는 노예가 아니다', '우리는 자유다', '우리가 민주주의다', '우리가 국가의 주인이다'를 몸과 목소리와 행진으로 확증했다. '반국가세력', '체제전복세력'의 실체는 2016년 이후 8년 만에 어둠을 밝히며

타오른 전국 동시다발 촛불의 불빛 앞에서 또렷이 얼굴을 드러냈다. 윤석열-파라노이아-자유민주주의-위헌적-계엄정권.

당대표 한동훈은 늦기 전에, 탄핵안 표결 전에는 선택해야 한다. 국민 전체를 적대시하는 이 파라노이아 정권과 공멸할 것인지, 12월 4일 새벽 계엄을 해제하라는 국민의 뜻을 받들었듯 국민의 공복으로서 국민의 뜻을 받들 것인지.

법치의 외부와 법치 밖의 법치
2024년 12월 6일 금요일

우리가 윤석열의 행동을 비상식적이고 '미친' 행동이라고 말할 때, 우리는 그의 행동을 법치주의의 내부에서 보고 있는 것이다. 그의 행동이 헌법과 법률을 위반했다고 말할 때도 그러하다. 12·3 계엄령이 헌법과 계엄법에 규정된 바의 요건들을 지켰는가 아닌가를 살피는 우리의 시선은 법치주의적 상식 속에서 움직인다. 이 시선 속에서 우리는 그의 행동은 상식에 어긋난다고 판단한다. 예컨대 헌법에 규정된 계엄 사유에 해당하지 않는다, 국무회의를 제대로 거치지 않았다, 국회에 통보하지 않았다, 입법권을 침해했다…등등의 판단이 그것이다. 내란죄, 폭동죄, 직권남용죄 등을 통한 단죄와 처벌의 주장은 법치주 내부에서 12·3 사태를 다스리고자 하는 욕동이고 그것은 합법적이고 정당하다. 윤석열에 대한 탄핵, 체포-구속-수사 주장도 그러하다. 다시 법치주의가 가동되기 시작한 지금 그의 행동을 탄핵하여 재발 위험을 제거하고 위헌 불법으로 단죄하는 것은 실제로 시급하고 또 중요하다.

하지만 미국을 비롯한 여러 나라들이, 상황이 유동적인 한국 정치를 대상으로 '법치를 지지한다'고 거듭 말하고 있는 것은 법치가 일시적일 가능성, 즉 2차 계엄선포, 전쟁 선포의 가능성이 남아 있기 때문일 것이다. 민주당 의원 김민석은 '2차 계엄의 확률이 100%'라고 단언하고 있는데 그것 역시 동일한 판단에 근거한다. 그는 윤석열이 여전히 대한민국의 대통령이고 대통령에게 계엄선포권이 주어져 있으며 1차 계엄을 자행했던 동기(윤석열과 김건희의 구속 회피)가 사라지지 않았다는 점을 그 근거로 든다.

이러한 판단은 유효하고 실질적이라고 생각한다. 그런데 12·3 계엄 포고령은 비상계엄에 그 이상의 동기가 있음을 보여준다. 그것은 포고령 1조의 '일체의 정치활동의 금지'라는 문구 속에 표명되어 있다. 이를 통해 정당과 사회단체, 시민의 정치활동 자유를 압류하고자 한 것이다. 모든 시민의 주권 정지와 박탈, 이것이 성공한다면 당연히 '윤석열과 김건희의 구속 회피'라는 목적도 달성될 것이다. 하지만 그것의 효과는 단연 그 이상의 것이다.

그것은 무엇인가? 국가권력의 독점, 즉 독재다. 이를 위해 필요한 조치는 두 가지다. (1)야당이 다수인 국회 활동을 정지시키는 것, (2)윤석열 탄핵을 외치며 수년째 지속되고 있는 거리의 촛불집회를 정지시키는 것. 이를 통해 독재를 완성하는 것.

그런데 이 두 가지는 성격이 다르다. (1)의 정치활동은 국가권력의 일부인 제정권력constituted power이다. (2)의 정치활동은 국가권력 밖에 있는 제헌권력constituent power이다. 국가권력인 제정권력은 제헌권력의 환원, 제도화, 그리고 흡수를 통해 구축되는 권력이다.

제헌권력은 제정권력의 수립을 통해 그 속으로 내부화되지만 그럼에도 불구하고 그것에 대한 대항을 통해 그 권력을 넘어서려는 과잉의 권력으로 남아 있다. 제헌권력은 사법적 의미의 권력이기보다 윤리적 미학적 권력, 좀 더 정확하게 표현하면 비권력인 활력이다. 이 때문에 제헌권력은 법치주의 속에서 움직일 때조차 그것을 초과하는 성격을 갖는다. 법치제도 속의 정당들이 대통령 윤석열을 탄핵할 헌법과 법률 위반 요건이 충분히 갖추어지지 않았고 탄핵을 성사시킬 세력(표)도 충분히 준비되지 않았다고 생각할 때에, 그래서 탄핵을 현실적 의제로 삼을 수 없다고 판단할 때에, 촛불집회가 '윤석열을 탄핵하라'고 명령할 수 있었던 것은 이 때문이다.

여기에서 (1)이 말하는 (의회를 포함한) 국가의 정치활동이 권력정치라면 (2)촛불집회의 정치활동은 삶정치이다. 대의민주주의에서 (1)의 권력은 (2)에 의존한다. 하지만 (1)은 (2)를 지배한다. 이것이 대의민주주의의 역설이다. 이접disjunction의 역설.

윤석열 정권은 이렇게 명확하게 구분되는 두 가지를 한 가지로 환원했다. 그리고 (1)과 (2)의 관계를 거꾸로 보았다. (2)가 (1)에 의존한다고 본 것이다. 그리고 (1)이 (2)를 지배하므로 여기에 역설은 없다. (1)의 정치활동을 정지시키면 (2)의 정지는 자동적으로 따라온다고 본 것이다. 즉 국민-시민-다중의 정치활동에 대한 과소평가가 있었다. 윤석열 정권이 촛불집회를 민주당을 비롯한 야당 응원부대로 표현해 온 것은 이 과소평가의 결과다.

이것은 윤석열의 결정적 오판일 뿐만 아니라 무지, 그릇된 정치철학의 산물이고 계엄 기도의 실패를 가져온 요인이다. 또 이것은, 제헌권력은 제정권력에서 독립적인 활력이며 여당은 물론이고 야당에서도 독립적인 활력이라는 사실에 대한 맹목의 산물이다. 제헌권력이 제정권력에 의존하는 것이 아니라 제정권력이 제헌권력에 의존한다는 사실에 대한 맹목의 산물이다. 국민은 개-돼지에 불과하다는 저 유명한 인지 패러다임의 산물이다.

그렇기 때문에 윤석열 정권은 모든 권력의 압류를 통한 독재를 추구하는 순간에도 자신이 무엇을 진정으로 원하는 것인지를 이해할 수 없었다. 12월 3일 밤과 4일 새벽에 계엄군은 국회, 선관위, 양구군 상황실, 여론조사꽃 등에 배치된 것으로 알려졌다. 국회 외의 장소들에 어떤 동기에서 계엄군을 배치했는지에 대해서는 여러 가지 견해들이 나와 있지만 더 심층적인 조사와 수사가 필요할 것이므로 추측하기보다 여기서는 유보한다. 동기가 분명한 것은 국회이다. 국회 장악 시도의 동기는 일차적으로는 계엄령 해제 결의를 차단하는 것이었겠지만 그에서 더 나아가 본질적으로는 포고령에 나와 있는 대로 국회 활동을 정지시키는 것이었다.

만약 계엄해제 결의를 저지하면서 국회 활동을 정지하고 입법권을 몰수할 수 있다면 (제대로 된 독립성을 갖추지 못하고 있는) 사법부 권력을 몰수하는 것은 시간문제일 것이며 언론권력의 대부분은 이미 준장악 상태이기 때문에 분립된 제도권력 전체를 단일한 계엄권력으로 통일시키는 것이 가능하다고 보았을 것이다.

이것은 당연히 무수한 불법을, 그리고 헌법 자체의 위반도 포함한다. 검찰에서 뼈가 굵었고 짧게 잡아도 수개월간 계엄령을 준비해온 윤석열이 그것을 몰랐을 리는 없다. 방법은 법치주의가 아니라 초법주의다. 계엄권력을 초법적 권력, 예외 권력으로 선포하고 이를 실행하는 것이다. 모든 대의권력은 그 핵심에 군주제('짐=국가')를 살려 두고 있다. 특히 대통령제는, 귀족들(의회, 사법부)에게 권력을 분배하고 있긴 하지만 군주인 대통령에게 막강한 권한, 즉 예외권력을 부여함으로써 군주제를 가시적으로 유지하는 권력형태('대통령=군주')이다. 대의권력 하에서 민주주의(다중의 지배)가 질식 상태를 벗어나기 어려운 것은 이 때문이다. 민주주의는 군주제와 귀족제의 통치수단으로 배치되어 반민주주의로 변질되는 것을 피하기 어렵다.

이런 조건에서 민주제와 귀족제의 권력을 압류하여 단일권력, 총통권력을 수립하는 것, 윤석열 정권이 계엄의 시간에 꾼 꿈이 이것이다. 분립된 모든 권력의 압류를 통한 독재권력의 수립. 이것을 12월 3일 윤석열 정권은 계엄령 포고, 비상사태 선언이라는 방식으로 실행했다. 헌법에 규정된 계엄권은 초헌법, 초법률의 예외행동을 상상하는 무대로 작용했다. 그런데 그 초법적 상상의 실행이 "포고령 위반자에 대해서는 대한민국 계엄법 제9조(계엄사령관 특별조치권)에 의하여 영장 없이 체포·구금·압수수색을 할 수 있으며, 계엄법 제14조(벌칙)에 의하여 처단한다"에서처럼 법치를 위장하고 나타나는 것은 아이러니다. 법치 밖의 법치의 순간이다.

이상에서 나는 법치의 한계를 넘어 실재하는 권력으로서의 제헌권력(정확하게는 다중의 활력)의 실재성을 증언했고 그 제헌권력을 재현/대의하는 분립된 권력들인 제정권력들의 제헌권력에 대한 의존성을 주장했다. 윤석열 정권의 독재의 꿈, 마음대로-권력의 꿈은 법 너머에서 움직이는 제헌권력의 활력을 흉내 낸다. 서투른 계엄폭력의 초법주의("나는 잘못한 게 없다")라는 방식으로. 그런데 정작 그 계엄폭력을 끝낸 것은 그 흉내의 원본인 다중 활력의 은밀한 움직임이었다.

계엄권력을 패퇴시킨 힘
2024년 12월 6일 금요일

2024년 12월 4일 수요일 새벽 1시 01분에, 출석한 190명의 국회의원 전원 가결로 계엄해제 결의안이 통과되었고 같은 시 09분부터 계엄군이 국회에서 철수하기 시작했다. 그리고 같은 날 새벽 4시 47분 대통령 윤석열은 계엄을 해제할 것이라고 발표했다. 윤석열의 계엄권력은 붕괴했다.

계엄권력을 패퇴시킨 힘이 무엇일까? 이것은 '왜 쿠데타가 실패했을까?'를 묻는 것과는 다른 질문 방식이다. 후자의 질문 방식은 쿠데타 세력의 눈으로 12월 3일 사태를 바라보도록 만들기 때문이다.[2] 적을 아

---

2. 지기의 시선이 빠진 지피의 시선은 패배주의와 무력감을 조장한다. 물론 지피의 시선이 빠진 지기의 시선은 맹동주의를 조장한다.

는 것 혹은 적의 눈으로 사태를 바라보는 것知彼은 필요하다. 하지만 그 작업은 우리를 아는 것 혹은 우리의 눈으로 사태를 바라보기知己 위한 조건일 때 유익하다.

군사평론가 김종대는 계엄군이 명령보다 48분 늦은 11시 48분에 국회에 도착한 것이 계엄 실패의 주요 원인일 수 있다고 추정했다. 계엄 작전을 전달받지 못한 공군작전사령부와 계엄군 사이에 헬기의 비행금지구역 통과를 놓고 옥신각신하는 사이에 국회의원과 보좌진이 국회에 먼저 들어갔다는 것이다. 실패의 원인이 계엄지휘부의 혼선에 있었다는 이 가설은 SNS를 타고 퍼져 점점 정설로 굳어져 갔다.『한겨레신문』까지도 이 가설을 인용하며 계엄지휘부의 혼선이 한국 민주주의의 후퇴를 지켜낸 셈이라는 기사를 내보냈다.

국회의원 박선원은 〈겸손은힘들다〉에 출연하여 이러한 가설에 자신은 동의하지 않는다며 작전에서 시간 지체는 늘 발생하는 일이고 계엄은 "우리가 막아냈기 때문에" 실패한 것이라고 말했다. 그 "우리"가 누구인지에 대해서는 말하지 않았지만 사건을 바라보는 시각 전환을 꾀함으로써 하나의 쟁점을 구성한 셈이다. 김종대의 진단이 사실과 부합하는지는 이후 조사에 의해 밝혀질 것을 기대하지만[3] 우리는 박선원이 말하지 않은, 그 "우리"가 누구인지, 그 "우리"가 어떤 힘, 어떤 방법으로 쿠데타를 막아냈는가도 물어야 한다.

「법치의 외부와 법치 밖의 법치」에서 나는 계엄권력을 패퇴시킨 '다중 활력의 은밀한 움직임'에 대해 언급했는데 오늘은 이 움직임에 대해 서술해 보고자 한다. 다중활력의 은밀함의 핵심은 주의 깊게 살펴보지 않으면 그 전모를 가늠하기 힘들다는 데 있다.

첫째로 우리는 12월 3일 쿠데타에서 실패의 가장 큰 요인으로 지적되는 계엄 작전 주체의 밀행성 그 자체에서 다중 활력의 은밀함을 읽어

---

3. 추가 조사가 진행된 이후에 그는, 눈발이 날리는 궂은 날씨가 계엄군 도착 지체의 주요 원인이었다고 밝혔다.

볼 수 있다. 윤석열이 최소의 동원을 통해 최대의 효과를 거두려고 한 것은 보안상의 이유였을 것인데, 이 밀행성은 쿠데타 계획에 대한 반대, 거부, 누설이 광범위하게 있을 가능성을 예상했기 때문이다. 이런 예상은 어디에서 오는 것일까? 윤석열 정권에 대한 높은 부정적 여론에서 확인되는 것, 즉 자신을 궁지로 내몰고 있던 다중의 광범위한 비판, 반대, 거부의 실재성이다. 임기 초부터 윤석열 탄핵을 주장하면서 윤건희 정권의 무능, 비리, 부패, 불법을 고발, 단죄하도록 국회를 움직여온 다중의 섭정력의 실재성이다. 이것은 윤석열로 하여금 쿠데타를 하도록 만든 동기를 부여한 것이면서 동시에 쿠데타를 극비 작전으로 제약하도록 만든 요인이었다. 자신을 지지해줄 '믿을 만한 사람, 믿을 만한 조직'이 너무 적었고 극소수의 학연적 동맹 세력(충암고, 육사)에 쿠데타의 명운을 걸 수밖에 없었다. 쿠데타가 3시간 천하로 끝난 후, 쿠데타의 주요 행동 단위로 동원되었던 조직의 주요 책임자들(특전사, 수방사, 방첩사, 국정원)이 불과 하루 만에 김용현과 윤석열을 책임 주체로 지목하면서 그들로부터 등을 돌리고 있는 것은 이 점을 뚜렷이 반증한다.

은밀함의 또 다른 측면은 쿠데타군이 보인 진압 노동에서의 태업이다. 쿠데타에 동원된 하급 군인들은 그들 자체가 국민다중이며 시민들의 아들이다. 계엄이 선포된 직후 군인을 둔 아들에게 '몸조심하고 시민들 다치게 하지 말라'고 당부하며 '알았냐'라고 다그치는 어느 아버지의 전화가 보여주듯, 병사들의 사기는 국민다중의 심리적 동태에 커다란 영향을 받는다. 국회에 도착한 군인들의 사기는 지극히 낮은 상태였다.

나는 12월 4일 1시경 차들이 뒤엉킨 국회의사당 앞 대로에 도착했는데 경찰버스, 승용차, 자전거, 사진 찍는 시민들 사이에 끼어 진행하지 못하고 멈춰 서 있는 장갑차 한 대를 발견했다. 다가가 안을 들여다보니 운전병이 두 팔로 머리를 감싼 채 마치 자는 것 같은 자세로 엎드려 있었다. 차량과 시민에게 포위된 상태였다고 해야 할 것이다. 계엄군의 이 자포자기 상태는 다른 이유 때문이 아니라 국회의사당 앞 도로가 완전히 시민들에 의해 점거되어 있었던 것과 무관하지 않다.

시민들의 행동거지는 다양했다. 혹자는 깃발을 들고 흔들고 있었고 혹자는 이동형 스피커로 연설을 하고 있었으며 혹자는 어슬렁어슬렁 군중 속을 오가고 있었고 혹자는 스마트폰으로 사진을 찍고 있었다. 혹자는 구호를 외치거나 따라 하고 있었고 혹자는 경비경찰과 실랑이를 벌이고 있었으며 혹자는 정차된 경찰버스에 기대 담배를 피우고 있었다. 혹자는 삼삼오오 모여 웃고 수군대고 있었다. 이것이 도로를 점거하고 있는 다중들의 모습이었다. 이런 군중으로 인해 계엄군의 차량은 들어갈 수도 없고 나갈 수도 없는 상태, 즉 늪에 빠진 상태에 놓여 있었다. 설령 헬기로 의사당에 진입한 군인들이 의원들을 체포할 수 있었다고 가정해 보더라도 이 시민들을 처치하지 않고는 과천의 수용소로 이송하는 것이 아마도 쉽지 않았을 것이다.

현장에 도착한 계엄군들은 '타깃'이 테러분자나 북한군이 아니라 자신이 뽑은 대표자인 국회의원과 자신의 친구들, 친척들인 시민이라는 사실을 발견했다. 이들은 느리게 이동하고 쓰러진 시민을 일으켜 세워 껴안으며 미안함을 표하고 국회에서 퇴각하며 죄송하다고 고개 숙여 절을 하기도 했다. 국회 진입 시에는 당직자, 보좌관, 의원들과의 충돌 가능성이 높은 큰 문 돌파를 선택하기보다 창문을 깨고 진입하는 우회 방식을 택했다. 화분이 깨지지 않도록 옆으로 치우기도 했다. 국회의원들이 모여 계엄해제 의결을 준비하고 있는 본회의장 앞에 도착해서는 진입하지 않고 머뭇거렸다.

"포고령 위반자에 대해서는 영장 없이 체포, 구금, 압수수색을 할 수 있으며…처단할" 수 있는 권한을 부여받은 계엄군이 당직자, 시민과 몸싸움을 벌였는데도 단 한 명의 중상자, 연행자도 발생하지 않은 것으로 알려졌다. 계엄군이 보인 진압에서의 이 태업은 시민-다중과의 은밀한 정동적 공감이 없었다면 불가능했을 사건이다. 이것은 존 홀러웨이가 『폭풍 다음에 불』에서 강조한 비복종, 즉 불복종이나 적극적 저항과는 구분되는 무리의 운동 방식이다.

셋째는, 가장 중요한 것으로, 계엄령이 선포되자마자 국회의사당으로 달려온 시민들이다. 이 적극적 저항의 무리-다중들에 대해서는 다른 기회에 별도로 자세히 논하도록 하자.

윤동훈 정권에 대해
2024년 12월 8일 일요일

국민의힘 대표인 한동훈은 2024년 12월 7일 토요일에 내란수괴로 지목된 윤석열의 즉각적 직무 정지(탄핵)를 반대하는 선택을 했다. 투표 불참을 통한 탄핵소추안 표결 무산이 그 결과였다. 2024년 12월 4일 오전 1시 1분 이후 그의 행보는 카멜레온의 그것이었다. 애매한 색깔들을 추상하고 보면, 5일에는 탄핵 반대("탄핵이 통과되지 않도록")였다가 6일에는 탄핵 찬성("윤 대통령의 조속한 직무 집행 정지가 필요")으로, 다시 7일에는 탄핵 반대("조기 퇴진 불가피")였다. 2차 계엄의 우려 속에 내란이 지속되고 있는 상황에서 이 지그재그 행보를 통해 그는 윤석열을 세 번 만났다. 이 만남이 내란권력을 거래하는 자리였음은 이제 분명해졌다.

국민의힘 대표로서 입법권력의 일부를 지휘하고 있는 그는 윤석열이 '자신을 체포구금하려 했다'는 사실을 담보로 행정 권력의 일부를 분점하는 데 성공했다. 윤석열이 국무총리 한덕수를 자신의 분신으로 삼을 것이라는 가정하에서 "국정운영을 정부와 당에 일임한다"는 윤석열의 말은 (만약 그것이 문자 그대로 실행된다면) 윤건희 행정 권력이 윤건희-한동훈 권력(윤동훈 정권)으로 이중권력화한다는 의미로 해석될 수 있기 때문이다. 입법권력의 군사적 강제 몰수를 통한 독재(총통권력)를 추구했던 윤석열은 쿠데타의 실패(계엄조치의 내란화)로 인해 자신의 행정 권력 일부를 한동훈과 나누는 선택을 할 수밖에 없게 되었다.

내란수괴 윤석열을 즉각적 직무 정지에서 구출한 한동훈은 그 스스로가 내란수괴임을 인정한("계엄은 헌법 위반") 윤석열과 연합하여 내란체제를 유지한 채, 즉 내란을 지속시키는 상태에서 내란수괴 윤석열을 조기퇴진시키겠다고 약속하고 있다. 이것은 12월 4일 새벽에 실패한 1차 내란을 다른 형태로, 즉 계엄과는 다른 방식으로 지속하겠다는 약속이 아닌가? 우려되었던 2차 계엄을 다른 형태의 내란이라는 방식으로 수행하겠다는 약속이 아닌가? 윤석열 정권이 내란정권으로 규정된 한에서 그 권력의 즉각적 중단과 그 권력의 전 국민적 회수를 거치지 않고 나타나는 모든 권력은 내란을 지속하는 권력, 국민으로부터 주권을 약탈하는 장물권력이지 않은가?

내란의 지속을 통해 국민으로부터 약탈한 장물권력을 통해 질서 있는 퇴진과 헌정 질서의 안정을 약속하는 것은 기만, 즉 정치적 사기에 지나지 않는다. 그것은 내란의 실질적 전개 과정을 국정이라는 말로 은폐하고 가능한 모든 범죄들(여기에는 자의적 전쟁까지 포함될 수 있다)의 실행을 통치행위로 위장하는 방법을 통해서만 가능해질 것이다.

하지만 핫팩을 호주머니에 넣고 언 손을 녹이면서, 빠른 리듬의 음악에 맞춰 "윤석열 퇴진! 윤석열 구속! 돌아와! 투표해! 탄핵해!"를 외치면서, 얼어붙는 몸을 녹이기 위해 사회자의 지휘하에 집단체조를 하면서, 10시간 동안 집회를 했던 2024년 12월 7일 토요일의 전국 100만 집회 시민들을 생각해 보라. 이들은 국민의힘 의원들의 표결 불출석을 국회의원의 의무 위반(국민명령에 대한 항명)으로 규탄하고 국민의힘을 내란정당이라고 규정했다.

이것은 광장의 사건이며 동시에 네트워크의 사건이다. 전 국민은 국회에서 벌어지고 있는 이 사건을 텔레비전과 유튜브를 통해 실시간 영상으로 똑똑히 지켜보았다. 이 시간에 이들의 마음속에서 일어나고 있는 혁명적 변형을 못 보고 있고 못 느끼는 사람들, 아니 애써 외면하고 마음을 닫아걸며 정치적 이익과 실리에만 집중하자고 다짐하는 사람들은 윤동훈을 지지하는 일파와 정당을 참칭하고 있는 반정당인 국민의힘 세력들뿐이다.

우리-시민들은 12월 4일 계엄 해제를 이끌어내는 데 성공했지만 12월 7일 내란체제를 끝내지 못한 채 참담한 마음으로 여의도를 떠나거나 방송을 껐다. 이 내란세력들이 우리들의 입을 틀어막고 몸을 짓누르며 자신을 내란세력이 아니라 구국의 세력이라고 내세우는 저 어처구니없는 시간이 다시 돌아오도록 방관할 것인가?

예외주의의 시간
2024년 12월 9일 월요일

(1) 제헌주의적 시민활력, (2) 법치주의적 대의권력, (3) 예외주의적 내란폭력. 현재의 혼란 상황에서 이 세 가지 힘들을 추상하고 그것들의 지향성, 움직임, 그리고 그것들의 역관계를 살피는 데 집중하자. (1)이 근본적이고 (2)와 (3)은 파생적이지만 순서를 바꾸어 우선 (3)에 대해서부터 이야기하는 것이 이해하기 쉬울 것 같다.

(3)의 예외주의적 내란폭력은 법치주의적 대의권력 (2)로부터 분립되어 나온 쿠-데타$^{coup\ d'etat\ =\ couper\ de\ etat}$ 세력, 즉 '국가를 절단내는' 세력이다. 윤석열은 추락한 자신의 행정 권력을 더 강력한 총통권력으로 다시 일으켜 세우기 위해 스스로 군사를 동원하여 기존 법치국가를 절단하는 군사행동에 나섰다. 이것을 위해 그는 대통령에게 부여된 계엄발동권을 이용했다. 비상사태 선포권으로 알려진 계엄 발동권은 대의민주주의에 포함되어 있는 예외주의적 특권이며 군주제적 요소이다. 이

것은 윤석열만이 아니라 모든 집권자들을 독재로 유혹할 수 있는 예외의 구멍, 수학에서의 O이다. 그것은 법치주의적 대의권력 체제의 경계에 놓여 있는 구멍이고 예외주의로 통하는 문이다.

예외상태로서의 비상사태는 독일어에서는 Ausnahmezustand, 영어에서는 state of exception으로 번역된다. 그것은 법의 지배를 넘어설 수 있는 '주권의 예외적 능력'을 지칭한다. 대한민국 헌법 제77조 제1항을 보자.

대통령은 전시·사변 또는 이에 준하는 국가비상사태에 있어서 병력으로써 군사상의 필요에 응하거나 공공의 안녕질서를 유지할 필요가 있을 때에는 법률이 정하는 바에 의하여 계엄을 선포할 수 있다.

계엄의 효력은 막강하다. 헌법 제77조 제3항에서 "비상계엄이 선포된 때에는 법률이 정하는 바에 의하여 영장 제도, 언론·출판·집회·결사의 자유, 정부나 법원의 권한에 관하여 특별한 조치를 할 수 있다"고 되어 있기 때문이다. 하지만 그것은 국민의 입법권력에 의해 견제될 수 있다. 제4항 "계엄을 선포한 때에는 대통령은 지체 없이 국회에 통고하여야 한다"와 제5항 "국회가 재적의원 과반수의 찬성으로 계엄의 해제를 요구한 때에는 대통령은 이를 해제하여야 한다"가 그것이다.

하지만 계엄세력이 계엄을 선포한 예외주의적 시간과 그 이후에 있을 수 있는 국회의 계엄해제 요구라는 법치주의적 시간 사이의 시차를 이용한다면 어떨까? 대의주의적 법치가 멈추고 예외주의적 포고령이 법을 대신해서 작동하는 그 시간에 국회를 폭력으로 장악하고 의원들을 체포구금할 수 있다면, 그리고 강제로 국회를 해산시켜 버릴 수 있다면 어떨까? 이것에 성공한다면 법의 지배가 아니라 포고령의 지배가 계속될 것이고 사회를 안정시킨(즉 불안정 요소를 진압한) 일정한 시점에 주권자 국민의 의지가 아니라 총통의 의지를 법으로 번역한 유사-법치를 사회에 부과하는 것이 가능할 것이다.

법치주의적 시야에서 보면 이것이 '미친 짓'으로 보이겠지만 높이 솟은 언덕인 저 농단에 선 예외주의적 시야에서 보면 이것은 '신의 한 수'로 여겨졌을 것이다. 이것이 법 기술자 윤석열이 발견한 헌법 속의 구멍, 예외상태의 기술이 아니었을까? 이것이 2024년 12월 3일 밤 10시 27분에 우리를 계엄령의 시간 속으로 끌어들인 기술이 아니었을까?

(1)의 제헌주의적 시민활력과 (2)의 법치주의적 대의권력은 즉각 예외주의적 계엄선포에 반발했다. 그 반발은 국회의 계엄해제권을 지키려는 행동으로 나타났다. 시민들과 국회의원들은 국회로 달려왔다. 시민들은 국회 앞 도로를 장악하고 국회의원들의 국회 진입을 적극적으로 돕고 계엄군의 국회 진입을 저지했다. (1)과 (2)의 법치주의적 연합은 주지하다시피 2024년 12월 4일 오전 1시 01분에 계엄해제를 의결하는 성과를 거두었다.

그러면 같은 날 오전 4시 27분 계엄을 해제하겠다는 윤석열의 담화는 무엇이었을까? 그것은 헌법 제77조 제5항에 따른 계엄해제이므로 계엄선포 후 국회의 요구에 따라 계엄을 해제하는 법적 절차의 일부였다. "나는 잘못한 것이 없다"는 윤석열의 주장은 이러한 법치주의적 논리에 근거한다. 예외주의자 윤석열은 이제 법치주의자로 얼굴을 바꾸고 행동한다. 예외주의와 법치주의는 이렇듯 구멍을 통해 오갈 수 있는 일종의 다중우주처럼 존재한다. 윤석열은 법치를 넘어서는 예외주의적 구멍이 법에 실재한다는 것을 이용했고 자신의 행동의 법적 정당성을 강변했다.

하지만 법치주의의 구멍은 쉽고 안전한 통행로가 아니었다. 법치주의 우주에서는 예외주의적 군사행동으로서의 계엄조치와 그것의 실행이 완벽한 법적 요건을 갖추지 않은 한에서 처벌되어 마땅한 범죄행동이었기 때문이다. 시민활력과 대의권력은 법치주의적 권력으로 되돌아와 시치미를 떼고 있는 윤석열의 행동을 내란으로 규정하고 내란죄로 단죄할 준비를 하기 시작한다. 계엄 사유가 정당하지 않으며 절차가 불법적이라는 것이었다. 목적과 절차 모두에서 불법적인 계엄행동, 즉 내란. 그리고 내란 현장범 윤석열.

계엄령은 국회 재적의원 과반수의 찬성으로 해제의결을 할 수 있지만 내란은 그렇지 않다. 그것은 국회가 끝낼 수 있는 성격의 것이 아니다. 그것은 예외주의적 폭력이며 법치 너머에 있는 것이기 때문이다. (1)의 제헌활력과 (2)의 대의권력의 연합을 통해 국회가 끝낸 것은 그 예외주의적 폭력이 취하고 있는 합법적 형식으로서의 계엄령이었을 뿐이다. 그렇다. 내란으로서의 계엄에서 본질은 내란이고 계엄은 그 형식이다. 끝낸 것은 형식이며 그 본질은 예외주의의 동기와 조건이 살아 있는 한 지속된다.

내란 현장범 윤석열이 여전히 대한민국의 대통령인 시간. 그가 체포되지 않고 조직된 폭력인 국군에 대한 통수권을 갖고 있고 그것을 예외주의적 방식으로 사용할 수 있는 여러 가지 법률적 수단도 갖고 있는 시간이 현재의 시간이다. 그에게서 예외주의적 방식으로 법치를 벗어나야 할 동기는 12월 3일 계엄 당시보다 훨씬 더 커져 있다. 내란죄로 처벌된다면 수괴인 자신에게 주어질 형은 사형 또는 무기이기 때문에 대한민국 법에 열려있는 예외주의적 출구는 목숨을 걸 가치가 있는 절체절명의 탈출구로 여겨질 수밖에 없다. 그 탈출 시도가 언제 어떤 방식으로 나타날 것인가?

군사쿠데타 더하기 의회쿠데타
2024년 12월 10일 화요일 오전 8시 15분

이 문제를 다루려면 예외주의 쿠데타의 움직임을 좀 더 면밀하게 살펴보지 않으면 안 된다. 우선 주목해야 할 것은 사람들에게 법치주의적 움직임으로 비쳐져온 의회의 움직임이다. 12월 3일의 쿠데타는 군사 쿠데타의 형식으로 나타난 행정 권력의 친위쿠데타였지만 의회의 협조 없이는 성공하기 어려운 쿠데타였다. 아이러니하지만 박정희 유신헌법이 도입한 헌법 제77조 제5항, 즉 의회의 계엄해제권 때문이다.

의회의 쿠데타 협조(내란동조)는 의회 내 당인 국민의힘을 통해 이루어졌다. 12월 3일 밤과 4일 새벽 사이에 국민의힘 원내대표 추경호는 자신은 국회에 있으면서 국민의힘의 의원들은 의사당에서 100여 미터 떨어진 당사로 모이도록 만들었다. 계엄군이 의사당으로 난입하고 있는 시점에도 그는 국회의장 우원식에게 전화를 걸어 국민의힘 의원들의 의사를 모으고 있는 중이니 계엄해제 의결 시간을 늦추어 달라고 요구하고 있었다. 이제 이것이 법치주의의 형식을 빌린 예외주의적 지연술책이었음이 분명해지고 있다. 그가 국민의힘 의원들을 의사당 밖으로 빼돌려 의결 불참을 유도했을 뿐만 아니라 의사당 안에서 의결 시간을 고의로 지연시켜 계엄해제 시도를 좌초시키려고 한 것으로 파악되기 때문이다. 계엄군에 의한 의원들의 대량 체포구금을 통한 국회의 계엄해제 의결의 무산을 통해서 말이다. 내가 12월 3일 자정 무렵 국회의사당으로 출발하려고 할 때 '150명 의결정족수가 찼다'는 뉴스가 나왔다. 그 때 나는 누군가에게 "그래도 빨리 가보자. 그중에 스파이가 있어 부결을 유도할지도 모르지 않는가"라고 말했던 것으로 기억하는데 국민의힘 원내대표 추경호가 그 역할을 할 수 있으리라고는 상상하지 못했다.

이런 의미에서 12월 3일 쿠데타는 군사쿠데타일 뿐만 아니라 의회쿠데타이기도 했다. 하지만 그 시도는 곧 실패로 돌아갔다. 190명 출석 의원 전원 찬성으로 계엄 해제가 의결되었고 계엄군의 자진 철수가 이어졌기 때문이다. 주목할 것은 의회 내 국민의힘 당대표인 한동훈과 그 일파의 움직임이다.

한동훈은 계엄선포 직후 계엄을 반헌법적인 것으로 규정하고 국민과 함께 계엄을 막겠다고 말했고 실제로 자신의 계파 의원들로 하여금 찬성표를 던지도록 만들었다. 이것은 12·3 쿠데타 당시 시점에서 당대표 한동훈이 원내대표 추경호와는 달리 윤석열과의 사전 교감이 없었음을 보여준다.

하지만 그가 쿠데타 계획 단계에서 윤석열의 적, 즉 체포 대상자였던 것은 아니다. 국정원 1차장 홍장원, 경찰청장 조지호의 증언을 종합해 보면 체포자 명단에 그가 포함된 것은 계엄령 선포 이후였던 것으로 보인다. 윤석열은 한동훈과 사전 교감을 갖지 않았으면서도 그가 계엄해제에 적극 나서리라고는 예상하지 못했고 그가 계엄을 위헌이라고 공언하는 것을 본 후 체포 대상자로 추가했을 것으로 추론할 수 있다.

이렇게 12월 4일 새벽까지 법치주의적 대의권력의 일원으로 움직였던 그의 행보가 지그재그로 움직이기 시작한 것은 민주당, 조국혁신당, 개혁신당, 진보당, 기본소득당, 사회민주당 등 원내 야 6당 전체가 합심하여 윤석열에 대한 즉각적 탄핵소추를 추진하기 시작한 이후부터다. 이 합심은 예외주의 시간을 끝장내려는 법치주의적 대의권력의 대동단결이었다. 그리고 이것은 채상병 특검, 김건희 특검 등 윤석열 정권의 부패와 불법에 항의해온 과정에서의 오랜 연합의 경험을 바탕으로 빠르게 이루어졌다. 한동훈과 그 일파의 이에 대한 태도에 대해서는「윤동훈 정권에 대해」[4]에서 분석했으므로 세부 사항은 재론하지 않는다. 요점은 그가 윤석열과의 밀실 회동과 권력 거래를 통해 예외주의적 내란의 흐름 속으로 편입되었다는 것인데 12월 7일 국민의힘의 탄핵소추안 표결 불참과 투표 불성립 사건이 이 편입 과정에 놓여 있다. 이 사건의 성격에 대해서는 조금 자세히 들여다볼 필요가 있다.

---

4. 이 책 73쪽.

2차 의회쿠데타

2024년 12월 10일 화요일 오전 11시 4분

　탄핵소추는 재적의원 3분의 2(즉 200명) 이상의 찬성에 의해서만 가결될 수 있다. 108명의 의원을 가진 국민의힘은 원내대표 추경호 주도하에 탄핵 부결 당론을 세워냈다. 각자가 헌법기관인 국회의원들의 개인 판단과 의사 위에 당의 집단의사를 올려놓은 것이다. 추경호는 이러한 결정을 "헌정 질서와 국민을 지키기 위한 결단"이라고 설명했다. 이 말이 타당한가?

　먼저, 그것은 헌정 질서를 지키는가? 2024년 12월 3일 윤석열은 예외주의적 선택으로서의 계엄 결정 사유를 설명하는 계엄선포 담화문에서 이렇게 말했다. "이는 자유대한민국의 헌정 질서를 짓밟고, 헌법과 법에 의해 세워진 정당한 국가기관을 교란시키는 것으로써, 내란을 획책하는 명백한 반국가 행위입니다." 여기서 "이"가 무엇인가? 문제적 관료와 검사에 대한 탄핵소추 발의, 야당이 불필요하다고 판단한 항목에 대한 예산 삭감, 이 두 가지다. 그것들은 헌법과 법률에 보장된 국회의 권한에 따라 법치의 틀 내에서 이루어진 합법적 권한 행사였다. 추경호는 이 합법적 권한 행사를, "자유대한민국의 헌정 질서"를 짓밟는 것으로 본다. 윤석열이 예외주의적 눈으로 본 그대로다. 이런 인식 속에서 그는 투표 보이콧을 통한 탄핵 표결 무산 시도를 "헌정 질서를 지키기 위한 것"이라고 강변한다.

　다음으로 그것은 과연 국민을 지키는가? 같은 담화문에서 윤석열은 "우리 국민의 자유와 행복을 약탈하고 있는 파렴치한 종북 반국가 세력들을 일거에 척결하고 자유 헌정 질서를 지키기" 위해 "비상계엄을 선포"한다면서 비상계엄이 국민의 삶, 자유, 행복을 지키기 위한 조치라고 내세웠다. 그런데 이 주장에 대한 국민들의 반응은 무엇이었는가?

계엄선포 방송이 끝나기가 무섭게 그 계엄의 해제를 위한 즉각적 행동이 아래로부터 '국민'들로부터 나타났다. 또 탄핵을 통한 2차 계엄 저지와 민주 회복을 위한 전 국민적 집회와 시위가 광화문, 국회를 비롯한 전국 각지와 해외 여러 곳에서 진동했다.

이 움직임이 눈을 감고도 보이고 귀를 막아도 들릴 정도의 기세였음에도 그 일체를 무시하고 추경호는 윤석열의 비상계엄 논리를 앵무새처럼 되풀이하고 있는 것이다. 최근 윤상현이 다른 언어('국민은 시간이 흐르면 달라져')로 재생산 하고 있는 '국민은 개-돼지 인지 프레임'이 아마도 이런 맹목을 합리화해 주었을 것이다. 이 맹목과 뻔뻔함의 도움으로 그는 윤석열의 계엄 논리를 당론으로 만들어 당을 예외주의적 의회쿠데타의 한 부대로 조직해 갔다.[5]

이렇게 국민의힘 다수파가 계엄해제 이후에 쿠데타 행동으로 돌입하는 가운데 소수파인 한동훈은 계엄조치의 위헌성을 들어 윤석열의 직무 정지 필요성을 거론하면서 탄핵 표결의 키를 쥔 인물로 부각되었다. 계속 윤석열과 밀실회담을 하고 기회주의적 발화를 보이던 그의 최종 선택은 대통령 윤석열이 '국정 운영의 방향 결정을 당에, 그 실행을 당과 총리에게 위임한다'는 취지의 담화를 발표하는 조건에서의 탄핵 표결 불참으로 나타났다.

이것은 무엇을 의미하는가? 내가 보기에 이것은 예외주의적 내란을 행정부 수반인 대통령을 대신하여 의회 내 국민의힘이 계속하되 그 예외주의적 내란의 지속 동력을 탄핵되지 않고 건재한 대통령의 대권(그것의 정점이 비상사태 선포권이다)에서 공급받겠다는 뜻이다. 이런 동기에서, 12월 7일 100만 명의 시민들이 여의도에 모여 세계시민들과 함

---

5. '당론'은 국민의힘만이 아니라 민주당 등도 유지하고 있는데 '의무', '해당 행위', '소명 의무', '징계' 등의 압박 장치를 통해 의정 활동을 구속하는 제도다. 이것은 "국회의원은 국가 이익을 우선하여 양심에 따라 직무를 행한다"는 헌법 제46조 제2항과 "의원은 국민의 대표자로서 소속 정당의 의사에 기속되지 아니하고 양심에 따라 투표한다"는 국회법 제114조의2를 위반하는 제도로 보이지만 여기서는 더 논하지 않는다.

께 지켜보는 가운데 국민의힘 의원들은 김건희 특검법에 대해 부결표를 던진 후 윤석열 탄핵소추안 표결을 앞두고 줄지어 집단적으로 본회의장을 떠나 투표에 불참하는 비루한 행동을 연출했다.

'국민의힘은 내란정당'이라는 법치주의적 비판은 예외주의자의 프로그램과 동선 속에서는 고려할 가치가 크지 않은 것이다. 내란이 성공한다면 그것이 법치주의적 시각에서 나오는 모든 비판들을 역사 저 깊은 곳으로 파묻어 고개 들지 못하게 해줄 것이기 때문이다. 본회의장을 떠난 그들은 한 층 아래 본관 246호로 내려가 먹잇감이 죽기를 기다리는 하이에나처럼 표결 무산의 순간을 끈기 있게 기다렸다.

돌아와 투표하라는 시민의 명령, 한 명 한 명 호명하여 투표를 호소하는 민주당 원내대표 박찬대와 '동료' 의원들의 호소가 국민의힘 의원 김예지, 김상욱의 마음을 움직였지만 탄핵 표결은 결국 무산되었다. 이것이 대통령 윤석열이 시작한 예외주의 군사쿠데타를 국민의힘이 이어받아 실행하는 의회적 방식이었다.

이 릴레이 쿠데타에서 12월 7일의 의회쿠데타는 12월 3일의 의회쿠데타에 이은 2차 쿠데타였음을 새겨 두기로 하자. 주목할 점은 1차 의회쿠데타의 주역은 원내대표 추경호였지만 2차 쿠데타에서 그 주역은 준비의 시점과 결행의 시점에 얼굴을 바꾸는데 추정컨대 추경호에서 한동훈으로 그 주도권이 넘어가고 있었다는 것이다.

법치를 위장한 쿠데타 혹은 법치주의와 예외주의 사이에서의 동요
2024년 12월 10일 화요일 오후 5시 40분

나는 앞의 「윤동훈 정권에 대해」[6]에서 탄핵을 놓고 벌인 한동훈과 윤석열의 권력 거래와 밀실 야합을 예외주의적 내란의 지속 형태로 규정했다. 하지만 이 야합 정권은 모양을 갖추기도 전에 엄청난 도전에 직면했다. 수를 헤아리기 어려운 제헌주의적 시민 집회가 그것이다.

12월 7일 여의도로 출발하면서 나는 10만 명 정도만 모여도 좋겠다고 생각했다. 그런데 1시 30분경의 여의도에 펼쳐진 풍경에 나는 깜짝 놀라지 않을 수 없었다. 민주노총을 중심으로 하는 젊은 노동자 집단과 대학생들이 국회의사당역 3번 출구에서 여의도역 방향으로 뻗은 도로를 가득 메운 가운데 국회의사당을 머리에 인 T자 도로 전체에 시민들이 운집하여 가슴과 등을 서로 맞대지 않고는 이동하기 어려울 정도의 밀도를 보여주었다. 2016년 말의 광화문 일대가 떠올랐다. 늦은 오후 어둠이 드리우면서 돋보인 것은 응원봉을 든 10대 후반 20대 초반의 젊은 여성들의 움직임이었다. 이들은 하염없이 지체되는 투표를 지치지도 않고 기다리며 K-팝 리듬에 맞춰 윤석열에 대한 탄핵, 체포를 외쳤고 국민의힘 의원들에게 투표하라고 외쳤다.

이날 한동훈은 집회의 주요 주제는 아니었다. 하지만 이 집회가 윤석열을 탄핵하라는 집회이기만 했을까? 이것은 누가 보아도 당일(12월 7일) 오전 한동훈을 권력의 한 축으로 부각하는 윤석열의 담화를 계기로 탄핵 반대의 입장으로 돌아선 카멜레온 한동훈에 대한 거부집회였고 내란의 흐름 속으로 편입되어 들어간 그의 예외주의적 행보에 대한 규탄의 집회였다. 이날 국회의사당역 3번 출구 부근 투썸플레이스 뒷골목 어둠 속에서는 몇십 명의 기독교인들이 모여(바로 3번 출구 앞에서 이루어졌던 몇백 명의 태극기집회와는 별개다) 탄핵에 반대하는 취지의 기도회를 하고 있었는데 '주여!'를 간절하게 외치는 이들은 한결같이 두 손을 모아쥐고 눈을 질끈 감고 있었다. 이들은 자신들의 주위에 누가 얼마나 있는지, 그들이 무엇을 말하는지를 알고 싶어 하지 않았다.

바로 이들처럼 여의도에 운집하여 "탄핵해!"를 외쳤던 백만 시민들

---

6. 이 책 73쪽.

의 동태에 눈을 감고 귀를 닫아 버렸던 탓인지 다음 날 한동훈은 국무총리 한덕수와 함께 당대표-국무총리의 주1회 정례회의를 통한 국정 공동운영을 약속하는 대국민담화를 국민의힘 당사에서 열기를 주저하지 않았다. 이 자리에서 그는 '탄핵' 대신에 '윤석열의 사실상 직무배제와 질서 있는 조기퇴진' 등을 국민들의 정치적 먹을거리로 내놓았다.

그러나 이 계획은 12월 8일 하루 동안 한국 사회의 모든 영역, 모든 집단으로부터 집중포화를 받고 흔적도 없이 사라져갔다.

첫 번째 포화는 민주당과 조국혁신당 등 야당들로부터 나왔다. 이들은 누가 한동훈에게 국정 운영권을 주었는가 캐물었다.

두 번째 포화는 헌법학자들로부터 나왔다. 이들은 야당들의 질문이 정당하다고 말하면서 이구동성으로 '당대표가 대통령을 직무에서 배제하는 것은 위헌이며 쿠데타'라고 해석했다.

세 번째 포화는 언론들로부터 나왔다. 이들은 '탄핵하랬더니 통치하겠단다'고 한동훈을 비꼬왔다.

네 번째 포화는 국민의힘 내부에서 나왔다. 홍준표를 비롯한 친윤계 의원들은 한동훈에게 무슨 권리로 대통령을 직무배제하는지 따졌고 '대통령 놀이 그만하고 당대표에서 사퇴하라'고 요구했다.

포화가 쏟아졌을 뿐만 아니라 지진도 일어났다. 직무에서 배제된다던 윤석열이 한동훈-한덕수 담화의 침이 채 마르기도 전인 같은 날 오후 3시 20분경 행정안전부 장관 이상민의 사의를 수용하는 조치를 함으로써 무성한 말 잔치 뒤에서 자신이 대통령으로서 엄연히 직무를 수행하고 있음을 또렷이 보여주었기 때문이다. 이것은 한동훈이 딛고 선 발밑의 땅을 허무는 지진 같은 행동이었다.

이에 대해 한동훈은 윤석열의 이 직무수행이 '수동적 처리'였을 뿐이라며 능동적 직무와 수동적 처리는 다르다는 구차한 변명을 늘어놓다가 결국 당대표가 국정을 수행할 권한이 없다며 한발 물러나더니 자신들의 담화 취지는 '총리가 국정을 챙기고 당이 세밀히 협의하겠다'는 뜻이었다는 식의 거짓 해명을 하는 등 실없는 말장난으로 사람들을 실소케 하는 무능한 희극배우로 변해갔다.

한동훈의 예외주의 행보가 직면한 궁지, 이것이 12월 9일 하루 종일 의총에서 의총으로 이어진 국민의힘의 끝없는 난상 토론과 혼란상, 그리고 흐느낌의 장소다. 예외주의적 내란의 길에 들어섰지만 앞이 보이지 않고 사방에서 내란정당 해산하라, 자폭하라, 구속하라는 소리만 요란하기 때문이다. 믿고 따라 나섰던 대통령은 내란수괴로 출국금지되고, 원내대표는 내란모의죄로 고발되어 사퇴했다. 국회 밖을 둘러보면 상황이 더 참담하고 혼란스럽다. 계엄을 지휘했던 국방장관(김용현)은 긴급 체포되어 영장이 청구되었고 포고령 작성자로 알려진 방첩사령관 여인형은 검찰에 소환되었다. 행안부장관 이상민은 내란 공범으로 지목되어 사퇴 후 소환되었다. 특전사, 수방사의 사령관들과 장성들도 줄줄이 소환 중이다. 이 중 많은 사람들은 투항하여 자백하고 참회하는 중이다.

이런 상황에서 의회쿠데타를 계속할 수 있을 것인가? 길고 긴 의총 끝에 이양수를 위원장으로 하는 정국안정TF를 총의로 내놓았다. 과연 불안정이 극에 달한 이 당이 정국안정을 가능케 할까? 스스로를 안정시키는 것이 더 급선무가 아닐까? 국민의힘의 혼란은 손에 쥔 권력을 놓지 않고 후일을 도모하려는 각 의원들의 정치적 실리 계산과, 그들 자신이 보아도 윤석열의 계엄선포가 법치의 관점에서는 내란이고 탄핵의 논리가 정당하다는 것을 부인할 수 없다는 것 사이의 모순에서 온다. 그들 스스로 국민들이 선출한 대표자이지만 윤석열에 대한 탄핵이 자신들의 재선에 불리하다는 반국민적이고 당리당략적 관점이 그들을 법치 밖의 예외주의적 목소리에 솔깃하도록 만들고 있다는 점에서 온다. 요컨대 국민의힘의 혼란은 그들이 이질적 논리인 법치주의와 예외주의에 양다리를 걸치고 기회를 엿보고 있다는 데에서 온다.[7]

---

7. 물론 더 깊은 원인은 오늘날의 대의제가 국민의 대표자들이 반국민적이고 예외주의적인 선택을 할 수 있는 길을 열어놓고 있고 그것을 견제할 수단이 제한적이라는 데에 있다.

이 때문에 안정은 불가능하다. 그들이 어떤 식으로건 안정될 방법은 그들 스스로 국민을 적으로 돌리면서 유혈적 사태를 각오하고 예외주의적 쿠데타를 성공시키거나(그러나 그들이 활용할 수 있는 수단은 1차 내란기에 비해 매우 줄어들었다. 물리적 수단만이 아니라 사회심리적 수단까지 줄었다) 아니면 예외주의적 노선을 버리고 법치주의로 복귀하여 법치 논리에 따른 법률적·정치적 책임을 지는 것이다.

이 결정적 선택을 미룸으로써 국민의힘은 우리에게, 다가오는 14일의 탄핵소추안 표결에 다시 투표불참하여 '내란수괴 윤석열'에 대한 탄핵을 무산시키는 3차 의회쿠데타를 결행할지도 모르는 불안정한 세력으로 남아 있다. 그들의 국정안정TF가 국정불안정의 주요 진원지로 될 위험성이 높은 것이다.

그래서 제헌주의적 시민활력은 12월 7일 이후 평일, 휴일을 가리지 않고 탄핵이 될 때까지 집회와 시위를 이어가기로 결의했다. 광주에서는 시민들의 요구로 계획에 없던 매일 집회를 시작하기로 결의했다. 집회의 열기는 참가자들의 연령대가 낮아지면서 더 뜨거워지고 있다. 이렇게 거리와 광장에서, 가정과 학교에서, 시장과 공장에서 계속 에너지를 얻고 있는 법치주의적 탄핵 운동을 예외주의적 방식으로 멈추는 것이 이후 과연 가능할 것인가?

이것이 곤란하다는 사실의 증거는 예외주의적 노선에서 이탈하는 의원들의 행보를 통해 찾아볼 수 있다. 12월 7일 본회의장으로 돌아와 투표를 했던 국민의힘 의원 김상욱은 '반헌법적 반민주적 비상계엄을 기획한 대통령에 대한 차회 탄핵 표결에 찬성한다'고 말했고 '탄핵소추안 가결에 충분할 수의 국민의힘 의원들이 비슷한 의견을 갖고 있는 것으로 안다'고 말했다. 조경태, 배현진도 표결 참석 의사를 밝혔다. 예외주의적 노선의 성공 가능성이 옅어질수록 법치주의 대의공간으로 돌아

다시 말해 주권자가 대의제 권력에서 소외되어 있다는 데에서 온다. 이 점에 대해서는 대의민주주의의 한계와 문제에 관련된 별도의 논의를 필요로 한다.

오는 의원들은 많아질 수밖에 없다. 그것은 무엇보다도 시민들의 집단 지성의 전략적 판단이 얼마나 정확하고 집단감성의 강도가 어느 정도 일지에 달려 있겠지만 대의권력 담당자들의 전술 운용, 법 집행 기관들의 엄정성과 속도도 중요한 변수이다.

꺼내 놓기도 전에 휴지가 되어 가는 정국안정TF의 로드맵
2024년 12월 11일 수요일 오전 11시 50분

국민의힘의 정국안정TF(위원장 이양수)가 사회의 불안정을 기획할 TF라는 점은 이미 예상된 것이지만 12월 10일 "당 차원의 공감대"라는 이름으로 기자들 앞에 내놓은 로드맵과 그에 대한 반응들은 그 예상을 사실로서 확인하기에 충분했다.

그 로드맵의 골자는 '윤석열의 퇴진을 내년 초(2025년 2~3월)로 잡고 퇴진 후 2개월째 대선'한다는 것이다. 한동훈-한덕수 공동국정운영 기획에서 (1) 막연했던 퇴진의 '조기'를 최대 4개월 정도 이내로 구체화하고 (2) 위헌적이었던 '윤석열 직무배제'안을 폐기한 것이다. 이것이 정국안정TF의 '질서 있는 퇴진' 구상이다.

그런데 12월 11일 현재 80%에 가까운(76.1%) 국민들이 탄핵을 찬성하면서 탄핵을 거치는 길이 질서라고 생각하는 시간에 탄핵 없는 질서를 주장하는 TF의 질서는 누구의 질서인가? 나는 그것이 한 줌은커녕 한 티스푼조차 되지 않는 국민의힘 탄핵 반대파들이 자신들(및 연계된 자본분파들)의 실리를 챙기기 위해 꿈꾸는 가상 질서라고 판단한다.

이 구상의 본질은 '적어도 3~4개월 동안 지금의 내란체제(국헌을 문란케 한 "내란 수괴"가 대권을 장악하고 국가기관을 자신의 뜻에 따라 운영할 수 있는 체제)를 지속한다'는 것이며 그것이 거두고자 하는 목적과 효과는 내란정당 대선후보의 대권장악을 통해 달성될 수 있는 내란의 질서화이다. 그러므로 '질서 있는 퇴진'론의 핵심은 내란질서 구축을 위한 현 대통령 윤석열의 대권 활용이라고 할 수 있다.

한동훈-한덕수 공동국정운영방안을 휴지통에 던지면서 등장하고 있는 이 로드맵이 탄핵 반대 강경파들(이른바 '친윤')의 작품이고 그들의, 그들을 위한, 그들에 의한 질서 구상임은 명확하다. 자발적 의사로 탄핵에 찬성하는 의원들이 속속 등장하면서 포커스에서 밀려나고 있는 한동훈은 이 구상과 관련해 '조기 퇴진과 2선 후퇴가 실현되기 위해서는 윤 대통령의 선의가 전제돼야 한다는 한계가 있다'고 언급했다. 그가 설계한 공동국정운영론이 포화와 지진에 시달리면서 그가 깨달았을(?) 한계다.

그렇다. 여의도 국회의사당을 에워싸고 전국과 세계의 광장에서 국회의원들과 관련자들의 마음을 노래와 춤과 말의 신명神明으로 섭정하고 있는 시민들의 열망에 눈을 감은 채, 밀실의 당사에서 정국 불안정을 기획하고 있는 TF의 질서 있는 퇴진 구상은 내란 수괴 대통령실의 문 앞에서 멈춰 서게 된다. 그들이 그 문 앞에 엎드려 자신들의 구상을 제발 받아들여 달라고 읍소할 것인가 아니면 강제로 문을 부수고 들어가 대통령 윤석열을 인질로 잡는 새로운 쿠데타를 벌일 것인가?

그들의 의총이 채 끝나기도 전에 윤석열은 (퇴진파가 자신들을 위해 기대하는) '선의'를 거절했다. 퇴진은 받아들일 수 없고 탄핵 표결은 받아들이겠다. 탄핵되더라도 비상계엄이 합법임을 주장하겠다. 이것이 그가 14일이 오기 전에 선택할 최종 행보일지는 알 수 없지만 국정안정 TF의 안이 국정공동운영(정례회의) 안처럼 휴지통에 들어가는 데에는 기다림의 시간이 필요하지 않을 것으로 보인다.

국민의힘의 이 혼란과 불안정은 어디서 기인하는가? 국민의힘과 그 당이 속한 법치주의적 대의의 헌정 질서가 하루를 내다보기 어려울 정도로 불안정한 것은 일차적으로는 윤석열이 내란을 일으켰기 때문이며 그다음으로는 다중의 제헌활력이 민주당을 비롯한 대의정당을 앞세워 그 내란권력에 맞서 싸우고 있기 때문이다. 국민의힘이 대의적 헌정 질서 공간에서 벌어지는 이 투쟁을 무질서로 느끼면서 자신만의 내란질서를 '질서'의 이름으로 시민들에게 부과하려 할수록 혼돈과 악몽의 시간은 길어질 것이다. 지금은 한동훈식의 갈지자 행보와 망설임이 필요한 시간이 아니라 대통령 윤석열에 대한 신속한 체포와 압도적 탄핵 가결의 단호함이 필요한 시간이다.

대통령 윤석열의 12·12 긴급 담화에 대해
2024년 12월 12일 목요일 오후 12시 28분

1979년 12월 12일 전두환 주도의 군사쿠데타가 일어난 때로부터 정확히 45년이 되는 2024년 12월 12일 아침, 지난 12월 3일 위헌·위법한 계엄조치 후에 내란수괴로 지목되어 탄핵소추에 직면한 윤석열은 대통령실에 출근하여 다음과 같은 내용을 담은 긴급담화로 계속 투쟁(즉 내란지속)을 선동했다.

그는 담화의 앞부분에서 먼저 국회 내 거대 야당(민주당)을 "종북반국가세력"으로 규정하고 그들의 대의주의적 합헌활동들을 "국헌문란"으로 규정한 12월 3일 계엄령 선포 담화를 되풀이한다. 그 뒤에 그는 그 활동들을 다시 "대선불복" 활동으로 재규정했다. 이어 그는 "지금까지 차마 밝히지 못했던 더 심각한 일"이라는 말과 함께, 지금까지 극우 유튜버들과 태극기부대가 제기해온 음모론인 부정선거론에 따라 선관위 서버를 강제 점검하기 위해 자신이 선관위에 계엄군을 보냈음을 '고백'했다.

이 탈법치적이고 예외주의적인 계엄행동을 "헌정 질서와 국헌을 지키고 회복하기 위한 것"이라고 정당화하면서 그는 무엇을 말했는가?

공직자들에게 당부합니다. 엄중한 안보 상황과 글로벌 경제 위기에서 국민의 안전과 민생을 지키는 일에 흔들림 없이 매진해 주시기 바랍니다. 국민 여러분, 지난 2년 반, 저는 오로지 국민만 바라보며, 자유민주주의를 지키고 재건하기 위해 불의와 부정, 민주주의를 가장한 폭거에 맞서 싸웠습니다. 피와 땀으로 지켜온 대한민국, 우리의 자유민주주의를 지키는 길에 모두 하나가 되어주시길 간곡한 마음으로 호소드립니다. 저는 마지막 순간까지 국민 여러분과 함께 싸우겠습니다.

자신의 계엄조치가 내란이 아니라 고도의 통치행위에 속한다는 낡아빠진 사법적 변호가 앞부분에 서술되었지만 이 사법적 방어의 담화보다는 공직자와 국민에게 호소하는 공격행동에 대한 담화가 지금과 같은 내란 지속의 상황에서는 훨씬 더 중요하게 다가온다. 그는 담화-호소의 형식을 빌려 자신을 따르는 부대에 두 가지의 지침을 하달하고 있다.

첫째, 공직자들에게. "엄중한 안보 상황과 글로벌 경제 위기에서 국민의 안전과 민생을 지키는 일에 흔들림 없이 매진해 주시기 바랍니다." 여기에서 "엄중한 안보 상황과 글로벌 경제 위기에서 국민의 안전과 민생을 지키는 일"이란 무엇인가? 12월 3일 밤의 계엄담화에서 이미 언표되었듯이 대권을 장악하고 있는 윤석열의 눈에 그것은 비상사태 선언과 계엄조치 외에 다른 방법으로는 달성될 수 없는 것이었다. 오늘도 그는 '거대 야당'이 입법부를 장악하고 있는 상황으로 인한 "망국적 국정마비 상황", "행정사법의 국가기능 붕괴상태"를 해결할 길은 계엄령 발동밖에 없었다고 변호했다.

그가 말했던 그 상황은 지금 바뀌었는가? 전혀 바뀌지 않았다. 그가 보기에는 오히려 악화되었을 것이다. '반국가세력'인 야당이 법사위, 국방위에서 법관, 장교들을 포함한 공직자들을 불러놓고 호통을 치고 있는 상황 아닌가? 그렇다면 "국민의 안정과 민생"은 더 강력한 무력조치를 통하지 않고는 지켜질 수 없을 것임이 분명하다. 그러면 (의회, 군부, 검찰, 경찰을 포함한) "공직자들"은 무엇을 해야 하는가? 지금의 비상한 전투(내란)에 "흔들림 없이 매진"해 주어야 한다. 이것이 법치주의와 예외주의의 경계선에서 매 순간 선택을 강요받고 있는 모든 "공직자들"에게 윤석열이 내리는 첫째 지침이다. 내란의 성공을 위해 계속 싸우라는 것이다. 그 공직자들은 이제 윤석열의 명령을 따를 것인가, 국민의 명령을 따를 것인가를 시급히 결단하지 않으면 안 된다.

둘째, 국민에게. 한 번 더 해당 부분을 읽어보자. "국민 여러분, 지난 2년 반, 저는 오로지 국민만 바라보며, 자유민주주의를 지키고 재건하기 위해 불의와 부정, 민주주의를 가장한 폭거에 맞서 싸웠습니다. 피와 땀으로 지켜온 대한민국, 우리의 자유민주주의를 지키는 길에 모두 하나가 되어주시길 간곡한 마음으로 호소드립니다. 저는 마지막 순간까지 국민 여러분과 함께 싸우겠습니다."

두 문장으로 된 이 호소에서 첫 문장은, 계엄조치에 이르기까지의 과정이, 아니 국민의힘 의원들을 움직여 탄핵을 저지하면서 "반국가적" 탄핵파와 맞서온 오늘까지의 과정이 자유민주주의를 지키고 재건하기 위해 민주주의를 가장한 폭거에 맞서는 투쟁이었다고 설명한다. 그 과정이 거리에서 태극기를 들고 "이재명 구속", "문재인 구속"을 줄기차게 외쳐온 태극기-국민만을 바라보며 걸어온 정의의 길이라고 설명하는 것이다. 그 후에 지침이 나온다. "피와 땀으로 지켜온 대한민국, 우리의 자유민주주의를 지키는 길에 모두 하나가 되어주시길" 호소한다. 이것은 지금의 전투(내란)에 "피와 땀"의 전사로서 한 마음으로 참여해 줄 것을 지시하는 "간곡한 마음"의 "호소"며 지침이다.

약 4년 전인 2021년 1월 6일, 2020년 미국 대통령 선거에서의 부정선거 음모론을 주장한 도널드 트럼프를 지지하는 일군의 시민들은, 그의 호소에 따라, 대통령 당선자 조 바이든에 대한 연방의회 인준을 저지하기 위해 미국 국회의사당에 폭력적으로 난입하여 의사당을 무력으로 점거했다가 진압되었다. 만약 탄핵과 체포, 그리고 파면의 위기에 처한 대통령 윤석열을 구하기 위해 대한민국의 시민들이 미국의 시민들처럼 폭동을 일으킨다면 어떤 일이 벌어질 것인가? 그러한 소요의 상황이야말로 내란수괴이지만 아직도 엄연히 국군통수권자인 윤석열에게 "마지막 순간까지 국민 여러분과 함께 싸"울 또 한 번의 기회이지 않을까? 그것이 거짓과 망상을 뒤섞어 놓은 그의 호소문이 노리는 실효이지 않을까?

이런 의미에서 12월 12일, 전두환이 쿠데타를 일으킨 날에 발표된 긴급담화는, 예외주의의 관점에서는, 살아남아 있는 병력에게 내리는 전투 지침이고, 법치주의의 관점에서는, 전 국민을 대상으로 한 내란 선동일 것이다. 예외주의적 내란을 지탱해 온 의회 내 탄핵 반대파의 대오가 허물어지고 있다. 그러므로 유혈을 피하기 위해서는 법치주의적 '탄핵의 열차'를 최대한 가속시켜야 한다. 제헌주의적 시민활력은 법치주의적 대의권력을 바퀴로 이 방향을 향해 달려가는 강력한 엔진이자 기관차이다.

망상의 실재성
2024년 12월 13일 금요일 오전 11시 45분

또 하루가 무사히 지났다. 12월 3일 이후 집으로 가지 못하고 국회에서 두문불출하며 업무를 보는 의원들이 많다고 한다. 윤석열 정권의 표적이 되었던 의원들은 더욱 그러할 것이다. 추운 겨울 날씨에 광장,

거리, 국회를 지켜야 하는 시민들에게는 고통과 환희가 함께하는 시간이지만 표적이 된 대표자들이나 공직자들에게는 고통과 두려움이 감동과 함께하는 시간일 것이다.

윤석열의 시간이 이틀 남았다고 사람들은 말한다. 대권을 내놓아야 할 시간이 14일까지 이틀 남았다는 생각에 나는 동의한다. 하지만 그것이 내란의 시간의 끝일지는 미지수다. 비상계엄의 동력은 군부에서 나오지만 내란의 동력은 군부만이 아니라 사회 전 영역에서 공급되기 때문이다.

윤석열은 어제의 긴급담화에서 자신은 끝까지 싸울 것이며 이 싸움에 공직자를 포함한 국민이 하나 되어 함께 싸우자고 호소했다. 이 싸움은 형법에서 규정한 내란rebellion이 아니라 반국가세력을 척결하기 위한 정의의 싸움이고 자신이 선포한 계엄도 이 정의의 싸움의 일환인 고도의 통치행위라고 정당화하면서 말이다. 자신에 대한 탄핵을 내전civil war으로 전환시키겠다는 의지를 표명한 것이다.

주위를 둘러보아도 그 의지를 뒷받침할 시민사회 내 세력이 취약하다는 것으로 인해, 또 중요한 사실들에 대한 거짓말들과 결합되어 있다는 점으로 인해 긴급담화에 제시된 지침이 망상으로 느껴지는 것은 분명하다. 하지만 지금도 탄핵 반대를 외치며 계속되고 있는 태극기-애국시민의 맞불 집회를 염두에 두면, 그리고 윤석열의 두뇌와 연동된 것처럼 느껴지는 이른바 '극우 유튜버'들의 방송을 염두에 두면, 또 국회의사당에서 윤석열의 위헌·위법한 계엄이 '고도의 통치행위가 맞다'고 주장하는 전두환의 전 사위 윤상현 같은 인물을 고려하면, 나아가 적지 않은 의원들이 속속 탄핵 찬성으로 돌아서고 당대표 한동훈이 탄핵 찬성을 당론으로 하자고 제안했음에도 불구하고 2024년 12월 12일 오후 '원조 친윤'으로 알려진 권성동을 압도적 표차의 원내대표로 선출하고 "아직도 당론은 탄핵부결"이라고 말하게 하는 '내란정당' 국민의힘을 고려하면, 더욱이 국방위에 나와 사실보다 서로 입 맞춘 바를 말하는 것을 국가에 대한 충성이자 전우애로 생각하는 군 간부들을 생각하면, 그 망상은 망상이라는 사실 때문에 기각되는 것이 아니라 망상 그 자체로서 강력한 힘을 갖는다고 해야 하지 않겠는가?

포고령 제2항에는 "가짜뉴스, 여론조작, 허위선동을 금한다"는 명령이 등장하고 선관위, 뉴스공장과 여론조사꽃, MBC는 표적으로 지목되었으며 계엄군이 실제로 파견되기도 했다. 아이러니하지만, '망상'임에 분명한 어떤 생각이 다른 생각들, 말들, 지표들을 조작된 가짜, 허위, 또는 망상으로 보는 일은 엄연한 현실이요 실재다. 그것을 웃어넘기거나 미쳤다고 조롱하는 것으로 그칠 수 없다는 것이다. 그러므로 우리는 대체 이 실재적 망상은 어디에서, 왜, 언제부터, 어떻게 발생하는가, 하는 어려운 문제를 회피하지 말고 대면해야 한다.

편견과 망상에 관해 어느 "술집 여자"가 우리에게 주는 가르침에 대한 주석
2024년 12월 15일 일요일 오후 11시

어제(12월 14일) 대통령 윤석열에 대한 탄핵소추안이 가결되었다. 그의 '망상'이 이제 끝날까? 사흘 전인 12월 11일 오후 부산 서면, 윤석열 탄핵촉구 집회. 빨간색 상의에 회색 목도리를 한 여성이 단상에 올랐다. "안녕하세요. 반갑습니다. 저는 저기 온천장에서 노래방 도우미로 일하는, 소위 말하는 술집 여자입니다"가 첫마디였다. 집회 참석자들의 박수와 환호 소리. 그는 약간 떨리는 목소리로 스마트폰에 준비해온 발언의 다음 구절을 다소 빠른 속도로 말했다. "많은 사람이 편견을 가지고 저를 경멸하거나 손가락질하실 걸 알고 있지만, 오늘 저는 민주 사회의 시민으로서 그 권리와 의무를 다하고자 이 자리에 용기 내 올라왔습니

다."⁸

얼마나 가슴에 사무쳤을 "경멸과 손가락질"이었을까. 하지만 그는 그것을 많은 사람들이 갖고 있는 "편견"의 표현으로 일축할 지성적 힘을 갖고 있다. 편견은 특정한 집단이 자기 보존을 위해 생산하는 망상이다. 온천장 노래방 도우미에 대한 차별적 편견은 그가 보기에 "많은 사람들"이 공유하고 있는 성별적 편견, 직업적 편견, 계급적 편견이며 우리 사회 편견의 응축물이다. "술집 여자"라는 편견이다. 시민을 비시민으로 만드는 편견이다.

하지만 그는 오늘 "민주사회의 시민"으로서 발언하고자 단상에 올라왔다. 그는 이런 결심을 하는 데에 "용기"가 필요했다고 말한다. "온천장 노래방 도우미"와 "민주시민" 사이에 어떤 장벽이 있어 용기가 필요했을까? 바로 그 '편견'의 벽을 넘어서야 했기 때문일 것이다. "너 같이 무식한 게 나서서 뭐 하냐, 사람들이 너 같은 사람의 목소리를 들어줄 거 같으냐" 하는 편견을 넘어서야, 그것을 "반박"해야 했기 때문일 것이다. 그것은 집단망상으로서의 편견에 대한 도전이며 진실에의 용기(파르헤시아)였다. 그것은 민주시민의 한 사람으로서 촛불집회에 참가한 시민 한 사람 한 사람에게 내미는 연대의 제안이었다. 시민들은 "내려와!"라고 하기는커녕 박수와 환호로서 이 제안에 화답했다.

그는 이 화답에 힘을 얻은 후 곧장 자신이 단상에 선 이유를 밝힌다. "여러분께 한 가지를 간곡히 부탁드리고 싶어서입니다. 그건 우리가 이 고비를 무사히 넘기고 난 다음에도 계속해서 정치와 우리 주변의 소외된 시민들에게 관심을 가지는 일입니다." 그는 표결을 사흘 앞두고 있었던 탄핵촉구 집회에 참가하여 "이 고비를 무사히 넘기고 난 다음"을, 탄핵 이후를 생각하도록 집회 시민들에게 요구한다.

---

8. 「부산 집회를 숙연하게 만든 화제의 부산 노래방 도우미 여성 3분 명연설」, 〈서울의소리 VoiceOfSeoul〉 유튜브, 2024년 12월 13일 수정, 2025년 7월 3일 접속, https://www.youtube.com/watch?v=8ezJBaUCBPM.

그는 2016~2017년의 촛불과 그 이후를 경험한 사람들이 마음속에 품고 있는 질문을 광장에 꺼내놓았다. '2017년 촛불혁명이 승리했음에도 불구하고 왜 사람들의 삶은 여전히 어두운가?'라는 물음이 그것이다. 그는 촛불집회에서 승리해도, 탄핵을 가결시키고 윤석열이 파면되어도 해결되지 않는 문제가 있다는 것을, 쿠데타로 구겨진 헌정 질서가 회복되어도 풀리지 않는 문제가 있다는 것을, '탄핵하라', '체포하라'의 외침으로는 가 닿지 않는 어두운 지층이 있다는 것을, 탄핵과 파면을 거쳐갈 수밖에 없는 길이지만 그것에서 멈춰서는 도달할 수 없는 다음 목적지가 남아 있다는 것을 가리켰다.

왜 촛불혁명은 행복을 가져오지 못했을까? 왜 그것은 8년 뒤 비상계엄과 내란을 가져왔을까? 이 물음에 대해 그가 응답하는 방식은 촛불집회에 비판적이었던 일부의 이른바 "좌파"적 논리와는 다르다. "급진적"임을 자처하는 사람들 중의 일부는 촛불집회의 과정에서 이미 '촛불은 소시민, 중산층의 운동'이라며 거리를 두었다. 혹은 촛불에 참가한 후에 '죽 쒀서 개 줬다'며 후회를 담은 평가를 내렸다.

전자는 운동형태로서의 촛불집회가 노동계급의 운동형태가 아니며 노동계급적 문제를 의제로 하는 것도 아니라는 생각을 표현한다. 후자는 촛불정부를 자임한 민주당과 문재인 정권에 대한 실망이 촛불집회에 대한 원망으로 나타나는 방식이다. 어제 탄핵소추가 가결된 후에 민주당 대표 이재명도 "지난 촛불 혁명으로 세상이 바뀌는 줄 알았지만 권력은 바뀌었는데 왜 나의 삶은 바뀐 게 없느냐, 이 사회는 왜 바뀌지 않았느냐 그렇게 질타하시는 분들, 더 많은 국민들의 따가운 질책"을 알고 있다고 연설했다.

이 문제에 대해 "술집 여자"인 그가 내놓는 해답은 무엇인가? 그것은 촛불집회가 중간계급적이라는 계급 비판이나 죽 쒀서 개 줬다는 이론적 평가와는 달리 촛불시민들이 촛불 "다음에도 계속해서 정치와 우리 주변에 소외된 시민들에게 관심"을 가질 것을 요구하는 것, 즉 실천적 해법이다.

'정치에의 관심'에 대한 호소는 젊은 세대의 삶의 특징을 우려하는 용어로 많이 사용되어 온 '정치 무관심'을 염두에 둔 말로 보인다. 그런데 그는 그 말을, 법치주의적 대의권력으로 출발하여 예외주의적 내란권력으로 뒤바뀐 대통령 윤석열을 탄핵하기 위한 집회에 나온 참가자들을 대상으로 발화한다. 이때 그 말은 대의정치를 시민들이 방관하지 말고 지켜보아야 한다는 것을 의미하게 된다. 즉 대의권력에 대한 제헌주의적 시민활력의 감시, 견제, 통제, 명령에 대한 관심을 환기하는 것으로 이해할 수 있다.

나는 이러한 관심을 대의권력에 대한 아래로부터의 제헌주의적 섭정이라는 말로 불러왔다. 이것은 대의권력의 동태에 대한 정치적 '관심'을 필요로 한다. 대의권력이 제헌권력의 주권을 제대로 재현하는지를 살피는 꼼꼼한 눈을 필요로 한다. 그가 던지는 것은, 촛불이 광장에서 물러나 일상으로 돌아간 후에 정치에 대한 이러한 섭정적 관심을 지속적으로 견지했던가 하는 물음이다. 정치에 대한 우리-시민들의 무관심이 오늘날의 내란 사태를 낳지 않았는가, 하는 물음이다.

그런데 발언에 나선 그는 한 가지 관심을 더 요구한다. 그것은 우리 주변의 "소외된 시민들"에 대한 관심이다. 그가 말하는 '소외된 시민들'은 누구인가? 그는 촛불 속의 소외된 시민들, 바로 자신처럼 편견의 벽 때문에 용기를 내고서야 비로소 집회 단상에 올라설 수 있는 시민들에 대한 관심을 환기시키는 것에서 이야기를 시작했다. 하지만 그는 그것에 멈추지 않고 '박근혜와 윤석열을 뽑은 절반의 사람들'에 대한 관심을 환기한다. "우리들은 박근혜를 탄핵시켰고 또 윤석열을 탄핵시킬 것이지만 동시에 우리 국민의 절반은 박근혜와 윤석열을 뽑은 사람들입니다." 거기에는 이해관계에 따라 박근혜나 윤석열에 투표하는 "강남 사람들"만 있는 것이 아니라 20~30 남성, 그리고 노인들이 포함되어 있다. "강남의 땅 있는 사람들은 그렇다 쳐도 쥐뿔도 가진 것 없는

20~30대 남성들과 노인들은 왜 국민의힘을 지지할까요?"

불안정한 남성 청년 노동자들이, 그리고 취약 계층의 노인들이 박근혜와 윤석열에게, 그리고 국민의힘에 투표하는 이유가 무엇일까? 그의 말을 계속 따라가 보자. 여기에는 표면적 이유와 심층적 이유가 있다. 표면적 이유는 이데올로기, 이해관계의 자극, 커뮤니티의 부추김이다. "집값이 오른대서, 북한을 견제해야 해서, 내가 속한 커뮤니티 사람들이 그렇게 부추겨서, 국민의 절반이 국민의힘을 지지하고 있었습니다." '국민의 절반'이 스피노자가 말하는 1종인식에, 사물과의 풍문적이고 상상적이고 감각적인 관계에 휘둘린다는 것이다. 그런데 이들은 왜 이데올로기, 이해관계, 커뮤니티의 부추김 등의 감각적이고 상상된 것에 휘둘리는가?

이에 대해 그는 이렇게 말한다. "시민교육의 부재와 그들이 소속된 적절한 공동체가 없기 때문"이다. 다시 스피노자를 빌려 와 이 말을 주석해 보자. 시민교육의 부재란 그들이 사물들의 관계에 대한 이성적으로 적합한 인식을 훈련할 기회가 없다는 것이다. 보통교육이 시행되고 있고 인터넷으로 전 세계가 연결되어 있지만 그것이 사물들의 관계에 대한 적합한 인식능력을 제고시키지는 못하고 있다는 것이다.

교육의 문제와 더불어, 그리고 그것과 긴밀하게 연결되어서 그가 중요하게 제기하는 다른 차원의 문제가 있다. "소속된 적절한 공동체"의 부재가 그것이다. 내가 보기에는 이것이 더 근본적인 진단이다. 적절하게 소속될 공동체(즉 공통장)가 있다면 교육의 문제도 그 차원에서 적실하게 전개될 수 있을 것이기 때문이다. 소속될 적절한 공동체가 없고 따라서 그 공동체의 자기 인식으로서의 교육이 있을 수 없기 때문에 국가라는 가상 공동체에 대한 애착이 커지고 국가에 대한 가상의 인식을 부채질하는 사람들의 부추김에 기만당할 우려도 커진다. 소속될 적절한 공동체의 부재는 북한에 대한 공포, 이재명에 대한 두려움, 가상 애국심을 조장하는 극우적 커뮤니티의 선동에 노출될 위험성을 키운다.

다시 생각해 보면 윤석열 지지자만이 아니라 윤석열 자신도, 소속될 적절한 공동체의 부재 속에서 가상 공동체인 국가를 자신이 진실로 속해야 할 공동체로 환상적으로 표상한 것의 희생자이다.

이미 암시했지만 "술집 여자"인 그가 두 가지로 열거한 시민교육의 부재와 적합한 공동체의 부재는 사실은 하나의 과정의 두 측면이라고 볼 수 있다. 적합한 인식의 형성은 적합한 공동체, 즉 인간·비인간·사물들의 공통적 관계 형성의 산물이며 역으로 공통적 관계의 형성은 사물들의 관계에 대한 적합한 인식에 의해 촉진된다. 따라서 사물들의 관계에 대한 적합한 인식에 기초한 공통장의 형성 없이는 박근혜를, 그리고 이제 윤석열을 탄핵한 후에도 인구의 절반은 그런 사람들을 다시 자신의 대표로 내세우게 될 것이라는 것이 그의 생각이다.

박근혜와 윤석열의 공통점은 공적인 권력을 사익 추구의 수단으로 삼았다는 점이다. 이것은 국정농단(농단정치)이라고 불렸는데 박근혜에게서는 최순실이, 윤석열에게서는 김건희가 그것을 주도했다. 윤석열 정권이 한 발 더 나간 것은 농단정치의 영구화를 위한 군사·의회 쿠데타를 감행했다는 것이다. 윤석열의 대통령 당선 자체가 일종의 장기적 사법쿠데타의 성격을 갖는다는 점을 고려하면 그의 쿠데타는 사법쿠데타에서 시작하여 군사쿠데타, 의회쿠데타로 연쇄적으로 진전되어 갔다고 말할 수 있다. 이 두 사람의 농단정치와 쿠데타는 대의주의적 법치주의를 무력화시키고 법치 밖의 인물이나 세력의 이해관계를 대의 과정 속에 깊이 삽입하여 대의국가를 침식하고 붕괴시킨다는 공통점을 갖는다.

20~30대 남성들 사이에서, 60~70대 노인들 사이에서 이 탈대의주의적·탈법치주의적 예외주의 정치에 대한 지지가 상승하는 것을 단상에 오른 그는 '우경화'라고 표현한다. "우리는 전 세계적으로 우경화가 가속되는 시대의 한복판에 서 있습니다. 이 거대한 흐름을 막지 못한다면 또 다른 윤석열이, 또 다른 박근혜가 또 다른 전두환과

박정희가 우리의 민주주의를 위협할 것입니다." 그것은 어떤 민주주의를 위협하는가? 법치주의적 대의민주주의일까? 12월 14일 탄핵소추 가결이 이루어지던 날 광화문 태극기집회에 운집한 사람들과 그것을 중계한 채널A에 접속한 많은 사람들은 '탄핵 반대'를 외치고 지지했다. 계엄은 고도의 통치행위였다는 주장에 동조하면서 말이다. 이것이 그가 말한 '민주주의를 위협하는 우경화'일까?

그런데 이 우경화는 왜 발생했는가? 이 현상은, 대통령이 민주당의 문제인이었고 민주당이 국회 180석을 차지한 이른바 '진보' 의회를 배경으로 발생하지 않았던가? 정치권력이 사람들의 삶의 문제를 해결하지 못하고 심지어 더 깊은 도탄에 빠뜨린 것에 대한 실망이 발현된 것이지 않은가? 행정 권력과 의회 권력 모두를 민주당이 장악했고 촛불대중이 개혁을 열망하며 든든한 뒷받침을 하는 대의민주주의적 환경에서 문재인 정부는 촛불대중을 만족시키지 못했다. 직접민주주의 개헌은 요란한 적폐청산의 뒷전으로 밀렸다.

문재인 정부의 검찰총장이었던 윤석열이 만든 정부는 "저기 쿠팡에서는 노동자들이 죽어가고 있습니다. 파주 용주골에서는 재개발의 명목으로 청년들이 삶의 터전을 파괴당하고 있습니다. 동덕여대에서는 대학 민주주의가 위협을 받고 있고, 서울 지하철에는 여전히 장애인의 이동할 권리가 보장되지 않으며, 여성들을 향한 데이트 폭력이, 성소수자를 위한 차별금지법이, 이주노동자의 아이들이 받는 차별이, 그리고 전라도를 향한 지역 혐오가" 해결되지 않고 있는 세상을 만들어 놓았다. 이 문제들의 상당 부분은 문재인 정부에서 윤석열 정부로 연속된 것이지 새로 만들어진 것이라 하기 어렵다. 그래서 단상의 그는, 연속되고 누적되고 심화되는 "이 모든 것들이 해결되지 않는다면 우리의 민주주의는 여전히 완벽하지 못한 것입니다"라고 단언한다. 민주주의의 완벽화와 절대화, 절대적 민주주의가 그의 지향이며 관심사다.

최근에는 주로 '극우화'라고 표현되는 이 "우경화"는, 박근혜나 윤석열에, 국민의힘에 투표하지 않고 이른바 '진보' 후보에게 투표해도 삶이 나아지지 않는다는 경험을 배경으로 삼고 있다. 이런 좌절의 경험은, 이민, 여성, 장애인, 동성애자, 종북세력과 북한 등 소수자적이고 이질적인 것에 대한 배제와 혐오를 바탕으로 '국가라는 가상 공동체'를 순수형태로 강화시켜 그것에서 소속감을 찾아보려는 전도된 공동체주의의 파시즘적 감성으로 연결된다. 그것은 근대사회가 대중봉기에 대한 대응책으로 구축해온 대의민주주의를 벗어나려는 충동을 함축한다. 소속될 적합한 공동체도 사물들의 관계에 대한 적합한 인식도 갖기 어려운 사람들이 탈출구로서 총통을 정점으로 한 순혈적 국가공동체의 판타지를 추구할 때 그것이 소수자들과 충돌할 뿐만 아니라 대의민주주의와도 충돌하게 된다는 것을 윤석열 내란 사건이 우리에게 보여준다. 대의민주주의를 위기에 빠뜨리는 것은 다중의 제헌활력에 기초한 직접민주주의가 아니라 신민적 복종에 기초한 유사직접민주주의다.

그러면 내란종식을 통해 대의민주주의를 회복하고 충실히 지키는 것으로 충분할까? 나는 그렇게 생각하지 않는다. 대의민주주의는 대중봉기에 대한 자본의 대응책이기 때문에 "내전"을 품고 있는 체제이다. 대의민주주의는 내전의 힘을 인정하고(헌법 제1조 제2항 "모든 권력은 국민으로부터 나온다") 그 내전능력으로서의 주권을 헌법의 근간으로 삼되 그것을 대의적 틀 속에서 가두어 놓은 체제이다. 대의민주주의가 국민을 만족시키지 못할 때 그것에 봉합되어 있는 내전이 꿈틀거리게 된다. 군사쿠데타는 내전을 자극하여 폭발시키는 여러 형태 중의 하나이다.

하지만 헌법 속의 내전력, 이 '전쟁기계'는 평화를 유지하는 힘이기도 하다. 2024년 12월 3일의 폭력적인 쿠데타는 계엄해제, 독재타도를 외치는 바로 이 제헌주의적 내전력에 의해 진압되었다. 그 진압이 국회의 계엄해제 의결이라는 대의주의적 형태를 띠었을 뿐이다. 대의민주주의의 모든 행동은 다중의 주권력을 대의하는 것이고 주권은 곧 제헌주의적 내전력이자 구성력이기 때문이다. 국회가 계엄해제를 의결할 때 그것은 국회 담장 밖에서 계엄을 해제하라고 외치는 시민들의 명령을 받아쓰는 것이었기 때문이다. 이러한 받아쓰기가 불가능한 시기에 이 제헌주의적 내전력과 대립하는 모든 위로부터의(혹은 위로부터 고무되는 아래로부터의 충동적) 움직임들은 직접적으로 그것과의 대결을 피할 수 없다.

이렇듯 제헌주의적 내전력이 근본적인 것이기 때문에 대의민주주의는 아래로부터 다중의 민주주의, 삶의 민주주의, 절대민주주의, 직접민주주의에 의한 통제를 피할 길이 없다. 그럼에도 불구하고 대의민주주의의 선출 엘리트들은 대의 체제가 자신들만의 동력으로 움직이는 자율주행차인 것처럼 잘못 상상한다. 어제 탄핵소추안이 가결된 후 민주당 전 의원이었던 어느 정치평론가는 탄핵소추안 가결을 "민주당이 주도했고 시민이 합류함으로써 이룬 성과"라고 평가했다. 이것은 사태를 거꾸로 보고 있는 것이다.

우리의 "술집 여자"는 그 전 의원과는 사태를 다르게 파악하며 문제해결의 지점으로 민주당을 가리키는 것이 아니라 소외된 시민들을 가리킨다. 그는 박근혜, 윤석열, 국민의힘에 대한 투표가 문제적임을 지적한 후에도 "진보후보에게 투표하십시오"라고 말하지 않고 "다시 한 번 부탁드립니다. 우리 주변의 소외된 이들에게 관심을 가져주십시오. 더불어 민주주의에 관심을 가져주십시오. 오로지 여러분의 관심만이 약자들을 살려낼 수 있습니다"라고 말한다.

약자들, 가난한 사람들이 국가라는 가상 공동체의 으스스한 힘에 의지하려고 하는 이 순간에 양분된 투표 경향이 왜 발생하는지를 성찰하고 "주변의 소외된 이들"이 소속될 적합한 공동체를 만들자고 제안하는 것이다. 그것은 이미 소속될 공동체를 가진 사람들이 그렇지 못한 사람들에 대한 혐오를 중단하면서 그들과 함께 삶의 공통화를 획기적으로 진전시킬 때 가능해질 것이다. 그렇게 구축될 공통장은 삶의 민주주의의 터전이 되고 대의민주주의의 퇴락과 후퇴, 예외주의에의 유혹을 저지할 섭정의 동력으로 기능할 수 있을 것이다. 그것은 민주주의의 완전화, 절대화를 위한 직접민주주의의 도약대가 될 것이다.

앞에서 짧게 인용한 연설 구절에 이어서 민주당 대표 이재명은 이렇게 말한다. "지난 촛불 혁명으로 세상이 바뀌는 줄 알았지만, 권력은 바뀌었는데 왜 나의 삶은 바뀐 게 없느냐, 이 사회는 왜 바뀌지 않았느냐, 그렇게 질타하시는 분들, 더 많은 국민들이 따가운 질책을 이어가고 있습니다. 이제는 새로운 민주주의, 국민이 직접 참여하는 현장의 미래 같은 민주주의를 시작해 봅시다. 여러분이 국민의 한 사람으로서 이 나라 대한민국의 주인으로서 무엇을 원하는지, 어떤 세상을 바라는지를 말씀하시고, 그것이 일상적으로 정치에 관철되는 그런 나라 새로운 나라 함께 만들어야 하지 않겠습니까?" 대의권력을 진보적으로 바꾸어도 삶은 변함이 없고 오히려 악화되기만 하는 것이 문제다. 이 문제가 우경화, 파시즘, 예외주의화의 온상이라면 이 문제를 풀어야 한다.

이재명은 위 말에 이어 "국민이 직접 참여하는" 민주주의를 제안한다. 참여민주주의는 제헌주의적 시민활력을 대상으로 삼지 않고 동력으로 삼는 민주주다. 그것은 민주주의 개혁을 위한 좋은 방안이다. 하지만 다중들이 섭정적 태도를 갖고 섭정적으로 자기조직화하며 섭정의 공통장을 충실히 갖출 때에만 참여민주주의는 제 기능을 수행할 수 있다. "민주주의는 국민의 삶으로 증명되어야"(우원식) 하는데, 그러기 위해서는 삶이 민주주의적으로 자기조직화되어야 하기 때문이다. 윤석열이나 국민의힘을 뽑지 않을 힘은 "소속될 적절한 공동체"를 가질 때 나올 수 있다는 우리의 "민주시민"-"술집여자"가 말하고자 한 것이 바로 이것이 아니었던가?

3장
내란을 체포하라

남태령을 넘어 한남동 키세스로

2024. 12. 15 ~ 2025. 1. 15

국민의힘은 어떻게 내란을 지속하는가?
2024년 12월 17일 화요일 오후 10시 50분

2024년 12월 14일 오후 탄핵소추안이 가결된 후 저녁 7시 24분 윤석열의 대통령으로서의 직무가 정지되었다. 그러면 내란도 멈춘 것일까? "수괴"의 직무 정지는 내란의 핵심 수단인 계엄권과 국군통수권으로부터 수괴를 분리시킴으로써 결정적 위험을 제거했다고 볼 수 있다. 하지만 비상계엄령의 형태로 시작된 내란은 지금 의회쿠데타의 형태로 지속되고 있다. 이 과정에서 핵심적 역할을 맡고 있는 것은 국민의힘이다. 이 당은 윤석열의 직무가 정지된 후에도 이른바 '친윤 원조'이자 탄핵에 대한 결사반대파로 평가되는 권성동을 원내대표로 선출하고 막판에 탄핵 찬성 입장을 보였던 한동훈을 당대표에서 축출했다. 내부적으로 탄핵 반대 경향을 강화함으로써 내란수괴를 옹호하는 행보를 지속하고 있는 것이다. 여기서 이 행보의 성격이 무엇인지를 살피기 위해 12월 3일부터 국민의힘이 내란에 어떻게 관여해 왔는지를 지난 2주간의 일정 속에서 살펴보도록 하자.

1. 국민의힘이 배출한 대통령 윤석열의 계엄 선포와 내란 주동 (2024년 12월 3일)

2024년 12월 3일 오후 10시 27분, 윤석열 대통령은 긴급 텔레비전 연설을 통해 비상계엄을 선포했다. 그는 계엄을 선포하는 이유로 "자유 헌정 질서를 지키기 위해서"라고 주장했다. 하지만 그것은 헌법 제77조와 계엄법의 법적 요건을 위반한 것으로, 군부를 동원하여 국민의 기본권을 유린하고 국회의 입법권을 불법적으로 탈취하려 한 민주주의 파괴 행위였다. 이렇게 국민의힘이 만들어낸 대통령이 친위쿠데타의 방식으로 내란을 획책하는 데 앞장섰다.

2. 원내대표 추경호의 계엄해제 의결 방해 (12월 4일)

12월 4일 새벽, 국회는 계엄 해제를 요구하는 본회의를 소집했다. 그러나 당시 국민의힘 원내대표였던 추경호는 국회의원들을 당사로 보내 그들의 본회의 참석 가능성을 막아 놓고, 본회의장에선 의결정족수를 일일이 계산하며 표결 전에 계엄군이 진입하도록 재촉한 정황이 드러났다. 이는 국회의 의결권을 방해하고, 위헌·위법한 계엄의 장기화를 조장한 반헌법적 행위이다. 12·3 내란은 국민의힘이 배출한 대통령과 국민의힘 원내대표가 공모한 정황이 역력하다.

3. 탄핵소추안 투표 불참 당론 결정 (12월 7일)

12월 7일, 윤석열 대통령에 대한 탄핵소추안이 상정되자 국민의힘은 당론으로 투표 불참을 결정했다. 국회의원은 헌법상 의결에 투표로 참여해야 하는 의무가 있으며, 이를 조직적으로 회피하는 것은 국민이 권력의 원천임을 규정한 헌법 제1조와 대통령이 헌법과 법률을 위반했을 때는 탄핵될 수 있음을 규정한 제65조를 위반하는 법치 파괴 행위이다. 이런 방식으로 국민의힘은 의회 내 정당으로서 80%에 가까운 국민이 대통령에 대한 탄핵을 명령하고 있는 순간에도 투표불참을 통해 내란과 내란수괴를 보호하는 행동을 자행했다.

4. 당대표 한동훈의 위헌적 국정공동운영 구상 발표 (12월 8일)

12월 8일, 국민의힘 당대표 한동훈은 국무총리 한덕수와 함께 "국정공동운영"이라는 구상을 발표했다. 이것은 당내 한동훈 계파가 탄핵에 찬성하지 않도록 유도한다는 조건으로 대통령 윤석열로부터 받은 모종의 밀실거래의 산물이었다. 그런데 이 구상은 대통령 중심제 원칙을 위반하고, 비정상적인 권력 거래와 권력 분배 구조를 도입하려 한 위헌적 시도다. 대통령으로 선출되지 않은 당대표가 대통령의 권한을 분점하여 국정 운영에 개입하는 것은 헌법에 의해 뒷받침되지 않으며 권력

분립의 근간을 흔드는 행위이다. 이런 방식으로 국민의힘은 원내대표가 내란에 동조하는 위헌 행동을 한 것에 이어 당대표까지 대통령의 조기퇴진을 약속하면서 권력을 분점하겠다는 약속을 내놓는 위헌 행동을 자행했다.

5. 원내대표 권성동 선출 (12월 12일)

12월 12일, 원내대표 추경호의 사임 후 국민의힘 원내대표 선거에서 친윤계인 권성동이 당선되었다. '이제 대통령 손 놓을 때, 국민의힘이 결단해야'라는 말로 암묵적으로 탄핵지지 경향을 보였던 후보 김태호가 34표를 얻었음에도, 탄핵 결사반대를 주장하는 당내 주류 친윤계가 압도적 다수(72표)의 의결로 권성동을 지지한 것은 허물어져 내리던 탄핵 반대 대오를 다시 묶어 세워 탄탄하게 만든 사건이다. 이것은 내란수괴인 윤석열을 옹호하는 방식으로 위기에 처한 내란을 구출하기 위한 세력 결집의 사례로 볼 수 있다.

6. 한동훈 탄핵 찬성 제안과 배신자 규탄 (12월 12일)

같은 날 원내대표 선출에 앞서 당대표 한동훈이 의총에서 탄핵 찬성을 당론으로 채택하자고 제안했으나, 친윤계 의원들은 즉각 한동훈을 '배신자'로 규탄했다. 이것은, '국민 눈높이에 맞춰, 국민만을 생각할 때' 등의 수사로 대의주의적 법치주의 경향을 표현하기도 했던 한동훈의 지도력을 붕괴시키는 계기가 되었다. 그 결과 탄핵에 찬성하는 의원들은, 개별적으로 찬성 의견을 공개 표명하거나(한지아, 진종오, 조경태, 김예지, 김상욱, 김재섭, 안철수 등 7명) 일부 언론사에 찬성 의견을 표명하거나(4명) 비밀투표 속에서 찬성 의견을 표명하는(1명) 분산된 흐름으로 나타났다.

7. 탄핵소추안 표결과 탄핵 반대 당론 유지 (12월 14일)

12월 14일 오후 4시경 시작된 탄핵소추안 표결에서 국민의힘은 표결에 참여하는 선택을 했지만 탄핵 부결을 당론으로 유지하면서 권성동 원내대표 주도로 당내 탄핵 동조 세력의 양심에 따른 의결행동에 위협을 가했다. 그 결과 탄핵안은 204표로 겨우 가결되었다. 이것은 당론이라는 장치를 통한 당의 집단적 압박과 탄핵 표결 방해가 극에 달했음을 보여준다. 국민의힘은 이렇게 내란수괴로 지목된 윤석열의 탄핵이 가결될 것임이 틀림없는 순간에조차 내란수괴에 대한 탄핵을 부결시키기 위해 필사적인 노력을 하는 정당, 이른바 '내란정당'으로서의 면모를 확실히 보여주었다.

8. 탄핵소추안 가결 후 당대표 한동훈의 실질적 해임 (12월 15일)

탄핵안 가결 직후 국민의힘 내 친윤 세력은 한동훈을 당대표직에서 사실상 축출했다. 위원들의 사퇴로 인한 최고위원회의 붕괴와 비상대책위원회로의 전환이라는 형식을 통해, 직무를 계속 수행하겠다는 당대표를 축출하는 방식을 통해서였다. 이것은 한편에서는 탄핵에 찬성한 당대표에 대한 보복을, 다른 한편에서는 내란수괴 윤석열을 옹호하는 내란정당적 흐름의 결속 강화를 보여준다.

9. 대통령 권한대행과 당정협의 주장 (12월 16일)

12월 16일 국무총리 한덕수가 대통령 권한대행을 맡게 된 이후, 민주당 대표 이재명은 대통령의 직무 정지로 여당도 사라졌으므로 국회 국정협의체를 만들어 국정을 안정시키자고 제안했고 국민의힘의 동참을 촉구했다. 그러나 국민의힘 원내대표 권성동은 이것을 거부하며 "여전히 윤석열이 대통령이며, 국민의힘이 여당이고 당정협의회가 국정 운영의 주체"라고 주장했다. 이는 헌법상 권한대행 체제를 부정하며 윤석열이 내란수괴가 아니라 대통령임을, 12·3 내란이 내란이 아니라 통치행위임을 강변하려는 시도이다.

10. 권한대행의 헌법재판관 임명권 부인과 탄핵 심판 지연 시도 (12월 17일)

국민의힘 원내대표 권성동은 대통령 권한대행이 새로운 헌법재판관을 임명할 권한이 없다고 주장하면서 헌법재판소가 윤석열 탄핵 심판을 진행하지 못하도록 방해했다. 이것은 의도적으로 헌법재판소를 6인 체제로 유지하려는 시도로, 탄핵 심판을 지연시키고 설령 탄핵 심판이 이루어지는 경우에도 6인 체제에서 이루어지게 하여 내란수괴로 지목된 윤석열이 파면되지 않고 복귀할 가능성을 조금이라도 높여 보려는 시도이다. 헌법학자들과 민주당, 그리고 헌법재판소에서 이 주장을 이론적으로, 또 사례적으로 논박함으로써 권성동의 시도는 무위로 돌아갔지만 지금까지의 과정을 미루어 보건대 국민의힘은 의회 권력을 이용한 내란 옹호 시도를 멈추지 않을 것으로 보인다.

11. 내란 대 내란 : 되받아치기 (2025년 1월)

국민의힘은 윤석열 대통령의 계엄 선포를 내란으로 보는 시각을 오히려 내란 선동으로 되받아치려는 내란 옹호 전술을 지속할 것으로 보인다. 『신동아』 2025년 1월호는 「尹 계엄 선포와 권한 행사, '내란죄' 아니다」라는 제목의 중앙대 법학전문대학원 교수 이인호(그는 윤석열이 12월 12일 담화에서 자신의 행동을 합법적인 것으로 정당화하기 위해 중요하게 인용했던 인물이다)의 글을 실으면서 "'내란죄'를 보는 눈"이라는 코너명을 달고 있다.¹ 나는 국민의힘 의원들에 의해 자주 긍정 인용된 이 글의 게재가, 위헌·위법적 계엄조치를 '보는 눈에 따라 달라지는 것', 즉 논쟁거리로 만들어 윤석열의 행동을 통치행위로 구출하려는 여론조작의 일환이라고 보지 않을 수 없다.

지금까지 살펴본 것처럼, 국민의힘은 자신이 배출한 대통령이 내란을

---

1. 이인호, 「尹 계엄 선포와 권한 행사, '내란죄' 아니다」, 『신동아』, 2024년 12월 16일 수정, 2025년 6월 29일 접속, https://shindonga.donga.com/politics/article/all/13/5351383/1.

주동하고 원내대표가 그것에 공모했으며 당대표가 그 시도에 부화뇌동했고 신임 원내대표가 탄핵 반대의 기치하에 내란수괴를 공공연히 보호하려고 시도하는 정당이다. 이것은 국민다중의 이익보다 당리黨利를 최우선으로 삼는 태도가 아닐 수 없다. 내란을 주동하고, 공모하고, 옹호하는 것이 헌정 질서를 지키는 행위인가? 국민의 열망이나 이익에는 아랑곳하지 않는 반국민적 행위가 민주주의인가? 국회의 기능을 무력화하려는 시도가 합헌·합법적인가? 결코 그럴 수 없다. 만약 명백히 헌정 질서를 파괴하고 민주주의를 위협하는 행위주체인 국민의힘과 내란에 동조한 대통령권한대행(국무총리) 사이의 당정협의체가, 국민의힘 원내대표 권성동의 말대로, 대한민국의 유일한 국정운영의 주체라면 대한민국을 지배하는 정치는 내란정치 외에 다른 것일 수 없다는 말이 아닌가? 그렇다면 윤석열의 직무는 중지되었어도 내란은 이미 성공했다는 말이지 않은가?

교수 이인호의 탈법치적 예외주의 관점과
윤석열 내란죄 부정의 변호론 비판 서설
2024년 12월 18일 수요일 오후 10시 40분

이인호의 글[2]은 12월 3일 윤석열 대통령이 위헌·위법한 계엄을 선포한 후 내란죄로 고발되자 윤석열 대통령에 의해 자신의 행위를 헌법학적으로 정당화하는 논거로 인용되었다. 의원 윤상현도 이인호의 글을 인용하여 윤석열의 계엄령을 내란이 아니라고 주장한다. 이러한 주장은 탄핵 반대의 논리로 확장되면서 윤석열 지지층에 널리 퍼져가고 있

---

2. 같은 글.

다. 이러한 문제적 현실 앞에서 나는 다음과 같은 세 가지 논점을 중심에 두고 그의 글을 비판적으로 살펴보려고 한다.

첫째로, 이인호는 대의정치에서 국민의 제헌적, 능동적, 적극적 역할을 간과하고 있다. 이것은 대한민국이 헌법적으로 '모든 권력이 국민으로부터 나오는 민주공화국'(헌법 제1조)임을 사실상 부정하는 논의로 나타난다. 그리고 그의 주장은 계엄과 탄핵의 상황 속에서 시민들이 보여준 적극적인 항의와 비판, 그리고 요구를 무시한 채, 국민을 대의정치의 결과를 받아들이기만 하는 수동적·묵종적 존재로 묘사한다. 이러한 태도는 주권자 국민을 멸시하는 시각의 표출이자 헌법을 해석함에 있어 '국민주권'이라는 핵심 명제를 형해화하는 사실상의 반헌법적 해석법의 표현이라 하지 않을 수 없다.

둘째로, 이인호는 대통령의 비상권력을 강조함으로써 헌법과 법치주의의 기본 원칙을 훼손하는 주장을 펼치고 있다. 대통령의 권한을 지나치게 주장한 나머지 대통령이 헌법과 법률을 준수해야 할 의무(이는 취임 시에 구두로 전 국민 앞에 약속하는 사항이다)를 사실상 부인하는 데에로 나아간다. 대통령의 비상권한을 예외적 특권으로 해석해 권력 남용을 정당화하기까지 하는 그의 시각은 법치주의와 헌정 질서를 위협할 소지가 크다.

셋째로, 대통령의 비상대권에 대한 예외주의적 강조는 결과적으로 입법부와 사법부의 역할을 경시하고 행정-사법-입법 각 부 간의 상호 견제를 통한 균형과 안정의 기능을 해체하는 결과를 가져온다. 그는 12월 3일 계엄선포 후 계엄 해제와 탄핵 절차가 헌법에 따라 진행되었음에도 이를 당파 간의 정치투쟁으로 폄하함으로써 헌법적 권력 분립의 정신을 손상시키는 정치주의적 주장을 펼치고 있다.

이 세 가지 문제점에 대해서는 기회와 시간이 되는 대로 조금 더 상세한 각론으로 논지를 입증해 볼 생각이다. 이 세 가지 외에도 이인호의 글은 위의 세 가지에 비해서는 중요성이 덜한 여러 문제점을 갖고 있는

데 여기서는 네 가지 점에 대해서만 간단히 비판적 언급을 해 두는 것으로 만족하고자 한다.

첫째, 헌법적 정당성과 국민적 신임을 혼동하며 헌법재판관이 선출된 인물이 아니라는 이유로 민주적 정당성이 대통령보다 약하다고 주장함으로써 탄핵 심판의 정당성과 가치를 필요 이상으로 폄하하려 한다. 탄핵 심판권의 신임성을 그토록 중시한다면 탄핵 심판을 국민투표에 회부하는 것이 최선의 방법일 것이다. 그런데도 그는 어떤 신임보다 훨씬 더 정당성이 큰 국민투표 회부 방안은 회피하며 "신중에 신중을 기한다"는 수사 속에서 결국 헌법적 판단을, 선출을 통해 신임받은 자들 사이의 정치투쟁의 논리에 종속시키는 논지를 전개한다. 계엄 해제 이후의 대통령 탄핵 과정은 국회의 헌법적 권한 행사로 정당한 것인데 그것을 정치적 동기에 따른 정치투쟁으로 환원하는 논리는 헌법적 절차의 중립성을 훼손할 위험성이 다분하다.

둘째, 이인호는 비상계엄의 요건과 권한 남용 문제를 주관주의적으로 해석한다. 현행법상 비상계엄이 대통령의 권한에 속한다는 것은 사실이다. 하지만 그는 여기서 멈추지 않고, 비상계엄의 요건에 대한 판단이 대통령에 전적으로 달려 있다고 주장하는 데로 나아간다. 이인호의 말과는 달리 계엄법(제2조 제1항)은 비상계엄을 "전시·사변 또는 이에 준하는 국가비상사태 시 적과 교전 상태에 있거나 사회질서가 극도로 교란돼 행정 및 사법기능의 수행이 현저히 곤란한 경우"로 엄격히 제한다. 대통령이 자의적으로 주관에 따라 판단할 수 있는 사항이 아닌 것이다. 국회와 사법부가 기능을 유지하고 있는 상황에서의 계엄 선포는 명백한 권한 남용에 해당하며 헌법 위반에 해당한다. 국무위원, 검사에 대한 탄핵의 '남발'이란 사실상은 탄핵 제도의 활성화인데 탄핵 제도가 활성화된다는 것은 오랫동안 고위 공무원의 부패(와 그에 대한 묵인으)로 인해 고통받아온 우리 사회의 현실을 고려해 보면 오히려 국회와 사법부가 정상적으로 기능하고 있음을 보여주는 징표이다. 불필요한 예산은 과다 책정되고 국민다중의 실제 삶에 대한 예산은 과소 편성되어 온 지금까지의 역사를 고려하면, 예산안 조정도 마찬가지 경우에 속한다고 할 수 있다. 그럼에도 이인호는 이러한 사실을 부인하며 대통령에게 입법부나 사법부가 관여하기 어려울 정도로 예외적인 거대한 권한을 부여하는 논지를 펼친다.

셋째, 윤석열의 계엄이 내란죄로 규정된 것은 국헌문란國憲紊亂을 목적으로 하여 폭동을 일으켰기(형법 제87조) 때문이다. 이인호는 대통령의 계엄 선포가 내란죄 요건에 해당하지 않는다고 주장한다. 하지만, 경비대의 폭력으로 국회의원과 보좌관, 당직자, 시민의 국회 진입을 저지하거나 차단했고 계엄군의 폭력으로 국회의원을 끌어내 계엄해제 의결을 방해하려 했다는 점에서 내란죄의 구성요건은 충분하다고 생각된다.3 후자에 대한 국회 증언의 증거력을 이인호는 의심한다. 하지만 계엄군이 국회에 파견되어 유리창을 깨고 국회에 난입한 것(무수한 현장 영상 증거가 있다)은 그 외에 다른 방법으로 설명해 낼 수 없고 아직 아무도 납득 가능한 설명을 하지 못했다. 경고용 계엄이었다는 윤석열 자신의 구차한 변명으로 이 난점을 극복할 수는 없다. 이인호는 이 명백함을 외면하면서 인위적으로 모호함의 지대를 만들어내고 실제적 증거와 대면하기를 기피한다.

넷째, 이인호는 상당히 여러 군데에서 미국 사례와 한국 사례의 맥락적 차이를 간과하고 한국 사례를 미국 기준에 억지로 꿰맞추려는 미국주의적 태도를 취한다. 대통령 권한이 비교적 제한적이기 때문에 대통령 탄핵 인용이 없었던 미국과는 달리 한국은 대통령의 권한이 비대하고 그래서 남용되기 쉬운 조건에 있기 때문에 이를 견제하기 위해 탄핵 절차가 중요하게 되었다. 미국의 경우 군사쿠데타의 경험을 갖고 있

---

3. 이 글을 쓴 후에 이루어진 검·경·공수처의 수사를 통해 선관위에 대한 폭력 행사를 비롯해 노상원 수첩이 보여주는 것처럼 방대하고 잔인한 폭력 행사 계획이 수립되어 있었음이 드러났다.

지 않은데 세 번의 군사쿠데타 경험을 갖고 있는 한국 사회에 미국 사례를 설득 논거로 기계적으로 대입하려는 논법은 적합하지 않다. 이것은 한국 헌법과 형법의 역사적 특수성을 간과하는 것이며 윤석열의 군사쿠데타를 내란으로 규정되지 않도록 만들기 위해 도입한 작위적 비교에 지나지 않는다.

요컨대 이인호의 글은 12월 3일의 위헌·위법한 계엄을 정치 행동 혹은 통치행위로 변호하려는 목적하에 작성된 것으로 헌정 질서를 교란시키고 위태롭게 할 수 있는 내용을 담고 있다. 그의 주장은 국민주권과 대의정치, 법치주의라는 현행 민주주의의 기본 원칙을 대권의 예외주의적 확장을 위해 무시하거나 상대화한다. 이인호의 논법에서 그러한 상대화는 제헌주의적 국민의 헌법적 권한을 강화하는 방향으로 발전하지 않고 정반대로 국민의 권한을 극소화시키면서 대통령의 권한을, 삼권분립을 깨뜨리는 수준으로까지 강화시켜 결국 독재를 뒷받침하는 논리로 나타난다.

국민을 지우는 헌법학
2024년 12월 20일 금요일 오후 12시 15분

대한민국 헌법 제1조는 국가의 모든 권력이 국민으로부터 나온다(제2항)는 원칙하에서 대한민국이 민주공화국임을 천명(제1항)하고 있다. 모든 권력이 국민으로부터 나온다는 것은 국민이 헌법적 가치의 원천임을 의미한다. 이런 식으로 1987년 10월 27일에 개정된 헌법은, 그 개헌 작업이 1987년 6~9월에 걸쳐 이루어진 시민과 노동자의 직접행동과 항쟁에서 동력을 얻었던 만큼, 유신에 의해 대리주의적으로 굴절되었던(유신헌법 제1조 제2항: "대한민국의 주권은 국민에게 있고, 국민은 그 대표자나 국민투표에 의하여 주권을 행사한다.") 1948년 제헌헌법의 정신을 회복하면서 국민을 주권자이면서 동시에 모든 권력의 원천으로 규정하는 것으로 나아갔다. 그 결과 현행 헌법에서 권력의 행사 방식은 대리주의적으로 닫혀 있지 않고 열려 있다.

여기서 국민의 구성적 힘은 권력의 실질이며 권력은 그 구성력, 즉 활력이 취하는 형식이다. 즉 국민의 활력이 실질헌법이고 헌정 질서는 헌법을 최고 규범으로 하여 그 활력이 역사적으로 취하는 형식인 것이다. 따라서 역사적 헌법은 특정한 역사적 시기의 국민의 내적 구성, 필요와 욕망, 지향하는 가치의 변동 등 활력의 운동을 담아낼 수 있도록 변형될 것을 요구받는다.

'1987년 헌법'으로 불리는 현행의 헌법도 1987년 투쟁 속에서 등장한 국민의 필요와 가치 지향을 재현하는 방식으로 그 전의 헌법을 개혁한 헌법이다. 이 재현은 기존의 정치체제가 아래로부터 국민의 필요와 가치 지향을 흡수하면서 포획하는 성격을 갖는다. 하지만 이 흡수적 포획도 수동적으로 이루어지는 국민의 의사 표현의 한 방식으로 볼 수 있다. 이렇게 재현을 위로부터 수동적으로 이루어지는 표현의 한 양식으로 볼 때 제헌활력은 재현 속에서, 그 재현에 대항하면서, 그 재현을 넘어서는 내재적 힘으로 위치 지어진다.

이 3중의 과제를 안고 있는 제헌활력의 입장에서 볼 때 1987년 헌법은, 간접선거에서 직접선거로 전환하면서 국민을 실질적 권력원천으로 돌려놓은 적극적 측면도 갖고 있지만 노동자, 농민, 학생, 여성, 시민 등 국민 각층에서 제기된 다양한 혁명적 요구를 대통령에로의 권한 집중을 통해 위로부터 수습하여 그것을 대의권력의 한계 속에 가두려 한 소극적 측면도 갖고 있다. 요컨대 그만큼 국민다중의 활력적 표현의 가능성이 제한되었다. 또 현행 헌법은 이후의 역사적 변화, 즉 헌법 개정 이후 전 지구적 변혁 속에서 나타난 세계시민의 재구성 및 국민의 재구성을 능동적으로 담아내지 못하고 있다. 현행의 헌법과 제헌활력의 실질적 구성 사이에 어긋남과 갈등이 있는 것이다. 권력원천이자 제헌주체로서의 국민이 현행 헌법에 대해 갖는 태도가 무엇인지, 또 어떤 헌법적 변화를 요구할지 면밀히 살펴야 하는 것은 이 때문이다.

그런데 헌법학자 이인호는 12·3 내란사태를 정리하면서 국민이 쿠데타 진압에서 수행한 적극적 역할을 완전히 삭제한다. 내란사태를 둘러싼 투쟁은 그것에 관심 없는 국민들 밖에서, 그리고 그들 위에서 전개되는 것으로 인식된다.

그가 국민에 대해 언급하는 첫째 대목은 12월 3일 오후 10시 27분 계엄선포부터 12월 4일 오전 4시 30분 국무회의에서의 계엄해제 의결까지의 과정을 정리하는 곳에서다. 그는 이렇게 서술한다.

> 3일(화) 밤 10시 27분 비상계엄이 선포됐고, 2시간 34분 만인 4일(수) 01시 01분에 국회가 재석의원(190명) 전원 찬성으로 비상계엄 해제를 의결했다. 이에 국회 경내로 진입했던 계엄군이 퇴각했고, 대통령은 계엄 해제를 선언했다. 국민 모두가 간밤에 꿈을 꾼 듯 사태가 일어났다가 종결된 것이다. 모두가 놀라고 당황했다.[4]

여기에는 대통령, 국회, 계엄군이라는 세 가지 행위주체만 등장하여 움직일 뿐 국민은 삭제되어 있다. 국민은 사태가 일단락된 뒤에 비로소 등장하는데, 이때 국민은 간밤에 꿈을 꾼 듯이 사태를 실제적으로 경험을 하지 않은 단위로, 놀라고 당황하기만 한 단위로 서술된다.

참으로 안이하고 반국민적이며 둔감한 현실관이라 하지 않을 수 없다. 계엄이 선포되자마자 많은 시민-국민들은 꿈을 꾸기는커녕 목숨을 걸고 국회의사당으로 달려가 총구를 붙들고 계엄군과 대치하고 도로

---

4. 이 인용에 담긴 사태 파악 방식은 2025년 2월 4일 5차 변론기일에 출석한 윤석열이 '계엄으로 아무 일도 일어나지 않았는데 사람들이 호수 위의 달그림자를 쫓고 있다'고 말했던 것과 결코 무관하지 않아 보인다.

를 점거하고 중무장한 장갑차를 막아서고 국회의사당 담을 넘고 의원과 보좌관, 당직자의 월담을 도왔다. 집에 있었던 경우에도 손에 땀을 쥐는 긴장 속에서 계엄해제를 간절히 갈망하면서 온라인에 정보와 의견을 돌렸다. 이인호가 이 글을 작성하던 시간이면 한국과 세계의 주요 언론들이 한국에서 국민들의 즉각적인 저항이 계엄을 해제시키고 내란을 막아냈음을 알리고 있을 때다. 글의 첫 부분에 등장하는 이 대목만으로도 그의 헌법학은 전혀 국민적 기초를 갖지 않은 반국민적 헌법학일 것임을 뚜렷이 느끼게 한다.

국민이 유의미한 존재로 등장하는 두 번째 대목은 12·3 계엄이 해제된 이후의 장면에서다. 그의 서술은 이렇다.

야당은 12·3 비상계엄 해제 이후에도 계속해서 내란죄를 주장하며 대통령 탄핵이란 정치 공세를 이어 왔다. 국민은 당혹과 놀람 속에서 한편에서는 분노와 한편에서는 좌절을 느끼면서 격정激情에 휩쓸렸다. 국회를 장악한 거대 야당은 탄핵과 내란죄 주장으로 국민의 격정을 부추기고 있다. 국민 의견은 극명하게 갈려 정치투쟁의 거센 파도에 휩쓸려가고 있다. 실로 국가적 위기다.

여기서 국민이 누구를 지시하는지 애매할 뿐만 아니라 그것이 누구이든 그 국민은 야당의 선동에 휘둘려 분노, 좌절 등의 정동적 반응을 보이는 수동적 존재로 묘사된다. 윤석열에 대한 탄핵, 내란죄 등이 모두 야당이라는 주동 행위자의 정치공세로서 인위적으로 국민들의 격정을 부추기는 정치공세라는 것이다.

그런데 그가 생각도 하지 못하거나 아니면 머리에서 깨끗이 지우고자 하는 사실이 있다. 어느 야당도 탄핵을 주장하지 않고 있을 때에 태평로에 모인 시민들이 2년이 넘게 윤석열에 대한 탄핵을 주장해 왔다는 것을 까맣게 모르고 있거나 거짓말을 하고 있는 것이다. 사태는 정반대다. 야당이 국민들을 선동한 것이 아니다. 오히려 야당들을 탄핵 전선에 끌고 나온 것이 국민이다. 대한민국의 권력원천인 국민들이 행동으로 앞장서며, 여야를 포함한 국회가 윤석열을 탄핵하라고 명령해 왔기 때문이다. 이에 조국혁신당, 진보당, 기본소득당, 사회민주당이 호응하고 11월까지 탄핵에 계속 유보적이었던 민주당까지 내란형 계엄사태를 계기로 탄핵에 동참하게 된 것이다. 그 과정은 정치투쟁이기 전에 국민에 의한 헌법적 명령이었다.

이인호의 생각과는 달리 국민들의 분노와 격정을 불러일으킨 것은 야당이 아니라 무엇보다도 대통령 윤석열과 그의 부인 김건희였다. 윤석열 정권은 이태원에서 수많은 국민들이 사망했는데도 진정성 어린 사과나 책임지는 태도를 보이지 않았다. 채상병의 죽음의 진실을 밝히지 못하도록 가로막았고 국회의원 공천에 개입하여 민의를 교란시켰다. 김건희의 농단정치가 계속될 수 있도록 권력을 방패로 사용했다. 노란봉투법을 비롯한 민생법안에 거부권을 행사하는 등의 방식으로 국민과 척을 지기를 주저하지 않았다. 한없이 나열되는 이 불의, 불공정, 불법의 목록에 직면하여 국민들은 "대통령"에 대해 분노의 격정을 느꼈다. 그런데도 이인호는 "대통령과 국회 다수당인 야당이…난투를 벌이는 정치투쟁의 상황이다.…이 와중에 고통을 겪는 것은 그저 묵묵히 일상을 살아가는 보통 시민들의 삶이다"라며 국민이라는 이름을 자신들의 방패막이로 들고 나선다.

그는 국회의사당 앞 한겨울의 차디찬 아스팔트 바닥에서 춤과 노래로 추위를 버티며 탄핵 가결을 요구하는 촛불시민들의 눈물을, 대통령에 대한 탄핵을 지지하는 80%에 가까운 시민들의 목소리를 철저히 외면하고 있다. 이런 시민들은 그가 꿈속에서 그리고 있는 입 닥치고 노동하는 노예-시민("묵묵히 일상을 살아가는 보통 시민")의 상과는 결코 부합하지 않는다.

그가 세 번째로 국민을 호출하는 곳은 탄핵으로 인한 대통령 직무 정지가 가져올 국민경제적 위험을 환기하는 대목에서다.

> 탄핵 소추가 되면 대통령의 직무가 정지돼 대내외적으로 커다란 충격파를 던진다. 대통령의 권한 정지 자체만으로 국가적 위기 상황이 된다. 대외 신인도는 추락하고 국민경제는 위험에 처하며 국론은 극도로 분열된다. 헌법 이론적으로는 주권자(국민)가 두 기관(대통령과 국회)에게 양분해서 나누어준 민주적 정당성을 국회가 부정해 버리는 것이다.

그는 대다수의 국민을 수동적으로 묵종하는 존재(이것은 개돼지-인지 프레임의 번안물이다)로 파악하는 가운데 경제위기로 손실을 입을 가능성이 큰 대자본가-국민에 대해서는 염려를 표한다. 하지만 그 방법은 지극히 도착적이다. 행정부 수반인 대통령이 계엄권력으로 국회를 봉쇄하고 국회 기능을 마비시켜 계엄해제 결의를 하지 못하게 함으로써 위헌·위법한 계엄체제를 영구화하는 것이 분명한 목적이었는데도 그것을 비판하기는커녕 그와는 정반대로 대통령 권한을 정지시키는 것이 국회가 대통령을 부정하는 것이라고 말이다.

자다가 봉창을 긁는 듯한 이 전도된 인식을 고려하면 온 세상이 깨어 들고 일어나 외치고 있는 지금도 그가 잠을 깨지 못하고 미몽의 상태에 놓여 있는 것이 아닌가 의심된다. 많은 사람들이 내란 대통령의 권한이 정지되지 않은 상태에서 차후 벌어질 수 있는 제2, 제3의 내란형 계엄 위험으로 인해 불안에 떨고 있는 시간에 그러한 대통령의 권한을 정지시키기 위한 헌법적 시도를 국회에 의한 대통령 부정으로 보면서 민주적 정당성이 없다고 말하다니 말이다. 나아가 탄핵 가결 후 대통령 직무 정지는 이인호의 잠꼬대와는 달리 그가 염려해 마지않는 '국민경제' 차원에서도 오히려 위기 탈출의 경향을 보였다. 탄핵 가결 후 "불안정성 해소", "경제심리 반등" 등을 보도하는 기사 제목만을 보더라도 이인호가 학술적 언어로 거짓 선동을 하고 있음을 알 수 있다.

이렇게 이인호는 국민의 행동을 제도 정치의 방편으로 보는 태도를 보이면서 시민의 주권적 참여의 실재를 부인한다. 그러나 그가 국민의 행동을 어떻게 바라보느냐 하는 것과 무관하게 탄핵 운동은 촛불봉기의 일환으로 이는 민주주의와 헌법 수호를 위한 정당한 권리행사였다. 이인호는 국민의 독립성과 능동성을 부정하여 정치에서 국민을 지움으로써 정치를 국민주권주의에 기초한 제도 행동으로 보지 않고, 단순히 당파 간의 정치투쟁으로 축소한다. 국민을 정치 세력에 종속되는 변수로 격하하는 것이다. 그러나 헌법상 대의정치의 본질은 대표자가 국민의 의사를 대변하는 것이다. 여기에서 국민은 종속변수가 아니라 독립변수이며 대의정치가 오히려 종속변수이다. 대통령의 제왕적 망상을 치유하는 것도, 교수 이인호의 반국민적 미몽을 깨우는 것도 모두 이 독립적 주체인 시민-다중들의 짐으로 지워지고 있는 2024년 12월이다.

광화문에서 남태령으로, 그리고…
2024년 12월 22일 일요일

어제(12월 21일) 몸이 좋지 않았지만 탄핵 후 첫 주말 집회의 에너지를 공유하기 위해 오후 4시경 시청역에서 내려 안국동으로 향했다. 태평로와 광화문, 그리고 안국동은 성격이 다른 집회들로 들썩대는 아래로부터의 정치투쟁의 공간으로 변해 있었다. 경찰들은 세종문화회관에서 광화문 앞까지 울타리 쳐진 빈 공간을 만들어 두고 두 집회의 충돌이 없도록 지키고 있었다.

1. 시청에서 세종문화회관까지 : 종교적 정치집회

전광훈이 주도하는 이 집회(이른바 '대한민국바로세우기국민운동본부'의 탄핵 반대 집회)는 예수를 반공, 반이재명, 윤석열 지지자로 둔 갑시키는 할렐루야, 아멘 소리로 가득했다. 한동훈에 대한 저주의 목소리도 드높았는데 그는 일종의 배교도로 간주되는 느낌이었다. 5~60대의 여성과 60~70대의 남성이 주된 구성원이었다. 단상에서는 한 권력하는 것으로 보이는 나이 든 남성 연사들의 거친 음성이 울려 퍼졌다. 참가자 수가 많아 보이도록 하기 위해 참가자들은 간격을 두고 듬성듬성 앉아 있거나 서로 거리를 두고 서 있었다. 5시가 가까워 집회가 마무리되자 곧 해산했다. 내가 화장실을 이용하기 위해 들른 경복궁 주차장에는 탄핵 반대 집회에 참석할 사람들을 태우고 전국 각지에서 달려온 수십 대의 대절 버스가 광주, 안성 등의 지역 이름표를 달고 줄지어 서 있었다. 집회가 끝난 후 탄핵 반대 집회 참가자들이 이 대절 버스에까지 도착하려면 아들, 손주뻘 세대의 사람들이 자신과 정반대의 주장을 외치고 있는 윤석열 퇴진 집회장을 둘러 가야 했다. 엄청난 인파로 인해 수십 분이 걸릴 수도 있는 그 시간 동안 퇴진집회의 장면을 보고 이들은 무슨 생각을 했을까?

2. 경복궁 동십자각에서 경복궁역까지 : 축제적 정치집회

〈윤석열즉각퇴진·사회대개혁비상행동〉(이하 비상행동)이 주도한 광화문 앞 집회는 윤석열의 즉각퇴진, 윤석열 파면, 윤석열 체포와 구속, 한덕수 탄핵과 체포를 외치는 목소리로 가득했다. 하드 록 가수들, 뮤지컬 가수들이 나와 노래를 불렀다. 응원봉을 든 젊은 20~30대 여성들이 주된 참가자들이었다. 할렐루야, 아멘 대신 응원봉을 리듬에 맞춰 흔들며 노래를 따라 부르고 노래 사이에 리듬에 맞춰 위의 구호들을 외쳤다.

집회가 끝난 후 행진이 시작되었다. 경복궁 동십자각에서 출발하여 안국동 로터리에서 잠시 멈춰 서서 가까이 있는 헌법재판소를 향해 파면을 요구하는 함성을 지른 후 우회전하여 종로 보신각로터리, 을지로 입구역을 거쳐 명동으로 향하는 행진이었다. 몇 대의 길잡이 트럭들로 분절된 행진 대오는 끝이 보이지 않았다.

3. 명동에서 남태령으로 : 살쾡이 wild cat 투쟁

나는 명동 입구 을지로입구역에서 지하철을 타고 귀가했는데, 아침에 깨어나 보니 명동으로 갔던 참가자들 일부가 4호선을 타고 남태령으로 갔다는 소식이 들린다. 진주와 무안에서 트랙터를 몰고 출발하여 전국을 돌아 한남동 관저의 윤석열 체포 집회에 참가하고 광화문 집회에 합류하려 했던 전봉준투쟁단이 남태령에서 경찰저지선에 막혀 있다는 소식을 듣고 그곳에 합류했다는 것이다. 1천여 명이 농민들과 밤을 새우고 오늘(12월 22일, 일요일) 아침부터 합류하는 시민들의 수가 점점 늘어나고 있다고 한다. 어젯밤 집회광장과 행진거리만 하더라도 추위로 온몸이 떨렸는데 체감온도 영하 20도의 밤을 거리에서 지새우다니! 상상만 해도 소름이 돋는다. 유튜브를 켜보니 여전히 응원봉을 든 여성들이 트랙터를 몰고 온 농민들과 밤샘농성 집회를 하고 있는 모습이 보인다.

그러니까 어제(21일)의 퇴진집회는 광화문에서 남태령으로 이어지며 아직 끝나지 않고 있고 모든 집회 스케줄을 넘어 계속되고 있는 것이다. 일종의 살쾡이 투쟁이다. 이 연대의 살쾡이 투쟁이 어디로 이어질지는 아직 아무도 모른다. 위로부터의 군사적·의회적·사법적 내란은 계속되고 있고 그 내란에 대항하는 아래로부터의 응원봉-트랙터-연합 투쟁은 이제 막 시작되고 있다. 탄핵을 넘는 사회-대-개혁, 근본적-사회개혁이라는 이름하에서. 어제 관저 앞 집회는 사법부에 의해 허용되었다. 지금 남태령역 3번 출구 앞에서 농업4법에 대한 거부에 항의하는 농민들의 행진을 가로막고 있는 저 경찰들은 무엇을 위해 저지선을 열어주지 않고 있는 것인가? 그들은 어떤 내란세력의 지휘를 받고 있는 것인가? 직접 가서 질문의 답을 구해보기로 하자.

2025년 3월 22일 토요일 오후 6시 47분 서울 세종로

2024년 12월 22일 남태령의 기억
2024년 12월 24일 화요일 오전 11시 50분

그제(12월 22일 동지) 2호선 사당역에서 내려 남태령역으로 향하는 4호선 지하철을 갈아탔을 때 차가 사람들로 붐빈다는 느낌을 받았다. 한 정거장을 가는 동안에 둘러보니 여성으로 파악되는 젊은 사람들이 대부분이다. 남태령역에 차가 멈추자 마치 약속이나 한 듯이 승객들이 무리지어 열차 밖으로 쏟아져 나왔다. 내 몸이 휩쓸려 나간다는 느낌을 받을 정도로.

그제야 어렴풋하던 이 '떼의 사건'의 정체가 무엇인지 뚜렷해졌다. 모두 전봉준투쟁단 시위에 연대하기 위해 소식을 듣고 달려온 사람들임이 분명했다. 순간 가슴이 벅차고 눈시울이 뜨거워졌다.

하차장에 꽉 찬 인파로 떠밀려가듯 에스컬레이터로 가서 출구로 밀려 올라갔다. 출구에서부터 44년 전 광주 금남로에서 그랬듯이 먹을거리, 핫팩을 나눠주는 좌판들이 여럿 보이고 도로를 가득 메운 시위대 곁 도로변에 앉아 컵라면을 먹고 있는 사람들도 눈에 띄었다. 아마도 밤샘 시위를 한 사람이거나 아침 일찍 바톤 터치를 하러 온 사람들일 것이다.

수도방위사령부 정문 위치에서 도로를 가로질러 경찰 대 시민의 대치선이 형성되어 있었다. 여러 대의 경찰차로 차벽을 쌓아 놓고 사당 방향으로 여러 대의 경찰차가 차벽을 머리로 한 T자형으로 도열해 있었다. 맞은편 과천 방향으로는 수십 대의 트랙터가 경찰 차벽과 대치하고 있고 그 뒤 남태령고개 쪽으로 길게 뻗은 시위대가 "차 빼라!" 구호를 외치고 있었다. 경찰 차벽과 대치하고 있는 각양각색의 트랙터 대오 쪽에서는 트랙터를 몰고 온 농민이, 높은 트랙터 운전석에서 내려, 연대하러 온 시민들에게 트랙터 운전석에 앉아 기념사진을 찍고 가라고 권하고 있었다.

21일 밤 경찰에게 차단당한 채 트랙터 유리창을 깨뜨리는 식의 경찰 폭행을 당하고 있던 전봉준투쟁단 소속 한 농민의 호소에 호응해 갑작스럽게, 계획에 없이, 자발적으로 만들어진 집회였기에 대형 방송 차량이나 스크린도 없었다.

탈정체화에 대해

한 대의 작은 트럭 위에서 자유 발언이 계속되고 있었다. 여성에서 여성으로 이어진다고 해도 과언이 아닐 자유 발언 시간이었다. 그런데 이들을 여성으로 불러도 좋을까? 트랜스젠더임을, 심지어 무성애자임을 밝히는 발언자들도 드물지 않았기 때문이다. 발언이 계속될수록 여성이라는 범주가 흐릿해져 갔다. LGBTI라고 정체화하는 것이 가능할까? 소수자의 소수자의…정체화하기 어려운…아니 탈정체화하는 소수자들이 당당히 자신을 밝히고 자신이 이 자리에 오게 된 경위, 농민에 대한 연대감, 자신이 바라는 세상, 자신의 현재적 요구를 말하고 구호로 마무리했다. 자유 발언 사이사이에 차량에서 K-팝을 틀면 집회 군중 중에서 앞으로 나가 리듬에 맞춰 춤을 추며 흥을 돋우는 사람도 있었다. 그 역시 대개는 젊은 여성이었다.

이보다 하루 전인 12월 21일 토요일 광화문 집회를 마치고 명동으로 행진을 하던 중에 인도로 올라가 사진을 찍을 때의 기억이 떠올랐다. 종로1가 보신각 로터리 국세청 앞에서 안국동로터리로 뻗은 가두 행진 대오에 카메라를 맞추니 화면에 들어오는 것은 피켓을 들고 자유롭게 오(伍)와 열(列)을 맞춰 행진하고 있는 하나의 군대였다. 남성들이 더러 섞여 있긴 했지만 마치 거리의 시민들이 여성군대의 사열을 받는 듯한 느낌의 행진 대오였다. 남성 계엄군에 대항하는 여성 시민군. 명령과 복종의 군대에 대항하는 항의와 표현의 군대. '어쩔 수 없이'의 군대에 대항하는 '내가 나서서'의 군대. 진급을 위한 군대에 대항하는 나눔의 군대. 위계적 묵종의 군대에 대항하는 다중적 소란의 군대. 겁술의 군대에 대항하는 노래의 군대. 총의 군대에 대항하는 빛의 군대. 2024년 겨울의 사건 이후로 남성들이 여성들을 향해 '군대도 안 갔다 왔으면서…'라고 말하기는 어려워질 것으로 보인다. 시민군에는 남성보다 여성들이 훨씬 더 많이 참가했기 때문이다.

깃발에 대해

　여의도와 광화문에서도 그랬지만 남태령에서도 유머 넘치는 개인 깃발들이 많았다. 전통적 노동조직이나 정당 조직의 깃발보다 훨씬 더 많은 수였다. 2002년 미선·효순의 죽음에 대한 추모와 항의 표시로 여중·여고생이 거리로 처음 나왔을 때 그들은 깃발이 아닌 촛불을 들었다. 전통적 조직 운동 대오가 여전히 깃발을 들고 미선과 효순을 죽게 만든 미국에 대항해 싸우고 있을 때다. 동아일보 사옥 위에서 내리찍은 한 장의 사진이 유명하다. 교보문고 앞 '고종 어극 40년 칭경기념비' 비각 앞에서 촛불을 들고 여중·여고생들이 집회를 하는 가운데 종로 보신각 쪽에서 깃발을 앞세우고 광화문을 향해 내려오는 사회운동 대오가 합류하는 장면을 찍은 사진이다. 촛불 대 깃발? 아니면 촛불과 깃발? 묘한 긴장과 설렘이 느껴지는 한 장면이었다.

　2008년 광우병 집회 때에는 깃발보다 촛불이 지배적으로 되었다. 집회 때 단체 깃발을 내리도록 요구하는 경우가 늘었고 집회 시의 깃발 사용에 대한 논쟁이 불붙기도 했다(이른바 깃발 논쟁). 그런데 2016년 촛불집회부터는 촛불과 깃발의 움직임에 변화가 있었다. 단체나 조직에 속해 있지 않아 2008년이라면 촛불을 들었을 시민들이 각자의 깃발을 들고나왔기 때문이다. 이 깃발들은 자기표현의 수단이기도 했고 소수의 사람들이 끼리끼리 모일 수 있는 표식 역할도 했다. 유머가 담긴 이 새로운 유형의 깃발들이 전통적 조직의 대형 깃발들 속에서 사람들의 주목을 받았다.

　2024년에 촛불이 응원봉으로 바뀌면서 이런 변화는 더욱 가속되는 것으로 보인다. 2016년에 사람들의 눈에 띄던 개인 깃발이 이제는 깃발의 지배적 형태로 되고 있다. 여전히 사회단체나 정당 조직의 깃발이 크게 펄럭이지만 그것들이 작고 재치 있는 깃발들의 바다 위에 떠 있는 섬처럼 느껴질 정도다. 모든 개인의 깃발화가 현실화된 것이다. 이런 방식으로 촛불인가 깃발인가의 논쟁은 역사 속에서 해소되고 있다. 특이성의 시위, 특이성의 고조를 통한 더 큰 공통장의 구축을 통해.

살쾡이 시위에 대해

트랙터 열 대만 한남동 관저로 간다는 합의가 이루어진 후 경찰차들이 차례로 빠지기 시작했다. 오후 4시 40분에 선두 트랙터가 풀린 차벽 사이로 움직이기 시작한 순간 함성소리가 크게 울렸다. 그때까지 사람들은 계속 남태령으로 몰려들었다. 트랙터를 앞세우고 남태령에서 사당역으로 행진을 할 때 도로를 가득 메운 가두 행진 대오의 앞뒤 끝이 보이지 않았다. 어떤 계획도, 어떤 사전 준비도, 어떤 동원도, 어떤 지도자도 없었던 시위요 집회요 행진이었다. 전봉준투쟁단의 트랙터 시위는 사전 신고되어 있었지만 시민들의 연대 시위는 신고조차 되지 않았다. 경찰차에는 여러분들이 불법으로 도로를 점거하고… 운운하는 붉은색 안내판이 붙어 있었다. 하지만 운집한 시민들은 그 모든 것을 우스꽝스러운 것으로 만들어 버렸다. 12월 22일 동짓날의 시위, 사람들이 130년 전의 우금치 전투에 비교하는 남태령 시위는 농민의 시위에서 시작되어 여성의 시위로, 시민의 시위로 발전했다. 그것은, 한남동 관저로 상징되는 내란권력에 대항하여 고통받는 모든 사람들이 항의한 시위로, 자유로운 개인들의 살쾡이 연합시위로 기억될 것이다.

'국정 안정' 이데올로기와 한덕수 권한대행 체제의 성격에 대해
2024년 12월 24일 화요일 오후 11시 58분

12월 3일 계엄선포와 군사쿠데타는 입법부와 사법부의 권한 탈취를 통해 독재를 달성하려는 윤석열의 반동적 조치다. 계엄포고 담화 이면의 다른 사유가 있었음이 밝혀지고 있지만 그는 수탈적 자본주의를 뒷받침할 예산안 편성이 장애에 직면하고 그것을 실행할 반동 인사들이 탄핵에 직면하고 있었음을 계엄선포 사유로 들었다. 이 반동적 조치는 노동자·농민·다중의 삶을 핍박하고 착취하는 수탈적 자본주의를 영구화하기 위한 군사적 행동으로 해석될 수 있다.

　같은 날 밤 시민들은 이러한 조치에 즉각적 행동으로 단호한 반대 의사를 표현했다. 시민들은 계엄선포 후 신속하게 국회의사당 앞에 모여 국회의원들을 국회에 진입시키고 도로를 점거하여 계엄군의 이동을 막아 계엄해제 결의를 성공적으로 이끌어냄으로서 윤석열의 반동적 조치를 막아냈다. 군사적 비상계엄 사태를 시민혁명으로 전환시킨 것이다.[5]

　국민의힘의 갖은 탈법적 방해 공작에도 불구하고 응원봉과 각종 집회 도구들을 들고나온 수백만 다중의 저항으로 12월 14일 마침내 윤석열에 대한 탄핵소추안이 통과되었다. 그것은 윤석열에게 제2, 제3의 내란 잠재력을 제공하고 있던 계엄발동권과 국군통수권이라는 무기를 박탈하는 중요한 조치였고 촛불시민혁명의 부분적 승리였다.

　그런데 지금은 촛불시민혁명을 '안정=진정'시키려는 움직임이 여러 방향에서 시작되고 있다. '국정 안정론'과 '국정 안정의 조직화'가 그것이다. 한덕수 권한대행 체제는 이 반혁명적 움직임의 중심에 놓여 있다.

　국정 안정 시도의 첫 단계는 12월 8일 윤석열의 지휘하에서 한동훈-한덕수에 의해 시도되었다. 국정공동운영 구상이 그것이다. 이것은 시민들과 야당들의 반대만이 아니라 심지어 여당의 반발에까지 직면하여 좌절되었다. 물론 이 반발들의 정치적 성격은 서로 다르다. 여당은 한동훈과 한덕수가 윤석열이 실행했던 독재, 독점을 향한 내란통치

---

5. 이후 이 시민혁명은 '빛의 혁명'이라는 이름으로 불리기 시작했다.

를 약화시킨다면서 이에 반발했다. 이와 달리 시민들은 한동훈과 한덕수가 지금까지의 윤석열-국민의힘이 지속하고 또 악화하려 한 반노동, 반여성, 반인권, 반소수자, 반문화예술, 반국민 정치를 지속한다는 이유로 이에 반대했다. 야당의 반대는 이 둘과 또 달랐는데, 그것은 국정운영권이 없는 인물이 국정 담당을 자임하고 나선다는 점에 초점을 맞추었다.

탄핵이 가결된 다음 날인 12월 15일, 민주당 대표 이재명은 초당적 국정 안정 협의체 구성을 제안하면서 "민주당은 모든 정당과 함께 국정 안정과 국제 신뢰 회복을 위해 적극 협력하겠다.… 시장 안정화, 투자보호 조치 등 경제 불안을 해소하기 위한 초당적 협력을 아끼지 않겠다"고 말했고 기자회견에서는 "내란 사태의 책임을 물어 한 권한대행을 탄핵해야 한다는 주장이 많았지만 국정 혼선을 초래할 수 있어 일단 탄핵 절차를 밟지 않기로 했다"고 말했다. 그리고 한덕수 권한대행이 "대행의 한계를 벗어나지 않을 것이라고 생각한다"고 말했다.

주요 관심이 경제 불안 해소, 국제 신뢰 회복, 그리고 무엇보다 국정 안정에 두어져 있음을 엿볼 수 있게 하는 기자회견이었다. 그렇다면 이것들은 누구의 관심사인가? 경제 불안 해소의 요구는 무엇보다도 초국적 대자본가들로부터 요구일 것으로 예상된다. 국제 신뢰 회복은 한덕수 총리 체제를 지지한다고 표명한 미국으로부터의 요구일 것으로 해석된다. 그리고 국정 안정은 한국의 지배계급들로부터의 요구일 것이 분명하다.

민주당 대표 이재명의 예상과는 달리 대통령 권한대행 한덕수는 12월 19일 농업4법(양곡관리법·농수산물유통및가격안정법·농어업재해대책법·농어업재해보험법)과 국회법·국회증언감정법 개정안 2개 법안에 대해 거부권을 보란 듯이 행사했다. 그는 이 거부권 행사가 "헌법 정신을 최우선시한 결정"이라고 말했는데 그는 불과 보름 전 비상계엄이 선포된 날에 자신의 헌법적 직무를 유기한 바 있다.

이재명은 12월 3일, 이 나라는 '국민의 것이므로 국민 여러분들이 지켜달라'며 국회로 모여줄 것을 호소했다. 국민들은 그 호소에 적극적으로 응했다. 그리고 탄핵 가결 이후 그는 촛불을 든 국민의 투쟁이 가결을 이끌어냈다고 말했다. 그런데 지금은 달라졌는가? 국민들의 요구가 '국정 안정', '국제 신뢰 회복', '경제 불안 해소'인가? 촛불 광장에서 이 단어들 중 어느 하나라도 피켓에 쓰이거나 구호로 외쳐지고 있는가?

국민들의 반내란 저항과 야당들에 대한 지지는 윤석열이라는 인물에 대한 단순한 혐오의 표현이 아니다. 그것은 윤석열을 정점으로 하는 예외주의적 내란세력을 척결하라는 요구다. 이미 드러났듯이, 그리고 계속 드러나고 있듯이 이 세력은 사회 각계각층에 포진하고 있다. 행정부, 군부, 의회, 사법부, 검찰, 그리고 종교계와 민간 사조직에 깊이 뿌리 박고 있다.

윤석열 탄핵과 내란세력 수사는 몇몇 인물들의 처벌에 머무르는 용두사미형 처벌에 그쳐서는 안 된다. 문재인 정부의 적폐청산의 실패는 제도 개혁과 구조 개혁 없는 인물 청산에 머물렀다는 데에 있다. 촛불의 요구들을 센세이셔널한 인물 처벌, 인적 청산으로 축소시켰다는 데에 있다. 인물 처벌에서 시작하되 그것을 광범위하고 근원적인 사회개혁으로 연결시켜 나가지 않으면 내란세력의 되치기와 재발호는 필연적일 것이기 때문이다.

그런데 계엄을 이용한 내란폭동에도 불구하고 아직 단 한 사람도 처벌되지 않았다. 수탈적 자본주의의 변혁에 필요한 어떠한 사회 변화도 시작되지 못했다. 윤석열은 관저에서 버티고 있으며, 한덕수는 민생 법안들을 거부하고 있고, 검찰은 어디로 통하는지 알 수 없는 의문스러운 행보를 지속하고 있으며, 국민의힘은 내란동조 세력을 중심으로 집결한 후에 당정 협의를 계속하면서 여야 국정 협의체에 참가하겠다고 통보하고 있다. 국민들은 지금 반혁명과 혁명의 격전장 속에서 응원봉과 피켓을 들고 추운 겨울날의 밤 집회에 나서고 있다.

국민들이 원하는 것은 지금까지 지속되어 온 국정으로의 복귀가 아니다. 한덕수 권한대행 체제의 행보가 보여주듯이 내란세력과 함께 이루는 국정 안정은 아마도 내란의 승리일 것이다. 국민들이 명령하는 새로운 국정은 내란세력의 철저한 청산 없이는 불가능하다. 민주당을 비롯한 야당들은 행동하는 국민들이 무엇을 원하며 무엇을 말하는지 더 귀담아들어야 한다.

시민-다중의 힘
2024년 12월 25일 수요일 오전 11시 45분

전봉준투쟁단의 트랙터부대는 경찰차벽에 막혀 하루가 넘도록 남태령에 묶여 있어야 했다. 이와 유사하게 탄핵 열차가 지금 내란 차벽에 막혀 열흘이 넘게 정차 상태다.

내란 수사도 대통령 경호실 문 앞에서 정지되어 있다. 내란수괴 윤석열은 버티기로 일관하면서 친구 석동현의 입을 통해 국민에 대한 조롱과 내란 선동을 계속하고 있다. 내란 중요임무 종사자이면서도 당돌하게 내란 수사가 내란이라며 협박했던 김용현은, 구속되어 있지만 수사에 협조하지 않고 있다.

내란 동조자 한덕수는 대통령 권한대행을 맡더니 농민법안과 국회법안을 거부한 데 이어 내란특검과 상설특검을 거부할 태세다. 탄핵 심판을 확실하게 파면으로 이끄는 데 필요한 헌법재판관 임명도 하지 않을 태세다. 내란동조를 넘어 내란세력을 재규합하면서, 탄핵과 퇴진을 바라는 국민들 앞에 내란권력의 차벽을 치는 치안 행동에 앞장서고 있다. 내란수괴의 승계자를 적극적으로 자임하는 모양새다.

국민의힘은, '한덕수 탄핵에는 3분의 2 이상 찬성 필요, 탄핵되어도 권한대행은 지속, 내란특검·상설특검은 거부해야, 헌법재판관 임명은 불가능' 등 온갖 쓰레기 같은 행정적·법률적 가짜 논리를 갖다 대며 사람들의 판단을 교란시키고 내란의 반전과 재기의 기회를 열어내는 데 총력을 다하고 있다. 권성동, 권영세를 앞세워 '우리는 대의정당이 아니라 내란정당'이라고 떠들면서 말이다.

경찰과 공수처는 윤석열을 체포할 묘수를 찾지 못하고 윤석열에게 제발 수사받으러 와 달라고, 출석을 기대한다고 무릎 꿇고 당부하는 자세를 취하고 있다.

검찰은 어디로 튈지 모르는 의심스러운 행보를 멈추지 않고 있다.

늘 수구의 입이었으면서도 내란에서는 거리를 두었던『조선일보』는 탄핵소추 표결 즈음에 거국내각을 거론해 사람들의 판단을 어지럽히더니 이제는 '선개헌후대선' 하자면서 탄핵, 퇴진, 체포 구속이라는 긴급한 쟁점을 흐리고 있다.

미국은 한덕수 체제를 자신의 대화 파트너로 인정하겠다고 선언하면서 한국에서 한덕수가 관리할 수 있는 수준 이상으로 어떤 더 급진적인 정치 변화가 일어나기를 원치 않는다는 신호를 보내고 있다. 이것이 바로 내란세력이 버티기로 나가는 국제역학적 버팀목이 되고 있다.

계엄을 주장하고 지지해온 전광훈, 태극기, 〈대한민국수호예비역장성단〉(이하 대수장) 세력은 계엄이 내란이 아니라고 주장하면서 광화문 광장에 지지자들을 불러 모으고 있다.

이렇게 12·3 내란 가담자들, 대통령 권한대행, 국민의힘, 극우 종교 세력, 민간 군사세력 등이 내란을 지지하고 옹호하면서 12·3 계엄해제와 12·14 탄핵소추안 가결로 궁지에 몰린 내란세력의 재기, 역습, 그리고 승리를 위해 집결하고 있는 지금, 그래서 탄핵 열차가 거대한 차벽에 부딪혀 있는 형상인 지금 이 난맥상을 풀어낼 힘은 무엇일까?

12월 22일 남태령의 차벽은 소식을 듣고 달려온 수만 명 시민들의 힘으로 뚫어냈다. 12월 14일의 탄핵소추 표결은 12월 7일 투표 불성립 이후 한 주 동안 국민의힘 의원들의 투표 불참을 규탄한 후 국회로 몰려온 수백만 시민의 압력으로 가결되었다. 12월 3일의 계엄은 계엄선포 소식을 듣고 국회로 달려온 수천 명 시민들의 힘으로 막아냈다.

국회의원을 의사당으로 달려오게 하고 표결장으로 떠밀어 넣고 경찰과 군대에게 타협과 퇴각 결정을 내리도록 만든 힘은 시민다중에게서 나왔다. 시민다중이야말로 국가권력을 장악하지 않으면서 국가권력을 움직이는 섭정 주체다.

탄핵 열차가 예외주의적 내란 차벽에 막혀 있고 법치주의적 대의권력의 일부가 주저하면서 동요하고 있는 지금의 현실에서 이 답답함과 주저를 끝낼 힘은, 퇴진운동과 탄핵 심판을 통해 내란준동을 끝내고 사회를 근본적으로 개혁하겠다는 시민들의 결의와 행동 외의 다른 곳에서는 결코 나오지 않는다. 그것만이 온갖 불안, 안개 같은 불투명함을 끝낼 힘이다.

대의권력자들의 주저와 동요도 섭정 시민들의 단호한 섭정행동에 의해서만 멈출 수 있다. 시민-다중들이 그들에게 우리 사회가 나아갈 전략적 방향을 신체적·정동적·지성적 힘으로 명확하게 제시할 수 있을 때에만, 그들도 상황에 걸맞은 실효적인 전술적 행동에 나설 수 있다.

퇴진-대-탄핵인가 퇴진-과-탄핵인가?
2024년 12월 27일 금요일

2017년 박근혜 농단정치에 대한 단죄는 퇴진 투쟁에서 시작하여 탄핵과 파면으로 귀결되었다. 2016년 10월 29일 청계광장에서, '국민이 준 권력을 무당에게 송두리째 던져 국민의 신임을 배신한 박근혜는 이제 대한민국 대통령이 아니므로 즉각 퇴진해야 한다'고 말했던 당시 성남 시장 이재명은 며칠 뒤인 11월 2일에는 '이제는 퇴진이 아니라 탄핵 해야 할 때'라고 말해 탄핵의 물꼬를 텄다.

주지하다시피 퇴진은 아래로부터 시민의 압력으로 대통령을 자리에서 물러나게 하는 것이며 탄핵은 국민의 위임을 받은 국회와 헌법재판소가 헌법적 절차를 따라 대통령을 해고하는 것이다. 둘 모두가 시민들의 퇴진 요구 행동을 전제로 한다. 왜냐하면 퇴진 요구 행동이 거세지 않을 때에는 대통령이 퇴진할 리 만무하거니와 투표를 의식하는 국회의원들도 역풍이 예상되는 탄핵행동에 좀처럼 나서지 않으려 하기 때문이다.[6]

퇴진의 어려움은 자진 퇴진 결정을 내리도록 대통령인 당사자의 고립과 위축의 상황을 만들어 내는 것이다. 반면 탄핵에서의 어려움은 탄핵소추안 가결(최소 재적 3분의 2)에 필요한 만큼 국회의원의 찬성을 이끌어내고 인용에 필요한 수(최소 6인)의 헌법재판관의 파면 의지를 이끌어내는 것이다. 박근혜의 경우 하루 기준 200만 명이 넘고 연인원 천수백만에 달하는 시민이 촛불을 들고 거리에 나와 퇴진과 탄핵을 요구하는 집회와 시위를 벌임으로써 여당인 새누리당 의원 62명이 탄핵 찬성 대오에 합류하도록 떠밀렸고 이 힘의 여세가 헌법재판소에서 재판관 8명의 만장일치 파면으로 나타났다.

그러면 윤석열의 경우에는 어떤가? 그는 12·3 내란사태 전에 이미 반민중적 정책 시행, 김건희의 농단정치 비호, 채상병 순직 사건 외압, 공천 개입 등으로 이미 국민적 신임을 잃고 정치적 위기에 직면해 있었다. 국회에서 입안된 특검법들이 그의 목을 겨누고 아래로부터 시민들의 퇴진-탄핵의 요구가 거셌다. 만약 권력에 양심이라는 것이 있었다면 자진사퇴 하는 것이 마땅한 상황이었다.

---

[6] 촛불행동 등의 시민사회에서 국회가 탄핵에 나설 것을 촉구하는 가운데 조국혁신당(을 비롯한 군소 원내 야당)은 탄핵을 결의하고 11월 20일 탄핵소추안 초안을 공개했지만 민주당은 12·3 이후에 탄핵을 공식적으로 결의했다.

12·3 내란은 자진사퇴, 즉 퇴진의 요구와 기대에 보란 듯이 총부리를 겨누는 것이었다. 결코 퇴진할 뜻이 없을 뿐만 아니라 지금까지 자신에게 겨누어진 모든 법률적 비난들을 단번에 잠재우고 말겠다는 의지를 표명한 것이었다. 입법권의 장악과 국민주권의 몰수, 반항하는 자에 대한 체포·구금·사살, 비판 언론에 대한 재갈 물림, 시민 저항에 대한 군사적 진압, 대중에 대한 공포 조성 등으로 독재정권을 수립하겠다는 의지를 천명한 것이었다. 이런 방식으로 착취와 수탈의 고속도로를 만들고 무덤의 평화를 달성하겠다는 폭력적 기획의 제시였다. 거기에는 퇴진 같은 것은 없다는 분명한 의사 표현이 포함되어 있었다.

그럼에도 불구하고 촛불 항의 운동에는 퇴진을 요구하는 뚜렷한 흐름이 있었고 지금도 그렇다. '퇴진광장을 열자!'는 구호로 자신을 표현해 온 흐름이 대표적이다. 내가 여기서 단체명을 열거하지 않고 흐름이라고 부르는 것은 퇴진 주장이나 요구가 거의 모든 단체에서 탄핵의 요구나 타도의 주장과 함께 제기되어 왔기 때문이다. 특히 집회 시에 자발적으로 참가하여 자유 발언으로 연단에 선 개인들이나 단순 참가자들은 자신들이 주최 단체가 무엇이건 상관하지 않고 자신이 생각하는 바의 구호를 외치고 자신이 주장하고 싶은 내용의 피켓을 들었다. 심지어 탄핵에 가장 뚜렷하게 초점을 맞추어 온 것으로 보이는 촛불행동도 퇴진과 타도를 함께 외쳤고 거기에 참가하는 사람들의 생각이나 주장은 결코 통일되어 있지 않았다. 퇴진에 가장 뚜렷하게 초점을 맞춰온 것으로 보이는 〈윤석열정권퇴진운동본부〉도 12·3 내란사태 후 탄핵집회에서는 탄핵 투쟁에 적극 나섰다.

2008년의 촛불집회나 2016년의 촛불집회와는 달리 2024년 촛불집회에서는 단체들이 하나로 연합되지 않고 경향적으로 나누어진 몇 개의 연합단체로 분산되었지만 그것들이 단체별로 통일된 목적을 가진 분산그룹이 되었다고 보기는 어렵고 또 다수의 자발적 개인들의 참여에 의해 구성되는 촛불집회의 특성상 그렇게 되기도 어려웠다.[7]

그럼에도 불구하고 우리는 현재의 촛불·응원봉 투쟁에서 탄핵 흐름과 퇴진 흐름을 구분해 보는 것이 유의미하다고 생각한다. 그것은 2016~2017년 촛불집회에 대한 평가와 관련되어 있다. 탄핵 흐름은 당시의 촛불운동이 제도 정치를 압박하여 박근혜를 파면시키는 데 성공한 운동이었다고 평가하는 반면 퇴진 흐름은 촛불운동이 박근혜 파면이라는 성과를 낳았음에도 결과적으로 죽 쒀서 개 준 꼴의 유산된 운동으로 귀결되었다고 평가하는 경향이 있다. 박근혜의 파면이 민주당 정부로 이어져 촛불운동의 뜻과 요구가 실현되기는커녕 실종되고 말았다는 것이다.

그렇기 때문에 퇴진 흐름은 운동 과정에서부터 제도 정치 과정에 의존하는 탄핵보다 퇴진에 초점을 맞춰 촛불다중의 실력으로 정권 교체를 끌어내야 한다고 생각하는 경향이 있다. 12·14 탄핵 가결 이후 이 흐름이 헌법재판소 부근에서의 파면투쟁에 집중하는 탄핵 흐름과는 달리 용산 관저 앞에서의 체포투쟁에 집중하는 것은 이 때문이다. 이 초점의 차이로 인해 퇴진 흐름은 탄핵 흐름이 촛불운동을 민주당과 이재명 집권을 위한 외곽 운동으로 위축시켜 2016~2017년 촛불의 정치적 유산을 반복하지 않을까 경계하는 경향이 있다. 이와 달리 탄핵 흐름은 퇴진 흐름이 촛불운동을 가망 없는 목적을 추구하는 비현실적 급진운동으로 이끌어 대중으로부터 격리되고 결국 자멸하도록 만들지 않을까 경계하는 경향이 있는 것으로 보인다.

촛불운동 내부의 이 시각 분화를 어떻게 보아야 할까? 아직은 내연하고 있을 뿐인 이 시각 분화가 만약 앞으로 운동 속에서 적극적으로

---

7. 윤석열 정권에 대한 항의는 2016~2017년과는 달리 몇 개의 연합 조직들로 나누어져서 진행되어 왔다. 퇴진본부(〈윤석열정권퇴진운동본부〉, 노동단체 중심), 촛불행동(〈촛불승리전환행동〉, 촛불 단체 중심), 비상행동(〈거부권을거부한다전국비상행동〉, 〈윤석열즉각퇴진·사회대개혁비상행동〉, 〈참여연대〉를 비롯한 시민단체 중심) 등이 그것이다. 퇴진본부와 비상행동은 이름이 보여주듯이 '퇴진'을 중심에 놓고 행동했다. 촛불행동은 타도, 퇴진, 탄핵을 두루 주장했지만 12월 7일이 가까워질수록 탄핵으로 집중되어 갔다.

현실화되면 '퇴진-대-탄핵'이라는 자기 소모적 상황을 초래할 수 있을 것이다. 촛불운동 속의 일부의 조직이나 개인이 탄핵이 아니라 퇴진이 답이라는 생각을 피력하고 있는 것이 그 근거이다. 이러한 상황의 도래를 막기 위해 나는 '퇴진-과-탄핵'의 필요성과 그 잠재력과 관련된 개인적 생각 몇 가지를 여기에 제시해 두고 싶다.

첫째, 문제인 민주당 정부와 2016~2017년 촛불 사이의 격차와 간극을 당 대 당의 문법보다 대의권력 대 제헌활력의 구도 속에서 성찰하는 것이 필요하다.

이질적 다중들의 정치적 결집이었던 2016~2017년 촛불봉기에 어떤 단일한 강령이 있었던 것은 아니지만 촛불들이 집회와 시위 속에서 모호하게나마 그려내고 꿈꾸었던 어떤 세상(몇 가지 핵심적 지향성만 기억 속에서 열거하자면 저항권, 국민주권주의, 직접민주주의, 생명중심주의, 그리고 시민의회 등)이 문재인 '촛불정부'에서 제대로 실현되지 않았다는 점은 많은 촛불인들이 공통적으로 동의하는 바라고 생각한다. 이런 지향을 담은 개헌에 대한 논의가 무성했지만 적폐청산의 센세이션 속에서 모두 잠들어 버리고 말았다.

'죽 쑤어서 개 주지 말자'는 다짐은 (속담을 통한 이 비유적 표현이 실제에 딱 들어맞는다고 생각되지는 않지만) 이러한 역사에 대한 비판적 문제의식 속에서 나오는 정당한 취지요 결의라고 할 수 있다. 그런데 지금의 촛불이 그리고 꿈꾸는 세상은 무엇이며 그것을 실현할 방법은 무엇일까?

이 질문을 가지고 촛불의 움직임을 관찰하면 이전과 마찬가지로 그 꿈은 모호한 윤곽 외에는 드러나는 바가 없다. 농민 강광석이 기록한 바를 인용하면 남태령에 연대하러 온 시민들은 "농민의 고통을 이해한다고, 양곡법을 거부한 것에 분노한다고, 국산 쌀밥 먹는 경찰은 부끄럽지 않냐고, 국민의힘의 콘크리트 지지율은 이제 깨진다고, 민주주의는 광장에 있다고, 정치를 바꾸어야 한다고, 전봉준 티셔츠를 입고 다니겠다"[8]고 말한다. 자유주의 말고 사회주의가, 우파 말고 좌파가 권력을 장악해야 한다고 말하지 않는다. 정치를 어떻게 어디로 바꾸어야 할지도 말하지 않는다.

그런데 살펴보면 분명하고 명료하게 드러나는 것이 있다. 역시 강광석의 글에서 인용하면 그것은 "여성, 성소수자, 이주노동자, 장애인, 농민, 특성화고 출신 비정규직 노동자의 고통을 직시하려는 마음, 타인의 배고픔과 추위를 외면하지 않는 마음, 차별과 배제의 고통에 함께하려는 마음", "세월호 이전의 세상과 이후의 세상은 달라야 한다는 다짐", 그리고 "잔인하기 짝이 없는 인간"에 대항하는 "아름답기 그지없는 인간의 투쟁"이다. 나는 이것이 2024년 겨울 촛불집회에서 출현하고 있는 촛불-응원봉의 유토피아적 강령이라고 생각한다.

그것이 유토피아적인 이유는 실현 불가능성 때문이 아니다. 그것의 장소 없음은 그것이 가시적이고 계산 가능한 권력이 아니라 비가시적이면서도 매 순간 실시간으로 작동하는 활력이기 때문이다. 활력은 행사될 미래의 순간을 기다리지 않으며 필요한 상황에서 직접적으로 행사된다. 그것은 자신들이 이미 창출한 법의 시간을 존중하지만 그 법이 아름답기, 공감하기, 공통하기의 유토피아적 강령을 벗어나거나 낙후할 때에는 기존 법에 제약되지 않고 그 법을 넘어서 새로운 법을 창안하기를 주저하지 않는다.

둘째, 제헌활력은 국가권력을 장악·담당하는 힘이 아니라 헌정 질서를 창안하는 힘이다. 제헌활력은 국가권력을 장악하지 않고 활력을 직접적으로 행사하면서 국가권력을 섭정한다. 제헌활력은 국가권력의 원천이며 국가보다 훨씬 더 근원적인 공통적 구성력이고 살아 움직이는 창조적 힘이다. 국가는 제헌활력을 재현하는 공동체이지만 그 활력

---

8. 강광석, 「응원봉 물결친 남태령의 밤…난 농사를 더 열심히 짓기로 했다」, 『한겨레신문』, 2024년 12월 25일 수정, 2025년 6월 23일 접속, https://www.hani.co.kr/arti/society/society_general/1174835.html.

의 역사적으로 소외된 가상적 형태이다. 국가 헌정 질서는 제헌활력을 원천으로 하는 물화된 질서이다. 제헌활력은 국가권력을 장악하는 힘이 아니라 국가권력을 늘 새롭게 창안하는 힘이다. 그것은 국가권력을 장악한(실제로는 담당한) 힘들을 통제하고 감시하고 명령하고 이끄는 전략적 섭정력이다. 국가권력은 제헌활력의 전술단위일 뿐이다.

셋째, 제헌활력이 국가권력을 자신의 윤리적·미학적 뜻에 따라 섭정하려면 제헌활력의 유연한 자기조직화와 능동적 자기가치화가 필요하다. 이러한 자기조직화와 자기가치화의 노력이 없으면 촛불은 (그것이 제헌활력일지라도) 특수한 당의 집권 도구로 이용되거나 외곽 기구로 왜소화된다. 제헌활력은 역사적 힘이므로 변화된 사회구성, 계급구성, 정치구성, 기술구성 속에서 자기조직화와 자기가치화의 방향, 방법, 테크닉에 대해 고민해야 한다. 직접민주주의, 시민의회, 시민위원회 등등.

넷째, 제헌활력은 국가 기관 및 제도와 경쟁할 것이 아니라 그것들을 섭정해야 한다. 국가권력에 대한 제헌활력의 섭정을 제도화함으로써(가령 직접민주주의, 숙의민주주의, 참여민주주의, 참여예산) 현재 섭정이 직면한 난점(자유대의제하에서 대의자들이 섭정자들의 제헌활력의 명령을 듣지 않고 개인적 이익을 따라 움직이는 현상)을 극복해야 한다.

한덕수 탄핵소추안 가결의 성격에 대해
2024년 12월 28일 토요일 오전 7시 40분

한덕수는 2024년 12월 26일 국회 몫 헌법재판관 세 명 선출을 위한 국회 본회의 표결 25분 전에 대국민담화를 자청하여 '헌정 질서'의 이름으로 헌법재판관 임명을 보류(사실상 거부)하겠다고 선언했다. "여야 합의 없이 권한대행이 정치적 결단을 내리는 게 헌정 질서에 맞는지 의문"이라는 이유였다. 마은혁, 정계선, 조한창 세 후보자는 이미 '여야 합의'에 의해 국민의힘과 민주당 두 당이 지명한 후보자이며 '국회 표결'이 후보자의 선출 여부를 결정하는 관문이었고 '임명'은 권한대행의 어떤 '정치적 결단'도 필요 없는 형식적인 헌법적 절차이고 그의 의무였는데도 말이다.

결국 하루 뒤인 어제(2024년 12월 27일) 오후 한덕수에 대한 탄핵소추안이 출석한 192명 의원 전원일치로 가결되어 그의 직무는 정지되었다. 그가 채상병·김건희 특검 거부, 12·3 내란 동조, 한동훈과의 공동 권력 행사 기획, 내란 상설특검 후보 추천 의뢰 지연, 그리고 헌법재판관 임명 거부 등의 행위로 헌법을 위반했고 헌정 질서를 지키기 위해서는 그가 파면되어야 한다는 이유에서였다.

탄핵안을 제안한 민주당 국회의원 박성준은 지켜야 할 그 헌정 질서가 국민의 명령에 기초하고 있음을 명확히 밝혔다. "국민의 명령은 분명하다. 내란 핵심 공범 한덕수 총리를 탄핵하고 이번 비상계엄 선포와 내란죄에서 자유로운 국무위원이 과도적 국정을 이끌어 내란 사태를 안정적으로 종결하라는 것"이다. 여기에 그는 "오늘 국회는 민주공화국의 국민주권주의, 민주주의와 법치주의의 원칙을 한덕수 국무총리 탄핵소추로서 확인하고자 한다"는 정치철학적 논거를 덧붙였다.

그렇다면 한덕수가 말한 그 '헌정 질서'는 어디서 나오는 것이었는가? 12·3 내란사태 이후의 길고 불안하고 지난했던 과정을 통해 우리는 한덕수가 말하고 있는 '여야 합의' 헌정 질서의 원천과 실체가 무엇인지 이제 확실히 알게 되었다. 그것은, 직접적으로는 여야 합의라는 말로 포장된 국민의힘의 욕망이고, 그들의 '국민'이 실제로는 태극기부대들을 조종하는 전광훈, 극우 유튜버, 대수장, 새미준(〈새로운미래를준비하는모임〉)이라는 것을. 그리고 그들의 지휘자가, 이들에 의해 '계엄 천재'로 칭송되는 내란수괴 윤석열(김건희)이라는 것을. 그들이 말하는 헌정 질서란 국회를 폐지하고 비상입법기구를 설치해 예외주의적 독재를 영구화할 내란질서라는 것을. 헌법재판관 임명 거부가 윤석열 복귀로 표현될 예외주의적 내란 승리를 위한 국지전이었다는 것을.

따라서 우리는 12월 27일 한덕수 탄핵소추안 가결도, 아래로부터의 집합섭정 주체인 국민다중의 반독재·반파쇼 명령을 집행하는 의회의 내란 진압행동에 다름 아니었음을 알 수 있다. 3인의 헌법재판관 임명이 내란의 끝은 아니지만 그것 없이 내란의 시간은 끝날 수 없다. 한덕수에 이어 대통령 권한대행을 맡게 될 부총리 최상목의 행동은 어떤 것으로 나타날까? 섭정 활력의 행동일까 농단 권력의 행동일까? 제헌주의적 민주주의에 복종하는 행동일까 예외주의적 내란을 지속하는 행동일까?

정치, 생명, 그리고 언어
2024년 12월 29일 일요일 오후 9시 26분

점 찍어 둔 사람 몇은 사살하고 체포된 사람들은 지하 수백 미터 벙커에 가두며 일부는 백령도로 싣고 가다가 북한의 소행으로 보이게 만들어 폭파시킬 영화적 도상계획을 갖고서 "다 잡아들여. 싹 다 정리해", "총을 쏴서라도 문을 부수고 끌어내", "문짝을 도끼로 부수고서라도 안으로 들어가서 다 끄집어내", "네 명이 한 명씩 들쳐 업고 나와"라고 말하던 바로 그 입으로, 무안공항에서 예기치 못한 참사를 당하고 고통스러워하는 분들께 태연히 "소중한 생명을 잃은 분들과 사랑하는 이를 잃은 유가족들께 깊은 애도와 위로의 마음을 전합니다"라고 말하는 어떤 정치가가 있다. 권력을 도둑질하기 위해 생명을 도륙하려 했던 그가 이제 사람들의 혼을 도둑질하기 위해 언어를 오염시키고 있다. '애도와 위로'라는 말이 가장 필요한 순간임에도 그 말을 쓰기가 주저

되는 슬프고도 잔인한 날이다.

국가 애도 기간?
2024년 12월 29일 일요일 오후 10시 29분

지금 시기에 최상목의 작품으로 "국가 애도 기간"을 지정하는 것은 12·3 내란 수괴에 대한 탄핵 투쟁과 수사 투쟁, 국민의힘 해체 투쟁을 잠재우고 내란에 재기의 기회를 제공하는 정치적 마취제 이상의 것으로 해석되기 어렵다. 탄핵 심판 서류도 거부하고 수사를 위한 소환에도 불응하면서 칩거하던 윤석열이 갑자기 SNS를 통해 무안공항 제주항공 참사에 애도의 글을 쓴 것이 오늘(2024년 12월 29일) 오후 6시 39분, 대통령 권한대행인 부총리 최상목이 서울시청에서 국가 애도 기간 지정을 발표한 것이 저녁 8시. 1시간 21분 뒤다. 아직도 대통령실은 윤석열-김건희에 의해 지배되고 있는 것인가? 헌법재판관 세 명 임명 소식은 아직 들리지 않는다. 내란특검, 김건희 특검을 수용했다는 소식도 들리지 않는다. 이런 직무유기적 상황에서 국가 애도 기간 지정은 애도를 내란정치에 이용하는 행동 이상으로 보이지 않는다.

12·3 내란의 비상입법의 꿈에 대한 노트
2025년 1월 2일 목요일 오후 12시 20분

검찰 보도자료에 따르면 12·3 비상계엄선포 직전 부총리 최상목에게 대통령 윤석열이 준 쪽지에는 비상입법기구에 대한 예비비를 편성하라는 내용이 담겨 있었다. 비상입법기구는 국회의 입법권을 탈취하여 행정과 입법을 단일한 총통권력 아래로 가져갈 장치일 것이다.

법치주의의 시각에서는 윤석열이 비상입법의 꿈을 꾸었다 하더라도 국회의 비상계엄 해제 결의가 그 꿈을 깨도록 만들었다고 보게 된다. 실제로 윤석열도 12월 4일 새벽 국무회의를 거쳐 계엄을 해제한다고 말을 했다.

그런데 이후의 과정을 살펴보면 정말 윤석열과 내란세력이 비상입법의 꿈에서 깨어난 것인지 의문이 생긴다. 윤석열은 12월 4일 비상계엄 해제 결의가 있은 후에도 (그의 담화와는 달리) "국회가 계엄해제를 결의했더라도 내가 2차, 3차 계엄을 선포하면 된다"고 말했다고 한다. 그에게 대통령에게 주어져 있는 '비상대권'은 국회의 입법권이나 계엄해제권 너머에 있는 권력으로 인식되고 있음이 분명하다.

이제 그를 중심으로 한 내란세력들(전광훈 일파와 국민의힘 내란동조파)은 "비상계엄은 고도의 통치행위이지 내란이 아니며 비상계엄을 내란이라고 하는 것이 내란"이라고 뒤집기 시작했다. 여기서도 '비상대권'은 모든 사법적 판단 너머에 있는 것으로 인식된다.

이러한 사유체계는 대통령의 고유권한인 비상계엄권을 무제약적인 것으로 절대화한다. 그것을 어떤 조건, 어떤 이유로도 제약될 수 없고 단죄될 수 없는 무제약적 권력으로, 초월적transcendental 권력으로 격상한다. 그래서 '비상대권'은 입법부도 사법부도 견제할 수 없다. 이것들은 비상대권에 의해 해체될 수 있는 하위의 권력 기구로 격하된다. 삼권 분립은 없다. 심지어 최종적 권력원천인 제헌활력9까지도 비상대권에 의해 제약되고 박탈된다. 요컨대 '비상대권'은 사회 위에 군림하는 절대권력으로 이해된다. 이것이 "비상대권으로 나라를 정상화"해야겠다고 생각한 윤석열의 예외주의적 꿈이다.

---

9. 현대 헌법 속에 최소주의적으로 나타나는 다중의 직접적 제헌활력인 기본권은 포고령 1호에 의해 광범위하게 제약되었다.

그것이 행동으로 나타난 것이 12월 3일. 그러나 이에 대해 제헌주의적 저항과 법치주의적 반발이 즉각적으로 나타났다. 당일 밤 비상계엄이 선포된 상황에서 국회 앞 도로에 집결하여 "계엄무효!"를 외치고 "계엄해제!"를 명령했던 다중들의 즉각적인 제헌주의적 저항. 그리고 이 요구와 명령을 대의주의적으로 받아 안으면서 국회로 달려와 비상계엄을 해제시키는 데 성공했던 의원, 보좌관, 당직자들의 법치주의적 반발. 이 두 흐름의 협력과 연합의 운동이 그 이후의 정세를 규정한 근본적 힘이다.

그것의 효과는 계엄해제 의결의 성공이었고 그 즉시 '계엄군이 아니게 된 계엄군'[10]의 의사당 밖으로의 퇴각이었다. 계엄해제 얼마 후 국회도서관 출입구 시위대 속에 서 있던 나는 누군가가 "저기 군인들이 나옵니다. 나가게 해줍시다"라고 외치는 소리를 들었다. 이에 호응하여 시민들이 계엄군이 빠져나갈 수 있도록 문 입구에서 비켜서면서 긴 길이 만들어졌는데 어찌 된 영문인지 계엄군은 오래도록 나오지 않았다.

계엄해제 후 제헌주의와 대의주의 연합은 12·3 비상계엄을 "내란"으로 규정할 수 있는 법치공간을 수호했다. 이 법치공간 속에서 비상계엄은 요건을 충족하지 못한 불법 비상계엄으로 규정되었다. 무장력으로 시민들을 위협했고 기본권을 침해했으며 국회 봉쇄와 무장 난입을 통해 입법권을 침해한 폭동으로 규정되었다. 이것은 제헌주의적 동력에 의해 뒷받침되는 법치주의적 접근법이다. 이 접근법 속에서 윤석열은 내란죄를 저지른 내란범이며 그 수괴이다. 여기에서 윤석열은 법적 처벌의 대상이다.

이러한 접근법에 맞서 내란세력 속에서 12·3 비상계엄에 대한 두 가지 종류의 변호론이 등장한다. 하나는 12·3 비상계엄이 대통령의 고유하고 정당한 권력 행사이고 사법심사의 대상이 아니라는 주장. 즉 법치

---

10. 새벽 1시 3분 직후 국회의사당 계단에서 누군가 총을 든 계엄군에게 던진 말, "이제 당신들 계엄군 아냐. 돌아가!"를 상기하자.

주의 밖에 비상계엄을 위치시키는 강경한 예외주의 변호론이다. 윤석열과 태극기부대, 그리고 국민의힘 강경파의 주장이 그러했다. 이에 따르면 비상계엄은 내란이 아니게 된다.

또 하나는 비상계엄은 요건을 갖추지 못한 잘못된 조치였지만 폭동이 없었으므로 내란이 아니라는 주장이다. 이것은 국민의힘 온건파가 선택하는 연성변호론이다.

먼저 연성변호론부터 살펴보자. 폭동이 없었다는 그것의 주장은, 12월 3~4일 사이에 소총, 권총, 저격총, 드론 재밍건, 야간투시경 등으로 완전무장한 채 헬리콥터를 타고 국회 마당에 내려 유리창을 깨고 국회에 난입하면서 사람들을 밀고 쓰러뜨렸던 계엄군의 행동에 완전히 눈을 감음으로써만, 그리고 비상계엄 선포와 포고령 발동 그 자체가 국민에 대한 폭동이라는 사실에 대해 생각하기를 정지함으로써만, 그리고 체포, 연행, 사살, 지하 벙커 구금, NLL에서 북한의 공격 유도, 연평도 부근서 연행자 선박 폭발, 오물 풍선 원점 타격, 7·11·13 공수부대 출동 대기, 케이블타이, 송곳, 망치, 야구방망이…등의 섬뜩한 계획을 담고 있는 쿠데타의 이른바 "정상화"(원문 그대로) 설계도를 "완전 픽션"으로 간주하는 맹목에 의지해서만 주장될 수 있는 논리다.

다음으로 강경 변호론. '12·3 비상계엄은 필요하고 정당하고 훌륭한 것이었기에, 내란이라는 주장은 터무니없다'고 생각하는 이 흐름은 '계엄 해제'와 같은 '혼란'을 바로잡기 위한 제2, 제3의 계엄이 지금도 필요하다는 주장으로 이어진다. 그것을 가능케 하려면 윤석열이 대통령으로 복귀해야 한다. 탄핵소추는 불법적이고 부당하며 헌법재판소의 심리는 중지되어야 한다.

이 강경 변호론이 윤석열이 보여준 일체의 수사 불응과 탄핵 심판 서류 수취 거부, 12월 7일 국민의힘의 탄핵소추안 부결 당론과 투표 보이콧, 12월 14일 부결 당론하의 탄핵소추안 표결 참석, 한덕수의 헌법재판관 세 명 임명 거부를 근거 지어온 논리이며 그리고 최상목의 헌법재판관 선별 임명에 숨어 있는 논리다. 이것은 '비상대권'을 모든 제약들 밖에, 즉 초월적 위치에 둔다. 이 때문에 그것은 논리라고 할 수 없는 논리, 즉 예외 논리이고 비논리이다. 이것은 언어의 길이 끊기는 자리에 놓인 힘의 논리이기 때문에 거짓말, 허구, 모순, 몰상식, 광기와 자유롭게 결합된다.

윤석열의 담화문들과 이후의 행동이 그것을 잘 보여준다. 자신이 꾸던 '비상입법'의 예외주의적 꿈이 마치 12·3 비상계엄을 통해 실현되기라도 한 듯이 말하고 행동하는 것이다. 이 돈키호테적 시대착오는, 그 무엇에 의해서도 입증되지 않는 부정선거 음모론을 주장하면서 국회를 부정하고 자신을 '불공정한 입법독재'에 맞서 싸우는 투사로 내세우면서 행정, 입법, 사법에 포진한 친예외주의 권력자들과 태극기를 든 '애국시민'들을 내전에 나서도록 선동하는 망상적 힘이다.

그 선동은, 담화를 통해 약속한 바대로 "당당히 법적·정치적 책임을 지기"는커녕, 아래로 책임을 전가하고 침묵으로 일관하면서 헌법 심리에도 수사에도 불응하는 구중궁궐 관저에 숨어서 행해졌다. 하지만 그의 직무, 즉 공적 권력은 정지되어 있었다. 그의 선동은 앞에 나서서 이끄는 주동이 아니라 뒤에 숨어서 부추기는 것이었다. 선동을 통해 그가 지지 세력들에게 기대하는 바의 적극적 행동(아마도 연쇄적 폭동이었을 것이다)은 아직 나타나지 않았다.[11]

그의 지지 세력들은 예외주의적 폭동으로 대응하기보다 법치주의적 세계에 발을 담근 채 법치적 담론으로 비상계엄에 대한 지지를 표현했다. 국민의힘의 대응이 대표적이다. 12·3 비상계엄은 내란죄에 해당되지 않는다, 탄핵소추는 불법이므로 표결에 불참한다, 대통령 권한대행은 헌법재판관을 임명할 권한이 없다, 한덕수 권한대행 탄핵은 재적 3분의 2 이상 찬성으로만 가능하다, 공수처는 내란죄를 수사할 권한이

---

11. 서울지방법원으로 폭도들이 난입하여 기물을 부수고 방화를 시도한 폭동은 이 글을 쓴 지 17일 뒤인 1월 19일에 나타났다.

3장 내란을 체포하라 **147**

없다 등등이 그것이다. 국민의힘은 예외주의적 방식으로 내란을 옹호한 것이 아니라 법치주의의 틀 속에서 예외주의를 선동하는 어중간하고 모순적인 자세를 취했다.

그 예외주의적 선동은 거짓말과 억지에 윤석열식 망상을 비벼놓은 것이었기 때문에 법치주의적 과정에서는 번번이 패배할 수밖에 없었다. 12·3 비상계엄이 내란죄에 해당한다는 것은 경찰·검찰·공수처·법원에 의해 공인되었고, 대통령 윤석열 탄핵소추는 가결되었으며, 권한대행 한덕수 탄핵소추는 재적 2분의 1 이상 찬성으로 가결되었고, 또 다른 대통령 권한대행 최상목은 헌법재판관 두 명을 임명했으며, 공수처가 내란죄 수사를 위해 청구한 윤석열 체포영장은 발부되었다.

이렇게 모든 법률적 과정에서 패배함으로써 윤석열의 이른바 "비상대권으로 정상화"라는 예외주의 기획은 방향을 잃고 한 걸음 한 걸음 패퇴하고 있고 더 급한 경사길 아래로 미끄러지고 있다. 2025년 1월 1일 윤석열이 자신의 체포를 저지하기 위해 관저 앞에 집결한 지지자들에게 내놓은 서면 메시지는, 이미 군부의 주요 가담 사령관들이 구속되었고, 국민의힘이 자신이 기대하는 비상입법기구적 행보보다 대의적 법치주의라는 보신과 생존의 길에서 발을 빼지 않은 채로 패배가 분명한 법률 세계 속에서 무력한 내란 선전을 반복하고 있는 현실에서, 그리고 정진석으로 대표되는 대통령실의 사람들도 적극적 행동보다 소극적 사퇴를 택하는 현실에서, 결과적으로 윤석열이 국가권력에도 당권력에도 더 이상 구명을 기대하기 힘든 상황에서, 온라인의 극우 유튜버와 오프라인의 태극기부대에 기대며 시민의 예외주의적 폭력 행동과 구명 행동을 주문하는 마지막 몸부림으로 느껴진다.

그는 관저 앞 태극기 시민들을 향해 "국가나 당이 주인이 아니라 국민 한 분 한 분이 주인인 자유민주주의는 반드시 승리합니다! 우리 더 힘을 냅시다!"라고 호소한다. 검찰쿠데타에서 12·3 군부쿠데타로 다시 의회쿠데타로 이어져 온 윤석열의 예외주의 내란은 이제 "국민 한 분한 분"의 시민전쟁(내전)을 호소하기에 이르렀다. 하지만 그의 호소가, 오직 하나뿐인 주인인 윤석열 자신을 위해 '국가나 당이 주인이 아니라 국민 한 분 한 분이 주인'이라는 국민주권주의 명제를 차용하여 시민을 내전에 동원하려는 전쟁 수사학임을 굳이 논증할 필요는 없을 것이다. 관저 앞에 지지자들이 집결하여 '탄핵 반대', '체포 반대'를 외치지만, 관저에 숨은 것이 갇힌 것이기도 한 윤석열의 시간 속에서 그 '자유민주주의적' 동원이 국지적 테러 이상으로 발전할 수 있는 정치적 동력은 이미 소진된 것으로 보인다.

12월 3일의 담화에서와 비슷하게 그는 계속해서 "나라 안팎의 주권침탈세력과 반국가세력의 준동으로 지금 대한민국이 위험합니다"라고 말한다. 하지만 나라 밖의 주권침탈세력은 전혀 보이지 않고 바로 윤석열 그 자신이 나라 안의 주권침탈세력과 준동하는 반국가세력의 수괴임이 아래로부터 다중들의 제헌주의적 저항과 국회의 대의주의적 방어에 의해 너무나 명확해져 버렸다.

그렇지만 윤석열의 끝이 예외주의의 끝이라고 말할 수는 없을 것이다. 우리가 경험하고 있는 예외주의는 오늘날의 자본주의에 의해 불 지펴지고 있는 탈근대적 현상이기 때문이다. 윤석열의 예외주의 기획은 "대의주의 선거는 반국가세력의 부정한 음모다. 비상계엄은 정당하다. 반국가세력을 처단하자. 대통령을 지키자. 대통령님 존경합니다"로 표현되는 모종의 공동체적 '국가'에 대한 갈망과 지도자에 대한 종교적 신앙을 배경으로 하고 있다. 탈근대적 군주정, 탈근대적 신정, 미국-일본-한국의 위계적 계열화 속에서 이룰 탈근대적 반공(반북, 반중, 반러) 제정의 꿈에 의해 뒷받침되고 있다.

12월 3일 직후에 가진 인터뷰에서 전광훈은 윤석열이 "국회에서 소란을 피우고 선관위를 때리는" 성동격서 계엄 전술을 구사한 "천재"라고 칭송했다.[12] 이런 찬양자들에 의해 지금 윤석열이 버려지더라도 오늘날의 신자유주의적 자본주의 축적 양식이 지속되는 한 새로운 예외주의 지도자에 대한 갈망은 결코 사라지지 않을 것이다. 그것은 도덕법칙과 윤리에 의해 추동되는 운동이 아니라 실리실익에 의해 추동되는 종교이기 때문이다.

공수처의 체포영장 집행 중지가 의미하는 것
2025년 1월 3일 금요일 오후 11시 9분

2024년 12월 31일 오후 제주도로 내려왔다. 비행기는 제주항공 사고 이전보다 더 부드럽게 착륙했다. 오랜만에 보는 제주 하늘은 높기만 한데 바다는 울적하게 출렁댄다. 밤이면 검은 바다에서 칼바람이 분다. 사흘이 지난 오늘, 텔레비전에 비치는 한남동 관저를 여섯 시간 동안 바라보았다. 공수처가 며칠 동안 경찰과 논의하고 조율하고 연습하면서 준비했다더니 답답하기 그지없다. 오후 1시 30분이 되어 내란수괴를 체포하지 못하고 영장 집행을 중지한다면서 무력하게 관저 길을 내려오는 경찰과 공수처 직원들. 공수처의 무능함인가, 공수처와 경호처의 합작 쇼인가?

하지만 그 어느 쪽이건 결과가 달라질 것으로 보이지는 않는다. 지금까지의 과정으로 보아 결국 윤석열은 체포되고 구속될 것이며 파면되는 과정을 거치게 될 것이다. 그것이 압도적 다수 시민들의 인식이고 의지이기 때문이다. 그것이 국민들의 실질헌법적이고 사회구성적인 지향이기 때문이다.

오늘의 영장 집행 중지, 즉 체포 불발은 이 실질헌법적 지향성을 약

---

12. 주진우·문상현, 「[단독] 전광훈 "부정선거 의혹 수사 안 하면 윤 대통령 지지 철회하겠다 했다"」, 『시사IN』, 2024년 12월 6일 입력, 2025년 7월 2일 접속, https://www.sisain.co.kr/news/articleView.html?idxno=54532.

화시키기보다 오히려 더 강화시키는 것으로 작용할 것이다. 윤석열은 오늘 이겼다. 윤석열의 저 '애국 시민'들도 이겼다. 윤상현과 김민전도 이겼다. 하지만 그 승리는 더 큰 패배를 재촉하는 승리이다. 패배를 향한 승리이다. 파면을 확정 짓는 체포 회피다. 법적 패배를 재촉하는 힘의 승리며 윤리미학적 패배를 확정 짓는 힘의 승리다. 하지만 최종심은 오만한 무력의 심판이 결코 아니다. 형식 헌법과 법률의 심판도 최종심은 아니다. 최종심은 존재론적 제헌활력의 삶정치적 심판, 미적·윤리적 심판, 역사적 심판이다. 오늘날 누구나 권력과 법의 언어로 싸우는 길을 선택하지만 그 언어를 규정하는 근원적 활력은 법 아래의 저월적 subscendental 13 주체들의 삶에서 나온다.

이런 관점에서의 몇 가지 메모.

내란수괴 윤석열에 대한 체포영장 집행은 오늘 오전 8시경 개시되었다. 12·3 비상계엄은 국회에서 해제되었고, 12월 14일 탄핵소추안은 가결되었다. 오늘은 12월 31일 헌법재판관이 여덟 명으로 충원되어 탄핵 심리에 박차가 가해진 상태에서 이루어지는 경찰·공수처 공조본의 체포영장 집행 수순이었다. 12월 3일 밤 내란을 일으킨 수괴에 대한 체포이므로 내란진압에서의 결정적 수순이었다고 할 수 있다. 그런데 공수처는 오후 1시 30분경 영장 집행을 중지한다고 발표했다. 이유는 안전 우려.

무엇이 안전을 우려케 하는 요인이었을까? 전날까지 많은 사람들은, 경찰 차량 앞에 드러눕기까지 하는 지지 시민들이 영장 집행의 가장 큰 장애물일 것이라고 예상했다. 하지만 예상과는 달리 체포영장 집행을 위해 관저에 진입한 공권력인 경찰과 공수처(100여 명) 직원

---

13. 이 책에서 나는 체제, 헌법 등 제정된 것에서의 독립성을 유지하면서도 그것 속에서, 그것에 대항하는 방식으로 그것을 넘어서는 활력의 움직임을 가리키는 용어로, 그것과 분리된 상태에서 그것을 지배하는 예외권력의 움직임인 '초월'과 대비하여 '저월'이라는 말을 사용했다.

을 최종적으로 막아선 것은, 부분적으로 개인화기를 소지하고 서로 팔짱을 낀 채 겹겹이 벽을 만든 경호처 직원, 군인 등 200여 명이었다. 사병화된 내란세력이었다.

여기서 나는, '윤석열에 대한 체포영장 발부나 형소법 제110조와 제111조 적용을 예외로 한 수색영장 발부는 불법'이라는 예외주의 내란세력의 법률적 궤변은 무시한다. 그럼에도 주목해야 할 것은 적어도 1월 3일에는 공권력이 내란세력의 장벽을 넘지 못했고 법이 무력 앞에서 멈춰 섰다는 점이다.

박종준을 처장으로 하는 경호처는 내란수괴에 대한 체포를 방해하는 전위대를 자처함으로써 내란 공범임을 스스로 확인했다. 처장 박종준은 내란사태 당일 윤석열의 지시로 당시의 경찰청장 조지호와 서울경찰청장 김봉식을 서울 삼청동 대통령 안전가옥으로 부른 인물이다. 그는 경찰조사에서 "12월 3일 저녁 비상계엄과 관련된 내용을 전혀 인지하지 못한 상태에서 경찰청장과 서울청장에게 접견 연락을 했다"고 진술했는데 오늘 그는 행동으로 이 말을 부정한 셈이다. 그는 국가의 대표자를 지키는 경호처장이 아니라 내란수괴를 지키는 내란 수문장을 자처했다.

이런 의미에서 2025년 1월 3일 대통령 관저에서의 체포영장 집행은, 공수처가 이것을 어떻게 의식했느냐와는 무관하게, 법치행동을 거부하는 예외주의적 내란세력을 법치 형식을 통해 진압하는 과정이었다. 예외주의적 내란세력의 힘은 그것이 영靈이나 법法 혹은 론論을 수단으로 사용한다 하더라도 궁극적으로는 폭력에 있다. 오늘 경찰과 공수처의 법과 공권력은, 불법과 체포의 위험을 무릅쓴 경호처의 예외주의 장벽을 넘지 못했다. 안전 우려로 영장 집행을 중지한다는 것은 법치주의에 입각한 공수처가 예외주의 세력보다 사태를 철저하게 인식하지 않고 있다는 것을 의미한다. 법치의 기관인 공수처는 지금 자신이 예외주의 세력과 싸우는 역할을 맡고 있다는 사실을 파악하지 못하고 있거나 혹은 파악하지 않으려 하는 것으로 보인다.

경호처의 최종 지휘자인 대통령 권한대행 최상목은 오늘 '중소기업인 신년 인사회'에 참석해 "우리 경제는 미국 신정부 출범과 국내 정치 상황 등으로 어느 때보다 대내외 불확실성이 큰 상황"이라고 말하면서도 국내 불확실성의 핵심적 진원지인 내란수괴에 대한 체포영장 집행 문제에 대해 침묵을 지켰다. 경호처가 경호법을 논거로 공수처를 막고 있는 상황에서 그가 체포영장 집행에 협조하라고 경호처에 지시했다면 그것으로 영장이 집행되었을 가능성은 매우 높다. 이런 행동 방식은 12월 3일 "계엄에 강하게 반대했다"는 그의 주장의 진정성을 의심하게 만든다.

공수처의 불철저를 비판하면서 1월 3일부터 1박 2일 집중 철야투쟁에 나선 비상행동이 윤석열 즉각 구속, 경호처장 직위 해제, 처장 포함 영장 집행 방해자들 즉각 체포를 요구하는 것은 이런 이유들 때문일 것이다.

대의주의의 위기와 "민주주의 회복력" 문제
2025년 1월 8일 수요일 오후 7시 54분[14]

국민주권주의, 대의주의, 법치주의는 근대 민주주의 헌정 질서의 세 축이다. 국민은 자신의 주권을 직접 행사하거나 선거 절차에 따라 선출된 대표자들에게 위임하여 그 위임권력이 법에 따라 행사되도록 한다는 것이 헌법정신이기 때문이다. 국민주권주의는 민주주의의 근본 원칙이고, 대의주의는 이를 제도적으로 실현하는 방식이며, 법치주의는

---

14. 1월 4일에 제주에서 작성하던 미완성 노트를 서울에서 업데이트한다.

이를 안정적으로 유지하는 수단이다. 대의주의의 이상 상태에서 이 세 원리는 서로 의존하며, 상호 보완적으로 근대 민주주의 체제를 유지하고 발전시키는 데 기여한다.

이론상에서 국민의 정치적 자기 선택처럼 기술되는 근대 대의주의는 실제로는 자신의 주권을 위임 없이 직접 행사하고자 하는 다중의 직접행동에 대한 위로부터의 통제 수단으로 도입되었다. 화폐의 도입과 시장의 발전으로 자생적 공통장이 해체되고 다중의 갈등이 비화된 곳에서, 혹은 위나 외부로부터 폭력적으로 자생적 공통장을 해체시키는 데 성공한 곳에서(이 두 과정은 엄격하게 구별되지 않으며 서로 뒤섞인다) 이 위임통치제도가 논리적 설득력을 얻었으며 상대적으로 적은 폭력으로 관철될 수 있었다.15

12·3 내란은 근대 대의민주주의가 직면한 위기를 또렷이 드러내 보여준다. 윤석열로 대표되는 예외주의 내란세력은 삼권 분립의 대의주의적 법치제도를 받아들이지 못하고 헌법기관인 국회, 선관위, 법원 등을 폭력으로 무력화시키려 했다. 체포, 구금, 사살 등의 방법이 실행될 예정이었다. 나아가 이들은 최소적으로 행사되는 국민의 기본권마저 억압하려 했고 주권자인 국민들의 가슴에 총부리를 갖다 댔다. 법치주의는 짓밟혔고 대의제는 예외주의적으로 약탈되었으며 국민주권주의는 부정되었다.

국회에 달려온 시민들의 직접행동, 즉 직접적인 주권 행사로 예외주의적 내란이 저지되고 국회의 대의권력이 부분적으로 회복되어 대의민주주의를 응급 소생시킬 수 있었지만 내란으로 인한 대의민주주의의 위기는 이날 이후에도 오래 지속되었고 지금도 지속되고 있다.

선거로 선출되었지만 선거 시스템을 부정하면서 내란수괴로 돌변한 대통령 윤석열이 탄핵으로 직무가 정지된 상태에서도 관저를 점거

---

15. 안토니오 네그리·마이클 하트, 『다중:제국이 지배하는 시대의 전쟁과 민주주의』, 조정환·정남영·서창현 옮김, 세종, 2008, 3부 2장 참조.

하고 있고 자신을 수비할 것과 내란세력이 궐기할 것을 지속적으로 선동하고 있다. 직무 정지되었지만 파면이 언제 내려질지는 미지수다. 체포영장이 발부되고 집행이 개시되었지만 공수처는 경호처에 막혀 윤석열을 잡지 못하고 빈손으로 관저 길을 터덜터덜 내려왔다. 오히려 공수처의 영장 집행이 불법이고 단죄되어야 한다는 어처구니없는 소란이 허용되고 있는 실정이다.

역시 선거로 선출된 국민의힘 의원 다수는 12월 4일 새벽 계엄해제 표결에도 불참하더니 12월 7일 탄핵소추 표결에도 불참하고 12월 14일 2차 표결에서야 여론에 밀려 마지못해 참여한 후 부결표를 던졌다. 대의주의적 법치주의 관점에서 명확히 잘못된 대통령의 반국민주권적 탈법과 헌법에 대한 부정을 저지하기는커녕 방관하고 심지어 원내대표 추경호가 예시하듯 적극 협력하는 태도를 보였다. 대의적 절차와 법에 따라 구성된 정당이 대의제도와 법치주의를 정면으로 부정하는 현실이 연출된 것이다.

한덕수를 비롯한 국무위원들은 대통령의 불법적 계엄선포를 막지 못했을 뿐만 아니라 계엄해제 후에도 내란특검에 거부권을 행사하고 헌법재판관 세 명 임명을 거부하는 등 내란수괴를 비호하는 행동을 일삼았다. 내란을 진압하기 위해 부득이하게 취한 한덕수 탄핵 시에는 총리 탄핵이 국무위원 전체에 대한 탄핵이라며 국민에 대항하는 집단행동을 하기까지 했다.

외부의 위협으로부터 국가와 국민을 보호하는 것을 기본적 임무로 삼는 군부는 내란수괴의 명에 따라 헌법기관과 국민에게 총부리를 겨누어 헌법 질서를 파괴하는 괴물스러운 사병 집단으로 전락했다. 1월 3일 체포영장 집행 과정에서 경호처에 파견된 군부 일부는 다시 한번 윤석열의 사병으로 변한 추한 모습을 보여주었다.

이러한 상황이 국가적으로 그리고 일상적으로 미치는 부정적 대가는 국민다중이 매일매일 치르고 있다. 그리고 내란이 언제 종식될지에 대한 확실한 전망을 갖기조차 어려운 상태다. 지금까지의 과정을 통해 근대의 대의주의적 법치제도는 예외주의적 내란을 빠르게 진압하는 데에 매우 비효과적임이 드러났다. 심지어 여당인 국민의힘과 같은 대의기관이 내란 옹호세력으로 확인되면서 대의민주주의가 내란을 진압할 능력을 갖고 있는지조차 의문시되는 상태에 놓여 있음이 명확히 드러나고 있다.

대의민주주의의 총체적 위기. 그렇다면 이른바 "민주주의 회복력"은 어디에서 어떤 모습, 어떤 방향으로 나올 수 있는 것일까?

대의주의 위기하의 내란과 탈근대적 파시즘
2025년 1월 9일 목요일 오전 10시 32분

윤석열의 담화들 중 가장 패색이 짙었던 담화인 2024년 12월 7일 담화에서 그는 "국민들에게 불안과 불편을 끼쳐드렸음"을 인정하고 "매우 송구스럽게 생각하며, 많이 놀라셨을 국민 여러분께 진심으로 사과드린다"고 말하면서 "분명히 제2의 계엄과 같은 일은 결코 없"을 것이고 "계엄 선포와 관련하여 법적, 정치적 책임 문제를 회피하지 않겠다"고 다짐했다. "저의 임기를 포함하여 앞으로의 정국 안정 방안은 우리 당에 일임하겠다"는 자포자기의 언어까지 담았다.

이 담화는, 비록 그가 여전히 법 밖에서 임의적으로 생각하고 있음을 역력히 보여주지만, 나흘 전인 12월 3일의 예외주의적 행동이 "중과부적"(김용현)의 패착으로 귀결된 후 그가 대의적 법치주의 쪽으로 잠시 기울었던 순간을 표현한다. 이 담화의 그는 2025년 새해 첫날, "애국시민"들을 목 놓아 부르면서 "끝까지 투쟁하겠"으니 힘내서 밀어달라고 말하고 있는 그와는 사뭇 다르다.

법원이 합법적으로 발부한 체포영장을 자의적으로 "불법"으로 규정하면서 관저 어딘가에 숨어서 경호처 직원과 경력 및 병력을 호신용 사병으로 부린 윤석열은, 다시 말해 자신의 행동에 대한 '정치적 사법적 책임'보다 반법치적이고 예외주의적인 독선을 선택한 윤석열은 2024년 12월 3일 비상계엄의 형태로 내란을 일으켰던 바로 그 예외주의적 윤석열의 연속이기 때문이다. 선거로 선출된 국회의원 윤상현은 '윤석열이 바로 대한민국 그 자체'라는 독재 선동을 통해 이 예외주의적 윤석열을 지지하는 데 앞장섰다.

최근에 이 윤석열-내란세력은 어떤 행동을 했고 그것은 어떤 결과를 가져왔는가?

첫째, 영장 집행 방해. 경호처의 공권력을 사적 폭력으로 만들어 내란수괴에 대한 체포영장 집행이라는 공수처와 경찰의 합법적 권한 행사를 방해했고 오히려 그 권한 행사를 내란이라고 비난했다. 결과적으로 경호처장 박종준, 경호차장 김성훈, 경호본부장 이광우 등은 입건되어 소환 명령을 받았고 공조본은 영장을 재발부받아 더 강력하고 압도적인 방식의 체포영장 집행을 준비하고 있다.

둘째, 헌법재판 교란. 국회 탄핵소추단이 '비상계엄 선포, 포고령1호, 국회 난입을 통한 계엄해제 표결 방해, 영장 없는 선관위 압수수색이라는 네 가지 핵심적 내란행위의 헌법 위반 여부만 묻고 형법상 내란죄 해당 여부 판단은 수사기관과 법원에 맡기며 탄핵소추 사유에서는 제외하겠다'고 소추 사유를 정리한 것을, 내란행위 그 자체를 탄핵소추 사유에서 빼는 것처럼 선동하면서 탄핵소추안의 국회 재의결을 주장하고 있다. 하지만 헌법재판소는 이들의 주장에 대해, 이 문제는 헌법재판소가 알아서 판단할 문제라고 단언했다.

셋째, 대의주의 교란. 투표를 통해 선출된 국민의힘 40여 명이 체포영장 집행을 앞둔 내란수괴-대통령의 관저에 도열하여 체포영장 집행을 저지하는 내란행동을 했다. 시민단체와 야당은 이들의 "체포 저지"

행동을 내란 방조로 규탄하고 고발 행동에 나섰다.

지금까지 윤석열-내란세력이 법치 영역 안에서 내놓은 주장들 중에서 법리적으로 옳은 것으로 판명된 경우는 없다. 대부분의 주장이 부정되고 기각되었다. 법률상 불합리하고 궤변적이었기 때문이다. 법치 영역 밖에서 그들이 행한 행동들은 여론의 질타를 받았고 더 강력한 대응에 직면했다. 이들의 예외주의적 행동이 법치주의적 상식에 어긋났을 뿐만 아니라 예외주의적 내란의 현실적 고립으로 그런 행동들이 수용될 수 있는 여지가 협소해졌기 때문이다.

그럼에도 불구하고 이들이 자신들의 주장이나 행동을 계속하게 되는 동기가 있다. 그것은 그들의 주장과 행동이 '법치'보다 '정치'에서 거두는 실효 때문이다. 그것이 헌법 질서와 관련된 '내란'을 정치 질서와 관련된 '정쟁'으로 희석-둔갑시키고 상식이나 지배적 여론에 반대하는 소수의 정치적 지지층을 결집해 냈기 때문이다. 그것은 20%의 지지를 30%의 지지로 만드는 데 효과를 거두었다.

그런데 그 결집은 어떤 결집인가? 그 정치적 지지는 무엇을 중심으로 결집하는가? 광화문과 한남동 거리에서 분명히 드러나듯이 지금의 내란 옹호의 핵심에는 전광훈의 자유통일당과 태극기부대라고 불리는 시민 지지층이 놓여 있다. 유튜브를 통해 부정선거론을 퍼뜨리고 비상계엄을 요구해 온 것이 이들이며 1차 계엄 실패 후에 "화끈한 2차 계엄 부탁해요"라고 외친 것도 이들이다. 2025년 1월 1일 관저에 갇혀 체포 위기에 놓인 윤석열은 자신의 최후 보루가 (국가나 당이 아니라) 이들 한-분-한-분의-극우-유튜버-애국시민들임을 인정했다.

2021년에 윤석열은 정진석·권성동 등의 촉구로 국민의힘에 입당하여 약 석 달 만에 그 당의 대통령 후보가 되고 2022년 3월에 대통령으로 당선되었다. 취임 후 30개월 만에 위헌·위법한 비상계엄을 선포함으로써 그는 대의주의적 방법 대신 예외주의적 방법에 의탁했고 대의주의 정당인 국민의힘을, 대의정당으로 위장한 예외주의 정파인 자유통일당과 태극기집회에 종속시켰다. 새누리당의 박근혜에 대한 탄핵으로 민주당 문재인 정부의 검찰총장의 지위에 올랐던 그는 다시 조국과 이재명을 짓밟는 것으로 국민의힘 대통령이 되었다. 그는 이제 다시 비상계엄으로 국민의힘을 자유통일당 세력이 주도하는 예외주의적 내란의 동원부대로 만들었다. 입으로 꼬리를 삼키는 이 우로보로스 ουροβόρος적 행보의 결과로서 우리는 우파의 극단화, 예외주의화, 탈대의화, 탈법치화를 목도한다.

한남동 관저에서 윤석열 체포 저지를 둘러싸고 진행되고 있는 지금의 극우적 결집은 대의주의의 위기 속에서 모색되는 탈근대적이고 신우익적 유형의 파쇼화 결집에 다름 아니다. 자본주의의 신자유주의적 극단화를 배경으로 하는 이러한 파쇼화 경향은 검찰, 군부, 의회, 교회, 유튜브, SNS 내의 예외주의 경향과 사랑제일교회식 기독교 대중운동을 운명론적 무속정치, 강력한 지도자와 결합시키는 것을 통해 전개되고 있다. 윤석열이 끝나더라도 자본주의적 지구 사회의 저 깊은 심층의 움직임과 관련되어 전개되고 있는 이러한 경향이 손쉽게 끝나지는 않을 것임은 분명하다. 그것이 어떤 위험을 잉태하고 있는지 아직 우리는 구체적으로 알지 못한다.

최근 무속정치의 역사적 위치에 대한 단상[16]

2025년 1월 10일 금요일

---

16. 1월 2일에서 1월 10일 사이에 작성한 이 글은 2025년 1월 10일자『김천일보』에 같은 제목으로 게재되었다. 조정환,「[논단] 최근 무속정치의 역사적 위치에 대한 단상」,『김천일보』, 2025년 1월 10일 수정, 2025년 6월 23일 접속, https://www.gcilbo.kr/news/articleView.html?idxno=85629.

오늘날 예외주의적 농단세력이나 내란세력들(박근혜, 김건희, 윤석열, 한덕수, 노상원 등등)에서 흔히 발견되는 무속정치 경향을 하나의 문제로서 생각하기 위해 '정상성', '합리', '법치'를 출발점으로 삼는 것은 부족할 뿐만 아니라 부적절하다. 이런 출발점은 무속을 비정상, 비합리, 탈법의 문제로 정의하는 손쉬운 해법을 선택하게 만들고 정작 깊이 생각해야 할 문제, 즉 '오늘날 우리가 '정상', '합리', '법치'라고 생각하는 것의 정체는 무엇인가?'를 생각하지 않고 덮어버리게 되는 결과를 가져오기 때문이다. 그런 출발점들이 오늘날 수많은 인간·비인간 다중들에게 그 자체가 하나의 문제로서 나타나고 있는 대의주의적 법치주의나 합리주의를 영구적인 정상성으로, 혹은 자연 상태로 간주하게 만들고 그것이 안고 있는 문제와 내적 모순에 눈감도록 만들기 때문이다. 그 결과 그런 출발점들이 무속적 신비주의는 물론이고, 법치주의나 합리주의 혹은 근대적 대의주의 속에 갇혀 있지만 그것에 도전하면서 그것을 넘어서려는 다양한 노력들 일반까지 비정상, 비합리, 탈법으로 규정하는 위험한 추론을 받아들일 가능성을 높이기 때문이다. 그렇기 때문에 어디에서부터, 어떤 출발점에서 무속성의 문제에 접근할 것인가를 사고하는 것이 매우 중요한 문제로 등장한다.

무속은 얼핏 보면 신비주의적이고 비합리주의적이지만 실제로는 그것과는 반대이다. 무속은 세속주의자들이 신비에 속하는 것으로 간주하여 배제하거나 괄호 치는 현상들을, 그리고 합리주의자들이 비합리라고 간주하여 배제하고 괄호 치는 현상들을 파악하려는 노력이고 그것을 위해 고안된 특수한 역사적 테크놀로지이다. 무속은 칸트가 경험 너머의 것이기 때문에 인식할 수 없는 것으로 괄호 쳤던 물자체$^{Ding\ an\ sich}$를 경험 가능하고 인식 가능한 것으로 만들려는 역사적으로 특수한 합리화의 테크놀로지이다.

노년의 칸트도 경험 불가능한 것을 경험 가능하게 만들 수 있는 테크놀로지에 대해 논했다. 그것은 예술이다. 예술은 물자체를 직접적으로 보여줄 수는 없지만, 감각적이고 상징적인 형태를 통해 그것을 느끼게 하고 상상하게 만드는 역할을 할 수 있는 것으로 받아들여졌다. 예술은 감각과 지성의 한계를 자각시키고, 인간 경험의 초월적 가능성을 열어줄 수 있다. 우리는 비록 물자체를 직접 알 수는 없지만, 예술을 통해 그것을 감각적으로 경험할 수 있다. 무속도 경험 불가능한 것을 경험 가능하게 만들려는 시도의 하나이다. 이러한 점에서 무속은 예술과 경쟁한다.

칸트가 보기에, 물자체를 초월적인 것으로 간주하면서 그것을 신 개념을 통해 사유하려는 시도가 종교이다. 물자체를 직접적으로 나타낼 수 있는 언어는 없다. 그렇기 때문에 종교적 언어는 예술적 언어와 마찬가지로 상징적이고 비유적인 방식으로 그 신적인 것을 표현한다. 칸트에게서 신은 인식의 대상이 아니라 실천이성의 대상이다. 인간은 신을 가정하고 그것을 믿음으로써 초월적 존재로서의 물자체를 자신의 도덕률의 근거로 전화시킬 수 있다. 이런 방식으로 초월적 존재로서의 신은 인간의 도덕적 실천의 필수적 전제가 된다. 무속도 초월적 존재로서의 신과 관계하는 특수한 양식이다. 이런 측면에서 무속은 종교와 경쟁한다.

종교나 예술에 비교하여 무속이 갖는 독특한 특징이 있다. 종교나 예술이 이 초월적인 것을 직접적으로 감각 불가능하고 인식 불가능한 것으로 간주하여 비유적이고 상징적인 명명(종교) 혹은 암시의 방법(예술)으로 그것을 환기하는 방법을 사용함에 반해 무속은 초월적인 것을 직접 감각 가능하게 만드는 **매개**의 방법을 사용한다. 춤, 음악, 음식, 말, 제물, 의례(굿, 제사) 등의 매개체를 사용하여 신령을 현실 세계 속에 불러내는 것이다. 이런 장치들을 통해 무속은 초월적인 것을 현실적 삶의 의제들(조상의 원혼 달래기, 건강, 풍작, 질병 치유, 재난 방지, 치부, 권력 획득 등)에 연결하고 결착시킨다. 그 결과 무속이 다루는 초월적인 것은 보편적인 것이라기보다 특수하거나 개별적인 성격을 띤다.

무속의 초월적인 것은 종교에서처럼 도덕적인 것이 아니라 실용적인 것으로 나타나며 예술에서처럼 간접적이고 암시적인 것이 아니라 직접적인 것으로 나타난다. 예술에서 초월적인 것을 암시적·비유적으로 감각 가능하게 하는 자는 예술가이다. 종교에서 초월적인 것을 상징적인 것으로 표현해 내는 자는 선지자, 예언가 등등이다. 무속에서 초월적인 것을 직접 경험하게 만드는 자는 법사(초월적 존재와 인간 사이의 중개자로서 음악·춤·제물·굿 등을 통해 신령을 불러들이는 의식을 주관한다), 점술가(손금, 별자리, 타로 카드, 동양의 주역, 서양 점성술, 점괘 등을 사용하여 미래와 운명을 예측한다), 역술가(음양오행, 사주팔자, 풍수지리 등을 바탕으로 운명과 삶의 방향을 분석하고 심리적 대안을 권고한다), 무당(신을 대신해 직접 메시지를 전달하거나 굿을 통해 문제를 해결한다), 주술사(특정 주문, 부적, 물건 등을 통해 초월적 힘을 동원하여 문제를 해결하거나 보호를 제공한다), 천문관(별이나 천체의 움직임을 관찰하여 인간의 운명과 삶의 방향을 예측한다), 산신제 주관자(산신제를 통해 마을의 풍요와 평화를 기원한다), 푸닥거리 주관자(부정한 기운을 제거하거나, 죽음과 관련된 의식을 통해 공간이나 사람을 정화한다) 등등이다.

요컨대 무속, 예술, 종교가 각각의 방법으로 현실에 실용적으로 연결하려 하거나, 간접적으로 감각 가능하게 하거나, 도덕적으로 실천 가능한 것으로 만들려는 객체는 초월적 존재, 그러니까 칸트에게서의 물자체다. 들뢰즈는 과학은 함수로, 예술은 감각의 기념비로, 철학은 개념으로 카오스(신비 = 제헌활력)를 안정화한다고 보았다.

인식, 의식의 입장에서 물자체에 접근하려 했던 칸트는 물자체가 갖는 감각적 능동성, 주체성을 평가할 수 없었다. 맑스는 물질 개념을 통해 물자체 개념을 전복시킨다. 그것은 물자체를, 인식과의 관계 속에서 불가지한 것으로 나타나는 초월적 실재가 아니라 역사적·사회적 실천 속에서 변증법적으로 역동하는 구체적이고, 경험적이며, 감각적인 실재로 이해하는 것이었다. 티머시 모턴의 용어로 표현하면 맑스는 초월적transcendental 실재로 사유되어 온 물자체를 저월적subscendental 실재로 전복시켰고 그것을 감성적 인간적 활동, 즉 실천으로 이해했다.

칼 맑스와 티머시 모턴 사이에 두 가지 차이가 있다. 맑스는 이 활동과 실천을 인간적인 것을 중심으로 이해했음에 반해 모턴은 그보다 더 넓은 형태의 활동으로 이해했고 맑스가 그것에 혁명적·비판적 실천이라는 역사적 격위를 부여했음에 반해 모턴은 그것을 인간·비인간의 하찮은 존재들이 서로를 감각하고 보살피는 일상적 활동으로 보았다는 점이다. 그런데 모턴은 이 하찮은 활동들이 거대한 초주체들보다 더 크고 강력할 수 있다고 생각했다.

무속은 저월적 실재의 활동성을 초월적 실재의 현상으로 간주한다는 점에서 신비주의적이지만 저월적 실재의 활동성이 갖는 다양성, 복잡성, 가변성, 불안정성을 단순하고 고정되고 안정된 틀을 통해 파악하려 한다는 점에서는 일종의 합리화 기술이다.

저월적 실재를 초월적 실재로 전치시킨 후에 그것에 대한 실용적 접근법을 찾는 이 무속적 합리성은 추상(분석)과 종합, 혹은 통계와 확률 등의 방법을 통해 저월적 실재의 활동성을 파악하는 대의민주주의 및 법치주의의 합리성과 경쟁한다.

근대 자본주의는 구체적이고 다양한 삶활동을, 그것의 작용 시간을 가치 척도로 하는 노동으로 추상화하고 그 추상노동이 생산하는 가치를 착취하는 체제이다. 노동력을 그것의 가치 이상으로 노동하게 하고 그 결과로서 생산되는 잉여가치를 자본이 전유하는 것이다. 이것이 근대적 합리성의 근간이다.

막스 베버는 검소, 근면의 프로테스탄트 윤리가 자본주의적 합리주의의 정신을 구성한다고 보았다. 맑스의 언어로 다르게 풀어보면 이것은 노동자가 노동력 가치 이상으로 근면하게 노동하여 더 큰 잉여가치를 생산하고 더 적은 비용으로 노동력을 재생산하는 검소한 삶을 살

때 자본이 가장 효율적으로 잉여가치를 축적할 수 있다는 의미로 해석될 수 있다. 자본에게 근면은 노동 착취로서의 자본관계의 쉼 없는 가동이며 검소는 생산된 잉여가치의 낭비 없는 재투자이다. 이것이 자본주의적 합리성이다.

자본주의적 법의 본질은 이 자본주의적 합리성의 법리화이다. 자본주의적 합리성에 기초한 근대 자본주의적 법이 추구하는 효과는 양극화인데, 한편에서 검소하고 근면한 자본의 최대 축적, 다른 한편에서 검소하고 근면한 노동자의 최대 축적이 그것이다. 자본주의는 이 두 극의 맞물림과 순환에 의해 가동되는 체제이기 때문이다.

과학기술은 자본의 축적 욕망을 극대화하기 위해 자본이 도입하는 지성적이고 실제적인 합리화의 장치들이다. 과학기술은 다른 자본과의 경쟁에서 개별 자본에게 특별잉여가치를 전유할 수 있게 해 주며 노동자들을 기계와 경쟁하게 만듦으로써 노동의 저항을 무력화할 수 있는 조건을 제공해 주기 때문이다. 근대의 이 과학기술적 합리성은 근대 이전에 유행했던 무속적 합리화 양식을 낡은 것으로 만들어 온 힘이다.

자본주의적 축적 체제와 그 욕망에 특화된 과학기술적 합리성은 역사적으로 특수한 합리성일 뿐 합리성의 유일한 형태도 아니고 최선의 형태도 아니다. 자본주의 체제의 근본 문제인 자본과 노동의 적대가 격화되어 노동자들이 (1968년 혁명이 보여주듯이) 근대적 과학기술 합리성을 거부하기 시작하면서, 그리고 (코로나 위기나 기후위기가 보여주듯이) 자본주의적 과학기술 발전 양식이 지구 생태를 파괴한다는 사실이 드러나면서 근대의 자본주의 합리성의 한계가 명확해지기 시작했다.

인지자본주의화는 자본주의적 합리성의 한계가 더욱 뚜렷이 드러나는 자본주의 발전 국면이다. 노동의 인지화는 자본주의로 하여금 노동을 가치실체로 삼으면서 그것을 작용 시간에 따라 측정하는 것이 점점 어려운 환경을 만들어 냈다. 달리 말해 가치실체와 가치척도 사이의 탈구가 심해졌다. 디지털화, 인터넷, AI의 발전은 인간 신체의 공동작용(신체적 협업)을 넘어 인간 지성의 집단화, 인간과 비인간의 공동작용(정신적 협업, 범사물적 협업)을 자본주의적 축적의 바탕으로 만들었다.

신자유주의는 인간의 육체적·정신적 공동작용과 인간·비인간의 범사물적 공동작용이 생산하는 가치를 포획하기 위해 등장한 축적 양식이자 지배 전략이다. 이것은 수탈에서 착취로의 이행을 가져온 자본주의적 합리성 체제에서의 역행, 즉 착취에서 수탈로의 이행을 포함한다. 지대에서 이윤으로, 다시 이윤에서 지대로. 하지만 신자유주의가 포획하는 지대는 고전적 토지 지대를 넘어선다. 인간과 비인간을 포함하는 범사물계의 집단지성과 그것에 기초한 인공지능이 새로운 유형의 토지로 편입되기 때문이다. 지구의 물리적 생리적 표면에 대한 장악만이 아니라 지구 객체들의 지적 정서적 내면에 대한 장악, 제헌활력 총체에 대한 장악을 통한 지대 수취권이 신자유주의적 축적을 추동하는 동력이다.

근대 자본주의의 착취는 제헌활력에 대한 전 근대적 수탈 양식을 노동가치 체제를 통해 안정화했다. 노동가치론과 착취는 합리성을 매개로 한 수탈의 정당화 방식이다. 후기 자본주의는 다시 지대 수탈에 의존하게 된 자본주의다. 신자유주의는 수탈의 체제다. 수탈은 합리적 근거가 약하기 때문에 정당성의 위기에 직면하고 사회 세력들 사이의 내전이 표면화된다. 이런 상황에서 우리가 2025년 1월 8일과 9일 사이에 한남동 관저 앞과 (김민전이 열어준) 국회의사당 소통관 기자회견장에서 보았듯이 노골적인 직접 폭력에 대한 호소로서의 '백골단'이 손쉽게 모습을 드러내게 된다.

근대의 자본주의 합리성이 비합리성으로 몰아 배제했던 다른 합리화 기제들이나 새로운 합리화 기제들이 부상하는 것은 이런 역사적 조건에서다. 장악하기에는 너무나 복잡하고 다양하며 가변적인 제헌활력을 최대한도로 단순화하여 장악하려는 시도로서의 무속정치의 부상도 경쟁적으로 부상하는 다른 합리화 기제들 중의 하나이다. 인간의 노동

시간을 축으로 한 근대 자본주의의 인간중심주의적 착취 합리성이 궁지에 도달한 지점에서 다시 신정과 천정[17]이 부상한다. 신정과 천정은 비합리적 정치가 아니라 합리성의 한계 너머의 제헌활력의 저월적인 공통력을 초월적인 것의 형태로 환원하여 장악하려는 탈근대적 정치형태이다. 혁신된 지대 수탈 정치, 농단 정치의 양식이다.

전광훈의 반공주의 기독교(여기서 공산주의는 역사적 정치형태가 아니라 종교적 이념 형태, 즉 빨갱이=사탄=X …로 나타난다. X에 대입될 수 있는 것은 미운 모든 것들, 예컨대 문재인, 이재명, 성소수자… 그리고 잠재적으로는 '당신'이다)와 김건희·노상훈·명태균·건진법사·천공의 무속주의, 윤석열의 비상대권 예외주의(비상계엄 이전에도 "대통령인 내가…"라는 말로 자주 표현되었던 것.), 국민의힘의 당론주의는 신자유주의적 자본주의에 내재하는 수탈 메커니즘의 정신적·정치적 표현물들이다. 이들은 서로 근친상간 관계에 있다. 이것들은 제헌활력에 대한 수취를 놓고 근대 과학기술적 합리성과 경쟁한다.

신자유주의에서 비합리라 불리는 무속정치의 등장은 대의정치 그 자체가 묻어 두었던 은폐된 비합리성을 전면에 드러내는 것에 지나지 않는다. 대의정치가 안정화에 실패하는 위기의 지점에서 무속정치가 시작된다. 따라서 무속정치를 대의주의적 법치로 대체하는 것으로 무속정치가 다시 발현하는 것을 막을 수는 없다.

무속과 과학은 대립하는 것이 아니라 경쟁하는 것이다. 합리와 비합리 역시 대립하는 것이 아니라 창조적 제헌활력의 포획, 안정화를 놓고 서로 경쟁하는 것이다.

대의민주주의 정치는 불안정한 제헌활력을 안정화하기 위한 위로부터의 포획장치다. 파시즘도 불안정한 제헌활력을 안정화하여 지배하기 위한 위로부터의 포획장치다. 전후 복지 정치나 역사적 사회주의 정

---

17. 제주에서 서울로 올라오는 길에 들렸던 부여 사비성의 현판에는 천정전(天政殿)이라는 글귀가 쓰여 있었다.

치도 위로부터 제헌활력을 안정화하여 포획하기 위한 당·국가주의 체제로 나타났다.

　루카치는 『이성의 파괴』[18]에서 비합리주의의 본질이 파시즘이라고 말했다. 이 말은 합리주의의 입장을 전제로 할 때만 옳다. 합리주의는 합리성을 넘어서는 것, 즉 인간중심주의적 측정 가능성을 넘어서는 제헌활력을 괄호쳐 두고 배제함으로써 안정을 찾았다. 합리주의가 '비합리주의'라고 불러온 다른 합리화와 안정화의 형태는 인간 중심적 측정 가능성을 넘어서는 힘을 생리, 풍수, 지리, 천운 등의 초월적 개념으로 단순화하여 포섭하려 한다. 파시즘은 이런 시도가 표출되었던 역사적 형태의 하나다.

　이 역사적 장악 형태들에 대한 진정한 도전은 창조적 제헌활력에서 시작해야 한다. 제헌활력의 대상화가 아니라 자기조직화, 자기가치화에 기초해서 정치를 재구성해야 한다. 대의정치의 재현 기술을 제헌활력의 자기표현에 종속시켜야 한다. 무속, 과학, 예술, 철학의 테크놀로지를 제헌활력의 자기 지성, 자기의 테크놀로지로 전환해야 한다. 오늘날 거리에서 표출되고 있는 다중의 직접 행동력이 자신을 자기조직화하고 자기가치화하면서 역사적 포획과 권력의 기술들을 재전유하고 재가공하고 재활용하는 길. 신정·천정·왕정이 아닌 다중섭정의 길. 대의, 재현을 폐기하지 않고 재활용하는 제헌주의적 법치, 법치적 제헌주의의 길. 안정화를 포기하지 않되 불안정성을 근본적인 것으로 받아들이는 삶정치의 길.

2025년 1월 11일 주말 집회 간단 메모
2025년 1월 12일 일요일 오전 11시 15분

---

18. 게오르크 루카치, 『이성의 파괴』 1~2, 한기상 외 옮김, 심설당, 1997.

힘은 사람들이 함께 행동할 때에만 생겨난다.

한나 아렌트

2025년 1월 11일 토요일 오후 4시 20분경, 광화문 비상행동 집회장. 동십자각에서 안국역으로 전 차로에 걸쳐 일자로 쭉 뻗은 집회장. 대오 끝부분인 경복궁역 부근 도로 한가운데 깔개를 펴고 앉았다. 장갑을 챙겨오지 않아 피켓을 든 손이 시리다. 날이 밝아 사용하기에는 아직 너무 이른 응원봉을 매만지고 있는 사람들. 좌우로 늘어선 다양한 색깔의 깃발들.

정지영 감독의 연대 발언에 이어지는 여성 노동자들의 짧고 유쾌한 자유 발언. 정치 발언 사이에 "저는 남성도 좋아하고 여성도 좋아합니다"라고 성적 취향도 잠깐 삽입. 자신이 공무원임을 밝힌 한 여성은 얼굴을 가리기 위해 보자기를 뒤집어쓴 채 발언하다 "으음, 어디까지 읽었더라?" 휴지부마다 "윤석열 체포" 구호를 삽입해서 부르는 록 공연. 흥겨운 리듬에 맞춰 춤을 추는 응원봉 파티장으로 변하는 행진. 잔치로서의 집회와 시위. 을지로입구역에 이르러 역사비판 세미나 시간에 맞추기 위해 빠져나옴.

광화문 비상행동 집회장에 도착하기 전에 나는 시청역에서 광화문 네거리와 세종문화회관을 거쳐 걸어왔다. 태극기-성조기 집회는 이미 거의 막바지인 듯했다. 시청역 지하도로 장년·노년의 인파가 피켓을 챙겨 넣으며 몰려 내려오고 있었다. 스크린에 비치는 단상 발언자의 말 중에서 내가 알아들은 것은 "우리가 이겼다"는 반복 문구 속에서 "우리가…내란죄를 탄핵소추안에서 빼게 만들었고…"라는 말이다. 자아도취와 정신 승리의 문법 속에서 실재는 꼬이고 뒤집어져 그것이 원래 어떤 모습이었는지를 알 수 없게 된다.

광화문 네거리를 지날 무렵, 전광훈이 국회의원 윤상현을 옆에 세워놓고 "XX끼들이 말이야…머리를 조금 더 숙였다고…" 어쩌고 하면서 욕을 섞은 소개를 한 뒤에 윤석열이-아니라-대권을-위한-굽신굽신-윤상현이 나와 "대통령을 지키고 자유민주주의 체제를 수호하는 일인데 백 번 천 번 징계해도 제명당해도 좋습니다, 여러분~!" 하면서 자신을 '자유민주주의'의 비굽신=불굴의 투사로 내세운다. 내가 교보 옆을 지나 세종문화회관에 이르러 그의 말이 비상행동 집회의 마이크 소리와 섞여 알아듣기 어렵게 될 때까지 몇 차례나 그가 "여러분~!"을 외쳐 불렀는지 헤아리기 힘들다.

되돌아본다. 이날 장년·노년의 태극기집회 참가자들이 손에 든 피켓에서 눈에 띄는 것이 있었다. 한두 주 전에 촛불집회 피켓에서 자주 보였던 "내란정당 국민의힘", "내란수괴 윤석열"이라는 문구에서 국민의힘을 지우고 민주당으로, 윤석열을 지우고 이재명으로 대체한 문구가 그것이다. 윤석열에 대한 체포 집행이 내란이라는 글귀도 눈에 띄었다. 한두 주 뒤에 나온 이 문구들의 전술은 첫째는 반사 전술. 논리적으로 말이 되건 않건 상관없이 무조건 문제적인 것('내란')을 상대방에게 되쏘는 것이다. 둘째는 인플레이션 전술. 문제적인 것('내란')을 아무데나 갖다 붙임으로써 그것을 무개념적인 술어로, 평범하디 평범한 것 즉 아무것도 아닌 것으로 바꾸는 것이다. 내란을 희석하는 방식으로 내란을 지속하는 연출된-비장함의-정치적-말장난으로서의 집회.

제헌적 다중과 진보정당, 그리고 국가권력에 대한 단상
2025년 1월 13일 월요일

볼셰비키는 러시아 노동운동의 결점을 사회주의 전위당의 부재에서 찾고 사회주의 선전·선동을 통한 사회주의와 노동운동의 결합을 당의 과제로 설정했다. 20세기 말 한국에서 볼셰비키를 벤치마킹한 사회주의 전위당 건설 시도는 실패했고 21세기에 정당운동은 고전적 볼셰비키 방식을 따르는 극소수의 정파가 있긴 하지만 큰 부분은 범좌파적 진보정당 건설(민주노동당, 진보신당, 노동당, 정의당, 진보당)로 전향했다. 진보정당 운동은 이념적으로 모호하고 다양한 색깔의 혼합체지만 전체적으로 보면 고전적 사회주의가 아니라 사회민주주의 복지국가와 유사한 어떤 것을 지향한다.

진보정당 운동은 자본주의에서 억압당하고 착취당하는 민중 각 부문의 요구들, 즉 노동운동·농민운동·여성운동·학생운동의 사회운동적 요구를 대의민주주의적 법치주의의 규칙 속에 실현하려 한다. 한국에서 진보정당 운동은 주류 양당(국민의힘과 민주당)이 보수적이라는 가치판단 위에서 성립한다. 그것은 보수 양당을 대체하여 국가권력을 장악하고 국가권력을 지렛대로 사회운동적 요구를 실현하는 것을 지향한다.

국가권력 장악을 지향하는 정당적 조직화는 다중의 제헌활력을 정당운동에 보조적인 동력으로 이해하는 경향이 있다. 정당운동에서 파악하는 제헌활력은 본질적으로 한 표의 선거 투표권을 가진 개인들의 집합, 즉 대중^{mass} 이상이 아니다. 진보정당들은 선거권자인 대중의 지지를 획득하기 위해 보수정당들과 경쟁한다. 보수정당들이 눈 돌리지 않는, 심지어 배제하는 진보적인 의제들에 직접적으로 개입하여 그것을 사회적 의제로 만들어 내기 위해 싸운다. 지난 20여 년의 과정이 보여주었듯이 이 의로운 싸움의 성과는 기대 이하이며 심지어 2024년 총선 결과가 보여주듯이 점점 하락하고 있다. 민주당과 연결되지 않은 전통적 진보정당들(정의당, 노동당, 녹색당)은 원내 의석 확대를 목표로 운동해 왔으면서도 원내 의석을 한 석도 얻지 못한 채 기존 의석도 잃고 원외 정당으로 밀려났다.

주류 양당이 보수적이므로 양당 바깥에서 독립적으로 진보의 의제를 추진해야 한다는 생각에 대다수의 국민은 동의하지 않는다. 이들이 보기에 주류 양당은 이미 보수 대 진보로 나누어져 있다. 진보정당의 시각에서 보수 단색으로 보이는 주류 양당을 보수 대 진보로 구분하는 시각은 주로 주류 언론에 의해 조작된 시각이지만 많은 국민을 사로잡는 시각이기도 하다. 그것은 이데올로기 조작을 포함하지만 그것으로 환원될 수는 없다. 특히 민주당은 진보의 의제 상당 부분을 자신의 의제로 끌어들인다. 다시 말해 진보의 의제를 놓고 진보정당 운동과 경쟁한다. 그렇게 함으로써만 득표 확장을 통해 집권할 수 있기 때문이다. 진보 의제는 경제적 의제에 국한되지 않고 정치적 의제들에도 널리 걸쳐 있다. 민주당은 경제 영역에서는 보수적인 의제(즉 친자본적인 의제)를, 정치 영역에서는 진보적인 의제를 주도하는 것으로 보인다.

좌파는 대의주의 체계 내에서 주로 경제 영역에서 진보적 의제를 주도한다는 점에서 민주당과 구별된다. 좌파가 자신을 민주당과 구별하기 위해 민주당을 비판하려는 노력이 진보정당을 정치적 진보에 대립하는 세력으로 여겨지도록 만든다. 이것이 진보정당 운동과 좌파의 고립을 가져오는 기이한 조건이다.

제헌활력을 지렛대로 권력을 장악하려는 시도는 대의적 귀족주의 질서를 지지하게 된다. 오늘날의 대의제 국가 자체가 친자본의 귀족주의적 군주제 모델이다. 진보정당이 국가권력을 장악한다고 해도 이 한계를 벗어날 수 없다. 국가의 존립은 자본에 의해 뒷받침되며 자본은 국가를 통해서만 열국적 국제질서 속에서 승리할 수 있기 때문에 진보정당이 국가권력을 장악한다 하더라도 국가체제를 벗어날 수는 없다. 그러므로 진보정당이 제헌활력의 체제 전환적 진지로 고려될 수 없다. 제헌활력은 당 영역과는 독립적인 시민사회 수준에서 자신의 정치적 경제적 사회적 문화적 진지를 구축해야 한다. 코뮌은 이 진지의 대표적인 역사적 사례이다.

코뮌은 사회가 나아갈 방향을 결정하는 전략적 단위다. 당들은 코뮌의 전략적 결정을 서로 간의 경쟁을 통해 정치적으로 실현하기 위한 전술적 단위로 기능해야 한다. 이 선순환적 섭정 관계의 발전은 국가를 코뮌의 보조기관으로 전화시킬 수 있을 것이다. 다중 코뮌은 이런 점에서 좌파와 동일시될 수 없다. 좌파 역시 코뮌의 전략적 결정을 실현하기 위해 사용될 전술적 단위로 사고되어야 한다. 코뮌의 자기조직화와 자기가치화의 입장은 특정 정당과의 동일시를 통해서가 아니라 당들의 경쟁을 활용하고 조율하고 지시하는 것이다. 보수정당과 진보정당은 차이가 있겠지만 지지와 활용은 그때그때 코뮌의 전략적 판단에 종속된다.

오늘날 고립된 좌파는 현실 정치 속에 착근하지 못하고 있다. 특히 민주당에 대한 좌파의 비판은 현실적이지 못할 때가 많다. 민주당이 주도하는 정치적으로 진보적인 의제에 대해서도 참여보다는 거리를 두는 경우가 많고 이것이 고립을 심화시킨다. 윤석열 정권과 12·3 내란에 대한 대응에서도 처음에는 결국 민주당의 먹이가 될 것이라는 생각에 소극적으로 참여하거나 관망하는 태도를 취하곤 했다. 죽 쒀서 개 줄 수 있다는 우려 때문에 죽 쑤기를 주저하는 태도를 취하곤 했다. 이것이 좌파를 비현실적 정치세력으로 만든다.

경제적 해방은 중요하다. 하지만 정치적 자유도 그에 못지않게 중요하다. 정치적 자유와 민주주의는 이미 확보되어 있는 것이 아니라 그것을 지키기 위한 투쟁을 통해 유지된다. 12·3 반동 쿠데타가 자유와 민주주의를 억압하는 질서를 구축하려 한 것이 명백한 상황에서 민주당에 대한 거부감으로 인해 그것과 철저히 투쟁하기보다 소극적으로 투쟁하는 것은 사회적 책무를 다하는 것이 아니다. 권력을 장악하려는 좌파 입장보다 제헌의 입장이 더 근본적이다. 권력 장악을 거부하는 제헌활력의 입장에서 전략적 위치의 사회적 의제를 꾸리고 당들을 통해 그것을 전술적으로 관철시켜 내는 것이 중요하다.

2024년 총선으로 등장한 여러 비주류 정당들은 민주당과의 협력관계에서 유능하지만 경쟁적 의제를 제안하고 추진하는 데서는 무능하다. 이런 점에서 진보정당은 필요하고 또 중요하다. 하지만 진보적 의제가 반드시 진보정당을 통해서만 실현될 수 있는 것은 아니다. 대의정당은 제헌적 다중에 의지하기 때문에 잘 자기조직화된 제헌적 다중은 대의정당이 자신의 필요를 대변하고 정치적으로 실행하도록 만들 수 있다. 이럴 때 진보정당의 존재는 제헌적 다중의 구성력이 훨씬 더 잘 작용하도록 만들 수 있는 기관으로 기능할 수 있을 것이다.

좌파는 대의 영역에서 다중의 삶의 필요를 재현할 수 있는 만큼 다중의 자기조직화가 성공할 수 있도록 돕는 데서도 중요한 역할을 할 수 있다. 좌파에서의 약체나 실패가 반드시 절망적이지 않은 이유는 제헌적 다중이 좌파보다 더 중요하고 결정적이기 때문이다. 다중 속에서 다중과 함께하면서 다중의 마음을 읽고 다중의 말에 귀를 기울이는 자세가 다중을 이끌려는 자세보다 더 중요하다. 진보정당은 국가권력의 분배를 놓고 다른 정당과 경쟁하는 정당이지 다중을 지도하는 정당이 아니다.

국가권력은 다중의 것으로서 다중의 명령에 따라 운용되는 전술기관일 뿐이다. 제헌활력은 자기 기관들을 직접적으로 창출하면서 그 속에서 자신의 활력을 행사하기를 원한다. 국가권력과 관련하여 다중의 제헌활력은 국가 속에서 국가를 활용함과 동시에 국가에 대항하고 국가를 넘어서는 힘이다. 국가와 다중의 관계는 생각보다는 복합적이다. 그것을 단순화하면 화를 입는다.

민주주의의 회복이 보수주의의 회복으로 되는 이유에 대한 성찰과 전망

2025년 1월 14일 화요일 오후 3시 5분

12·3 군사쿠데타 이후 40여 일이 지났다. 내란수괴 윤석열은 경호강경파를 앞세워 체포영장 집행을 거부하며 관저에서 버티고 있다. 윤석열 변호인단은 국내외를 향해 비상계엄의 정당성을 주장하면서 변

호의 형식으로 내란을 선전하는 데에 앞장서고 있다. 내란에 동조했거나 주요 임무에 종사한 것으로 의심되는 최상목이 대통령 권한대행 자리에 앉아 헌법재판관 임명을 완료하지 않고 있고 내란특검을 거부했으며 자신의 임무를 방기하는 방식으로 경호처의 체포영장 집행 방해를 간접적으로 지원하고 있다. 비상계엄에 반대했다고 스스로 주장하던 조태열은 최상목 권한대행 체제에 대한 지지를 국제 차원에 호소하고 있다. 원내대표 추경호가 내란 공범으로 지목되어 '내란정당'으로 명명된 국민의힘은 내란특검 재의결에서 부결 투표를 하고 명태균과 직간접적으로 연계된 수십 명의 의원들은 연일 관저에 몰려가 내란수괴 윤석열에 대한 체포영장 집행을 방해하고 있다. 한남동 관저 앞과 광화문에서는 태극기와 성조기를 든 시위대들이 탄핵과 체포가 오히려 내란이라면서 탄핵과 체포를 요구하는 시위대에 물리적 도발을 가하는 적반하장 행태를 보이고 있다. 여론조사는 윤석열과 국민의힘에 대한 지지율이 12월 3일 급락한 후에 버티기의 시간 속에서 다시 상승했음을 보여주는 지표를 내놓는다. 내란세력이 회복되고 있다는 것이다. 이것이 첫째 현상이다.

    미국 국무장관 토니 블링컨은 국회가 계엄해제를 결의한 직후인 지난해 12월 15일에 "한국 민주주의 발현과 회복성은 세계에서 가장 강력"하다고 말한 바 있다. 실제로 노동자들과 20~30대 여성을 주축으로 한 다양한 계급·계층·세대·성별에 걸친 다중의 아래로부터의 투쟁은 윤석열의 비상계엄을 물리치는 과정에서 행정부·의회·군부·법조계·종교계·교육계·인권 기관 등 한국 사회 곳곳에 자리 잡은 예외주의적이고 독재 지향적인 내란세력을 하나하나 드러냈다. 매주 수십만 명이 운집한 여의도와 광화문에서의 비상행동 집회는 이 민주주의 회복 투쟁의 힘과 강도를 보여주는 온도계였다. 민주당을 주축으로 한 의회 내 야당파와 민주적 언론들은 이에 호응하여 비상계엄 준비 상황, 내란세력의 설계도, 내란 가담 세력과 인물, 그들 사이의 내적 관계 등을 추적하고 드러냈으며 탄핵소추안을 가결시켰다. 헌재의 탄핵 심판이 윤석열의 소추안 인용과 파면으로, 수사기관들의 수사가 윤석열과 내란세력에 대한 단죄로 이어질 것이라는 예상은 이 민주주의 회복 동력의 강력함에서 온다. 이것이 둘째 현상이다.

그렇다면 첫째 현상과 둘째 현상은 모순되지 않은가? 어째서 둘째 현상에서 말한바, 위헌·위법한 예외주의적 비상계엄으로 짓밟힌 민주주의의 회복 과정이 내란세력의 발본색원과 사회대개혁이 아니라 오히려 첫째 현상, 즉 내란세력의 회복을 동반하는 것인가?

2025년 1월 13일 회동한 최상목과 이재명의 대화가 이 물음에 답할 수 있는 실마리를 주는 것으로 보인다. 경호처와 공조본의 물리적 충돌이 없어야 한다고 주문하는 최상목에게 이재명은 '저항한다고 범인을 잡지 말아야 하나?'라고 응수했다. 최상목은 윤석열에 대한 공조본의 체포영장 집행을 '경호처와 공조본의 충돌'로 왜곡함으로써 내란 범죄자 윤석열을 감춘다. 이재명은 이에 대해 경호처의 대응이 불법적 저항임을 강조함으로써 체포영장 집행이 오히려 법치주의적 질서의 회복임을 드러낸다. 경호 지휘권자인 최상목이 윤석열에 대한 합법적 체포영장 집행을 방해하는 경호처의 불법행동을 방조함으로써 무질서와 불안정을 조성하는 범죄행동을 하고 있다는 취지다. 여기서 예외주의적 내란에 대한 최상목의 간접적 옹호의 태도는 법치주의적 "질서와 안정"의 이름으로 이재명에 의해 비판된다.

지난 40여 일간 예외주의적 내란세력에 대한 '말의 비판'은 무성했지만 '단죄'는 최소주의적이었다. 말의 비판은 주로 대의적 법치주의에 근거했고 법을 어긴 사람들도 최소한으로만 단죄되고 있다. 게다가 내란의 최고 책임자이자 수괴인 윤석열은 아직도 체포영장 집행을 거부하고 "끝까지 투쟁하겠다"며 항거하고 있다. 내란은 이렇게 지속 중이다. 더욱이 법치주의 실행의 주요 담당자들인 수사기관 책임자들과 행정기관 관료들, 그리고 의회 내 보수파들 상당수가 내란 준비와 모종의 연결 관계를 갖고 있는 상태이므로 내란에 대한 법치주의적 단죄가 최대화되기를 기대하기가 어렵다.

"질서와 안정"은 이 최소 법치주의의 암구호가 아닐까? 그것은 국민의 뜻을 따른다는 명분하에서 내란에 대한 최소주의적 처벌과 일정한 관용을 결합하고 잔존한 내란세력과의 협의를 통해 국정 재안정을 꾀하며 아래로부터 다중의 사회대개혁에 대한 일정한 견제를 실행하는 것이지 않을까? 이렇게 민주주의 회복력이, 윤석열의 내란은 진압하되 대의주의 법질서의 회복과 국정 안정에 집중하는 법치주의의 한계 내에서 나타남으로써 대의주의에 기생하는 것이지 않을까?

대의주의와 결부된 세 가지 흐름이 있다. 첫째, 예외주의 내란세력은 '대통령을 지키자!'라는 구호 아래에서 비밀리에 윤석열 없는 예외주의적 자본주의의 운동 공간을 준비한다. 둘째, 대의주의 법치 세력의 우파와 중도파는 '질서와 안정'의 구호 아래에서 법치주의적 자본주의의 운동 공간을 준비한다. 셋째, 대의주의 법치 세력의 좌파는 대의주의 중도파와 연합해서 움직이면서 현재의 운동이 중도파의 헤게모니로 귀결될 것을 우려하고 있지만 대의주의 내에서 뾰족한 대안을 내놓을 만한 힘을 갖고 있지는 못하다. 미국은 한국의 권력체제가 질서와 안정의 이념을 공유하는 첫째와 둘째 사이의 궤도를 벗어나지 않도록 조율하는 데 공을 들이고 있다. 이들이 합동하여 저지하고자 하는 것은 제헌활력의 포스트대의제적 독자화이고 셋째의 좌파적 흐름과 제헌활력의 혁명적 연결이다.

제헌주의 활력은 잠재적으로 권력 체제에서 독립적이지만 아직 정치적으로 완전히 독립적이지는 않다. 그러나 자기조직체로서의 정치적 공통장들은 윤석열 정권에 대항하는 집회와 시위를 통해 자생적으로 생겨나고 있다. 예컨대 여성들의 자기조직화, 노동자와 여성의 연대처럼. 12·3 예외주의 내란에 대항하는 투쟁에서 제헌활력은 질서와 안정을 지향하는 법치주의 대의세력과 연합하여 내란이 초래한 교란을 제어하되 사회대개혁의 슬로건을 제시함으로써 자신의 강령적 독립성을 주장하고 있다.

그러면 제헌활력은 좌파인가? 제헌활력이 법치주의 대의세력의 주류인 우파와 중도파가 표현하는 것 이상의 사회 변화와 삶의 변화를 요구한다는 점에서 그것은 좌파적 지향과 겹친다. 하지만 제헌활력은 자신이 대의제 속에서 움직이는 경우에조차 그것에 대항하면서 그것을 넘어서려 한다는 점에서 대의세력 속에서의 좌파가 되는 것을 지향하는 것이 아니다. 대의제 속에서 경쟁하는 분파를 지칭하는 좌파라는 이름은 제헌활력을 범주적으로 충분히 표현할 수 없다. 또 그렇기 때문에 좌파라는 이름은 대의제에서 독립적인 제헌활력을 표현하기에는 부적절한 이름이다. 제헌활력은 대의적 좌파와만 관계하는 힘이 아니라 제헌활력을 대의하는 정치세력 전체에 대해 섭정자로 관계하는 힘이다.

제헌활력은 예외주의 내란세력에 대해서는 적대하며 대의적 법치주의에 대해서는 안에서-대항하고-넘어서의 사선을 긋는다. 제헌활력은 자신을 신비화하면서 초월적 권력을 자임하는 권력을 거부하며 자신을 재현하고 평균화하는 권력을 아래로부터 저월한다. 그것은 국가권력으로 소외되는 원천력이지만 그 소외에도 불구하고 아래로부터 국가권력을 이끌어 가는 지도력이고 국가를 탈국가화할 집단적 섭정력이다. 필요한 것은 제헌활력의 원천력, 지도력, 섭정력을 자기조직화하고 자기가치화하여 국가와 자본을 인간·비인간의 삶의 필요에 맞도록 적실하게 재전유할 영구혁신적 노력이다.

체포의 날에
2025년 1월 15일 수요일

새벽 5시 30분경에 잠을 깨어 바로 한남동으로 가려다가 잠시 상황을 파악하기 위해서 유튜브를 켰는데, 화면에서 펼쳐지는 상황의 긴박성을 시시각각으로 체크하다 보니 결국 오전 11시경 상황이 종료될 때까지 밖으로 나가지 못했다. 텔레비전에는 MBC, 노트북에는 JTBC, 아이패드에는 〈겸손은힘들다〉 실시간 방송을 열어놓고 주목을 끄는 기기의 음량만을 돌려가며 키웠다. 아이폰에 외장 키보드를 연결하여 노션에 상황 전개와 떠오르는 생각들을 기록했다. 산만하게 기록된 메모들 중에서 몇 가지만 추려 정리해 본다.

첫째 메모. 내란수괴 체포의 정치적 의미로서의 쟁점의 전환.

12·3 내란은 오늘로서 43일 만에 결정적 진압의 국면에 들어선 것으로 이해될 수 있다. 결정적 불안 요소를 제거했기 때문이다. 헌재의 심판이 남아 있지만 윤석열이 파면을 피하는 것은 현재의 상황에서는 불가능할 것으로 나는 판단한다. 이것은 내란세력이 잔존하지 않는다거나 내란이 재개될 수 없다는 것을 의미하지 않는다. 하지만 그 재개는 반드시 중심의 '재건'을 거쳐서만 이루어질 수 있을 것이다. 앞으로 상당 기간 동안에 걸쳐 헌법 심사와 사건 수사를 통해 내란세력들에 대한 소탕이 이루어질 것이므로(현실적으로 그 소탕이 철저하게 이루어질 것으로 보이지는 않는다) 중심의 재건 가능성은 당분간은 희박하다. 이후의 쟁점은 내란과 법치 사이에서 벌어지기보다 법치의 복구인가 새로운 제헌인가 사이에서 벌어질 가능성이 더 높다.

둘째 메모. 세 가지 유형의 언어 혹은 언어의 세 기능.

나는 12·3 내란사태와 그 이후의 정세를 지금까지 예외주의와 법치주의, 그리고 이 두 영역에서 독립적인 제헌주의라는 세 가지의 정치 경향들의 운동·분리·교차·변용을 중심으로 분석해 왔다. 오늘 체포의 날에 나는 그 세 정치 경향이 사용하는 언어가 매우 상이하다는 것을 발견했다. 언어의 사용을 언어 운용이라고 부른다면 예외주의는 궤변주의적 언어 운용을, 법치주의는 사실주의적 언어 운용을, 제헌주의는 구성주의적 언어 운용을 주로 구사한다. 나는 여기서 오늘 드러난 예외주의 내란세력의 궤변주의적 언어 운용이 법치주의의 사실주의적 언어 운용, 제헌주의의 구성적 언어 운용과 다른 특징에 대해서만 간단히 살펴본다.

궤변詭辯에서 '詭'는 말씀 언言과 위태로운 위危가 결합된 것이다. 즉 언어의 위험한 사용을 지칭한다. 위험성은 사실과 언어 사이의 괴리 혹은 탈구에서 온다. 그런데 그 괴리나 탈구가 효과를 가져온다면, 즉 실효적이라면 어쩔 것인가? 그 언어가 특정한 상황에서 유비적 해석력을 갖는다거나(설득) 듣는 이의 불만에 일정한 만족을 주거나(공감) 시기, 분노, 혐오, 쾌락 같은 특정한 정동과 결합하여 어떤 실제적 행동을 유발한다면(선동) 어쩔 것인가? 이럴 때 그것은 사회적 언어로서 실제적 기능을 수행하게 된다.

예외주의적 내란세력은 체포영장 집행을 이렇게 요약했다: 체포는 '불법의-불법의-불법'(윤석열 영상 메시지)이다. 이 수수께끼 같은 세 가지 '불법'에 이해하기 쉽게 주석을 달아보자. 첫째, 공수처는 내란죄를 수사할 권한이 없으므로 수사 자체가 불법이다. 둘째, 불법적 수사기관이 청구한 체포영장을 서울중앙지법이 아니라 영장 심사권이 없는 서부지방법원이 불법적으로 발부했다. 셋째, 불법 체포영장으로 불법적 집행을 강행했다는 것이다. 이 불법의-불법의-불법론은 체포영장에 대해 윤석열 측이 제기한 이의신청을 법원이 기각함으로써 사실상 폐기된 것이다. 그 이의신청에 대한 판결에서 법원은, 첫째로, 공수처가 직권남용권리행사방해죄를 포함한 체포영장 혐의사실에 내란죄 혐의 사실을 포함하는 것이 위법하지 않다고 판단했다. 또 법원은, 둘째로, 특별한 사정하에서 공수처가 용산 관할법원인 서부지방법원에 체포영장을 청구한 것도 위법하지 않다고 판단했다. 그리고 셋째로, 법원행정처장 천대엽이 적법하게 발부된 영장에 대해서는 존중하는 것이 법치주의 사회에서 모든 국민들의 의무라고 단언했다. 법치의 시각에서 불법론이 설 자리는 사라진 것이다.

그럼에도 불구하고 윤석열, 윤갑근, 정진석, 권영세, 권성동 등 예외주의 내란세력 주도자들이 오늘 체포영장 집행에 대해 불법이라고 입을 모아 합창할 때 우리는 그 언어 '불법'이 사실 여부를 다투는 언어가 아니라 사실 여하와는 무관하게 언어로서 수행하는 전쟁이며 언어를 통해 예외주의 내란세력의 중앙 재건을 위한 참호를 파 두는 언어 사용임(흔히 '여론전'이라 불린다)을 알 수 있다. 불법체포를 당했다는 기표를 통해 예외주의 내란세력은 태극기와 성조기를 들고나온 사람들을 통탄하게 하고, 울게 하고, 울분에 차서 도로에 드러눕게 만든다. '대통령이 불법체포 당했다'는 기표는 분단 사회 남한에서 문재인, 이재명을 비롯한 법치주의적 대의세력만이 아니라 예외주의적 독재에 반대해온 민주주의 세력 일반을 중국, 북한과 엮어 빨갱이, 악마, 사탄으로 단죄하는 데 지칠 줄 모르는 혐오의 진지를 구축하는 무기로 전용된다.

이것은 각종의 행위들을 법률적·사회적 사실에 조회하는 법치주의의 사실주의 언어와 뚜렷이 구별된다. 윤석열의 영상 메시지를 소개하면서 MBC는 즉각 팩트체크=사실조회 보도를 덧붙여 불법의-불법의-불법론이 사실주의적이지 않음을 비판했다. 사실주의적이지 않지만 현실에서 기능하는 예외주의적 궤변의 언어는 또, 탄핵소추안이 준비되기도 전에 윤석열을 탄핵하라고 명령하고 계엄 해제 결의 직후에 바로 윤석열을 체포하라고 명령하여, 있어야 할 사건의 상을 미리 제시하는 제헌주의의 구성적 언어 운용과도 뚜렷이 구분된다.

셋째 메모. 노동 거부와 명령 거부.

1차 저지선을 사다리로 넘은 후 사실상 저지선이라고 할 만한 것은 없었다. 만약 관저를 예외주의 내란세력의 거점이자 진지라고 보고 경호처를 내란세력의 군대라고 본다면 경호처는 오늘 전투를 치러보지도 못하고 패배한 셈이다. 이 패배의 결정적 요인은 경호원들의 노동 거부와 명령 거부였다. 경호원들은 차장 김성훈의 지휘명령을 이행하지 않고 대기동에 머물러 있었다고 한다. 1차 체포영장 집행에서와는 달리 스크럼을 짜고 대응하지도 않았다. 이틀 전에 의문의 가방을 메고 관저 진입로에 출현하여 사람들을 긴장시켰던 강경저항형 경호원 형상은 이 날 나타나지 않았다. 언론이 (특수)공무집행방해죄로 형사처벌을 받는 다, 연금이 날아간다 등의 법률적 경제적 사실을 홍보한 것, 또 공조본 이 김성훈이나 이광우 같은 강경파에 대한 체포영장을 발부받은 것이 주요하게 작용했겠지만 궁극적으로는 경호원들이 경호노동을 거부하 고 간부들의 지시를 이행하지 않고 거부한 것이 윤석열 내란 전선을 최 종적으로 와해시킨 힘이었다. 체포영장 집행을 앞두고 윤석열의 변호 인인 윤갑근은 '변호인' 신분에 맞지 않게(김성훈의 요청이 있었다고 한다) 경호원들을 불러 모아 놓고 '불법체포를 저지하라, 경찰을 체포 하라, 그것이 합법이다'고 목청을 높여 강론식으로 '지시자' 행세를 했 다. 하지만 1월 15일 체포의 날에 그것이 아무 소용 없는 헛수고였음이 확인되었다. 경호원들은 체포조를 저지하지도 체포하지도 않고 대기동 에 물러나 있는 '합법'의 길을 선택했다.

 넷째 메모. 까치.

 방송국의 카메라들은 오늘 관저 앞을 유심히 들여다보고 있었다. 1 차 저지선이 (헬기가 아니라 수십 세기 전 삼국시대 전쟁처럼 사다리로 차벽을 넘는) 답답한 방식으로 겨우 열리고, 2차 저지선으로 설치된 차 벽을 에둘러 3차 저지선인 관저 철문 쪽으로 체포조와 수사관들이 우 르르 이동할 때마다 까치들이 놀래 날아올라 이 가지에서 저 가지로, 이 나무에서 저 나무로 이동했다. 저 까치들에게 '체포'는 무엇이며 '저 지선'은 무엇이었을까?

4장
아무 일도 없지 않았다

헌법 속에서의 제헌활력

2025. 1. 16 ~ 2025. 2. 25

예외주의의 뿌리

2025년 1월 16일 목요일

    탄핵되어 직무 정지된 대통령 윤석열은 공수처에 체포된 직후 공개한 영상 메시지에서 "이 나라의 모든 법이 무너졌다"고 말했다. 이 말은 직접적으로는 2025년 1월 15일 자신의 체포를 둘러싼 공수처, 법원, 경찰의 행동에 대한 것이지만('불법의 불법의 불법') 멀리는 43일 전인 2024년 12월 3일 선포된 비상계엄 속에 이미 포함되어 있었던 말이기도 하다. 그는 국회를 '반국가세력과 범죄자들의 소굴'로 보면서 국민다중의 결사, 집회, 시위 등 모든 정치활동을 불법으로 보아 금지시키는 조건 속에서 기존의 입법기관을 정지시키고(포고령 1호 1조: "국회와 지방의회, 정당의 활동과 정치적 결사, 집회, 시위 등 일체의 정치활동을 금한다") 비상입법기구를 통해 자신만의 법을 만들려고 했다.

    제헌주의적 시각에서 보면 이것은 법 제정의 원천력이면서 국회에 의해 대의되고 있는 제헌활력을 폭력적으로 강탈함으로써 절대권력을 세우려는 반민주주의적인 폭거다. 대의주의적 법치주의적 시각에서 보면 그것은 삼권분립을 부정하는 독재정치다. 그것은 국민다중 위에 군림하면서 법 위에, 그리고 법 밖에 자신을 위치 짓는 예외주의적 반동이다. 1987년 헌법 이후 한국 정치의 상식으로 자리 잡아온 대의주의적 법치주의의 시각에서 그것이 법치의 상식을 벗어나는 이상異常이며 법치를 부정하는 망상으로 간주되는 것은 따라서 자연스럽다.

    민주당 국회의원 김민석은 윤석열의 이상과 망상이 정도를 넘어 확신으로까지 나아간 것으로 분석했다. 윤석열의 비상계엄 선포가 이상과 망상의 측면을 갖고 있는 것은 분명하지만 초점을 개인의 몰상식과 망상에 맞추게 되면 비상계엄 선포는 사회정치적 문제가 아니라 개인 정신상태의 문제로 환원되어 버린다. 그에 대한 대안은 정신의학적 치유일 것이다. 이러한 대안은 예외주의적 반동을 야기한 기존의 법치주의적 사회체제와 정치 질서를 넘어서는 변화를 상상하는 것을 차단하며 그것을 회복하고 보존하는 데 집중하도록 만든다. 여기에서 따라 나오는 것이 윤석열을 체포한 후 일상으로 어서 복귀하자는 생각이다.

제헌주의적 시각에서 보면 문제의 다른 차원이 나타난다. 예외주의적 절대권력은 제헌활력의 주권(그것의 핵심은 각자의 절대민주주의적 존엄이다)을 폭력으로 강탈하여 거꾸로 물구나무 세우는 것이다. 그런데 엄밀하게 생각해 보면 법치주의적 대의주의도 이와 유사한 측면을 갖고 있다. 대의주의에서 제헌활력의 주권은 대표자들에게 위임되는데, 이 대의적 위임은 계약과 합의의 형식을 빌려서 이루어지는 정치적 강제의 산물이다. 역사적으로 대의제는 자끄리(아래로부터의 봉기)의 통제 수단으로 고안되었다. 1987년 직선 대의제 헌법도 그해 여름과 가을을 뒤흔들며 오래 지속된 연속적 항쟁과 봉기들에 대한 위로부터의 수습책이었다. 요컨대 대의주의적 위임은 자발적 위임이 아니라 강제된 위임이다. 합법적 폭력인 국가는 이 강제적 과정을 합의적 과정으로, 강요된 질서를 합의된 질서로 보이고 느껴지도록 만드는 공적 기관이다. 이런 방식을 통해 국가는 상상된 공동체로 자리 잡는다.

법치주의적 대의주의에서 국민다중은 형식적으로 국가권력의 원천이면서 실제적으로는 국가권력의 피지배자로 나타난다. 대의적 위임의 절차는 제헌활력의 주권에 근거하면서도 그 근거 지움의 과정을 주기적 전도와 소외의 과정으로 만든다. 국민다중은 주기적으로 돌아오는 투표의 시간에 주권을 되찾지만 투표가 끝난 후에는 주권에서 멀어진다. 1987년 헌법(아니 근대 대의제 법의 대부분)은 이렇게 소외와 전도를 주기화하는 위임제도에 기초하고 있다.

대의체제는 대의권력과 대의질서가 안팎으로부터 위기에 직면할 때 제헌활력의 대의적 위임 없이 아예 제헌활력을 압류, 강탈함으로써 질서를 회복하는 예외주의 장치를 헌법 속에 숨겨두고 있다. 그것이 대통령의 계엄권으로서 윤석열이 사랑한 비상대권이다.

그러면 대의권력의 위기("전시·사변 또는 이에 준하는 국가비상사태", 헌법 제77조)는 언제 찾아오는가? 첫째는 외세가 자국의 영토나 국가권력을 강탈하고자 할 때(전쟁=외환)이다. 둘째는 내부로부터 국민다중이 위임된 권력에 대한 주권을 주장하면서 주권적 소외로부터 해방되고자 할 때(혁명=내우)다. 헌법 제77조는 이 같은 위기 시에 행정수반인 대통령에게 계엄을 선포할 권리(비상대권)를 부여하여 국민다중 주권을 강제적으로 몰수할 수 있도록 한다. 비상대권이라는 창을 통해서 우리는 평시의 위임이 비상시 몰수의 약한 형태임을 엿볼 수 있다.

윤석열은 국가적 차원에서의 대의권력의 위기가 없는 상태에서 자신이 처한 사법적 위기를 벗어나기 위해 비상대권을 행사하기를 원했고 이 과정을 대의제의 폐기와 예외주의적 독재체제의 수립으로 만들기를 원했다. 이 목적을 위해 비상계엄권을 사용함에 있어 그것의 합법적 선포 조건을 확보하기 위해 그는 인위적으로 대의권력의 국가적 위기를 조성하는 방법을 사용했다. 무인기, 오물 풍선 원점 타격 등에 의한 첫째 유형의 위기 조성('외환 유치')이 실패하자 그는 두 번째 위기를 빙자하여(일련의 탄핵=반국가세력에 의한 국가비상사태) 군사쿠데타를 일으키고 이것으로 국민다중의 제헌주권을 몰수하고자 했다.

12월 12일 윤석열은 자신의 비상계엄이 위헌·위법한 내란으로 규정되는 상황에서 자신의 합법성을 주장하기 위해 한국 사회가 둘째 유형의 위기에 있었다는 담화를 발표했다. (1) 국민이 뽑은 대통령을 인정하지 않고 끌어내리기 위해 퇴진과 탄핵 선동을 멈추지 않았다(대선 이후 178회에 달하는 대통령 퇴진 탄핵 집회), (2) 수십 명의 정부 공직자 탄핵 추진으로 국정 마비, (3) 위헌적 특검법안 발의로 정치 선동 공세, (4) 셀프 방탄 입법, (5) 중국·북한의 위협, (6) 부정선거…등으로 국정이 마비되고 사회질서가 교란되어 행정과 사법의 정상적인 수행이 불가능한 상황이었다는 것이다. 이렇게 윤석열은 대의권력 체제 내에서 일상적으로 이루어지는 국민다중의 기본권 행사로서의 합헌·합법적 집회와 시위, 국회의 합헌·합법적 권리 행사의 과정을 중국과 연계된 부정선거라는 근거 없는 음모론과 결합하여 '국가비상사태'의 이미지를 조작해 냈다.

대의권력이 비상대권으로 전환되는 것은 이처럼 용이하다. 비상대권이 대의권력의 구멍 속에 잠재되어 있기 때문이다. 제헌활력을 위임하는가 몰수당하는가의 차이는 정도 차이이지 원리의 차이가 아니다. 예외주의의 몰수적 비상성은 대의권력의 위임 체제 내부에 또아리를 틀고 있다. 즉 예외주의의 정치적 뿌리는 제헌활력의 섭정 밖에 있는 대의주의 자체에 있다. 예외주의를 미친 것으로, 망상으로 치부하고 마는 것은 예외주의가 대의주의 속에 잠재하고 있다는 사실을 은폐하는 것이다. 예외주의가 망상적인 것은 분명하지만 그것의 망상성과 가상성은 실재적이고 실효적이다. 그런 만큼 대의주의도 소외와 전도(제헌활력이 대의권력으로 나타나고 원천이 생산물에 종속되는 정치적 물신화)라는 망상성과 가상성을 포함한다. 물론 그것 역시 실재적이고 실효적이다.

예외주의의 정치적 뿌리가 대의주의적 법치주의에 박혀 있다면 그것의 경제적 뿌리는 소유주의적 자본주의에 있다. 소유권Eigentum은 자신의 것임을 주장하기 위해 타자를 배제하는 권력을 지칭한다. 사적 소유Privateigentum에서 'privat'는 뺏다, 약탈하다는 뜻의 'privare'에서 나온 말이며 그것에 대응하는 한자 '私'는 벼(禾:화)를 독차지(厶:사)한다는 뜻을 갖는다. 사적 소유는 우주 만물들 중의 일부를 자신의 소유물로 전환시킴으로써 자신을 예외적 위치에 놓는 권력 행위이다. 이것은 (국가권력과 화폐권력에 의해 보장되는) 사물에 대한 독재이다.

자본주의는 생산수단에 대한 사적 소유, 즉 생산수단으로부터 노동력을 분리(배제)시키는 권력에 기초한다. 분리된 생산수단과 노동력을 재결합시키는 공장은, 생산수단 소유주인 자본('capital'은 머리라는 생체적 의미, 우두머리라는 정치적 의미를 동시에 갖는다)이 이윤 축적이라는 목적하에서 노동력을 지배하고 통제하는 공간이다. 다시 말해, 자본의 예외주의적 계엄권력에 노동자들이 종속되는 비상사태적 공간이다. 생산공간이 공장 울타리를 넘어 사회로, 메트로폴리스로 확장되는 인지자본주의에서는 사회 전체가 자본에 종속된 비상사태적 공간으로 된다. 이것이 신자유주의적 예외주의가 대의주의적 법치주의 세계 속으로 폭넓게 파고들고 득세하게 되는 환경이다. 신자유주의하에서는 고전적 토지인 물리적 토지만이 아니라 언어적·정신적 토지(플랫폼, 빅데이터)에 대한 독점을 통한 지대 수탈이 체제의 생존 논리로 된다.

국민의힘이 대의주의 절차를 통해 구성되었지만 뉴라이트와 결합되고(극우화) 다시 대의주의를 초월하는 전광훈식 기독교 예외주의와 결합되는 것은 이러한 맥락 속에서이다. 김건희, 명태균, 천공, 건진법사, 전광훈 등 다양한 유형의 탈근대적 주술사 및 농단자들과 검찰, 행정관료, 군부 장성 등을 엮어 예외주의 내란을 일으킨 윤석열은 이러한 정치경제적 맥락 속에서 등장한 인격적 형상이다.

이렇게 예외주의가 정치적으로는 법치주의적 대의제 자체에, 그리고 경제적으로는 자본주의적 생산과정에 뿌리를 두고 있기 때문에 윤석열의 예외주의적 내란을 정신적 망상과 개인적 일탈의 산물로 간주하는 것은 문제를 해결하기는커녕 제대로 제기하는 것조차 어렵게 만들 수 있다. 이미 발생한 예외주의적 내란은 윤석열과 연루된 개인들에 대한 탄핵과 처벌로 중지시킬 수 있겠지만 그것의 반복 가능성은 개인적 접근이나 정신과적 접근으로 막을 수 있는 문제가 아니다. 예외주의의 뿌리에까지 닿을 수 있는 근본적^{radical} 치유와 제헌적 조치가 필요하다. 그것은 정치적으로는 우선, 구경꾼으로 밀려난 시민들이 집단적 주연으로 등장해 대의제를 스펙터클의 기관에서 제헌활력의 실제적 표현 기관으로 전화시키는 것에서 시작해야 할 것이다.

정치의 사법화에서 사법의 내전화로

2025년 1월 19일 일요일 오전 10시 40분

조국혁신당 의원 박은정은 내란 이후 윤석열의 사법 전적을 9전 9패로 기록했다. 우리의 기억 속에 산만하게 떠돌던 것들을 잘 정리하고 있으니 여기에 그 내용을 옮겨 보자.

날짜	사건 내용	결과
2024. 12. 20	탄핵 심판 서류 수취 거부	송달간주
2024. 12. 31	서울서부지법 1차 체포영장	발부
2025. 1. 2	서울서부지법 체포 수색영장 집행, 이의 신청	기각
2025. 1. 3	서울서부지법 2차 체포영장	발부
2025. 1. 4	헌법재판소 정계선 재판관 기피신청	기각
2025. 1. 14	헌법재판소 변론기일 일괄 지정, 이의 신청	불허
2025. 1. 14	헌법재판소 탄핵 심판 변론기일 변경 신청	불허
2025. 1. 16	헌법재판소 증거채택 결정 위법성, 이의 신청	기각
2025. 1. 16	서울중앙지법 체포적부심 청구	기각

여기에 계엄해제 의결, 탄핵소추 가결 등 입법부 수준에서 이루어진 패배 기록은 포함되어 있지 않다. 또 여기에 2025년 1월 18일 구속영장 실질심사에서도 구속영장이 발부되었다는 사실이 더해져야 한다. 이변이 없는 한 구속적부심에서도 그는 패할 것이다. 법치 수준에서 이루어진 모든 싸움에서 그는 패배했고 앞으로도 그럴 것이다. 당연한 일이다. 그가 비상계엄을 통해 대의주의적 법치를 벗어나 자신을 그 위의 비상대권으로 설정하려 했기 때문이다.

윤석열의 비상대권은 국가권력의 원천인 국민을 향해 국가폭력을 겨누는 방식의 군사쿠데타로 나타났다. 그가 구상한 비상입법은 대의주의적 법치주의로부터의 적극적 이탈이다. 그렇게 만들어질 법은 국민으로부터 위임받은 권력의 법이 아니라 국민으로부터 약탈한 장물 권력의 법으로서 어떤 동의도 없이 오직 폭력적 강제를 통해서만 유지될 수 있을 법이다.

그렇다면 그가 법치주의 수준에서는 패배가 자명한 이의신청, 적부심 청구 등을 왜 계속하는 것일까? 왜 그는, 번번이 자신을 패퇴시키면서 현실적 힘을 입증하는 법치주의적 과정에 이의를 제기하고 그것을 "반헌법적"이며 "반법치주의"라고 부르는 비현실적 주장을 하는 것일까?

법치주의의 발전은 정치의 사법화를 동반한다는 것을 지난 수십 년의 시간이 입증한다. 검찰권의 강화는 그것의 뚜렷한 징후다. 정당은 검사, 판사, 변호사 출신의 사람들에게 공천에서 우선권을 주며 실제로 오늘날 정치적 사건의 주요 국면에서 발언하는 사람들은 판검사, 변호사 출신이다. 현재 국민의힘 원내대표 권성동과 비상대책위원장 권영세는 모두 검사 출신이며 민주당의 당대표 이재명은 변호사 출신이다. 대통령도 점점 사법적 성격을 띠어간다. 노무현과 문재인은 변호사 출신이며 윤석열은 검사 출신이다. 법치주의의 발전 속에서 재판은 이제 정치의 필수 불가결한 과정으로 되었다.

윤석열은 법치를 약속하고 등장한 검찰 출신의 대통령이면서 법치주의로부터의 적극적 이탈 경로인 예외주의의 길을 걸었다. 그는 법을 부정했을 뿐만 아니라 법에 정당성을 부여하는 선거조차 믿지 않았다. 대한민국의 권력이 중국-민주당-선관위를 잇는 "부정선거" 트리오에 의해 구성되고 있다는 주장은 대한민국의 국가권력이 국민을 대의하는 권력이 아니라는 주장이다. 주지하다시피 그것은 의회 권력을 부정하는 것일 뿐만 아니라 그 선거 시스템에 의해 당선된 행정 권력인 자기 자신도 부정하는 주장이다.

이 자기 부정적 부정선거론을 통해 그가 정당화하고자 했던 것은 예외주의적 비상계엄, 즉 내란이다. 그것은, (1) 대한민국의 국가권력이 정당한 대의 과정이 아니라 부정한 선거에 의해 구성되었으므로 (2) 비상대권을 통해 폭력적으로 국가권력을 재구성할 필요가 있다는 주장이요 행동이다.

물론 앞의 (1)과 (2)는 논리적 인과관계가 없다. 만약 (1)이 맞다면 (2)의 "비상대권"도 부당한 것이다. "비상대권" 자체가 선거에 의해서 구성된 국가권력의 일부이기 때문이다. 따라서 선거가 부정하다면 그것은 국가권력 재구성의 합법적 원천력이 될 수 없다. 그 후에 남는 것은 폭력이다. 폭력을 통해 국가권력을 재구성하는 것. 그것이 "부정한" 국가권력을 정화하는 윤석열의 예외주의적 방법이다. 윤석열은 비상계엄을 뒷받침할 그 폭력을 일차적으로 군부에서 구한다. 특전사, 수방사, 방첩사, 정보사의 수천 명이 12월 3~4일의 밤에 동원되었고 1공수여단, 9공수여단에서 더 많은 수의 병력이 동원 준비 중이었다. 엄청난 양의 화력이 실제로 동원되었고 더 많은 화력이 동원 준비 중이었다.

그의 부정선거론을 따라가 보면, 이 폭력은 부정한 선거에 의해 당선된 대통령이 부정한 비상대권으로 국민으로부터 약탈한 것이었다. 하지만 그 예외주의적 폭력은 법치주의적 과정에 의해 간섭된다. 비상계엄이 국회의 계엄해제 결의로 중립화된 것이다. 예외주의 논리 속에서 (어쩌면 법치주의 논리 속에서도) 2차, 3차…n차의 동원이 이론적으로는 가능했지만 실제로는 가능하지 않았다. "중과부적"(김용현)이었다.

그러면 윤석열에게 이차적 폭력이 남아 있는가? 그렇다. 윤석열은 군부쿠데타가 실패한 후 지속적으로 "지지자들"이라고 불리는 "애국시민들"에게 호소했다. 법치 차원에서의 "대통령"으로서 내놓는 담화문 곳곳에 법치를 초월하여 자신의 지지자들에게 보내는 메시지를 숨겨

두었다. 담화문을 통해 법 밖의 지도자로서의 행동 명령을 지속적으로 전달했다. "유튜브로 보고 있다", "수고한다", "조금만 더 힘을 내 달라", "끝까지 투쟁하겠다"…등이 그것이다.

전광훈은 "국민의 저항권이 헌법 위에 있다"는 예외주의적 논리로 이에 반복해서 화답했다. 전광훈이 말하는 '국민의 저항권'은, 국가권력이 국민다중의 존엄을 짓밟을 때 국민다중이 국가권력에 대해 행사할 수 있는 제헌주의적 저항권이 아니다. 그것은 반공, 반중, 반북, 반이재명의 이념에 따라 조직된 "애국시민"의 예외주의적 폭력을 지칭한다. 그가 말하는 "애국시민"은 지도자=왕에게 충성하는 '신민'이다. 그의 신민은, 존엄을 짓밟는 국가권력에 저항하는 것이 아니라 국가권력이 설정한 임의의 적들을 혐오하고 투쟁한다. 이런 점에서 그 신민의 폭력은 '국민의 저항권' 행사가 아니다.

법치주의적 대의권력이 상대적이고 의존적인 권력임은 분명하지만 그 권력의 원천이 법치에서 분리된 예외주의적 폭력에 있다고 보는 것은 완전히 잘못된 것이다. 벤야민은 법 유지적 폭력인 신화적 폭력에 법 폐지적 폭력인 신적 폭력을 대비시켰다. 신적 폭력은 존엄한 윤리적 주체에 의해 행사되는 것이다. 이와 달리 전광훈이 말하는 "저항권"(원문 그대로)의 폭력은 신적 폭력이 아니라 임의적이고 깡패적인 폭력이다. 어떤 윤리적 근거도 없이 위로부터 부과된 이념에 따라 자의적으로 행사되는 폭력이다. 그것은 군주에 대항하는 자율적 다중의 존엄한 폭력이 아니라 실제의 적인 군주에 대한 맹목적 복종으로 인해 방향을 잃어 버린 원한의 폭력이다. 2025년 1월 15일에 한남대로에 드러눕고 과천청사에서 분신을 하던 이 자의적 폭력은 1월 18일과 19일 사이에 서부지방법원의 유리창을 깨고 난입하여 폭동하는 폭력으로 나타났다.

2024년 12월 4일 팔꿈치로 유리창을 깨면서도 난초 화분을 치우면서 조심스럽게 국회의사당에 난입하던 계엄군과 달리 윤석열이 "애국시민"이라고 이름 부른 이들은 무기로 유리창을 거칠게 깨고 집기를 부수며 진입한 글자 그대로의 혐오 폭력을 행사했다. 윤석열 구속영장을 발부한 여성 판사는 이들의 혐오폭력의 표적이 되었다.

법치주의적 과정 속에 들어와 정치를 지배했던 국가의 사법권력은 이제 폭동하는 자의적 폭력에 짓밟히고 있다. 윤석열은 변호인의 입을 빌려 '서부지방법원의 폭동 사태는 자신이 원하는 것이 아니며 자신은 평화적 의사 표현을 원한다'고 너스레를 떤다. 하지만 그가, 12월 3일 군사쿠데타라는 내란에서 시작한 행보를, 시민들의 폭동 내전으로 이어가려는 의사를 갖고 있음은 이제 분명해졌다. 그는 정치의 사법화를 넘어 사법의 내전화를 앞당기고 재촉한다.

비상계엄 포고령 1호의 법률적 위치
2025년 1월 19일 일요일

윤석열의 비상계엄은 온갖 방해와 차단을 뚫고 법치주의 절차에 따라 국회에 의해 합법적으로 해제되었다. 물론 이런 생각에 동의하지 않는 예외주의적 생각을 가진 인물도 있다. 김용현이 그인데, 그는 비상계엄은 대통령의 고유권한이자 고도의 통치행위로서 국회, 법원, 헌재의 심사 대상이 아니라고 주장한다. 그는 국회가 계엄해제를 의결하기 전에 이재명, 박주민이 국회 출입권이 없는 한동훈을 국회로 불러들이는 정치활동을 했다는 이유로 이 세 사람을 계엄법 위반으로 고발했다.

그런데 그의 생각이 맞다고 가정해 보면 즉각 첫째의 의문이 생긴다. 포고령 1호의 1조는 "국회와 지방의회, 정당의 활동과 정치적 결사, 집회, 시위 등 일체의 정치활동을 금한다"로 되어 있다. 포고령은 국회의 활동을 금한다고 선언한다. 그러므로 12월 4일 새벽 1시경의 계엄해제 결의는 포고령이 금지한 국회의 활동이므로 계엄법 위반에 해당되지 않는가? 고발은 계엄해제 결의에 참가한 모든 사람들에 대해 이루어져야 하지 않는가? 또 포고령은 집회와 시위 등 모든 정치활동을 금하므로 12월 3일 비상계엄 선포 이후 이루어진 모든 집회와 시위 참가자를 고발하는 것이 일관되지 않는가? 왜 포고령 1호의 1조가 유효하다고 하면서 그 시한을 계엄해제 결의 전으로 한정하고, 그 대상을 국회의 활동이나 집회와 시위로까지 넓히지 않으며 한동훈의 국회 입장에만 국한하는 것일까?

두 번째 의문. 포고령 1호의 1조는 비상계엄이라 할지라도 국회의 권능을 제한할 수 없고 오히려 국회에 통고하게 되어 있는 대한민국 헌법 제77조를 위반하는 위헌조항이다. 위헌적 계엄법이 유효하다고 주장하려면 비상계엄이 헌법 밖에 있어야 한다. 비상계엄이 헌법 밖에 있다면 비상계엄은 헌법에 의해 뒷받침될 수 없다. 그것은 헌법을 넘어서는 다른 무엇에 의해 뒷받침되어야 한다. 주지하다시피 헌법은 국민들로부터 위임받은 주권에 의해 뒷받침되는 것이다. 2024년 12월 3일 법치주의의 기반이고 주권의 원천인 국민들이 비상계엄을 뒷받침하지 않았다는 것은 명백하다. 국민들은 비상계엄이 선포되자마자 국회의사당으로 달려와 그것의 위헌·위법성을 주장하고 즉각 해제를 요구했기 때문이다. 국회의사당 앞에서 비상계엄을 옹호하는 시민은 없었다.

그렇다면 무엇이 그것을 뒷받침하는 것일까? 대통령인 윤석열 자신에 의해서? 헌법을 벗어나서 그는 대한민국의 수반일 수 없고 개체적 힘 외에 아무런 힘도 갖지 않는다. 그렇다면, 국회·지방의회·국민들의 결사·집회·시위의 자유를 제한하고 노동자·의사·언론사·출판사를 통제하거나 처단할 저 거대한 힘은 어디서 나올 수 있는 것일까? 그것은, 헌법에 따라서가 아니라 헌법과 무관하게, 헌법에도 불구하고, 헌법을 위반하면서 윤석열의 의지를 따르고자 하는 어떤 복종의 힘, 요컨대 특전사, 수방사, 정보사, 방첩사 등 무장 기관들의 순수한 폭력에서 나온다. 즉 조직된 폭력에서 나온다. 아이러니하게도 이 폭력은 국민들의 세금에 의해 조성되고, 국민들로부터 징병된 폭력이다. 윤석열은 대통령이라는 지위를 이용해 국가권력에 속하는 이 폭력을 약탈했다. 그리고 이 약탈한 권력으로 국회도 법원도 헌재도 제약할 수 없을 절대권력, 즉 독재를 수립하려 했다. 김용현이 유효하다고 주장하는 12월 3일의 법은 군대를 폭력 조직으로 타락시키는 약탈의 법이요 그것으로 헌법 질서를 교란시키는 폭력 조직의 법이다. 윤석열과 김용현에게는 그것이 법이겠지만 국민에게는 불법이다.

윤석열 내란세력의 전술 슬로건 : 대한민국을 무법천지로
2025년 1월 20일 월요일 오후 6시 57분

동일한 대상을 지칭하는 데 사용되는 두 가지의 용어가 있다. 내란과 내전이 그것이다.

지금 '내란'이라는 용어는 법치주의의 시각에서 예외주의적 행동을 지칭하는 용어로 사용되고 있다. 윤석열이 예외주의적으로 선포한 비상계엄, 윤석열 체포영장 집행을 방해한 경호처의 행동, 서울서부지방법원을 침탈하고 점거하고 파괴한 폭동 등이 국헌을 문란하게 했다는 뜻이다. 대한민국 형법 87조에서 내란죄는 "대한민국 영토의 전부 또는 일부에서 국가권력을 배제하거나 국헌國憲을 문란하게 할 목적으로 일으키는 폭동暴動"을 지칭한다.

지금 '내전'이라는 용어는 예외주의자들이 대한민국에서 "법치가 무너졌다"(윤석열)고 단언하면서 자신의 행동을 법치 밖의 혁명 행동으로 정당화하기 위해 사용하는 용어이다. 윤석열의 변호인 석동현은 체포영장 집행을 앞둔 2025년 1월 9일 외신 기자들을 상대로 "지금 상황은 거의 내전"이라며 이러한 인식은 "윤석열 대통령과 변호인단이 공유하는 기류"라고 말했다.

전광훈은 12월 3일 내란 이전인 2024년 10월 22일에 자유통일을위한교회총연합(자교총)과 전국지역교회연합(전지연) 특별교육에서 "지금부터 연말 안에 반드시 대한민국 광화문 광장에서 내전이 일어날 것"이라고 말하면서 "우리는 지금 내전 상태다. 그러나 박근혜 때는 우리 광화문 세력이 없었지만, 지금은 있다. 이제 우리가 1천만 조직을 완성해, 국민혁명으로 역습해 자유통일로 가자"며 "이 일을 할 수 있는 것은 한국교회뿐"이라고 선동했다.

2025년 1월 19일 서부지방법원을 침탈하면서 모 유튜버는 '경찰들 오늘 내전이다 XX. 오늘 내전이야. 일어나셔야 돼요. (구속영장) 발부됐어요. 조지러 가야지.'라고 말했다. 그 행동의 효과로 나타난 침탈, 점거, 파괴의 참상에 대해 우리는 이미 잘 알고 있다. 전광훈은 같은 날 이 사태를 가리켜 사랑제일교회 유튜브 방송에서 "이제 국민 저항권이 발동된 상태"라고 말하면서 국민 저항권이 헌법 위에 있으므로 "국민 여러분이 기죽지 말고 당당하게 밀고 나가기를 바란다"고 계속 선동했다.

예외주의자의 언어사용은 사실주의와는 무관한 궤변주의이므로 그의 말을 사실에 비추는 것이 큰 의미는 없을 것이다.[1] 그럼에도 그의 궤변이 어떤 실효를 겨냥하는지를 알기 위해 저항권의 개념을 잠깐 찾아 인용해 보자. "저항권이란, 국가권력에 의하여 헌법의 기본 원리에 대한 중대한 침해가 행하여지고 그 침해가 헌법의 존재 자체를 부인하는 것으로서 다른 합법적인 구제 수단으로는 목적을 달성할 수 없을 때에 마지막 헌법 보호 수단이자 기본권 보장의 최후의 수단으로서 국민이 자기의 권리, 자유를 지키기 위하여 실력으로 저항하는 권리이다." 나무위키의 이런 규정에 부합하는 것은 1월 19일의 법원 습격이 아니다. 윤석열에 대한 구속영장 발부는 헌법의 기본 원리에 대한 침해가 아니라

---

1. 이에 대해서는 앞의 글 「체포의 날에」 참조.

그것의 수호 과정이었기 때문이다. 오히려 그 규정에 부합하는 것은, 12월 3일 윤석열이 선포한 비상계엄이 헌법을 침해하고 부정하는 것에 대항하여 위험을 무릅쓰고 국회의사당으로 달려와 장갑차와 계엄군에 맞섰던 사람들의 헌법 수호 행동이다.

12월 4일 국회가 헌법과 법률에 따라 비상계엄 해제를 의결함으로써 대한민국의 법치주의는 즉각적으로 회복되었고 그 법치주의에 따라 윤석열에 대한 탄핵소추안이 가결되고 헌법재판소는 그것에 대한 심리를 진행하고 있는 중이다. 그리고 그에 대한 수사도 법률에 따라 진행되고 있다. 서울서부지방법원 판사 차은경은 헌법과 법률에 따라 공수처의 구속영장 청구를 법률에 따라 심사한 후 구속영장을 발부했다. 헌법의 기본 원리에 대한 중대한 침해는 저지되었고 국민의 기본권은 보장되고 있으며 법치주의는 제대로 가동되고 있다. 이런 상황에서 구속영장 발부에 대항해 일으킨 법원 침탈과 파괴 행동은 저항권과는 아무런 상관이 없는 테러적 폭동에 지나지 않는다. 그것은 저항권에 기초한 내전이 아니라 폭동에 의해 국헌을 교란시키는 내란이다.

그럼에도 12·3 내란을 내전으로 정의하고 일련의 내란 책동을 내전 행동으로 뒤집음으로써 이득을 볼 수 있다고 생각하는 세력들이 있다. 그 세력은 내란을 주동한 대통령 윤석열과 의회 내의 국민의힘 극우파를 비롯하여 행정, 입법, 사법 등 국가기관의 각처에, 그리고 기업계, 언론계, 종교계, 교육계, 연예계, SNS 등의 민간 영역에 두루 퍼져 있다.

대통령비서실장 정진석은 서부지법 침탈, 파괴가 있은 직후 페이스북에 "헌정문란 목적의 폭동인지, 헌정문란을 멈춰 세우기 위한 비상조치인지 결국은 국민이 판단하게 될 것"이라고 썼는데 12·3 비상계엄, 경호처의 영장 집행 방해, 구속영장 발부에 반발하여 일으킨 법원 침탈과 파괴 등이 내란인지 내전인지는 향후의 투쟁에 의해 국민적 판단이 내려질 것이라는 뜻으로 해석되는 문구다.

현행의 법치가 헌법의 기본 원리를 침해하지 않으면서 전개되는 조건에서는 저항권의 논리가 성립되지 않으며 내란을 내전으로 정의하는 것은 불가능할 것이다. 하지만 내란세력은 온몸으로 가능한 방법을 찾고 있다. 그것은 윤석열처럼 "이 나라에는 법이 무너져 내렸다"며 엄연히 현존하는 법치를 의도적으로 부정하는 것이며 나아가 현존하는 법치주의를 폭력으로 파괴하는 것으로 나타난다. 우리는 윤석열이 장악한 계엄군이, 위력으로 국회를 폐지하고 주요 인사들의 생명과 신체를 파괴하려 한 것을 보았다. 우리는 그의 경호 인력이 화기를 들고 체포영장 집행을 저지함으로써 영장을 집행하러 간 경찰과 수사관을 두려움에 떨게 만드는 것을 보았다. 2025년 1월 19일에는 시민들이 직접 법원 담을 넘고 유리창을 깨고 CCTV에 물을 붓고 구속영장을 발부한 판사를 죽이려 드는 것을 우리는 보았다.

"이 나라에는 법이 무너져 내렸다"는 말은 서술어가 아니라 명령어다. 법과 법치, 그리고 법치주의를 무너뜨려라! 대한민국을 무법천지로 만들어라. 이것이 윤석열 내란세력이 자신의 행동을 내전으로 바꾸기 위해 집중하는 슬로건이다. 말을 할 줄 아는 의원들은 말로, 힘을 쓸 수 있는 청년들은 힘으로, 법을 다룰 수 있는 법률가들은 법으로…수단과 방법을 가리지 말고 법치를 파괴하라는 것이다.

정진석의 예견은 예외주의적 내란세력이 법치주의를 파괴하고 무법천지를 만드는 데 성공한다면 국민들이 내란을 내전으로 평가할 것이며 헌정문란 목적의 폭동이 아니라 헌정문란을 멈춰 세우기 위한 비상조치였음을 인정할 것이라는 기대이(자 그렇게 만들라는 명령이)다. 만약 그의 기대가 충족되는 날이 온다면,[2] 그래서 (그들 자신이 만들어낸) 헌정문란을 멈춰 세운 새로운 비상입법 질서가 구축되는 날이 온다면 그날은 목숨을 건 항쟁으로 겨우 일궈낸 지금의 최소한의 민주주의

---

[2] 그런 날은 오지 않았다. 2025년 5월 14일 내려진 첫 선고에서 서울서부지법 형사6단독 판사 김진성은 이 사건을 "정치적 음모론에 사로잡힌 이들의 범행"으로 규정하고 두 피고인에게 각각 1년, 1년 6개월의 실형을 선고했다.

조차 실제로 무너지는 날일 것이다.

헌법 초월적 폭동 대 헌법 저월적 저항권
2025년 1월 22일 수요일 오전 10시 49분

대한민국 헌법 제1조는 "대한민국은 민주공화국이고(1항) 그 국가의 주권은 국민에게 있으며 모든 권력은 국민으로부터 나온다(2항)"는 명문明文을 통해 국민이 헌법을 제정하는 실체, 즉 제헌적 활력[헌법제정권력]임을 명시한다. 12·3 비상계엄은 대통령 윤석열이 헌법적 권한 밖에서 헌법기관인 국회를 무력으로 침탈하여 그 권능 행사를 제약한 내란이다.

국민들은 윤석열의 국헌문란 행동을 바로잡을 목적으로 국회의사당 앞 도로에 집결하여 계엄해제를 요구하면서 계엄군의 국회 진입을 저지했다. 이 결사와 시위 행동은 헌법을 제정하는 주체인 국민이 헌법을 교란시키는 군사반란(폭동)에 대항하여 헌법을 수호한 것으로 국민의 저항권이 발동된 명확한 사례이다.

전광훈은 헌법과 법률에 따라 탄핵소추되고 고발된 대통령 윤석열에 대한 구속영장 실질심사가 시작되는 날 회집한 군중 앞에서 "헌법 위의 국민 저항권"을 사용하여 (힘으로) 서울구치소에서 윤석열을 석방시킬 수 있다고 선동했다.

이 선동은 국민의 '저항권' 개념의 오용이고 악용이다. 저항권은 제헌활력(실질헌법)의 권리로서 제헌활력에 의해 제정되고 성문화된 헌법(형식헌법)의 명문들을 넘어설 수 있다. 하지만 그 넘어섬은 성문헌법 '속에서-대항하며-넘어서는' 저월subscendance이지 성문헌법 '위에서-지배하며-넘어서'는 초월transcendance이 아니다. 만약 저항권이 초월적으로 행사된다면 그것은 저항권의 이름을 빌린 폭란, 폭동일 것이며 그 실행자는 제헌적 다중이 아니라 헌법 교란적 폭도일 것이다. 2025년 1월 19일 새벽에 서부지방법원에서 출현한 것이 정확히 '저항권'이라는 가면을 쓴 폭도였다.

이 폭동 다음 날인 2025년 1월 20일에 열린 민주당 최고위원회에서 김민석은 "헌법을 부정하고 폭력을 조장하는 국민 저항권이라는 해괴한 개념을 내세운 것은 반국가세력 척결을 내란의 명분으로 삼았던 윤석열과 똑같은 가짜 자유민주주의 파쇼 논리입니다"라고 전광훈의 논리를 비판했다. 전광훈의 국민 저항권 개념이 "헌법을 부정하고 폭력을 조장한 것"은 옳다. 하지만 이 문장은 구문상 국민의 저항권 개념 일반을 '해괴한 개념', '가짜 자유민주주의 파쇼논리'로 정의할 위험성을 포함한다.

1996년 12월 16일 서울고등법원은 '선고 96노1892'에서 1980년 5월 전두환의 반란 및 내란 사건(항소)과 관련하여 이렇게 판결했다. 길지만 중요하므로 그대로 인용해 보자.

내란에 의한 권력의 이동은 헌법에 명시된 권력승계의 절차를 실질적으로 침해하는 것이고 주권자이며 헌법제정권력인 국민이 이를 용납하지 아니하여 내란집단에 저항하는 때에는 그 저항을 완전히 제압하거나 또는 반대로 내란집단이 국민의 저항에 굴복하기까지는 결코 내란은 종료된 것이 아니라고 할 것이다. 내란집단에 대한 국민들의 저항을 무력 등의 폭력을 사용하여 진압하는 행위는 헌법을 수호하기 위하여 결집한 헌법제정권력에 대한 강압에 해당하여 국헌문란의 폭동이 된다는 점은 이미 앞에서 수차 언급한 바이다. 이 사건에서 보면 1980.5.18. 이후에 일어난 광주시민의 일련의 대규모 시위 같은 것이 바로 이러한 국민의 저항에 해당하고 기록에 의하면 이러한 국민의 저항과 이에 대한 피고인들의 폭동적인 진압은 제5공화국정권이 1987.6.29. 이른바 6·29 선언으로 국민들의 저항에 굴복하여 대통령직선제 요구를 받아들일 때까지 간단없이 반복, 계속된 사실이 인정된다.[3]

여기서 서울고등법원은 헌법제정권력인 국민의 저항권을 적극적으로 인정할 뿐만 아니라 더 나아가 이렇게 단언한다.

민주주의 국가의 국민이야말로 주권자의 입장에 서서 헌법을 제정하고 헌법을 수호하는 가장 중요한 소임을 갖는 것이므로 이러한 국민이 개인으로서의 지위를 넘어 집단이나 집단유사의 결집을 이루어 헌법을 수호하는 역할을 일정한 시점에서 담당할 경우에는 이러한 국민의 결집을 적어도 그 기간 중에는 헌법기관에 준하여 보호하여야 할 것이다. 따라서 이러한 국민의 결집을 강압으로 분쇄한다면 그것은 헌법기관을 강압으로 분쇄한 것과 마찬가지로 국헌문란에 해당한다고 보지 않으면 안 된다.

서울고등법원의 이 판결은 대한민국 헌법 제1조에 대한 적극적 해석에 기초한 것으로서 (1) 국민을 헌법제정권력으로 명시한 위에서 (2) 그것의 저항권을 적극적으로 인정한 것을 넘어 (3) 헌법을 수호하기 위한 광주시민의 저항적 결집을 헌법기관에 준하는 보호 대상으로 인정한 중요한 판시다.

하지만 이 사건에 대한 1997년 4월 17일 대법원판결(선고 96도3376)은 이러한 적극적 해석에서 한 걸음 물러난다. 판결요지 9('헌법 수호를 위하여 시위하는 국민의 결집이 국헌문란의 강압 대상인 "헌법에 의하

---

[3]. 서울고법 1996. 12. 16. 선고 96노1892 판결, 「반란수괴·반란모의참여·내란중요임무종사·불법진퇴·지휘관계엄지역수소이탈·상관살해·상관살해미수·초병살해·내란수괴·내란모의참여·내란중요임무종사·내란목적살인·특정범죄가중처벌등에관한법률위반(뇌물)」, 2025년 6월 29일 접속, https://www.law.go.kr/precInfoP.do?mode=0&precSeq=188579. 주목해야 할 부분을 고딕 강조로 표시했다.

여 설치된 국가기관"에 해당하는지 여부(소극) 및 형법 제91조가 예시적 규정인지 여부(소극)'가 그것이다. 마찬가지로 그대로 여기에 인용해 보자.

헌법상 아무런 명문의 규정이 없음에도 불구하고, 국민이 헌법의 수호자로서의 지위를 가진다는 것만으로 헌법 수호를 목적으로 집단을 이룬 시위국민들을 가리켜 형법 제91조 제2호에서 규정하고 있는 '헌법에 의하여 설치된 국가기관'에 해당하는 것이라고 말하기는 어렵고, 형법 제91조가 국헌문란의 대표적인 행태를 예시하고 있는 규정이라고 볼 수도 없다.[4]

이 판결요지에서 대법원은 헌법 수호를 위한 국민의 결집을 헌법 수호기관에 준하는 보호 대상으로 인정한 고등법원의 판결을 인정하기 "어렵다"고 말하는데 그 이유는 "헌법상 아무런 명문의 규정이 없다는 것", 즉 헌법에 대한 유추적 해석이라는 이유에서다. 그런데 이것은 고등법원의 유추적 해석을 부정한 것이 아니라 실정적 사건을 판결함에 있어서는 유추적 해석만으로는 부족하고 명문이 필요함을 지적한 것으로 해석할 수 있다.

이러한 명문주의적 관점에서도 대법원은 판결요지 10항 '5·18 민주화 운동에 대한 폭동적 시위 진압 행위가 국헌문란에 해당하는지 여부(적극)'에서 계엄군이 5·18 광주시민들의 시위를 진압한 것은 국헌문란에 해당한다고 판결한다. 어떤 논리에서일까?

5·18 내란 행위자들이 1980. 5. 17. 24:00를 기하여 비상계엄을 전국으로 확대하는 등 **헌법기관인 대통령, 국무위원들에 대하여 강압을 가하**

---

[4] 「5.18민주화운동에 대한 고등법원 및 대법원 판결문」, 〈사료로 본 한국사〉, 2025년 6월 23일 접속, https://contents.history.go.kr/front/hm/view.do?levelId=hm_151_0020 참조.

고 있는 상태에서, 이에 항의하기 위하여 일어난 광주시민들의 시위는 국헌을 문란하게 하는 내란행위가 아니라 헌정 질서를 수호하기 위한 정당한 행위였음에도 불구하고 이를 난폭하게 진압함으로써, 대통령과 국무위원들에 대하여 보다 강한 위협을 가하여 그들을 외포하게 하였다면, 그 시위 진압 행위는 내란행위자들이 헌법기관인 대통령과 국무위원들을 강압하여 그 권능 행사를 불가능하게 한 것으로 보아야 하므로 국헌문란에 해당한다.

헌법제정권력인 광주 시민들의 결집이 헌법기관에 준하는 보호 대상이라고 하기는 어려울지라도 그 결집과 시위는 "국헌을 문란하게 하는 내란행위가 아니라 헌정 질서를 수호하기 위한 정당한 행위"였다는 것이고 이것에 대한 진압은 헌법기관(대통령과 국무위원)에게 "보다 강한 위협"을 가하여 그들을 두려워하게 만들고("외포") 이로써 그 권능 행사를 불가능하게 한 것이므로 국헌문란에 해당한다는 것이다. 이것은 대법원도 헌법 수호를 위한 국민들의 결사와 시위를 내란이 아니라 정당한 저항권의 행사로 인정했음을 보여줄 뿐만 아니라 그것에 대한 진압을 헌법기관의 권능 행사를 불가능하게 하는 국헌문란 행동으로, 즉 내란으로 인정했음을 보여준다.

고등법원과 대법원의 해석 차이가 있다면 고등법원이 헌법 제1조에 대한 적극적 해석과 유추를 통해 직접적으로 접근한 것이고 대법원은 국민이 헌법기관의 실질이고 그것에 대한 억압은 헌법기관을 실질적으로 무력화시킨다는 대의주의적 접근을 통해 간접적으로 접근한 것이다.

고등법원과 대법원의 이러한 판결 차이가 시사하는 것은 국민의 저항권이 헌법 제1조에 대한 유추적 해석이나 대의주의적 해석을 통해서 보장되는 것을 넘어서 헌법에 명문화될 필요성이다. 대한민국 헌법전문은 "불의에 항거한 4·19 민주 이념을 계승"한다고 명시하여 우리 헌법이 국민 저항권의 실천적 역사를 계승함을 표현한다. 하지만 그 계승

대상은 3·1 운동과 4·19에 한정되어 있다. 계승할 국민 저항의 역사는 동학농민혁명, 4·3 항쟁, 5·18 항쟁, 6·10 항쟁, 2008년과 2016년의 촛불 항쟁 등 다양하고 지속적이다. 서울고등법원이 유추적 해석을 통해 인정했던 것('헌법 수호를 위한 국민의 저항적 결집은 헌법기관이며 그것에 대한 진압은 헌법기관의 권능 행사를 불가능하게 하는 국헌문란 행동, 즉 내란이다')을 개헌을 통해 헌법 속에 명문화시킴으로써 저항권이 해석의 여지 없는 당당한 권리로 인정되어야 할 것이다.

다시 한번 강조하거니와 전광훈이 사용하는 '국민 저항권'이라는 말이 "헌법을 부정하고 폭력을 조장"한다는 김민석의 생각은 옳다. 하지만 그것은 "국민 저항권" 개념에 대한 전광훈의 오용과 악용일 뿐 그 개념 자체가 헌법을 부정하고 폭력을 조장하는 것은 아니며 오히려 그 반대다. "국민 저항권" 개념은 결코 '해괴한 개념'일 수 없고 어떤 오용과 악용에도 불구하고 더 적극적으로 살려 나가야 하고 또 발전시켜야 할 헌법적 기초다. 국민을 모든 권력의 원천력, 구성력으로 규정한 대한민국 헌법 제1조는 바로 그것을 바탕으로 삼고 있기 때문이다. 그리고 국민의 저항권력against은 헌법 속에서 헌법을 수호하고in 또 개정하는beyond 제헌활력의 중핵이기 때문이다. 더러워진 목욕물은 버려야 하지만 아이를 버려서는 안 된다. 예외주의적 초월로서의 저항권 주장은 저지되어야 하지만 제헌주의적 저월로서의 저항권 개념은 발전되어야 한다.

정치에서 거짓의 효용
2025년 1월 24일 금요일 오전 11시 38분

'계엄 목적은 국민에 대한 호소', '계엄령이 아니라 계몽령', '포고문은 김용현이', '최상목 문건도 김용현이', '비상입법기구는 국회 활동 금지 의미 아냐', '"끌어내라!"의 목적어는 의원이 아니라 요원', '국회의 사당에 특전사 몇 명 안 됐어', '국회의원 출입 통제한 적 없어', '저항하니까 계엄군 스스로 나왔어', '체포하라가 아니라 동정 살피라', '내가 철수 지시해서 계엄 예상보다 빨리 끝나', '군이 따르지 않을 것이란 전제하에서 비상계엄', '실패한 계엄이 아니라 예상보다 빨리 끝난 계엄'…누구의 말인지 누구나 알 수 있을 것이다.

일국의 대통령이 지난 50여 일간 국민이 낸 세금을 소비하며 관저와 구치소에 틀어박혀 궁리해 낸 것이, 뻔하고 앞뒤 맞지 않는 저열한 거짓말이었다는 사실은 인간 윤석열이 거짓말쟁이고 무책임하고 비열하다는 사실 외에 또 무엇을 의미할까?

예외주의 정치는 언어를 궤변주의적으로 운용하기 때문에 사실과의 부합 여부(거짓 혹은 진실)를 기준으로 삼지 않는다. 예외주의는 언어가 언어 수용자에게 불러일으킬 효과를 기준으로 삼는다. 그 언어의 핵심적 수용층은 국민다중인바, 예외주의 정치는 국민다중의 제헌활력을 약탈하고 변조하여 자신의 예외주의 정치에 종속시키고 그것의 동력으로 장착하는 것을 겨냥한다. 자기 결정권 없이 지도자에게 복종하는 신민의 창출과 확대재생산이 그것이다.

2025년 1월 23일 오후 헌법재판소에서 열린 4차 변론은 군주-신민 관계의 한 사례를 사람들에게 보여주었는데 윤석열-김용현의 관계가 그것이다. 김용현은 '대통령 윤석열'의 뜻대로 말하고 행동하는 신민의 자세를 충실히 보여주었다. 그는, 홀로 감당해야 했던 이전 검찰 조사에서 했던 자신의 말을 (자신의 충암고 1년 후배인) 윤석열의 뜻에 맞춰 뒤집어 가면서까지 충성을 다했다. 국회 측 반대신문을 거부하겠다는 단 한 번의 자기결정조차도 윤석열의 요구(=압박)에 따라 취소하고 반대신문에 응했다.

언어재현주의, 즉 사실주의를 기준으로 삼는 법치주의적 시각에서 보면 이날 윤석열과 김용현의 말은 지금까지 밝혀진 사실에 비추어 황당하고 어이없고 그래서 우스꽝스러운 거짓말이었다. 헌법재판소도 법치주의 기관이므로 이런 거짓말을 가치 있는 진술로 보지는 않을 것이다. 만약 누가 봐도 뻔한 거짓말을 자신의 정치적 성향 때문에 헌법 심리에서 유의미한 근거자료로 삼는 헌법재판관이 있고 그것이 헌법재판소의 판결에 영향을 미친다면 법치기관으로서의 헌법재판소의 존재 이유를 스스로 부정하고 해체 요구를 격화시키는 결과를 가져올 것이기 때문이다.

그런데 대통령의 복귀를 열망하는 신민들에게도 대통령의 거짓말이 효과적이지 않았을까? 윤석열은 헌법재판소에서 위에서 열거한 갖가지 거짓말을 다음과 같은 메시지와 연결시켰다. "계엄의 이유는, 야당에게 경고하려 한 것이 아니라 주권자인 국민에게 호소해서 엄중한 감시와 비판을 해달라는 것이었다."

윤석열의 신민인 '애국시민'은 (동기가 무엇이건) 그의 말을 사실에 비추어 보는 수고를 하는 사람들이 아니라 그 말 자체로 믿고 따르는 사람들이다. 우리는 그 애국시민들의 "엄중한 감시와 비판"이 어떤 모습으로 나타나는지를 최근 사태들을 보고 알게 되었다. 윤석열에 대한 체포영장 집행을 저지하기 위해 차량 앞에 드러눕고, 윤석열에 대한 구속영장 발부에 대한 항의로 경찰을 구타하고, 기자를 폭행하여 중경상을 입히고, 카메라의 메모리카드를 뺏고, 법원을 습격하여 유리창을 깨고, 서버를 파손하고, 영장판사를 죽이자며 몰려가고, 법원 건물에 방화를 시도하는 것 등이었다.

법률 용어는 이것을, 판사, 검사, 경찰, 헌법재판관 등의 헌법기관을 "외포畏怖"케 하는 "국헌문란" 행동으로 규정한다. 윤석열과 내란세력은 이 신민들의 폭력 잠재력이 고갈되지 않는 한에서 반법치주의적 예외주의 세력이 재기할 기회는 반드시 온다고 믿고 있는 것이 아닐까? 거짓을 예외주의 정치의 실행 도구로 적극적으로 사용하고 있는 것이지 않을까?

혁명과 반혁명에 대해
2025년 1월 26일 일요일 오후 12시 20분

"밀어. 밀어. 이게 혁명이야. 이건 민주화운동이야."
"이제부터 전쟁이다. 국민 저항권이다. 들어가자!"
2025년 1월 19일 서부지방법원 앞에서 벽돌로 기자들을 협박하여 카메라와 메모리카드를 뺏은 후 유리창을 깨고 법원으로 난입하던 사람들은 이렇게 외쳤다.

그 법원 습격의 목적은 무엇이었던가? 윤석열에 대한 구속영장 발부에 대한 항의로 영장판사를 린치하려는 것이었다. 그가 헌법적 요건에 맞지 않는 비상계엄을 선포하면서 군을 동원하여 친위쿠데타를 일으킨 내란수괴인데도 말이다. 그런데 이 폭동 행위에 이들이 "국민 저항권", "민주화운동", "혁명", "전쟁" 등의 이름을 붙이는 것은 놀랍다.

거기에 사실적이거나 이론적인 근거가 있을까? 왜 이들은 의식적으로 자신들의 폭동을 45년 전 광주에서의 민중항쟁과 대비시키는 용어법을 사용하는 것인가? 비극으로 전개된 광주에서의 혁명을 희극화하는 것인가? 아니면 자신들의 폭동이야말로 '혁명'이라는 이름에 걸맞은 것이라고 주장하는 것일까? 이렇게 이들의 1·19 폭동은 그에 앞선 12·3 내란의 역사적 위치와 정치적 성격에 대해 다시 돌아보게 만든다.

우리는 12·3 내란의 도화선에 대해서 이미 잘 알고 있다. 명태균이 12월 2일 일명 '황금폰'을 공개하겠다고 한 다음 날 윤석열의 비상계엄 선포가 있었기 때문이다. 황금폰은 윤석열-김건희의 2022년 여론조사 조작과 공천 개입 의혹에 명확한 증거를 제공할 것이었다.

그런데 황금폰이 비상계엄을 촉발시킨 것이 사실이라 할지라도 비상계엄이 엉겁결에 이루어진 미숙한 조치가 아니라 훨씬 오래전부터 나름대로 치밀하게 준비되어 왔다는 것도 널리 확인된 사실이다. 최근의 자료(「신용한의 증언」)를 살펴보면 2022년 대선을 준비하는 과정에서부터 윤석열이 극우 유튜버들이 말하는 (21대 총선) "부정선거" 음모론을 받아들였고 이를 조사하기 위한 선관위 서버 확보를 과제로 설정한 사실이 발견된다.

21대 총선에서 민주당은 비례대표(더불어시민당) 17석을 합쳐 180석을 얻었다. 그의 부정선거 음모론은 이후 자신이 (자신의 기대에 비추어 '겨우' 0.7 % 표차로) 당선된 2022년 대선, 민주당이 비례대표(더불어민주연합) 포함 175석을 얻은 2024년 22대 총선에까지 확장되어 확신으로까지 발전되었던 것으로 보인다. 윤석열이 구속된 후 처음 열린 어제(2025년 1월 25일 토요일) 태극기집회의 주요 주제는 부정선거 음모론이었다. 참가자들이 든 피켓에는 굵은 글씨로 "선관위 서버 열어!"라고 씌어 있었다. 부정선거 음모론은 12·3 내란의 하나의 계기였다기보다 핵심 계기였음이 분명하다.

부정선거 음모론은 미·중 신냉전 국제역학 구도를 바탕에 깔고 있다. 미국과 중국의 신냉전적 대결 속에서 중국이 대한민국을 속국화하기 위해 자신들의 입맛에 맞는 후보가 당선되도록 한족 유학생이나 조선족을 동원하여 여론을 조작하거나 선관위 서버를 해킹하여 개표를 조작하는데 선관위에 배치된 중국의 간첩들이 이 해킹을 돕고 있다는 서사다. 이들의 시각에서 문재인과 이재명은 자신들이 말하는 이 '국제적 부정선거 시스템'을 이용하여 정권을 잡았거나 잡으려 하는 인물로 간주된다.

이들이 생각하거나 주장하는 것들은 하나 같이 객관적 사실과 부합하지 않는 허구적 상상력의 산물로 판단되지만 나는 여기서 팩트 체크나 논리 비판을 하는 일에 관심을 두지 않겠다. 궤변주의적 언어사용에서 생각과 주장의 의미는 그것의 논리 정합성이나 사실과의 상응에 있지 않고 그것의 작용과 효능에 있기 때문이다.

하지만 부정선거 음모론과는 다르게 이 현상을 설명할 수 있는 방법에 대해 생각해 보자. 2020년 총선과 2024년 총선에서 민주당을 포함한 민주-진보 정당들이 과반을 훨씬 넘는 의석을 차지한 이유와 맥락이 무엇일까?

이 질문에 대한 설득력 있는 답은, 2002년 미선·효순 추모 집회에서 시작되어 2004년 노무현 탄핵 반대, 2008년 광우병 소 수입과 FTA 반대에서 대규모로 타올랐고 2014년 세월호 진상규명 투쟁에서 2016년 박근혜 퇴진 투쟁으로 이어져 2017년 3월 박근혜 파면을 이끌어낸 촛불집회를 떠나서는 얻기 어렵다.

촛불정부를 자임한 문재인 정부가 촛불의 제헌적 의지를 제대로 재현했다고 보기는 어렵지만 촛불활력은 2019년 과거사조사위원회의 장자연 사건 재수사를 계기로 문재인 정부 속에서-대항하고-넘어서 불타올랐다.5 이런 의미에서 2020년 4·15 총선의 결과는 2017년 거리의 촛불혁명이 대의주의 회로를 따라 다른 형태로 연속되었음을 보여준다고 이해할 수 있다.

2024년 4·10 총선은 2022년의 대선으로 윤석열 정부가 들어선 후의 대의주의적 사건이다. 윤석열 정권은 촛불혁명의 평등, 평화, 생명의 지향에 대립하면서 노동자, 농민, 여성, 성소수자, 장애인 등에 대한 차별을 고수하거나 심화하는 정책을 시행했고 전쟁 위기를 고조시켰으며 원전 오염수 방류 용인이나 원자력 발전소 가동과 건설 재개에서 보이듯 생명을 경시하는 태도를 뚜렷이 보여주었다.

문재인 정권 후반기에 검찰에서 개시된 반개혁적 움직임에 맞서 재

---

5. 『증언혐오』(갈무리, 2020)와 『까판의 문법』(갈무리, 2020)은 이 역사적 사건에 대한 나의 기록이다.

개된 촛불집회[6]는 윤석열 정권의 이러한 태도에 맞서 윤석열 정권 퇴진과 탄핵을 중심으로 다시 결집했다. 2024년 4·10 총선은 2022년 대선 패배와 윤석열 정부의 반촛불 반동에 대항하는 촛불 재결집의 분위기 속에서 치러졌다. 12·3 내란 직전에 촛불집회와 시위는 수년간 지속되어 온 촛불행동과 2023년에 결성된 퇴진본부를 중심으로 한 아래로부터의 시민촛불 외에 2024년 10월 26일 조국혁신당부터 시작한 제도 야당들의 장외투쟁이 결합되어 수십만이 연속적으로 거리에 결집하는 에너지를 보였다.

윤석열이 2024년 12월 12일 담화에서 자신이 비상계엄을 선포하지 않을 수 없었던 조건의 하나로 "대선 이후부터 현재까지 무려 178회에 달하는 대통령 퇴진, 탄핵 집회가 임기 초부터 열렸습니다"라고 말하는 것은 이 때문일 것이다. 이것은 대의주의 회로를 축으로 따라 흐르던 촛불활력이 다시 거리와 광장으로 분출되면서 제도 야당을 촛불혁명의 활기 속으로 끌어당긴 사건에 대한 권력 입장에서의 묘사로 읽을 수 있다.

그러므로 이른바 '황금폰'은, 명태균이 자발적으로 공개하려고 했다기보다 오히려 거리에서 전개된 촛불활력에, 탄핵할 수 있는 권력인 제도 야권이 합류하면서 만들어진 촛불 대광장의 힘에 의해, 강제로 공개될 수밖에 없는 상황에 있었다고 해야 할 것이다.

이상의 서술을 통해 우리는 2024년 12·3 내란을 저지한 힘이, 문재인 정권에서 윤석열 정권으로 이어지는 권력 교체 속에서 그것에 대항하면서 대안을 찾아온 촛불의 장기혁명적 활력이었다고 단언할 수 있다.

이러한 역사적 관점에서 보면 12·3 내란은 이 장기 촛불혁명에 대한 윤석열 정권의 반동, 즉 반혁명 조치다. 그것은 부정선거 음모론과 결합되었는데 선거가 부정이라는 생각은 공정한 선거에 의해 정당성을 얻는 근대 대의주의와 법치주의 제도에 대한 의심과 부정을 함축한다.

---

6. 이후에 촛불행동으로 발전한 2020년 〈광화문 촛불연대〉.

12·3 내란은 이 의심과 부정을 폭력적이고 강제적으로 실행한 것이다. (1) 국회가 부정한 선거에 의해 구성되었으므로 해체되어야 한다.(특전사, 수방사 파견) (2) 선거부정을 입증하기 위해 선관위 서버를 강제수사해야 한다.(정보사 파견) (3) 국회를 대체할 다른 입법기구가 설치되어야 한다.(최상목의 기획재정부 동원) 이렇게 12·3 내란은 모든 권력은 국민으로부터 나온다는 헌법준칙에서 이탈하여 군사력의 약탈과 국가 재정의 약탈만이 아니라 국민 개개인의 주권을 약탈함으로써 초월적이고 예외주의적인 권력을 구축하려는 시도였다.

그것은 대의주의 제도 야권을 포함한 제헌주의 촛불혁명 세력을 반국가세력으로 규정하여 불법화하고 금지하면서 비상사태하에서 예외주의적 독재국가 체제를 수립하려는 시도였다. 이 반혁명 시도는 제헌적 시민과 대의세력의 힘으로 저지되었다. 하지만 반혁명은 핵심 수단인 비상계엄이 해제된 이후에도 제2, 제3의 기회를 노렸고 수괴에 대한 탄핵소추를 막으려는 내란정당 국민의힘의 저항, 헌법재판에 대한 거부 시도, 윤석열 체포영장 집행에 대한 경호처의 폭력적 방해가 잇따랐다.

1월 19일의 폭동은 제도권력을 활용한 이 일련의 반혁명 시도가 좌절된 후에 등장한 것으로 제도 밖의 시민들로부터 터져 나온 폭동이다. 반혁명counter-revolution은 혁명에 반대하는 것이 아니다. 그것은 혁명을 제헌활력의 의지와는 반대되는 방향으로 역추진하는 혁명이다. 그래서 그들은 말할 수 있다. "밀어. 밀어. 이게 혁명이야."라고.

그런데 그 '혁명'은 우리를 어디로 '밀어' 넣는가?

웃음

2025년 1월 27일 월요일 오전 10시 13분

윤석열은 2025년 1월 23일 헌법재판소 4차 변론기일에서 김용현과 마주 앉아 헌법재판관들과 국민들 앞에서 한 편의 희극을 시연했다. 그 희극의 주제는 "12·3은 계엄령이 아니라 계몽령이었고 내란이 아니라 내란쇼였다"는 것. 예외주의적 내란을 법치주의 언어로 번역하기의 곤란함 때문에 드러난 곳곳에서의 억지, 서투름, 엇박자, 어긋남 덕분에 보는 이들은 웃게 된다. 나도 이들의 희극을 보면서 내내 웃었다.

베르그송은 『웃음』[7]에서, 경직되고 비자발적이며 비탄력적이고 반복적인 기계적 몸짓 앞에서 유연하고 창조적인 생명력이 공감하지 못해서 느끼는 반응이 웃음이라고 분석했다. 이런 의미에서의 웃음은 단순한 조롱이나 유희라기보다 일종의 사회적 처벌로서 "그래서는 안 돼!"라고 징계하는 것이며 이를 통해 유연성, 자발성, 탄력성, 창조성을 갖고 "다르게 해봐!"라고 요구하는 도덕적 교정장치이다. 그날 윤석열과 김용현은, 그리고 윤갑근을 비롯한 변호인들은 전 국민적 웃음거리가 되는 사회적 처벌을 받았고 교정을 요구받았다.

그러나 그것이 법적 처벌을 대체할 수 있는 것은 아니다. 사흘 뒤인 어제(1월 26일) 밤 대통령 윤석열은 자신의 "친정"이자 버팀목이었던 검찰에 의해 구속기소되었다. 현직 대통령으로서는 헌정사 최초로 구속된 피고인이 된 것이다. 이로써 내란세력은 체포, 구속, 기소에 이르는 법치 과정에서 전패의 기록을 갖게 되었다. 법치 과정에 예외주의가 설 자리가 비좁은 것이다. 그럼에도 불구하고 이들은 계속해서 지금까지의 주장을 반복한다.

"국민이 뽑은 대통령을, 여전히 국가원수인 대한민국 대통령을 불법에 편법을 더해 구속기소한 현 상황이 너무도 야속하고 안타깝다."(대통령실)

---

[7] 앙리 베르그송, 『웃음』, 정연복 옮김, 문학과지성사, 2021 참조.

"공수처의 불법 체포, 불법 수사를 기반으로 이뤄진 잘못된 부실 기소", "대한민국 헌정사 초유의 현직 대통령 수사가 국론 분열, 국민적 혼란이라는 거대한 후폭풍만 불러오게 됐다."(국민의힘)

"대통령의 비상계엄 선포는 결코 내란죄가 될 수 없다. 검찰은 공수처의 불법을 수사하기는커녕 짜여진 각본대로 대통령을 기소했다. 대통령 구속기소는 검찰 역사의 치욕."(윤석열 변호인단)

국민의 다수가, 그리고 수사기관과 사법기관 대부분이 헌법과 법률에 따른 조치로 이해하고 있는 체포, 구속, 기소의 과정을 이들만이 "불법의 불법의 불법의…" 과정이라고 되뇌고 있는 것이다. 그런데 이번에는 우습지 않다. 유연하지 못한 기계적 행동이 처음에는 웃게 만들지만 그것이 교정되지 않고 계속 반복되면 지루함과 피곤함, 그리고 슬픔을 준다.

폭동의 길과 투표의 길 사이에서
2025년 1월 29일 수요일 오후 10시 47분

지난 토요일(1월 25일) 〈다중지성의정원〉 역사비판 세미나가 끝날 무렵 한 회원이 물었다. "윤석열이 내란죄로 구속되었는데 왜 국민의힘이 민주당보다 지지율이 더 높게 나오는 것일까요?" 약간 격앙된 목소리였다. 다른 참가자들도 이해할 수 없는 일이라며 동조했다. 이 질문은 지난 며칠 동안 언론의 주요 이슈이기도 했다.

이 물음에 대한 몇 가지 가설적 답들이 나와 있는 것으로 알고 있다. 하나는 거대 야당인 민주당에 반대하는 사람들이 여론조사 문항을 조작하거나 조직적으로 조사에 응답하는 방식으로 결집하여 과표집되고 심지어는 민주당에 대한 부정적인 가짜뉴스를 퍼뜨려 지지율을 끌어내리고 있는 것으로 보는 것이다. 민주당 측은 주로 이 가설을 지지한다. 이와 다른 가설은 여론조사 지표가 (비록 국민의힘이 얻는 반사이익이 긴 하지만) 민주당의 '독주'와 '입법독재'를 견제하려는 '국민의 의사'가 있는 그대로 반영되고 있는 것으로 보는 것이다. 국민의힘 측은 주로 이 가설을 지지한다.

문제의 핵심은 국민의힘이 세운 대통령 윤석열에 대한 탄핵소추와 형사소추가 진행되고 있고 국민의힘이 내란수괴 윤석열의 예외주의 행동을 감싸면서 대의주의 및 법치주의의 상식과는 명확하게 배치되는 행보를 보이고 있는데도 지지율이 왜 높게 나오는가에 있다. 나는 12·3 내란 이후 우파와 국민의힘의 행보를 되짚어 보고 국민의힘 지지율을 구성하는 두 가지 역선力線들을 드러내면서 그것들의 운동 경향을 살펴 봄으로써 이 질문에 접근할 다른 길을 찾아 보고자 한다.

첫 번째 예외주의 역선. 비상대권을 지렛대로 자신을 헌법과 법률 위에 위치시키려 한 윤석열의 예외주의적 선택은 전광훈을 비롯한 예외주의적 종교계와 이른바 '극우 유튜버'들의 적극적 지지를 받았고 관료 사회, 현역·예비역 군 장성 일부와 의회 일부의 협력을 얻을 수 있었다. 하지만 그 선택은 절차상 필수적인 국무회의조차 합법적 절차에 따라 거치지 못할 정도로 취약한 것이었다. 동원된 군대의 장교와 병사들, 국정원 1차장(홍장원), 법무부 감찰관(류혁) 등 여러 수준에서 명령 이행에서의 태업 혹은 명령 거부의 행동이 있었다. 그것은 아래로부터 제헌적 시민들의 적극적 저항 및 법치주의-대의주의에 충실한 의원들의 공적 행동과 결합되어서 윤석열의 선택을 좌절시켰다.

하지만 계엄해제가 그 선택의 종말을 의미하지는 않았다. 1차 비상계엄의 실패 후 윤석열은 국민의힘 다수파를 장악한 위에서 국정운영을 미끼로 총리 한덕수와 국민의힘 한동훈파까지 내란 동조 세력으로 끌어들이려 했다. 야당과 언론, 그리고 국민들의 비판으로 이 시도가 실패로 돌아가자 윤석열은 권성동·권영세·윤상현을 매개로 국민의힘 다수파

중심의 내란동조 전선을 구축했다. 헌법재판소 헌법 심리에 불응하고 체포영장 집행을 폭력으로 저지한 것은 이러한 배경하에서다.

우리가 '내란이 지속된다'고 표현한 것은 이러한 역선이 엄존하고 있음을 가리킨 것인데 그 역선의 가장 극단적인 표현은 주지하다시피 1월 19일 새벽 윤석열에 대한 구속영장 발부 직후에 서울 마포에 소재한 서부지방법원에서 나타났다. 그것은 비상계엄처럼 군대나 경호처와 같은 제도화된 국가폭력을 동원한 움직임이 아니라 시민들의 폭도화를 통한 폭동이었다.

1·19 폭동은 수많은 경찰들, 기자들의 부상과 법원 건물의 파손을 가져왔다. 이들은 자신들의 반법치주의적 예외주의 행동을 '국민 저항권' 행사라는 말로 정당화하면서 그것을 '민주화 운동', '혁명'으로 불렀다. 이 전도된 인식과 행동의 효과는 그들이 파괴하고자 한 바로 그 법치주의의 강화였다. 2030 세대 남성을 중심으로 한 수십 명 참가자와 유튜버가 소요죄, 건조물침입죄, 기물파손죄, 방화미수죄 등의 죄목으로 구속되었다.[8]

거리에서 이 폭동을 선동한 혐의와 관련해 경찰은 전광훈 전담반을 꾸렸다. 전광훈은 자신을 체포해 보라고 큰소리를 치면서도 태도를 바꿔 폭동에 가담한 특임전도사 이 모와 자신의 교회와의 상관성을 부정하고 자신은 이들에게 불법과 폭력은 안 된다고 설득한 바 있다는 식의 변명 모드로 돌아섰다. 전도사 이 모가 변변치 않은 학교를 나왔(기 때문에 폭력에 이끌린)다고 인신공격을 하기까지 했다.

폭동의 정치적 구심점이자 지난해 12월부터 담화 형식을 빌려 이러한 내란행동을 지속적으로 자극해온 대통령 윤석열도 며칠 뒤인 1월 27일에 구속기소되었다. 12월 3일 밤에 비상계엄으로 시작된 예외주의적 행동 노선은 1월 19일을 정점으로 급락하여 1월 27일에는 더 이상 나아

---

8. 1월 28일 현재 63명.

갈 길을 잃고 궁지에 내몰렸다. 내란수괴 윤석열의 구속기소에도 불구하고 체포 때와는 달리 대중적 저항이 전혀 보이지 않았다.

좌절, 분열, 동요가 예외주의 '극우파' 진영을 휩쓸고 있다. 지금까지 예외주의 대중투쟁의 선두에 있었던 신남성연대는 집회 활동 중단을 선언하고 유튜버들 사이의 갈등은 격화되고 있다. 극우 거리 집회(1월 25일)는 광화문 집회와 여의도 집회로 분열되었다.

둘째는 대의주의 역선. 이것은 국민의힘은 어디로 가는가? 라는 물음으로 집약된다. 12월 3일 국민의힘 주류는 개인적으로 윤석열의 내란에 긴밀히 협력하거나(추경호의 경우) 국회의사당에 가지 않고 당사에 머물며 계엄해제 표결에 불참하는 방식으로 내란을 방조했다. 계엄해제 후에 국민의힘 주류는 한동훈을 추방하고 권성동, 권영세 등의 친윤파를 앞세워 윤석열 탄핵소추를 투표 불참 혹은 부결 투표의 방식으로 방해했다.

탄핵소추 가결 후에 국민의힘의 태도는 무엇이었는가? 국민의힘 주류파의 일부(특히 윤상현)는 전광훈 태극기집회에 나가 함께 싸우겠다고 공언했다. 김민전은 반공청년단(백골단)이 국회에 설 기회를 제공하기도 했다. 하지만 그것은 개인의 행동이었지 당의 행동은 아니었다. 체포영장 집행을 방해하기 위해 수십 명의 의원들이 관저에 집단적으로 나섰을 때도 국민의힘의 당 차원의 공식 행동은 아니었다.

돌아보면 국민의힘은 윤석열과 하나가 되어 움직이는 것처럼 보이는 순간에조차 당의 공식적 힘을 동원하지 않았다. 어떤 장외 집회도 없었다. 그것은 당력을 보존하면서 윤석열의 예외주의 행동을 지지하는 극우 '애국시민' 세력을 국민의힘의 대의주의 지지 세력으로 확보하기 위한 기술이 아니었을까?

1월 17일 공수처가 윤석열에 대한 구속영장을 청구한 날, 국민의힘은 민주당 법안과 구별되는 자당의 내란특검법을 발의했다. 이것은 윤석열을 특검대상으로 설정하는 것으로 그 법안의 내용과는 무관하게 윤석열과 거리두기를 하는 것을 의미한다.

물론 윤석열의 탄핵소추 및 형사소추의 전 과정에서 국민의힘은 윤석열의 입장을 두둔하고 소추의 전 과정이 불법적이라고 비난했다. 하지만 그것은 '윤석열 지키기'의 방법이라기보다 조기 대선에서 윤석열 지지자들의 표를 훔쳐 오기 위한 대의주의 테크닉으로서의 립서비스에 가깝다. 실제로 국민의힘의 법률적 비난은 무성했지만 그 비난이 옳은 것으로 입증되거나 윤석열에게 긍정적인 실효를 낸 경우는 전혀 없다. 그것은 법치주의적 수준에서의 법률적 대응이라기보다 사람들을 속이고 지지자를 결집하기 위한 여론 형성적 비난이었다.

이상의 고찰에 입각하여 우리는 국민의힘에 대한 여론조사 지지율이 다음과 같은 두 역선의 합력에 의해 규정되고 있다고 말할 수 있다.

첫째, 윤석열의 비상계엄과 예외주의적 내란행동에 처음부터 동의하지 않은 보수 시민들이 윤석열은 포기하면서 국민의힘에 대한 지지를 계속하고 이것이 국민의힘 비주류의 대의주의와 결합한다.

둘째, 윤석열의 예외주의적 비상계엄에 동조했지만 윤석열의 복귀 가능성이 점점 희박해지는 상황에서 절망하고 있는 대중들이 대의주의 회로에서 예외주의를 지지하는 (것처럼 보이는) 국민의힘 주류파의 기회주의와 결합한다.

하지만 첫째 역선은 취약하며 둘째 역선은 원한과 절망을 깔고 있다. 구심점은 사라졌고 이제 원심력이 더 크게 작용할 것이다. 예외주의 폭동의 길과 대의주의 투표의 길 사이에서 동요하는 이 힘은 어디로 향할 것인가?

특이점, 예외, 극단
2025년 2월 2일 일요일 오전 10시 22분

12·3 비상계엄은 예외의 순간이지 특이점은 아니다. 그것은 기존 법치주의 세계에서의 일탈이지 변혁과 창조의 순간이 아니다. 그것은 기존 입법기관의 폐지를 염두에 두었지만 법을 넘어서는 어떤 것의 창출이 아니라 비상입법기구를 통한 예외적 법의 구축을 기획했다. 그것은 대의와 합의에 기초한 법을 폐지하고 명령과 폭력에 기초한 법을 설립하려고 했다. 법치주의는 계속되지만 폭력적 형태로 계속된다. 기존의 법치주의가 파악할 수 없는 예외적 법치주의가 시작된다.

　1·19 폭동은 5·18광주민중항쟁과는 달리 파괴의 순간이지 혁명의 순간이 아니다. 광주민중항쟁은 광주 코뮌을 창출했지만 1·19 폭동은 파괴만을 연출했다. 폭언과 폭행이 난무했고 5·18 항쟁이 보여준 연대와 사랑은 흔적조차 보이지 않았다. 5·18이 혁명적 특이점임에 반해 1·19는 반혁명적 극단을 보여준다. 5·18이 위헌적 계엄권력에 대항하는 시민적 저항권의 행사임에 반해 1·19는 폭도의 난동이다.

　여기서 5·18 광주민중항쟁의 자리에 12월 3일 밤에서 4일 새벽 사이에 벌어진 시민항쟁을 놓을 수도 있다. 12·3 시민항쟁은 저항과 연대의 순간이었지만 1·19는 원한과 공포의 순간이었다. 1·19 폭동은 12·3 반비상계엄 시민항쟁(국회의사당), 12·7/12·14 윤석열 탄핵집회(여의도), 12·22 남태령 대첩, 1월 3일~6일 한남동 대첩 등의 연속 혁명을 반대 방향으로 뒤엎으려 한 반혁명적 사건이다. 이 사건 속에서 언어는 오용되고 오염된다. "국민 저항권", "민주화운동", "혁명"은 창조의 언어가 아니라 파괴의 언어로 둔갑된다. 제헌의 언어가 아니라 위헌의 언어로 전용된다.

예외주의와 극단주의
2025년 2월 2일 일요일 오전 10시 30분

ex+capere에서 나온 예외exception는 법칙으로 포착할 수 없음을 지칭한다. 예외주의는 법치주의의 구멍이고 바깥이다. extremus에서 나온 극단extreme은 사물 혹은 삶의 극점을 지칭한다. 현대의 정치적 극단주의는 대의주의의 극점들이다. 좌, 우라는 말이 삼부회에서의 좌석 위치 표시 방식이듯 그것은 대의주의 평면에서의 위치를 가리킨다. 극좌든 극우든 마찬가지다.

극우는 대의주의 평면에서의 우측 극단을 지칭한다. 제헌주의적 특이점의 활력은 대의주의 평면에서 독립적으로 존재한다. 그것은 대의주의 평면 속에서 작용하지만 그것에 대항하고 넘어서는 힘으로 움직인다. 제헌활력은 대의 평면에서 좌와 우로 갈라지고 그것의 극단들이 극좌와 극우로 현상한다. 대의주의에서의 극단들은 특이성의 활력이 대의주의 궤를 벗어나지 않으면서 좌우 양방향에서 대의주의의 한계지점으로 치닫는 양상이다.

12·3 내란이나 1·19 폭동은 기존 법치주의에 대한 폭력적 파괴의 순간이므로 대의주의 속에서의 극단의 표출과는 다르다. 그것은 법칙의 극단이 아니라 법칙에서의 이탈, 반법칙의 순간으로서 예외주의적 순간들이다. 이런 의미에서 12·3 내란은 극우 내란이라기보다 예외주의 내란이며 1·19 폭동은 극우 폭동이라기보다 예외주의 폭동이다. 예외주의 폭동은 폭력적으로 포획되고 약탈된 에너지의 동원이다. 그것은 법치주의의 평면에 머물지 않고 그것의 경계를 벗어나는 순간이지만 새로운 것을 전혀 창출하지 못한다는 점에서는 특이하지singular 않고 특수할particular 뿐이다.

강조해야 할 것은 극단점, 예외점들도 제헌활력의 특이성들이 순환하는 시간상의 특수한 점들이라는 것이다. 그러므로 극단주의, 예외주의는 제헌주의와의 관계 속에서만 정의될 수 있는 특수한 경향들이다. 극단주의는 제헌활력을 대의주의 속에서 극단화한다. 예외주의는 제헌활력을 법치주의 밖에서 포획하고 동원한다. 극단주의, 예외주의는 각기 다른 벡터들을 가진 반혁명의 형식들이다. 반혁명counter-revolution은 혁명에 대립하는 것이라기보다 혁명을 역전시킨다. 반혁명은 본성상 수동적이므로 수동혁명이다. 혁명이 이 반혁명 형식들과 어떤 관계를 맺는지는 선험적으로 규정될 수 없는 역사적이고 실천적인 경험의 문제다.

김건희의 통합론과 비상계엄
2025년 2월 2일 일요일 오후 1시 19분

2022년 9월 13일 코바나컨텐츠 사무실에서 김건희는 목사 최재영이 "진보 일각에서 윤석열 정부의 극우화 우려가 나온다"고 말하자 "저희가 언제부터 극우였나. 말이 안 된다"면서 "아주, 극우나 극좌는 없어져야 한다. 그들이 나라를 이렇게 망쳤다", "막상 대통령이 되면 좌나 우보다 진짜 국민 생각을 먼저 하게끔 되어 있다. 이 자리가 그렇게 만든다", "(우파에게) 약간의 비위를 맞출 순 있어도 근본적인 뿌리는 사실 다 통합하고 싶다. 그걸 제일 원하는 게 저"라고 응답했다.

윤석열은 2024년 12월 3일 밤 9시께 대통령실에 도착한 국무총리 한덕수, 당시 행정안전부 장관 이상민 등에게 "(비상계엄 선포 계획) 이거 아무도 모른다. 심지어 우리 와이프도 모른다. 비서실장도 모르고 수석도 모른다. 와이프가 굉장히 화낼 것 같다"고 말한 것으로 알려졌다. 이 말은, 지금까지의 합체관계("앉은뱅이 주술사와 장님 무사")를 고려하면, '내 와이프는 비상계엄 선포 계획에 대해 모르는 것으로 해야 한다'는 취지로 읽는 것이 합리적일 것이다.

"와이프도 모르는" 12·3 내란은 극단주의를 넘어 예외주의적 비상계엄의 형태로 나타났다. 그것의 목표는 국민통합이었고 그것의 수단은 국회의 폐지, 주요 인사들에 대한 체포, 구금, 살해, 수거였다. 통합은 늘 억압과 배제를 수반한다. 12·3 내란이 추구한 '국민통합'은 억압과 배제를 위한 군사적 폭력 행동, 즉 폭동을 필요로 했다. 그것이 민간 폭동으로 전이되는 데에는 그렇게 긴 시간이 걸리지 않았다. 47일이다.

자백은 차곡차곡 쌓인다 : 5차 변론에 대해
2025년 2월 5일 수요일 오후 12시 25분

윤석열이 파면을 회피할 수 있는 유일한 방법은 헌법재판관이 "내란이 없었음"을 인정하게 만드는 것이고 이를 위해 비상계엄이 내란이 아님을 인정하게 만드는 것이다. 이를 위해 4차 변론까지 그는 비상계엄이 경고용 계엄령("계몽령")이라고 주장함으로써 내란의 실체를 약화시키는 방법을 사용했다. 5차 변론에서 그는 비상계엄을 "호수 위에 떠 있는 달그림자"에 비유함으로써 그것을 비실체적 허상으로 만드는 쪽으로 나아간다.

이 허상화를 위해 변호인들과 윤석열이 사용하는 방법은 증언을 흔드는 것, 특히 당시 국정원 1차장이었다가 사실상 윤석열에 의해 해임된 홍장원의 증언을 흔드는 것이다. 증언 흔들기에 두 가지 방법이 주요하게 사용되었다.

하나는 그의 증언이 야당(특히 민주당)과 모의되고 조작된 정략적 증언이라고 몰아가는 것이다. 이것은 4차 변론에서 윤석열과 그의 변호인이 특전사령관 곽종근의 증언을 흔들 때 사용한 방법이다. "민주당 의원 김병주가 곽종근의 증언을 유도하여 '요원을 끌어내라'고 한 것을 '의원을 끌어내라'고 한 것으로 둔갑시켰다"는 악명 높은 변론이 그것이다. 곽종근은 2월 4일 내란 국감에서, 그 당시 "국회의사당에는 특전사 요원이 들어가 있지 않아 끌어낼 요원은 없었다"고 이 변론을 반박했다.

그럼에도 불구하고 5차 변론에서 윤석열 변호인들은 홍장원의 증언이 민주당과의 결탁의 산물이라는 음모론적 변호술을 집요하게 사용했다. 홍장원의 통신 조회를 신청하여 그와 '야당 정치인' 사이의 통화 내용을 확인하고자 했던 것이 대표적이다. 변호인들은 홍장원의 "싹 다 잡아들여!" 증언이 민주당 정치인의 교사에 의한 것이 아닌지를 집요하게 질문했지만 결국 입증하지 못했다.

또 변호인들은 국정원장 조태용에게 홍장원이 "이재명 대표에게 전화 한번 해 보시죠"라고 말한 것을 민주당과의 결탁 증거처럼 제시했는데 홍장원은 그것은 "계엄 직후 대북 민심 안정을 위한 소통 창구 확보를 위한 아이디어 차원"에서 한 "건의"였다고 응답했다.

또 하나는 홍장원에 대한 인신공격이다. 윤석열 변호인 김계리는 홍장원이 대북공작금을 횡령했다는 루머를 헌법재판정에 올려놓았고 홍장원은 "새빨간 거짓말이다"라고 답하며 그랬다면 "검찰총장까지 한 대통령이 저를 국정원에 2년 반씩이나 뒀겠냐"고 반문함으로써 김계리를 당황하게 만들었다.

윤석열 자신은 좀 더 저열한 수단, 요컨대 자격 부정과 인신공격을 사용했다. 먼저 권위주의자들이 흔히 사용하는 자격 부정의 방법. '국정원은 수사권도 검거 능력도 없다. 국정원은 계엄 상황에서는 방첩사 아래이므로 자신과 방첩사령관(여인형)이 국정원장도 아닌 국정원 1차장에게 검거에 관해 협조를 요청할 이유가 없다.' 이것은 계엄 상황에서 국정원의 지위는 낮으며, 이런 기관에 그것도 원장이 아닌 1차장에게 계엄 관련 지시를 할 이유가 없으므로 자격이 없는 1차장이 뭔가를 들었다고 말하더라도 헌법재판관이 그 말을 귀담아듣지 말아야 한다는 간계다. 홍장원은 자격에 대한 이 호소에, '자신은 들은 바를 말할 뿐 그 말이 좋은 말인지 나쁜 말인지 가치평가를 하고 있는 것이 아니다'라고 사실의 차원에서 대응했다.

다음은 노골적 인신공격. 윤석열, 여인형과의 통화에 대한 홍장원의 증언을 오염시키기 위해 윤석열은 이렇게 말한다. (1) 국정원장이 해외에 있는 것으로 잘못 판단하여 홍장원에게 전화했는데 처음에는 전화 안 됐고 두 번째는 (홍장원으로부터) 전화가 왔다. (2) "제가 전화 딱 받으니까 약간의 식사와 반주를 하는 느낌이 딱 들어 갖고" "원장님 부재중이니까 원을 잘 챙겨라…이따 또 전화할 일 있을 수 있으니 비화폰 잘 관리하라"라고 말했다. (3) 같은 날 밤 국무회의에 국정원장이 참석하러 왔길래 "미국에 있는 줄 알고 1차장에게 전화했다", "그런데 원장님 부재중이니 원을 잘 챙기라고 했는데 1차장이 원장님 여기 계십니다라는 말을 안 합디다"라고 말했다. (4) 계엄 사무와 관련해서 국정원에 말할 게 있으면 국정원장에게 하지 차장들에게 하지는 않는다. (5) 국무회의 끝난 후 홍 차장에게 전화한 것은 계엄 사무가 아닌 격려 차원이었고 간첩 검거와 관련해서 수사권이 없지만 조사권이 있는 국정원에 방첩사를 도와주라고 한 것이고 늘 예산이 부족한 방첩사에 예산 지원해 주라는 일상적 이야기를 한 것이다.

여기서 (2)는 홍장원이 술을 마시며 식사하던 중에 대통령에게 전화를 하는 인물이라고 인신공격을 한 것이며 (3)은 사실을 숨겨가며 지위에 맞지 않게 국정원장 역할을 대행한 인물이라고 비난한 것이다. 이런 인물이니 일상적 간첩 검거 협조 지시를 계엄 관련 주요 인사 검거 협조 지시로 오인하거나 과장할 수 있지 않냐는 것이다. 즉 홍장원의 청력과 발언을 믿지 말아 달라고 헌법재판관에게 호소한 것이다. 인신공격을 통해 자신의 부하의 증언을 오염시키는 비열한 방법이다. 이날 이진우와 여인형도 진술했지만 자신의 부하를 노골적으로 의심하거나 비난하는 비열한 진술은 하지 않았다. (5)는 비상계엄을 선포한 바로 그 엄중한 시간에 국정원 1차장의 일상 업무를 격려하고 일상적 방식으로 간첩 검거에 협조할 것을 지시했다는 누구도 믿지 못할 비상식적인 변명이다. 이에 홍장원은 대통령의 기억에 사실과 다른 것이 있다고 말하면서 대통령은 "싹 다 잡아들여"라고 말했고 잡아들일 명단은 여인형 방첩사령관으로부터 들었고 받아적다가 중단했지만 이후 기억을 더 듬어 보충했다는 지금까지의 주장을 일관되게 유지했다.

　헌법재판관 정형식은 홍장원 메모지 끝에 쓰인 "검거:요청"이라는 글귀에 대해 문제 제기하면서 위치추적 요청 외에 검거 요청이 있었는지를 묻고 홍장원이 여인형의 협조 요구를 검거 지원 요청으로 받아들였다고 답하자 "검거 지원 요청"이라고 쓰지 않고 "검거 요청"이라고 쓴 것이 잘 이해되지 않는다고 말했다. 이에 대해 홍장원은 검거지원 요청이 더 맞는 표현이지만 정제된 보고서가 아니라 짧은 시간에 쓴 메모임을 감안해 달라고 답했다. 윤석열은 자신이 계엄 관련 주요 인사 검거가 아니라 "간첩 검거" 관련 협조를 홍장원에게 지시했다고 말했으므로 홍장원이 "검거"라는 말을 메모지에 추가한 것은 이제 더 큰 설득력을 얻게 되었다. 검거란 (싹 다) "잡아들이는 일"을 의미하기 때문이다. 윤석열이 입을 열어 말을 할 때마다 자백은 계속 쌓인다.

우파의 위기와 예외주의 반혁명
2025년 2월 6일 목요일

　윤석열은 자신의 내란행위를 허상화하고 아무 일도 없었던 것처럼 말한다. 법이 없는 것처럼 법을 무시하고 국민이 아무것도 아닌 것처럼 국민을 우롱한다. 지금 법과 국민다중의 힘 때문에 인신을 구속당하고 강제 재판을 받는 상황인데도 그는 법과 국민의 존재와 힘을 부정하는 안하무인의 태도를 보인다. '아무 일도 없었는데 왜 이 난리냐'는 식이다. 만약 비상계엄이 성공하여 포고령 국가가 되었다면 그는 뭐라고 말했을까? 다소의 희생과 불편은 국가와 자유민주주의를 위해 치러야 할 작은 대가라고 하지 않았을까? '아무 일도 없었다'에서 '당연한 일이었다'로 말을 바꾸지 않을까? 그는 법과 국민 위에 자신을 놓는 예외주의 행보를 계속한다.

1·19 서부지법 폭동은 그의 예외주의 행동이 극우 세력을 예외주의 폭동으로 이끈 사례다. 극우 폭도들이 법원을 습격하여 파괴하고 법관을 린치하려 한 법 위의 행동은 윤석열이 군대를 보내 국회를 습격하고 국회의원을 체포, 구금, 수거하려 한 행동을 반복한다. 후자가 국가폭력의 동원이었다면 전자가 시민폭력의 동원이었다는 점이 다를 뿐이다.

의회, 사법기관, 선관위와 같은 국가기관 "위"에서 그 기관들을 무시하면서 예외주의적으로 사고하고 행동하는 사례는 이제 하나의 문화처럼 자리 잡아가고 있다. 그것은 우파가 국가와 그 기관들을 지배해온 한국 역사에서 주로 좌파에 의해 사용되어 온 민주주의적 저항운동과 저항 문화의 극우적 시뮬레이션으로 나타난다. 혁명 담론의 희화적 차용이다. 아래로부터의 혁명 문화의 위로부터의 전용이다. 요컨대 운동과 문화에서의 예외주의적 반혁명이다. 삶의 비상사태화이다.

우파가 예외주의의 방향으로 극우화한다는 것은 전통적 우파가 위기에 처했음을 의미한다. 근대 이후 장악했던 지배권력, 즉 기득권을 상실할 위험에 처했음을 의미한다. 5월 광주민중항쟁에도 불구하고, 1987년 시민항쟁과 노동자대투쟁에도 불구하고 우파는 기득권을 잃지 않았다. 관료 지배기구에 근거했던 한국의 전통 우파는 신자유주의 세계화에 발맞추어 운동권 민족해방파를 흡수하면서 2000년대 초 뉴라이트로 전환했다.[9]

1987년 체제는 직선제 개혁을 도입했지만 그 개혁의 핵심 동력인 민중의 힘이 실질적 사회개혁으로 표현되는 데에는 많은 우여곡절이 있었고 시간이 걸렸다. 민중의 다중화는 실질적 사회개혁을 도입할 수 있는 잠재력이었고 신자유주의 세계화는 그 개혁적 에너지를 활용하기

---

9. 2004년 자유주의연대, 2007년 뉴라이트전국연합.

위한 위로부터의 장치였다. 2000년대 이후 한국 사회에 자리 잡은 촛불혁명은 아래로부터 직선제를 역동화할 수 있는 국민주권주의를 현실화한 힘이었다. 아래로부터 국민다중이 정치적으로 활성화하기 시작한 것이다. 대의주의가 국민주권주의와 결합되면서 우파 지배권력은 흔들리기 시작했다. 연쇄적 촛불운동과 국민주권주의의 확산은 대의권의 민주파 정당들을 국민다중의 실질적 대의자로 자리매김하기 시작했다. 대의주의의 실질화가 이루어지기 시작했다. 2017년 3월 박근혜 대통령 파면은 대의주의가 국민다중의 명령에 실제로 복종한 중대한 사건이다. 그리고 그것은 우파 위기의 시작이었다.

윤석열 극우정치의 역사적 좌표

2025년 2월 6일 목요일

발터 벤야민은 파시즘에서 정치의 미학화를 보았다. 나는 1·19 폭동에서 정점에 이른 예외주의 흐름에서 정치의 산업화를 본다.

그런데 그 산업은 이윤을 겨냥하는 산업이라기보다 주로 지대를 노리는 산업이다.

예외주의 정치에서 유튜브 등의 디지털 플랫폼은 지대(코인)를 획득하기 위한 디지털 부동산으로 기능한다. 그 정치는 광고 수익, 협찬, 구독과 좋아요, 슈퍼챗과 후원을 노리는 수탈적 지대산업으로 나타난다.

예외주의 디지털부동산에서 생산되고 유통되는 것은 공포, 원한, 분노, 혐오, 저주, 차별, 선민의식, 기득권 합리화, 피해자 프레임, 음모론, 가짜뉴스, 카리스마, 선동, 소망, 폭력이다. 이것들은 제헌활력의 혁명적 운동에 대한 반동reaction 에너지로 제헌활력이 생산한 에너지를 약화, 파괴, 해체시키는 것을 목적으로 한다.

국제적으로는 68혁명과 2011년 전 지구적 반란, 국내적으로는 2008, 2016, 2024년의 연쇄 촛불혁명이 예외주의적 반동이 기생하는 혁명적 토양이다.

68혁명은 노동 거부 위에서의 활력의 특이화, 활력의 지성화, 활력의 공통화, 활력의 국제화를 추구했다. 신자유주의는 노동과의 대면을 회피하면서 삶 자체를 노동화시키는 방식(노동의 보편화)을 통해 이 추구를 자본에 순응시켰다.

노동자의 기업가화, 집단지성의 인공지능화, 네트워킹의 산업화, 초국적 금융자본화. 이것들은 자본의 신자유주의적 전환과 세계화의 방법이고 결과였다.

서브프라임 모기지 위기에서 촉발된 2008 금융위기와 2010 재정위기는 이 체제 모순의 폭발이며 2011년 전 지구적 반란은 이 폭발에 대한 아래로부터의 혁명적 대응이다.

2011년 반란은 민주주의의 실질화(실질적 민주주의)를 요구했고 그 방법으로 금융 재전유와 광장 점거를 실험했다.

파시즘은 1917혁명에 대응한 극우 정치의 형태다. 1968혁명에 대한 위로부터의 대응인 신자유주의 세계화 시기에 극우 정치는 뉴라이트 new-right로 나타났고 2011년 반란에 대한 극우적 대응은 대안우파alt-right로 나타났다.

신자유주의 세계화의 지경학적·지정학적 결과는 한편에서 유럽의 쇠퇴와 미국 헤게모니의 약화, 다른 한편에서 동아시아의 부상, 특히 중국의 부상이다. 시진핑 정권은 이 부상의 애국주의 정치로의 현실화다.

트럼프주의는 미·중의 신냉전적 경쟁 현실 속에서 2011년 전 지구적 반란의 요구들에 대한 미국 대중의 대안우파적 반응을 정치적으로 표현한다. 그것은 실질적 민주주의 요구를 백인 노동자의 인종차별적 지배로 대체하고, 대안-세계화 요구를 배제주의적 반이민 반다문화 관세장벽 운동으로 대체하고 공통장에 대한 요구를 모든 삶의 금융화와 지대약탈주의로 대체한다. 이 과정에서 차별, 혐오, 폭력이 정치화한다. 윤석열의 내란은 이러한 국제정치적 흐름 속의 일부다.

내란의 정쟁화
2025년 2월 7일 금요일 오후 4시 37분

부정선거 음모론은, 대의주의에 대한 불신을 조성함으로써, 의회에서 다수를 차지하고 있는 야당, 특히 민주당을 정치적으로 공격하는 수단이다. 쟁점은 국민의힘 대 민주당의 수준에서, 즉 제도 정치적 수준에서 제기된다. 이 수준에서 국민다중과 정당의 관계라는 차원은 배경으로 사라진다. 선거를 정쟁화하기는 국민주권을 표현하는 선거를 권력게임으로 환원하고 국민다중을 지지율로만 나타나는 통계적 존재로 만들어 역사 무대 밖으로 추방한다.

2025년 2월 6일 6차 변론기일에서 윤석열은, 비상계엄 사흘 뒤인 12월 6일부터 민주당 의원 김병주·박선원이 특전사령관 곽종근, 국정원 1차장 홍장원과 결탁하여 비상계엄을 내란으로 프레임화하고 탄핵공작을 시작했다는 음모론을 재판정에 제시했다.

홍장원이, 윤석열이 "싹 다 잡아들여"라고 자신에게 이야기했고 방첩사령관 여인형이 잡아들일 사람 명단을 자신에게 불러줬다고 증언하고(2월 4일), 곽종근이 "의결정족수가 아직 안 찼으니 문을 부수고 들어가 의원을 밖으로 끌어내"라고 윤석열이 자신에게 말했다고 증언한 (2월 6일) 뒤다. 그들의 증언은 비상계엄의 위헌성과 불법성을 입증하는 증언들로, 모두 대통령 윤석열의 면전에서, 그것도 유도 신문과 위증 강요에 가까운 압박을 이기고서 이루어졌다.

윤석열과 그 변호인들은 증인들의 기억에 고문을 가하는 방식으로 증언을 난도질하고 교란시키고 오염시키려 시도했다. 증언을 증인들의 자기결정이 아니라 사주와 공작의 산물로 몰아붙이기 위해서였다. 증언의 배후에 정치 정당인 민주당이 있다는 것이었다. 장시간 이어진 이 고압적이고 간교한 공격에도 불구하고 홍장원은 노련함으로, 곽종근은 우직함으로 증언의 사실성을 지켜냈다.

홍장원은 증언을 하는 이유와 관련해 체포 대상 명단을 보고 "이거는 안 되겠다"고 생각했기 때문이라고 말했다. 곽종근은 형사재판 중인데도 진술거부권을 전혀 행사하지 않고 모든 질문에 상세히 답했다. 그도 "의원을 끌어내라"는 윤석열의 지시에 대해 증언하는 이유와 관련해 '대통령과의 두 번째 통화(12.03.00.30경)의 파급력을 알고 있었기 때문에 내적 고뇌가 있었고 주저했고 그 때문에 진술이 조금씩 바뀌게 되었지만 "도저히 숨길 내용이 아니라고" 판단하여 있는 그대로 이야기하게 되었다'고 말했다.

이 말들은, 이들에게 증언을 사주한 배후가 있다면 그것은 김병주, 박선원이 아니라 인간으로서의 최소한의 '양심'이었음을 보여준다. 그들의 증언은 정치적 공작이 아니라 윤리적 결단이었다. 그것은 예외주의는 물론이고 법치주의까지 저월하는 제헌주의적 움직임의 일부였다. 그것은 예외주의적 내란의 현장에서 그것에 대항하고 대의주의를 저월하는 삶정치적 의지의 표현이었다.

이 양심과 윤리의 차원에 철저하게 둔감한 윤석열의 '내란 프레임-탄핵공작 음모론'은 내란의 정쟁화를 의도한다. 헌정 질서의 문제인 내란을 여·야 간 정쟁의 문제로 축소하고 야당의 정치적 음모로 왜곡하는 것이다.

비상대권에 입각한 비상계엄은 사법적 판단의 대상이 아니라는 초헌법적이고 초법률적인 예외주의 사고법에서만 12·3 비상계엄은 내란이 아닌 것으로 환상될 것이며 탄핵 사유가 될 수 없는 것으로 상상될 것이다. '탄핵이 내란'이라는 극우 태극기집회의 널리 퍼져있고 이제는 오래된 주장은 이 예외주의 관점에서 나오는 정치적 공세다. 윤석열의 '내란 프레임-탄핵공작 음모론'은 전광훈 태극기집회의 '탄핵=내란론'의 정쟁적 번역에 지나지 않는다.

물론 이 정쟁적 축소와 왜곡, 그리고 번역은 이미 드러난 사실과 어긋나며 헌법이나 법률의 규정에도 부합되지 않는다. 윤석열은 탄핵소추 '피청구인'으로서 헌법재판관에게 자신의 관점(즉 음모론의 관점)에서 비상계엄을 바라봐 줄 것을 호소했다.

헌법을 다루는 사법기관인 헌법재판소가 이러한 관점을 받아들일 가능성은 거의 없다. 하지만 선거 부정을 넘어 법치 부정으로, 그리고 헌재 부정으로 치닫고 있는 극우의 예외주의적 감성과 믿음에는 갈급한 불쏘시개로 작용할 수 있을 것이다. 법치주의의 압박이 심해질수록 극우의 예외주의적 이탈 행보가 더 빨라질 수 있기 때문이다.

거리와 광장에서 : 2월 8일 집회 단상
2025년 2월 9일 일요일 오전 11시 33분

윤석열에 대한 탄핵은 법치주의의 문제이다. 12·3 비상계엄은 헌법과 법률을 위반한 것이 객관적으로 명백하고 또 증거가 현장에서 주어지고 있으므로 윤석열이 탄핵소추에 대한 인용과 파면을 거짓말, 책임전가, 증거인멸 등의 꾀로 피하기는 어려울 것이다.

그런데 거리와 광장을 거점으로 한 극우의 부상과 발호는 법치주의의 문제가 아니다. 내란과 탄핵을 기회로 거리와 광장에서 급속하게 자라고 있는 극우 운동은 법의 문제 이전에 민주주의의 문제이다. 법은 민주주의적 집회 시위든 반민주주의적 집회 시위든 폭력을 사용하거나 실증법을 위반하지 않는 한 차별 없이 보호하도록 되어 있기 때문이다.

그래서 거리와 광장에서의 극우 운동은 법에 의해 다스려질 수 없고 거리와 광장에서, 삶의 현장에서 그것에 대항하는 운동을 통해서만 다스려질 수 있다.

2025년 2월 8일 시청에서 광화문에 이르는 거리와 광장에서 나는 극우가 '국민'을 참칭하는 것을 넘어 그것을 자신의 독점물로 전유하고 심지어 '민주주의'의 이름까지 탈취해 가고 있다는 느낌을 받았다. 오후 3시 조금 넘은 시간. 태극기와 성조기를 손에 든 사람들로 태평로는 뒤덮여 있었고 덕수궁에서 동화면세점에 이르는 인도로 인파가 넘쳐흘러 줄을 서지 않고는 지나갈 수 없었다.

단상과 스크린에서 전광훈이 총선은 부정선거였고 지금의 국회의원들은 가짜 국회의원이라고 말하자 청중은 환호성을 지르며 '맞다'고 호응했다. 사람들이 가장 많이 들고 있는 피켓은 '조기 대선' 아래에 '조기 총선'이라고 쓰인 흰색 피켓이었는데 거기에서 '대선'에는 붉은색 가위표가 쳐져 있었다. 전광훈은 오는 3월까지 조기 총선을 실시하라고 외쳤다. 부정선거론을 조기 총선론으로 업그레이드한 것이다.

이것이 법률적으로 어떤 근거도 없으며 실현 가능성이 없는 슬로건이라는 것은 아마 전광훈 자신도 잘 알 것이다. 하지만, '(1) 2020년 4·15 총선과 2024년 4·10 총선은 중국과 민주당이 공작한 부정선거였다, (2) 비상계엄은 (사법적 심판 대상이 아닌) 대통령 비상대권을 이용하여 선관위 서버를 강제 조사함으로써 이 부정선거의 실상을 밝히려는 비상조치였다, (3) 탄핵은 부정선거를 덮기 위해 민주당과 이재명이 주도한 내란이었다, (4) 윤석열 체포와 구속기소는 불법이므로 즉각 석방해야 한다, (5) 부정선거인 한에서 국회는 해산하고 조기 총선을 실시해야 한다'는 극우의 가상소설과 주장은 사실과 전혀 부합하지 않음에도 불구하고 하나의 실효적인 정치적 서사가 되어 대중을 사로잡고 거리와 광장으로 불러 모으고 심지어는 폭동으로 나아가도록 유도한다. 포스트모더니스트 보드리야르는 가상이 실재보다 더 실재적이라고 한

적이 있는데 가짜 전제, 가짜 논리에 기초한 가짜 주장이 강력한 실효를 발휘한다는 점에서 부정선거 음모론은 포스트모던하다.

이 서사의 출발점이 되는 첫 번째 명제부터가 허구적인 것이지만 그 허구의 자기작용에서 실효가 나오는 것은 아니다. 그 허구는 거대한 대중이 현대 자본주의 사회와 세계질서에서 느끼는 자신들의 어두운 실재적 정동을 표출하는 모태로 작용한다. 중국에 대한 거부, 민주당과 이재명에 대한 공포, 공적 과정과 공공기관에 대한 불신, 법률적 절차에 대한 경시, 그리고 탄핵집회를 주도하는 여성에 대한 차별과 혐오….

부정선거론은 허구적이지만 그것에 결합하고 올라타서 전개되는 정동들은 실재적이다. 그 정동들은 한편에서는 사회 하층민들의 정동이다. 매 순간 실업의 고통에 시달리고 있는 실업자들은 일자리를 위협하는 (중국인을 포함한) 이주민들과 여성을 위협으로 받아들인다. 매 순간 몰락의 위기에 노출되고 있는 자영업자들은 현재의 법치 과정과 대의 과정이 자신의 편이라고 느끼지 않는다. 다른 한편에서 그 정동들은 자본의 정동이다. 중국 자본과의 치열한 경쟁 속에 노출된 자본들은 중국 상품에 대한 불매와 거부의 정서에서 수익의 기회를 엿본다. 또 자본은 성차별과 인종차별을 비롯한 여러 차별들이 유지되고 재생산되는 것에서 수익을 챙긴다.

이런 점 때문에 태극기집회는 자본주의 사회의 상층과 하층이 동맹을 맺는 현장이 되고 있다. '애국'은 이 동맹의 정치적 이름이다. 그래서 이들은 1월 15일 내란수괴 윤석열을 체포한 것에 항의하여 공수처 앞에서 분신한 김태권을 애국열사로 추모하며 1월 19일 서부지법 폭도를 애국 전사로 지칭하고 법원 습격을 '국민' 저항권의 행사로 명명한다. 아직까지 (그 개념의 '위험한' 내포 때문에) 민주주의라는 이름을 적극적으로 사용하지는 않지만 필요에 따라 이들은 민주주의를 참칭하고 또 전유할 것이다. 1월 19일의 폭동과 파괴를 '민주화운동'이라고 칭했던 것은 그 전조이다.

윤석열이 파면되어도 이미 대중화된 극우 운동은 파면되지 않는다. 아니 윤석열 파면이 극우 운동의 성장을 위한 강력한 동력으로 작용할 수도 있다. 2월 8일 6시경 광화문 비상행동 집회장에서 시청역으로 가기 위해 동아일보 앞을 지나던 나는 "윤카 윤카[10] … 우리들의 영웅"이라는 떼창을 들었다.

신남성연대의 유튜버 배인규가 넥타이를 맨 정장 차림으로 사회를 보고 있었다. 그는 극우 유튜버의 분열 과정에서, 윤석열이 구속기소되었으니 후원금을 되돌려 달라고 하는 구독자들의 항의에 맞서, 자신이 단상에서 춤추고 노래 부르던 젊은 여성들을 고용하는 데 돈을 많이 썼다고 말한 바 있다. 그 댄서들이 없었기 때문일까? 음악은 울리는 데 노래 부르는 사람은 안 보였고 스크린에 가사만 올라가고 있었다.

윤석열의 영웅화는 파면 이후에도 극우를 먹여 살릴 먹거리일 것이다. 대중의 신민(臣民)화를 통해 극우의 기반은 커간다. 이들이 지금은 조기 총선이라는 대의주의적 요구에 머물고 있지만 어느 순간에 예외주의를 선택할지는 알 수 없다. 신민(臣民)은 민주주의를 만드는 제헌주의 주체성이 아니라 권위주의, 즉 반민주주의를 떠받치는 예외주의 주체성이기 때문이다.

촛불행동 집회와 비상행동 집회는 윤석열의 파면에 집중하고 있다. 윤석열의 파면이 기정사실인 것으로 인식되어 갈수록 집회 참가자 수는 그만큼 줄어든다. 탄핵 반대 극우 집회가 탄핵촉구 민주 집회의 규모보다 더 커진다. 2월 8일의 집회가 그랬다.

극우의 분열은 한편에서 사실이지만 그것이 극우 세력 간 경쟁을 격화시키면서 극우 집회를 광화문에서 여의도로, 부산으로, 대구로 확산하고 있는 것도 사실이다. 파면이라는 사법적 계기는 여전히 투쟁의 초점이지만 지금부터라도 거리와 광장에서, 공장과 학교에서, 디지털망

---

10. '윤카'는 '윤석열+가카(각하)'의 줄임말로 쓰인다.

에서 파면 이후를 준비하는 것이 절실하다. 이 삶의 공간들을 점거^{occupy}하는 것은 행정과 의회라는 대의주의 공간을 쟁정하기 위한 기초다. 권력은 이 삶의 공간들에서 움직이는 활력에 의존하기 때문이다.

두 종류의 집회
2025년 2월 12일 수요일 오후 6시 4분

집회는 특정한 정치적 주체성이 생산되는 공장이다. 촛불집회(비상행동 집회)와 태극기집회(탄핵반대 국민대회)를 참가자의 수에 따라 양적으로만 비교하는 것은 이 두 집회 사이의 질적 차이를 가릴 수 있다. 그것들은 '두 개'의 집회이지만 질적으로 다른 '두 종류'의 집회이기도 하다. 집회의 생산물이 다르기 때문이다. 2025년 2월 8일 토요일 집회 공간에서 느낀 바에 따라 양자 사이의 차이를 기록해 둔다.

첫째, 民 대 臣民.

촛불집회는 왕으로 인해 희생되어 왔던 사람들이 왕을 거부하고 왕의 발생을 억제하면서 스스로 자신의 주인이고자 하는 사람들의 연합체다. 특정한 지도자가 없이 모든 사람들이 함께 그리고 서로 지도해 나가는 집회다. 글자 그대로의 민주집회다. 民은 민의 힘을 두려워한 왕에 의해 한쪽 눈이 찔린 채 왕의 성 밖에서 살았던 사람들을 상형한다. 이들은 결국 왕을 물리치고 나라의 주인이 되고자 하는 사람들이기도 하다. 촛불집회는 군주제에 반대하는 집회이며 민의 공동체를 벗어나 민 위에 서고자 하는 예외로서의 왕을 거부하는 집회이다. 그것은 자유로운 개인들이 스스로 연합하고자 하는 집회이다. 자유 발언이 집회를 끌고 간다.

태극기집회는 왕을 만들고 받들고자 하는 사람들의 결집체다. 왕

아래에서 이득을 얻을 수 있으리라고 기대하는 사람들의 집회다. 후보 시절부터 윤석열은 손바닥에 王자를 새기고 나온 인물로 악명이 높다. 그는 대의제에서의 대통령이 왕일 것이라고 상상했지만 실제로는 왕이 아님을 깨닫고 비상계엄을 통해 독재 군주, 즉 왕이 되려고 시도한 인물이다. 태극기집회는 이런 윤석열을 각하(윤카)이자 영웅으로 모시고자 하는 사람들의 집회, 즉 신민집회다. 臣은 포로로 잡혀 노예가 되었기 때문에 주인을 정면으로 바라볼 수 없는 사람의 눈을 상형한 글자다. 신민은 군주제의 포로가 된 신하와 백성을, 아니 군주제의 신하이고자 하는 백성을 지칭한다. 어떤 이유, 어떤 동기에서건 '민'이 주인으로 사는 것을 반대하고 민을 혐오하는 사람들이 군주제를 재도입하고자의 반 타의 반 '민주'를 부정하고자 할 때 신민이 된다. 이런 유형의 사람들이 모이는 집회가 태극기집회다. 전광훈을 비롯한 지도자의 웅변이 집회를 끌고 가는 힘이라는 점에서 이것은 반민주적인 집회다.

둘째, 다양성 대 차별.

촛불집회는 존재론적 차별을 반대하는 집회다. 여성에 대한 차별, 노동자에 대한 차별, 성적 지향에 대한 차별, 장애인에 대한 차별, 이주민에 대한 차별을 반대하는 집회다. 존재론적 평등이 촛불집회의 지향성이다. 그러나 존재론적 평등에 대한 이 지향성이 존재적 차이에 대한 부정을 의미하지는 않는다. 촛불집회는 하나의 색깔로의 통일을 의미하지 않는다. 하나의 깃발 아래로 뭉치는 것을 의미하지도 않는다. 촛불집회는 무지개색이며 깃발들은 셀 수 없이 다양하다. 다양한 깃발들의 바다가 촛불집회다. 그것은 특이성들의 집회다.

태극기집회는 존재론적 차별을 지향한다. 여성에 대한 혐오, 중국에 대한 혐오, 좌파에 대한 혐오, 복지에 대한 혐오…를 표현한다. 평등보다 경쟁을 선호한다. 구조적 불평등의 해결보다 경쟁에서의 성공을 선호한다. 친구되기보다 영웅되기를 선호한다. 그러면서 이 경쟁적 차별을 하나의 깃발 아래 통일시킨다. 국기(태극기와 성조기)가 그것이다.

태극기집회에는 (자유마을 깃발을 제외하면) 깃발이 거의 없다. 오직 태극기와 성조기만이 펄럭인다. 지난주 토요일(2025년 2월 8일) 세종문화회관 앞에서 어떤 참가자는 태극기와 성조기를 앞뒷면으로 바느질해 붙여 흔들고 있었는데 그때마다 태극기 문양과 성조기 문양이 차례로 보였다. 두 장을 한 묶음으로 1,000원에 파는 태극기와 성조기. 한국과 미국은 태극기집회의 상상계에서 접합된 하나의 나라다. 한국이 미국의 한 주처럼 상상된다. 가령 구속된 윤석열을 미국이 구해줄 것이라는 상상계.

셋째, 상향 대 하향.

촛불집회는 수많은 개인들, 조직들, 단체들의 연합이다. 상향식 집회다. 2월 8일의 경우 대학생들의 시국대회, 기후대응 집회, 5인 이하 사업장 근로기준법 전면 적용 집회, 촛불행동 집회 등이 공간을 달리하고 시간을 달리하여 열린 후 오후 5시에 광화문으로 집결하면서 비상행동 집회가 열렸다.

인상적인 장면 하나. 안국동 로터리에서 촛불행동 집회에 참가하고 있던 한 남성은 조계사 방향에서 안국동로터리로 다가오는 민주노총과 금속노련 행진 대오를 보더니 오른손을 들어 흔들기 시작했고 대오가 접근하자 허리를 굽혀 절을 하기 시작했다. 행진 대오가 송현광장을 지나 광화문으로 빠져나가기까지 꽤 긴 시간 동안 이 남성은 행진 대오를 향해 허리 굽혀 절하고 허리를 펴 손을 흔들기를 반복했다. 행진 대오의 후미 차량에까지 손을 열심히 흔들어 차량이 지나간 후에야 비로소 절하기를 멈췄다. 나는 그것을 마음에서 우러나는 연대와 감사의 표시로 이해한다.

태극기집회도 어느 정도는 연합집회다. 하지만 사랑제일교회의 영향력이 압도적인 연합집회로서, 하향성이 강하다. 집회장 연도(沿道)에는 자유마을 가입, 퍼스트모바일 가입, 자유통일당 가입을 유도하는 모집 부스가 즐비하다. 단상은 전광훈과 퇴역 장성들, 법조인들이 긴 시간 동안 장악한다. 자유 발언은 드물고 유튜버가 주도하는 저녁 시간대 집회에서나 볼 수 있다. 참가자들은 집회가 끝나면 대절해 온 차량을 타고 전국 각지로 떠난다. 자발성을 무시할 수 없겠지만 아직은 동원성이 강한 집회다.

이제 유사해 보이는 이 두 집회의 질에서 드러나는 차이를 극단화시켜 보자.

촛불집회는 다중화의 집회이고 태극기집회는 신민화의 집회이다. 집회를 통해 전자에서는 다중이, 후자에서는 신민이 생산된다.

충성과 배반
2025년 2월 13일 목요일 오후 12시 32분

어제(2월 12일) 감사원장 최재해 탄핵소추 변론이 열린 헌법재판소. 그는 2024년 12월 5일 "△감사원의 직무상 독립적 지위를 부정하는 발언 △전현희 국민권익위원회장에 대한 표적 감사 실시 △대통령실 관저 이전, 서해 공무원 피격 사건, 이태원 참사, 월성 원전 1호기 조기 폐쇄, 중앙선거관리위원회 감사에 대한 위법성 △국회 법제사법위원회 자료 제출 요구 거부" 등의 사유로 탄핵되었다.

이 건에 대한 헌법재판에 증인으로 나온 감사원 특별조사국장 김숙동은 국회 측 변호인을 향해 눈을 부라리거나 고성을 지르거나 답변을 거부하거나 엉뚱한 대답을 하거나 질문과 무관하게 (누가 작성했는지 모르겠지만) 사전에 준비해온 문건을 감정을 섞어 높은 목소리로 읽는 식으로 증언했다. 1월 19일 서부지법을 습격한 사람들은 어떤 절제도 없이 힘을 닥치는 대로 사용했는데 김숙동 역시 헌법재판소에서 말을 닥치는 대로 사용했다.

상황에 맞지 않는 그 폭력적 태도는 국회 측 변호인만이 아니라 생중계 방송을 듣는 시청자들까지 불쾌하게 만들었다. 헌법재판관들도 아마 마찬가지였을 것이다. 이 와중에 국회 측 변호인이 "증인이 헌법재판소를 모독하고 있다"고 제지를 요청했다. 오랫동안 꾹 참고 있던 헌법재판관 문형배가 마침내 증언을 일시 중지시켰다. 김숙동이 읽고 있던 문건을 가져오라 해서 확인한 후, 사전 준비한 이 문건을 읽지 말고 기억으로만 말하고 기억나지 않는 것은 기억나지 않는다고 말하라고 지시했다. 이 지시에 김숙동이 항변하자 문형배는 '재판은 내가 진행한다'면서 "여기가 증인의 충성심을 증명하는 자리가 아니다"며 꾸짖었다.

'충성심 증명'! 놀라운 말이다. 그리고 정확한 말이다. 누구를 위해, 그리고 무엇을 위해 그가 재판의 문법을 '파괴'하고 재판장의 분위기를 '깨고' 질문자나 청중, 그리고 재판관의 감정을 '손상'시키는 폭력적 증언을 이어갔는가? 이 물음은 1·19 폭동에서 폭도들이 누구를 위해, 그리고 무엇을 위해 유리창을 깨고 키오스크를 부수고 문을 발로 차고 법원을 불태우려 했는가, 라는 물음과 깊은 곳에서 연결되어 있지 않을까?

김숙동이 과장으로 승진한 지 1년도 안 돼 국장으로 승진했을 때 주류 언론들은 전례 없는 "초고속 승진"이라고 보도하며 "직무상 신뢰감이 높은 인물"이라고 추켜세웠다. 문형배는 그 초고속 승진의 비밀과 신뢰감의 실체를 곧바로 짐작할 수 있게 하는 개념을 이날 우리에게 제시해 주었다. "충성심"이 그것이다. 김숙동의 위협적인 표정과 공격적인 언어, 그리고 파괴적인 몸짓을 '나는 당신에게 충성합니다'의 신호로 읽는 순간 모든 의문이 풀리고 우리는 더 이상 당황하지 않을 수 있다.

충성은 이중적이다. 위에 대한 순종주의, 그리고 아래에 대한 권위주의. 충성스럽다는 말은 흔히 고분고분하다는 의미로 여겨지곤 하는데 실제로는 고분고분함과 사나움이라는 두 가지 특징을 동시에 갖는다. 그런데 충성스러움이 가장 사나울 때는 고분고분하기 위해 사나울 때임을 이날 김숙동이 실감 나게 보여주었다.

윤석열은 직무 정지되었음에도 헌법재판소에서 오른손으로 허공을 내리지르거나 혹은 옆으로 가르고 부라린 눈을 굴리고 치든 턱을 도리도리 돌리면서 말하기를 계속한다. 그리고 피소추인이면서 도리어 증인을 직접 신문하겠다고 나선다. 위계적 관료 사회에서 직무상 상급자가 하급자에게 하곤 하는 권위적 태도를 직무가 정지된 상태에서도, 심지어 탄핵소추되어 헌법재판을 받고 있는 피청구인의 신분인데도 계속한다. 사회의 상부구조가 그것을 낳은 물질적 토대가 사라졌을 때도 지속되는 것처럼 습관은 그것을 낳은 사회적 조건이 사라져도 계속된다. 어릴 적 버릇이 여든까지 간다는 속담도 있지 않은가?

충성은 근대 이전의 중앙집권적 군신 관계에서의 덕목인데 근대에서도 살아남았다. 자본과 국가가 이 덕목을 이윤 체제에 재활용하기 때문이다. 특정 브랜드나 상품을 지속적으로 구매하는 경향을 소비자 충성도라 부르며 기업에 대한 헌신과 기여를 기업 충성심이라 부르고 기업에 장기적으로 투자하는 주주를 충성스러운 주주라고 부르며 강경한 신자유주의자를 신자유주의에 대한 충성도가 높다고 평가한다.

지난 토요일(2025년 2월 8일) 대구 동대구역 광장에서 윤석열에 대한 탄핵을 반대하는 집회 세이브코리아의 사회자는 대구·경북에 지역구를 둔 국민의힘 의원 강대식·권영진·김승수·윤재옥·이달희·이만희·이인선·조지연과, 같은 당 소속의 경북지사 이철우를 무대 위로 불러 인사시키면서 '충성을 다짐하는 의미'라고 소개했다. 유권자를 의식해야 하는 국회의원인데도 충성을 필요로 하는 자리에서는 겁이 없어지고 앞뒤를 가리지 않는 것 같다. 아니면, 표를 위한 '충성'일까?

자본주의에서 충성의 의미가 무엇일까? 아마도 사람들의 답은 각양각색일 것이고 정답을 찾기 어려울 것이다. AI는 어떻게 답할까?

자본주의에서 충성은 단순한 감정적 헌신이 아니라 **경제적 합리성 속에서 유지되거나 무너지는 특성**을 가집니다. 즉, 보상이 따르는 한에서는 충성이 유지되지만, 보상이 사라지면 충성도 금세 사라지는 것이 특징입니다. 이는 현대 기업과 국가가 충성을 요구하면서도 보상하지 않는 딜레마를 만들기도 합니다. 결국, 자본주의적 충성은 **개인의 이해관계와 맞아떨어질 때만 존재**하며, 장기적으로는 유지되기 어렵다는 점에서 구조적인 한계를 가집니다.[11]

충성이 사라진 상태를 사람들은 흔히 배신 혹은 배반이라고 부른다. 위의 챗GPT의 답은 자본주의적 충성에서 배반은 필연적이라는 의미를 함축한다. 윤석열은 2013년 10월 21일 국회 법제사법위원회의 서울고등검찰청 국정감사에서 '사람(채동욱 당시 검찰총장)에게 충성하는 것입니까?'라는 새누리당 의원 정갑윤의 물음에 "저는 사람에게 충성하지 않습니다"라는 꽤 유명해진 답을 남겼다. 하지만 대통령 취임 후에 그는 사람인 '김건희'에게 충성한다는 의심과 비난을 피하지 못했다.

그런데 '사람에게 충성하지 않는다'는 그의 말을 문자 그대로 받아들이더라도 그가 진심으로 충성하는 것이 따로 있었음은 그간의 정치적 행적을 통해 충분히 드러났다. 그것은 자본이다. '사람에게는 충성하지 않지만 자본에는 충성합니다'라는 뒷문구를 숨기고 있었던 것이다. 김건희에 대한 충성도 돈에 대한 충성이었다는 소문이 이 맥락에서 설득력을 얻기 시작한다.

그의 정책들은, 신자유주의로 인해 그간 덕을 보았지만 이제는 위기에 처한 자본을 그 위기에서 구출하기 위한 방향에 집중되었다. 그로 인한 부담을 노동자와 여성 등에게 전가하고 복지를 희생시키고 자본에 대한 복종의 문화를 만들어 내는 방향이었다. 비상계엄은 국정농단,

---

11. ChatGPT4.0(Large Language Model)로 생성한 텍스트, OpenAI, 2025년 2월 13일, https://chat.openai.com. 강조는 인용자.

뇌물, 여론조작과 공직선거법 위반 등등으로 특검 위기에 빠진 자신과 아내를 구하기 위한 조치였던 것이 분명하지만 다른 한편에서는 위기에 빠진 신자유주의적 자본주의를 구하기 위한 조치이기도 했다. 탄핵 이후에도 계속되는 내란과 시민의 폭도화, 점점 거세게 표면화되는 예외주의적 극우 파시즘의 준동은 신자유주의의 위기, 아니 그 위기의 비상사태적 지속에서 이익을 얻을 수 있다고 상상하는 자본의 욕망을 떠나서는 설명하기 어려운 것이다.

질 들뢰즈는 『디알로그』[12]와 『천 개의 고원』[13]에서 충성의 윤리가 아니라 배반의 윤리가 필요하다고 역설한다. 그에게서 배반은 창조다. 배반자가 되려면 우리의 정체, 우리의 얼굴을 잃어야 한다. 사라져야 하고 미지의 것이 되어야 한다. 위기에 처한 신자유주의적 자본주의가 특전사, 방첩사, 수방사, 공수여단…등의 무장 군대를 보내 사람들에게 헌정의 주인이 아니라 자본권력에 충성스러운 신민이 될 것을 약속하라고 강압하고 있는 이 시기에, 전광훈과 손현보의 기독교가 할렐루야를 외치며 하나님에 대한 충성, 돈에 대한 충성, 윤석열에 대한 충성을 부채질하고 있는 이 시기에, 필요한 것은 들뢰즈적 의미의 배반, 자본에 충성하는 형태와는 다른 새로운 삶의 형태를 창조하는 행위로서의 배반이다. 기독교 역사는 배반자 유다를 지워 사라지게 했지만 그가 없었다면 희생과 속죄로서의 예수의 대속은 불가능했을 것이기 때문이다.

노상원 수첩의 파쇼 다이어그램
2025년 2월 14일 금요일 오후 12시 6분

---

12. 질 들뢰즈·클레르 파르네, 『디알로그』, 허희정·전승화 옮김, 동문선, 2021.
13. 질 들뢰즈·펠릭스 가타리, 『천개의 고원』, 김재인 옮김, 새물결, 2003.

2025년 2월 13일 『한겨레신문』이 집중 보도한 노상원 수첩에는 이른바 '행사' 관련 피로 얼룩진 설계도가 담겨 있다. 무엇의 행사인가? 이미 비상계엄을 경험한 우리는 그것이 군사적 무력행사insurgency, 즉 군사 쿠데타coup d'État임을 잘 알고 있다. 전투 복장에 현대적 전투 장구, 그리고 화기로 무장한 군인이 장갑차와 헬기를 타고 도로와 상공을 질주하여 국회로, 선관위로, 언론사로 들이닥쳐 유리창을 깨고서 일상 속에 거스를 수 없는 힘으로 난입하는 행위. 이 군사적 무력행사로 인한 일상상태(프랑스어에서 '국가'를 의미하는 État는 소문자 état로는 '상태'를 의미한다)의 단절coup의 과정과 결과는 무엇인가?

노상원 수첩은 이 '행사'의 다이어그램을 보여준다.

첫째는 통제.

여의도(국회) 확보, 장악과 봉쇄. "울타리 방호." "봉쇄 기간 2~3주." "식사 : 도시락." 인원 확보와 선별("주범 분리"). "군의관 배치." "전 국민 출국금지."

둘째는 파괴.

(1) 생명과 신체 파괴. 파괴의 대상은 '행사'에 복종하지 않을 가능성을 가진 전 국민이다. 일차로 '좌파' 정치인, 법조인, 언론인, 노동계, 교육계, 연예인 등 500명을 시작으로 전국으로 확대한다. 이들에 대한 수집("수집소"는 "오음리, 현리, 인제, 강원도 화천, 양구, 울릉도, 마라도, 전방 민통선 쪽"과 "무인도")과 파괴. 한마디로 하면 수거, 즉 수집과 제거다. 잔혹극이라는 말로도 부족할 수거의 방법들("포승줄", "김두환 시대의 주먹", "막사 내 잠자리 폭발물 사용"과 "확인 사살", 그리고 아우슈비츠의 21세기 한국판으로서 "교도소 한 곳을 통째로 수감 음식물, 급수, 화학약품"… [원문 그대로]).

(2) 제도적 법률적 파괴. 대통령과 국회의원 선출제도를 비롯하여 1987년 시민항쟁과 노동자대투쟁으로 형성된 기존의 헌법체제의 파괴. 단임제의 폐지, 국회의원 정원 축소, 군수급 선출 아닌 "임명" 등 지자

체 파괴.

셋째는 재구축.

헌법 개정. 대통령 연임제(2선, 3선)와 후계 구도. 중국과 러시아 선거제도를 참조한 선거구와 선거권 조정….

넷째는 진압("역행사") 대책.

무력행사에 대한 아래로부터의 거역 움직임counter-insurgency에 대한 대책이다. 이것은 쿠데타에 대한 전 국민적 저항에 대한 계획이므로 시민과 국민을 잠재적 적으로 상정한 대책이다. 민주당 쪽을 전담하기 위해 9사단과 30사단. 그리고 지리적으로 서울과 가까운 육군 제9보병사단과 제30기계화보병사단 동원. 그리고 용인에 있는 지상작전사령부(지작사) 동원. 이런 방식으로 수립된 전 국민을 대상으로 한 군사적 유혈 진압 계획.

이런 방식으로 강제수집소Konzentrationslager 아우슈비츠 비르케나우는 한반도의 민간인출입통제선(민통선) 부근과 무인도 아홉 곳을 중심으로 여러 곳에 재현되고, 독가스 주입을 통한 생명 파괴 행위였던 홀로코스트는 화학물질을 넣은 물과 음식물을 수집된 사람들에게 급식하여 생명과 신체를 파괴하는 행위로 바뀌어 되살아난다. 바뀐 것이 있다면 파괴되는 것이 유대인 대신 쿠데타 세력의 입장에서 포괄적으로 정의된 '좌파' 한국인이라는 것뿐이다. 노상원 수첩을 통해 확인되는 것은 극우 파시즘이 더 이상 역사적 유령이 아니라는 사실이다. 그것은 12·3 군사쿠데타, 윤석열 체포영장 집행 방해, 1·19 법원 폭동 등을 통해 폭력적으로 전개되어 왔으며 내란수괴의 구속기소에도 불구하고 태극기집회들과 국민의힘의 당 활동을 통해 언어적 영토를 빠르게 획득해 가고 있다.

'의인'에 대해

2025년 2월 15일 토요일 오후 12시 40분

2025년 2월 13일 헌법재판소에 증인으로 나온 수도방위사령부 1경비단장 조성현은 다음과 같은 요지의 진술을 했다. (1) 나는 먼저 도착한 초동 조치 부대로부터, "국회를 통제하라"는 이진우 사령관의 명령을 보고받았고 이후 사령관으로부터 "본청 안으로 들어가 국회의원을 끌어내라"는 명령을 받았다. (2) 많은 시민들이 운집해 있는 이례적 상황에서 이행하기 어려운 지시였고 또 우리 부대의 고유 과업이 아니라고 판단하여 사령관에게 '명령 재고'를 요청했다. (3) 사령관으로부터 '특전사에서 본청으로 들어갔으니 본청 바깥에서 특전사가 의원을 끌고 나올 수 있도록 경로를 열어주라'라는 '재고된 명령'을 받았다. (4) 상황이 이례적이고 부하들에게 군사적 행동을 하게 하는 것이 맞는가 고민할 시간이 필요하여 후속 증원 부대는 서강대교를 넘지 말고 대기하도록 지시했다.

윤석열 측 대리인 윤갑근은 조성현에게 '증인은 지시가 불법이라 이행하지 않은 것처럼 의인처럼 지금 행동을 하고 있다. 증인의 진술은 여러 가지 면에서 다른 목적을 가지고 허위로 진술하고 있다고 밖에는 볼 수가 없다'고 다그쳤다. 이에 조성현은 어떻게 응답했는가?

나는 의인이 아니다. 1경비단장으로서 지휘관이다. 내가 아무리 거짓말을 해도 부하들이 다 안다. 일체 거짓말을 할 수 없고, 해서도 안 된다고 생각한다. 내 역할을 수행하는 것이고, 그때 했던 역할을 진술하는 것일 뿐이다.

앞서 말한 윤갑근의 변론 논리는 다음과 같다. '(1) 당신은 의인일 수 없다. (2) 당신은 불법 지시에는 불복하는 의인처럼 행동하고 있다. (3) 그러므로 당신의 진술은 거짓이다.'

조성현의 증언 논리는 다음과 같다. '(1) 부하들은 진실을 알고 있다. (2) 나는 부하들이 알고 있고 나도 알고 있는 그 진실을 진술할 수밖에 없다. (3) 그것(즉 '진실 진술')이, 의인이 아니라 부하들의 지휘관인 나에게 주어진, 그리고 내가 수행해야 할 역할이다.'

'당신은 의인일 수 없다'는 윤갑근의 변론 논리의 대전제는 어디서 나온 것일까? 아무런 근거도 없다. 그가, 윤석열의 대리인으로서 중앙집권적 위계에서 하위에 있는 사람에 대해 갖는 멸시적 태도 이상이 아니다. 대통령 윤석열의 명령에는 모든 사람이 복종하고 그의 지시는 이행해야 한다는 독재이념과 권위주의가 이 대전제를 위로부터 규정한다.

그런데 이 권위주의 질서 체계를 벗어나는 힘들이 있을 수 있고 또 있었다. 그것이 '의인'이다. 명령보다 옳은 것, 정의를 더 우선시하는 사람들이다. 지시가 '불법이라 이행하지 않는 사람'도 그러한 경우에 속한다. 그런데 우리 헌법은 기본권을 침해하는 명령('부당한 명령')에 대해서는 명령에 대한 복종 의무를 갖는 군인이라 할지라도 불복할 권리가 있다고 규정한다. "모든 국민은 법 앞에 평등"하고(헌법 11조) "국민의 자유와 권리는 국가안전보장·질서유지 또는 공공복리를 위해 필요한 경우에만 제한될 수 있으며, 본질적인 내용을 침해할 수 없"(헌법 37조)기 때문이다.

조성현이 '국회를 통제하라, 국회의원을 끌어내라'는 사령관의 명령을 이행하지 않을 수 있는 것은 국민의 권리이지 의인만이 할 수 있는 권능 행사가 아니다. 국회는 국민을 대의하는 기관이고 국회의 의사에 대한 억압은 국민의 자유와 권리를 침해하는 것이고 그것은 헌법 위반이기 때문이다.

윤갑근은 군인을 포함하여 국민 누구나가 행사할 수 있는 '불복의 권리'를 헌법상 아무런 규정이 없는 '의인의 권리'로 제한한다. 이 제한이 정당하다면 우리 헌법은 국민 누구에게나 '의인'일 권리와 의무를 부여하고 있다고 해석해야 일관성을 가질 수 있을 것이다. 그런데 윤갑근은 '증인은 의인일 수 없다'고 하여 조성현으로부터 '의인=국민'일 수 있는 권리를 뺏는 부당한 행위를 하고 있다.

역사적으로 이렇게 부당한 권리 약탈 행위를 제도화하는 존재가 있었다. 군주다. 군주는 스스로를 헌법 밖에, 아니 위에 서 있는 것으로 규정하면서 자기 이익을 위한 권리 약탈을 정상적인 것으로 이해하고 그 약탈 행동을 질서로서 부과한다. 윤석열의 손바닥에 새겨진 王 자가 그 질서의 이름이다. 갑골문에서 王은 '아래로 내려치는 도끼'의 모습을 상형한다. 그것은 '도끼로 문을 부수고 들어가서 국회의원을 끌어' 내도록 만들 수 있는 권력이다. 그러므로 헌법적 불복권도 도끼로 내려칠 수 있는 권력이다.

'당신은 의인일 수 없다'는 전제는 그러므로 논리가 아니라 명령이다. 당신은 의인이어서는 안 된다. 당신은 국민이 아니다. 당신은 나를 쳐다볼 수 없다. 당신은 신하고 신민이다. 지금 명령에 불복할 권리를 보장하는 어떤 '법'이 있는 것처럼 행동하는 것은 시대착오요 거짓이다. 당신 앞에 앉아 있는 왕에게 무조건 복종하라. 왕의 뜻과 이익을 위해 행동하라. 윤갑근은 윤석열의 의지를 조성현에게 이런 식으로 강요한다.

위로부터 아래로 내리치는 이 하향의 질서에 대해 조성현은 완전히 다른 문법, 다른 체제, 다른 질서를 제시한다.

'왕이고 싶은 윤석열의 대리인 윤갑근 씨. 나의 부하들은 진실을 알고 있소. 나는 그들의 지휘관이오. 부하들에게 상관의 명령을 전하는 것만이 지휘관의 역할이 아니오. 부하들이 알고 있는 진실을 상관에게 전하는 것도 지휘관의 역할이오. 나는 그 역할을 하고 있을 뿐이오. 실제로 나는 사령관에게 부하들이 알고 있는 진실을 전했소. 시민들, 보좌관들, 국회의원들이 국회에 군인들이 쳐들어오는 것은 불법이라고 항의하는 이 이례적 상황에서 우리 부대가 국회를 통제하고 국회의원을 끌어내라는 명령을 이행하는 것이 옳은 것인지 재고해 달라고 부하들은 내게 건의했고 나는 그 건의를 사령관에게 그대로 전달했소. 사령관은 그 건의를 받아들여 본청 안으로 들어가지 말고 바깥에서 경로를 열어주라고 명령을 수정했소. 나는 나의 양심과 판단에 따라 후속 증원

부대에게 서강대교를 넘지 말라고 지시했소. 지휘는 부하들의 감정과 양심과 지성에 복종하는 것이지 그것을 제약하는 것이 아니오. 자기 이익을 위해 부하들의 감정, 양심, 판단을 제약하는 것은 소인小人이 하는 일이오. 부하들의 진실과 나의 진실을 제약하지 마시오. 내게 거짓을 강요하지 마시오.'

조성현은 헌법재판관으로부터 답변권을 얻어 짧게 이 상향식 진실, 상향식 질서에 대한 자신의 믿음을 전달했다. 1994년 멕시코 치아빠스 주에서 봉기한 사빠띠스따들은 자신들은 마야 원주민 공동체가 전하는 두 개의 가르침을 따른다고 말했다.[14]

하나는 '물으면서 걷는다'이다. 나는 이것을 '이론과 실천의 변증법적 통일'의 단순한 번역으로 이해하지 않는다. 나는 이것을 이미 있는 답을 따라 걷는 실천이 아니라 답을 찾으면서 걷는 역사적 실천으로 이해한다.

또 하나는 '복종하면서 명령한다'이다. 나는 이것을, 명령은 위의 의지를 아래로 전달하는 것이 아니라 아래로부터의 집합적 의지에 대한 복종을 위로부터 체현하는 것으로 이해한다. 이것은 '예'의 헌법이 아니라 '아니요'의 헌법을 예시한다. 복종의 헌법이 아니라 불복종의 헌법. 충성의 헌법이 아니라 배반의 헌법. 정지의 헌법이 아니라 창조의 헌법. 소인의 헌법이 아니라 의인의 헌법.

군인 조성현이 이날 마지막 진술을 통해 우리에게 조용히 암시한 것으로 보이는 대안적 제헌 원리가 바로 이것이다.

세이브코리아의 기도
2025년 2월 16일 일요일 오후 12시 32분

---

14. 해리 클리버, 『사빠띠스따』, 이원영·서창현 옮김, 갈무리, 1998 참조.

2014년 8월 31일에서 9월 7일 사이. 시민 김영오를 비롯한 세월호 유가족들이 광화문에서 세월호 침몰의 진실 규명을 요구하며 벌인 광화문 단식농성장 바로 옆에서 닭튀김과 피자를 씹어 먹는 일군의 사람들이 있었다. 일베가 중심이 된 이 사람들은 자신들의 먹기 행위를 '네크로필리아'에 대항하는 '바이오필리아', '단식투쟁'에 대항하는 '폭식투쟁'이라고 불렀다.

이 행위는 김영오가 45일째 초인적 단식을 벌이고 있고 여러 사람들이 동조 단식을 하고 있던 2014년 8월 28일에 제안되었다. 네티즌들로부터 "한쪽에서는 생명을 걸고 단식을 하고 있고 있는데, 폭식 투쟁을 한다고? 금수도 이렇게까지 하지 않는다"는 비판을 받은 이 행동을 제안하면서 이들은, "초법적 권한을 획득하려는 세월호 특별대책위로부터 삼권분립에 기초한 자유민주주의를 수호"하는 것이 자신들의 목적이라고 주장했다.

한국 사회가 왜 사람들의 생명을 지켜주지 못하고 빼앗아 가는지를 묻기 위해 최후 수단으로서 단식을 선택한 사람들 앞에서, 기름진 것들을 실컷 먹을 수 있는 '자유'를 '생명 존중'이라며 보란 듯이 과시하는 것이 그들의 '민주주의'였던 것이다.

2025년 2월 15일 세이브코리아는 "기도로 대한민국의 자유민주주의를 수호하자"면서 국가 비상 기도회를 열었다. 어디에서? 광주 금남로에서다. 45년 전인 1980년 5월 17일 전국으로 확대된 비상계엄에 항의하면서 계엄해제를 요구하던 학생과 시민들을 전두환의 계엄군이 들이닥쳐 유혈적으로 진압했던 곳이다. 이 군사적 억압에 굴복하지 않고 몽둥이, 군홧발, 진압봉, 대검, 소총, 장갑차, 탱크, 헬기에 맞서 목숨을 걸고 시민들이 무장 항쟁을 계속했던 곳이다.

전두환의 '민주주의'에서 자유는 독재에 복종하지 않는 시민들을 체포하고 쏘아 죽일 자유를 의미했다. 세이브코리아의 민주주의가 수호하고자 하는 자유는 내란의 자유다. 세이브코리아의 기도는 국회를 대통령이 임의로 정지시키고 자신들에 동의하지 않는 사람들을 수거하여 B1 벙커, 무인도, 민간인통제구역 부근으로 이송중 폭사시키거나 이송후 화학약품으로 살해할 자유를 위한 '거룩한' 집단행동이다.

이런 의미에서 2월 15일의 국가비상기도회는 11년이 지나 광화문에서 광주로 자리를 옮겨 계속되는 일베의 폭식투쟁에 다름 아니다. 기도회는 국가가 보증하는 화폐명령에 복종할 사람들, 마음 깊은 곳에서 위계와 차별과 불평등을 받아들일 사람들을 집단적으로 양성하는 플랜테이션 정신 농장이다.

좀 더 깊은 곳에서 이것은 축적 위기에 처한 신자유주의적 자본주의를 구하기 위한 처절한 몸부림이다. 어제(2월 15일) 광화문 네거리 동화면세점 지하도 입구에는 한 남자가 하얀 우주복을 입고 "MAGA = MKGA(Make America Great Again = Make Korea Great Again)"라는 글귀가 인쇄된 대형 피켓을 치켜들고 서 있었다. 세이브코리아는 MAGA가 그렇듯이 위기의 언어다. 아메리카도 코리아도 위기다. 이 위기에서 벗어나기 위해 신자유주의적 자본은 사람들의 '산 노동', '생피'를 필요로 한다.

폭식투쟁의 제안자들이 자신들의 행위를 '바이오필리아'라고 부를 때 그것이 '생명'과 상관이 있다면 복종하는 산 노동에 대한 갈증, 이윤을 위해 산 것들을 착취하고 수탈하고자 하는 갈망이라는 점에서다.

세이브코리아는 기도한다. 저항하는 자에게 철퇴를!("창조와 섭리의 하나님 아버지…강성노조의 횡포에 철퇴를 내리소서.") 국가권력의 원천을 국민으로부터 하나님께로!("대통령이 하나님을 믿고 지혜를 구하며, 성령님이 주시는 지혜와 영감으로 국정에 임하게 하소서.") 폭력으로 축적 자유의 질서를("전능하신 하나님께서 불병거의 권능으로 이 전쟁에서 승리하사, 이 땅에 하나님의 통치와 질서가 임하는 푸르디푸른 그리스도의 계절이 오게 하소서.") 예수를 가난한 민중의 벗에서 국가의 우두머리로!("대한민국의 주인이신 예수님의 이름으로 간절히 기도합니다. 아멘!")

이 기도에 추가 기도가 있다. '윤석열 대통령 탄핵에 반대합니다. 그가 즉각 석방되게 해 주옵소서. 다시 그에게 불 말과 불 병거를! 다시 한 번 비상계엄의 권능을 주옵소서!'

이런 식으로 세이브코리아는 민중의 예수를 체포하여 십자가에 못 박는 노상원-윤석열의 군대, 우리 시대의 로마군(을 따르는 사람들)이 된다.

이 폭식 기도가 잠깐 멈추는 시간에 어디선가 들리는 소리가 있다.

엘리 엘리 라마 사박다니…

법과 처벌
2025년 2월 18일 화요일 오후 12시 25분

2025년 2월 15일 광주에서 열린 세이브코리아의 국가 비상 기도회에 대한 나의 비판적 논평 글「세이브코리아의 기도」에 달린 댓글에 대해 생각해 보고자 한다. 그 내용은 다음과 같다.

(1) 내란선동죄로 이들을 고발하고 처벌해야 하지 않나요? (2) 종교의 정치개입을 이대로 방치해선 안 된다고 봅니다. (3) 방법이 없을까요?[15]

종교와 정치의 관계를 살피는 (2)의 문제의식부터 생각해 보자.

"모든 국민은 종교의 자유를 가진다"는 대한민국 헌법 제20조 제1항에 이어 제20조 제2항은 "국교는 인정되지 아니하며, 종교와 정치는

---
15. 괄호 번호는 인용자.

분리된다"고 규정하고 있다.

종교와 정치의 분리는 일반적으로 '종교인이 개인적으로 정치에 참여하는 것은 허용되지만, 종교 단체가 정치에 조직적으로 개입하는 것은 금지해야 한다'는 것으로 해석되므로 세이브코리아가 종교 조직이나 교회 네트워크를 동원하여 윤석열 탄핵 반대나 석방과 같은 특정한 정치적 목적을 위해 기도회를 조직적으로 운영한 것이라면 헌법 제20조 제2항 위반 가능성이 있을 것이다. 여러 교회에서 차량을 각각 1대~22대씩 대절하여 조직적으로 신도들을 동원했다는 자료들이 사실이라면 비상기도회의 헌법 위반은 단순한 가능성 이상일 것이며 법률 위반의 가능성도 있을 것으로 보인다.

내란선동죄로 이들을 처벌해야 한다는 (1)의 생각은 어떨까?

헌법 위반은 직접적인 처벌 규정을 갖고 있지 않다. 그러면 댓글에 나타난 생각대로 내란선동죄로 처벌할 수 있을까? 대한민국 형법 제87조는 "국헌을 문란하게 할 목적으로 폭동을 일으킨 행위"를 내란죄로 규정하고 있고 형법 제90조는 내란을 선동하거나 예비·음모한 경우 내란 선동죄로 처벌할 수 있도록 규정하고 있다. 2월 15일 세이브코리아 기도회가 서부지법과 유사한 반헌법적 폭동으로 이어지지 않은 한에서, 윤석열의 내란을 내란이 아니라고 주장하는 것만으로 또 윤석열에 대한 탄핵에 반대하고 석방을 요구하는 것만으로 형법 제90조를 적용하는 것이 가능할지는 의문이다. 그 기도회에서 폭동의 구체적 실행을 위한 선동이 있었는지에 대한 면밀한 검토가 선행되어야 할 것이기 때문이다. 이와 관련한 정보들은 기독교 회복센터에서 수집하고 있는 것으로 알고 있다.

내가 주요하게 관심을 갖는 것은 (3), 즉 다른 방법이다.

오늘날 경제는 물론이고 사회 정치 문화 각 영역에서 발생하는 여러 문제들을 즉각적으로 법에 조회하고 법을 통해 해결할 길을 가장 먼저 찾는 관행이 굳게 자리 잡았다. '한국은 법치주의 사회다'라는 말이

이 관행을 통해 힘을 얻는다. 실제로 법은 국가 내의 갈등을 억제하고 갈등 발생 시에 그것을 해결하기 위해 도입되었으므로 법률적 해결을 모색하는 것은 그 자체로 중요하다. 하지만 그것이 전부는 아니다.

이해를 위해 의학에 비유해 보면 헌법은 의학적 원칙과 가이드라인과 같으며, 법률은 환자의 상태에 따라 달라지는 처방전과 같다. 수사기관과 사법기관은 사회적 의사처럼 헌법(의학 원칙)과 법률(처방전)을 사안별로 구체화하여 개인 혹은 집단에 발생한 문제를 다룬다.

뇌졸중이 발생했을 때 의학적 원칙에 따른 응급조치로 혈전용해제와 같은 약물을 투여하거나(뇌경색인 경우) 응급 감압수술(뇌출혈인 경우)을 하는 것처럼 내란이 발생하면 국회의 청구에 따라 헌법에 따른 탄핵 심판을 하거나 형법에 따른 수사가 진행되고 처벌수준을 결정한다.

하지만 주지하다시피 응급감압수술이나 혈전용해제가 뇌졸중을 치유하는 것은 아니다. 응급조치 후에는 생활습관 교정 등 원인을 다스리기 위한 장기적인 노력이 뒤따라야 한다. 내란이라는 사건 발생시에 수괴, 주요 임무 종사자, 단순 가담자를 분류하고 처벌하는 것은 필요하고 유의미한 일이지만 그것은 응급조치와 증상 관리를 크게 넘어서지 않는 조치다. 더 중요한 것으로서의 원인치료, 재활치료, 예방치료는 다른 기관, 다른 주체, 다른 시간, 다른 영역으로 이월된다.

세이브코리아(와 자유통일당)가 윤석열의 12·3 비상계엄을 내란행위가 아니라 정당한 권리 행사라고 주장하고 그에 대한 탄핵이 오히려 내란이라고 주장하면서 그에 대한 즉각 석방을 주장하는 것은 당연히 우리의 헌법과 법률에 부합하지 않는 주장이다. 하지만 법치에서 독립적인 성격을 갖는 종교공동체(나 그것의 영향을 받는 사람들)의 경우 자신들의 위치를 헌법과 법률 밖에 혹은 위에 놓는 예외주의적 입장을 취하는 경향이 강하다. 신앙과 신앙적 판단이 법과 법률적 판단에 우선하는 경향이 있는 것이다.

법이 윤석열의 행위를 내란 범죄라고 규정하더라도 그 법을 만드는 입법 주체가 부정하다거나('부정선거론') 법을 행사하는 사법 주체가 부정하다('헌법재판관 악마론')고 믿음으로써 앞의 법적 규정은 그들의 내면에서 무의미한 것으로 혹은 잘못된 것으로 될 수 있다. 믿음이 근본적인 것이며 사법은 부수적인 것으로 될 수 있다. 법적 정의(합법과 불법)가 종교적 정의(천사와 사탄)에 종속되는 종교 근본주의적 태도가 나타난다. 이제 윤석열에 대한 지지와 수호는 사법적 증거에 의한 것이 아니라 신앙적 실천으로서의 성격을 강하게 띤다.

종교 차원에서 나타나는 이러한 태도 문제는 오늘날 경제적 소득, 수익, 이윤 문제와 깊이 결합되어 있다. 태극기집회나 세이브코리아 기도회를 주도하는 상층의 개인·단체의 핵심적 관심은 무엇보다도 화폐에 두어져 있다. 교회가 거리로 나선 일차적 이유도 화폐에 있다. 그것은 일차적으로, 위기에 처한 교회와 종파들이 하락하는 수익(율)을 상쇄하기 위해 찾은 궁여지책이기도 하다. 교회에서 퍼스트모바일이나 자유마을 신용카드 가입을 종용하고 노인용 건강식품을 팔기는 곤란하겠지만 거리에서는 자유롭다. 거리에서 걷은 헌금은 교회에서 걷은 헌금이나 온라인에서 쏘아지는 별풍선보다 더 흔적이 남지 않는다. 거리에서 열리는 예배, 기도회, 국민대회는 이제 사업의 중요 형태다.

거리 집회가 정치권력, 권력자의 문제에 다가갈수록 참가하는 신도의 헌금 동기는 더욱 직접적으로 경제적인 것과 연결될 수 있다. 박근혜나 윤석열의 권력을 위해 헌금하는 것이 하느님을 위해 헌금하는 것보다 더 직접적이고 그에 대한 보상이 피부에 와닿는 것이기 때문이다. 이 때문에 전광훈은 자유통일당을 만들어 직접 권력을 장악하려는 대담한 행동에 나섰고 윤석열 내란을 계기로 국민의힘 공천권을 (혹은 당 자체를) 장악하려는 계획을 구체적으로 실행하는 수순에 나서고 있다.

정치와의 거리두기를 요구하며 전광훈과 분리했던 세이브코리아가 결국 탄핵 반대와 윤석열 석방을 기치로 내걸고 정치권력을 장악하기 위한 다툼에 나선 것은 기독교 수익 영토를 둘러싼 경쟁에서 밀리지 않기 위한 불가피한 전략 전환이다. 종교의 정치 개입을 넘는 종교의 정치화는 이처럼 우리 시대에 종교의 사업화가 취하게 되는 필사적인 양상이다.

집회 주도자가 아니라, 다수가 신도이고 교인인 일반 참가자들의 측면에서 이 사태에 접근해 보면 어떨까? 이들은 결코 단색의 집단이 아니다. 나는 여기서 이들 중, 양극화하는 신자유주의에서 아래쪽으로 극단화하는 사람들, 즉 추락하는 사람들의 참가를 살펴보고 싶다.

이들은 지난 2~30년간 국민의힘 계열 정당들과 민주당 계열 정당들이 양당 체제를 바탕으로 주도해 온 신자유주의적 자본주의 과정의 희생자들이다. 이 시기에 신자유주의는 자본주의 존립과 재생산의 유일한 체제, 전략, 이념으로 시행되었고 성장의 측면에서 일정한 성과를 거두었다. 선거 경쟁은 신자유주의의 사회적 측면, 즉 신자유주의 속에서 허용될 복지의 수준이라는 협소한 주제 내부에서 전개되었다. 대안 정당운동이나 사회운동도 이 주제의 한계를 크게 벗어나지 못할 정도였다.

미국발 2008년 서브프라임 모기지 금융위기와 이어진 재정위기, 그리고 그것의 국제적 확산은 미국 헤게모니의 쇠퇴를 가져오고 그 결과로서 중국과 미국의 분리 경쟁의 시대를 초래했다. 이어진 것은 전쟁의 시대로 국지전과 내전의 연속이다. 시리아 내전(2011~2024), 우크라이나 전쟁(2014, 2022~), 예멘 내전(2014~), 이라크 내전(2014~2017), 리비아 내전(2014~2020), 나고르노-카라바흐 전쟁(2020, 2023), 에티오피아-티그레이 내전(2020~2022), 수단 내전(2023~), 이스라엘-팔레스타인 전쟁(2023~) 등이다. 이것은 신자유주의적 자본주의의 안정적 지속이 이제 불가능해졌음을 보여주는 지표다. 그럼에도 불구하고 그것을 대체할 새로운 질서는 나타나지 않고 있고 갈등은 국내외적으로 더욱 첨예해지고 있다.

신자유주의의 위기란 자본에게는 축적 위기를 의미한다. 그리고 그것은 추락하는 노동대중과 몰락 위기에 놓인 자영업자들에게는 삶의 위기를 의미한다. 현실적 삶의 곤궁과 고통 외에 불안, 두려움이 추락하는 노동대중, 소시민, 자영업자의 보편 정서다.

대체 이 고통과 불안과 두려움이 어디서 왔는가? 어떻게 이것에서 벗어날 수 있는가? 이런 질문들이 제대로, 집합적으로 던져지기도 전에 이 지옥 같은 현실을 타개하겠다며 나선 구원투수가 있다. 그것이 종교 예외주의와 근본주의에 기초한 극우 파시즘이다. 그것은 신자유주의가 지난 수십 년간 주도한 자본주의 질서가 낳은 문제를 그 내외부에 설정된 유형有形의 적들 탓으로 돌린다. 외부(로부터)의 적: 중국, 이민과 난민 등. 내부의 적: 좌파, 여성, 동성애자, 차별금지법 찬성자 등. 이들은 사탄이요 악마라는 것이다.

외부 적의 설정(중국, 북한)과 문제를 제기하는 사람들에 대한 악마화를 통해 신자유주의를 (극단적 형태 속에서) 지속할 수 있다는 믿음이 선동적 포스트신자유주의 파시즘으로 나타나고 있다. 윤석열 내란은 그 사회적·종교적 믿음의 정치적 대리 실천이었다. 법치에서 윤석열의 체포, 구속기소 이후에 사회 저변에서 성장해온 이 믿음, 태도, 지향이 더 대중화하고 거리화하며 집회를 거쳐 폭도화하는 현상을 우리는 목도하고 있다.

이 모든 현상들의 저변에 깔린 고통, 불안, 두려움은 법으로 다스릴 수 없다. 이것이 낳는 결과들은 사법적 응급조치나 증상 치료로 다스릴 수 있겠지만 그 결과를 낳는 작용은 사법으로 다스릴 수 있는 문제가 아니다. 원인치료, 재활치료, 예방치료에 해당하는 사회적 노력이 헌법과 법률 아래의 영역에서, 헌법과 법률을 구성하고 재구성하는 제헌력의 차원에서, 국가를 구성하고 재구성하는 시민사회의 차원에서 동시에 전개되지 않으면 안 될 문제이다. 이것이 어떻게 가능할까? 댓글 질문에 대한 나의 답도 질문의 방향만 재조정했을 뿐 다시 질문으로 끝난다.

5월 광주의 빛은
촛불을 넘어
빛의 혁명으로 나아가고
금남로의 주먹밥은
여의도 선결제로
부활했다.

이재명

'중도보수' 민주당과 이재명의 국민주권주의

2025년 2월 20일 목요일 오전 11시 17분

노상원 수첩에 나타난 내란 설계에는 '좌파' 소탕이라는 목적하에 일차로 500여 명의 인사를 '수거'하는 것을 계획하고 있다. 이처럼 '좌파'는 내란세력의 제1의 적으로 규정되었다. 특이한 것은 '좌파'로 규정되어 이름이 나열된 인사의 가장 큰 부분이 민주당 소속 혹은 민주당 계열의 인사라는 것이다. 그 '좌파' 수거 대상 1순위에 민주당의 이재명 대표가 놓여 있다. 이 점은 '좌파'라는 분류명이 없는 상태로 제시된 방첩사 명단, 홍장원 명단에서도 예외가 아니다.

좌파와 우파를 대의 영역에서의 정치적 지향 차이로 정의하고 자본주의에 대한 태도(친, 반)를 중심으로 정치세력의 위치를 설정하는 전통적 좌우파 개념에 따를 때 자본주의에 대한 반대를 명시적으로 그리고 공식적으로 표현하는 세력은 (개인으로건 단체로건) 노상원 수첩의 명단이나 기타 체포자 명단에 전혀 포함되어 있지 않다. 그것은 마치, 자신을 기준으로 자신 가까이 있는 왼쪽 사람을 좌파라고 칭하고 자신에게서 더 멀리 떨어져 있으나 그 때문에 잘 보이지 않는 사람은 명단에서 제외한 듯이 작성되었다.

그러므로 12·3 내란세력이 사용하는 '좌파'라는 말은 비전통적 용법으로서, 자신의 입장을 우파로 설정하고 자신을 기준으로 자신에 비판적이거나 경쟁적이거나 반대하는 세력을 통째로 뭉뚱그려 '좌파'로 명명하는 헐렁한 개념이라고 볼 수 있다. 우리는 지난 몇 년간 광화문에서 '종북=좌파'를 적으로 규정하면서 그 우두머리로 '문재인'(지금은 '이재명'으로 바뀌거나 '이재명'이 더해졌다)을 거명하는 사람들에게서 이런 헐렁한 개념 사용의 예를 자주 보아 왔다. '좌파'는 그저 '내가 싫어하는 사람', '나의 철천지 원수' 정도의 의미로 누군가의 사적인 혐오 정동을 표현하기 위한 언어적 도구에 지나지 않는다. 그것이 우파의 집단정동으로 전염된다는 사실이 그 혐오 정동의 사사로움을 부정할 수는 없다. 그러므로 (여기서 살피지는 않겠지만) 누가 왜 그런 혐오 정동을 갖게 되는가는 간과할 수 없는 중요성을 갖는 문제로 된다.

민주당 대표 이재명은 어제(2025년 2월 18일) 새날과의 인터뷰에 이어 오늘(2025년 2월 19일) 기자들 앞에서 다시 한번 민주당의 위치는 진보정당이 아니고 중도보수 정당이며 중도보수의 역할을 맡아야 한다고 강조했다. 국민의힘이 보수정당이 아니라 극우정당으로, 범죄정당으로 되고 있는 현실을 지적하면서다.

'진보/보수'라는 구분법은 1987년 혁명 이후에 사회개혁이 제도정당의 주요 이슈로 부상하고 1991년 사회주의 붕괴 이후에 시장을 받아들인 좌파가 제도공간으로 진출하면서 서서히 전통적 좌파/우파 구분을 대체해 온 용어다. 2000년대 초에 『말』지가 이 개념 전환 사태를 집중적으로 다룰 무렵에 나도 몇 마디를 보탰던 기억이 있다.[16] 이 개념 전환은 2010년대에 뉴라이트('신우파')화한 보수진영이 진보진영을 공격하는 무기로 '진보' 대신 (자신과 맞짝이 될) '좌파'라는 용어를 사용하기 시작하기까지 계속되었다. 그 결과 대체로 '좌파'가 (자신을 전통적 의미의 반자본주의-사회주의를 실천하는 '좌파'로 긍지를 담아 부르는 일부 흐름을 제외하면) 타칭의 부정적 이름 즉 멸칭으로 사용되는 가운데 '진보'는 자칭의 긍정적 이름으로 남아 혼용되고 있는 현실이다. 여기서 진보는 국가권력을 활용한 분배에 역점을 두는 경향을, 보수는 시장을 활용한 성장에 역점을 두는 경향을 지칭하곤 한다.

1991년 이전에 비합법이나 반합법의 조건에서 활동하던 급진 좌파적 사회주의 경향의 주요 부분은 사회주의 붕괴의 여파 속에서 대의제

---

16. 조정환, 「진보란 무엇인가 – 척도의 시간에서 구성의 시간으로」, 『황해문화』 39호, 새얼문화재단, 2003 여름, 12~30쪽.

도 내의 합법 사회민주주의적 개혁파로 변신했다. 이 추세 속에서 민주노동당, 진보신당, 사회당, 통합진보당, 노동당, 정의당, 진보당, 민중당, 녹색당…등등이 명멸 혹은 부침했다. 진보신당, 통합진보당, 진보당 등의 이름이 보여주는 것처럼 '진보'는 대체로 이 새로운 정당들이 차지하고자 하는 자리였다. 그것이 성공적이었다면 보수정당인 국민의힘 계열과 경쟁하는 민주당은 중도로 뚜렷하게 자리매김되었을 것이다.

하지만 분단과 (한반도에서는 끝나지 않은) 냉전의 조건 속에서 진보적 경향의 대의주의 당들이 자리를 잡아가는 것은 통합진보당 해산이 보여주는 것처럼 지극히 어려웠다. 2025년 현재 이 진보정당적 세력화 시도들은 민주당에 의존하지 않고는 생존 자체가 어려울 만큼 철저히 원외로 밀려났다. 국민의힘이 보수를 자임하면서 민주당을 '진보' 쪽으로, 아니 '좌파' 쪽으로 밀어제치고 있는 양당 구도적 현실에서, 민주당은 대의 기회를 얻지 못하는 국민들의 '진보적'이거나 '좌파적'인 의지의 일정 부분을 대의하도록 요구받고 있었다. 여기에 윤석열의 극우 예외주의적 내란 시도에 직면하여 민주당은 제헌활력의 보수 의지, 즉 헌법 수호 의지를 대의하는 일의 중심에 놓이게 되었다.

그러므로 '민주당은 중도보수'라는 말은 재현적 규정('이었다')이라기보다 당위적 규정('이어야 한다') 혹은 소망적 규정('이고 싶다')으로 이해하는 것이 옳을 것이다. 지주층에 바탕을 두고 성장해 나온 민주당의 역사적 뿌리나 정리해고, 비정규직화, 한미FTA 등 신자유주의를 한국 사회에 본격적으로 도입하고 실행해 온 역사적 과정, 그리고 성장을 늘 정책의 중심으로 삼아온 정책적 특징 등을 고려해 보면 민주당이 보수 쪽을 '맡아야 한다'는 말은 놀라운 말이 아니며 자연스럽게 느껴지기까지 한다.

민주당의 입장에서 분배의 강화는 항상 성장의 종속변수였기 때문이다. 심지어 민주당 대표 이재명의 분배론인 기본소득론도 기본소득론의 여러 경향들 중에서 '성장을 위한 기본소득론'의 경향이 가장 강한 것이었다. 기본소득이 유효수요로 작용하여 만성화된 과잉생산 공황 위기를 타개하는 성장의 마중물로 되도록 하자는 것이었기 때문이다.

그런데 민주당은 자신이 원했던 원치 않았던 진보나 좌파가 수행했어야 할 대의적 역할들 중의 일부를 떠맡아 (혹은 떠맡는다고 상상되어) 왔고 이로 인한 지지를 받아 왔기 때문에, 민주당이 보수를 맡아야 한다는 생각은 그것이 재현이건 당위이건 소망이건 지지층의 일부에게 의도치 않게 환멸감을 줄 가능성이 있다. 진보정당들의 약체 때문에 충분히 대의되지 못한 노동자들, 농민들, 어민들, 학생들, 여성들, 지식인들이 민주당에 표를 던지며 지지해온 사실이 지워질 수 없기 때문이다.

그런데 이것이 이재명의 (혹은 민주당의) 우-클릭일까? 앞서 살펴보았듯이 좌-우 개념은 1987/1991년 이후에 약화[17]되었다가 2010년대에 뉴라이트에 의해 멸칭으로 부활되고 있는 개념이다. 민주당은 전통적 좌/우 개념에 비추어 보면 좌파였던 적이 결코 없다. 1980년대에서 1990년대 사이 민족민중운동권이 활발하게 작동하고 있을 때 민주당을 이르는 일반 명칭은 '보수야당'이었기 때문이다.

그러므로 '민주당은 늘 진보가 아니었고 (반도체법안 관련 노동시간 유연화 가능성을 주장하는 것이) 우클릭은 아니다'는 이재명의 인식은 변신이나 전향이나 거짓말이 아님이 분명하다. 그것을 우클릭이라고 비난하는 것은 이재명을 종북좌파로 라벨링하는 태극기집회와 국민의힘의 정치적 가해를 n차로 반복하는 것일 위험이 크다. 나의 기억으로 그는 2017년 대선 국면에서 자신은 '자본주의자'라고 공개적으로 발언해 왔고('좌파' 아님의 천명) 이후 자신의 기본소득론이 성장을 위한 것이라고 공언해 왔기('진보' 아님의 천명) 때문이다.

그런데 왜 '이재명=좌파'라는 공격은 심지어 당내로까지 전염되어

---

17. 엄밀한 의미에서는 '약화'라고 할 수 없는데, 실제로 좌파적 자기 규정을 가진 사람들이 스스로를 좌파라고 말할 수 없는 억압적 분위기로 인해 좌파라는 말은 이념적으로는 강했지만 실제에서는 지하로 흐르는 '약한' 용어였기 때문이다.

가는 것일까? 그것은 이재명이 좌파보다 더 좌파적이고 진보보다 더 진보적인 하나의 중요한 정치적 주장을 하고 있기 때문일 것으로 나는 판단한다. 그것은 이재명의 모든 연설에 반복적으로 등장하며 실제로 그가 정치적으로 실천하고 있는 하나의 주장이다. 그의 입을 통해 수백 번 들어온 그 주장을 기억을 종합하여 정리해 보면 다음과 같다: '모든 권력은 국민으로부터 나옵니다. 정치는 정치가가 하는 것 같지만 실제로는 국민이 하는 것입니다. 정치가는 지도자가 아니라 국민의 종이고 심부름꾼입니다. 국가권력은 국민으로부터 잠깐 빌려 온 것일 뿐입니다. 국가권력은 국민을 위해 사용되어야 합니다.'

그런데 이 생각은 이재명의 독창적 정치철학이라기보다 대한민국 헌법의 기본 원리이다. 제1조의 제2항에 요약되어 있는 이 생각은 흔히 국민주권주의라고 명명된다. 헌법의 원리로 그 첫 부분에 기술되어 있는 이 생각을 '주장'하는 것이 왜 좌파보다 좌파적이고 진보보다 더 진보적인 이미지를 갖게 만들까? 이상하지 않은가?

그것은 우파나 보수파는 물론이고 좌파나 진보파도 이 헌법적 원리를 자신의 정치적 사고와 활동의 중심에 두고 있지 않았기 때문에 오는 대비효과가 아닐까? 노태우 정권까지의 보수우파 정권들이 짓눌러 왔던 이 생각의 정치화는 2002년 월드컵 응원부대 붉은악마의 응원에서 시작되어 FTA와 광우병 소고기 수입에 반대하는 2008년 촛불집회에서 본격화되었다. 윤민석의 노래 〈헌법 제1조〉[18]로 촛불광장과 다중의 가슴 속에 피어난 국민주권주의는 헌법 명문 속에 잠들어 있었던 '오래된 미래'였다.

2016년 박근혜 퇴진 촛불봉기는 2014년 세월호 참사에 대한 집단적 저항을 실어나를 늦게 도착한 열차였다. 이 촛불봉기 속에서 이재명은 국민주권주의를 제도권 정치 속으로 가져가 실천하기 시작한 최초

---

18. 이 노래는 2004년 3월 20일 노무현 탄핵 반대 촛불시위에서 쓰기 위해 만들어진 곡이지만 2008년 촛불집회를 상징하는 노래가 되었다.

의 정치가다. 이재명은 헌법에 공문구처럼 기재되어 있던 헌법 제1조의 국민주권주의를 대의 정치 속에 체현하기 시작했다. 2016년 말 청계광장 연설에서 그는 국민주권주의에 기초한 연설로 사람들의 큰 지지를 얻었고 박근혜 탄핵의 선봉장이 되었다. 그리고 8년 뒤인 2024년 말에는 '국민 여러분이 이 나라의 주인입니다. 여러분들이 국회를 지켜주셔야 합니다'라는 말로 국민다중을 불러내 윤석열 내란을 진압하는 최선두의 자리에 섰다. 생각해 보면 마땅히 좌파가, 진보가 수행하고 또 수행했어야 할 것으로 기대되는 이 국민주권주의의 정치화 역할을 좌파나 진보보다 앞장서 수행한 정치가였기 때문에 그에게 좌파, 진보라는 이미지를 갖게 하는 것이 쉬운 것으로 보인다.

물론 국민주권주의는 좌우의 문제가 아니며 진보 보수의 문제가 아니다. 그것은 모든 정치세력이 존중하고 따라야 할 헌법적 준칙이다. 좌/우건 진보/보수건 국민주권주의 헌법 체제 내에서는 그것을 지켜야 하며 대의주의와 법치주의는 그 국민주권주의에 복종해야 하기 때문이다. 국민주권주의 원칙은 주로 경제적 영역을 중심으로 진동하는 좌-우, 주로 사회적 영역을 중심으로 진동하는 진보-보수 구분보다 훨씬 근본적이다.

특히 주권을 국민의 수중에서 약탈하여 통치자 개인의 수중으로 독점함으로써 독재를 하려는 윤석열식 예외주의 경향이 준동하고 있는 현실에서 국민주권주의 원칙은 그 무엇보다도 소중한 정치 원칙으로 부각된다. 윤석열은 보수파와 우파에서 국민주권주의를 저버린 여러 사례들 중 하나이며 첫 번째 사례가 결코 아니다. 이승만, 박정희, 전두환, 노태우, 이명박, 박근혜 등 대부분의 우파는 국민주권주의 원칙에 철저하지 않았으며 그것을 저버린 경우가 대부분이다.

한국의 좌파와 진보파가 국민주권주의와 맺는 관계는 불확실하며 아직 입증되지 않았다. 국제적 경험에서 좌파(즉 역사적 사회주의)나 진보파(역사적 사회민주주의)는 국민주권주의 원칙에 충실했다고 평가하기 어렵다. 오히려 그 반대라고 하는 편이 맞을지 모른다. 그렇기 때문에 이재명이 지금까지 보여온 국민주권주의에 대한 나름의 철저성은 그 자체로 소중하며 그와 그의 당이 좌파적이지 않고 진보적이지 않다는 이유로 평가절하될 수 있는 어떤 것이 아니다.

여기에 한 가지 덧붙여야 할 것이 있다. 그것은 국민주권주의가 실제로 실현되어 좋은 삶을 이루기 위한 조건이 무엇인가 하는 것이다. 지금까지 우리는 대의자 이재명의 국민주권주의에 대해 이야기해 왔지만 그보다 훨씬 더 중요한 것은 '국민'('국민'이라는 용어는 위험한 용어이기도 하지만 여기서는 논외로 한다) 자신의 국민주권주의이다. 국민주권주의는 대의자의 문제이기에 앞서 국민 자신의 문제다. 대의자가 국민주권주의 원칙을 갖고 있다고 해도 국민의 주권이 질적으로 부실하면 국민주권 체제 그 자체가 부실하게 된다.

주권의 질을 향상시키는 것은 대의제 이전의 '민주주의'의 문제다. 그것은 특이한 개인들인 '민'의 자유로운 연합으로서의 공통장을 공고히 하고 그 주체성의 역량을 드넓히고 드높이는 문제다. 약한 공통장으로 우리는 충분히 좋은 삶, 충분히 좋은 사회를 이룰 수 없다. 이 문제를 푸는 데에는 국민주권주의 '원칙'이 약이 되지 않는다. 좋은 삶은 공통장의 강화를 통해 국민주권의 질을 향상시키고 이것의 힘으로 대의 영역을 섭정하는 직접민주주의를 통해서만 달성될 수 있을 것이기 때문이다.

이 대목에서 중요한 것으로 떠오르는 것은 진보의 재구성("진보 진영은 새로이 구축되어야 한다")에 대한 이재명의 말이다. 그는 "우리가 원래 진보 정당이 아니죠. 진보 정당은 정의당, 민주노동당 이런 쪽이 맡고 있는데 아닌가"라며 '대의 영역'에서의 진보만을 언급하고 있다. 하지만 진보 재구성의 더 근본적인 차원은 대의 영역 아래의 직접성의 영역, 구성과 제헌의 영역일 것인데 이 문제는 다른 기회에 살펴보기로 하자.

혁명을 상연하는 반혁명의 극장
2025년 2월 23일 일요일 오전 10시 50분

2025년 2월 22일 오후 4시 전후 경. 2시부터 열린 촛불행동 집회의 바통을 이어받아 민주당 집회가 열리고 있던 안국역 부근. 민주당 의원 박범계가 단상에 올라 청중을 향해 '12월 3일에 시민 여러분들이 계엄군을 막아 그 덕분에 국회의원들이 계엄해제 의결을 할 수 있었다'면서 참가 청중을 향해 여러 차례 '고맙습니다'라고 말한다. '시민 여러분의 민주행동은 역사에 남아 길이 기억될 것입니다'라고도 덧붙였다.

국민을 대의하는 의원으로서 좋은 자세로 느껴진다. 대의자가 국민의 혁명적 직접 행동의 중요성을 인식하고 그것에 대한 고마움을 느낄 수 있는 것은 대의 과정의 민주화를 위한 필수 요소이기 때문이다. 박범계의 연설은 '반드시 파면되어야 한다'로 끝났다. 같은 당 국회의원 김병주의 연설도, 박찬대의 연설도 그렇게 끝났다. 민주당 최고위원 홍성국은 PPT를 띄워 놓고 '윤석열을 파면하여 경제를 살리자'고 역설했다.

헌법재판소를 지척에 두고 또 헌재 판결을 앞두고 만든 집회이므로 '파면'을 강조하는 것은 전술적 고려일 것이다. 그런데 더 나아갈 수 없었을까? 파면은 끝이 아니라 새로운 시작임을 역설할 수는 없었을까? 그 어떤 사전 계획도 없이, 그 어떤 지도자도 없이 자발적으로 운집하여 장갑차를 막아섰고 계엄무효, 계엄해제를 요구했던 12월 3~4일 국회의사당 앞 살쾡이 집회, 마찬가지로 어떤 사전 계획도 없고 지도자도 없이 이루어졌던 12월 21~22일 남태령에서의 살쾡이 집회, 비상행동의 집회계획과 상상력을 초과해 이루어진 2025년 1월 5일 키세스 시위가 이제는 '빛의 혁명'으로 불리는 촛불혁명을 추동하는 아래로부터의 직접 행동적 에너지임을 드러낼 수는 없었을까? 왜 의원들의 연설은 '파면'이라는 단기적 목표에 집중되고, 12·3 시민행동은 기억의 문제로 과거화되며, 사회대개혁, 체제 전환, 시민권력 직접행동이라는 현재적이고 미래적인 운동과 상상을 향해 열릴 수 없었을까?

같은 날 오후 3시경 태평로. 지난주에 비해 살짝 줄어든 듯한 참가자들 앞에서 전광훈이 헌법의 총칙과 제1조 제2항을 스크린에 띄워 가며 연설한다. 제1조 제2항이 헌법 위에 국민 저항권이 있음을 말하고 있다는 자신의 주장을 다시 반복한 후에 그는 스크린에 떠오른 "우리 대한국민은 3·1운동으로 건립된 대한민국임시정부의 법통과 불의에 항거한 4·19 민주 이념을 계승하고"라는 구절에 밑줄을 그어가며 "헌재가 윤석열 탄핵을 기각하지 않으면 4·19혁명처럼 해야 하지요?" "청중: 맞습니다"라고 문답한다.

그가 "3월 1일 광화문에 3천만이 모여야 한다"고 주장한 후, 다른 연사가 나와 "3월 1일은 어디로?"라고 묻고 청중이 "광화문으로"라고 답하는 퀴즈문답을 반복한다. 전광훈이 은퇴 교수로 보이는 사람을 앞에 세우고 "헌재가 탄핵을 기각하지 않으면 국민 저항권을 가지고 헌재를 없애 버릴 수 있죠?"라고 물으면 그 사람이 "그렇다"며 법률 해설을 하는 인터뷰형 연설도 진행된다. 연설의 기조는 (탄핵 인용과 파면을 예상하면서) "혁명"을 해야 한다는 것에 집중되었다.

반혁명이 혁명을 참칭하는 시간에 역설적이지만 안국동과 경복궁 앞에서 탄핵 인용을 요구하는 진정한 '혁명' 집회에서는 자신들의 요구와 행동을 '혁명'으로 주장하고 혁명을 하자고 말하는 것을 보기가 어렵다. 조심스러운 것일까? 억제당하는 것일까?

혹자는 탄핵 찬성 집회가 노동계급이 주도하는 공동전선으로 되지 못하고 보수야당이 주도하는 민중전선으로 조직되고 있기 때문에 혁명적 상상력보다 제도적 상상력이 지배적으로 나타난다는 해석을 내놓는다. 빛의 혁명이라는 명명이 있지만 그것은 아직 집회 대중 속에서 나오는 다중의 정치적 자기 인식이라기보다 집회를 관찰하는 연구자의 시각에 머물고 있는 것으로 보인다. 그 결과 실제로 혁명을 실행하는 사람들은 자신들의 행동을 '혁명'이라고 부르기를 주저하고 그 혁명을 저지하고 비트는 행동을 하는 사람들이 자신들의 반혁명적 행동을 '혁명'이라고 부르는 아이러니한 현실이 전개되고 있다.

촛불행동과 비상행동 집회는 검찰권력을 기반으로 한 윤석열-김건희 농단정권에 대한 탄핵과 퇴진을 요구하는 저항운동에서 시작했다. 12·3 내란을 계기로 이 운동은 계엄군의 폭정에 대항하는 시민적 저항권 행사를 통해 국회의 계엄해제 의결과 탄핵소추 가결을 이끌어냈다. 그것은 지금 윤석열 탄핵 인용과 파면을 촉구하고 사회대개혁, 체제 전환, 직접민주주의적 시민권력 운동을 추동한다. 이 운동은 파괴위기에 처한 87체제의 헌법 질서를 수호하면서 그 속에서 개혁을 추구하는 헌정주의적 섭정혁명의 기관임이 분명한데도 운동 주체 속에 혁명적 자기 인식이 널리 확산되어 있지는 않다.

촛불-응원봉 섭정혁명주체의 행동과 자기 인식 사이의 이 간극과 빈 공간에 내란을 정당화하는 반혁명이 파고들며 자신이 혁명세력이라고, 자신의 행동이 혁명이라고 참칭하고 나서는 것이다. 2025년 2월 22일 태평로에서 반혁명 세력들은 1919년의 3·1혁명을 훔치고 1960년의 4·19혁명을 도둑질하여 그것들을 윤석열 내란의 선례이고 전사前史인 것처럼 오염시켰다.

태극기와 성조기를 든 반혁명 세력은 군대를 동원하는 군사쿠데타를 갈망하고 윤석열의 군사쿠데타를 정당하다고 주장한다. 그러면서도 이들은 4·19혁명에 대한 반혁명이었던 박정희의 5·16군사쿠데타와 자신들의 행동을 연결시키기보다 아래로부터 노동자, 농민, 여성, 학생 등등의 자발적 운동이었던 3·1혁명과 4·19혁명을 훔쳐서 자신의 반혁명적 행진 대오의 제복으로 걸치기를 원한다. 지금으로부터 175년 전인 1850년 전후에 루이 보나빠르뜨는 자신의 반혁명을 혁명으로 보이게 하기 위해 프랑스 혁명기에 국민적 영웅이 되었던 자신의 삼촌 나폴레옹 보나빠르뜨의 이름, 투쟁 구호, 복장을 빌려 입기를 좋아했다.[19] 거의

100년 전에 유럽의 파시즘은 영화적 분장술로 반혁명을 혁명으로 보이게 만들었다. 21세기에 우리는 다시 혁명을 상연하는 반혁명의 극장 앞에 서 있다.

시민폭력에 대항하는 국가폭력?
2025년 2월 25일 화요일 오전 11시 27분

헌재의 탄핵 심판이 임박해 오고 있다. SNS, 유튜브, 거리, 광장 등에서 우리는 탄핵에 반대하는 사람들의 불안감이 커지고 있음을 뚜렷이 볼 수 있다. 욕설이 난무한다. 헌법재판관 집 앞에서는 욕설 피켓을 든 사람들이 연일 행패를 부리는 중이다. 헌재를 뒤엎겠다, 불태우겠다, 없애겠다는 협박이 온라인과 오프라인에서 광범위하게 유통된다. 태극기집회의 참가자들이 탄핵 반대 피켓을 들고 선을 넘어 촛불집회장으로 진입하는 경우가 늘어난다. 경찰에 대한 폭행도 증가하고 있다. 탄핵에 반대하는 사람들 사이에 우리가 1·19 폭동에서 보았던 폭력 충동이 고조되고 있음이 뚜렷이 느껴진다. 12·3 내란이 동원한 군사폭력이 법치 과정 속에서 제도적으로 진압되어 가면서 시민들이 그 내란을 이어받아 법치제도 밖에서 움직이는 시민 폭력기관으로 전화하고 있는 것이다. 기존의 헌법 질서를 파괴하려는 욕망에서 나오는 이 시민폭력은 87체제를 파괴하고 영구집권 체제를 구축하려 한 12·3 내란의 군사폭력과 궤를 같이한다. 헌법기관을 향한 무차별적 테러의 욕망은 87체제의 진보적 개혁이 아니라 그것에 대한 퇴행적 파괴를 지향한다.

이 반동적 파괴의 움직임에 상응하여 탄핵에 찬성하는 사람들 사이

---

19. 하지만 나폴레옹 보나빠르뜨는 1799년에 쿠데타를 일으켜 반혁명으로 이동했다. 카를 마르크스, 『루이 보나빠르뜨 브뤼메르 18일』, 최형익 옮김, 비르투출판사, 2012 참조.

에서는 이 폭력 충동과 폭력 선동을 공권력 강화를 통해 제어하고자 하는 욕망이 커진다. "싹 다 잡아들이자", "뿌리를 뽑자"라는 목소리가 높아진다. 실제로 지난 2월 초 경기남부경찰청은 인터넷 커뮤니티에 '헌재를 불태우겠다'는 게시글을 올린 사람을 구속했다. 그럼에도 불구하고 확산되는 협박 선동에 직면하여, 2016년 박근혜 정권하에서 새누리당의 요구로 테러방지법이 상정되었을 때 그것에 대한 반대 필리버스터를 진행했던 민주당 측에서 테러방지법의 적극적 적용을 검토하자는 분위기가 고조되는 상황이다. 시민폭력의 증가에 국가폭력의 강화로 대응하자는 것이다.

국가폭력의 강화로 극우 시민폭력의 증가를 제어할 수 있을까? 나는 어려우리라고 본다. 내란의 개시 이후에 윤석열을 따라 극우 커밍아웃이 한창인 지금 극우화하는 시민들의 폭력 행동을 법률로, 즉 국가권력으로 제어하는 것은 필요하다. 하지만 행동으로 나타나지 않고 언어에 머무는 시민의 불만 표현을, 그것이 극단적이라는 이유로 법률로 예방 조치하는 것은 위험하다.

국가폭력의 강화는 이중적이다. 그것이 폭력으로 인한 당장의 불편을 덜어줄 수는 있지만 그런 경우에조차 그것은 시민들을 무력하게 만들고 국가에 필요 이상의 권력을 줌으로써 위로부터의 폭압 통치의 위험을 높이고 시민들의 자유를 제약할 국가의 잠재력을 높인다. 국가권력의 강화에 앞서 집회, 시위, 언론, 표현의 자유라는 시민들의 기본권이 침해되지 않도록 세심히 신경을 쓰는 것이 무엇보다 중요하다.

시민들의 극우화에 대한 대응은 윤석열과 같은 극우적 지도자들에 대한 대응과는 달라야 한다. 후자는 국가권력의 차원에서 관용 없는 엄격한 법률적 처벌로 대응하는 것이 필요하고 또 그것이 유효하다. 이 극우 통치자들은 국가권력 차원에서 움직이면서 법률을 포함한 국가권력을 자신들의 사적 이익을 위해 장악, 변형, 응용하려 하는 의식적 주체들이기 때문이다. 이들은 시민사회 차원에서 발생하는 문제를 국가권력 차원에서 악용한다.

하지만 시민사회 차원에서 일어나는 극우적 움직임은 저 지도자들의 선동에 이끌리는 신민화의 순간에조차 우리 시민사회와 제도의 모순에서 발생하고 있는 그 모순의 대중적 표현이기 때문에 그 모순의 해결 없이는 어떤 법률적 접근도 제한된 효과 이상을 거둘 수 없다. 국가폭력에 의한 대증요법으로 근본적으로 치유할 수 있는 문제가 아니기 때문이다. 경제적 사회적 문화적 정치적 '원인'을 찾아 치료하는 것이 느리고 불편하지만 가장 빠른 길이다. 장기적으로는 미디어 리터러시를 향상할 수 있는 교육문화적 조치, 사회적 차별을 제거할 수 있는 사회대개혁, 경제적 양극화에서 나오는 불만을 실제적으로 풀 수 있는 혁명적 조치, 그리고 단기적으로는 시민 차원에서 극우 폭력에 대항하는 방어적 자기조직화(평화적 집회 및 토론회 개최, 지역 기반 안전 네트워크 구축, 온라인을 이용한 폭력 예방 지도 작성, 법률 및 피해 지원 네트워크 구축…) 등이 법률적 규제보다 더 선행해야 하고 근본적인 위치에 놓여야 하며 지속적 성격을 가져야 할 것으로 생각된다.

5공화국과 7공화국의 기로에 선 6공화국 (1) ― 감동

2025년 2월 26일 수요일 오후 12시 34분

어제(2025년 2월 25일) 11차 변론과 최후진술에 대한 느낌을 간단히 말하라면 감동과 우울이라고 답하겠다.

감동은 국회 측 대리인들의 최후변론들로부터 받은 것이다. 우울은 윤석열과 그 대리인들로 인한 것이다.

이 글에서는 먼저 국회 측 대리인들의 변론 중에서 인상적이었던 내용을 스케치해 보고 싶다.

이광범은, 윤석열이 앞서 계엄을 선포하고 헌법을 개정하여 독재한 이승만, 박정희, 전두환 유형의 인물임을 상기시킨 후에 파면을 담은 헌재의 결정문이 현재만이 아니라 미래의 헌법 가치까지 담아줄 것을 주문했다.

군인인 아들을 두어 12월 3일 국회로 달려갔다는 이금규는 윤석열의 거짓말을 파헤쳤다. 특히 비상계엄 날 '아무 일도 없었던 것'은 '국민들이 막아서였지 피청구인이 아무것도 하지 않아서가 아니었다'며 그가 위험을 무릅쓴 국민의 행동 성과를 도둑질해서 거짓말을 하고 있다고 꼬집었다.[20]

군대의 오용에 대해 비판한 김선휴는 윤석열이, 국민의 평화를 위한 군대이고 40년간 정치적 중립을 지켜온 군대를 자신의 정치적 목적을 위한 내란의 도구로 사용하여 사병화함으로써, 분열과 혼란을 초래하고 군의 명예를 실추시켰다고 고발했다.

이원재는 부정선거론의 비합리성을 조목조목 비판한 후에 이러한 음모론이 대의민주주의와 선거관리위원회에 대한 신뢰를 훼손한다고 비판했다.

황영민은 윤석열의 제왕적 욕망이 자신에게 복종하지 않는 사람들을 적으로 인식하게 만들었다고 비판하면서 "계엄을 선포한다!"가 아이들의 놀이가 되고 있는 이 현실 앞에서 12·3 비상계엄을 실행한 윤석열의 행동에 대한 헌재의 평가가 오늘의 아이들이 자라며 배울 역사의 진실을, 그리고 내일의 대한민국이 어떠할지를 결정할 것이라고 말했다.

윤석열이 오염시킨 헌법의 말에 집중한 장순욱은, 헌법 수호 세력을 자처하며 대통령에 당선된 그가 자유민주주의의 이름으로 자유민주주의 헌정 질서를 송두리째 파괴함으로써 헌법 파괴의 선봉에 섰음을 고발한 후에 계엄군을 막아선 국민이야말로 진정한 헌법 수호 세력이었

---

20. 이금규의 이 중요한 생각은 4월 4일 헌법재판소 결정문에서 윤석열 측 변론을 비판하는 중요한 논거로 인용되었다.

음을 강조했다.

　진실에의 용기를 호소한 김진한은, 윤석열에 의해 87년 이후의 민주주의가 파괴된 사실을 직시하면서 젊은이들이 폭동으로 이끌리는 현실이 왜 발생하는지를 묻는 질문자의 역할을 헌법재판소가 맡아줄 것을 당부하면서 이 사태에 대한 엄중한 책임을 묻는 정의로운 헌법 판단으로 민주주의 헌법의 기초를 재건해 나갈 수 있기를 염원한다고 말했다.

　김이수는 윤석열이 인권 기관에 인권을 짓밟는 사람을 앉히고 권력을 감시하는 기관에 아부하는 사람을 앉히는 실정을 거듭하더니 비상계엄으로 정치적 반대자를 제거하러 나섰다면서 민주공화국과 헌법 수호 책임을 배신하여 민심의 신뢰를 잃어버린 그를 파면해 줄 것을 주문했다.

　송두환은, 비상대권은 왕정과 절대왕정의 유산으로 근대 민주주의에서는 엄격한 제한 속에서 사용되어야 하는데 윤석열은 그것을, 정적을 반국가세력으로 몰아 척결하는 수단으로 남용했다며 위헌·위법 정도가 매우 큰 이 헌법 수호 책무 방기를 파면으로 다스리는 것은 헌법 존엄과 민주주의 가치를 지키고 법치를 수호하며 민주주의를 회복하는 한 단계가 될 것이라고 말했다.

　윤석열 계엄군의 체포 수거 명단에 이름이 올라있던 정청래는 윤석열의 비상계엄이 우리 사회에 초래한 손상에 대해 자세히 말한 후에 "12월 3일 밤 국회 운동장 근처에서 본청으로 한 발짝 한 발짝씩 내디딜 때" 36년 전인 1988년 9월 새벽 1시 안기부에 잡혀 호텔로 끌려가 수건으로 눈을 가린 채 속옷 차림으로 네 시간 동안 주먹질, 발길질로 고문 폭행당했던 기억이 고통스럽게 떠올랐다고 말했다. "계엄군이 먼저 진을 치고 있다가 체포·연행하지 않을"까 하는 두려움 때문이었다는 것이다. 그것은 윤석열이 '아무 일도 일어나지 않았다'고 말한 그날 밤에 윤석열의 비상계엄이 한 인간에게 불러일으킨 구체적인 신체적 사건에 대한 경험적 진술이다.

변론들 한 마디 한 마디가 보석처럼 잘 다듬어져 있었다. 이 때문에 대리인들이 탄핵 심판의 변론에 얼마나 진심으로 임했는가가 느껴졌다. 국회 측 대리인들은 각자가 파면의 필요성을 다양한 각도에서 역설하는 방식으로 연잎이 모인 연꽃 같은 변론 집성체를 이루어냈다.

변론이 진행되는 내내 나로서는 아픔, 열정, 고난, 희망 들이 교차한 지난 수십 년의 역사를 상기하고 되새기지 않을 수 없었고 삶의 신체가 '헌법'과 올올이 얽혀 있다는 느낌에서 오는 어떤 북받침을 참기가 어려웠다.

대리인들은 헌법 수호의 가치에 대해 반복해서 이야기했다. 하지만 다른 한편에서 그들은 청년들이 폭동으로 이끌리는 현실이 반증하듯, 헌법 수호가 이제 헌법 개혁 없이는 달성할 수 없는 과제가 되었음을 느끼도록 만들었다. 변론들이 암시는 했지만 직설하지 않은 것이 하나 있는 것으로 보인다. 그것은 아마도 그 과제가 형식적 헌법의 문구를 고치는 문제 이전에 물질적 헌법으로서의 다중의 자기 변신의 문제이자 사회적 삶의 혁명적 형태 개조의 문제라는 사실일 것이다.

5공화국과 7공화국의 기로에 선 6공화국 (2) — 우울
2025년 2월 27일 목요일 오후 12시 15분

2025년 2월 25일 헌법재판소에서 국회 측 대리인들이 6공화국에 터를 잡고 7공화국을 낭만적으로 내다보는 자세를 취했다면 윤석열과 그 대리인들은 6공화국을 부수고 5공화국으로 회귀하는 엄숙한 자세를 취하는 것으로 보였다.

윤석열은 밤 9시가 넘어 국회 측 대리인들의 변론이 끝난 후에야 재판정에 입장했다. 자신에 반대하는 국민들의 목소리는 듣지 않겠다는 태도다. 자신의 생각만이 옳고 자신의 이야기만 하겠으며 누구나 자신의 이야기를 들어야 한다는 자세. 이 유아독존唯我獨尊의 예외주의적 태도는 단상 아래에 탄핵될 피청구인으로 서 있으면서 헌법재판관과 국민을 향해 '당신들 눈에는 보이지 않는 것. 대통령인 나에게만 보이는 것'이 있다고 자신의 몸을 단상 위로 높이며 단언하는 다음 진술에서도 반복된다.

> 헌법재판관 여러분, 그리고 국민 여러분, 대통령의 자리에서 많은 정보를 가지고 국정을 살피다 보면, 남들에게는 보이지 않는 것들, 겉으로는 잘 드러나지 않는 문제점들이 많이 보이게 됩니다. 당장은 괜찮아 보여도, 얼마 뒤면 큰 위기로 닥칠 일들이 대통령의 시야에는 들어옵니다. 서서히 끓는 솥 안의 개구리처럼 눈앞의 현실을 깨닫지 못한 채, 벼랑 끝으로 가고 있는 이 나라의 현실이 보였습니다.

그의 눈에만 보이는 그 특별한 '이 나라의 현실'이 망상장애가 낳은 환각이었다는 것, 그만이 확보한 그 특별하게 '많은 정보'가 극우 유튜버들이 슈퍼챗을 호주머니에 챙겨 넣기 위해 쏟아낸 거짓말 다발이었다는 것, '얼마 뒤면 큰 위기로 닥칠 일들'에 대한 그의 '위기감'이 가만히 두면 자신이 저지른 죄상을 밝히고야 말 국회의 특검 움직임과 자신을 권력에서 격리시키고야 말 거리에서의 탄핵 집회에 대한 억제하기 어려운 두려움이었다는 것이 이미 언론, SNS, 입소문을 통해 만천하에 드러났고 헌법재판소에서 국회 대리인들의 말과 PPT와 영상을 통해 또렷하게 시연되었는데도 그는 뒤늦게 나타나 예외주의적 헛소리를 하기 시작한다.

상당 부분을 야당에 대한 비판에 할애한 그의 최후진술에서 특이한 것은 북한에 대한 시각 변화, 아니 위치 조정이 아닐까? 12·3 내란 국정

조사와 수사 과정에서 명확히 드러난 것이 상식과는 달리 윤석열이 북한을 적이 아니라 협력자로 간주했다는 사실이기 때문이다. 노상원 수첩이 보여주는바, 윤석열은 국내 정적을 수거하는 과정에서 체포한 사람들을 북한의 무력으로 사살하도록 유도하거나 북한의 소행으로 보이게 하는 건을 놓고 북한과 '거래'하려 했다. 쓰레기 풍선 원점 타격을 통한 전쟁 유도도 기존 헌정의 파괴와 5공화국 이전 체제로의 복귀를 위해 분단된 한쪽인 북한의 힘을 빌리는 한 방식이었다. 그런데 북한은 윤석열의 이런 계획에 협조하기는커녕 2024년 10월 남북을 잇는 경의선 동해선 철로를 폭파하고 그곳에 장벽을 쌓아 방어선을 구축하는 것으로 응답했다.

북한을 자신의 협력자로 고려하고 있던 시간에, 북한 대신 윤석열의 주적으로 설정된 것은 중국이었다. 중국은 선관위 서버 해킹으로 한국의 야당을 밀어주고 산업스파이로 영업비밀을 훔치고 유학생, 이민으로 탄핵집회를 추동하는 정치적 불순분자로 묘사되었다. 이 때문에 거리에서 중국인들은 잠재적 간첩으로 의심받았고 한국의 극우 유튜버들 앞에서 시진핑에 대한 욕설을 하도록 강요받았다. 한국인들은 통행 자유를 위해 자신이 중국인이 아님을 입증해야 했다. 급기야 '캡틴 아메리카'로 알려진 안병희는 중국대사관에 난입을 시도하다 체포되기까지 했다.[21]

그런데 2월 25일 윤석열의 최후진술에서는 주적이 다시 북한으로 재설정된다. 그의 진술에서 북한은 '선관위를 해킹'하고 '드론 공격'을 하는 행위자로 묘사되기도 하지만 무엇보다 지령자로 나타난다. 북한은, '공작원과 접선하여 직접 지령을 받은' '간첩단'을 통해 '군사시설 정보를 북한에 넘'기게 하고, '총파업'을 하게 하고, '선거에 개입'하고 '미

---

21. 2025년 5월 28일 열린 1심 판결에서 서울중앙지방법원 판사 구창규는 건조물 침입 미수, 공용물건 손상, 모욕 및 사문서 위조 등의 혐의로 안병희에게 징역 1년 6개월을 선고했다.

국 바이든 대통령 방한 반대, 한미연합훈련 반대, 이태원 참사 반정부시위', '세월호 참사 진상규명 투쟁'을 벌이게 하는 신출귀몰한 지휘자로 그려진다.

남들은 보지 못하는 것을 보는 그의 저 망상장애적 눈에는 북한이 "대통령 탄핵의 불씨를 지펴라"라고 말하면 즉각적으로 남한에서는 '윤석열 선제탄핵' 집회(2022년 3월 26일)를 시작으로 2024년 12월 3일 전까지 엄청난 시민들이 참가하는 '178회'의 '대통령 퇴진, 탄핵집회'가 쫘악 펼쳐지고 '거대 야당 의원들'도 그 '지령'에 동조하여 '발언대에 오르는' 풍경이 펼쳐진다.

이런 말들을 통해 그가 헌법재판관에게 전하고자 하는 메시지는 분명하다: '나에 대한 탄핵은 북한의 지령을 받은 간첩단의 소행이며 사법 판단 대상이 아닌 나의 비상계엄을 사법 심판대에 올려놓은 헌법재판관들 당신들도 북한 간첩단의 지령에 놀아나는 것이다.' 이 진술 속에서 윤석열의 저 특별한 눈에, 대한민국의 선관위, 헌법재판소, 국회와 같은 헌법기관, 정당과 같은 준헌법기관, 헌법에 기본권으로 보장된 노동조합 조직의 활동, 노동자들의 단체행동, 시민들의 집회와 시위 활동 등은 어떤 독립성도 없이 모조리 북한의 지령에 의해 고취, 고무, 조작되는 것으로 비친다.

그에게는 이 위험천만한 상황에 대한 대책이 준비되어 있다. 포고령이 그 대책을 보여준다. 포고령의 질서는 '…결사, 집회, 시위 등 일체의 정치활동을 금하고…자유민주주의 체제를 부정하거나, 전복을 기도하는 일체의 행위를 금하고…가짜뉴스, 여론조작, 허위선동을 금하고…모든 언론과 출판을 통제하고…파업, 태업, 집회행위를 금하고…의료현장을 이탈한 모든 의료인은 계엄법에 의해 처단하고…반국가세력을 제외한 선량한 일반 국민들에게만 일상생활에 불편을 최소화할 수 있도록 조치'하는 질서다.

그의 이 놀라운 '자유민주주의' 질서는 "자유를 부정하는 공산주의,

공산당 일당 독재, 유물론에 입각한 전체주의가 다양한 속임수로 우리 대한민국에 스며드는 것은 막아야 합니다"를 실천하기 위한 예방 질서다. 그의 '자유민주주의' 질서는 공산주의가 자유를 부정하는 것을 막기 위해 정치활동의 자유, 결사 집회 시위의 자유, 언론출판의 자유, 직업 활동의 자유 등 시민의 모든 자유를 철저하게 부정하여 금지하는 것이다. 공산당 일당 독재를 막기 위해 비상대권을 가진 윤석열 1인 독재를 구축하는 것이다. 유물론에 입각한 전체주의를 막기 위해 망상의 자유를 극대화하는 예외주의 질서를 수립하는 것이다.

이 질서가 조성하는 '헌법의 풍경'(장순욱)은 우울하다. 장시간에 걸쳐 북한식 궁서체를 섞은 프레젠테이션 발표 자료로 '우리 사회 곳곳에 간첩이 암약하고 있음'을 무표정한 얼굴로 변론하는 윤석열 측 대리인 김계리의 변론 시간에 내가 지금 40여 년 전으로 돌아와 제5공화국 공안검사의 취조실에 앉아 있는 것이 아닐까, 자문하지 않을 수 없었다. '대통령' 윤석열은 "민주당이 국정원의 대공수사권 박탈로 간첩이 활개치는 환경을 만들었다"며 김계리의 '대한민국 = 간첩사회' 밑그림에 화룡정점畵龍點睛의 '눈알'(윤석열 그 자신이 쓴 말이다)을 그려 넣었다.

우리의 현실 공화국인 6공화국은 지금, 공화국의 현상태를 북한과 간첩에 놀아나는 무질서로 보면서, 유튜브와 같은 탈근대적 환경 속에 낡은 5공화국(아니면 유신 4공화국?)의 비상대권적 계엄질서를 다시 세우려는 세력과, 그에 맞서, 동일한 환경에서, 아이들의 눈으로(황영민), 우리가 경험하지 못했으나 우리 삶에 잠재된 미래적 헌법가치(김진한)를 실현하려는 7공화국적 움직임 사이에서 진통을 겪고 있다. 그것이 어느 방향으로 귀결될 것인가는 전적으로 우리가 지금 여기서 어떻게 생각하고 무엇을 행하는가에 달려 있을 것이다.

5장
8 대 0은
예정되어 있지 않았다

법치주의 심리와 내란세력의 역습

2025. 2. 26 ~ 2025. 3. 8

윤석열의 "헌법제정 권력"

2025년 2월 28일 금요일 오후 12시 3분

윤석열은 최후진술에서 다시 한번 청년을 주권자로 호명한다. 어떤 청년일까? 응원봉을 흔들며 국회 앞에서 소녀시대의 '다시 만난 세계'를 떼창하며 길게 끄는 리듬 마디에 '윤석~열 탄핵!' 구호를 삽입하기 시작한 2024년 12월 7일 저녁의 청년들일까? 윤석열 체포를 호소하며 밤낮을 눈 내리는 한남동 아스팔트 위에서 육신불 肉身佛이 되어 갔던 '키세스' 청년들일까?

아니다. 그가 말하는 청년은 국민의힘 국회의원 김민전의 중개로 하얀 해골 모자를 뒤집어쓰고 수십 년 전 제주의 서북청년단처럼 '공산주의'를 때려잡겠다며 국회에 나타났던 백골단의 청년이다. 윤석열 구속영장을 발부한 판사를 죽이겠다며 법원의 담을 타고 넘고 유리창을 깨고 CCTV 서버에 물을 들이붓는 청년들이다. 그들식으로 지성, 법, 여성, 혁명의 상징으로 설정한 서울대, 고려대, 이화여대, 전남대 등을 차례로 돌며 지성에 대한 반대, 법에 대한 반대, 여성에 대한 반대, 혁명에 대한 반대를 폭력적으로 선동하면서 반지성, 탈법, 성차별, 반혁명을 사회의 표준으로 제시하려는 청년들이다.

이 폭동하는 청년들, (실은 윤석열 자신이 그 중심축이었던) 금융지배의 신자유주의적 자본주의가 낳은 사회적 불안과 절망감을 표현할 적절한 민주적 방법을 찾지 못하고 전광훈-윤석열 파시즘의 테러 선동에 이끌리고 있는 이 청년들이 그의 눈에 어떻게 비치는가?

[군사력을 동원한 비상계엄이 좌초되어 - 인용자] 지금 저는 잠시 멈춰 서 있지만 많은 국민, 특히 우리 청년들이 대한민국이 처한 상황을 직시하고 주권을 되찾고 나라를 지키기 위해 나서고 있습니다. 비상계엄의

목적이, 망국적 위기 상황을 알리고 헌법제정 권력인 주권자들께서 나서주시기를 호소하고자 하는 것이었는데, 이것만으로도 비상계엄의 목적을 상당 부분 이루었다는 생각이 듭니다. 저의 진심을 이해해 주시는 우리 국민, 우리 청년들에게 진심으로 감사의 말씀을 드리고 싶습니다.[1]

같은 생각은 이렇게 달리 표현되기도 한다.

제가 직무에 복귀하게 되면, 나중에 또다시 계엄을 선포할 것이라는 주장도 있습니다.…계엄의 형식을 빌린 대국민 호소로 이미 많은 국민과 청년께서 상황을 직시하고 나라 지키기에 나서고 계신데, 계엄을 또 선포할 이유가 있습니까?

장순욱 변호사는 같은 날 윤석열이 오염시킨 헌법의 말, 헌법의 풍경에 대해 역설했다. 장 변호사의 말이 끝나기 무섭게 다시 한번 입증하기라도 하듯, '대통령' 윤석열은 '헌법제정 권력'이라는 말을 완전히 뒤집어 오염시킨다. 헌법 파괴 폭동을 헌법제정 행동으로 뒤집는 것이다.

헌법제정 행동은 민주적 정당성과 합법적 절차에 따라 새로운 헌정 질서를 창출하거나 기존 헌정 질서를 개정하는 민주주의적 행동이다. 헌법 파괴 행동은 특정한 집단의 의지를 국민에게 강요하기 위해 비민주적이고 불법적인 방식으로 기존 헌법을 파괴하는 권위주의적 행동이다.

윤석열의 비상계엄도, 1·19 폭동도 새로운 민주주의적 헌법의 상을 제시하지 못했다. '금지', '통제', '체포', '처단' 등의 술어로 구성된 1차

---

[1]. 김경필, 「[최종 변론 전문] 尹대통령 "국민께 죄송하고 감사…계엄 후 84일, 가장 힘든 날"」, 『조선일보』, 2025년 2월 26일 수정, 2025년 6월 23일 접속, https://www.chosun.com/politics/blue_house/2025/02/25/EGW3SUG4LNDGXHOB6MJMYP4ADU/. 이하의 인용은 같은 곳으로부터이다.

포고령, 그리고 '쳐들어가', '부숴', '잡아', '불 질러'로 이어지는 1·19 폭동 어디에 사람들을 감동시키고 해방시킬 새로운 민주적 헌법의 이미지가 들어 있는가? 두려움, 공포, 긴장으로 사람들을 떨게 하고 혐오감과 반발심을 불러일으킬 뿐이다. 새로운 헌법 질서의 창출은 없었으며 만약 그와 유사한 것이 있었다면 그것은 비상입법기구가 준비했을 저 섬뜩한 '수거'의 질서였다.

내가 여러 곳에서 '제헌활력'[2]으로 표현해온 '헌법제정 권력'이라는 말을 '헌법 파괴 권력'이라는 의미로 오염시킨 후에 그 개념적 폐허 위에서 그는 '87체제 개선'으로서의 개헌을 자신의 역할로 맡겨 달라고 헌법재판관에서 주문하기에 이른다.

> 변화된 시대에 맞지 않는 87체제가 여전히 유지되고 있습니다. 정치가 국민을 불편하게 만들고 국가의 발전을 가로막고 있습니다. 또, 국가의 미래를 결정하는 일에, 미래의 주역인 청년들이 참여할 수 있도록 정치와 행정의 문턱을 더 낮춰야 합니다. 제가 직무에 복귀하게 된다면, 먼저 87체제를 우리 몸에 맞추고 미래 세대에게 제대로 된 나라를 물려주기 위한 개헌과 정치 개혁의 추진에 임기 후반부를 집중하려고 합니다.…87체제 개선에 최선을 다할 것입니다. 국민의 뜻을 모아 조속히 개헌을 추진하여, 우리 사회 변화에 잘 맞는 헌법과 정치 구조를 탄생시키는 데 신명을 다하겠습니다.

"87체제가 시대에 안 맞아", "87체제를 우리 몸에 맞추고", "87체제 개선에 최선을", "조속히 개헌을 추진하여"…라고 87체제를 반복해서 문제 삼지만 그는 정작 그 문제가 무엇인지, 즉 87체제가 왜 시대에 안 맞는지 단 한 마디도 하지 못한다. "정치가 국민을 불편하게 만들고 국가의

---

2. 나는 제헌력이 지속적으로 헌정 질서를 새롭게 창출하지만 그 자체로서는 '권력 장악을 거부하는 권력'이어야 한다는 의미에서 제헌권력보다 제헌활력이라고 주로 표현한다.

발전을 가로막고 있다"는 진단은 유체 이탈 화법이 박근혜의 전유물만이 아니었음을 보여준다. 정확히 그의 정치가 그랬기 때문이다.

그렇기 때문에 '우리 사회 변화에 잘 맞는 헌법과 정치구조를 탄생시키'겠다면서도 그것이 무엇인지에 대해서도 한 마디의 내용도 제시하지 못한다. 이렇기 때문에 유의미한 것처럼 들리는 단 한 구절, "국가의 미래를 결정하는 일에, 미래의 주역인 청년들이 참여할 수 있도록 정치와 행정의 문턱을 낮춰야" 한다는 말도 다르게 들린다. 지금까지 그의 정치적 헌법적 사유 맥락에 따르면 그것의 진짜 의미는, "1·19 거사(폭동!)로 헌법 질서를 공포에 떨게 한 청년들이 그 행보를 늦추지 말고 계속하여 나의 직무 복귀를 가능케 한다면, 정치와 행정의 문턱을 낮춰 유튜버를 비롯한 청년 여러분들이 대거 행정계와 정치권에 자리를 잡을 수 있도록 대통령 권력을 사용하겠다"는 뇌물성 약속으로 이해된다.

여론조작을 대가로 명태균에게 '세비 반땅'의 김영선 공천을 주었는데, 폭동을 대가로 청년 집단에게 권력의 자리들을 주겠다고 약속하고 있다는 의미에서다. 명태균이 여론조작으로 감옥에서 치르고 있는 대가는 크다.[3] 청년들이 윤석열의 청탁을 받아들일 때 치러야 할 대가도 클 것이다.

이것을 이미 윤석열은 알고 있다. "저의 구속 과정에서 벌어진 일들로 어려운 상황에 처한 청년들도 있습니다. 옳고 그름에 앞서서 너무나 마음이 아프고 미안합니다." 자신의 지시에 따라 행동에 나서는 청년들이 구속, 기소, 사회적 고립 등 어려운 상황에 처할 것이고 자신의 '마음이 아프고 미안'하리라는 것을. 그런데 자본이 그렇듯이 그의 권력도, 타인들의 피를 입가에서 뚝뚝 흘리면서 태어났다. 그는 직무 정지의 상태에서 다시 한번 그 유혈의 권력을 온몸, 온 마음으로 갈구한다. 그가

---

3. 명태균은 2025년 4월 9일 보석으로 석방되었다.

말하는 '헌법제정 권력'의 피를 갈망한다.

정치적인 것과 제헌적인 것의 지리
2025년 3월 2일 일요일 오전 11시 25분

 2025년 3월 1일. 1919년 혁명 이후 106번째 맞는 3월 1일, 비가 부슬부슬 내리는 오후 2시부터 6시 사이. 106년 전 3월 1일 기미독립선언서가 낭독되었던 태화관에서 얼마 떨어지지 않은 광화문. 비가 내리는데도 계속 몰려드는 인파에 떠밀리며 광화문 일대의 이곳저곳을 돌며 걷다가 상상의 새가 되어 나래를 펴고 날아올라 아래를 조감鳥瞰해 본다.
 엄청난 인파가 도로를 뒤덮고 있다. 알파벳 대문자 T자형의 정치 도로에서 머리획 왼쪽 끝에 있는 경복궁역에서 광화문 사이에 진보(좌파), 꼭짓점 부근에 위치한 광화문에서 안국역 방향으로 중도진보(중도좌파), 머리획 오른 끝의 안국역 쪽에 중도보수(중도우파), 다리획 아래 끝의 시청역 방향으로 극우1파가 배열되어 있는 것처럼 보인다. 그리고 멀리 여의도에 극우2파가 있다. 우파는 어디 갔는가? 광장에서 독자적 자리를 찾지 못하고 거대해진 극우1파와 극우2파 속에 휩쓸려 우왕좌왕하고 있다.
 이것이 이야기의 전부일까? 모두를 모아도 100만이 넘지 않을 이들로 전체를 말할 수 있을까? 결코 그렇지 않다. 그 T자의 획 주변으로 온라인으로 연결된 사람들이 달무리를 이룬다. 좀 더 높이 날아 올라보면 다시 달무리 진 그 T자는 광대한 공허, 바탕 위에 윤곽을 그리며 어렴사리 모습을 드러내는 움직이는 정치적 형상figure임이 드러난다. 어쩌면 우주 전체로 뻗어 있을지 모르는 그 광대한 바탕은 우리 눈으로 직접적으로 지각될 수 없고 추상, 정동, 상상, 직관의 힘을 빌려 조심스레 접근해 가지 않으면 안 되는 세계다. 이 바탕이 제헌의 바다다. 제헌활력이 살아가는 자리.

이 바탕을 마음 깊은 곳으로 가져오면 달무리 진 T자의 무리는 제헌의 바탕, 구성과 재구성의 바다 위에서 흔들리는 목선이다. 아니다. 눈을 감고 마음의 눈으로 더 자세히 살펴보기 위해 새이기를 멈추고 물고기가 되어 물밑으로 내려가 위로 올려다본다. 거기에 다른 그림, 앙감도仰瞰圖가 나타난다. 이제 달무리 진 T자는 제헌의 바다의 출렁임이 만들어 내는 어떤 흔적으로 보인다.

정치적인 것은 제헌적인 것의 움직임이 만들어 내는 자취다. 제헌정치적 사색은 조감법에 따라 정치적인 것에서 제헌적인 것의 출렁임을 향해 열리고 앙감법에 따라 제헌적인 것의 출렁임에서 정치적인 것의 형상적 드라마를 엮어내는 사유의 놀이다. 들뢰즈라면 미분과 적분의 놀이라고 했을까?

출입국관리법 개정과 주권 개념의 재구축을 위해
2025년 3월 6일 목요일 오후 9시 2분

2025년 2월 27일에 국회 본회의를 통과한 출입국관리법 개정안은 오늘날 전 세계적 이슈가 되고 있는 이민과 난민의 문제를 다루는 법이다. 이 법을 둘러싸고 한국 사회의 여러 세력들의 이민과 난민에 대한 시각차가 뚜렷이 드러나고 있다. 개정된 지 얼마 되지 않았지만 그 출입국관리법의 문제가 무엇이고 어떤 재개정의 방향이 필요한지를 몇 가지 논점에 초점을 두어 생각해 보고 싶다.

첫째, 이주민은 통제 대상이 아니다.

출입국관리법 개정은 2023년 3월 23일, 출입국관리법 제63조 제1항에 대한 헌법재판소의 헌법불합치 결정에 따라 이루어졌다. 헌법재판소는 강제퇴거명령을 받은 외국인을 송환할 수 없을 경우 송환 시까지 보호시설에 보호할 수 있도록 규정하고 있는 기존의 이 조항이 보호 기간의 상한을 명시하지 않아 무기한 구금이 가능한 문제점을 갖고 있다고 보았다.

헌법재판소는 해당 조항이 외국인의 신체의 자유를 과도하게 제한하므로 2025년 5월 31일까지 법을 개정하도록 판결했다. 그 판결은 입법 시에 합리적인 보호 기간의 상한을 설정해야 하고 보호의 개시나 연장 단계에서 보호의 타당성을 심사할 적절한 기관이 있어야 한다는 내용을 담고 있었다. 이 판결은 강제퇴거 대상 외국인의 보호 조치를 명시한 출입국관리법이 기본권을 침해한다는 이유로 헌법재판소 심판대에 오른 지 세 번 만에 이루어진 위헌 판결이었다.

그럼에도 불구하고 개정된 출입국관리법은 여전히 이주민의 장기 구금 가능성, 즉 인권 침해 가능성을 열어두고 있다.

어떤 점이 그러한가? 그것이 구금 기간을 기본 18개월, 중대범죄자의 경우 최대 36개월까지 연장 가능하도록 하고 있기 때문이다. 이것은 이주민의 신체의 자유를 과도하게 제한하는 것이다. 구금 상한이 90일인 미국과 프랑스, 100일인 대만과 대조된다. 유럽연합(EU)도 이주민 구금 기간을 최대 6개월로 제한한다.

보호의 타당성을 심사할 기관도 부적절하다. 구금 연장 심사 역할을 독립 심사 기구에 맡기지 않고 객관적이고 중립적인 심사가 어려울 수 있는 법무부 산하 '외국인보호위원회'에 맡겼기 때문이다.

국회 통과 이전에 이주단체와 시민단체는 개정법안에 부분적으로 반영된 구금 기간의 명확한 상한 설정과 독립적인 사법 심사 도입 외에도 '대체 구금 조치의 도입'과 '이주민 의견 수렴 절차 강화'를 요구했다. 하지만 그것은 개정안에 반영되지 않았다. 또 이 법안 제17조 제2항은 외국인 정치활동을 금지하면서 그 정치활동의 범위를 명확히 규정하지 않아, 법 집행 과정에서 자의적인 해석으로 인한 인권 침해 가능성을 열어 놓았다.

정치철학적 관점에서 중요한 문제는 이 법안이 이주민을 사회적 생산의 공동 주체로 인식하지 않고 통제 대상으로 파악하고 있다는 것이다. 외국인은 입국 시 사용한 여권상의 영문 성명, 생년월일, 국적 등을 관계 부처에 정보시스템을 통해 제공하도록 되어 있다.

국민의힘은 이러한 외국인 인적정보의 통합 관리가 행정 효율성을 높이고, 체납자 관리나 감염병 대응 등 다양한 행정업무에 신속하고 효과적으로 대처할 수 있을 것이라고 주장했다. 전형적으로 통제주의적인 관점이다.

야당도 통제주의적 관점에 이의를 제기하기보다 동조했다. 다만 그것의 위험성을 방어할 수 있는 조치로 외국인 개인정보의 보호와 정보 오남용 방지를 위한 안전장치 마련, 정보시스템 구축 과정에서의 보안 강화와 외국인 당사자의 권익 보호를 위한 조치를 주문했을 뿐이다. 하지만 이 주문은 법안에 충분히 반영되지 않았다.

원외의 정의당은 통제와 추방이 아닌 인권과 보호를 원칙으로 해야 한다는 입장을 밝혔다. 이주민을 바라보는 시각을 통제주의적으로 보지 않을 것을 제안한 것이다. 〈이주구금대응네트워크〉 등 이주민 단체와 인권 단체들도 개정안이 이주민의 인권을 충분히 보호하지 못하고 있다고 주장하면서 이주민 인권을 최우선으로 고려한 법 개정을 재차 촉구하기 시작했다.

둘째, 이주민은 사회적 생산의 새로운 공동 주체다.

이주민의 인권을 보호하는 것은 중요하다. 그런데 한 걸음 더 나아가 생각해 보면 이주민은 세계화 과정에서 집중적으로 생성되고 있는 새로운 사회적 생산 주체성이고 또 협력의 주체성이다. 이 관점에서는 이주의 자유와 자율성을 보장하는 것이 중요하다.

국가주권을 강화시키는 방향에서의 이주민 통제는 노동력 착취와 불평등의 구조를 고착시키고 그 구조를 내국인 사이로 확대하는 효과를 가져온다. 그것은 노동력을 유연하게 활용하기 위해 이주민을 법적 보호 없이 취약한 상태로 유지하기를 원하는 자본의 필요를 반영하는 것이다. 이주민을 비정규직·불법체류자로 유지하면서 착취하는 것은 이주민의 사회적 생산력을 고갈, 소진시키고 사회를 사분오열시킨다.

국경 통제와 권력의 장벽화는 새로운 이주 주체성의 특성에 부합하는 방안이 아니다. 오히려 국경을 완화하고 개방적 이민 정책을 도입하는 것이 더 부합한다. 국경은 권력의 장벽이 아니라 협력과 연대의 공간이 되어야 한다. 국경을 폐쇄의 장치로 삼는 것이 아니라 이주민의 자유로운 이동의 무대로 전화해야 한다.

이를 위해 다음과 같은 방향의 개정이 가능할 것이다. 이주민의 노동 허가 절차 간소화 및 확대, 난민 신청 절차 완화 및 인도주의적 보호 강화, 이주민의 자율성과 정치적 권리 보장, 외국인 노동자의 노동조합 설립 권리 보장.

이렇게 위로부터 정부가 이주민 친화적 정책을 도입하는 것도 중요하지만 무엇보다도 이주민 자신이 자기조직화를 통해 스스로 삶을 증진시킬 수 있도록 이주민과 정부 사이의 협력관계를 발전시키는 것이 중요하다. 정부는 이주민의 자유로운 이동과 자율적 연대를 보장하면서 지역 사회 기반의 이주민 지원 네트워크 구축을 통해 이주민의 공동체적 협력 노력을 적극적으로 지원해야 한다. 나아가 이주민을 포함하는 범시민적 연합을 위해 이주민과 시민이 함께 운영하는 자율적 노동 시스템 및 교육 시스템을 구축하는 것이 필요하다. 출입국관리법이 이주민과 난민을 억압하는 법이 아니라, 이 새로운 사회적 주체성과 새로운 사회적 관계를 형성하는 법으로 개정될 필요가 있는 것이다.

셋째로 주권 개념이 개방적으로 재구성되어야 한다.

이것은 주권 개념에 대한 재고를 요구한다. 난민과 이민에 대한 억압적 통제는 주권 국가를 보호한다는 이름하에 전개되어 왔다. 우리는 이 같은 경직된 주권 개념과 국가중심주의적 사고 속에서 살고 있다. 이것은 주권을 외부의 개입 없이 독립적으로 통제하는 절대적 권력으로 이해하는 홉스적 국가 개념을 기반으로 한다.

하지만, 오늘날 주권은 국제법·글로벌경제·디지털네트워크·대규모 이주 등의 영향 속에서 기존의 절대적 개념에서 상호의존적인 개념으로의 변화를 요구받고 있다. 난민과 이민에 대한 통제적 정책의 지속은 시대적 변화에 적응하지 못하는 폐쇄적 국가형태를 유지함으로써 사회적 생산과 삶의 증진을 제약하는 결과를 초래할 수 있다. 기존의 주권국가는 시민권을 국가 내 국민에게만 부여해 왔다. 하지만, 난민과 이민 역시 인간으로서 기본권을 가지며, 일정한 사회적 기여를 할 경우 조건 없이 시민권을 부여받아야 한다.

난민과 이민을 '위협'으로만 간주하면 시민권을 배타적으로 제한하여 인권의 보편성을 훼손할 뿐만 아니라 그들의 생산적 힘을 낭비하고 고갈시키는 결과를 가져온다. 그리고 이민과 난민에 대한 통제와 배제는 새로운 생산 협력체의 창출보다 문화적 충돌과 사회적 분열을 초래할 위험이 크다. 통계는 현재에도 이민자들이 국가 경제에 긍정적인 영향을 미치며 고령화 사회에서 노동력을 보충하는 역할을 하는 것을 보여준다.

정치적으로 억압적인 통제 정책은 민주주의를 위축시킨다. 난민과 이민을 통제하기 위한 법적·행정적 조치가 강화되면, 자국민에 대한 통제도 그만큼 커질 것이다. 개정 출입국관리법은 이민자들의 신상정보의 집중을 통한 일원적 관리를 꾀하는데 이렇게 출입국 관리 강화를 이유로 감시 시스템을 확대하면, 전체주의적 통제 사회로 변할 위험이 그만큼 커진다.

난민과 이민에 대한 '국가 보호 논리'가 심화되면 내부적으로 외국인 혐오와 극우 정치 세력의 성장을 촉진할 수 있다. 또 주권 국가가 스스로의 정체성을 '이주자 배제'로 설정하면, 사회 통합보다는 분열과 갈등이 심화되는 결과를 초래할 위험성이 커진다.

주권국가가 난민과 이민을 배제하지 않을 수 있는 방법이 무엇일까? 첫째는 개방적 주권 개념의 도입이다. 주권을 배타적인 통제 권력으로 보는 것이 아니라, 개방적인 네트워크 속에서 지속적으로 재구성되는 권력으로 이해하는 것이 필요하다. 요컨대 주권이 통제와 배제의 개념이 아니라 다양한 집단이 공존하는 사회적 관계 속에서 새롭게 구성되어 가는 개념으로 바뀔 필요가 있다.

난민과 이주민이 합법적으로 거주하면서 세금을 납부하는 방식으로 일정 기간 사회에 기여하면 그에게 시민권을 부여하는 방식을 도입하는 것이 가능할 것이다. 지역 사회에서 공공 봉사나 자원봉사 활동을 수행한 난민에게도 점진적으로 시민권을 부여하는 것이 가능할 것이다.

난민의 법적 지위를 국가가 독점적으로 결정하는 것이 아니라, 유엔과 같은 세계기구, EU와 같은 지역정부, 그리고 지방자치 정부 등 여러 단위의 기관들이 공동으로 결정할 수 있어야 한다. 난민과 이민의 흐름을, 국가 통제를 강화해야 할 적대적 요소로 간주할 것이 아니라 주권을 더 개방적이고 민주적인 것으로 변화시키는 기회로 만들어야 한다. 궁극적으로 주권은 인간만이 아니라 비인간을 포함하는 모든 존재의 특이한 힘 그 자체이기 때문이다.

구속취소를 겪고 생각하는 법치주의의 한계와 가능성
2025년 3월 8일 토요일 오전 11시 50분

2025년 1월 25일 설 연휴 첫날임에도 열렸던 광화문 앞 비상행동 집회에서 참가자들은 '즉각 기소'를 소리높여 외쳤다. 검찰이 윤석열에 대한 기소를 놓고 머뭇거리는 모습을 보여 주었기 때문이다.

검찰총장 심우정은 다음 날(26일) 검사장회의를 소집하여 사람들을 초조하게 만들기에 충분할 만큼 시간을 끈 후 그날 밤에야 비로소 기소했다.

국회의장 우원식이 2024년 12월 4일 새벽 시민들이 초조하게 표결을 기다리고 있는데도 불구하고 비상계엄 해제 요구안 표결을 앞두고 시간을 끈 것은 절차를 지키기 위해서였다. 심우정이 2025년 1월 26일에 시간을 끈 것은 그와 정반대로 절차를 어기기 위해서였다는 의심을 떨치기 어렵게 되었다. 2025년 3월 7일 서울중앙지방법원(재판장 지귀연)이 구속 시간 초과를 사유로 윤석열에 대한 구속취소를 결정했기 때문이다.

관행상 시간이 아니라 날수로 구속 만기를 결정한다 하더라도 이미 윤석열 측 변호인들이 시간별 구속 만기 주장을 떠들고 있는 상황이었다. 검찰의 추가 수사는 윤석열의 수사 거부로 더 이상 불가능했고 사실상 기소를 더 이상 미룰 필요가 없는 상황이었다. 이제 내란 공모 의혹과는 별개로 심우정과 참사 검사장들에 대한 문책은 불가피하다.

구속취소 문제보다 더 중요한 것은 판사 지귀연이 공수처의 수사권에 의문을 제기하였다는 것이다. 공수처가 내란죄 수사권을 갖는가 의문이 든다는 것이다. 검찰은 기소 죄목에서 직권남용은 빼고 내란죄만 기소했다. 그런데 공수처는 내란죄 수사권이 없다.

경찰과의 공조본 수사였지만 수사 주도권을 공수처가 갖게 되었고 경찰과 검찰 모두가 공수처로 수사자료를 이첩(12월 18일)한 상태였다. 왜 내란죄 수사권이 있는 경찰이 수사권을 계속 유지하지 못했을까? 검찰이 경찰청장 조지호를 내란 공범으로 수사하고(12월 10일) 있는 상황이었기 때문이다.

수사권을 둘러싼 이 같은 권력 갈등 상황에서 윤석열 수사가 내란죄 수사권이 없는 공수처로 이첩되었고 공수처는 직권남용을 실마리로 내란죄 수사를 할 수 있다는 법 해석에 따라 수사를 진행했다.

그런데 현직 대통령은 직권남용죄로 수사받을 수 없다고 되어 있다. 역사적으로 최초인 현직 대통령의 내란죄 수사를 둘러싸고 전례 없는, 그래서 법률적으로 확실하지 않은 행보가 계속되었다. 돌아보면 법원이 체포영장, 구속영장을 발부해 준다는 사실에 의해 겨우겨우 뒷받침되고 정당화되는 행보였다.

수사권 문제를 제기한 지귀연이 윤석열 내란 사건 1심을 담당하고 있기 때문에 구속취소 문제가 해결된다 하더라도 수사권 문제에 대한 절차적 정당성을 확보하지 않으면 1심에서 공소기각이 될 가능성이 매우 높아진 상태라고 봐야 할 것이다. 그러므로 수사권을 둘러싼 논란이 합법적으로 해결되어야 한다.

지금까지 내란 사건은 시민들의 거리 섭정과 응원하에서 법치주의적 과정을 따라 다루어져 왔다. 법원의 구속취소 결정은 지금까지 법치주의 맥락 속에서 반복적으로 패배해 온 내란세력이 처음으로 법치 속에서 거둔 승리이다. 내란세력은 법치주의에 한 발을 걸치고 있으면서도 끊임없이 법치에 대한 불복과 예외주의적 행동 가능성으로 법치를 위협해 왔다.

이런 상황에서 촛불시민들이 선택할 길은 무엇인가? 법원이나 검찰을 믿을 수 없다며 (극우가 그러하듯이) 법치주의의 밖으로 나갈 것인가 아니면 지금까지와 마찬가지로 법치주의 속에서 그것의 최대한의 가능성을 이끌어내기 위해 노력할 것인가?

지금으로서는 후자가 필요하다고 생각한다. 윤석열 정권은 검찰쿠데타로 부상하여 군사쿠데타로 나아갔으므로 검찰이 촛불혁명의 편에 서지 않으리라는 것은 상수로서 고려되어야 할 것이고 또 실제로 고려되어 왔다고 생각된다. 충분하지 못했을 뿐이다. 법원이 늘 공정한 것은 아니라는 것 역시 상수로서 고려되어야 하고 또 그래 왔다고 생각된다.

법치주의 속에서 다른 선택대안이 없기 때문에 선택한 경로로 지금까지 내란이 조금씩 조금씩 느리게 진압되어 왔다. 혁명은 반혁명과 동시에, 그리고 그것의 반발을 물리치면서 나아가는 것이다. 반혁명 없는 혁명은 없다. 우여곡절은 필연적이다. 그리고 촛불혁명은 지금까지 12월 3일 밤 위헌·위법한 포고령에 대항했던 몇 시간의 제헌주의적 저항권 행사를 제외하면 법치주의의 길을 따라 전개되어 왔다.

촛불시민이 법치주의를 포기하면 내전이 불가피한 상황이다. 그것은 윤석열 내란에 대한 진압을 어렵게 만들고 오히려 그것을 정당화해 줄 수 있는 선택이 될 수도 있다.

분명히 법치주의적 길에 문제와 한계가 있다. 우리의 법이 현직 대통령을 구속한 경험을 갖고 있지 않고 법에 그런 상황에 대한 구체적 대비책이 만들어져 있지 않기 때문이다. 제기된 문제 자체가 현행법으로 충분히 다루기 어려운 요소들을 조금씩 갖고 있다. 법을 발명하면서 법을 적용해야 하는 어려운 상황이다. 이렇게 법치가 문제적이지만 지금으로서는 법치주의의 가능성을 최대한 이끌어내는 방향을 따라가는 것이 필요하다. 그것이 내란의 위헌·위법성을 탄핵하고 극우적 폭력을 법에 따라 규제하는 것을 가능하게 하기 때문이다.

이런 관점에서, 3월 7일 지귀연 판결을 법률적으로 충분히 검토하는 것에서 출발해야 할 것이다. 구속집행정지에 대한 즉시항고가 위헌이라는 기존 판결을 구속취소에도 적용하여 구속취소에 대한 즉시항고도 위헌이라는 윤석열 측의 반론이 있다. 그러므로 검찰은 즉시항고를 서두르지 말고 (우원식이 긴박한 상황에서 그렇게 했듯이) 합법적 기한(7일) 내에 충분한 검토를 거쳐 법에 따라 즉시항고와 관련해 논란의 여지가 없는 법률적 선택을 해야 할 것이다. 즉시항고를 검토하는 과정이 구속기간 분쟁만이 아니라 수사권 분쟁 소지도 제거할 수 있는 방향에서의 조치가 이루어져야 할 것이다. 절차상 하자가 실체적 내란범죄에 대한 단죄를 가로막는 요인이 되게 해서는 안 된다. 목적은 구속유지에 있지 않고 단죄에 있다.

여기서 중요한 것은 파면이다. 파면 없이 만약 석방이 이루어진다면 한국 사회는 치유하기 어려운 갈등 속으로 빠져들 것이다. 즉시항고 검토가 이루어지는 이 일주일의 기한 내에 헌재는 신속하게 파면을 결정해야 한다. 그것만이 우리 사회가 내전으로 들어서지 않을 수 있도록 저지할 수 있는 길이다. 그것만이 헌법을 지킬 수 있는 길이다. 헌법 수호가 헌법재판소의 임무인 한에서 헌법이 파괴되는 것을 막을 수 있는 유일한 법률적 길은 헌법재판소의 신속한 탄핵소추안 인용, 즉 파면이다. 파면이 이루어진 후에는, 설령 석방이 되는 경우에라도 법치의 길을 따라 문제를 다룰 수 있는 민주적 역량이 충분할 것이다. 그 길이 아무리 혼란스럽고 어렵더라도 그렇다. 하지만 파면이 없는 상태에서 석방이 되는 경우는 상상하기 어려울 정도의 불행한 결과를 초래할 것이다.

어제 오후 7시 30분 광화문 앞에서는 구속취소 결정을 규탄하는 비상행동 주최의 집회가 열렸다. 구속취소 결정 후 5시간여 만이다. 버스에서 내려 동화면세점 앞을 지나칠 때 그곳에서는 윤석열을 연호하는 소규모 태극기집회도 열리고 있었다.

광화문 집회에는 당황하고 분노한 시민들이 속속 모여들었고 수천 명의 사람들은 한목소리로 '검찰은 즉시항고하라'고 외쳤다. 한 젊은 남성 청년은 우리가 어떻게 시킨 구속인데 취소하냐며 분노를 표현했다. 총을 든 계엄군에 맞서고, 백만이 모여 응원봉을 흔들고, 눈을 맞으며 아스팔트에서 밤을 새워서 시킨 구속인데 판사 한 명이 그 구속을 취소시키냐며 항의했다.

그런데 현행의 법률은 시민의 직접적 권력 행사(직접민주주의)를 철저하게 무력하게 만들 수 있도록 조직되어 있다. 하지만 그것이 우리의 지금까지의 역사적 실천의 결과물이며 이 역사적 결과 속에서 우리는 출발해야 한다. 이 법률 속에서 그것에 대항하면서 이 법률을 넘어서 나아가야 한다.

나는 어제 집회에 나가면서, 즉시항고를 요구하려면 검찰청 앞에 집회 장소를 잡지 않고 왜 광화문에 집회 장소를 잡았을까 의문을 가졌다. 집회가 끝난 후 시위대는 윤석~열 파면을 외치며 안국동 헌법재판소로 행진해 갔다. 12월 3~4일 밤의 열기, 남태령에서의 열기가 느껴졌다.

다시 생각해 본다. 검찰청보다 광화문이 더 맞았을지 모른다. 법치주의의 궤도 속에서 시민들이 해야 할 과제는 두 가지로 주어지기 때문이다. 하나는 즉각 파면을 요구하는 것이다. 만에 하나 석방되더라도 파면 후에 이루어지도록 만드는 것이 중요하기 때문이다. 두 번째는 즉시항고 문제에서 검찰의 행동을 감시하는 것이다. 반혁명 세력인 이들이 (즉시항고가 법률적으로 가능한 상황인데도 포기를 기획하지는 않는지 감시하면서) 빛의 혁명의 편에서 움직일 수 있도록 강제하고 섭정하는 것이다. 두 과제 중에서 첫 번째가 더 우선적이다. 3월 7일 밤, 법률적으로 파면 권력을 가진 헌재 옆 안국동 도로를 점거한 시민들은 〈독립군가〉와 〈다시 만난 세계〉를 번갈아 부르며 오래 그곳에 머물렀다. 다음 날인 3월 8일 여성의 날을 맞는 집회에서 다시 만날 것을 약속하면서.

윤석열이 석방되던 날
2025년 3월 9일 일요일 오전 10시 56분

참담한 하루였다. 설령 윤석열의 도구로 기능해온 검찰이 헤게모니를 쥐고 있는 사법 세계 내부의 역관계로 인해 시민이 원치 않는 석방이 이루어지는 경우에라도 파면이 석방에 앞서기를 기대했건만 검찰이 즉시항고를 즉각 포기하고 석방을 지휘함으로써 석방이 파면보다 훨씬 앞질러 왔기 때문이다.

구속취소 결정이 내려진 3월 7일 밤에 이어 3월 8일 오후에도 광화문과 안국동 일대에 시민들이 모여들었다. 촛불행동, 야 5당, 비상행동으로 이어진 연속 집회에 법원의 윤석열 구속취소 결정에 항의하고 검찰에 즉시항고를 요구하는 수십만의 시민이 모여 분노의 목소리로 외쳤다. 하지만 집회가 끝나기도 전(오후 5시 40분경)에 검찰은 그 시민들을 조롱이라도 하려는 듯 석방 지휘 결정을 내렸다.

오후 여섯 시가 가까운 무렵 윤석열은 서울구치소를 나와 개선장군처럼 관저로 향했다. 나는 아이러니하게도 그 장면을 태극기집회의 스크린에서 보게 되었다. 비상행동 집회 진행 중에 세미나 참석을 위해 자리에서 일어나 교보 쪽에서 광화문 지하도로 들어섰다. 동화면세점 쪽 지하도 출구로 나서는 순간 갑작스레 인도에 서 있던 한 무리의 참가자들이 광화문네거리 차도에 설치된 태극기집회의 대형 스크린 쪽으로 쏜살같이 뛰어 내려가며 "윤석열!"을 연호하기 시작했다. 뛰어가는 사람들이 흔드는 태극기에 하마터면 얼굴을 다칠 뻔한 순간이었다. "와~!"하는 군중들의 환호 소리가 들렸다. 왼쪽으로 고개를 돌려 올려다보니 윤석열이 리무진에 올라타며 손을 흔들고 있었다.

오래 그의 이름을 연호한 후 단상에서 진행자가 "하나님 고맙습니다"라고 외치자 군중들이 그 말을 여러 차례 따라 했다. 불과 몇 분 전 광화문 지하도로 들어서기 전에 나는 태극기집회의 대형 스크린 위에서 검은색 바탕의 화면에 이름이 알려진 극우 유튜버들의 얼굴 이미지가 카바레의 출연진을 알리는 광고등처럼 천천히 회전하는 장면을 보았다. 그리고 그에 이어진 석방의 드라마와 구경꾼들. 이것은 극우 유튜버들-태극기를 든 군중들-구속취소한 법원-석방 지휘한 검찰총장-윤석열-하나님이 계열화되어 만들어 낸 하나의 스펙터클이었다.

나는 오던 길을 되돌려 다시 비상행동 집회 쪽으로 발걸음을 돌렸다. 단상에서 여러 여성들이 돌려가며 「내란 극복과 민주주의 회복을 위한 여성 1만인 선언」을 낭독하고 있었다.

…광장의 여성을 외면하는 민주주의는 민주주의가 아니다. 여성의 고통을 외면하는 민주주의는 민주주의가 아니다. '아내 밟는 자 나라 밟는다!'던 1950년대 여성 운동가들의 외침을 이어받아 2025년의 우리는 이렇게 외치고자 한다. "여성 밟는 자 나라 밟는다!" 위헌적 계엄령과 친위 쿠데타로 내란을 일으킨 내란수괴 윤석열의 정치는 '구조적 성차별은 없다'는 망언으로 대표되는 반여성정치에서 비롯되었다. 그러므로 윤석열의 퇴진은 반여성정치의 퇴진이다. 민주주의의 회복은 성평등정치의 귀환이다. 오로지 자신의 권력을 위해 '여성가족부 폐지'를 외쳤던 윤석열의 정치, 학교의 불통에 저항하는 동덕여대 학생들과 서부지법 폭력사태의 극우시위대를 등치시키며 여성혐오를 멈추지 않는 이준석의 정치, 권력형 성범죄의 피해자를 끝없는 2차 피해의 늪으로 밀어 넣는 안희정의 정치, 남성 권력에 기대어 불법적 특권을 누리며 여성의 이름을 부패의 방패로 앞세우는 김건희의 정치, 이 모든 반여성정치와 단호히 결별하고 오랫동안 방치된 성평등 정치의 귀환을 선언할 때 대한민국의 민주주의는 비로소 바로 설 수 있다. 우리는 내란 극복과 민주주의 회복을 위해 광장을 지키고, 바꾸고, 나아가 정치를 바꾸는 주권자 여성으로서 분명히 요구한다. 헌법재판소는 반여성정치로 민주주의를 무너뜨리고 반헌법적 계엄과 쿠데타로 헌정 질서를 위협한 내란수괴 윤석열을 파면하라!…

어둑어둑해지기 시작하는 시간, 광장으로 변한 광화문 앞에서 윤석열 석방 소식을 들은 저 수십만의 사람들은 무슨 생각, 어떤 느낌으로 이 선언을 듣고 있었을까? 우리에게 어떤 시간이 다가오고 있는 것일까? 이제 어떤 장면들이 우리 앞에 펼쳐질 것인가? 무엇을 해야 하는 것일까?

6장
국민이 헌법이다

파면광장의 한과 꿈

2025. 3. 9 ~ 2025. 4. 4

법보다 더 법적인 것에 대하여 : 법과 국민주권
2025년 3월 10일 월요일 오전 10시 43분

3월 7일 법원의 구속취소 결정 이후 즉시항고라는 검찰의 가능한 대응 방안과 관련하여 나는 여러 법률 전문가들의 생각들을 수집하여 읽어보았다.

구속취소에 대해서는 전례 없이 이례적이라는 평가. 즉시항고에 대해서는 가능하지만 위헌 소지가 있다는 평가. 위헌 소지는 즉시항고 제도의 역사에서 파생한다는 의견. 보석 허가 결정, 구속 집행정지, 구속취소에 대한 즉시항고 제도는 1972년 12월 27일 유신헌법 공포 후 1973년 1월 25일 국회가 아닌 비상국무회의에서 형사소송법을 개정하면서 신설되어 유신에 저항하는 사람들을 감옥에 묶어두는 악법으로 사용되었다는 것. 87년 항쟁과 민주화 이후 이 법들에 대한 위헌소송이 제기되어 보석 허가 결정에 대한 즉시항고는 1993년에, 구속 집행정지에 대한 즉시항고는 2012년에 위헌 판결이 났다. 구속취소에 대한 즉시항고권은 헌법소원이 제기되지 않아 존치되어 있다. 등등.

구속취소에 대한 즉시항고 제도가 역사적으로 갖는 이 반민주성 때문에 즉시항고권을 활용하는 대응 방안에 대해 나는 잠시 머뭇거리지 않을 수 없었다. 법원의 구속취소와 검찰의 즉시항고 포기가 윤석열에게 상당한 자유를 주고, 국민들을 고통 속으로 몰아넣는 반민주적 상황과 즉시항고제가 갖는 이 반민주적 역사 사이의 상충을 이해하는 데 이론적 어려움이 있었기 때문이다.

그래서 잠정적으로 나는 법치주의를 따라가는 길이 유효한 것으로 여겨지는 현시점에서 윤석열이 저지른 범죄의 실체적 내용에 집중하기 위해 법절차 상 제기되는 두 가지 분쟁 소지(구속기간, 수사권)를 제거하는 방향의 숙고된 검찰 대응이 필요함을 주문했었다.

나의 이 이론적 고민이 풀리기도 전에 3월 8일 검찰은 구속취소에 대한 즉시항고를 포기하고 대법원 판단을 받아보지도 않은 채 석방 지휘를 결정했다. 이례적 구속취소와 위헌 소지 회피를 명분으로 한 즉시항고 포기는 전적으로 내란수괴 윤석열과 내란세력의 이익으로 귀결되었다. 이어진 것은 서울구치소에서 관저로의 무장 경호대를 동원한 윤석열의 퍼레이드였다. 그것은 히틀러가 파시즘의 힘을 과시하며 벌였던 여러 차례의 무장 퍼레이드를 상기시키는 것이었다.

그렇다면 법은 무엇인가? 박정희는 비상입법을 통해 제정한 법률의 즉시항고권을 독재에 저항하는 민주주의 투사들을 탄압하기 위한 수단으로 사용했다. 윤석열의 검찰은 잔존하고 있는 그 권리의 행사를 포기했는데, 그 포기는 비상계엄으로 영구집권을 획책한 내란수괴를 보호하고 내란을 지속시키는 것에 기여한다. 국민의 대다수가 즉시항고권을 행사하라고 요구하고 있던 상황에서다.

결국 이 두 경우 모두에서 검찰의 즉시항고권은 독재를 위해 사용될 뿐 민주주의를 위해 사용되지는 않았고 또 않는다는 사실을 보여준다. 권력의 하수인! 이것이 법의 본질인가? 만약 그것이 사실이라면 법치주의를 단호히 거부해야 할 것이다. 그런데 12월 3일 국회의 계엄해제 결의가 보여주듯이 법이 민주주의를 보호하는 경우도 있다. 12월 14일 탄핵소추안 의결도 그러했다. 윤석열에 대한 체포영장 발부, 구속 영장 발부도 그러했다. 2017년 박근혜 탄핵을 포함하여 지금까지의 일련의 과정은 헌법재판 역시 그러할 때가 많다는 것을 보여준다. 우리는 법을 권력의 하수인으로만 정의하기 어려운 87년 법체제에서 살고 있다.

검찰은 수사권 문제에 대한 분쟁 소지를 그대로 남겨둔 채 석방 지휘를 함으로써 구속기간 초과 쟁점을 윤석열을 석방하는 변호 수단으로 활용했다. 지귀연 법원과 심우정 검찰이 내란 승리를 위해 공모했다는 의심까지 들 정도로 일사불란한 움직임이었다. 그것도 파면이 예상되는 헌재 판결에 앞서, 그것을 뒤흔들 의도를 분명하게 드러내면서였다.

공수처는 검찰이 즉시항고를 포기함으로써 수사권 문제에 대한 상급법원의 판단을 받아볼 기회를 버린 것에 대해 검찰에 유감을 표했다. 수사권 쟁점에 대한 대법원 판단을 받아보지 않음으로써 (법원이 직권 구속을 선택하지 않는 한) 윤석열 재판은 불구속 상태에서 진행될 우려가 커졌고 (이미 이후의 판결 방향을 예고라도 하듯) 구속취소 결정을 내린 지귀연이 주관하는 윤석열 재판 1심에서 공소기각될 여지까지 열어놓았다.

우리는 여기서 법이 국민과 민주주의를 위해서가 아니라 권력자와 독재를 위해 사용되는 분명한 사례를 목격한다. 권력자의 이익과 국민의 이익이 대립하는 상황에서 권력자를 위해 사용되는 법을 법이라고 부를 수 있는가? 그러한 법 적용을 올바른 법 적용이라고 부를 수 있는가?

이 질문에 대해 어떻게 답할 것인가? 3월 8일 검찰의 즉시항고권 포기는 내가 명확하게 하지 못하게 하고 있던 법학적 판단을 명확하게 하도록 재촉한다.

우선 '법은 본질적으로 권력을 위한 것이다'(비판법학)는 사회구조적으로 바라본 법의 실질을 정확하게 지시하고 있지만 우리가 딛고 선 법치의 현실과 그것이 민주주의를 위해 사용될 가능성에 너무 일찍 문을 닫는 것으로 느껴진다. 즉 법이 민주주의 확장의 수단으로 될 수 있는 가능성을 기각한다.

반대로 '모든 법은 법이다'(법실증주의)는 법치주의 rule of law가 아니라 '법에 의한 지배' rule by law를 정당화하는 도구로 사용될 위험을 갖고 있다. 주권자 국민에 반하는 법, 즉 부당한 법도 법이다라고 말하고 있기 때문이다.

이 양자는 실천적으로 법치주의와 '법에 의한 지배'가 구별될 수 있는 가능성을 부정하게 된다는 점에서 문제적이다. 나는 법을 통치 도구로 사용하는 '법에 의한 지배'와 명확하게 구분되고 그것에 대항하는 법치의 가능성이 이론적으로 정초되어야 한다고 생각한다.

이 문제를 사고함에 있어 '부당한 법은 법이 아니다'라는 생각에 기초한 자연법적 사고가 길을 열어줄 수 있지 않을까? 부당한 명령은 명령이 아니듯이 말이다. 이 방향에서 나는 주권자 국민의 명령에 반해 권력자를 위해 봉사하는 법은 부당한 법이며 부당한 법은 법이 아니라고 말하고 싶다. 헌법의 국민주권주의와 배치되는 법은 부당하며 따라서 법이라 할 수 없다는 것이다. 이러한 법치주의는 '모든 법은 부당하다'(비판법학)고도, 모든 법은 정당하다(법실증주의)고도 생각하지 않으면서 부당한 법은 법이 아니라고 생각하는 길이다.

부당한 법에 의한 법 집행은 불법적이다. 이러한 법치 규정에 따라 나는 지귀연의 구속취소는 수많은 국민들에 대해 지금까지 시간이 아니라 날수로 구속기소일을 산정해온 전례에 비춰볼 때 주권자 국민이 아니라 권력자인 내란수괴의 이익을 위해 내린 이례적 결정이므로 불법이고 법치주의 위반이라고 말할 것이다. 검찰의 즉시항고권 포기는 어떤가? 그것은, 독재 정권하에서 민중을 압살하기 위해 사용되어 온 즉시항고권을 그때와 마찬가지로 주권자 국민이 아니라 권력자인 내란수괴 윤석열을 위해 포기한 것이므로 역시 부당하다. 요컨대 즉시항고권 포기와 석방 지휘는 그 자체로 헌법 제1조를 위반하는 법 집행이므로 법치주의 위반이고 불법이다.

구속취소 결정에서 법원은 인권 개념을 오용했다. 구속취소는 윤석열이라는 '인간'을 석방시킨 것이 아니라 '내란'을 석방시켰다. 동일하게 즉시항고권의 포기도 헌법 수호라는 이름하에 헌법을 오용했다. 헌법을 파괴시키고 헌정 질서를 뒤흔든 내란수괴를 석방시켰기 때문이다. 그리고 향후 재판 과정에서의 공소기각 가능성을 예비해 둠으로써 내란수괴에 대한 법치주의적 단죄를 무력화시키고 있기 때문이다.

3월의 키세스를 위하여

2025년 3월 10일 월요일 오전 8시 11분

　어제(3월 9일 일요일) 밤 경복궁 서십자각 앞에서 열린 윤석열 석방 규탄, 즉각 파면 광화문 긴급집회. 수만 명의 사람들이 모였다. 한국진보연대 활동가 박민주가 진행을 맡은 비상행동 집회에 자유 발언과 비상행동 집행부의 발언 외에 민주당의 박범계, 조국혁신당 의원 차규근의 발언이 이어지고 촛불행동 깃발이 나부끼는 집회를 나는 처음 보았다. 비상행동, 촛불행동, 야 5당의 총연합 집회다.
　집회가 끝나고 경복궁역 부근에 설치된 단상 앞에 서 있던 나는 헌재로 향하는 행진이 시작될 때 맨 후미에 서게 되었는데 후미가 동십자각에 이르렀을 때는 이미 선두가 안국역을 한 바퀴 돌아 본 집회장으로 돌아오는 중이었다. 안국역에서는 경찰들이 행진 대오가 오던 길을 되돌아가도록 통제하고 있었다. 선두 차량에서는 노동자 집회에서 들을 수 있는 씩씩하고 우렁찬 민중가요가 광화문 밤거리 전체를 쩡쩡 진동시킬 만큼 큰 소리로 울렸고 행진 인파는 신나는 몸짓으로 함께 불렀다.
　집회 초기에 나는 대오의 후미인 광화문 정문 앞에 서 있었다. 그런데 그곳에 모여 있는 한 무리의 사람들이 눈에 띄었다. MBC 기자가 방송을 준비하고 있는 곳 바로 옆에 앉아 있는 수십 명의 이 여성들은 담요로 보이는 두터운 덮개를 어깨에 걸치고 배낭을 멘 채 집회 중에 조용히 앉아 있었다. 완전군장을 하고 출정하는 전사들의 무리 같았다. 스마트폰을 보거나 대화를 나누거나 발언을 듣거나 하고 있는 이들 중 몇 사람은 깃발을 들고 있었다. 8시경이 되자 이 무리가 갑자기 일어나 움직이더니 단상 쪽의 어둠 쪽으로 사라져 갔다.
　행진을 끝마치고 서십자각 앞에 다시 모여 마무리 집회를 하고 사람들이 하나둘씩 집으로 돌아갈 때 나는 단상 앞으로 가 보았다. 아까

보았던 그 여성들이, 사람들이 집으로 돌아가는 것에는 아랑곳하지 않고 그곳에 옹기종기 모여 앉아 있었다. 어깨가 시려오고 싸늘한 바람이 얼굴을 때리는 밤이었다.

'인권'의 이름으로 이루어진 구속취소라는 '이례적'= 친권력적 결정, '헌법'의 이름으로 이루어진 석방 지휘라는 반민주적 폭거에 대한 항전이다. 그리고 그 항전은 어젯밤 함께하지 못한 누구나의 마음속에서도 이미 시작되었다. 내란세력이 불법, 협잡, 총으로 이 빛의 힘을 이길 수 있을까?

혁명적 국민의지, 광장, 그리고 법
2025년 3월 11일 화요일 오전 11시 29분

윤석열은 법원의 구속취소와 검찰의 즉시항고 포기라는 유사-법적-절차를 따라 "탈옥"에 성공했다. 이제 김용현의 신속한 '검찰' 자진 출두(2024년 12월 8일), '검찰'의 국수본부장 수사 착수(12월 20일), '검찰'의 구속 연장 신청(2025년 1월 24일), '검찰'의 늑장 기소(1월 27일) 등 지난 시간 속에서 나타났던 검찰의 행동들 모두가 이 사건을 통해 재조명되어야 할 시점이다.

"검찰이 조직 보존을 위해 윤석열 수사와 기소에 전력을 다할 것"(최강욱)이라는 일련의 예측들은 빗나갔다. 검찰에 대한 의심을 가장 적극적으로 표현했던 것은 조국혁신당 대표 조국이었다. 그는 "검찰은 내란죄 수사에서 손을 떼라"고 힘주어 말했다. 하지만 그것으로도 충분하지 않았던 것으로 드러났다. 조국이 의심한 대로 심우정 검찰은 수사권 분쟁으로 수사를 오염시켜 놓았지만 실제로는 구속과 기소 차원에서, 즉 기소 시점 선택과 구속취소에 대한 즉시항고권 포기로 윤석열의 탈옥을 도운 것으로 나타나고 있기 때문이다.

이렇게 검찰은 법치rule of law의 기관이 아니라 법에 의한 지배rule by law의 기관임을 스스로 입증하고 있다. 판사 지귀연도 그랬다. 법 문구를 비틀고('날을 시간으로') 또 자의적으로 해석하는('수사권의 쟁점화') 방법으로 국민주권을 배반했다. 이런 의미에서 이들의 '법률' 행위는 실제로는 (국민이 아니라 권력 범죄자=내란수괴를 비호한다는 의미에서) 법치주의를 파괴하는 범죄적 행동이다.

윤석열의 탈옥은 헌법재판소의 판단에 영향을 미치지 않을까? 많은 법률 전문가들은 이구동성으로 '미치지 않는다'고 답한다. 대개는 파면을 결정적인 것으로 본 입장에서의 진단이다. 비상계엄의 위헌성이 분명하기 때문에 법 조문상 다른 결론이 나올 수 없다는 진단이다.

나는 이 생각에 동의할 수 없다. 그것들은 대개 법 실증주의적 사고법에 입각한 진단이다. 그것은 법 실천이 법 문언적으로 이루어지고 있고 또 이루어져야 한다는 판단에 근거한다. 이 생각은 법이 국민다중의 집합의지의 특수한 역사적 표현임을 간과한다. 이 집합의지 속에는, 비판법학이 주목하는 바의 것 즉 국민다중과 괴리되는 권력집단의 의지 작용도 포함되어 있다. 이 상충하는 복잡한 의지들의 작용은 법을 규정하고 법을 움직이며 법의 미래를 가리킨다. 요컨대 법은 객관적인 실체로 보이지만 실제로는 여러 의지력들이 교차하는 흐름이고 과정이다. 모든 것이 결정되어 있는 것처럼 보이는 순간에도 비결정성의 요소는 꿈틀거린다.

지금 와서 돌이켜보면 적어도 이 측면에서만은 전광훈이 옳았음을 인정하지 않을 수 없다. 그는 윤석열이 체포된 직후부터 태극기집회에서 "우리가 윤석열 대통령을 감옥에서 꺼내 올 수 있다", "100만, 300만이 모이면 꺼내 올 수 있다", "국민 저항권으로 윤석열 대통령을 구출할 수 있다"고 말해 왔다. 지금도 태평로를 비롯한 서울 시내 곳곳에는 "윤석열 대통령은 자유통일당이 구출한다"라는 플래카드가 걸려 있다.

나는 이 구호들을 사실적 문구로 보지 않았다. 대중 동원용 정치 선동 구호로, 궤변으로 보았다. 내가 틀렸다. 3월 8일 윤석열은 만면에 웃음을 머금고 손을 흔들며 감옥 밖으로 나왔다. 과시성 퍼레이드를 벌이며 관저로 돌아갔다. 이 사건 이전에 탄핵을 찬성하는 입장에서 나온 어떤 자료에서도 윤석열의 석방 가능성을 경고하는 내용을 나는 접하지 못했다. 구속취소와 즉시항고 포기를 통한 탈출의 가능성에 대한 법률 전문가들의 경고에 대해 접한 바가 없다. 나의 과문 때문이었을까?

지금 많은 사람들이 구속취소와 즉시항고 포기를 특정한 판사 그리고 검찰 수뇌부의 법 기술적 공작으로 독해하고 있다. 이러한 독해에 설득력이 없는 것은 아니지만 이런 독해가 누락하고 있는 것이 있다. 3월 8일 구속취소가 결정된 다음 날인데도 안국동과 광화문에서 진행된 촛불집회의 연사들 상당수가 "석방되지 않을 것이다", "국민 여러분들은 걱정 마시라"고 국민들을 진정시키려 했다는 점이다. 텔레비전 프로그램에 나온 전문가들의 상당수도 그러한 진정시키기를 자신의 역할로 받아들이는 논평을 했다. 이러한 태도는 법적 사건을 정치적으로 독해하는 것이 아니라 법실증주의적 세계 내에서 독해하는 데에서 나오는 것으로 이해된다.

그런데 이미 우리는 지난해 12월 3일 윤석열이 대통령에게 헌법에 보장된 비상대권을 주권자 국민에게 총부리를 갖다 대는 수단으로 사용하는 예외주의적 법률 오용과 악용의 사례를 보았다. 국민 의지에서 분리된 권력의지가 실증법의 담장을 뛰어넘고 법의 유리창을 깨고 법 기구를 파괴하는 현장을 목격했다. 그로부터 얼마 뒤 서부지방법원에서 윤석열의 군사적 계엄폭동이 시민사회 수준에서 반복되는 것을 보았다.

윤석열의 탈출이 직접적으로는 법 기술자들의 손아귀에서 이루어진 법률 조작의 효과라 할지라도 그 배후에는 소수 지휘자들에 의해 움직이는 거대한 군중-신민의 움직임이 있다. 이들은 권력에서 독립된 자기 의지를 갖는 다중은 아니다. 하지만 그들은 법률적으로 국민이다. 이들의 의지를 빼놓고는 윤석열의 탈출을 이해하기는 어렵다. 태극기 집회와 세이브코리아 기도회, 그리고 온라인에서 움직이는 신민-군중의 거대한 움직임을 빼놓고는 설명할 수 없다. 최소한 30%에 달하는 이 신민화된 국민의 의지 작용이 없이는 설명할 수 없다. 이들의 의지와 행동이 그때그때의 법 기술자들의 행동을 규정하고 있기 때문이다. 이들은 지금 헌법재판소 게시판을 공포의 도가니로 만들고 있다. 이들은 헌재 선고를 앞둔 집중 집회였던 3월 1일에도, 3월 8일에도 (내가 보기에는) 촛불집회보다 더 많은 사람들을 모아냈다.

헌법재판은 형사재판보다 국민의지의 영향을 훨씬 더 많이 받는다. 위에서 서술한 법과 국민주권의 상호 관계라는 맥락에서 파악할 때, 파면을 이끌어내고 탈옥한 윤석열을 재구속시킬 힘은 국회의원이나 법조인들의 손에서 나온다기보다 우선은 반혁명에 대항하는 새로운 국민의지, 혁명적 다중의지의 형성에서 나온다. 이 새로운 의지가 확인될 때에 대안적 대의자들, 법률가들은 비로소 그 의지의 방향으로 움직일 용기를 얻을 것이기 때문이다. 파면을 앞두고 탄핵에 찬성하는 사람이 한 사람이라도 더 거리와 광장으로 나서야 하는 이유는 여기에 있다.

파면될 때까지 매일 밤 7시 광화문 동십자각.

집회와 가두시위의 멋과 힘
2025년 3월 11일 화요일 오후 5시 36분

2025년 3월 10일 밤 7시. 광화문 동십자각 앞에 차려진 집회 단상. 3월 9일 밤보다 더 많아진 시위 참여자들. 이들이 잔디밭과 보도블록에 무릎을 맞대고 앉아서 "윤석열을 파면하라", "심우정은 사퇴하라!"고 외친다. 저 멀리 경복궁역 4번 출구 쪽에 흰색 천막의 비상행동 공동의 장단 단식농성장이 놓여 있다. 그에 이어 경복궁 담벼락을 따라 정의당, 진보당, 조국혁신당, 민주당 등의 당 천막촌. 집회 참가자 대오는 바로 그곳 천막촌 앞까지 이어져 있다. 이날 집회에서 느낀 인상 두 가지.

하나는 대의 정당들이 촛불다중 앞에서 이토록 큰 신뢰를 얻은 적이 있을까 하는 질문이다.[1]

2008년 반이명박 촛불집회는 모든 정당에 대한 불신을 표시했다. 이 해는 2000년 초 아르헨티나 실업자 운동의 피께떼로들(피켓을 든 사람들)의 "모두 다 꺼져버려!"가 한국에서 재현되었던 해다. 촛불시민은 직접민주주의를 원했다.

세월호 사건에서 촉발된 2016~2017년 박근혜 탄핵은 촛불시민과 정당의 소원한=비대의적 관계를 바꾸는 계기로 작용했다. 탄핵권이 국회에만 주어져 있는 헌법적 조건하에서 촛불시민은 박근혜 퇴진 요구로 직접민주주의적 행동을 계속하면서도 정당에게 박근혜를 탄핵하도록 명령했고 국회는 이 명령을 성공리에 이행했다. 수백만이 일거에 광장과 거리로 쏟아져 나온 유례없는 촛불 해일의 힘으로 일시적으로 시민과 의회 사이에 명령과 복종의 관계가 형성되었다. 이 힘 때문에 새누리당의 한 분파도 탄핵에 참가했지만 국회에 대한 촛불시민의 불신이 지금처럼 완화되었던 것은 아니다.

2024년 말에서 2025년 사이에 국회와 촛불-응원봉-다중의 관계는 다시 바뀌고 있다. 12월 3일 밤 시민들은 직접행동으로 계엄군을 막아섰

---

1. 진보당 대통령 예비 후보였던 김재연은 〈광장대선연합정치시민연대-제정당연석회〉의 결정에 따라 후보직을 사퇴한 직후 가진 인터뷰에서, 자유 발언과 시민단체 중심으로 집회를 꾸리던 광장 시민들이 3월 초부터 비로소 국회의원에게도 3분짜리 단상 연설 기회를 제공했다고 술회했는데 이것은 시민촛불집회와 야 5당 집회로 나뉘어 진행되던 집회의 구성 방식이 각 부분 집회 후 비상행동 집회에서 통합되는 형식으로 바뀌면서 나타난 변화를 지칭하는 것으로 보인다. 이것은 3월 7~8일의 구속취소와 석방이 탄핵 찬성 대오의 대통합을 불러오는 사건이었음을 시사한다.

고 시민들의 도움을 받아 국회로 진입하는 데 성공한 야당 국회의원들과 여당 국회의원 일부는 힘을 합쳐 비상계엄을 해제시켰다. 역할 분담과 정치적 협력이 이루어졌다. 시민들이 아무 거부감 없이 국회의원들 앞에서 발언하고 야당 국회의원들이 당당하게 시민들 앞에서 자신의 생각을 피력한다. 12월 3일 함께 내란을 진압했던 시간 때문일 것이다.

명령-복종을 넘는 실질적 협력관계는 향후 다중의 직접민주주의와 대의민주주의 사이의 미래적 관계 가능성을 시사한다. 3월 10일의 촛불집회는 시민 발언과 야당 국회의원의 발언이 한 장소에서 교차하는 새로운 평의회의 초안 혹은 밑그림을 보여준다. 새로운 헌법은 이 새로운 평의회의 밑그림 위에서 그려져야 할 것이다.

원외 정의당 대표 권영국이 원내 야 5당의 대표들과 나란히 발언한 것도 중요한 의미를 갖는다. 나는 그가 촛불시위 현장의 선두에서 늘 열심히 싸우던 것을 기억한다. 정의당 깃발은 노동당, 녹색당 깃발과 함께 촛불집회의 중요한 현장에서 항상 펄럭였다.

이번 집회의 단상에서 가장 배제되었던 집단이 이들이 아닐까? 시민들은 비상행동과 촛불행동의 집회에서, 원내 정당들은 독자 집회나 야 5당 연합집회에서 발언하지만 그 밖의 정당, 정치단체의 목소리가 집회 다중 앞에서 울릴 기회는 제한되었다. 그래서 일부의 정치단체는 유인물로 발언권 부재의 그 공백을 채우려 노력하고 있는 것으로 느껴진다. 사회의 민주화는 단상의 민주화에서 시작해야 할 것이다.

3월 10일의 행진은 3월 7일 사법쿠데타 이후의 우울을 씻어내는 데 큰 도움이 되었다. 어느 붉은 깃발에 "우리는 서로의 용기다"라는 글귀가 새겨져 있었는데 그 글귀 그대로였다. 광화문을 출발한 행진 대오는, 승차장에서 버스를 기다리는 연도의 시민들이 흔드는 반짝이는 응원봉과 협주하듯 안국동 로터리를 거쳐 종각 네거리로, 다시 왼쪽으로 꺾어 탑골공원 앞 네거리를 향해 나아갔고 거기서 유턴하여 종로2가로 행진하면서 맞은 편에서 오고 있는 대오와 합류하여 도로 전 차선을 점거하는 장관을 이루었다.

    리듬에 맞춰 더덩실 춤을 추는 놀이패, 구호를 외치는 사람들, 피켓을 흔드는 사람들, 노래를 부르는 사람들이 어우러진 종로와 안국동, 광화문 일대는 '내란수괴 윤석열 파면', '정치검찰 심우정 사퇴', '반민주주의 내란의 종식'을 지울 수 없을 만큼 또렷한 정치적 요구로 각인하는 저항의 광장으로 변신했다.

    달리던 차들을 멈춰 세우고 도로를 광장으로 바꾸는 가두시위는 국민다중이 그 무엇에도 우선하는 나라의 주인임을 보여주는 물질적 헌법의 사건이다. 그것은 새로운 정치적 상상력이 발아하는 텃밭이며 사람들이 무엇이 진실이고 무엇이 윤리이며 무엇이 정의인지를 다르게 생각하기 시작하는 다중지성의 학교이다. 그것은 또 쳇바퀴 도는 착취와 수탈의 자본주의적 일상을 벗어나는 축제이다.

    차량들의 질주가 멈추고 양방향으로 시위대가 가득 찬 광장-도로 한가운데로 승차장을 중심으로 길게 텅 빈 공간이 열렸다. 가두 시위대의 요란한 외침 속에 열린 정적의 거리. 그 정적 한가운데에서 이 어둠을 밝히는 새로운 빛의 역사가 조용히 쓰여지기 시작할 것이다.

부메랑이 되어
2025년 3월 12일 수요일 오후 12시 35분

3월 7일 밤 비상집회 이후 어제(11일)까지 5일째 연속 파면 촉구 집회에 참석했다. 3월 7일만 하더라도 너무 갑작스러운 일이라 사태의 가닥을 파악하는 것이 쉽지 않았다. 이제 어느 정도 안개가 걷히고 광장의 시민들도 당황과 불안의 감정을 넘어 자신감을 서서히 회복해 가고 있는 느낌이다. 정동의 이 전환은 어디서 오는 것일까?

무엇보다도 집회 참석 시민 수가 증가하고 있는 것의 효과이다. 수십만이 모였던 8일의 주말 집중 집회를 제외하고 평일 집회만을 두고 보면 금요일인 7일에는 대략 1만 명, 일요일인 9일에는 3만 명, 10일에는 12만 명, 11일에는 15만 명 정도가 집회에 참석했다. 전국 각 지역에서 이루어진 집회의 참가자 수는 여기에 포함되어 있지 않다. 집회와 행진을 통해 사람들은 서로로부터 용기와 자신감을 얻는다.

10일에도 그랬지만 11일 밤 종로2가의 왕복 차선을 완전히 뒤덮은 시위 시민들은 중앙선을 사이에 두고 교차하는 서로의 모습을 카메라에 담느라 분주했다. 웃음으로 서로를 위로하고 피켓을 흔들어 서로를 격려하면서 파면을 위한 합심의 결의를 다졌다. 집회와 시위 밖에서는 서로 모르는 사람들이 중앙선 분리대를 사이에 두고 손바닥을 쳐들어 부딪치며 하이파이브를 나누었다. 안국동 송현광장에서 따로 집회를 가졌던 촛불행동 집회의 사회자는 행진 대오가 안국동을 지날 때 때맞춰 산회를 선포하면서 참가자들에게 비상행동 행진에 합류할 것을 권고했다.

둘째는 윤석열 석방의 조작성, 불법성, 부당성이 며칠 사이에 만천하에 명백하게 드러나고 있는 것의 효과 때문이다. 멀리 지난해 12월까지 거슬러 가지 않고 구속취소와 즉시항고 포기만 보더라도 조작성, 불법성, 부당성은 분명하게 드러난다.

날이 아니라 시간에 따라 구속 초과 기일을 계산한 판사 지귀연은 '구속기간의 초일은 시간을 계산하지 아니하고 1일로 산정한다'는 형사소송법 제66조 제1항을 고의로 어겼다. 검찰총장 심우정의 즉시항고 포기는 내란수괴 구속취소의 정당성에 대한 상급심의 판단을 받아볼 수 있는 국민의 권리를 박탈했다. 지귀연과 심우정은 국민들이 법률에 대한 전문 지식을 갖고 있지 않다는 점을 악이용하여 법을 국민이 아니라 반헌법적 내란수괴에게 유리한 방향으로 불법적으로 적용한 나쁜 사례이다.

이 조작과 불법이 일시적으로는 윤석열과 내란세력에게 유리한 결과를 가져왔다고 할 수 있을 것이다. 구속취소가 결정된 후 즉시항고 절차가 남아 있는데도 KBS를 비롯하여 수를 헤아리기 어려운 반민주적 언론들은 윤석열 석방을 기정사실화하거나 심지어 요구하기 시작했고 마침내 석방은 실현되었다. 이것이 극우 세력을 결집시키는 효과가 있었을 것임은 분명하다. 갇힌 수괴가 아니라 운신이 자유로운 수괴를 갖게 되었기 때문이다.

    하지만 파면이 결정되는 순간 모든 것이 달라질 것이다. 불법과 얄팍한 법 기술, 그리고 사법 카르텔의 조합을 통해 조작된 그 석방은 윤석열과 내란세력을 때리는 철퇴의 부메랑으로 돌아올 것이다. 아니 그 부메랑 효과는 이미 시작되었다. 이미 앞에서 서술한 것, 즉 방심하고 있던 파면 촉구 시민들의 재결집이 그 첫 번째 효과다. 두 번째 효과는 대의주의 절차인 조기 대선에서의 득표 잠식 효과다.

    윤석열은 이미 위헌·위법한 비상계엄으로 내란을 일으킨 광포한 극우 인물의 이미지에 거짓말과 책임 전가로 법망을 빠져나가려는 비굴한 인물의 이미지를 갖고 있었다. 이제 그는 불법적 조작으로 탈옥한 간교한 인물의 이미지도 갖게 되었다. 악덕의 총화를 대표하게 된 것이다. 이런 그가 지지층에게는 불패의 영웅으로 보일 수 있겠지만 다중에게는 악랄하고 부패한 범죄자 이상으로 보이지 않을 것이다.

    파면이 이루어지면 그의 재구속은 불가피할 것이다. 설령 재구속을 피하더라도 그의 존재는 그의 당인 국민의힘의 발목을 잡는 덫으로 기능할 것이다. 그의 후광에 가려 후보는 보이지 않게 될 것인데 그 후광에는 폭력, 비굴, 간교라는 글씨가 선명하게 새겨져 있을 것이기 때문이다. 후보가 이것의 역효과를 피해 윤석열과의 차별화를 시도하면 이미 극우화한 지지 대중의 매질을 피할 수 없을 것이다. 후보가 우왕좌왕하는 사이에, 혹은 이에 앞서 후보가 결정되는 과정에서 당의 분열은 불가피할 것이다.

벌써 몇 차례나 헌재를 방문하여 협박을 일삼았던 국민의힘이 우스꽝스럽게도 야당의 장외집회를 '헌재 압박', '내전 선동'이라고 비난하면서 이 결정적 순간에 원내에 머물겠다(하지만 헌재 협박을 위한 국회의원 릴레이 시위는 하겠다!)고 말할 수밖에 없는 것이 다가올 이 사태를 징후적으로 보여준다. 이 행동이, 원외로 나가 힘을 모으고 싶지만 나가자마자 태극기집회의 바다에 빠지게 된다는 것, 그리고 그것이 자신의 참패로 이어진다는 것을 알기 때문이라는 것을 누가 모를 것인가?

불법적 수단을 통한 탈옥이, 예외주의적 폭력으로 치닫는 극우에게 힘을 실어줄 수 있을지는 모르지만 대의주의 속에서 집권하고자 하는 보수우파의 설 자리를 없앤다는 사실이 입증될 시간은 머지않았다. 그리고 그것의 속도와 강도는 향후 수일간 파면을 촉구하는 시민들의 직접행동의 질에 의해 결정될 것이다.

오늘(3월 12일)도 저녁 7시 광화문 동십자각 앞.

단식의 기억
2025년 3월 13일 목요일 오후 12시 19분

집회도 좋지만 나는 행진 시간이 더 좋다. 어제(3월 12일 수요일)는 대오가 광화문에서 출발하여 지금까지 태극기집회에 선점되었던 세종로, 태평로를 향해 행진하기 시작했다. 그 전날보다 더 많은 사람들이 모여 선도용 트럭 한 대를 더 불렀다는 이야기도 들렸다.

나는 대오 중간쯤에서 행진했는데, 긴 대기 줄에서 차례를 기다려야 했던 시청역 지하 화장실을 들렀다가 시청광장으로 올라오니 후미에선 농악대가 신명 난 춤과 함께 꽹과리를 쳐대고 있는 중이었다. 대오는 플라자 호텔을 돌아 을지로로 우회전한 후 명동 롯데에서 좌회전하여 종각 쪽을 항했다. 아마도 안국로터리로 가서 광화문으로 좌회전하겠지 생각했는데, 저 멀리 종각 네거리에서 왼쪽으로 꺾는 깃발들의 모습이 보였다. 바로 광화문으로 향하는 것이었다. 종각에서 광화문 사이 인도에서는 행진에 참가했다가 돌아가기 위해 버스를 기다리는 사람들의 손에서 반짝이는 응원봉들, 길가에서 행진 대오를 향해 흔드는 피켓들, 거기에 화답하는 시위군중의 환호성, 구호와 노래 등이 뒤섞여 제석천과 싸우는 아수라의 드라마를 연출했다.

이에 앞선 저녁 7시 30분경 광화문 앞 집회장. 조금 늦게 집회장에 도착한 나는 주위를 둘러보기 시작했다. 비상행동 공동의장단 단식농성장에 이어진 천막촌이 몇 배 커진 느낌이었다. 정당 천막들에 이어 언론 천막, 평화연대 천막, 그리고 문화계 천막들이 즐비하게 늘어섰다. 시민들의 천막도 있다고 했다.

천막촌을 돌아, 본 대오 쪽으로 가던 중 광화문 정문 앞을 지날 때 어둠 속에서 누군가가 웃는 얼굴로 다가와 손을 잡는다. 3월 11일 〈한국작가회의〉 사무총장으로 선임된 시인 송경동이었다. 나는 그가 선임되자마자 첫 업무로 비상행동 공동의장단 단식에 합류한 소식을 이미 들어 알고 있었다. 수척한 얼굴이었다. 배부르게 저녁 식사를 하고 온 내가 차마 수척해 보인다고 말할 수 없어 근황을 간단히 나눈 후 그의 안내로 〈한국작가회의〉 깃발 아래로 가 그곳의 문인들과 인사를 나누고 집회 시간을 함께했다.

1987년 1월 14일 학생 활동가 박종철의 죽음은 서대문구치소 10사에 수감되어 있던 우리들에게 뒤늦게 알려졌다. 1월 19일 서대문구치소로 송치된 나는 남산 안기부 지하실에서 난생처음 겪은 20일간의 고문 수사를 받은 뒤라 기가 죽어 있었다. 사방에서 비명 소리가 들리는 지하실에서 수사관들은 안티푸라민을 발라주며 몽둥이를 휘둘렀다. 서대문구치소 독방은 난방이 되지 않고 찬 겨울바람이 숭숭 들어왔지만 안기부의 지하 취조실에 비하면 오히려 천국이었다. 마음이 평온해졌기 때문일 것이다.

  소지가 유단포에 부어주는[2] 데운 물을 담요 속에 넣고 그것에 의지하면서, 얼굴을 스치는 냉기에 몇 번씩이나 깨며 보내야 하는, 형광등이 꺼지지 않는 서대문구치소의 밤 시간은 길기만 했다. 정좌를 하고 방문 앞에 대기해야 하는 점호시간, 서둘러 뛰어나가 교도관의 독촉 속에 빨리 마쳐야 하는 짧은 세수 시간, 포승줄에 묶인 채 이동하여 앉으면 무릎이 문에 닿는 협착하고 밀폐된 공간에서 몇 시간이고 대기해야 하는 검찰 조사 시간 등은 지금도 악몽으로 남아 있다.

  이 기죽은 시간을 역전시킨 것이 박종철의 죽음이 촉발시킨 재소자 인권투쟁이다. "헤어진 수의를 기울 바늘과 실을 달라"에서 시작된 이 투쟁은 "세수 시간 연장하라", "신문 구독 허용하라", "면회 시간 연장하라" 등을 거쳐 "박종철 사건 진상 규명하라"로 이어져갔다. 정좌하여 받아야 하는 점호를 거부하는 투쟁, 교도관의 금지를 무시하고 서로 말을 주고받는 통방투쟁, 빗자루로 방의 쇠창살을 함께 긁는 소음 투쟁, 함께 민중가요를 부른 후 장시간 계속하는 정치 토론 투쟁, 투쟁을 진압하러 온 교도관을 향해 소리를 지르고 계란을 투척하는 저항 투쟁…등등으로 이어진 투쟁들은 마침내 단식투쟁으로 이어졌다.

  내가 재소자 인권투쟁의 선창자로 나섰던 것은 구학련 학생 활동가들, CA 활동가들이 선창자로 나섰다가 이미 지하 독방으로 끌려간 후였다. 물 외에는 아무것도 먹지 않고 글자 그대로 굶으면서 시작된 단식투쟁이 5일 이상 지속된 후였던 것으로 기억된다. 이들의 바톤을 이어받은 내가 구호를 선창하면 남은 사람들이 각자의 방에서 따라 외치고 정세 분석과 투쟁 전술에 대해 큰 소리로 토론하기를 계속하던 중 며칠 지나지 않아 나는 일어나지 못했고 교도관들에 들쳐 업혀 의무실로 실려 갔다.

---

2. 수감자이면서 교도관을 도와 감옥 안의 여러 노동을 수행하는 사람을 '소지'라고 불렀다. 유단포는 따뜻한 물을 담아 사용하는 번데기 모양의 난방 기구의 일본식 이름.

응급치료에도 불구하고 호흡을 하기 어려워 헐떡이던 나는 결국 동국대학교 앞에 있는 제일병원으로 긴급 이송되었다. 단식으로 인한 영양실조 상태에서 결핵균이 늑막으로 침투하여 물과 고름을 만들어 내고 있고 그것이 폐를 압박하여 호흡을 하지 못한다는 진단. 그러고는 병보석, 오랜 입원 생활, 1년 반에 걸친 투병, 이독(耳毒)성 약물 장기 복용으로 인한 청각 손상 후유증이 이어졌다.

이 일 이후로 나는 굶지 못한다. 그래서 지금 파면 촉구를 위한 비상행동 의장단의 단식투쟁이 나로서는 다른 감정에 앞서 가장 먼저 두려움과 걱정으로 다가온다. 시인 송경동의 그 수척함이 불편하다. 신속한 파면이 절실하다. 헌재의 걸음이 왜 이렇게 느릴까, 애가 탄다. 기쁜 소식을 담은 편지를 기다리듯 공지를 기다린다.

공익과 공통익을 배반하는 사익 추구
2025년 3월 14일 금요일 오전 11시 34분

오늘이 즉시항고 마지막 날인데 검찰총장 심우정은 뭉개고 있다. 그렇게 하는 이유라며 제시된 것들은, 윤석열이 그랬고 윤석열 변호인들이 지금까지 그랬듯이, 궤변으로 가득 차 있다. 두 가지가 주요 사유로 제시된다. 첫째, 즉시항고는 위헌 소지가 있다. 둘째, 외부 기관이 검찰의 독립적 결정에 관여해서는 안 된다.

그 두 사유가 궤변인 이유는 간단하다.

첫째, 위헌 소지는 헌재가 판단할 일이지 검찰이 판단할 일이 아니다. 즉시항고를 통해 상급심의 판단을 받아보고 위헌소원이 있으면 그에 응해 헌재의 판단을 들어보는 것이 무엇이 문제인가? 그것은 어떤 결론을 강요하는 것이 아니라 문제를 더 올바르게 다룰 수 있는 방법을 찾는 집단지성적 길이다.

둘째, 검찰의 독립성은 존중되어야 하지만 그것이 검찰이 무오류의 기관임을 의미하지는 않는다. 그간 검찰 판단의 편향성에 대한 증거는 차고도 넘칠 만큼 쌓였다. 법원만이 아니라 국회, 언론, 국민 모두로부터 즉시항고의 필요성 의견이 제시되는 상황에서 기존의 판단만을 고집하고 다른 의견을 듣기를 거부하는 것은 독립성을 주장하는 것이 아니라 예외성을 주장하는 것이다. 12월 3일 윤석열이 그랬듯이 법 위에 자신을 올려놓는 예외주의적 태도를 취하는 것이다. 이것은 누구의 이익을 추구하는 것인가?

이익의 세 가지 형태를 고려해 볼 수 있다. 사익, 공익, 공통익이 그것이다.

사익 추구는 개인 또는 특정 집단의 이익을 최우선으로 삼는 것이다. 공익 추구는 국가나 사회 전체의 이익을 고려하여 정책이나 법을 결정하는 것이다. 공통익 추구는 특정 국가나 사회를 넘어 다수의 사람들에게 공통되는 이익을 추구하는 것이다.

이 세 가지 이익은 각각 상보적이거나 상충적일 수 있다.

첫째, 사익과 공익이 상보적이거나 상충할 수 있다. 기업이 신기술을 개발하여 경쟁력을 높이는 동시에 국가 경제 성장에 기여할 때는 사익과 공익이 상보적인 경우다. 반면 대기업이 독점적 시장 지배력을 이용해 중소기업을 압박하여 이익을 극대화하면 사회적 불평등 심화로 국가의 불안정이 증대하므로 사익과 공익이 충돌한다.

둘째, 사익과 공통익도 상보적이거나 상충적일 수 있다. 기업이 혁신적 신기술로 환경을 개선한다면 그것은 사익과 공통익이 상보적인 경우다. 반면 기업이 원가 절감을 위해 환경 규제를 무시하고 공장을 가동하는 방식으로 이윤을 극대화한다면 그것은 사익에는 도움이 되지만 지구 환경에 심각한 피해를 주어 공통익을 침해한다.

셋째, 공익과 공통익도 상보적이거나 상충적일 수 있다. 정부가 모든 주민들의 의료보험 정책을 실시하여 그 혜택이 일반화되는 경우 공익과 공통익은 상보적이다. 반면 정부가 재벌기업 보호를 통한 국익 보존을 위해 정리해고를 자유롭게 하는 구조조정 정책을 실시한다면 국익은 도모할 수 있을지 모르나 사람들의 삶을 불안정하게 하여 공통익을 침해한다.

심우정의 즉시항고 포기가 사법 질서를 문란케 한다는 사실은 사법 현장에서 벌써부터 강력하게 드러나고 있다. 사법 현장에서 구속기간을 날수로 해야 할지 시간에 따라 해야 할지 우왕좌왕이다. 기왕 구속된 사람들 중에서도 명태균을 비롯한 다수의 사람들이 구속취소 신청에 나서고 있다.

검찰이 수사재량권을 사용해 대통령 윤석열에게 특혜를 줌으로써 법 앞에서 모든 사람들은 평등하다는 헌법 규정을 공문구로 만들고 있는 현실에서 우리라고 법을 지켜야 할 이유가 어디 있느냐는 분위기가 팽배해지고 있다. 시민들 사이에, 즉시항고를 않는 검찰이 불법 집단이라는 규탄의 분위기는 하늘을 찌를 듯이 높아졌다. 불법 집단에게 수사권이나 기소권을 갖게 하는 것은 이치에 어긋나는 일일 것이다. 국가 공동체의 기강이 허물어지고 있으며 국민다중의 이익이 침해받고 있다. 이것은 공익을 해치는 것이며 공통익을 침해하는 것이다.

그렇다면 검찰의 즉시항고 포기를 통해 어떤 이익이 도모되며 이득을 보는 것은 누구인가? 누구보다도, 3월 8일 오후에 서울구치소를 빠져나와 관저에서 증거를 인멸하고 있을 현직 대한민국 대통령 윤석열이다. 그리고 윤석열이 복귀하면 있을 수 있는 처벌을 회피하고 오히려 더 나은 자리를 보장받을 수 있으리라 기대하는 심우정과 그 주변 집단들이다. 이것은 명확한 사익 추구이며 사익 추구가 공익 및 공통익과 충돌하는 전형적 사례다.

공통익을 기반으로 한 사익, 공익, 공통익의 선순환이 가장 바람직한 사회를 가져온다. 사익을 위해 공익과 공통익을 희생시키는 것, 즉 국가권력을 사유화하여 공익과 공통익을 해치는 것은 국민다중에 대해 아주 나쁜 발전 방향을 선택하는 것이다. 그러한 사유화가 일시적으로 사익을 가져오는 것으로 보일 수 있다. 하지만 그것이 영구적일 수 없고 참혹한 사익 붕괴를 가져온다는 것은 박정희가 이미 보여주었다. 생명을 잃는 것은 사익의 차원에서는 그 핵심을, 아니 모든 것을 잃는 것이기 때문이다.

검찰이나 법원 같은 공적 기관이 사익 기관으로 기울어질 때 그것을 바로 세울 유일한 힘은 국민다중의 공통적 제헌활력에서 나온다. 제헌활력은 권력의 원천일 뿐만 아니라 권력을 해체하고 재구성하는 힘이기도 하다. 그것은 오늘날 응원봉과 피켓을 든 집단정동, 집단지성, 집단상상의 무리로 광장과 거리에서 움직이고 있다. 어떤 지도자도 세우지 않고 오직 자기조직화의 힘으로 공적기관을 섭정하고자 하는 힘으로 움직이고 있다. 이들은 지금 검찰에게 즉시항고를 명령한다.

지금이라도 늦지 않았다. 검찰은 국민다중의 명령에 따라 즉시항고하라. 수사 및 기소 재량권의 이름으로 직권남용과 직무유기를 정당화하지 말고 즉시항고하라.

오늘도 어제처럼 광화문 동십자각 7시.

불안 : 희망과 두려움 사이에서
2025년 3월 16일 일요일

3월 14일 밤 파면 촉구 집회에서 단상에 오른 한 여성 발언자는 윤석열 구속취소 이후 시민들 사이에 널리 퍼진 내란성 불안에 대해 언급했다. 그녀는 '불안은 어떤 문제에 직면하여 그것을 해결할 수 없을 것 같은 무력함의 감정'이라고 말했다.

스피노자는 무엇이라고 했던가. 『에티카』[3] '정념' 장에서 찾아본다. 불안은 희망과 두려움 사이에서의 동요다. 이때 희망은 불확실한 것에 대한 관념에서 생겨난 마음의 동요이되 그것이 실현될 것이라는 관념에 수반되는 감정이다. 두려움은 불확실한 것에 대한 관념에서 생겨난 마음의 동요이되 그것이 실현되지 않을 것이라는 관념에 수반되는 감정이다.

우리는 파면을 믿고 기대하지만 그 파면이 실현되지 않을지도 모른다는 불확실성 앞에서 마음의 동요를 겪고 있다. 그리고 그 발언자가 말한 것처럼 우리는, 파면을 우리 자신이 직접 결정할 수 없고 선출되지도 않은 헌법재판관에게 맡겨야 하며 그 결정의 주변에는 승냥이 떼들이 우글거리는 현실 앞에서 느끼는 무력감 때문에 불안해한다. 아마도 우리가 집회에서 "주문. 윤석열 대통령을 파면한다"를 수없이 반복하는 것도 그 불안감을 줄이기 위한 방책일 것이다.

이 방책으로 충분할까? 스피노자는, 불안이 사물의 필연성을 이해하지 못하고 자유의 환상 속에서 살 때 발생한다고 덧붙인다. 우리는 파면을 결정하는 요소들을 어느 정도 알고 있지만 완전히 알지 못한다. 헌법재판관의 결정이 어떤 점들을 고려하여 이루어지는지 정확하게 모를 뿐만 아니라 헌법재판관이라는 인격이 어떤 힘들에 영향을 받는지도 정확하게 알지 못한다.

집회라는 수단을 통해 주권자의 명령을 발부하지만 그것이 과연 그들에게 도달할 수 있을지 어떨지 알지 못한다.[4] 3월 15일 토요일 비상행동이 주최한 '100만 시민 총집중의 날'에는 백만의 사람들이 광화문 앞

---

3. B. 스피노자, 『에티카』, 황태연 옮김, 비홍출판사, 2014 참조.
4. 4월 4일 윤석열 파면 선고 5일 전인 3월 31일에 국회 법제사법위원회는 헌법재판소 사무처장 김정원을 불러 긴급 현안 질의를 했다. 이 질의응답은 2월 25일 최종 변론기일 이후 아우성치는 시민들의 즉시 파면 요구에도 불구하고 애간장이 타도록 방치한 채 한 달 이상 아무 말이 없던 헌법재판소가 시민들의 파면 열망을 알고는 있다는 것을 내가 확인한 첫 시간이었다.

을 글자 그대로 인산인해人山人海로 만들었다. 집회 인파는 광화문을 중심으로 동쪽으로 안국동 방향, 서쪽으로 경복궁 방향, 남쪽으로 대한민국역사박물관 잔디광장과 정부종합청사 앞 도로를 가득 메웠다. 집회를 마친 후 행진 대오는 동십자각에서 안국로터리를 거쳐 종각으로, 거기에서 탑골공원을 거쳐 종로3가 단성사 앞 로터리로, 유턴하여 종각으로 돌아온 후 광화문 우체국 앞 네거리로 나아갔고 거기서 다시 유턴하여 종각을 거쳐 안국동로터리, 광화문 본 집회장으로 이어지는 수 킬로미터의 거리를 깃발을 펄럭이며 행진했다. 이날 백만의 사람들이 수천만, 수억 단위로 '윤석열을 파면하라!'를 외쳤지만 그것이 실현될 수 있을지 우리는 정확하게 알지 못한다.

대의민주주의는 이렇게 헌법적 주권자를 한없이 약한 존재로 만드는 체제이다. 그래서 명령이어야 할 주권자의 언어는 선고일이 임박하면서 자꾸 청원의 언어를 닮아간다. 제발 파면해 주세요, 로 바뀌어 간다. 국회에서 광화문을 향한 민주당 의원들의 도보 행진, 광화문에서 헌재를 향한 조국혁신당의 삼보일배 같은 실천도 이런 분위기에서 완전히 자유롭지는 않다. 삭발, 단식, 철야 농성은 어떨까?

시민들이 내란성 불안의 고통을 호소하고 있는 시점에 야당은 불안을 진정시키는 위로자의 역할을 떠맡는다. 민주당 원내대표 박찬대는 3월 15일 비상행동 집회 단상에 올라 '헌재가 선고 기일을 지정하지 않아 걱정되고 탄핵이 기각될까 불안할 것이다. 헌법이 정한 요건을 위배한 비상계엄 선포, 그 자체로 명백한 위헌인 계엄포고령 1호, 경찰과 군대를 동원한 국회와 선관위 침탈, 정치인과 법조인과 언론인에 대한 체포 시도가 헌법과 법률을 중대하게 위반했다는 것은 부정할 수 없는 팩트다. 온 국민이 윤석열의 위헌을 생중계로 지켜봤다. 탄핵은 기각되지 않는다. 만장일치로 파면을 결정할 것이다. 헌법과 민주주의의 최후의 보루인 헌법재판소가 하루빨리 파면하도록 촉구하고, 독려하고, 함께 행동하는 것이 우리의 할 일이다. 윤석열 파면을 위해 삭발하고, 단식하

고, 철야 노숙 농성하는 분들을 생각하면서 힘을 내고 함께 행진하자.'
라는 취지로 발언했다. 그렇다. 팩트고 구구절절이 맞는 말이다. 또 지
난 100여 일 동안 사람들이 그렇게 생각하고 또 그렇게 믿어 왔던 말이
다. 그런데도 불안은 가시지 않는다. 왜일까?

3월 7일 윤석열의 구속취소가 갑작스럽게 의외의 곳에서 찾아왔기
때문이다. 판사 지귀연은 윤석열의 구속 사유가 부당하다고 말하지 않
았다. 검찰총장 심우정도 그렇게 말하지 않았다. 행위 실체의 위법성
은 의심되지 않았다. 그런데 윤석열은 '석방'되었다. 구속 시간이 초과
됐다며 풀어줘야 한다고 했고 즉시항고는 위헌일 수 있기 때문에 안
한다고 했다. 행위 실체가 아니라 형식 절차를 사유로 윤석열을 탈옥
시켰다.

박찬대의 논리는 행위 실체에 초점을 맞추고 있다. 우리는 극우 집
회에서 이 행위 실체의 위헌 위법성을 부정하는 사람들을 드물지 않게
찾아볼 수 있지만, 이성에 따라 판단하는 사람이 윤석열이 파면될 수밖
에 없는 실체적 행위를 했다는 점에 이의를 제기하기는 어려울 것이다.
오마이뉴스 기자 황의봉이 12월 3일 이후 100일간의 촛불집회에 관해
인터뷰하기 위해 나를 찾아온 것은 공교롭게도 구속취소가 막 발표된
3월 7일 오후였다.5 〈다중지성의정원〉 3층 테이블에 마주 앉아 인터뷰
를 시작하기 직전에 소식을 들은 우리는 당황한 나머지 인터뷰를 시작
하지 못하고 이 사태가 뭔지 알기 위해 스마트폰으로 기사를 검색하고
있었다. 이때 나는 침착하려고 애쓰며 그에게 구속취소로 윤석열의 행
위 실체가 부정된 것이 아니라 절차가 부정되었을 뿐이라고 말했다. 법
학에서 전자를 '기각'이라고 부르고 후자를 '각하'라고 부른다는 것을

---

5. 「100일 집회추적담」이라는 제목으로 실린 이 인터뷰는 다음 주소에서 읽어볼 수 있다.
황의봉, 「100일 집회추적담 … 교회 청년부가 태극기집회 나오는 이유: [제주 사름이 사
는 법] '정치철학자' 조정환 갈무리 출판사 대표」, 2025년 3월 18일 수정, 2025년 6월 23
일 접속, https://www.ohmynews.com/NWS_Web/Series/series_premium_pg.aspx?CNTN_
CD=A0003111207&SRS_CD=0000015929.

법학자인 이흥용으로부터 들어 알게 된 것은 그로부터 며칠 뒤인 3월 13일이었다.

　이 구분법에 따르면 윤석열 탄핵안은 그 행위 실체의 명확한 위헌 위법성으로 인해 '기각'棄却될 수 없다. 그런데 국민의힘 의원들은 최근 헌재에 기각을 요구하는 것이 아니라 '각하'却下를 요구하고 있다. 탄핵안이 형식 요건을 갖추지 못했다는 것이다. 이들은 '각하' 공작을 전개하고 있다. 며칠 전인 3월 12일 국민의힘 82명은 헌재에 계엄이 위헌이더라도 탄핵안을 '각하'시켜 달라는 탄원서를 냈고 지금 헌재 앞에서 탄핵안 '각하' 릴레이 시위를 하고 있다. 이철규의 허무개그인 윤석열 '각하' (부르기) 운동 속에도 이 공작이 담겨 있다.

　구속취소를 경험한 시민들이 주로 불안해하는 것은 이 점이다. 구속취소의 빌미를 준 구속 시간 도과 쟁점도 이미 기소 직전에 윤석열 측 변호인들이 제기했던 것이고 언론에서도 검찰의 구속 시점 이전에 시끄러울 정도로 떠들었던 문제다. 왜 어떤 빌미도 줄 수 없을 만큼 (이미 믿을 수 없는) 검찰을 압박할 수 없었을까? 집회 시민들은 검찰이 2월에 2차례에 걸쳐 구속 기간 연장 신청을 하고 있을 때 기간 연장 신청 없이 즉시 기소하라고 집회에서 반복해서 명령했다. 하지만 2월에는 집회 참가자가 줄어 그 목소리는 낮았고 명령은 이행되지 않았다. 검찰 행동을 규제할 다른 가능성은 없었을까? 탄핵에 찬성하는 법률 전문가들과 야당은 무엇을 하고 있었을까?

　탄핵안 심리에 대해서도 윤석열 측 대리인들이 형식 요건에 대해 여러 가지 트집을 잡고 있는 것을 우리는 알고 있다. 가령, '내란죄 철회는 중대한 사정 변경으로 이미 탄핵 소추의 동일성을 상실한 것이므로 변경된 탄핵안은 국회의 의결을 거쳤어야 한다', '국무총리 한덕수 탄핵은 대통령에 준하는 200인 이상의 찬성이 있었어야 한다', '한덕수 탄핵이 기각되면 최상목 대행이 임명한 헌재 조한창, 정계선 재판관의 자격은 상실된다', '그러므로 한덕수 탄핵안에 대한 선고가 먼저 진행되어야 한다' 등등.

이렇게 구속취소 공작이 완벽한 비밀 속에서 전개된 것이 아니듯이, 각하 공작도 비밀리에 전개되고 있지 않았다. 그 심층에서 어떤 비밀 작업이 진행되고 있는지 알 수 없지만 우리가 식별할 수 있을 만큼은 공개적으로 표명되었다. 하지만 우리가 주의를 기울여 대비하지 않으면 그것이 마치 완벽한 비밀공작이었던 것처럼 여겨지게 된다.

구속취소 사건은 행위 실체의 위헌성과 위법성을 규명하는 것만으로 윤석열의 내란 사건을 다스리는 것이 충분하지 않다는 것을 환기시킨다. 형식적 요건 쟁점을 해소시킬 만반의 준비를 갖추는 것의 중요성에 대해 주의를 돌리게 만든다. 판사, 검사, 재판관은 그 위치상 보통의 시민들과 다른 신분의 사람들이다. 그들의 선의에 기대지 말자. 실체와 형식 모두에서 시민들의 명령을 부정하기 어려울 정도의 조건을 갖추는 것이 필요하다.

이것은 무엇을 말하는가? 기각 가능성에 대한 주의 외에 각하 가능성에 대해 주의를 돌리는 것이 필요하다는 것이다. 불안을 낳는 현실적 원인을, 그것의 필연 관계를 찾아 미연에 해결하라는 것이다.

파면이 없이는 헌법재판소도 야당도 사실상 사라질 것이고 살아남는다 하더라도 무의미한 기관으로 전락할 것이다. 사람들은 자유로운 개인들이 아니라 예속적 신민일 것을 요구받을 것이다. 내란 104일째인 3월 16일 오늘 나의 간절한 주문은 다음과 같다.

헌법재판소는 신속히, 하지만 정확하게 윤석열에 대한 파면 결정을 내려야 한다. 야당은 윤석열 측의 각하 공작을 막을 수 있는 실질적인 법률상 방어 조치를 취해야 한다. 시민들은 파면 명령을 위한 직접 행동의 고삐를 늦추지 않은 채 불안을 이성적 희망$^{docta\ spes}$으로 전환시켜 나가야 한다.

도로를 거리로
2025년 3월 17일 월요일 오전 11시 36분

토요일인 3월 15일 밤, 행진을 끝내고 식당가에 이르렀을 때에는 많은 식당들이 문을 닫았고 열린 식당은 행진을 마치고 식당을 찾은 시위 인파로 대기 줄이 길었다. 상대적으로 줄이 짧은 종로1가의 우육면 집 앞에서 함께 참가한 다중지성의정원 회원들과 차례를 기다렸으나 9시가 넘어서야 겨우 자리를 잡을 수 있었다.

집에 오니 11시가 넘었다. 3월 7일부터 내란성 11시 귀가 연속 9일째다. 그래도 비상행동 의장단의 '귀가 없는 단식 8일째'에 비하면 얼마나 한가한가. 낮부터 늦게까지 집회와 행진에 참가해서인지 일요일인 어제(3월 16일 일요일)는 일어날 때부터 몸이 무겁다. 구호 후유증인지 목도 칼칼하다. 「불안:희망과 두려움 사이에서」를 써 올리고 늦은 4시에 집회장으로 향했다.

시청 앞이 깨끗하다. 오전에 전광훈 기도회가 있었다는데 말끔히 청소되어 있었다. 북쪽인 세종로 쪽에서 찬 바람이 불어왔다. 기온도 뚝 떨어져 호주머니에 손을 집어넣게 된다.

광화문 앞에 이르니 이미 집회를 마친 선두 대오가 안국동 방향으로 행진을 시작하고 있다. 왼쪽 전 차선을 점거하고 행진하는 대오 오른쪽 중앙선에 경찰이 시위대를 향해 도열해 있고 오른쪽 전 차선은 텅 비어 있었다. 피켓 한 장을 받아들고 대오에 끼어들어 '파면하라!'를 따라 하기 시작했다.

안국동 로터리에 이르자 텅 빈 차선으로 진입한 차량들이 시위대에 막혀 있었다. 클랙슨 소리가 들렸는데 그것이 불만의 클랙슨인지 지지의 클랙슨인지 알 수 없었다. 안국동 로터리에서 우회전한 대오는 전날(15일)처럼 종각에서 좌회전을 해서 단성사까지는 가지 않고 탑골공원 앞 네거리에서 유턴했는데 여러 번 경험하는 것이지만, 거기에서 종각까지, 행진 대오가 서로 반대 방향으로 교차하는 시간이 가장 흥미롭고 뜨겁다. 완전히 왕복 전 차선을 시위대가 점거하는 순간 종로2가 일대는 도로road에서 거리street로 바뀐다.

도로는 근대의 산물이다. 자동차의 발명 및 대중화를 수반한 도시화가 만들어낸 공간 형태가 도로다. 거대한 공간이 오직 자동차만이 다닐 수 있고 사람은 횡단할 때에만 그 흐름을 잠시 멈출 수 있는 특수한 형태의 공간으로 변형되었다.

공간의 도로화는 물류의 활성화라는 이름으로 생활공간을 삭막하고 위험한 공간으로 만든다. 그것은 압도적으로 친자본적인 공간 형태이며 반환경적인 공간 형태이다.

영국에서는 거리를 되찾자Reclaim The Street : RTS 운동이 1990년대 초에 이 문제를 제기했다. 이 운동은 도시 공간을 상업적 개발과 자동차 중심의 교통 체계로부터 해방시키고, 공공 공간을 대중이 자유롭게 활용할 수 있도록 하기 위해 조직되었다. 신자유주의화가 자동차 중심의 도시 계획을 심화시켜 보행자와 자전거 이용자, 대중교통 사용자들의 권리를 점점 축소한 것이 그 배경이었다.

RTS는 자동차 중심 도시 정책에 반대하면서 도로를 자동차가 아니라 사람을 위한 공간으로 바꿀 것을 주장했다. 그것은 자동차 대신 자전거와 보행자를 중심으로 한 대중교통 시스템 구축을 촉구함으로써 공공 공간을 재탈환하고자 했다. 또 그것은 자본주의적 공간 독점에 반대하면서 거리와 도시 공간이 상업적 이윤을 위해 독점되는 것에 저항했다.

거리 점거 파티Street Party가 그것의 주요한 투쟁 형태였는데 그것은 도시 한복판에서 사전 예고 없이 사람들이 모여 음악, 춤, 예술 공연판을 벌임으로써 도로를 점거하는 방식의 시위였다. 차량을 막고 페인트나 장식으로 거리를 변형하거나 즉석에서 가든을 조성하는 등의 활동도 포함되었다. 1998년에는 영국뿐만 아니라, 독일, 호주, 미국 등 여러 나라에서 RTS를 본뜬 거리 점거 파티가 동시다발적으로 진행되기도 했다.

파면 촉구 가두시위는 RTS를 무의식적으로 실천한다. 가두시위가 시작되면 공해를 내뿜으며 달리던 차가 멈춘다. 도로는 시위산책자들이 북적거리는 거리로 변한다. 농악대가 더덩덩거리고 발랄한 리듬의 〈다시 만난 세계〉를 떼창하며 깃발들이 리듬에 맞춰 흔들거리고 사람들은 몸을 움찔댄다. 카메라가 찰칵거리고 하이파이브, 깔깔깔⋯ 치안경찰들도 치안 행동을 멈추고 부끄러운 얼굴로 돌아선다.

길지 않은 시간이지만(3월 16일, 5시에 출발하여 광화문에 돌아오니 6시, 한 시간 남짓이다. 3월 15일은 그보다 훨씬 길었다. 이날 내가 걸은 걸음 수는 16,270이다. 매일 행진에 참가했던 탓에 나의 지난 한 주간 평균 걸음 수는 10,503이다.) 가두 행진은 참가자들이 어떻게 그것을 이해하는가와는 무관하게 친생태적이고 친인간적이며 반자본주의적이고 반근대적인 실천이다.

우리는 이렇게 윤석열을 파면시키는 과정에서 도로 파면, 신자유주의적 자본주의 파면, 근대성 파면, 생태파괴 파면의 밑그림을 조금씩 그려나가고 있다. 점점 커지는 천막촌에 칼바람이 불고 기수들이 깃대를 힘줘 다잡아야 하는 마무리 집회에서 사람들은 안치환의 〈함께 가자 우리 이 길을〉을 '함께' 불렀다.

    함께 가자 우리 이 길을 투쟁 속에 동지 모아
    함께 가자 우리 이 길을 동지의 손 맞잡고
    가로질러 들판 산이라면 어기여차 넘어주고
    사나운 파도 바다라면 어기여차 건너주자
    해 떨어져 어두운 길을 서로 일으켜주고
    가다 못 가면 쉬었다 가자 아픈 다리 서로 기대며

함께 가자 우리 이 길을 마침내 하나됨을 위하여
가로질러 들판 산이라면 어기여차 넘어주고
사나운 파도 바다라면 어기여차 건너주자
해 떨어져 어두운 길을 서로 일으켜주고
가다 못가면 쉬었다 가자 아픈다리 서로기대며
함께가자 우리 이 길을 마침내 하나됨을 위하여
함께가자 우리 이 길을 마침내 하나됨을 위하여
마침내 하나됨을 위하여

그러나 하나됨은 '마침내'의 시간, 종국의 시간이 아니다. 그것은 여럿임(특이함)이 특정한 사건과 과정 속에서 교차하여 공통화되는 한순간일 뿐이다. 공통화로서의 하나됨은 목적일 수 없고, 그것이 목적으로 될 때 하나는 억압의 장치로 기능하게 된다. 하지만 여럿이 공통화되는 그 순간이, 특이성이 억압적 하나임에서 풀려나 극대의 자유를 향유하는 순간만큼이나 고귀하고 행복한 순간임은 분명하다. 이 노래를 함께 부르면서 코끝이 찡해지는 것은 아마 이 함께-함의 행복 때문일 것이다.

파면을 위한 우리의 약속 시간 : 2025년 3월 17일(월요일) 오후 7시 광화문 동십자각.

말 없는 헌재, 위태로운 생명
2025년 3월 18일 화요일 오후 2시 52분

헌재는 아직도 말이 없다. 결정문 초안을 검토하며 다듬고 있을 것이다, 한 재판관이 제기한 절차상 문제 때문에 만장일치 결론을 끌어내기 위해 계속 평의 중이다 등의 소문만 무성할 뿐이다. 오늘(3월 18일)

로 94일째인 탄핵 심판, 2월 25일 마지막 변론 후 4주째에 접어든 평의는 모두 전례 없이 장기적이다. 헌재는 모든 사람들의 관심이 집중된, 침묵하는 초점으로 되었다.

3월 17일 저녁 7시 비상행동 집회 참가를 위해 광화문 네거리에 이르자 이순신 동상 앞쪽에서 조국혁신당의 '윤석열 파면 촉구 릴레이 1만 배 1일 차'가 진행 중이다. 맨 끝에 선 대변인 김보협을 포함한 세 사람이 운동화를 벗어놓고 좌복 위에서 1배 1배 절을 한다. 조국혁신당은 헌재로의 3보 1배도 실천했다. 불교적 수행 방식을 선택한 것은 극우 정치로 치닫는 전광훈, 손현보식 기독교에 대한 경계 표현일까?

세종 동상을 지나 광화문 앞 횡단보도 앞에 이르자 집회장을 통과해 경복궁역 쪽으로 앰뷸런스가 경광등을 켜고 빠르게 앵앵대며 지나간다. 경복국역 바로 앞의 비상행동 의장단 단식농성장이 머리를 스쳐 지나갔다. 벌써 열흘째(오늘로 11일째)다. 헌재 선고의 지연이 생명을 위태롭게 하고 있다.

이날 발언자로 나선 전국여성농민회총연맹 회장 정영이가 말했듯이 단식은 선고가 3월 14일을 넘기지 않으리라는 예상 속에서 윤석열의 구속취소를 규탄하고 파면을 촉구하기 위해 선택된 것이었다. 그런데 최후의 시간을 벌써 나흘을 넘기고 있고 오는 주말에나 선고가 나오리라는 예측이 나오는 상황이다. 생명이 1분 1초의 경각을 다투고 있는데 말이다.

20대 여성으로 보이는 시민 신지영은, '어차피 윤석열은 파면될 것인데 집회는 굳이 왜 나가냐'고 아버지께서 말렸지만 혼자 있기 불안해서 나왔다고 했다. 너무나 명백한 내란행동 때문에 어차피 윤석열은 파면될 것('어윤파')이라는 그간의 여론이 탄핵소추안 가결 후 우리를 느슨하게 만들었던 것은 아닌가? 그래서 대한민국 정치 중심가가 극우 정치의 헤게모니 아래에 놓이도록 허용했던 것이 아닌가? 그 방심의 구멍으로 윤석열이 탈옥할 수 있게 허용했던 것이 아닌가?

3월 15일 집회장에서 만난 문래동 대안예술공간 이포 관장 박지원은 노년의 어머니께서 텔레비전을 보시다가 "저러다가 윤석열이 다시 대통령으로 돌아오는거 아녀?"라고 말씀하셨다는 이야기를 내게 전해주었다. 그런데도 많은 연사들은 지금도 "걱정하지 말라, 8 대 0으로 파면될 것이다"라고 말한다.

민주당 의원 김용민은 지금까지는 몰라도, 오늘부터는 헌재가 고의로 시간을 질질 끄는 것이라고 생각하지 않을 수 없다고 말했다. 만약 그것이 고의라면 그것에 어떤 대응이 가능할 것인지 궁금해졌다.

사회민주당 의원 한창민은 내란 후 2개월간 폐업한 자영업자가 20만이고 그 가족들이 삶의 위기에 직면했다는 것, 세종호텔 해고자 고진수가 복직을 요구하며 10미터 높이 교통시설 구조물에 오르고 거제통영고성조선하청지회장 김형수가 한화 본사 앞 30미터 높이의 CCTV 철탑에 올라 고공농성에 돌입하는 현실을 지적하며 정치적 민주주의만으로는 부족하고 노동자와 서민의 삶을 돌보는 경제적 민주주의가 두 바퀴로 함께 가야 할 필요성을 역설했다.

궂은 날씨 탓인지, 3월 14일까지 끝나리라던 기대가 무산된 탓인지, 연속된 매일 집회의 피로 탓인지 모르겠지만 참가자 수가 다른 평일 대비 줄어 보였다. 하지만 참가자의 열기는 더 뜨거웠다. 광화문에서 안국동 로터리를 거칠 때 송현광장에서는 촛불행동 집회가 아직 진행 중이었다. 대오가 종각 네거리에 이르렀을 때 갑자기 하늘에서 봄눈발이 날리기 시작했다. 눈발에 아랑곳하지 않고 종각에서 탑골공원 앞 네거리로 갔다가 종각으로 되돌아올 때에는 눈발이 그치고 종로 전 차선은 다시 한번 시위대로 가득 찬 광장으로 바뀌었다. 종각에서 광화문 네거리로 행진 후 거기에서 우회전할 때 돌진하던 버스들이 멈춰 서고 저 멀리 본집회장에 진입하는 선두 대오의 모습이 보였다.

행진 동안 구호 소리는 우렁찼고 음악과 율동은 경쾌했다. 마무리 집회 시간. 다른 날에 비해 어딘가 아쉬운 듯 진행자가 더 많은 곡을 떼창 리스트에 올렸다. 천막촌 아래 경복궁 담벼락 잔디밭 어둠 속에서 민주당의 장외 의총이 열리고 있고, 텐트 앞에 열을 지어 집회 마무리 후 집으로 돌아가는 사람들에게 손을 흔들며 웃음을 지어 보이는 단식 중인 사람들의 얼굴이 유난히 검고 수척해 보이는 밤이었다.

구속취소 후 오늘(3월 18일)로 연속 12일째 파면 촉구 집회다. 오늘도 저녁 7시 광화문 동십자각.

역풍과 일상에 대해
2025년 3월 19일 수요일 오전 9시 49분

역풍에 대한 고려는 내란세력 대 혁명세력이 갈등하는 현실에서 그 갈등에 신중하게 접근하는 태도라고 볼 수 있을 것이다. 그러나 그 고려가 과도할 때는 문제 해결을 지연시키고 내란세력을 강화시키는 역효과를 가져올 수 있다. 1960년대 이탈리아의 오뻬라이스모 operaismo는 자본의 힘을 중심으로 사고하지 말고 노동의 힘을 중심으로 사고하자고 제안했다. 그것은 역풍을 중심으로 사고하지 말고 제헌활력을 중심으로 사고하자는 제안이기도 하다.

마은혁을 임명하라는 헌재 결정을 따르지 않으면서 국민들에게만 탄핵에 대한 헌재 결정을 따를 것을 주문하는 자기 모순적이고 예외주의적인 최상목 앞에서 민주당 일부 의원은 탄핵을 주저하며 역풍을 염려한다. 헌재가 윤석열 탄핵에 대한 선고를 지연하므로 헌재에 대한 가능한 압박수단(선고기일 지정 신청, 헌재 사무총장 국회 출석요구)을 사용해야 한다는 김용민의 주장에 대해 민주당 다선 의원들은 역풍이 우려되므로 헌재의 판단을 기다려야 한다고 말한다. 진보적 언론들 중의 일부도 파면 이후의 역풍이 가장 큰 걱정이라고 쓴다.

역풍에 대한 고려는 필요하지만 그 고려는 무엇보다도 주권자 국민다중의 필요와 이익에 부합하는 고려인가라는 기준 위에서 진행되어야 한다. 그것이 역풍에 대한 민주주의적 고려 방식이기 때문이다. 지금은 내란세력의 척결과 청산이 주권자 국민다중의 가장 절박한 요구이므로 이 기준 위에서 야당은 자신의 행동을 결정해야 한다.

탄핵에 대한 피로증 같은 것에 대한 고려는 민주주의적 사고의 기준일 수 없다. 그것은 탄핵을 두려워하여 탄핵을 끊임없이 비난하는 내란세력의 감정과 요구를 내면화한 결과이다. 합법적이고 정당한 사유가 있는 탄핵은 국민의 명령이자 법치의 정상적 과정이므로 과감하게 추진되어야 한다.

탄핵 실행이 야당의 집권에 어떤 유불리를 가져다주는지 나는 알지 못한다. 하지만 집권에의 유불리가 탄핵실행을 늦추거나 멈출 이유가 되어서는 안 된다는 것만은 알고 있다. 이것은 권한대행 최상목 탄핵 건에 대해서만이 아니라 헌재에 대한 실효적 압박 실행에 대해서도 동일하게 적용될 수 있는 원칙이라고 생각한다. 국민다중의 필요, 요구, 명령이 무엇인가가 일차적 기준이며 다른 고려 사항은 2차, 3차적인 것이어야 한다.

나는 비상행동 의장단이 어떤 정세 분석 속에서 단식이라는 도덕적 상징적 투쟁 수단을 선택했는지 알지 못한다. 말하기 조심스럽지만 파면까지 '무기한인' 비상행동 의장단의 단식투쟁은 전 국민 참여 하루 릴레이 단식과 같은 다른 형태의 완만하고 지속적인 투쟁으로 전환하고 의장단은 신속히 원기를 회복해 파면 후 예상되는 극우내란세력의 반격에 대비한 실질적 방어력을 조직해 나가기를 개인적으로 희망한다.

왜 그렇게 희망하는가? 3월 15일 100만 집중 집회 후 17일, 18일 파면 촉구 평일 집회 참가자는 그 전주의 평일 집회에 비해 크게 줄었다. 여러 가지 이유가 있겠지만 14일까지는 파면이 되리라는 전문가들의 예상이 빗나간 데서 오는 무력감도 한몫했으리라 생각된다. 이런 상황에서 3월 14일 이후 지속되는 단식투쟁이 집회 동력을 모아내는 구심점의 역할을 하지 못하고 있는 것으로 보이기 때문이다. 내란세력이 기각을 포기하고 각하 운동으로 전환한 현실에서 각하를 막을 수 있는 법률적 정치적 대비가 절실하기 때문이다. 또 내란세력의 있을 수 있는 폭도화에 실효적으로 대비할 수 있는 촛불-응원봉 대오의 자기 방어력의 조직화가 시급하기 때문이다. 역풍은 우려되어야 하는 것이 아니라 방어되어야 하고 새로운 공세를 통해 무력화시켜야 하기 때문이다. 경찰력이 모든 문제를 해결해 주리라 기대하기는 난망한 상황이라 생각되기 때문이다.

이런 전망 속에서 보면 "윤석열을 파면하고 일상으로 돌아가자", "일상을 되찾자"는 구호는 우리가 직면한 현실, 혁명적 주권자의 요구와 부합하지 않는다고 생각된다. 구호를 따라 하다가도 문득 이것이 내가 원하는 것인가 묻게 된다. 낮에 일하고 밤에 집회·시위하는 삶의 고단함은 충분히 이해가 되는 바이다. 하지만 우리가 이 구호를 통해 우리 스스로를 혁명의 역풍으로 내세우고 있는 것이 아닌가 검토되어야 한다. 혁명에 진정제를 투여하는 것이 아닌가 검토되어야 한다.

윤석열에 대한 파면이 이루어진다면 그것은 새로운 시작일 뿐 끝이 아닐 것이다. 앞으로 시작될 일상은 과거의 일상으로의 복귀일 수 없다. 돌아갈 일상은 없다. 그것이 파괴된 지는 오래되었다. 내란세력이 내란을 획책한 것은 지금까지의 일상이 지속될 수 없다는 것을 선언한 것이기도 하다.

내란은 그 자체로 종식될 수 없고 빛의 혁명의 완성을 통해서만 종식될 수 있다. 내란을 빛의 혁명으로 전환시키는 것은 지난 일상으로의 복귀일 수 없다. 왜냐하면 지난 일상을 근거로, 지난 일상의 모순에서 내란이 자라왔기 때문이다. 빛의 혁명이 어떤 과정을 따라, 어떤 내용을 담게 될지는 집단지성과 집단의지의 조직화 속에서 구체화될 문제이다. 하지만 분명한 것은 파면이 끝이 아니라 빛의 혁명의 일부일 것이며 빛의 혁명은 지난 일상으로의 복귀가 아니라 새로운 일상의 구축으로 나타날 것이라는 점이다. 내란세력에게도 혁명세력에게도 돌아갈 일상은 없다는 점이다. 우리는 이제 다른 세상을 살아갈 마음의 준비를 해야 한다. 소녀시대의 〈다시 만난 세계〉는 영어로 'Into the new world'로 되어 있다. 직역하면 '새로운 세상 속으로'다. 그것은 희미한 빛을 쫓아가는 알 수 없는 미래다. 거칠지만 포기할 수 없는 길이다.

>수많은 알 수 없는 길 속에
>희미한 빛을 난 쫓아가
>언제까지라도 함께하는 거야
>다시 만난 나의 세계
>특별한 기적을 기다리지 마
>눈 앞에선 우리의 거친 길은
>알 수 없는 미래와 벽
>바꾸지 않아, 포기할 수 없어

민주주의 전문가
2025년 3월 19일 수요일 오후 4시 29분

파면 촉구 매일 집회 12일째인 2025년 3월 18일 화요일 밤. 행진 대오가 광화문-안국동 로터리-종각-광화문을 거쳐 본집회장으로 들어오기 직전에 선도 차에서 대오를 이끌던 여성 선창자가 놀라운 말을 바람 부는 광화문 광장을 향해 던졌다. "우리는 지금 민주주의 전문가가 되어 가고 있습니다. 법률도 공부하고…" 귀가 신통치 않은 내가 알아들은 구절은 여기까지다.

그런데 이것으로 충분하다. '민주주의 전문가'라는 말 한마디가 모든 것을 전달하고 있기 때문이다. 내란을 혁명으로 전화시키는 과정에서 실제로 우리들은 엄청난 것을 서로 가르치고 배운다. 비상계엄, 비상대권, 쿠데타, 내란, 헌법과 계엄법, 형법, 행정권과 입법권, 삼권분립, 헌법재판소, 대의민주주의, 국민주권, 위임, 탄핵소추, 헌법 심리, 평의, 평결, 특전사, 수방사, 방첩사, 경호처, 구속, 기소, 체포영장, 체포영장 집행, 정당한 명령과 부당한 명령, 구속취소, 즉시항고, 위헌과 합헌, 기각과 각하, 극우, 파시즘, 내전, 87체제…. '법률도 공부하고…' 다음에 아마도 '역사도 공부하고'라고 말하지 않았을까 싶다. 빛의 혁명은 사람들을 민주주의 전문가로 만든다.

집회장에 막 도착했을 때 마이크에서는 한 발언자가 "저는 이 자리에 모이신 여러분들이 나라를 지키는 마지막 방어선이라는 것을 믿습니다"[6]라고 말하고 있었다. 민주주의라는 말을 다르게 풀어 하는 말로 들렸다.

마무리 집회에서 한 발언자는 "헌재가 파면하지 않으면 주권자가 직접 파면해야 하지 않겠습니까?"라는 취지의 질문을 던졌다. 이것 역시 민중의 지배demo-cracy라는 민주주의의 본질을 상기시키는 말로 들린다. 전문가다운 상상이고 발화들이다.

시민 자유 발언이 이어진 후에 민주당 원내수석부대표 박성준이 단상에 올랐다. 그는 "윤석열 대통령은 대한민국을 김건희 여사에게 상납하려고 내란을 저질렀다", "김건희는 윤석열과 함께 공동 정권을 만들었고 그 자금을 도이치모터스 주가조작, 삼부토건 주가조작으로 조달했다", "내란을 종식시키고 김건희를 반드시 구속수사해야 한다"고 주장했다.

정해진 시간을 넘어 더 발언하려는 그를 진행자가 제지한 것인지 발

---

[6]. 자유 발언에서 들은 이 말이 며칠 뒤인 3월 25일 2차 남태령 집회에서, "우리가 민주주의의 마지막 방어선이다"라는 깃발로 변용되어 펄럭이는 것을 나는 보았다.

언이 멈추었다. 시간을 더 달라고 요청했지만 허락되지 않았는지 그는 "다음에 더 잘 준비해서 발언하겠다"고 말하고 참가자들과 '파면!' 구호를 함께 외친 후 단상을 내려갔다. 정해진 시간은 시민만이 아니라 국회의원도 지켜야 한다는 것을 비상행동 진행자가 국회의원에게 가르쳐주고 국회의원이 배우는 한 장면으로 보였다. 사람들은 이렇게 혁명이라는 학교에서 민주주의를 서로 배우고 있다.

일상을 중단하기
2025년 3월 20일 목요일 오후 1시 15분

    윤석열이 '석방'의 형식을 빌려 탈옥한 날인 3월 8일 토요일 밤에 열린 다중지성의정원 파시즘 세미나에서 나는 윤석열의 '석방'으로 헌재가 평의를 질질 끌면서 선고를 늦출 가능성이 높아졌다고 말한 바 있다. 풀려난 윤석열이 직무 정지 상태지만 김건희와 살아 있는 권력 망을 이용하여 헌재 판결에 영향을 미칠 가능성을 고려한 발언이었다. 일부 회원들은 나의 이야기를 듣고 즉각 불안감을 표현했다. 그러나 불안감을 달래기 위해 있을 수 있는 현실을 외면할 수는 없는 일이다.
    탄핵소추안 가결 후 변론기일이 끝날 때까지 나는 파면은 기정사실이라고 생각했다. 헌재의 심리 과정은 그 생각을 더욱 굳게 만들어 주었다. 윤석열이 자신의 입을 통해 헌법 수호 의지가 없다는 것을 명백하게 표현했고 대리인들은 헌법 문제를 정쟁 수준에서 다루면서 헌법재판관이나 국민다중이 아니라 태평로와 여의도의 열광하는 국민-신민들에게나 받아들여질 비현실적인 법 감각을 고스란히 노출했기 때문이다.
    이 때문에 법치주의 영역에서 내란세력이 승리할 가망성이 없다는 생각은 더 굳어졌고 그것은 헌법 심리, 체포, 구속, 기소 과정에서 변호인들이 그때그때 제기한 수많은 법률적 쟁송에서 그들이 번번이 패배하는 것을 통해 입증되는 것으로 보였다. 이 일련의 과정을 통해 나는 이들이 법치주의에서의 승리를 목표로 하는 것이 아니라 파면 이후의 정치적 입지를 강화하기 위해 지지 세력을 확장하는 데 법률 투쟁의 목적을 두고 있는 것이 아닐까 생각했다. 그리고 그 목적은 아마도 국민의힘의 환골탈태를 통한 탈근대 파시즘의 독자적이고 강력한 정치세력화와 거리운동화로 정식화될 수 있을 것으로 생각했다.

그런데 3월 7일에서 8일 사이에 지귀연과 심우정 합작의 탈옥 사건이 발생했고 예상치 못한 그의 탈옥이 내가 가졌던 '파면은 기정사실이다'라는 생각을 흔들어 놓았다. 그것은 법치주의 영역에서 내란수괴 윤석열이 거둔 최초의 승리였고 또 중요한 승리였다. 그것은 내란 행위의 실체가 아니라 사법적 절차와 형식 논리를 이용한 승리였다. 이 사건 이후 나는 지금까지 어차피 윤석열은 파면된다('어윤파')는 생각들, 발언들, 문건들, 보도들, 평론들을 경계하면서 그러한 생각의 문제점을 지적하는 글을 써 왔다.

문제는 그러한 생각이, 전개된 새로운 문제적 현실과 부합하지 않을 뿐 아니라 그 새로운 현실을 타개할 주체와 동력을 형성하는 데에도 방해가 된다는 것이었다. 지난 2주간 '어윤파' 담론은 여러 가지 형태를 띠고 지속적으로 나타났다. 그의 헌법·법률 위반이 너무 명백하고 그 내란행위가 증거로서 전 세계에 생중계되었다는 초기 버전에서부터 8대 0 인용으로 전원 합의되었는데 결정문 문구 수정 중이다, 절차상 문제를 제기하는 한 사람의 재판관 때문에 7 대 1로 의견이 나뉘었는데 전원 합의를 위해 평의 중이다, [파면 인용된] 결정문이 송달관을 통해 송달 중이다까지.

파면이 아직 결정되어 있지 않을 수 있다는 생각은 사유 금지된 생각으로 금칙 처리되어 오늘에 이르렀다. 3월 19일 저녁 집회와 가두 시위는 헌재의 공지 지체가 고의적 지연이 아닌가하는 의심이 커지고 헌재에 대한 분노가 폭발한 상황에서 열렸다. 그것은 구호의 변화를 가져왔다. 그런데 그 변화 속에서도 파면이 결정되어 있다는 생각은 불변이며 그것의 속도만이 유달리 강조되었다. "즉각 파면", "당장 파면", "빨리 파면", "신속히 파면"으로. 그런데 파면이 결정되어 있다는 믿음은 집회에 참가한 사람들의 마음을 위로하지만 이 말을 믿고 집이나 공장이나 사무실에 있는 사람들을 광장과 거리로 불러내 헌재를 헌법 수호의 방향으로 압박할 힘을 모으는 데에는 도움이 되지 않는다.

이러한 상황 속에서 열렸던 어제(3월 19일) 광화문 집회에서 귀에 들어오는 중요한 발언이 있었다. 녹색당 대표 이상현의 발언이었다. "윤석열도, 차별도 파면하라"는 녹색당 피켓을 들고 마이크를 손에 쥔 그녀는 [파면과 내란종식을 위해] "노동자는 일터를 멈추고 학생은 학교를 멈추고 시민들은 일상을 멈추자"고 제안했다.

파면이 내란의 종식은 아니지만 파면 없이 내란종식은 기대할 수 없다. 파면이 없다면 내란은 종식되기는커녕 탈근대 파시즘을 향한 내란의 '질풍가도'를 열어 줄 것이다. 윤석열의 내란은 우리의 노동, 학업, 일상과 어떤 관계에 있는가? 그것은 우리의 매일의 노동, 매일의 학업, 매일의 생활을 침해하는 외삽물인가? 결코 그렇지 않다. 그것은 신자유주의적 자본주의가 강제하는 노동, 학업, 생활의 내부에서, 그것을 바탕으로, 그 위에서 생성되는 운동이며 우리의 노동, 우리의 학업, 우리의 생활, 우리의 욕망을 더 극단적인 형태의 국가 주도-신자유주의-자본주의에 복종시키려는 정치적, 군사적, 종교적, 신민적 결단들의 표현이다. 그 결단이 (탄핵, 특검을 허용하는) 자유주의적 대의민주주의와 양립할 수 없다는 생각이 검찰쿠데타, 군사쿠데타, 의회쿠데타, 시민폭동을 거치는 일련의 과정으로 표출되고 있는 것이다.

1987년 항쟁으로 구축된 헌정 질서를 파괴하는 이 내란의 탈정치적-정치는 그 헌정 질서 내부에서, 그것을 바탕으로 성장해온 것이다. 그리고 우리의 노동, 우리의 학업, 우리의 생활, 우리의 욕동도 지금까지 그 헌정 질서 속에서 전개되어 왔다. 내란은 이 질서의 파괴자다.

하지만 우리는 아무런 변경 없이 이 질서로 되돌아갈 수 없다. 그 질서가 내란의 텃밭이기도 하기 때문이다. 내란은 탈근대적 상황에서 87년 항쟁 이전의 질서로 돌아갈 복귀와 반동의 꿈을 꾼다. 우리는 내란을 종식시켜야 한다. 하지만 그것은 87년 질서를 있는 그대로 보존하는 방식의 종식일 수 없을 것이다.

그것은 불가능하다. 만약 그것이 가능하다면 내란의 종식은 없을 것이다. 왜냐하면 그 질서가 내란의 텃밭이기 때문이다. 내란에 대항하는 헌법 수호가 새로운 헌법의 제정으로 되어야 하는 이유가 여기에 있다. '세상을 바꿔야'만 세상을 지킬 수 있다.

세상을 바꾸려면 파면이 결정되어 있고, 노동하고 수업받고 경쟁해야 하는 일상으로의 복귀가 예정되어 있다는 생각을 재고해야 한다. 이상현의 제안은 노동을 파면해야만, 학업을 파면해야만, 일상을 파면해야만 우리가 윤석열을 파면할 수 있다는 제안이 아닌가? 그래야 생명의 광장, 생태의 광장, 사물의 광장이 열릴 수 있다는 절규가 아닌가?

브루노 라투르가 물정치thing politics를 제안하면서 말하듯이, 사물을 의미하는 영어 thing은 본래 다양한 것들의 회집, 모임, 회의를 의미하는 말이었고 지금도 북구에서는 의회를 Ding이라고 부른다. 한자 物(물)은 본래 다양한 색깔의 얼룩소를 지칭했다. 이 활성적 다양체들이 불활적이고 무생명적인 것, 대상적인 것으로 의미가 변한 것은 근대적 인간중심주의의 효과라고 보아야 할 것이다.

우리의 활성적 다양성, 물성은 함께 모여서 우리가 지금 경험하고 있는 내란사태의 원인, 조건, 과정, 전망, 대책을 이야기하는 것에서 발현될 수 있다. 문제는 노동과 학업을 포함하는 신자유주의적 자본주의의 일상을 멈추지 않고는, 이 내란의 일상을 멈추지 않고는 우리가 충분히 물物로 될 수 없다는 것, 함께 모일 수 없다는 것이다.

나는 파면을 촉구하는 집회 대오 속에서 물끄러미 사람들을 바라보다가 시민들과 함께 종로 거리를 터벅터벅 행진하는 개를 눈여겨본다. 그 개들은 나에게, 반려견들과 함께, 어린이와 함께, 냄비를 들고, 트랙터를 몰고, 책들을 싸 들고 모이는 다양체=집회=물의 가능성을 상상케 한다. 가사노동이든, 공장노동이든, 수업노동이든 노동을 멈출 때에만, 일상을 멈출 때에만 우리는 함께 모일 수 있고 빛의 혁명을 앞으로 밀고 갈 수 있다.

 오늘의 모임: 2025년 3월 20일 목요일 오후 7시 광화문 동십자각(비상행동) 혹은 안국동 송현광장(촛불행동).

테러 형태의 교체와 교차를 지켜보면서
2025년 3월 21일 금요일 오후 12시 5분

 윤석열의 12월 3일 비상계엄 선포는 내란이자 동시에 국가테러였다. 합법적 사유 없이 국가의 공적 폭력 조직인 군대와 경찰을 동원하여 국가 입법기관인 국회와 대의 관리 기구인 선관위를 장악하려 했기 때문이다. 국가의 공적 폭력을, 독재를 위한 사적 테러조직으로 전용한 것이다.

 이 비상계엄형 국가테러는 주지하다시피 평양 무인기 추락 사건(2024년 10월)과 오물풍선 원점타격 지시(2024년 11월) 의혹에서 드러나듯 전쟁을 국민에 대한 정치적 테러로 전용하려는 이른바 '외환外患 유치'형 국가테러 기획들(의 미수)에 이어진 것이다.

 많은 사람들이 경악하듯이 이 비상계엄형 국가테러는 윤석열 정권에 반대하거나 비판적인 정치인, 법조인, 시민사회단체, 언론인, 문화예술인을 포함하는 '1차' 500명에 대한 체포 및 구금과 폭사, 수장, 매장, 화장 등의 '살처분=수거' 계획을 포함하고 있다. 최근 확인된바, 화천군 오음리 2군단 산하 702 특공연대가 시신 화장용으로 보이는 종이 관 1천 개, 영현백 3천 개의 주문을 문의했다는 사실은 국가테러 기획이 저 1차 대상을 넘어 매우 폭넓은 층을 대상으로 기획되고 있었음을 시사한다.

시민과 의원의 협력, 그리고 계엄 실행 군인들의 항명과 태업으로 비상계엄형 국가테러는 실패로 돌아갔다. 하지만 폭력을 제도 위에 올려놓고 민주적 제도를 파괴하는 수단으로 삼으려는 내란 시도는 멈추지 않았다. 심우정으로 대표되는 검찰은 법률적 권한(수사기소권)의 선택적이고 편파적인 사용으로, 최상목으로 대표되는 행정조직은 헌법재판소의 판결을 무시하는 방식으로 제도를 교란시키고 침식했다. 헌법재판소로부터 헌법적 단호함을 빼앗고 주저하게 만드는 이 과정에서 이들은 물리적 폭력 대신 사법적 정치적 폭력을 통해 헌정 질서를 교란시킨다. 이것들은 국가테러가 제도 속에서 제도를 침식하면서 나타나는 형식들이다.

비상계엄 형태의 위헌·위법한 비상대권 행사와 그에 뒤이은 사법, 행정 폭력 행사가 촉발하고 가속시킨 것이 바로 민간테러다. 극우 종교 집회와 극우 유튜버들은 민간테러를 선동하는 마이크로 기능한다. 우리는 서울서부지방법원 침탈 폭동에서 민간테러의 잔혹성을 또렷하게 확인했다. 12월 3일 밤과 4일 사이의 군사적 국가테러에서는 하급직 군인들의 태업이라는 제동장치가 작동했지만 2025년 1월 19일 민간테러는 경찰의 강제진압을 통해서 겨우 진정될 수 있을 정도로 폭력이 거침없이 상승되었다. 방화는 10대 청년에 의해 기도되었다.

헌재가 탄핵소추안을 인용하는 경우 헌재를 폭발시키고 재판관을 린치하겠다는 식의 협박이 끊이지 않던 가운데 헌재에서 파면을 촉구하던 민주당 의원 백혜련은 극우 시위대에서 날아온 계란에 얼굴을 맞는 테러를 당했다(3월 20일). 이러한 테러행위에 대한 규탄과 경찰의 방관에 대한 항의에 극우 시위대는 놀랍게도 "벽돌이 아니었던 것을 다행으로 알라"는 식의 엄포로 대응했다. 민간테러는 브레이크가 없는 광폭한 자동차가 되어 곳곳에서 시동이 걸리고 있는 중이다. 대의정당인 국민의힘은 그 폭주 자동차들 앞에 머리를 조아리며 그들의 정치적 변호인임을 자임한다.

이에 앞선 3월 12일 민주당에는 "HID(북파공작부대) 707 OB 요원들이 러시아제 권총을 밀수해서 이재명 대표를 암살할 계획"을 갖고 있다는 제보가 입수되었고 이미 지지자로 위장한 사람으로부터 칼 테러를 당한 바 있는(2024.1) 이재명은 집회 참가를 피하거나 방탄조끼를 입고 참가해야 했다. 대한민국은 제도 정치인이 한 걸음을 내딛으려면 목숨을 내걸어야 하는 위험한 사회로 추락하고 있다.

국가테러와 민간테러를 통한 공포 지수의 상승과 제도의 마비, 이것이 파시즘이 노리는 일차적 목표다. 그런 후에 기존 제도의 장악과 사유화, 다시 그 후에 기존 제도의 철거 및 공포 제도의 구축, 그리고 나서 전쟁으로 치닫는 노골적인 테러 통치. 이것이 전통적 파시즘이 걸었던 길이다.

탈근대 파시즘이 동일한 경로를 밟으리라는 법은 없다. 하지만 물리적 정치적 상징적 폭력 질서를 확고하게 하기 위해 민주제도와 민주정을 파괴하려 할 것이라는 점은 분명하다. 그것은 민주정 국민다중을 예속신민으로 재구축함으로써 위기에 처한 신자유주의 자본주의를 극단적 방식으로 구출하려는 시도이기 때문이다.

기존 일상의 철저한 파괴를 가져올 이 테러리즘적 반혁명적 기도에 대한 빛의 혁명의 대응방책(전략과 전술)은 무엇인가? 이에 대한 준비는 충분하게 조직되고 있는가? 촛불은 진실을, 응원봉은 연대를, 피켓은 발언을 상징한다. 깃발은 정체성과 동시에 그것을 넘어서는 방향을 상징한다. 우리는 지금 어떤 말, 어떤 깃발(들)을 준비해야 하는가?

극우 파시즘이라는 문제와 전국 시민 총파업

2025년 3월 22일 토요일

판사 지귀연(중앙지법)은 윤석열에 대한 구속을 취소했고 판사 허준서(서부지법)는 경호처 차장 김성훈의 구속영장을 기각했다. 심우정 검찰만이 아니라 법원까지 극우를 뒷받침하기 시작했다. 윤석열이 탈옥한 상태에서 헌재 선고가 지체되면서 극우의 영향력이 확대되고 그 결과 판결이 점점 정치화되고 있다.

대통령 권한대행 최상목은 국회를 통과한 입법안을 무더기로 거부하고 있고 상설특검 임명도 하지 않고 뭉개고 있다. 헌법재판소가 위헌으로 판결했음에도 판사 마은혁을 헌법재판관으로 임명하기를 계속 거부하고 있다.

이뿐인가? 국가인권위원장 안창호는 국제기구에서 한국의 극우 내란을 옹호하는 입장을 발표한다. 극우 유튜버는 거리에서, 상점에서 폭언과 폭행, 테러를 일삼으며 폭도화한다. 행진하는 촛불-응원봉 대오에게도 욕설을 퍼부으며 도발한다. 심지어 기자회견 하는 야당 국회의원에게도 계란을 던지고 의원의 허벅지를 걷어찬다. 그런데도 의회 내 정당인 국민의힘은 야당 국회의원들이 자작극을 하고 있다며 극우 시민들의 폭력과 테러를 변호한다.

행정, 사법, 입법에 걸친 국가권력 전체와 시민사회에서 일어나고 있는 이 변화의 정체와 성격은 무엇인가?

지금 벌어지고 있는 상황은 단순한 정치 갈등이나 일부 우파의 준동이라고 해석되는 것만으로는 부족하다. 윤석열은 직무 정지되었지만 내란은 계속되고 있다.

내란이 계속되고 있다는 것은 지금 어떤 의미인가? 그것은 그가 비상계엄을 통해 실현하고자 했던 극우적 체제 전환이 국가기구와 사회

전체에 공명되며 다른 형태, 다른 방식으로 실현되고 있다는 의미다.

그것은 어떤 체제 전환인가? 87헌정 질서에 대한 전면적 도전과 그것의 해체, 입법권의 무력화와 행정 중심의 국가체제 재편, 그리고 사법의 행정 보조 장치화다.

국가권력과 시민사회에 삽입된 극우 파시즘의 공명판이 진동하기 시작했다. 얼핏 보면 위로부터 윤석열의 비상계엄이 파시즘을 촉발시킨 것으로 보이지만 그의 비상계엄 자체가 극우 유튜브와 극우 교회를 통해 유통되던 사고법과 태도를, 특검으로 죄어오는 사적 위기의 탈출책으로서 수용하고 실행한 것이었음을 고려하면 한국에서 파시즘은 국내적으로 상향과 하향의 두 흐름의 교차와 공명을 통해, 그리고 전 세계적 파시즘 흐름과의 연계 속에서 교직되고 있다고 해야 할 것이다. 이 과정에서 민주주의 체제는 빠르게 침식되고 권위주의 체제가 머리를 불쑥 내민다.

지금 나타나고 있는 현상들 속에서 가장 주목되는 것은 행정권의 독점화와 법 위의 권력(예외주의 파시즘 권력)의 등장이다. 윤석열은 12·3 비상계엄을 선포하면서 자신이 법 위에 있음을 시연했다. 그 시연을 뒷받침할 것이 국회 및 선관위 무력화와 비상입법기구 설치였다.

그의 포고령은 두 시간짜리로 그쳤고 그는 직무 정지되었지만 그가 기획한 법 위의 권력은 한덕수, 최상목을 통해 실현되기 시작했다. 이 두 권한대행은 헌법재판관 임명을 거부하고 국회가 입법한 특검들을 모조리 거부했다. 이것은 국회와 그 활동이 있다 하더라도 행정권에 의해 사실상 그것의 대의 기능이 정지된다는 것을 의미한다.

최상목은 마은혁을 헌법재판관으로 임명하지 않는 것이 위헌이라고 결정되었음에도 헌재의 결정을 수십일이 지난 지금까지 무시하고 있다. 이것은 동일하게, 헌법재판소가 있지만 사실상 기능 정지됨을 의미한다. 윤석열에 대한 탄핵소추안이 인용되건 기각 혹은 각하되건 그 결정이 실효를 가질 수 있을지 점점 의문시되기 시작하는 것도 이 때문이다. 인용되더라도 윤석열 측이 불복할 가능성이 높아지기 때문이다.

이와 더불어 우리는 사법의 정치화 현상을 목도한다. 검찰이 내란 공범으로 추정된 지는 오래되었다. 검찰총장 심우정과 판사 지귀연의 합작으로 내란수괴 윤석열을 탈옥시킨 것은 이 추정을 확신으로 만들었다.

경호처 차장 김성훈 및 경호본부장 이광우에 대한 구속영장 기각(3월 21일) 사건에서 법원(판사 허준서)과 검찰(심사 불참)의 찰떡궁합은 다시 한번 확인되었다. 비화폰 서버에 대한 증거인멸 우려와 압수수색이 핵심적 쟁점인 이 영장을 놓고 허준서는 "범죄 혐의에 대해 피의자가 **다툴** 여지가 있고, 지금 단계에서의 구속은 피의자의 방어권을 지나치게 제한한다"는 변호론을 내놓으며 증거인멸 우려라는 핵심적 구속사유를 회피했다. 이것은 경호처에 극우 돌격대 자격증을 부여하는 것과 다름없는 판결이다.

사법은 점점 극우 파시즘을 돕는 보조 기구로 전락하고 있다. 헌재의 윤석열 탄핵소추안 결정에 대한 불안이 커져 가고 있는 것도 이와 무관하지 않다. 검찰이 극우 내란의 공범이 되고 법원은 중립을 가장한 극우 협조자가 되고 헌재가 신중을 가장하여 헌법 정의 실현을 지연시킴으로써 대한민국의 법치주의는 무참하게 붕괴하고 있다.

그 결과는 입법권의 무력화다. 그것은 국민이 선출한 권력이 권력 체계에서 배제되고 있음을 의미한다. 야당 주도의 국회 입법은 거부권에 막혀 국민 의지를 실현할 도구로서 기능하지 못한다. 여당 국민의힘은 사법의 정치화를 찬양하고 극우 시민의 폭력을 정당화하는 변호 기구로 전락했다. 국민의힘은, 김민전이 백골단으로 하여금 기자회견을 하도록 국회로 불러들일 때 분명해졌듯이, 극우 파시즘이 정치적 정당성을 획득하는 제도적 진입로로 기능하고 있다.

시민사회의 미시적 파시즘은 충격적일 정도로 빠르게 확산되고 있다. 온라인에서 극우 유튜버들이 거짓말과 궤변을 뻔뻔스럽게 늘어놓으며 돈을 버는 가운데 극우 교회가 거리기도회나 국민대회의 이름으로 오프라인 광장과 도로에서 헌금과 수익사업, 그리고 조직 사업을 시작한 지는 오래되었다.

3월 20일(목요일) 저녁 안국동로터리에서는 극우 시민이 행진하는 대오를 도발적으로 자극하다가 제압되었다. 3월 21일(금요일) 조계사에서 종각으로 촛불 대오가 도로 점거 행진을 하는 시각에 맞은편 인도에는 100여 명의 극우 시위대가 인도를 따라 반대편으로 행진하는 것이 목격되었다. 촛불 대오가 윤석열 파면을 외칠 때, 맞은편 시민들은 수적으로 미미함에도 불구하고 욕설을 퍼붓거나 손가락 짓으로 시위대를 조롱하기를 멈추지 않았다.

나는 시청, 여의도 등에서 극우 집회를 여러 차례 목격했지만 극우 시위대의 행진 모습은 어제 처음 보았다. 주로 노인들로 구성되어 있었기 때문에 행진 그 자체가 쉽지 않은 것이 조건으로 작용했을 것이다. 비록 인도를 이용하는 소규모이긴 하지만 행진하는 극우 시위대의 등장은 간과할 사안은 아니다. 이들은 폭언, 조롱, 폭행을 실어 나르고 문화 제도로 구체화하는 이동체이기 때문이다. 혐오, 조롱, 욕설, 폭력은 이제 경찰의 묵인과 방조, 혹은 보호하에서, 정당하고 합리적인 정치 표현을 파괴하는 수단으로 제도화되기 시작했다. 파시즘은 이렇게 공격적 폭력을 민중의 자발적 정의로 포장하여 제도 바깥에서 제도 내부를 압박하는 수단으로 이용한다.

독일의 공영방송사 아에르데ARD와 체트데에프ZDF의 12·3 내란 다큐멘터리를 '부정선거 음모론' 등 극우 주장으로 채우도록 극우가 영향을 미치고 국가인권위원장을 맡고 있는 안창호가 극우를 대변하는 입장을 국제인권기구에 서한으로 발송하거나 국제인권위원회에 참석해 한국의 헌법재판소에 문제가 있다는 식의 비난을 일삼는 것은 한국의 정치 인권 상황에 대한 국제 감시를 마비시키는 효과를 가져온다. 국제 채널의 극우 파시즘화가 시작된 것이다.

이러한 경향이 방치된다면 어떤 결과가 나타날 것인가? 입법과 사법을 들러리로 세운 행정 권력이 아래의 시민 폭력을 연료 삼아 헌법·법률의 틀을 파괴하면서 자기 권력을 독재적으로 추구할 때 민주주의 장치들은 껍데기만 남고 그 기능은 사라질 것이다. 극우 시민 집단이 정치적 표현을 독점하고, 폭력과 공포로 온라인 오프라인 광장을 점령할 것이고 이와 다른 의견을 제시하는 시위와 발언은 위축될 것이다. 이미 국민의힘이 그러한 미래를 보여주듯 정당은 국민에 책임을 지지 않는 무책임의 기관으로 전락할 것이고 극우 폭력의 정치적 정당성을 방조하거나 변호하는 기구로 추락할 것이다.

이것은 87년 항쟁으로 쟁취한 최소한의 민주 헌정 질서를 파괴하고 폭력적 시민과 온라인 가짜언론, 그리고 독재적 행정 권력이 유착하는 한국형 탈근대적 파시즘으로의 체제 전환을 구조화할 것이다. 정치권력은 대의제도와 법을 무력화시켜 국민주권을 해체시킬 것이며 사법과 의회는 폭력에 대한 방조자, 변호인으로 반민주주의의 공범이 될 것이고 시민사회는 분열되어 혐오로 가득 찬 연옥으로 바뀔 것이다. 비판적 민주적 집단지성은 질식될 것이다.

그러나 아직 늦지 않았다. 그것은 수익 위기에 처해 반공, 반동성애 정치화를 통해 위기를 타개하려 하는 개신교, 신자유주의로 인해 위기에 처한 20~30대 남성, 양극화 속에서 추락하는 자영업자 등의 위기의식과 불만을 숙주로 퍼져가고 있는 중이다. 하지만 그것은 아직 우리 사회에 착근하지 못했다. 게다가 그것을 추동하는 것은 주가조작, 뇌물, 공직선거법 위반 등 온갖 비리와 범죄로 덩어리진 범죄 동일체 김건희-윤석열 정권이다. 서구 파시즘의 발아기와 달리 그것은 어떤 순수성도 갖지 못하고 있으며 이념적 약체 상태에서 조급하게 움직이고 있다. 실행 방법에서 그것은 다중의 지지를 받지 못하고 있으며 움직이면 움직일수록 거부감을 키우는 역설의 상태에서 행동하고 있다.

파시즘이 초기 단계의 득세를 하고 있지만 득세하자마자 사회에서 괴리될 조짐을 보이는 이 이중적 상황에서 헌법과 법률, 의회와 행정을 살려낼 힘은 지금 거리와 광장에 모이고 있는 시민들의 어깨 위에 전적으로 주어지고 있다. 파시즘의 숙주가 되고 있는 시민사회의 위기의식과 불만을 해결할 사회대개혁과 민주주의의 혁명적 재구축은 파시즘의 토양을 제거할 수 있다. 발아하여 초기단계에 들어선 파시즘이 성장하여 사회를 장악한 사례는 극히 적다. 그것의 토양을 제거하고 반파시즘적 체제 전환에 성공한 곳에서는 파시즘이 시작되었다가도 자리 잡지 못하고 이내 소멸했다.

파시즘을 물리치기 위한 투쟁의 현시기 결절점은 극우 파시즘의 응축점으로 기능하는 윤석열의 파면이다. 이를 위해 비상행동이 오늘(3월 22일)의 시민 총궐기에서 시작하여 3월 27일의 전국 시민 총파업을 제안한 것은 파면 촉구라는 절박하고 절실한 시민적 요구를 반영하여 실행할 시의적절한 제안이라고 생각하여 지지한다.

'미친개'와 '죽은 개'에 대한 일요 명상
2025년 3월 23일 일요일 오후 1시 23분

오늘은 집회가 없는 날이다. 3월 7일 지귀연이 윤석열을 구속취소한 날 저녁부터 어제(3월 22일)까지 연속 16일 계속된 집회와 시위에 개근했다. 덕분에 지난 한 주간 하루 평균 걸음 수가 15,896으로 나타나는 상을 받았다. 3월 15일 가두 시위 때 중간쯤에서 행진했더니 돌아올 때는 조계사 앞에서 방송 차가 멈춰 서고 경찰들에 밀려 본집회장으로 돌아오지 못했던 경험을 살려 어제 주말 집회에서는 2호 방송 차를 따라 안국동로터리-종각-탑골공원-단성사 네거리에서 유턴하여 종각에 왔고 이때 광화문네거리에서 다시 유턴하여 돌아오는 1호 방송 차

뒤로 갈아타 안국동로터리를 거쳐 8시 조금 넘어 광화문 본집회장에 도착했다.

방송 차에서 선창자가 "이제 지치십니까?"라고 묻자 시위 대중은 "아니요"라고 답했다. 그러자 선창자가 "우리는 지칠 수가 없습니다!"라며, 질문할 때보다 한 옥타브는 높여 외친 것 같은데, 나의 마음과 달리 배고픔 때문에 몸은 이미 지쳐있었다.

어제의 집회 인원은 100만 시민 총궐기 대회였던 3월 15일 집회 인원보다 더 많았다. 200만 시민 총궐기라는 이름에 값하는 집회였다. 전국 집회였음을 감안하면 비상계엄 후 최대 인파가 윤석열, 검찰, 헌법재판소를 규탄하고 파면을 촉구하기 위해 결집한 날로 기록될 것으로 보인다.

수적으로만 보더라도 태평로에 모인 태극기집회를 압도하고도 남았다. 정부종합청사 앞에 집결하여 춤을 추다가 열을 지어 행진하는 무수한 깃발들의 휘날림이 연출하는 장관은 어떤 사법적 정치적 불의도 물리칠 수 있을 것 같은 자신감을 불러일으키기에 충분했다.

헌재가 선고일을 지연하는 것에 대한 분노의 감정만큼 집회의 열기도 뜨거웠다. 어떤 부부는 작은 반려견을 유모차에 태우고 행진하고 있었는데 유모차의 덮개에는 마치 반려견이 피켓을 이고 있기라도 한 듯이 "윤석열을 즉각 파면하라" 피켓이 붙어 있었다. 직접 참가하지 않은 연도의 시민들의 반응도 우호적이었다. 손을 들어 흔들거나 박수를 치며 기뻐했고 행진 풍경을 담기 위해 스마트폰들을 바쁘게 움직였다. 외국 관광객들도 신기한 눈으로 행진 대오를 지켜봤다.

이 엄청난 다중의 마음속에서 파면되어야 할 존재로 상기되는 윤석열은 누구인가?

이 물음은 '그가 다시 살아 돌아온다면?'이라는 질문으로 자주 제기된다. 그는, 직무 복귀하자마자 다시 비상대권으로 비상계엄을 때릴 사람, 포고령으로 국민들의 입을 막고 발을 묶으며 처단할 사람, 차범근이든 누구든 자신의 마음에 들지 않고 저항하는 사람이라면 발포하고 순응하더라도 케이블타이로 묶어 지하 벙커에 감금하고 재단기로 손가락을 자르고 배에 싣고 가다 수장하거나 영현백에 담아 화장시킬 사람이다. 그는 이 세상을 '무법천지'(이재명)로 만들 사람이다. 그가 직무 정지 상태인데도 검찰이 법원과 합작으로 법을 무력화하고, 대통령 권한대행들이 헌법적 의무를 휴지 조각처럼 내던지며 시민들이 폭도화하여 법원을 파괴하기 시작한 것은 전적으로 그가 앞장서 시작한 무법 행동을 계속하고 있는 것이다.

이런 의미에서 촛불-응원봉 시민들의 눈에 그는 공동체에서 격리되어야 할 구로사와 아키라적 의미의 '미친개'Mad Dog로 인식된다. 집회와 시위장에 뿌려지는 인쇄된 피켓에는 없는 글자지만 개인이 만들어 온 수제 피켓에서 윤석열 다음에 붉은 글씨의 '사형'이라는 글자가 자주 따라붙는 이유다.

그러면 태극기집회, 세이브코리아 집회를 주도하는 사람들에게 윤석열은 누구인가? 내가 여기서 "주도하는"이라고 쓰는 이유는 이 집회가 "주도자"와 "신민-대중"으로 구분되기 때문이다. 집회에 순수한 복종의 열정으로 참가하는 신민-대중들은 세대를 불문하고 윤석열을 '반국가세력' 척결을 위해 위험을 무릅쓴 구국의 영웅으로 인식하는 것으로 느껴지기 때문이다.

하지만 주도층은 이와 다르다. 이 신민-대중을 이끄는 주도자들(주로 유튜버와 교회 목사)은 한편에서는 온라인 오프라인 집회를 통해 경제적 수익을 챙기고 다른 한편에서는 자신들에게 정치적으로 이로운 상황을 만들어 내기 위한 계산에 분주하다. 윤석열이라는 이름과 인물은 경제적 돈벌이를 위한 상품이며 정치적 권력에 접근하기 위한 미끼다. 윤석열의 복귀는, 일론 머스크에게 트럼프의 복귀가 그랬던 것처럼, 이들에게 정치적 영향력을 획득하는 계기로 작용할 수 있다.

설령 윤석열이 복귀하지 못하더라도 "복귀 = 탄핵 각하" 주장은 국민의힘에 대한 자신들의 영향력을 높이는 수단으로 작용할 수 있다. 이 주장이 대중을 신민화하여 거리로 불러들임으로써 국민의힘에 대한 가시적인 유효표로 계산될 수 있게 할 것이기 때문이다. 따라서 이들에게 윤석열이라는 이름은 다용도의 가치를 갖는 일종의 신종 '먹거리'다.

그러면 헌재 앞에서 탄핵 각하 릴레이 시위를 하는 국민의힘에게 윤석열은 누구인가? 지금 이들은 태극기집회에 이끌려가고 있지만, 선거를 없애는 헌정 질서를 새로 구축하지 않는 한, 태극기집회 지지층만으로 선거에서 승리할 수 없다는 것을 알고 있다. 그래서 국민의힘은 한편에서는 극우 행동대를 변호하는 역할을 하면서 다른 한편에서는 이들과의 일체화를 피하려 하는 이중적 태도, 갈팡질팡의 태도를 취한다.

이들이 보기에 윤석열의 복귀는 위험한 내기다. 윤석열의 복귀가 일시적으로는 유지될 수 있을지 모르나 장기적으로는 자신들의 정치적 입지를 뒤흔들 수 있을 것으로 계산되기 때문이다. 이 때문에 국민의힘은 복귀 찬성파, 복귀 중립파, 복귀 반대파로 내적으로는 분화되어 있다.

최근에 주목할 점은 복귀 찬성파를 이끄는 권성동이 헌재 판결에 승복할 뜻을 표현했다는 점이다. 전광훈 일파가 탄핵 인용하면 내전이 일어날 것이라고 주장하는 것과는 사뭇 다른 태도다.

왜 이런 태도가 나오는 것일까? 3월 7일 법원의 구속취소와 3월 8일 검찰의 석방 조치 이후 복귀찬성파가 기대한 것은 탄핵 반대 여론과 국민의힘 지지율의 상승이었을 것이다. 하지만 3월 21일 전후 여론조사가 보여주는 현실은 그 반대였다. 탄핵 찬반 비율은 거의 부동인 가운데 국민의힘에 대한 정당 지지율과 조기 대선 시 국민의힘 후보에 대한 지지율은 더 하락했고 정권 교체에 동의하는 비율은 더 상승한 것으로 나타났다. 윤석열의 석방이 '탈옥'으로 인식되고 '중도층'이라 불리는 집단의 위기의식을 더 고조시킨다는 것이 입증된 것이다.

그러면 복귀 찬성파였던 권성동의 승복론은 무엇을 의미하는가? 그것은 윤석열이 대의민주주의 경로에서는 더 이상의 실익을 가져다줄 수 없는 정치적으로 '죽은 개'Dead Dog(헤겔)로 간주되기 시작했음을 의미하는 것이 아닐까? '윤석열 = 죽은 개'라는 인식은 국민의힘 내부의 복귀 반대파의 정치적 인식이다. 윤석열 복귀 반대파가 갖고 있는 이 인식이 국민의힘 전체에 전이되도록 만든 것은 역설적이게도 다름 아닌 그의 '석방 사건'이었다. 그 사건을 '탈옥 사건'으로 명확히 정체 규명하고 그를 정치적으로 '죽은 개'로 만들기 시작한 것은 3월 7일 이후 충격과 공포 속에서 매일 집회와 집중 집회를 이어온 시민들이었다.

헌법재판소는 어떤 판결을 내놓을 것인가? 중립과 합리성의 형식을 취할 것인가? 아니면 계급 지배 도구로서의 성격을 드러낼 것인가? 지금까지 헌재는 합리성의 형식을 따라왔다. 공개 변론, 증인 채택, 평의 등이 그것이다. 하지만 이와 동시에 그것은 계급 지배의 도구로서의 성격도 드러냈다. 명확히 헌정 질서를 교란시킨 내란수괴에 대한 파면을 지리하게 연기하고 있는 것이다. 헌법적 단호함을 보이지 못하고 정치적 좌고우면에 의해 판결이 좌우되고 있다는 것을 모든 사람 앞에 노출하고 말았다.

헌재가 인용할 가능성은 여전히 높다. 대통령 윤석열에 대한 파면은 기존 권력 질서 내 일부 균열, 혹은 지배동맹의 재조정을 가져올 것이므로 헌재는 새로운 지배 질서 구축의 조정장치로 자신을 자리매김할 것이다. 이것은 새로운 질서의 도래를 알리는 신호가 될 것이다. 이 상황에서 시민사회가 사회대개혁을 통한 7공화국 건설을 힘 있게 밀어붙이고 직접민주주의를 강화한 새로운 헌정 질서를 구축한다면 좀 더 분명한 민주정을 건설할 수 있을 것이다.

법의 표층 논리가 여전히 작용하고 있지만 심층 논리가 전례 없이 강하게 표출되고 있는 '현직 대통령 탄핵' 상황에서 우리는 법이 무엇일 수 있는가를 실험할 새로운 전기를 맞고 있다. 우리는 법을 무엇으로 정립할 것인가? 계급 지배의 도구로 법이 전화하는 현실에서 법을 다중의 공통장으로 만들 방법은 무엇인가?

지금 이 시간, 헌재가 헌법 수호 의무를 저버리고 정치적 계산에 골몰하고 있지 않기를 바란다. 그것은 수습할 수 없는 헌법적 혼란을 헌법재판소가 자초하는 길일 것이다. 압도적 다수 국민이 헌법 수호 결의에 따라 원하는 바의 신속한 파면만이 이미 혼란의 길에 들어선 헌법적 질서를 뒤늦게나마 바로잡을 수 있는 단 하나뿐인 길이다.

한덕수 탄핵 청구 기각이 시사하는 것
2025년 3월 25일 화요일 오후 12시 9분

3월 24일 헌법재판소는 대통령 권한대행 한덕수에 대한 국회의 탄핵 청구를 기각했다. 300명 중 192명의 국회의원이 가결시킨 탄핵 청구였다. 감사원장 최재해, 서울중앙지검장 이창수, 중앙지검 4차장 조상원, 중앙지검 반부패수사2부장 최재훈, 방송통신위원장 이진숙 등에 대한 탄핵이 기각된 다음에 다시 선고된 기각이다. 기각의 핵심 요지는 헌법과 법률 위반이 있었지만 그 '중대성이 파면할 만큼 크지 않다'는 것이다.

한덕수에 대한 탄핵소추의 사유가 무엇이었던가? 다섯 가지였다.

①윤석열의 비상계엄 선포에 관여하거나, 관여하지 않았더라도 최소한 묵인 내지 방조한 점[내란 방조] ②국무회의에서 '김건희 특검법'과 '채상병 특검법'을 상대로 총 6차례 재의요구권(거부권)을 의결해 윤석열이 거부권을 행사하도록 한 일[입법권 무력화] ③2024년 12월 14일 윤석열 탄핵소추안이 국회에서 가결돼 직무가 정지되기 전인 12월 8일 당시 한동훈 국민의힘 대표와 공동으로 국정을 운영하겠다는 담화문을 발표한 일[국민주권 침해, 내란 지속] ④국회가 2024년 12월 10일 특별

검사(특검)가 '12·3 내란 사태'를 수사하도록 본회의에서 의결했기 때문에 특별검사의 임명 등에 관한 법률(일명 상설특검법)에 따라 국회에 특검 후보자 추천 의뢰를 지체 없이 해야 하는데 하지 않은 일[내란 수사 방해, 입법권 무력화] ⑤국회가 선출한 헌법재판관 후보자 3명을 임명하지 않은 일 등이다.[내란수괴에 대한 탄핵권 방해]7

이처럼 한덕수 탄핵소추의 사유 다섯 가지는, 국회의 입법권과 탄핵권을 무력화했다는 데에 집중되어 있다. 그것은 윤석열과 김건희의 위헌·위법한 행동(특히 내란)을 중지시키고 단죄하라는 국민의 명령을 실행하기 위해 국회에 위임한 권한이다. 이 다섯 가지 중 재판관 다수의견(문형배, 이미선, 김형두, 정정미)이 위헌·위법 행위로 인정한 것은 ⑤뿐이었다. 재판관 김복형은 심지어 ⑤조차도 헌법과 법률을 위반한 것으로 보지 않았다.

헌법재판소의 이러한 결정은 내란을 종식시키고 헌법을 수호하고자 하는 국민다중의 열망과 배치되는 것이다. 내란이 실행된 12월 3일 이후 24일이 지난 12월 27일(탄핵소추 가결일) 당시, 내란을 진압하는 것을 방해함으로써 헌정 실현을 가로막고 있던 한덕수에 대한 탄핵 청구를 기각했기 때문이다. 이것으로 사실상 헌법재판소가 은밀하게 내란을 지속하고 있는 것이 아닌가 하는 의심을 떨치기 어렵게 되었다. 탄핵소추안 기각을 통해 국민의 명령을 대의하는 국회 권능을 무력화하는 것이 사실상 내란이 지속되도록 돕는 결과를 가져오기 때문이다. 이것은 한덕수에 대한 탄핵소추 기각을 "비상계엄은 정당했다"며 내란을 정당화하는 윤석열 지지자들의 반응을 통해 반증되는 바이다.

우리는 2024년 12월 3일 대통령 윤석열이 비상계엄 선포와 포고령

---

7. 오세진, 「홀로 '한덕수 파면' 의견 낸 정계선…"윤석열 탄핵 지연·방해"」, 『한겨레21』, 2025년 3월 24일 수정, 2025년 6월 23일 접속, https://h21.hani.co.kr/arti/society/society_general/57053.html, [ ] 안은 필자.

발령, 그리고 군의 동원을 통해 일차적으로 무력화하려고 한 것이 국회였음을 알고 있다. 계엄군의 선관위 난입도 "부정선거"론에 따라 국회를 가짜로 만들어 해산하기 위한 조치 외의 다른 것일 수 없다. 행정 권력의 수반인 대통령이 국민 신임을 저버리고 헌정파괴 내란과 국민으로부터의 주권 찬탈을 기도하는 현실에서 제도 내에서 국민주권의 가장 큰 방어벽이 국회였기 때문이다. 12·3 내란은 정확히 국회 무력화를 겨냥했다. 계엄군에 맞선 시민 저항으로 다행히 국회는 살아남았고 그 권능으로 윤석열에 대한 탄핵소추안을 가결시킬 수 있었다.

하지만 윤석열의 권한을 대행하기 시작한 한덕수, 최상목은 국회의 입법권을 철저히 거부해 왔다. 헌법재판소의 판결을 무시하면서 국회의 추천권도 무력화해 왔다. 검찰권력은 총장 심우정의 주도하에서 내란의 종식을 가로막고 오히려 내란을 지속시켜 왔다. 그 결과가 3월 8일 윤석열의 탈옥이다.

여기에 더해진 것이 법원에 의한 윤석열 구속취소, 김성훈과 이광우 구속영장 기각, 그리고 헌법재판소의 일련의 탄핵소추안 기각 행진이며 한덕수 탄핵 기각은 그 연장선상에 있다. 사법의 급속한 정치화와 행정 권력에의 예속은 지금까지 지속된 연성 내란의 효과 이외의 다른 것으로 이해하기 어렵다.

지배의 안정기에 법은 공정성을 가장하고 나타난다. 이 시기에는 공정성이 지배를 공고히 하는 수단이 되기 때문이다. 하지만 지배가 불안정해질 때 법은 편파성을 드러내기 시작한다. "검찰 공화국"이라는 말이 표현하고 있는 검찰의 정치화는 검찰의 강화된 권력의 표현이지만 다른 한편에서는 지배의 불안정이 심화되었음을 보여주는 지표이기도 하다. 이런 의미에서 2016년 촛불혁명의 대두와 검찰의 정치권력화는 동전의 양면이다. 윤석열의 내란은 지배의 내연하던 불안정성이 위로부터 폭발한 것이었다. 그것이 추구한 것은 행정 권력 독재였다.

이미 언급했듯이 검찰이 행정 권력의 시녀로 전락한 지는 이미 오래되었다. 기소권과 수사권의 노골적인 편파 행사가 그것이었다. 윤석열의 직무 정지 이후에도 검찰은 윤석열을 비호하면서 내란을 수호하고 지속하는 기관으로 기능하고 있다. 윤석열 구속취소에 대한 즉시항고 포기, 그리고 세 차례에 걸쳐 경찰이 신청한 김성훈·이광우 구속영장을 반려하고 영장심의위원회의 권고에 밀려 마지못해 신청한 구속영장에 대한 실질 심사에 불참함으로써 결국 기각하게 만드는 것 등이 그 예다.

앞에서 살펴본 헌법재판소의 동태는 헌법재판소도 독립성을 잃고 행정 권력의 보조 장치로 추락해 가고 있음을 보여준다. 탄핵에 대한 줄 기각을 통한 국회 탄핵권의 무력화는 그것의 현상 형태다. 김복형의 의견에 나타났듯이 그것은 헌법재판소가 행정 권력에 의한 헌법재판소의 권한 침해(마은혁 재판관 임명 거부)를, 묵인하는 것을 넘어 적극적으로 인정하는 것으로까지 나아가고 있다. 이것은 여성가족부가 여성가족부의 해체를 추진하고 국가인권위가 국민 인권보다 내란수괴 인권을 더 중시함으로써 국가인권위의 존재 이유를 스스로 부정하는 것과 동일한 현상이다.

연성 내란을 통한 국회 권능의 무력화와 행정 권력 독재가 심화되는 현실에서 헌법재판소가 윤석열에 대한 탄핵소추에 어떤 결정을 내릴 것인가를 예상하는 데 시간과 에너지를 사용하는 것이 의미있는가? 확실해진 것은 어떤 결론을 내놓든 헌법재판소가 내란을 종식시키고 헌법을 수호할 자기 의지나 능력을 갖고 있지 않다는 것이다. 헌법재판소는 민주주의를 지킬 최후의 보루가 결코 아니다.

헌법재판소가 내릴 판결은 지극히 단순하다. 둘뿐이기 때문이다. 윤석열을 대통령에서 파면하든가 복귀시키든가이다. 그 외에 생각할 수 있는 것은 기약 없는 지연의 경우다. 지금 필요한 것은 이 중 어느 쪽일 것인가를 생각하는 데 시간과 노력을 바치는 것이 아니라 각 경우의 수에 대해 구체적으로 대비하는 것이다. 내란수괴에 대한 파면을 힘을 모아 실천적으로 명령하되 어떤 현실이 닥쳐오든 헌법을 수호하고 전진시키는 주권자로서 실천적 준비를 하는 것이 더 중요하다.

언론은 전문가를 데려와 '헌법재판소가 윤석열 탄핵 청구에 어떤 결정을 내릴 것인가?'를 묻는다. 우리는 이 질문 앞에서 파면 판결을 기대하고 또 예상한다. 심지어 한덕수 탄핵 기각마저 파면을 위한 빌드업 build up으로 생각하고 싶어 한다. 이것은 파면에 대한 간절한 소망이 표현되는 방식일 것이다.

그런데 그 소망의 표현 방식은 민주주의의 주체인 우리들 자신을 중심에 놓지 않고 헌법재판소를 중심에 놓는 표현 방식이다. 사고의 중심을 우리 자신에게로 가져와야 한다. 헌법을 수호하고 전진시킬 궁극적 주체는 제헌활력인 우리 자신이며 우리의 생각, 우리의 느낌, 우리의 필요, 우리의 행동이 바로 헌법 수호의 최후 보루이자 실질적 헌법이기 때문이다.

질문을 바꾸자. 윤석열에 대한 파면이 선고된다면 우리는 무엇을 할 것인가? 윤석열의 복귀가 선고된다면 우리는 무엇을 할 것인가? 선고가 3월을 넘어까지 지연된다면 우리는 무엇을 할 것인가? 모두 주권자로서의 우리의 판단과 결단을 요구하는 물음이다. 오늘부터 주말까지, 특히 전국 시민 총파업(3월 27일)과 3월 29일의 주말 집중 대회가 중요한 것은 이 때문이다. 이 시기에 모든 가능한 사태에 대한(특히 기각이나 각하 사태에 대한) 주권자 국민들의 결단이 형태를 갖추어야 하고 무엇을 할 것인가에 대한 윤곽이 드러나야 한다. 이를 위해 야당들과 비상행동, 촛불행동, 그리고 시민들 개개인은 지금 무엇을 할 것인가?

'민주주의의 마지막 방어선'이라는 문제
2025년 3월 26일 수요일 오후 1시 17분

하버마스는 법을 합리적 의사소통이 작동하는 일종의 공론장으로 파악했다. 반면 맑스는 법을 계급 지배의 도구로 파악했다. 나는 하버마스의 견해를 법의 표층 논리로, 맑스의 견해를 법의 심층 논리로 이해하고 싶다. 법의 이 두 가지 성격은 역사적 상황에 따라 다르게 나타난다.

계급 갈등이 표면화되지 않은 계급 지배의 안정기에 하버마스적인 법 논리가 비교적 순조롭게 작동한다. 이 안정기에 법은 중립적 절차, 합리적 해석, 공론장의 결정에 따른 정당성을 따르는 것처럼 작동한다. 검찰은 기소 여부를 법률 기준에 따라 결정하고 법원은 상당한 독립성을 갖고 증거 중심으로 판단한다. 그리고 시민은 이 판단을 상당한 이유가 없는 한 수용한다. 이것은 법이 하버마스가 말한 합리적 의사소통의 장치로, 즉 시민들의 생각을 반영하고 중재하면서 제도화하는 장치로 기능하는 상황이다.

하지만 사회적 갈등이 표면화되고 표층의 공정성 논리에 따른 지배가 위기에 처하게 되면, 다시 말해 계급 지배의 정상성이 위기에 처하게 되면 법의 심층 논리, 즉 계급 지배의 도구로서의 법 논리와 법 현상이 서서히 전면에 등장하게 된다.[8] 법관들의 태도는 지배계급의 편으로 기울어지며 법 해석의 자의성이 커지고 법 적용이 편파적으로 된다.

이것은 지배계급의 위기의식이 표출되는 과정이자 방식이다. 검찰은 김건희의 주가조작이나 디올 백 수수에 대해서처럼 수사해야 할 것을 덮고 수사를 회피한다. 혹은 명태균 사건에서처럼 수사를 시작하고도 수사나 기소를 한없이 늦춘다. 반대로 이재명, 조국, 고발 사주 사건에서처럼 혐의가 보이면 득달같이 달려들어 수사하거나, 없는 혐의도 만들어 수사를 시작하고 합리성이 없는데도 기소한다. 지금까지 검찰은 이러한 편파성을 노출시키는 데 거리낌이 없었다.

---

8. 여기서 나는 '계급'을 맑스보다는 광의로, 또 다의적으로 사용하겠다. 계급 관계 그 자체가 전통적 자본-노동 관계보다 더 광의적으로 해석될 수 있을 뿐만 아니라 젠더관계와 인종관계도 다른 형태의 계급관계로 이해될 수 있다는 의미에서다.

한편에서 이것은 검찰권력의 강화를 보여준다. 하지만 다른 한편에서 그것은 다중의 집단지성의 부상과 촛불혁명으로 인한 지배 위기 속에서 지배계급의 초조감과 자신감 상실을 나타낸다. 다시 말해 혁명에 의해 수동화된 지배계급의 반혁명적 법 태도를 표현한다.

이런 상황에서는 법적 정의를 대표하는 것으로 알려진 법원도 이러한 법 태도에서 자유롭지 않게 된다. 법원이 법적 형식 논리를 들이밀며 국회가 제기한 정당한 탄핵 사유를 부인하여 기각하거나 절차상 문제로 각하하는 경우가 늘어난다. 윤석열에 대한 법원의 구속취소 결정은 (검찰의 즉시항고 포기와 더불어) 국민의 법 감정을 무시하면서 법이 계급 지배의 도구로 편파적으로 사용됨을 보여준 뚜렷한 실례다.

가까운 과거에 우리가 무수히 목격했고 3월 25일 한덕수 탄핵소추에 대한 기각에서 재확인한 것은 이미 법이 계급적 이익을 방어하는 적극적 기제로 작동하고 있다는 사실이다. 특히 재판관 김복형의 기각 의견은 이 기제가 작동하고 있는 현실을 가감 없이 보여준다.

잊지 말아야 할 것은, 법이 노골적으로 계급 지배의 질서를 지키기 위해 전면에 나설수록 계급 지배의 도구로서의 그 쓰임새는 반감된다는 것이다. 법이 보편성과 공정성을 잃고 합리적 의사소통 장치로서의 설득력을 상실하며 더 이상 시민이 수용할 수 있는 공론장으로 간주되기 어렵게 되기 때문이다. 즉 법과 법기관에 대한 불신이 높아지기 때문이다. 점점 높아지고 있는 검찰 개혁 목소리는 그것을 반증하며 탄핵 국면에서 이제 그 대상은 법원, 헌법재판소로 확대되고 있다.

지금까지 '성공한' 신자유주의 국가로 치부되어 온 대한민국에서 대통령 윤석열이 직무 정지되어 파면 위기에 몰려 있다는 것은 한국 지배계급의 위기일 뿐만 아니라 세계의 지배계급에게도 위기이다. 세계가 윤석열 탄핵 문제에 시선을 집중하는 것은 이 때문이다. 이것이 향후 세계질서의 향방에 중대한 영향을 미칠 수 있기 때문이다. 윤석열에 대한 탄핵 선고 결과가 단지 한국에서의 정치 지형의 변화에만 그치지 않고 전 세계적 계급권력 질서의 미래를 바꾸는 전환점이 될 수 있음을 느끼기 때문이다.

지배계급의 이 위기의식의 강도와 전 지구적 범위 때문에 헌법재판소에 주권자 국민의 헌법적 대의기관을 넘어서는 어떤 역할이 부과되고 있을 가능성을 배제할 수 없다. 이런 고려의 한 측면에서 민주당 대표 이재명의 일련의 행보는 삼성을 비롯한 이 국내외의 초국적 자본의 힘이 탄핵 선고에 미칠 영향을 제어하기 위한 것으로 해석될 수도 있을 것이다.

현 시기에 초국적 자본의 영향력은 국민주권을 약화시키는 방향으로 작용한다. 국민주권에 기초한 대의주의를 침식하기 때문이다. 탈근대 유형의 파시즘이 신자유주의 세계 곳곳에서 확산되고 있는 오늘의 현실에서 그것은 한국의 발아하는 극우 파시즘을 뒷받침하는 힘으로 작용할 가능성이 높다. 이것은 한국의 극우 파시즘이 성조기나 이스라엘기를 든 외세 의존적이고 사대주의적인 태도를 취하고 있는 것과 무관하지 않다. 기복신앙과 번영신학을 결합한 전광훈의 세속주의적 근본주의 기독교는 극우 파시즘과 초국적 자본이 융합할 수 있는 비옥한 토양이다. '돈'이 그들의 국제 공용어이고 하느님이기 때문이다.

윤석열의 헌정 질서 파괴를 계기로 아래로부터 87체제의 한계와 문제에 대한 광범위한 의문이 제기되고 있는 지금 초국적 극우에 의한 헌법 파괴에 대항하는 힘은 어디서 나올 것인가? 그것이 헌법재판소에서 나올 수 없다는 것은 점점 분명해지고 있다. 입법권과 탄핵권이 점점 무력해지고 있는 국회도 이 측면에서는 취약하다. "우리가 민주주의의 마지막 방어선이다"라고 쓴 어느 시민의 깃발이 말해 주듯이 헌법 수호는 지금 아래로부터 국민다중의 과제로 주어지고 있다. 지금 시기 지배 질서의 초국적화와 초국적 재구축 움직임은 다중의 연대가 세계적 지평으로 열릴 필요성을 재촉한다. 국민의 힘만으로 초국적 지배계급의 움직임과 맞서 싸우는 데에 한계가 있기 때문이다.

다행인 것은 극우 파시즘의 초국적 결속이 한국에서 아직 불안정한 상태에 있다는 것이다. 윤석열은 비상계엄을 통해 기존의 최소 민주적 헌정 질서를 뒤엎고 독재적 헌정 질서를 수립하고자 했지만 초국적 극우 파시즘 질서 속에 그것을 삽입하는 데에는 실패했다. 그의 비상계엄은 국제 지배계급의 동의를 얻지 못했을 뿐만 아니라 심지어 국내 지배계급의 동의조차 충분히 얻지 못한 것이었다. 꽤 긴 시간에 걸친 준비에도 불구하고 자신의 목을 죄어오는 특검과 탄핵 공세에 대한 방어책이라는 실리적 차원에서 비상계엄을 사용한 것이 일차적 원인이었을 것으로 추정된다. 미국의 동의 없는 군사 동원, 국무회의에서의 반발, 국정원 1차장 홍장원의 지시 거부, 특전사령관 곽종근의 2차 계엄을 위한 군 동원 거부 등등은 그 징후들이었다.

계급 질서의 재구축과 재구성을 위한 시도는 비상계엄을 통한 내란이 실패한 후 오히려 계급 이익을 방어하고자 하는 자생적 지배계급 연합의 연성 내란 속에서 추구되고 모색되고 있다. 지금 그 기획은 '윤석열 없는 정권 재창출인가', '윤석열 복귀를 통한 정권 재창출인가' 사이에서 요동치고 있는 것으로 보인다.

전자는 '죽은 개'론으로서 탄핵소추안 가결 이후 상당기간 동안 지배적이었다. 후자는 3월 8일 윤석열 탈옥 이후 지배적 담론의 균열을 일으키면서 빠르게 득세하고 있는 중이다. 그것은 이른바 '미친개'의 폭주를 정당화하는 길이다.

탄핵 국면 초기에는 윤석열 탄핵 반대 슬로건이 법치주의 내부에서는 실현 불가능한 것으로 여겨져 지지층의 확보와 확대를 위한 정치적 수사로 사용되었다. 그런데 지금은 그것이 법치주의 내부에서 가능한 현실적 슬로건으로, 즉 탄핵 기각 혹은 탄핵 각하 주장으로 변용되고 있는 점에 주목할 필요가 있다.

국민다중들의 마음속에 일고 있는 불안감은 이 정세 변화의 정동적 투영이고 사실주의적 심리다. 불안함은 현재의 행위 양식과는 다른 행위 양식의 선택을 요구하는 상황적 조건에서 기인한다. 그것은 상황에 대응하려고 하지만 아직은 길을 찾지 못한 준실천적 정동이다.

이 정동에 대한 억압은 심리적 고통과 무력감을 가져온다. 심리적 고통은 외부적 원인에 의해 영향을 받으면서도 그에 대응하여 자율적으로 행위할 수 없을 때 찾아오기 때문이다. 무력감도 동일하다. 외부 원인에 의해 나의 능동성이 지배당할 때 무력감을 느끼기 때문이다. 불안, 심리적 고통, 무력감에서 벗어나는 길은 원인에 대응하는 능동적이고 자율적인 행위능력을 회복하는 것이다. 타자에 의존하지 않는, 다시 말해 행정부나 검찰이나 법원은 물론이고 헌법재판소나 국회에도 의존하지 않는 다중적 자기 행위능력을 실현하는 것이다. 제헌활력을 행위의 출발점으로 재정립하는 것이다.

우리에게 유리한 조건이 있다. 그것은 내란세력(지배계급)이 아직 내적으로 분열되어 있다는 것이다. 김진, 조갑제, 정규재 등의 보수 논객은 윤석열 없는 정권 재창출의 방향에 확고하게 서 있다. 윤상현, 김민전을 비롯한 극우 세력은 윤석열 있는 정권 재창출을 꿈꾼다. 전자는 법치주의와 대의주의 속에서의 우파 자유주의 정권을, 후자는 예외주의 극우 파시즘 정권을 추구한다. 권성동과 권영세의 국민의힘은 이 사이에서 동요하고 있다. 지배 논리에 대한 합의가 아직 이루어지지 않은 것이다. 아니 그 합의가 쉽지 않은 상황이다.

헌법재판소의 선고 지체는 압도적 다수의 파면 논리에 대한 지배계급의 대안이 이처럼 아직 구성되지 않았다는 것과 무관하지 않다. 선고 지체의 시간은 그들이 대안 논리를 구축할 기회로서 이용되고 있다. 오늘(3월 26일) 2시로 예정된 민주당 대표 이재명에 대한 2심 선고는 (그 어느 쪽이건) 그들이 합의를 도출하기 위해 고려해야 할 중요한 변수 하나를 상수로 바꾸는 효과가 있을 것이다.

이런 관점에서 보면 3월 27일 시민 총파업은 '파면 촉구'를 위한 것으로서는 마지막 행동이어야 할 것으로 보인다. 이날까지 선고일이 결정되지 않는다면 윤석열 복귀, 즉 '윤석열 있는 정권 재창출'의 길로 가는 열차가 출발한다고 간주해야 할 것으로 보이기 때문이다.9

그런데 제헌활력인 국민다중은 헌법을 폭력으로 파괴하려 한 윤석열과 양립할 수 없다. 12월 3일 비상계엄과 포고령의 상황에서 수많은 시민들이 포고령에 저항하면서 국회의사당에 달려왔던 것은 이 때문이다. 만약 윤석열의 복귀가 사실로서 나타난다면 국민다중은 12월 3일 밤 10시 30분 비상계엄 선포의 상황에 다시 놓이게 된다. 그 자체가 헌정 질서의 파괴이기 때문이다.

이 양립불가능성은 진정시킬 수 있는 성격의 것이 아니다. 진정시키려 하면 할수록 고통과 무력감은 그만큼 커지고 화산 폭발의 가능성은 그만큼 높아질 것이기 때문이다. 그만큼 그 양립불가능성은 실제적이다. 12월 3일 포고령에 대한 시민적 거부와 저항은 이미 행동으로 그것을 보여주었다.

국민다중이 나아갈 방향은 이 양립불가능성을 고려한 위에서 선택되고 정립되어야 할 것이다. 집회는 지금까지와는 달라져야 한다. 더 이상 진정제로 기능해서는 안 된다. 헛된 희망을 불어넣어 적시 행동을 놓치게 하는 희망 고문의 장치로 기능해서는 안 된다. '윤석열 있는 정권 재창출' 열차를 전복시키기 위해서는 집회가, 한 사람 한 사람이 문제 상황을 구체적으로 인식하고 각자의 선택을 분명하게 다질 수 있는 숙려의 장으로, 그 한 사람 한 사람의 의지가 열광의 방식이 아니라 이성의 방식으로 모일 수 있는 공통화의 장으로 기능해야 한다.

이상은 우리가 지금의 이 불안의 시간을 이성적 희망docta spes의 시간으로 만들어 나갈 수 있는 길이 무엇일까에 대해 오늘 내가 갖게 되는 생각이다.

---

9. 헌법재판소는 이로부터 5일 뒤인 4월 1일에 탄핵 심판 선고기일을 4월 4일 오전 11시로 지정했다.

다중은
저항의 주체일 뿐 아니라
생산의 주체이며,
새로운 질서의 창조자다.

안토니오 네그리와 마이클 하트

트랙터

2025년 3월 27일 목요일 오전 11시 45분

2025년 3월 25일 오후 2시. 2024년 12월 22일 이후 약 3개월 만에 다시 한번 남태령역 출구로 나왔을 때 내가 처음 마주친 것은 차선 중앙로를 두 겹으로 가로막고 늘어선 경찰차였다. 경찰들이 진압복을 입고 인도에 도열해 있고 경찰 바리케이드가 사람의 진입을 통제하는 가운데 한두 명 정도가 겨우 통과할 수 있는 좁은 길만이 고개 쪽으로 열려 있었다. 그곳으로 사람들이 어깨를 맞부딪히며 오가고 있다. 집회가 원천 봉쇄된 것인가?

자세히 보니 좁은 길로 오가고 있는 수십 명의 사람들은 소형 태극기를 들고 있었고 위쪽의 한 여성이 내 쪽으로 내려오고 있는 사람들을 향해 "아직 내려가지 마세요!"라고 소리치고 있었다. 사람들을 비집고 통로의 끝까지 가보니 그곳에 극우 유튜버 안정권과 배인규가 경찰에 에워싸인 채 뭔가를 말하고 있었다.

그리고 그 수십 미터 너머에 여러 개의 깃발이 펄럭이는 모습이 보이고 트랙터 시위대의 마이크 소리가 들리고 사람들의 움직임이 눈 안으로 들어왔다. 하지만 더 이상 나아갈 수는 없었다. 올라왔던 길을 다시 되짚어 내려온 나는 버스로 가득 찬 우신CNG 충전소를 가로질러서 우신운수 뒤편으로 난 샛길로 빠져 올라갔다. 그곳에도 경찰차가 즐비하게 늘어서 있었고 경찰들이 앉거나 서서 담배를 피우며 지루한 표정으로 시간을 보내고 있었다. 그들 앞을 지나서야 전봉준투쟁단 200여 명과 시민 300여 명이 아스팔트에 앉아 발언과 노래로 경찰과 대치 중인 트랙터 가두 시위대에 합류할 수 있었다.

시위대 뒤 고갯마루 쪽으로는 수십 대의 트럭에 헤아려 보니 52대쯤의 트랙터가 큰 글씨로 '전봉준투쟁단'이라거나 '윤석열 즉각 파면'

이라고 씌인 플래카드를 두른 채 인도에 면한 차선에 몇백 미터의 길이로 도열해 있었다. 그리고 트랙터를 실은 마지막 트럭에서부터 과천 쪽 방향으로 다시 경찰차들이 차벽을 형성하고 있었다.

종합해 보면 인도에 경찰 기동대가 도열하고 나머지 3방으로 경찰 차벽이 트랙터와 시위대를 포위하고 있는 그림이었다. 그리고 사당 방향인 남태령역 쪽 부근에 극우 유튜버와 지지자 수십 명이 (경찰과 동일한 목적을 가진 일종의 민간 경찰대로서) 트랙터의 시내 진입을 막겠다며 차량 한 대를 세우고 소음으로 집회를 방해하거나 간간이 시위대 쪽으로 접근하여 고의적으로 소란을 일으키고 있는 상황이었다.

숙소로 돌아와 텔레비전을 보니 연합뉴스, YTN, MBN 등은 트랙터 시위대가 탄핵 반대 시위대와 대치하고 있다고 보도하고 있었는데 내가 현장에서 본 바에 따르면 의도적인 오보다. 트랙터 시위대는 탄핵 반대 시위대가 아니라 서울경찰청 직무대리 박현수가 보낸 경찰과 대치하고 있었고 몇 사람 되지 않는 극우 유튜버들의 소란에는 아무런 신경도 쓰지 않고 있었기 때문이다. 트랙터 시위대는 (극우 유튜버들이 아니라) 경찰에게 '차 빼라!'고 요구하며 노래와 발언으로 집회를 이어가고 있었을 뿐이다. 고의적으로 나온 이 오보들은 극우 유튜버들의 힘을 과장하면서 시민들 간의 갈등이 초점인 것처럼 오도하고 경찰의 부당한 국가권력 행사를 숨겨준다.

트랙터의 시내 진입 저지라는 목적에서만이 아니라 실행에서도 극우 유튜버들과 연합한 경찰 저지선[10]을 뚫고 3월 26일 새벽 트랙터 한 대가 광화문 파면 촉구 텐트촌(부근의 새마을금고 광화문점 앞)에 도착하는 데 성공했다. 경찰은 항의하는 비상행동 활동가를 연행하면서

---

10. 어떤 경찰 간부가 유튜버 안정권과 나눈 대화 녹취 동영상에는 유튜버들이 트랙터가 야간을 틈타 시내에 진입하지 못하도록 막는 대가로 6천만 원을 요구하는 것으로 보이는 수상한 장면이 포함되어 있다.(정현숙,「경찰이 남태령서 안정권과 작전회의? … 수상한 흑정 포착」,『서울의소리』, 2025년 3월 26일 수정, 2025년 6월 23일 접속, https://www.amn.kr/52700).

까지 트랙터를 강제 이동하려 했지만 농민과 시민 400여 명의 저지로 실패했다. 하지만 경찰은 트랙터를 포위하고 이동하지 못하게 가로막고 섰고 그 트랙터 한 켠에 "압수수색 대상물"이라는 딱지를 붙였다.

어제(3월 26일) 파면 촉구 저녁 집회가 광화문 정문 앞의 텐트촌이 아니라 트랙터를 둘러싼 투쟁이 벌어지고 있던 새마을금고 광화문점 앞에 단상을 설치하고 진행된 것은 이 때문이다. 내가 갔을 때 경찰들이 트랙터를 에워싸고 있었는데 수천수만의 시민이 몰려와 그 경찰들을 다시 시민이 에워쌌다. 집결한 시민이 불어나 단상에서 경복궁역 3번 출구까지 밀집한 대오로 거의 꽉 차게 되자 트랙터에 대한 경찰의 포위는 더 이상 지속될 수 없었다. 경찰이 바다의 섬처럼 되기 때문이다.

이 사건으로 경찰은 단상에 오른 거의 모든 발언자의 비난 대상이 되었다. '박현수 사퇴하라!'가 '윤석열 파면하라!'와 함께 주요 구호로 채택되었다. 트랙터를 앞세우고 가두 행진을 하기 위해 시위대가 오래 경복궁역 앞에서 노래를 부르고 구호를 외치며 대기했지만 광화문 앞으로의 트랙터 행진은 쉽게 성사되지 않았다. 시위대가 트랙터 없이 광화문에서 안국동로터리에서 유턴하여 다시 본집회장으로 돌아온 후에야 비로소 트랙터를 앞세운 시내 행진을 실행할 수 있었다. 행진을 마치고 돌아온 시위대는 새마을금고 앞에 설치된 단상에서 트랙터를 앞세우고 다시 출발하여 경복궁역 앞까지 행진한 후 "우리가 이겼다"고 환호했다. 집회를 마치고 돌아오니 자정이 가까운 시간이었다.

트랙터가 무엇이었을까? 왜 경찰은 시위대의 몇 배나 되는 경찰력과 트랙터의 몇 배가 되는 기동대 차량을 동원하여 트랙터를 막으려 했을까? 시내 교통 방해를 트랙터 진입 저지의 평계로 삼으면서 그것보다 몇 배나 긴 시간 동안에 걸친 몇 배나 되는 교통 방해를 야기하는 길을 선택했을까?

왜 시민들은 밤을 새우면서 트랙터 행진 보장을 요구하고 트랙터 한 대를 지키기 위해 연행을 불사하면서 경찰과 몸싸움을 벌였을까?

왜 퍼포먼스에 가까운 그 몇백 미터 거리의 트랙터 시내 행진을 마치고 "우리가 이겼다"며 기뻐했을까?

트랙터는 농민들의 분노와 눈물이 응축된 농민들의 기계-친구다. 트랙터 행진은 전봉준투쟁단이라는 이름이 말하듯 저항의 상징이다. 그것은 130여 년 전 일본 제국주의와 조선 봉건주의 연합세력에 의해 우금치에서 최소 1만 5천 명이 희생되면서 패퇴했던 동학농민혁명군의 역사적 복수를 상징한다. 트랙터 움직임에 대해 내란세력과 극우들이 느끼는 것은 교통 방해의 피로함이 아니라 두려움일 것이다.

어제 행진 중에 방송 차의 선창자는 "계엄군의 장갑차가 진입했던 서울 시내에 트랙터가 진입하는 것이 무엇이 문제입니까?!"라고 물었다. 여기에 이어 던져질 질문은 이것이었을 것이다. "계엄군의 장갑차 시내 진입을 막지 않고 방조했던 경찰이 농민의 트랙터 시내 진입은 왜 막는 것입니까?" 왜 경찰은 헌법과 법률을 짓밟는 내란에는 한없이 고분고분하고 내란에 항의하는 시민들의 기본권 행사에는 거칠기 짝이 없는 것일까? 우리는 답을 알고 있다. 경찰이 지금 국민다중의 주권 약탈을 추구하는 예외주의 내란세력의 도구로 기능하고 있기 때문이다.

파면의 난국에서 생각하는 국민다중의 "비상대권"
2025년 3월 28일 금요일 오후 5시 55분

어제(3월 27일) 오후 2시 조금 넘어. 신촌역 5번 출구에 도착하니 가두 행진 대오가 출발하기 직전이었다. 시민 총파업의 일환으로 신촌역, 서울역, 혜화역에서 출발한 행진 대오가 광화문에서 집결하기로 되어 있었다. 이대역으로 향하는 신촌대로 한 차선을 점거하고 행진하는 사람들은 수백 명 정도였다. 붉은색 천에 하얗게 '동맹휴강'이라고 쓴 깃발이 보였다. 둘러보니 대부분이 이화여대 학생이고 방송 차에서 비상행동 활동가와 함께 대오를 이끌고 있는 사람도 이화여대 총학생회장이라고 했다. 신촌역 부근에 연세대, 서강대, 이화여대 세 개의 대학이 있는데 앞의 두 대학 학생들은 시민 총파업을 위한 동맹휴강에 참가하지 않은 것인가?

서대문 로터리에 도착하니 오후 3시. 총파업결의 대회를 하고 서대문 로터리를 거쳐 광화문으로 행진하는 민주노총 대오와 마주쳤다. 적십자병원 앞에서 기다려 민주노총 대오를 앞세운 후 광화문에 도착하니 오후 4시였다. 광화문 정문 앞에 설치된 단상 맨 앞에 민주노총의 생산직 노동자 대오가 그다음에 비정규직과 사무 전문직 노동자 대오가 그다음에 학생 대오와 시민사회단체 및 일반 시민 대오가 자리를 잡는 배치였던 것 같다.

단상에 오른 한 대학생은 "12월 3일 이전으로 돌아가고 싶지 않다. 나는 더 나은 세상을 원한다"고 말했다. 사회민주당 청년위원장은 "세상이 멈췄는데 파업이 안 된다니 말이 되냐. 헌재도 파업 중이지 않느냐"고 비꼬았다.

여섯 시가 되어서도 헌재는 실제로 아무런 말이 없었다. 전국 시민 총파업도 닫힌 헌재의 입을 열게 하기에는 역량이 부족하다는 것이 입증되는 순간이었다. 이때 단상에 올라온 정의당 대표 권영국은 "파업을 넘어 항쟁으로 나아가야 하지 않겠습니까?!"라고 말했다. 민주노총 위원장 양경수는 "오늘부로 헌법재판소는 민주주의를 배신했다. 노동자 시민 총파업으로 윤석열을 파면하자"고 말했다.

국민 불복종으로 비상계엄 해제를 이끌어냈고 촛불-응원봉 집회로 탄핵소추 가결을 성사시켰으며 키세스 점거농성투쟁과 총궐기 시민대행진으로 체포(1월 15일), 구속(1월 19일), 기소(1월 22일)를 성공적으로 강제했지만 3월 7일 구속취소-즉시항고 포기-석방 지휘-탈옥으로 이어진 사법쿠데타 사건 이후, 파면이라는 고지는 1월이나 2월보다 훨씬 더 멀게 느껴진다. 파면은 기정사실이므로 걱정할 필요가 없다는 2월에 유행했던 희망의 말들은 급속히 사라지고 있다. 오히려 헌재가 윤석열을 파면할 역량과 의지를 갖고 있지 않는 것으로 보인다는 점이 점점 뚜렷해지고 있기 때문이다.

대통령이 헌법을 수호하기는커녕 파괴하고 내란세력이 행정부, 사법부, 입법부 각처에 틀어 앉아 헌법 질서를 매일 무너뜨리고 있는 현실 앞에서 그것을 바로잡을 충분한 힘은 이제 제도 속 어디에서도 발견되지 않는다.

지금까지 국민들의 뜻을 비교적 잘 떠받들어온 야당들도 거부권 행사나 헌법 위반의 일상화를 통해 국회의 입법권, 감시권, 탄핵권을 무력화하고 있는 내란세력의 벽을 넘지 못하고 있다. 무엇보다 파면권이 제도적으로 국회에 주어져 있지 않고 헌재에 주어져 있다는 현실 때문에 현재 상황에서 국회의 힘만으로는 국가권력의 교체와 사회대개혁의 전제인 파면을 실현할 수는 없다. 내란세력이 사법부와 행정부를 좌우하고 있고 입법부의 일각(국민의힘)조차 그것을 방조, 공모하고 있는 현실에서 대통령 윤석열에 대한 파면을 이끌어낼 힘은 어디서 나올 것인가?

윤석열은 헌정을 자신의 입맛에 맞게 교체할 권한에 '비상대권'이라는 이름을 붙인다. 2024년 3월부터 "나라 정상화를 위해 비상대권이 필요하다"고 말하고(김용현 진술), 2024년 10~11월 무렵에는 "현재의 사법 체계, 형사소송법, 방탄 국회, 재판 지연 상황에서는 이재명 대표 같은 사람을 어떻게 할 수 없다. 비상대권을 통해 조치해야 한다"고 말했다(여인형 진술)는 것이 그 예다.

2024년 12월 3일 그는 비상계엄을 선포했다. 헌법 제77조는 제1항에서 "대통령은 전시·사변 또는 이에 준하는 국가비상사태에 있어서 병력으로써 군사상의 필요에 응하거나 공공의 안녕질서를 유지할 필요가 있을 때에는 법률이 정하는 바에 의하여 계엄을 선포할 수 있다"고 규정하고 있다. 12월 3일 그의 행동은 그가 헌법 제77조에 규정된 대통령의 비상계엄선포권을 '비상대권'으로 해석했음을 확인해 준다.

비상계엄권은 엄격한 법의 규제하에 놓여 있다. 그 규제법이 엄밀하지 못하여 자의적 해석의 여지를 남겨 놓고 있다는 점은 별개의 문제이다. 윤석열은 비상계엄권의 법적 요건, 절차, 의무를 무시하면서 비상계엄권을 마구 휘둘렀다.

비상계엄권을 비상대권으로 확대 해석하여 자의적으로 행사한 사람들은 윤석열만이 아니다. 거슬러 전두환, 박정희, 이승만이 그랬다. 이들은 비상계엄권을 비상대권으로 해석하여 초법적 독재의 수단으로 사용했다.

헌법 제77조에 규정된 비상계엄권은 비상대권이 아니다. 비상대권이라는 단어는 대한민국 헌법에 등장하지 않는다. 하지만 비상대권에 해당하는 단어는 명확하게 헌법 속에 있다. 그것은 주권이라는 말이다. 가장 중요한 권력, 주인의 권력이 주권이다. 국가의 의사를 최종적으로 결정하는 힘이 주권이다. 주권을 의미하는 영어 단어 sovereignty는 over, upper, super를 의미하는 말에서 나온 단어로서 그 무엇보다 위에 있음을 뜻한다. 그것은 일상의 모든 제도적 권력을 궁극적으로 규정하는 힘으로서의 대권을 의미한다. 그것은 비상하며 그 무엇보다 위에 있는 힘이다. 그것은 만들어진 헌정 질서 속에서 그것에 따라 움직이는 힘이 아니라 헌정 질서를 창출하는 힘이다. 나는 제헌활력이라는 말을 이런 의미에서 사용해 왔다.

그러므로 비상대권은 주권 외에 다른 것으로서 존재할 수 없다. 비상대권으로서의 주권은 헌법 제77조에 규정된 힘이 아니라 헌법 제1조에 규정된 힘이다. 민주공화국인 "대한민국의 주권은 국민에게 있고, 모든 권력은 국민으로부터 나온다"에 규정된 힘이다.

이것을 '비상대권＝주권'이라는 시각에서 해석해 보면, 비상대권은 국민에게 있고 모든 권력은 그 비상대권에서 나오는 파생 권력이다. 그리고 비상대권인 국민은 헌법 제10조에 따라 인간으로서의 존엄과 가치를 갖고 행복을 추구할 권리를 가지며, 헌법 제34조에 따라 인간다운 생활을 할 권리를 가진다.

윤석열은 김성훈 차장에게 오직 군 통수권자의 안전만을 생각하라고 가스라이팅했다. 비상대권인 주권자 국민의 안전보다 비상계엄권자인 군 통수권자의 안전을 위에 놓은 것이다. 비상계엄권은 비상대권의 제도적 외화이고 우리의 대의민주주의 현실에서는 비상대권의 소외태이다. 이 소외 현실 때문에 윤석열이 자신을 비상대권으로 참칭할 수 있었다.

오늘 우리는 입법부의 야당을 제외하고는 거의 모든 제도 권력기관이 비상대권인 국민의 안전과 국민의 헌법 질서를 돌보지 않고 사적 이익만을 추구하고 있는 어처구니없는 현실을 몸으로 경험하고 있다. 이것은 주권자 국민이 비상대권이자 제헌활력으로서 헌법을 수호하기 위해 자신을 헌법으로 선언하고 또 그 사실을 행동으로 입증하고 나서지 않으면 안 되는 현실이다.

지금까지 주권자 국민은 국회, 법원, 경찰, 검찰, 그리고 헌법재판소가 내란세력을 척결하고 헌법을 바로 세울 것을 요구해 왔다. 거리와 광장에서 추운 겨울밤을 새우며 그 과정을 감시해 왔다. 그럼에도 불구하고 검찰은 반성하는 태도를 전혀 보이지 않고 내란세력에게 협력하고 있다. 법원까지 국민이 아니라 내란세력을 자유롭게 하는 데 협조하고 있다. 최근 남태령 2차 트랙터 행진에 대한 태도에서 보이듯 경찰도 집회와 시위를 통한 국민의 기본권 행사에 대해 적대적 태도를 노출하고 있다. 이런 가운데 파면이라는 결정적 권한을 가진 헌법재판소도 국민을 배신할 태세다.

나는 3월 27일 민주노총 위원장 양경수의 "노동자 시민의 총파업으로 파면하자"라는 말을, 그리고 정의당 대표 권영국의 말 "파업을 넘어 항쟁으로"라는 말을 이런 맥락 속에서 파악한다. 지금은 국민이 헌법에 따라 자신이 주권자이자 비상대권자임을 명확하게 밝히고 그것을 집회, 시위, 파업, 항쟁 등의 행동으로 입증해야 할 때이다. 그리고 시민평의회를 통해 국민 자신의 의지를 조직해 나가야 할 때이다. 국회와 헌법재판소를 비롯하여 제도 안에 아직 살아 있는 양심의 힘을 활성화할 수 있는 근본적 활력도 이 직접평의와 직접행동의 힘에서 나올 것이다.

저항권과 비상대권의 관계에 대하여
2025년 3월 29일 토요일 오전 11시 25분

어제(3월 28일) 저녁 7시 광화문. 뜨거운 태양이 내리쬐던 낮 시간에 맞춰 옷을 입은 것이 실수였다. 어둠 속에서 칼바람이 불어 깃발을 붙잡은 기수들의 몸이 흔들거릴 정도다. 아스팔트 도로 위 사람들 사이에 피켓을 들고 앉았지만 손이 차갑게 식어와 호주머니에 자꾸 손을 넣게 된다. 그런데 집회 참가자들의 결기는 평소보다 더 뜨겁다. 구호를 외치는 목소리에 절규에 가까운 분노의 정동이 실려 있다.

주말 집중 집회는 청년들과 여성들이 압도적으로 많은데 평일 집회는 그렇지 않다. 남성 여성의 성비, 노년 장년 중년 청년의 세대 비율에 차이가 뚜렷하지 않고 엇비슷하다. 모르는 사이지만 낯익은 사람들이 많은 것으로 보아 평일에 나오는 사람들은 거의 매일 집회에 참여하고 있는 열성 참가자들로 보인다. 2008년 촛불집회 때도 그랬다. 8월 15일 천주교정의구현전국사제단의 미사를 분기점으로 대규모집회가 닫힌 후 거리에 남은 게릴라 시위 참가자들은 서로 모르는 낯익은 사람들이었다.

얼마 전까지만 하더라도 즉각성과 신속성을 요구하면서도 비교적 낙관적이었던 윤석열 파면 주장은 이제 (1) 헌재에 대한 규탄 (2) 항쟁에 대한 경고와 결합되어 제시된다. 비상행동 공동의장 김은정은 "헌법 파괴를 용납하는 헌재는 존재 이유를 포기했다"고 말했고 기본소득당 최고위원 이승석은 "전 국민적 저항에 부딪힐 것"이라고 말했다. 행진은 광화문 정문에서 출발하여 광화문네거리를 돌아 종각으로, 종각에서 안국동로터리를 거쳐 헌법재판소 앞 네거리로 나아가는 경로였는데 형상적으로는 행진 기세를 몰아 헌법재판소를 공세적으로 규탄하는 경로였다.

헌재 앞에 결집한 시위대는 규탄을 담은 파면 요구를 강력하게 제기했다. 온라인에서는 이제는 혁명을 해야 하는 것이 아닌가라는 목소리들이 점점 많이 발견된다. 납세 거부 주장도 발견된다. '규탄', '총파업', '납세거부', '저항', '항쟁', '혁명'…. 봇물처럼 쏟아지기 시작하여 이미 실행되기도 한 이 말들은 현 상황을 타개하고 새로운 세상을 열고자 하는 간절한 열망의 표현들일 것이다.

어제 쓴 「파면의 난국에서 생각하는 국민다중의 "비상대권"」에서 나는 지금까지 '대통령의 것'으로 찬탈당했던 "비상대권" 개념을 헌법 제77조에 규정된 '비상계엄권'과 구분하고 그 개념을 주권자 국민의 것으로 환수하기 위한 이론적 전복을 시도했다. 그 방법은 '비상대권' 개념을 헌법 제1조에 규정된 '주권' 개념 속으로 가져오는 것이었다.

헌법은 국민을 주권자로 규정하면서도 주권의 주된 양태는 '기본권'인 것처럼 서술하고 있다. 기본권 개념은 헌법의 바탕이면서도 헌법을 동적인 변화 과정 속으로 가져가기는 어렵다. 윤석열은 비상계엄 선포를 '비상대권' 행사라고 주장하면서 비상입법기구를 통한 헌법 변경을 기획했다. 그것은 민주정의 관점에서 볼 때 87년 헌법으로부터의 전진이 아니라 후퇴를 시사하는 것이었으며 사실상 민주정의 파괴와 위로부터의 독재를 추진한 것이었다.

윤석열은 직무 정지되고 기소되었지만 이 내란 시도는 아직 끝나지 않았다. 윤석열의 직무 정지 후에도 내란은 사법부, 행정부, 입법부, 인권위, 국정원 등에서 연성화되어 조직적으로 실행되고 있다. 우리가 목도하는 헌재의 무력화는 이 연성 내란의 현상 형태임이 점점 분명해지고 있다.

내가 앞선 글에서 3월 28일 전국 시민 총파업 이후에는 "파면 촉구" 이상의 행동이 필요하다고 말했던 것은 이 때문이다. '촉구'는 속도를 재촉하는 것이다. 그런데 고장으로 속도를 낼 수 없는 자동차나 질병으로 누워 있는 낙타에게 속도를 재촉하는 것은 의미가 없는 일이다. 수리나 치료 혹은 다른 비상조치가 선행되어야 한다. 내란세력의 영향으로 헌재가 마비 상태일 경우도 마찬가지다.

지금 이 답답한 상황에 대한 대비책으로 나오는 것들 중의 하나가 항쟁론이다. '항쟁권=저항권'은 주권이 표현되는 방식이되 기존 국가권력을 불의한 것으로 규정하고 그것을 부정하는 표현 방식이다. 이것은 우리 헌법에서 "불의에 항거한 4·19 민주 이념을 계승한다"는 전문에서 그 근거를 찾을 수 있다. 불의한 권력에 항거하는 것은 대한민국의 민주 이념의 일부다.

실제로 12월 3일 밤 윤석열의 위헌·위법한 비상계엄 선포와 군사력 동원에 항거하여 시민들은 국회의사당에서 계엄군의 총검과 장갑차에 맞섰다. 이 즉각적인 항쟁권의 행사가 헌법을 지키는 것을 가능하게 만들었다.

그런데 12월 3일 군사쿠데타의 형태로 나타난 내란과는 달리 그 이후에 지속된 내란은 국회의 입법권을 대통령 거부권(재의요구권)을 대리로 실행하는 방식으로, 국회의 탄핵권을 투표불참, 부결 등으로 무력화하는 방식으로, 국정조사에서 거짓말을 늘어놓아 국회의 감시권을 무력화하는 방식으로, 법안에 대한 재량 해석권의 이름으로 내란수괴를 석방시키는 방식으로 진행되고 있다. 헌재에서처럼 선고를 하염없이 지연시킴으로써 헌정의 가동을 중단시키는 방식도 있다. 이러한 사실은 국민주권의 대의 과정 자체를 대의기관 자신이 배반하는 것이다.

현재 내란세력에 오염되지 않은 기관은 야당들뿐이다. 헌재의 재판관 정계선, 이재명 2심 판사 최은정, 이예슬, 정재오, 특전사의 곽종근, 국정원의 홍장원 등처럼 각 기관 내에 살아있는 양심들을 고려하더라도 전체적으로는 그렇다. 민주당 내에 오염되기 시작한 의원들이 있다 하더라도 전체적으로 민주당이 헌법기관으로서 아직 살아 있다고 말할 수 있는 것과 같은 논리에서다.

그런데 내란세력이 지금 가시적인 폭력행사가 아니라 헌정의 무력화를 통해 움직이고 있는 연성 내란의 국면에서 주권의 행사가 곧바로 저항의 형태로 작동하는 것은 설득력을 얻기가 어렵다. 불의가 대중에게 직접적으로 가시화되지 않고 있기 때문이다.

이럴 때는 헌정의 무력화에 대항하는 헌정의 실력화가 필요하다. 그 실력화를 기존 제도 속에서 이루기 어려울 때는 새로운 헌정 기구의 창안과 건설이 필요하다. 헌정의 실력화는 국민주권의 저항권적 행사가 아니라 비상대권적 행사를 통해 실질화될 수 있다.

저항권은 주권이 적극적으로 침해될 때 반응하는 권리로서 주권의 수동적 방어적 권리를 명시한다. 반면 비상대권은 헌법이 무력화되는 상황에서 국민이 정치의 직접적 주체로 등장하여 주권을 행사함으로써 무력해진 헌법을 실력화하는 활력의 기능을 수행하는 것이다. 국민주권의 직접적 실현인 비상대권은 그것의 방어적 수동적 발현인 저항권을 포함하면서도 그것을 넘어 헌정 질서를 재구성하는 적극적이고 창조적인 힘이다.

우리 헌법이 이러한 의미의 '비상대권'을 뒷받침하는가? 나는 그렇다고 생각한다. 무엇보다도 그 근거는 앞의 글에서 말했듯이 헌법 제1조에 있다. 국민이 주권이며 모든 권력이 국민에서 나오기 때문이다. 이 논리적 헌법 조항에 덧붙여 우리 헌법의 역사적 전문이 비상대권을 뒷받침한다. 이승만 정권의 불의에 대한 항거를 규정한 4·19혁명 계승 규정에서 저항권이 그 역사적 전거를 구하듯이 국민다중의 비상대권은 "우리 대한국민은 3·1운동으로 건립된 대한민국임시정부의 법통을 계승한다"에서 그 역사적 명문 전거를 구할 수 있다.

지금은 "혁명"으로 재규정되고 있는 3·1"운동"은 대한국민의 헌법적 독립과 임시정부 수립을 가능케 한 힘이었다. 즉 국민을 실질적 헌법주체, 권력주체로 만든 힘이었다. 대한민국임시정부의 건립에서 대한국민은 3·1혁명의 저항권을 넘어 주권을 비상대권으로, 새로운 헌정 질서를 구성하는 적극적이고 창조적인 힘으로 발휘한 주체였다. 오늘날 탄핵 운동과 파면 촉구 운동이 그러하다. 파면 촉구 집회에서 나부낀 시민들의 깃발 중에서 눈에 띄는 것은 "국민이 헌법이다"라는 깃발이었다. 이것은 제도 헌법이 짓밟히고 구겨져 무력화되는 순간에 그것을 실력화할 실질 헌법이 국민임을 선언하는 것이다.

이 생각은 직접민주주의 강화에 대한 개헌 요구 속에서 오래전부터 표명되어 왔던 것이다. 지금까지 국민의 소환권과 입법(발안)권 등의 소극적 형태로 제기되어 온 국민의 자기 헌법화는 지금 어느 수준까지 추진될 필요가 있는 것일까? 내란세력에 오염되어 무력화되고 있는 정부를 대체할 새로운 임시정부를 국민주권을 지지하는 야당과의 협력 하에 아래로부터 구성해 내는 혁명심을 발휘해야 하는 것일까? 아니면 현재의 정부 속에서 계속 무너져 내리는 헌정 질서를 수선하면서 지루한 투쟁을 계속하는 인내심을 가져야 하는 것일까? 지금 우리 주권자가 마주한 질문은 이것이다. 진단해 보자면 지금은, 대부분의 사람들이 지금까지 후자의 정동 속에서 살아온 가운데 급속하게 전자의 정동이 샘솟고 있는 전환의 국면이다. 주권적 결단의 시간이 많이 남아 있지는 않은 것으로 보인다.

3월 29일 파면 촉구 헌재 포위 집회 단상
2025년 3월 31일 월요일 오전 8시 5분

3월 29일 토요일. 맑지만 찬 바람이 강하게 부는 날. 대한민국역사박물관 잔디밭과 광화문 앞 세 방향의 도로를 가득 메운 군중이 3월의 마지막 집중 집회를 열고 있다. 바람 때문에 광화문 정문 앞 잔디밭에 앉은 나의 귀에 노랫소리와 구호 소리가 깨져 들어온다. 정태춘의 노래까지 허공 속에서 이중, 삼중으로 메아리쳐 온다. 특히 발언은 알아듣기가 쉽지 않다.

내가 알아들은 몇 가지 중요한 말들. "트랙터 압류를 시도하고 비상행동 상황실장을 연행한 것은 서울경찰청장 대리 박현수가 국민과 대결하려는 것이다." "광화문 텐트촌을 철거하겠다는 오세훈도 마찬가지다." "헌재는 뭐하냐." "시민이 인내심을 갖고 선고를 기다리는 것은 헌법을 존중해 왔기 때문이다." "이제 야당은 모든 권한을 망설이지 말고 행사하라. 국민이 함께할 것이다." "헌재의 시간은 끝났다. 국회가 국정 운영을 책임지겠다는 결단이 필요하다." "광장에 모이는 시민들의 힘만이 유일한 활로이자 승리의 비책이다. 4월 1~2일 헌재 앞 도로에서 남태령·한남동에 버금가는 1박 2일 철야 투쟁을 하겠다." … 한 여성은 헌재에 즉각 파면을 요구하면서 마이크를 부여잡은 채 울먹였다.

행진 대오로 헌재를 포위한다고 했는데 내가 속한 행진 대오는 광화문 정문에서 출발하여 광화문 네거리를 돌아 종각을 거쳐 단성사 네거리에서 좌회전을 해서 돈화문 앞에서 다른 대오들과 합류했다. 돈화문 앞 도로가 광장으로 바뀌었다. 어둠 속에서 노래 리듬에 맞춰 반짝이는 응원봉들이 분노의 결의들이 담긴 구호와 어우러지며 장관을 만들어 냈다. '안경이 나아갈 방향' 깃발을 들고 함께 행진한 다중지성의 정원 회원 신은주, 박지원, 최연하, 추유선, 김정연, 김하은 등과 저녁 식사를 하러 낙원상가 식당가로 가는 골목길은 집회를 마치고 돌아가는 사람들로 꽉 차 있었다.

이제 호소적 파면 요구는 규탄적 파면 요구로 확실히 전환되었다. 헌재에 대한 신뢰가 사라지고 있기 때문이다. 그 결과 파면을 가져올

한 단계 더 높은 투쟁에 대한 요구, 더 멀리 바라보는 전망에 대한 기대가 커졌다.

3월 29일 집회에서 촛불행동은 "기각이면 타도다"를, 비상행동은 "모든 윤석열을 주권자의 힘으로 파면하자"를 집회 슬로건으로 내걸었다. 야 5당은 '비상시국 대응을 위한 범국민대회'라는 이름으로 집회를 열었다. 3·29 민중의 행진은 '가자! 평등으로'라는 슬로건하에 '윤석열들 없는 나라, 차별금지법 있는 나라, 노동이 존엄한 나라, 기후정의 당연한 나라'라는 네 가지 하위 슬로건을 내걸었다. 물론 여기에 결합되지 않은 채 정중동의 자세를 취하고 있는 침묵하는 다수가 있다.

큰 흐름으로의 합류 속에서 나타나는 이 분화의 이유는 무엇일까? 그것은 어떤 의미를 갖는 것일까? 이 실재하는 힘들의 벡터, 즉 운동량과 방향을, 그것의 성격을 힘닿는 만큼이라도 이해하는 것이 중요하다.

소문난국밥집에서 삼천 원짜리 국밥들을 함께 먹고 나온 길거리에 바람은 여전히 강하고 차다. 우리는 옷깃을 여미며 서둘러 지하철로 들어섰다.

3월 마지막 날에 생각하는 두 길 : 파면을 통한 권위와 파면 아닌 권위
2025년 3월 31일 월요일 오후 12시 56분

앞의 글에서 나는 3월 29일 집회에서 나타난 몇몇 단위 집회들의 주요 슬로건의 분화에 대해 언급했다. 관찰적 참여자로서 나는 나에게 보이는 것들, 나에게 지각되는 것들로부터 출발할 수밖에 없다.

현재의 조건은 무엇인가? 12월 3일 국회를 무력화하고 헌법 파괴적 비상입법을 하기 위해 군사력을 동원했던 윤석열 내란세력이 지금은 사법권력과 행정 권력을, 헌법을 무시하고 무력화하는 연성 내란의 도구로 사용하고 있다. 한덕수는 마은혁을 재판관에 임명하지 않은 것과 관련하여 헌재에서 헌법 위반이 인정되었음에도 중대성 부족이라는 이유로 탄핵이 기각되었고 최상목은 아직 탄핵소추조차 되지 않았다. 누가 봐도 중대하게 헌법을 위반한 윤석열은 탄핵되었는데 아직 파면되지 않았다. 이 과정에서 헌법 수호의 최후 보루라고 하는 헌법재판소는 불과 1개월 만에 그 이름이 무색하게 헌법적 마비 상태에 놓여 있다. 헌정의 마비는 국가의 마비를 의미하며 이미 대한민국이 준무정부 상태에 들어섰음을 의미한다. 자연법적 상태는 점점 심화되고 있다.

그렇더라도 헌법적 파면을 통한 정부 기능의 복구 가능성이 아직 완전히 소진된 것은 아니다. 헌정의 회복을 위해 헌재는 지금 당장 이 나라와 헌정의 궁극적 주체인 국민들에게 자신의 현재의 마비 상태의 내막을 보고하고 국민들이 적절한 조치를 취할 수 있도록 만들어야 할 것이다. 이 보고가 주어지지 않을 때 가정에 입각한 행동이 불가피하게 되고 그만큼 위험은 커진다. 헌재는 그 위험에 대한 책임을 피할 수 없을 것이다.

만약 소문대로 헌재의 8인 체제가 5 대 3 의견 분립으로 파면 선고를 할 수 없는 상황이라면, 마은혁을 재판관으로 임명하게 만드는 헌법적 길이 아직 열려 있다. 이것은 마은혁 임명을 실행할 국무위원을 대통령 권한대행으로 만드는 길이다. 하지만 그 유효시간은 얼마 남지 않았다고 봐야 할 것이다. 하지만 이 경로는 아직 소진된 것이 아니므로 국회(내 야당)와 헌재가 마지막까지 노력할 필요가 있는 가장 안정되고 안전한 경로라고 볼 수 있다.

이를 위해 마은혁의 재판관 임명을 실행하지 않는 국무위원에 대한 과감한 탄핵은 합법적일 뿐만 아니라 필수적이고 또 시급하다. 민주당이 초선의원들과 조국혁신당의 긴급한 행동 요구가 있었음에도 4월 1일까지 한덕수에 대한 재탄핵과 마은혁에 대한 탄핵 시한을 늦춘 것은 이 경로의 위태로움을 키우는 선택이었다고 생각하며 헌정의 조속한 회복 의무에 최선을 다하지 않는 태도였다고 생각한다. 야당은 제도적 파면을 이끌어내는 제도적 경로에서만 헤게모니를 가질 수 있다.

파면을 가능케 할 다른 제도적 경로들이 있는지 나는 알지 못한다. 만약 있다면 그 경로들의 가능성을 최대한 추구하는 것이 필요할 것이다. 하지만 이미 헌법 수호를 위한 비제도적 경로와 대안들이 제안되고 있기 때문에 그것들은 이 대안들의 강도만큼 비례적으로 불필요한 것으로 될 것이다. 또 지극히 어려울 그 제도적 경로가 비제도적 경로를 가로막고 늦추고 김을 빼는 것으로 작용하지 않도록 유의해야 할 것이다.

헌법 수호를 위한 비제도적 경로는 무엇인가? 그것은 제헌활력의 주권, 저항권, '비상대권'에 입각한 것으로 지금 '시민의 힘에 의한 파면', '항쟁', '타도' 등의 이름으로 제시되고 있다. 이것들은 제도 밖에서 제기되는 대안들이지만 헌법 제1조에 따라 합헌적이다.

비상행동이 지난 3월 29일 내걸었던 '시민의 힘에 의한 파면'은 아직 제도적 파면을 중심에 놓는 '파면 압박'으로, 즉 제도적 경로의 촉진과정으로 해석될 여지가 크다. 하지만 그것은 촛불행동이 제기한 바의 '기각이면 타도' 주장과 연결되거나 그것을 포함할 수 있는 개념이다. 엄밀하게 말하면 '항쟁과 타도'를 통해서 '파면'을 달성하는 것은 불가능하다. 항쟁과 타도의 성공은 실제로는 대통령의 '직무 정지' 상태를 넘어 다른 형태의 '궐위' 상태를 창출하는 것을 통해 달성될 것이기 때문이다.

이 다른 형태의 궐위는 (만약 사법부가 4월 18일 이후에도 존속한다면) (1) 형사재판 최종판결을 통한 피선자격 상실 확정을 통한 궐위, (2) 자진 퇴진, 즉 하야로 인한 궐위, (3) 아니면 사망으로 인한 궐위 세 경우로 압축되는 것으로 보인다. (1)은 임기종료(그것이 있다면!)보다 더 빨리 온다는 기약이 없는 길로서 국가 공동체의 자기 붕괴의 길이다. 지금 윤석열에 대해 시민들이 갖고 있는 분노의 심도로 볼 때 (1)이 선택될 가능성은 거의 없어 보이며 (2)를 통과하거나 (3)으로 귀착될 것으로 보인다. (3)은 누구도 원치 않을 가장 유혈적인 길이다.

4월 4일 11시를 기다리며 3월 31일을 생각함
2025년 4월 1일 화요일 오전 11시 2분

어제(3월 31일) 비상행동은 두 경로의 행진을 조직했다. 하나는 동십자각에서 출발하여 종각을 돌아 서울경찰청으로 향하는 행진이고 또 하나는 신촌역에서 출발하여 아현역을 거쳐 경찰청으로 향하는 행진이다. 이 행진에는 '분노의 행진'이라는 이름이 붙었다. 나는 두 번째 행진에 참가하기 위해 저녁 7시 30분 조금 못 미쳐 신촌역에 도착했다. 시민들이 5번 출구 여기저기 서서 깃발을 조절하거나 스마트폰을 보거나 피켓을 들고 있었다.

방송 차를 앞세우고 도로 한 차선을 점거한 채 행진이 시작되었다. 수백 명의 시민들이 응원봉을 흔들고 피켓을 높이 치켜들며 노래를 부르기 시작했다. 선창자가 "오늘은 헌재를 규탄하고 윤석열 파면을 촉구하는 것 외에 또 한 가지 목적이 더 있습니다. 경찰을 규탄하는 것입니다. 알고 계시지요?"라고 말했다. 대오에서 "그렇습니다"라는 답이 울려 퍼졌다.

실제로 "윤석열을 즉각 파면하라!"라는 익숙한 구호 외에 "극우 동조 경찰을 규탄한다", "내란 공범 박현수는 즉각 사퇴하라"는 구호가 외쳐졌다. 남태령 집회에 참가했던 한 시민은 방송 차에 올라, 헌법재판소 주변에서 헌재를 폭력적으로 압박하는 극우 세력에 대해서는 마치 친구 사이처럼 방치하면서도 농민과 트랙터에 대해서는 적인 것처럼 수천 명의 기동대와 수백 대의 경찰 차량을 풀어 행진을 저지하는 경찰의 편파성을 규탄했다.

신촌칼국수 앞을 지날 때 종업원들 네 사람이 문 앞으로 나와 행진 대오에 격려의 박수를 치고 오른팔을 쳐들어 응원을 보냈다. 이대역에서 아현역 사이의 도로에서는 여러 사람들이 팔을 흔들어 환호하고 그중의 몇 사람은 행진에 합류했다. 아현동 가구거리 삼거리의 어느 2층 카페에서는 손님들이 불 켜진 유리창 밖으로 주먹을 들어 흔들며 지지를 표했고 그 1층에는 몇 사람이 나와 난간에 기댄 채 방송 차의 구호를 따라 외치고 웃음으로 행진 대오에 공감을 나타냈다.

이제 오른쪽으로 꺾으면 경찰청이 나타날 서대문 네거리 신라스테이 앞에서 방송 차는 〈우리는 가지요〉를 선곡했다. 전교조 전국노래패 연합의 노래로 가녀린 음성에 발랄한 리듬이다. 하지만 그것은 '새벽별 쓰라린 가슴 안고'가 표현하듯이 슬픔을 딛고 이겨내는 공통되기에서 생성되는 기쁨의 발랄함이다.

우리는 가지요 그렇게 가지요
너와 나 우리 함께 가지요
새벽 별 쓰라린 가슴 안고
그렇게 우린 걸어 가지요

행진 내내 노란 조끼를 입은 민변 변호사들과 자원봉사 활동가들이 대오의 뒤와 옆을 보살폈다. 그런데 역시 행진 내내 노란 조끼를 입고 행진 대오의 옆과 뒤와 앞을 따르는 사람들이 있었다. 경찰들이다. 혹자는 맨손으로, 혹자는 채증 카메라를 들고, 혹자는 무전기를 들고. 이들은 인도에서 때로는 차도에 나서서, 경찰을 규탄하는 행진 대오를 경직된 얼굴로 따라왔다. 보호인가 감시인가? 적은 수가 아니었다. 노란 조끼를 입은 경찰들은 검은 조끼를 입은 좀 더 배가 나오고 덩치가 크며 얼굴에서 사나움과 냉혈성이 배어 나오는 소수의 간부들의 명령을 따르고 있는 것으로 보였다.

군인권센터는 지난 3월 20일, 경찰들이 선고 후 상황에 대비한다면서 민주노총 조끼를 걸친 모의 시위대를 놓고 진압 훈련을 하고 있음을 폭로한 바 있다. 극우의 법원 폭동을 경험한 이후인데도 말이다.

전 정의당 의원 김종대는 경찰이 지금 경비계엄 연습을 하고 있다고 말했다. 그는 이것을 탄핵소추안 각하나 기각 시에 일어날 수 있는 시민 저항에 대비한 연습으로 보았다. 12월 3일 군을 동원한 비상계엄에서 군대가 윤석열의 명령을 제대로 이행하지 않았기 때문에 이번에는 군 대신 경찰을 동원해 시민 저항을 제압하기 위해 경비계엄을 기획했고 최근의 대규모 경찰 승진 인사는 그 포석이라는 것이다. 그 정점에 내란 공범 피의자로 입건되어 있는 서울경찰청장 직무대리 박현수가 있다고 보아도 좋을 것이다.

행진 대오는 경찰청 앞에 멈춰 서서 경찰을 규탄하고 박현수 사퇴를 요구하면서 대형 플래카드를 함께 찢는 퍼포먼스로 행진을 마무리 지었다.

시민과 경찰이 직접 대치하는 상황이 오지 않으리라 믿으며 또 그렇게 되기를 바란다. 선고기일로 잡힌 4월 4일 11시에 모든 것이 분명해질 것이다.

파면은 끝이 아니라 시작 : 4월 1~2일 철야 집회 기록
2025년 4월 2일 수요일 오후 5시 59분

선고기일이 4월 4일 11시로 공지된 후의 첫 집회. 선고기일 공지 전에 공지되었던 집회. 광화문 동십자각에 설치된 단상을 바라보고 텐트촌까지 뻗은 집회 대오에는 다른 평일 집회보다 훨씬 많은 사람들이 참가했다. 9시가 가까워진 시간에 안국동 헌재 앞으로의 행진이 시작되자 행진 도로로 밀려온 인파는 주말 집중 집회를 방불케 할 정도로 많은 느낌이었다.

내가 위치한 대오가 안국동로터리에 도착했을 때 경찰은 중앙선에 가이드라인을 설치하여 구 종로경찰서 쪽 편도 차선에만 점거를 허용하고 있었다. 이 때문에 내 뒤로 긴 행진 대오가 헌재 가까이로 접근하지 못하고 밀려 있었다. 이때 내 앞에 있던 수십 명의 사람들이 갑자기 빈틈을 타 반대편 차선으로 달려가 도로를 점거했고 순식간에 다른 사람들도 뒤따라 뛰어가면서 안국동 로터리 전 차선이 시위 대오에 의해 점거되었다. 몇십 명의 경찰들이 뛰어가는 사람들을 막으려고 애썼지만 소용이 없었다. 경찰들은 인파에 갇혔고 그 차선에 서 있던 승용차, 트럭, 버스도 바다 위의 섬이 밀물에 감싸이듯 인파로 휩싸였다.

왕복 차선이 점거되자 시야가 탁 트이고 헌재 옆에 설치된 단상 위의 대형 스크린이 넓게 눈에 들어왔다. 안국동 로터리에서 광화문 쪽으로 앉은 사람들을 위해 밤 10시 가까이 되어서야 스크린과 스피커가 한 세트 더 설치되었다. 아마도 사람들이 예상을 넘어 모인 탓이리라.

철야농성 투쟁은 9시부터 시작되었다. "8 대 0 파면"이 발언과 구호의 주된 주제였다. 이 주제에 맞춰 진행자는 박수 치며 하는 8박자 구호를 집회 대중에게 가르쳐 주었다. 2008년에 전대협동우회 깃발을 들고 나선 나이 든 구 전대협 투사들이 종로1가에서 도로를 점거하고 경찰과 대치하던 촛불대중에게 8박자 구호를 교육시키던 기억이 났다. 윤·석·열·을·파·면·하·라·윤·석·열·을·파면·하라·윤석열을·파면하라·윤석열을파면하라.

광화문 집회에서는 정당 발언(민주당 박찬대, 진보당 김재연, 정의당 권영국) 단체 발언(비상행동 공동의장 김재하 외)이 시민 발언 뒤에 배치되었는데 헌재 앞 집회에서는 시민 자유 발언이 중심에 놓였다. "파면은 생명 자유 평등을 지키는 길이다." "기각한다면 헌재는 존재 이유가 없다." "농사에서 추수가 중요하듯 탄핵에서도 추수가 중요하다."

"윤석열만이 아니라 윤석열들을 파면해야 한다." 등의 발언을 듣다가 밤샘 준비를 하고 온 〈다중지성의정원〉 회원들과 교대를 하고 귀가하니 11시였다.

내가 떠나올 때 남아 있던 사람들은 스티로폼 깔개에 은박지로 몸을 감싸기 시작했고 일부는 준비해 온 침낭 속으로 몸을 밀어 넣고 있었다. 윤석열 파면을 위해 춥고 어두운 밤에 아스팔트에 남아 있는 저들은 누구인가? 무엇을 위해서인가? 새벽잠을 깨며 내가 떠올린 것은 이 질문이었다. 이것은, 나는 누구인가를 묻는 자문이기도 하다.

다분히 사적인 성격의 주체성을 함축하는 '시민'이라는 말이 저(우리)들을 부르기에 적합하고 충분한가? 지금의 투쟁은 윤석열로 대표되는 국가권력이 파괴하고 있는 헌법을 지키고 되살리며 갱신하고자 하는 노력이다.

만약 시민이 도시나 시장의 사적인 주체성이라면 그러한 '시민'은 이와 같은 공적 투쟁을 끝까지 수행할 수 없을 것이다. 투쟁의 목표라는 관점에서 광장과 아스팔트를 지키는 저 시민들은 사적 이익을 넘어 공적 이익을 추구하고 있는 것이고 이런 의미에서 공민公民인 시민이다. 그렇다면 '시민-시민'과 '공민-시민'이 이 지점에서 분화되는 것일까? 아니면 시민에 공민이 내재하는 것일까?

잠결에 떠오른 이 질문-생각을 메모하려고 스마트폰을 켜니 새벽 4시가 조금 넘었다.

내가 떠나올 때 남아 있었던 사람들의 생각이 궁금했다. 유튜브와 페이스북으로 안국동 상황을 파악한 후 지하철역에서 오래 기다려 첫 열차를 탔다. 종각역을 나서니 경찰차들이 안국동에서 종각까지 길 양측으로 즐비하게 도열해 있다. 조계사 정문 연등이 환하게 붉은빛을 내뿜고 있었다. 광장을 떠나 귀가하는 것으로 보이는 한 여성이 깃발 가방을 든 채 그 앞을 지나가고 있었다. 은은한 새벽 타종 소리가 들렸다. "헌재의 즉각선고! 파면! 윤석열"이라는 한국노총 피켓을 등에 붙인 한

남성이 어디를 갔다 오는지 두 손을 호주머니에 찌르고 다시 안국동 집회장 방향으로 천천히 걷고 있었다.
　단상에서는 가수가 노래를 부르고 있고 아스팔트 도로에는 침낭 위에 포일을 덮고 자고 있는 사람들, 포일을 어깨에 둘러쓰고 구호를 외치는 사람들, 두런두런 이야기를 나누는 사람들, 일어서서 어슬렁거리는 사람들, 깃발을 들고 노래 리듬에 맞춰 깃발춤을 추는 사람들, 송현광장 안과 부근에 쳐진 텐트들 속에 들어가 보이지 않는 사람들, 스마트폰에 열중하고 있는 사람들 등이 보였다.
　진보당 당복을 입은 사람들이 가장 많이 눈에 띄었다. 단상을 바라보고 좌측 차선 전체를 진보당 당원들이 차지하고 있다고 해도 크게 과장하는 것이 아닐 정도였다. 금속노련 조합 복을 입은 사람들이 보였고 숙명여대 조끼를 입은 사람도 있었다. 정의당, 노동당 깃발이 보였고 민주당 지역구 깃발도 보였다. 비정규직 노조 깃발, 성소수자들의 무지개 깃발도 보였다. 자원봉사 활동가들은 쓰레기를 모으고 있었고 민변 사람들도 여기저기 눈에 띄었다. 의료 부스가 바로 내 옆에 설치되어 있었다. 내 앞으로 청소년 예술가 깃발을 든 여성이 어깨에 포일을 두른 채 사람들 사이를 지나갔다.
　이어지는 자유 시민 발언을 듣기 위해 로터리 한쪽에 자리를 잡았다. 여러 발언에서 공통적으로 강조되는 것은 "파면은 끝이 아니라 시작이다", "사회대개혁을 완수해야 한다", "직접민주주의를 쟁취하자", "차별금지법, 노란봉투법, 농업4법"을 통과시켜야 한다. 특히 차별금지법 제정을 사회대개혁의 중점 요소로 강조하는 사람들이 많았다. 많은 발언자들이 공민公民되기를 넘어 공민共民되기를 주장하고 있었다. 다중은 시민-공민公民-공민共民을 가로지른다. 거꾸로 시민-공민公民-공민共民이 다중을 가로지르는 것일까? '국민'國民이라는 말이 평소와는 다르게 느껴지는 순간이다.
　아침 8시가 넘어 차벽 너머로 가보기로 했다. 경찰이 막아서며 어디로 가느냐고 물었다. 저~쪽으로 간다고 했더니 이 길은 막혀 있으니 지하도로 들어가 5번출구로 가라고 안내한다. 안국역 5번출구 부근 한 빌딩 아래에 카메라맨들이 집결해 있고 그 사이에 양복을 빼입은 사람들이 뭔가를 말하고 있었다. 그 사람들 사이로 세이브코리아 강사 전한길로 보이는 얼굴이 잠깐 보였다가 사라졌다. 그 옆에는 성남도시공사개발본부장이었던 유동규가 누군가의 질문에 답을 하는 듯 웃고 있었다.

길모퉁이 몇 군데 중년의 여성들 몇몇이 있었다. 그들은 마치 물건을 파는 행상처럼 "탄핵 기각~"이라고 출근하는 사람들에게 낮은 목소리로 속삭이고 있었다. 바로 앞 현대 사옥으로 수를 헤아리기 어려운 젊은이들이 바쁜 걸음으로 달려 들어가고 그 앞 카페에는 테이크아웃 커피를 기다리는 긴 줄이 있었다.

차벽을 끼고 계속 돌다 보니 재동초등학교 앞을 지나게 되었다. 담벼락에 '학교를 빛낸 사람들' 입간판이 서 있고 거기에 정치인, 학자 및 법조인, 언론 및 경제인, 문화예술인으로 범주 구분한 이름들이 나열되어 있었다. 정치인 범주에 한덕수(53회)라고 되어 있다. 이 사람은 학교를 빛낸 사람이라기보다 더럽힌 사람이 아닌가?

파면 전야 : 우리는 이제 더 이상 불안하지 않다
2025년 4월 3일 목요일 오후 4시 55분

어제(4월 2일) 밤 나는 비상행동 집회와 촛불행동 집회, 두 개의 집회에 연속으로 참가했다. 대부분의 경우 두 집회가 겹쳤는데 어제는 촛불행동이 헌재 앞에서 열린 비상행동 집회 뒤인 8시 30분으로 집회 시간을 옮겼기 때문이다.

많은 언론들은 4월 4일 오전 11시의 선고 결과에 궁금해하면서 권력

네트워크에서 흘러나오는 정보들에 일희일비하는 태도를 보인다. 그런데 그 어느 것보다 더 가치 있는 정보情報는 집회의 정동情動에서 흘러나온다. 그것은 수많은 사람들의 집단감각, 집단지성의 총체이기 때문이다.

4월 2일 밤 헌재 앞에서 안국동로터리를 지나 송현광장 옆 중간 부분까지 길게 늘어앉았던 비상행동 집회나 송현광장에 빽빽이 앉고도 더 이상 앉을 자리가 없어 많은 시민들이 서서 참가했던 촛불행동 집회 모두에서 더 이상 불안의 정동은 찾기 어려웠다.

이날은, 3월 8일 윤석열이 탈옥하고 헌재의 선고마저 예상기일을 넘어 한없이 연기되다가 과연 두 재판관의 퇴임일인 4월 18일 전에 선고가 있을 것인가조차 의문시되던 꽤 긴 시간 동안 악몽처럼 사람들을 짓눌렀던 오랜 불안, 불신, 분노의 정동이 사라지고 편안함과 자신감, 심지어 유쾌함의 정동까지 넘쳐흘렀다.

비상행동 집회의 사람들은 "8 대 0 만장일치"를 외쳤고 촛불행동 집회의 사람들은 만장일치 파면 외에 "기각이면 항쟁이다", "기각이면 타도다"라고 외쳤다. 항쟁이나 타도라는 말에서 큰 비장감이 느껴지지 않는 것은 인용에 대한 확신이 컸기 때문일 것이다. 이제 선고 결과를 계산하거나 예상하는 것이 더 이상 큰 실천적 의미를 갖지 않게 된 것이다.

3월 7일 이후 최선을 다했고 선고기일이 상식의 마지노선을 넘지 않음으로써 상식을 어느 정도는 믿어도 되는 상황이 도래했기 때문에, 어떤 결과이든 우리 자신이 상식=공통감에 따라 능히 해결해 나갈 수 있다는 자신감이 생겼기 때문일 것이고 그것에서 오는 편안함과 즐거움 때문일 것이다. 도올 김용옥은 촛불행동 단상에 올라 "여러분이 헌법재판관을 비판하기보다 사랑해 주는 것이 필요합니다"라고 말했다.

분노와 불안에서 편안과 자신감으로의 이 정동의 전환은 어떤 계기들을 통해서 오게 되었는가? 먼저 그간의 정동의 흐름을 간단히 요약해 보자.

첫째, 12월 14일 탄핵안 가결 후 3월 7일까지 약 2개월은 안도의 시간이었다. 12월 3일부터 12월 14일까지의 충격과 긴장의 시간이 지난 후 마음의 안정을 찾는 시간이었다. 이 시간 동안에 영장 집행 거부나 법원 폭동 등의 우여곡절이 있었지만 크게는 법치주의가 시민들의 의지를 대의하면서 주도권을 갖고 나아가는 것으로 보였다.

문제 기관인 검찰과 경찰도 특별하게 문제 될 만큼 법의 테두리를 벗어나는 행보를 보이지 않았다. 내란에 가담한 군사령관들은 구속되었고 윤석열도 결국 구속기소되었다. 2월 25일까지 공개리에 이어진 헌재의 탄핵 청구 심리 과정도 법리와 양심에 따라 이루어질 것으로 기대하게 만들었다.

윤석열 측 변호인들이나 국민의힘이 제기한 모든 법률적 이의제기는 기각되었다. 굴곡과 갈등 속에서지만 법치주의의 이름하에 합리성과 법리가 작동하는 시간이었다. 사람들은 안심했고 기다렸다. 그것의 역설적 효과는 광장의 축소였다.

둘째, 3월 7일 지귀연의 구속취소 결정과 3월 8일 심우정의 즉시항고 기각 및 석방 지휘는 이 안심의 시간을 뒤엎은 또 한 번의 충격적 사건이었다. 법치주의가 법치주의의 가면을 쓴 사법 폭력에 쓰러지는 사건이었다. 이제 이 탈옥 사건의 위험성을 어느 정도라도 제어할 수 있는 것은 확실한 파면뿐이었다.

그런데 헌재의 파면 선고는 계속 지연되었고 하루하루, 한 주 한 주가 피를 말리는 고통의 시간이었다. 권력의 음모에 대한 불안, 상식과 법치의 훼손에 대한 의심, 헌법재판소에 대한 불신이 날을 거듭할수록 커져 갔다. 초조감을 불러일으키는 불신은 뒤로 갈수록 분노와 규탄으로 바뀌었다. "헌재를 규탄한다", "헌재는 우리의 분노의 목소리를 들으라"라는 고음의 외침 아래에서 주권, 비상대권, 항쟁, 타도 등의 주조저음 언어들이 벼려져 나왔다.

　이에 대한 헌재의 대응이 4월 1일 11시 전후에 표명된 4월 4일 11시 선고기일 공지다. 이제 이 선고기일 공지와 정동의 전환을 가져온 주요 요소들에 대해 생각해 보자.

　첫째는 무엇보다도 탈옥 사건 이후 시민 저항의 고조다. 탄핵소추안 가결(12월 14일) 이후 촛불행동은 매일 송현광장에서 소규모 집회를 계속해 왔다. 3월 7일 법원의 윤석열 구속취소는 당일 밤 사람들을 긴급하게 광화문으로 불러 모았다. 3월 8일부터 비상행동이 의장단 단식을 포함한 매일 파면 촉구 집회로 대응했다. 3월 8일부터 주말에는 대규모 전국 집회가 열렸고 평일 집회에도 상당히 많은 사람들이 꾸준히 지속적으로 참가했다. 주말 집회를 중심으로 참여하던 나도 3월 7일부터 오늘까지 (집회가 없었던 두 번의 일요일을 빼고는) 단 하루도 빠지지 않고 지속적으로 참가했는데 매일 집회에 참가하는 사람들이 꽤 많음을 감지할 수 있었다.

　이 지속적이고 중규모적인 집회에 상설 텐트촌 설치, 단식투쟁, 가두 행진, 기자회견 등을 결합했던 비상행동의 매일집회는 야당, 사회단체, 여성 조직, 학생 조직, 노동자 조직, 그리고 개개의 시민들을 파면 전선으로 끌어들이고 움직이게 하는 모터로 기능했다.

　둘째, 헌재 선고가 늦어지면서 야당들이 국회에서 광화문까지 행진을 하거나 오체투지를 하는 방식으로 독자 행동을 개시했다. 주목할 것은 야당들이 광화문 텐트촌에서 의총을 열거나 천막당사를 설치했다는 것이다. 이 과정에서 이루어진 야당들과 시민 집회 사이의 소통과 연합의 강화는 시민의 직접행동적 요구에 제도적 힘을 싣는 중요한 요소였다.

　주말에 야 5당은 비상행동 집회 전에 야당 연합 집회를 갖고 집중집회에 참가함으로써 당원동력을 비당원 시민동력과 결합시켰다. 내란 전인 2024년 10월 말과 11월 사이 당 집회와 시민 집회가 분리되어 움직이던 상황과는 완전히 다른 형세가 열렸다.

제도정당과 시민 자율 조직의 연합은 일부 좌파 조직으로부터 부르주아 정당에 헤게모니를 넘겨주는 민주대연합 혹은 인민전선이라고 비판받지만 나의 생각은 다르다. 그것은 제도기관과 비제도기관이 상층을 넘어 대중 차원에서 소통하고 연합할 수 있는 조건을 마련함으로서 다중 섭정의 초기적 경험을 쌓는 과정일 수 있다고 생각한다.

3월 초 이후 비상행동 집회는 2008년과는 달리 시민 자유 발언과 의장 발언으로만 집회를 구성하지 않고 정당들에도 발언 기회를 주었다. 이것은 시민들이 국회의원이나 정당 대표나 간부들의 의견을 들을 수 있는 기회였을 뿐만 아니라 반대로 국회의원들과 당원들이 시민들의 자유 발언을 들을 수 있는 기회이기도 했다. 이 경험이 이후의 정치과정에서 어떻게 작용할지는 유의해서 살펴보고 분석할 필요가 있을 것이다. 만약 당의 지도력이 시민으로부터 배우는 것에서 나올 수 있다면 그 지도력은 당의 것처럼 보일 때조차 시민의 지도력일 것이기 때문이다.

셋째, 3월 26일 민주당 대표 이재명에 대한 항소심 무죄 판결은, 3월 7일과 8일의 사건에도 불구하고 법치주의가 완전히 무너진 상태에 있지 않음을, 다시 말해 반법치적 예외주의 내란세력에게 영향력 한계가 있음을 알리는 상징적 사건이었다. 윤석열 탈옥 이후 법치주의가 치명적일 정도로 흔들리는 상태였고 그것이 불안의 원천이었음을 고려하면 극우와 국민의힘에 의해 악마화되어 온 이재명의 무죄 판결은 그간의 악마화가 조작된 것임을 폭로하는 핵심적 계기가 되었다.

이 판결 전의 분위기를 회상해 보라. 권한대행 최상목은 마은혁을 헌법재판관으로 임명하지 않는 것이 위헌이라는 헌재의 판결에도 불구하고 그 판결을 묵살하고 있었고 그에 대한 탄핵 시도는 역풍론에 밀려 계속 보류되고 있었다. 헌재는 윤석열 탄핵 심판이 가장 중요하고 우선적이라는 애초의 약속을 뒤엎고 이창수를 비롯한 검사 4인 탄핵 선고,

총리 한덕수 탄핵 선고, 법무부 장관 박성재 탄핵 변론을 먼저 배치했고 3월 26일 민주당 대표 이재명 항소심 선고 일정이 잡혔음에도 윤석열 탄핵 선고 기일은 여전히 잡히지 않고 있었다. 이런 식으로 법치가 예외주의 내란세력의 영향력에 의해 뒤흔들리고 있다는 것이 시민 불안의 핵심적 요소였다. 이런 상황에서 이재명에 대한 무죄판결은 법치의 잔존하는 생명력을 보여준 중요한 사건이다.

넷째, 이에 이어 야 5당과 국회의 총력 대응(헌재 사무처장 김정원에 대한 법제사법위원회 긴급 현안 질의, 국회의장 우원식의 마은혁 임시재판관 직위 부여 가처분 신청, 최상목과 한덕수에 대한 탄핵 추진, 문형배 이미선 재판관 임기 연장 법안 추진 등), 종교계, 학계, 문학예술계 등의 새로운 시국선언, 전봉준투쟁단의 2차 트랙터 투쟁, 총파업(민주노총과 비상행동의 전국 시민 총파업), 그리고 신촌 등지로 확대된 가두 행진, 철야 농성집회, 그리고 언론을 통한 광범위한 진실 유통과 투쟁 유통(MBC와 JTBC 등의 제도 언론과 〈겸손은힘들다〉를 비롯한 유튜브 및 시민 SNS의 파면 흐름) 등 다양한 투쟁 형태가 협력적으로 어우러졌다.

그 결과 주말 시민대행진에 연 3주 전국 "100만" 이상의 시민이 결합함으로써 온갖 불안을 가져온 3월 8일 윤석열 탈옥 사건은 윤석열과 국민의힘에 부정적인 방향으로 여론을 이동시키는 계기로 바뀌었다. 파면 여론은 높아지고 야당 지지율이 상승하고 조기 대선 시 야당 후보(이재명) 지지율이 치솟았다. 조갑제, 정규재, 김진 등 보수 세력의 주요 스피커들이 윤석열 파면 대오에 합류한 것은 이 여론 이동을 보여주는 뚜렷한 지표다.

다섯째, 마지막으로 언급해야 할 요소가 있다. 3월 8일 이후 파면 집회와 파면 여론의 고조는 그 전 몇 주 동안 상대적으로 파면 집회보다 더 고조되었던 태극기집회나 세이브코리아 집회의 역동성을 떨어뜨렸고 파면 집회가 탄핵 반대 집회를 점차 압도해 나갔다. 3월 마지막 주말 집회(29일)에서 태평로의 태극기집회는 같은 넓이의 공간에 참가한 사람들 수가 줄어들면서 밀도가 낮아져 듬성듬성 이가 빠지고 김빠진 모습을 드러냈다. 안국동 현대 사옥 부근에 위치한 집회 대오도 규모가 작고 활기를 잃었다.

3월 25일 전봉준투쟁단의 남태령 트랙터 시위를 저지하겠다고 호언한 극우 유튜버들의 저지 행동은 소꿉장난과 같은 것으로 끝났다. 4월 1일 밤 일단의 극우 유튜버들이 24시간 철야농성을 위해 안국동으로 들어서는 촛불시위대에게 돌진하는 사태가 벌어졌지만 경찰에 의해 간단히 저지되었다. 그러한 돌진은 구독자 수를 늘리고 슈퍼챗을 받기 위한 소득 전술의 일환이지만 여유를 잃고 초초해진 극우 세력의 심리를 반영하는 행동이기도 하다.

이처럼 3월 7일 이후 지난 약 한 달간에 걸쳐 헌법을 지키고 또 고치기 위한 시민-야당의 집중적 투쟁들과 그 투쟁들의 선순환적 연합으로 인해 헌법재판소는 이제 그 자신이 반헌법기관임을 만천하에 드러내는 치명적 위험을 무릅쓰지 않고는 기각이나 각하를 선고하는 것이 어렵게 되었다. 어제 촛불행동 집회의 '백지 파면 뉴스'는 "왜 오늘이 4월 4일이 아니라 4월 1일인 거야?! 왜 오늘이 4월 4일이 아니고 아직 4월 2일인 거야?!"라는 개그로 사람들의 들뜬 마음을 표현했다. 우리가 4월 4일 11시를 기대에 부풀어 간절하게 기다리게 되는 이유는 아마도 앞에서 이야기한 파면의 조건과 계기들을 지각하고 있기 때문일 것이다.

파면 이후의 세상
2025년 4월 6일 일요일 오전 10시 59분

2025년 4월 4일 오전 11시 22분, '우리 대한국민'은 2024년 12월 3일에 기습적으로 발생한 극우 예외주의 내란세력의 헌법 파괴 준동을 막아내는 데 성공했다. 123일 만에 내란수괴 윤석열이 헌법재판관 전원일치 의견으로 파면되었기 때문이다. 87헌법은 수호되었고 상처 입은 몸이지만 재가동되기 시작했다.

하지만 이것이 극우 예외주의 세력이 청산되었음을 의미하지는 않는다. 아직도 내란세력은 행정, 사법, 의회 3부의 중요 부분을 장악하고 있고 제4부인 언론의 중요 부분도 이들의 수중에 있다. 게다가 '아스팔트 극우'라고 불리는 시민사회 내 예외주의 세력의 규모는 파면 선고 직전의 침체에도 불구하고 12·3 이전보다는 커졌다. 이 세력은 투기적이고 수탈적이다. 윤석열의 비상계엄 자체가 독재를 위한 정치적 투기요 주권 수탈의 시도였다.

그는 비상계엄이 실패로 돌아갔음이 분명한 파면 선고 직후에도 투기적 수탈의 노력을 포기하지 않았다. 파면에 승복하기보다 자신을 외면하며 신속하게 자신으로부터 멀어져 가는 지지자들을 붙잡아 보려는 '망한 가게 살리기'식 메시지를 내놓는 것이 그것이다. 국민의힘 권영세는 국민을 향해 사과문을 내놓으면서 그 이유를 윤석열의 계엄 폭주를 막지 못한 데서가 아니라 '민주당의 의회폭주'를 막지 못한 데서 찾는 적반하장의 태도를 보였다. 윤석열의 계엄 명분을 조기 대선의 이슈로 가져와 윤석열 지지자들로 하여금 자신의 당에 표를 던지도록 만들려는, 사과 형식의 득표 시도다. 전광훈은 헌재의 선고에 불복하여 국민 저항권을 행사하겠다는 반혁명적 가짜 투쟁론으로 시청 앞에 다시 국민-신민들을 불러 모아 헌금통을 내밀며 그들의 호주머니를 턴다. 스스로 위헌을 매일매일 자행하면서 어떤 쪽이든지 헌재의 판결에 승복해야 한다고 말한 권한대행 한덕수는 파면 선고에 대한 전광훈의 헌법 파괴적 불복 운동에 대해서는 조용히 침묵한다. 윤석열-국민의힘-전광훈-한덕수를 잇는 이 계열체는 폭력, 거짓말, 사기, 자기 모순,

뻔뻔함, 편파성, 혐오, 협박 등으로 87헌법을 파괴하여 수익을 챙기는 수탈적 투기사업 세력이다.

그러면 이들이 파괴하려는 87체제는 무엇인가? 왜 이들은 이 체제를 파괴하려 하는가? 무엇보다 87체제와 그 헌법이 6월 시민항쟁과 7~9월 노동자투쟁으로 표현된 혁명의 산물이기 때문이다. 그것이 국민을 주권자로 명기하고 국민을 권력원천으로 호명하면서 제도권력에 불편한 제한을 가하고 있기 때문이다. 극우 예외주의 내란세력이 파괴하고자 한 것은 이 '국민의 주권'이다. 12·3 비상계엄은 주권을 국민으로부터 빼앗아 계엄사령부와 대통령의 수중으로 찬탈하려 시도했다. 그것은 비상대권을 주권자 국민으로부터 빼앗아 대통령의 것으로 만들려는 시도였다.

하지만 이 사실이, 이들이 87체제 외부에서 그 체제 속으로 침입한 외부 세력임을 의미하지는 않는다. 이들은 87체제 내부로부터 성장해 나왔다. 왜 그런가? 87헌법과 그 체제가 혁명의 산물이면서도 동시에 군사독재 세력과 대의주의 세력의 타협에 의해 혁명을 흡수한 결과이기도 하기 때문이다. 달리 말해 87체제가 위로부터 혁명을 흡수하여 만들어낸 수동혁명의 산물이기도 하기 때문이다.

87체제가 시민의 민주주의를 확장하면서도 그것을 신자유주의라고 불리는 자본 자유화에 종속시키는 체제가 된 것도 이 때문이다. 87체제는 내적으로 갈등과 모순을 함축한 최소 민주주의적 체제로서 민주화를 자유화의 동력으로 삼는 체제로 기능해 왔다. 87체제 내부에서, 그 체제의 모순을 먹고 자라난 극우 예외주의 내란세력은 그 체제의 구속을, 즉 국민주권적 민주주의라는 구속복을 벗어버리려고 했다. 지난 4개월의 투쟁을 통해 우리가 87체제에 포함된 민주주의 요소를 겨우 방어했지만 87체제의 수호가 극우 예외주의 세력의 발호를 막기에 충분한 보루가 되기 어려운 이유가 여기에 있다.

지난 수십 년에 걸쳐 신자유주의적 자본주의는 노동의 인지화와 자본의 금융화를 통해 점점 극단화되어 왔다.[11] 극단화된 신자유주의는 척도로부터 벗어난(안토니오 네그리), 경첩이 빠진(질 들뢰즈) 자본주의다. 여기에서 산업자본주의 단계의 합리주의, 금욕주의는 뒤로 물러난다. 잉여 노동시간의 축적에 기초한 경제성장률보다 불로소득인 자산 수익율이 더 커진다(토마 피케티). 이윤 축적보다 지대 수취가 자본의 더 중요한 목표로 된다. 노동시간의 착취보다 공통적인 것의 수탈이 자본소득에서 더 중요한 위치를 차지하게 된다. 정치와 문화만이 아니라 종교도 지대를 노리는 산업으로 전화한다. 언어가 사실 지시의 관계에서 해방되면서 경제에서는 광고언어가, 정치에서는 명령어가 부각된다. 누구의 명령이고 무엇의 광고인가? 누구나 알고 있듯이 그것은 상품, 그리고 그것의 군주인 돈이다.

돈을 모든 것의 실제적 주인으로 만드는 극단화된 신자유주의적 자본주의 세계에서 우리의 헌법은 무엇이며 헌법과 신자유주의적 자본주의의 관계는 무엇인가? 국민을 주권자이자 권력원천으로 규정한 헌법 제1조는 우리가 경험하는 지배적 현실과 모순되지 않는가? 대한민국은 지금 과연 민주공화국인가? 대한민국의 모든 권력은 국민에게 있는가? 대한민국의 모든 권력은 국민에게서 나오는가?

대한민국의 주권은 돈과 자본가에게 있다고 말하는 것이 더 사실주의적 표현이지 않은가? 모든 권력은 돈과 자본에서 나온다고 말하는 것이 더 정직한 표현이지 않은가? 대한민국은 민주공화국이라는 지금의 헌법 제1조 제1항보다 대한민국은 돈독재국, 돈제국이라고 말하는 것이 더 진실에 가깝지 않은가?

이처럼 우리는, 주권이 돈에 있고 모든 권력이 돈에서 나오는 것으로 보이는 신자유주의적 자본주의의 지배적 현실과, 주권이 국민에게 있고 모든 권력이 국민에서 나온다는 헌법 규정 사이의 간극, 긴장, 갈

---

11. 조정환, 『인지자본주의』, 갈무리, 2011 참조.

등 속에 살고 있다. 지금까지의 과정으로 보건대 윤석열(들)은 이 거추장스럽고 피곤한 긴장을 걷어치우기를 원하는 것으로 보인다.

국민에 구애되지 않는 돈-자본의 완전한 자유를 구가하고 싶어 하는 것으로 보인다. 주권이 돈-자본에 있고 돈-자본이 모든 권력의 원천으로 평가받는 순수 신자유주의적 자본주의를 원하는 것으로 보인다. 국민이 자본의 노예로 규정된 근본주의적 자본제 헌법을 원하는 것으로 보인다. 이미 우리가 경험하는 현실인 자본 관계, 자본 본위의 주인-노예 관계의 헌법화를 원하는 것으로 보인다. '국민 = 개돼지' 사회의 보편화를 원하는 것으로 보인다. 이것이 윤석열(들)이 '철 든 뒤'부터 갖게 되는 '자유민주주의' 신조의 정치적 함의다.

자본의 완전한 '자유'가 '민주주의'와 어떠한 형태로도 갈등하거나 긴장되지 않는 방법이 있을까? 있다면 그것은 '민'을 신민臣民으로 만듦으로써, 권력에 대한 복종을 '민'의 윤리이자 관습이자 신념으로 갖는 주체성을 생산함으로써 가능해질 것이다. 신민을 주체성으로 삼는 신민민주주의적 자유민주주의를 통해서 가능해질 것이다. 신민은 자본의 완전한 지배 상태를 이성의 완성이자 역사의 종말로 받아들이는 주체성일 것이며 이럴 때 헌법 제1조는 신자유주의적 자본주의와 갈등하지 않고 조화되는 헌법 규정으로 운용될 수 있을 것이다. 주권이, 자본권력에 철저하게 복종하는 신민-국민에게 있는 것처럼, 모든 권력이 그러한 신민-국민에게서 나오는 것처럼 규정하면서 주인-신민 관계의 보편화로서의 자본의 완전한 자유를 의제하는 것이 가능할 것이기 때문이다. 윤석열이 12·3 비상계엄을 통해 구축하고자 한 비상입법 독재는 바로 이것이었을 것이다.

그런데 12·3 비상계엄에 맞서면서 신민이나 노예이기를 거부하는 사람들이 있었다. "세상은 만만하지 않지만, 우리도 만만하지 않잖아요"[12]라고 말하고 노래하는 사람들이 그들이다. 이들은 군대가 국회를 해산하고 국민을 향해 총부리를 겨누는 사회를 거부했다. 이들은 상대적으로 큰 양심과 정의감을 가진 사람들이 살해되어 영현백에 담기는 사회를 거부했다. 이들은 모든 정치활동의 자유가 금지되고 언론이 통제되며 파업과 집회가 금지되는 사회를 거부했다. 이들은 노예이기를, 신민이기를 거부했다.

윤석열 퇴진과 탄핵, 체포와 구속과 기소, 그리고 파면을 요구하며 여의도 국회의사당, 남태령, 한남동, 광화문, 안국동 등지에서, 그리고 광주, 대구, 부산, 대전, 제주 등의 전국 각지에서 전개된 모든 투쟁은 이 거부의 표명이었다. 이들은 국민인 자신이 신민이 아니라고 천명했다. 신민이기를 원치 않는다고, 노예가 되지 않겠다고 선언했다. 이 중 혹자는 자신이 시민이라고 말했다. 혹자는 자신이 민중이라고 말했다. 혹자는 자신이 노동자라고 말했다. 혹자는 자신이 성소수자라고 말했다.

확실한 것은 12·3 이후의 123일 동안 노동자, 성소수자, 인민, 민중 사이의 차별 금지 유대는 강화되었고 또 자신들을 평범한 시민이라고 지칭하는 사람들과 이들 사이의 유대도 심화되었다는 것이다. 극우 예외주의 내란세력을 물리치는 과정에서 이들은 동일한 적을 마주하고 있었고 공통감을 체험했다. 광화문, 한남동, 남태령 등에서 열어젖힌 광장에서 이들은 서로를 더 자세히 쳐다보고 서로를 더 잘 알게 되었으며 서로가 서로를 필요로 하는 존재임을 자각하게 되었다.

파괴에 맞서 헌법을 지키려는 사람들이라는 점에서 이들은 개인이면서도 합의적 규범을 세우려는 민주주의적 공민公民이었다. 4월 4일 11시 22분 윤석열 파면은 이 공민화하는 개인들의 거부 투쟁이 거둔 결실이다. 극우 예외주의 내란을 공민 민주주의 혁명으로, 빛의 혁명으로 전화시킨 결실이었다.

하지만 많은 사람들은 이것이 끝일 수 없고 새로운 시작임을 알고 있다. 극우 예외주의 내란은 앞서 말했듯 87헌정과 그 체제 속에서 제

---

12. 지민주, 〈세상에 지지 말아요〉.

도의 회로를 따라 흐르면서 제도를 부패시키며 진행되어 온 질병적 사건이기 때문이다. 헌법기관인 대통령이 내란수괴로 돌변했고 헌법기관인 군대가 헌법기관들(국회, 선관위)을 파괴하는 무력으로 돌변했으며, 헌법기관인 법원과 검찰이 내란수괴를 탈옥시키는 기관으로 변질되고, 헌법기관인 국회 여당이 내란을 옹호하고 방조한 사건이기 때문이다. 사람들은 헌법재판소(개개 재판관을 지칭하는 것이 아니다)가 바람 앞의 등불처럼 깜빡이는 사태를 경험했고 그 위기를 제어할 특별한 제도적 수단이 없다는 사실 앞에서 불안에 휩싸였었다. 87년체제는 이렇게 극우 예외주의 내란에 면역되어 있다기보다 그것을 허용하는 체제였으며 그 체제의 파괴를 막아낸 지금도 여전히 그런 상태에 있다. 헌법의 부패와 내란은 지금도 지속되고 있기 때문이다.

　우리는 87체제가 탄생한 40여 년 전과는 다른 환경 속에 살고 있다. 앞서 언급했듯이 자본형태, 정치형태, 문화형태에서 탈근대적 현상들이 뚜렷하게 나타나고 있다. 최근의 내란은 21세기의 이 탈근대적 조건과 기술을 활용하면서 돌출했고 또 전개되고 있다. 87체제 속에서 발생한 이 극우 예외주의 내란세력을 극복하기 위해서는, 이들이 강요하는 노예화나 신민화를 거부하기 위해서는 공민公民이 되는 것만으로는 충분하지 않다. 87체제의 공민민주주의는 공민公民의 힘만으로는 지켜지기 어렵다. 그것은 다른 힘, 다른 방식을 요구한다. 탈근대적 조건에서의 공민성公民性은 기존의 헌법권력과 헌법규범을 강화하는 것만으로 유지될 수 없다. 그것은 새로운 헌법을 요구한다.

　주체성의 관점에서 이 요구를 해석해 보면 그것은, 헌정 질서를 세우고 지키는 공민公民일 것을 넘어 삶 속에서 측정 불가능하고 양도 불가능한 특이점特異点이면서도 직접 서로 돌보며 연대하는 공민共民 혹은 공통인共通人으로 나아갈 것에 대한 요구이다. 내란에 대항하는 투쟁의 과정은 서로 모르는 사람들 사이의 상호인정의 경험을, 선결제-나눔의 경험을, 서로를 필요로 하는 절실한 협동과 사랑의 경험을 선물했다.

공민共民, 공통인, 공통인민의 직접행동, 직접적 삶정치의 질과 강도를 좀 더 높임과 동시에 공公의 권력 위계를 좀 더 낮추어 공公이 공共의 위에서가 아니라 그 곁에서 그것의 활력을 치우침 없이 순환시키는 서큘레이터가 되게 만들어야 한다.

이것을 다른 말로 이렇게 표현할 수 있을 것이다. 제헌활력인 국민은 자신을 이중의 의미에서 '공민'적인 다중으로 인식하고 민주주의를 최대한 직접적이고 자치적인 것으로 바꾸는 주체로 될 필요가 있다. 이 직접 민주주의가 활성화되면 제헌활력의 대의주의적 위임 정도는 낮아질 것이고 권력은 필요한 만큼으로 축소되고 제한될 것이다. 필요한 위임을 하는 경우에도 그 위임권력을 제헌활력이 감시, 통제, 섭정할 수 있는 기제를 제도화하는 것이 필요하다. 이렇게 공민共民의 직접민주주의를 강화하고 현행의 자유 대의제를 공민共民인 공민公民에 의한 기속적 대의제로 전환시킴으로써 신자유주의적 자본주의가 낳는 계급 성별 인종 불평등과 차별들, 삶의 불안정과 생태 파괴, 팬데믹과 기후위기를 극복해 나가는 것이 가능할 것이다.

19세기와 20세기에 대안적 상상력을 제공하고 대안공통어로 기능했던 사회주의가 지구의 여러 곳에서 국가자본주의로 귀착하거나 다시 신자유주의적 자본주의로 횡보함으로써 21세기 오늘날 우리는 아직 자본주의적 관계에서 벗어날 수 있는 분명한 대안적 경로를 알지 못한다. 우리에게는 아직 대안공통어가 없다. 그러나 이것은 결코 희망 없음을 의미하지 않는다. 물어가면서 걸어가고 걸어가면서 물을 수 있기 때문이다. 모든 것을 발명할 수 있는 권리와 책임이 우리 자신에게 주어져 있기 때문이다. 그것은 불안하지만 자유롭고 그만큼 설레는 길이다. 극우예외주의 내란세력을 극복해 내는 지금의 이 과정이 어떤 새로운 관계 속으로 우리를 이끌지, 우리를 어떤 존재로 바꾸어 놓을지 아직 아무도 알지 못한다. 이성적 희망과 다른 세상은 함께 물으면서 서로 배우고 걷는 그 걸음 속에서 생성되어 나올 것이며 또 생성되어 나오고 있다.

7장
대의민주주의라는
난감한 실험실

정권 교체와 그 너머

2025. 4. 5 ~ 2025. 5. 8

시민 주도 개헌에 대하여

2025년 4월 7일 월요일 오후 12시 25분

국회의장 우원식이 '대선 동시 개헌'을 제안한 후 여러 곳에서 찬반 의사들이 표현되고 있다. 개헌의 필요성을 부정하는 사람들은 별로 없어 보인다. 우원식의 제안은 '언제 개헌할 것이냐?'를 모든 사람들이 관심을 가져야 할 주요 의제로 제기했다.

그의 제안은 정작 중요한 문제, 즉 '어떤 개헌인가?'의 문제는 접어두었다. 각 당의 개헌특위가 다룰 주제라는 것이다. 그런데 여기에는 개헌 주체에 대한 특정하게 결정된 사고가 숨어 있다. 이 사고법 속에서 개헌 주체는 자동적으로 정당으로 설정되기 때문이다.

이것은 개헌의 실질적 주체가 국민이라는 사실을 잊은 것이며 지금의 개헌 동력이 윤석열 정권의 붕괴를 가져온 2024년 시민의 직접행동과 빛의 혁명에서 주어지고 있다는 점을 간과한 것이다. 요컨대 시민 주체성을 간과한 대의주의적이고 보수적인 제안이다.

빛의 혁명은, 정당들에 앞서서 윤석열의 내란을 저지하고 계엄해제와 탄핵에 동의한 국회의원들과의 협력을 통해 윤석열을 파면시킨 시민들의 직접 행동이었다. 새로운 헌법이 헌법적 정당성을 얻을 수 있는 방법은 그 누구보다도 이 시민들의 목소리와 요구를 담아내는 것이다.

그것을 가능케 할 방법은 개헌 논의를, 정당이 아니라 시민들이 주도하는 것이다. 국회는 2025년 4월 4일 「12·3 윤석열 비상계엄을 저지한 대한민국 국민께 드리는 감사문」을 통과시켰다. 거기에서 국회는 "2024년 12월 3일 비상계엄의 밤부터 2025년 4월 4일 대통령 윤석열 파면의 날까지 장장 123일 동안 지속되었던 우리 국민의 결연한 저항과 평화적 항거가 대한민국 역사에 영원히 빛날 것"이고 "헌정 질서가 위태로울 때마다 떨쳐 일어나 국헌을 바로 세우고 민주주의를 지켜낸 우리 국민의 위대함과 슬기로움에 대한민국 국회는 깊이 감사하며 무한한 존경과 신뢰를 표한다"고 말했다.

이 감사, 존경, 신뢰의 마음이 빈말에 그치지 않으려면 그 "국민의 위대함과 슬기로움"이 헌법 속에 실질적으로 구현될 수 있도록 도와야 한다.

그것의 실천 방법은 시민을 실질적 헌법 개정의 주체로 일으켜 세워주는 것이다. 헌법이 정당들 간의 정치적 야합의 산물로 얼룩지지 않게 만들어 주는 것이다. 새로운 헌법을 21세기의 시민 주도 마그나카르타(정치헌장)로 만들어 내는 것이다. 이것이 21세기의 삼림헌장(경제헌장)을 만들어 내는 발판이 될 수 있을 것이다.[1]

어떤 개헌인가의 문제는 새로운 헌법의 이러한 주체적 방향 설정을 통해 자연스럽게 풀려나올 것이다. 시민의 한 사람이자 연구자로서 나는 개헌 논의에 필요하다고 생각하는 아이디어를 스케치해 함께 생각해볼 거리로 공유해 두고 싶다. 이것은 글자 그대로 '스케치', 즉 '과정 중의 생각'이다.

> 1. 헌법은 개개인들의 특이한 삶들이 공통되기 위해 필요한 얼개다.
> 2. 그것은 물질적 헌법과 형식적 헌법으로 구분된다.
> 3. 물질적 헌법은 국민다중의 감각, 욕망, 생각, 말, 행동, 요컨대 생산하고 재생산하는 삶이다.[2] 이것이 제헌활력, 삶정치적 구성력이다.

---

[1] 마그나카르타와 삼림헌장의 관계에 대해서는 피터 라인보우, 『마그나카르타 선언 : 모두를 위한 자유권들과 커먼즈』, 정남영 옮김, 갈무리, 2012 참조.
[2] 내가 여기서 '국민' 대신 '국민다중'이라는 표현을 쓰는 이유는 '국민'은 닫힌 정체성의 개념임에 반해 '국민다중'은 정체성인 국민에서 출발하더라도 그것이 국민 너머로, 심지어 비인간에까지 열린 개념일 것을 요청하기 위해서다.

4. 형식헌법은 이 물질적 헌법의 언어적·역사적·정치적 표현이다.
5. 개헌의 필요성은 물질헌법과 형식헌법 사이의 간극에서 발생하며 개헌력은 물질헌법, 즉 제헌활력에서 나온다.
6. 87년 헌법은 직선제를 비롯한 최소 민주주의를 담아냈지만 당시 시민혁명의 요구를 충분히 반영하지 못하고 남겨 두었다. 5·18, 4·3 정신과 경험의 누락 같은 것이 그 사례다.
7. 또 87헌법은 이후 40여 년 동안 변화한 시민의 사회적 삶의 문제와 요구에 충분히 대응하기 어려운 상태에 있다.
8. 또 2024년 12월 3일 내란에 대항하여 일어난 빛의 혁명은 새로운 개헌의 요구를 제기한다.
9. 새로운 헌법은 지난 시기 시민혁명의 누락된 요구를 반영함과 동시에 변화한 국민다중의 요구를 반영하고 빛의 혁명의 목소리를 반영하는 것으로 바뀌어야 한다. 이 세 가지 요구를 담아낼 새로운 헌법이 필요하다.
10. 지금까지의 헌법은 국민의 권력을 위임받은 선출·임명 엘리트들의 임의적인 권력 행사, 즉 부정적 의미에서 '자유로운' 권력 행사를 보장해 왔다. 새로운 헌법은 국가권력을 국민다중에게 실질적으로 돌려주는 직접민주주의 개헌이어야 한다. 이에 따라 대의제는 자유 대의제에서 기속적 대의제로 바뀌어야 한다. 권력의 시민 자치적 직접 행사를 기본으로 하면서 위임의 범위와 강도를 약화시켜야 한다. 지나치게 강력한 엘리트 권력이 한국 사회의 부자유, 불평등, 차별, 분열, 생명 경시, 생태 파괴를 심화시키는 핵심 요소였기 때문이다.

11. 국민다중에 기속된 대의기관이 국민다중의 삶의 활력을 고루 유통시키는 서큘레이터로 기능하도록 해야 한다. 그리하여 사회활동의 요소요소, 시시각각에 시민들의 의사가 두루 반영될 수 있도록 만드는 개헌이어야 한다.
12. 그것은 어떤 대의권력 기관도 계엄을 선포할 수 없도록 하고 어떤 경우에도 국민다중의 기본권이 침해될 수 없도록 하는 개헌이어야 한다. 전시, 사변의 경우에조차도 위로부터의 비상권이 아니라 아래로부터 국민다중의 직접민주주의적 위력이 창조적 직접 대응의 비상대권으로 발휘될 수 있도록 보장하는 개헌이어야 한다.
13. 직접민주주의적 반독재 헌법을 통해 윤석열 내란세력이 추구한 바와 같은 독재의 가능성을 철저히 봉쇄하고 아래로부터 시민들의 집단지성과 사회적 협력이 직접 사회를 활성화하고 관리하는 주요한 힘으로 기능할 수 있도록 하는 헌법이 필요하다.
14. 내란수괴는 파면되었지만 내란세력은 광범위하게 잔존하고 있으므로 개헌 논의는 시민 차원에서 광범위하게 전개되고 국회, 사법, 행정 제 기관은 내란세력의 청산과 기존 헌법의 수호에 더 집중해야 한다.
15. 개헌의 근본 주체는 국민다중이고 그것의 실행 주체는 빛의 혁명을 성취하는 데 기여했고 또 그것을 완수하고자 하는 시민들이다. 비상행동, 촛불행동, 여러 온·오프라인 개인들, 야 5당, 그리고 국민의힘 탄핵파와 계엄해제파는 이 시민 범주의 일부로서 개헌의 주체가 될 수 있다.
16. 빛의 혁명 과정에서 제기된 민주, 진보, 평등, 평화, 생명 등

등의 가치가 헌법정신 속에 구현되어야 한다.
17. 개헌 논의는 아래로부터 시민 주도로 이루어지고 국회는 사후적으로 이 논의의 결과를 검토하여 합법적 개헌안으로 만들고 국민투표에 회부하는 등 합법적 절차에 따라 새로운 헌법을 만들어야 한다.
18. 개헌논의 기구로 시민 주도의 개헌 논의를 담당할 독립 평의회를 설치해야 한다. (이를 위해 비상행동과 촛불행동의 의장단과 대표가 개개 시민들이나 국회의 의견을 포괄할 수 있는 방식으로 개헌 논의 기구에 대한 제안을 하는 것이 현실적일 것으로 보인다.)
19. 시민헌법평의회는 내란세력의 청산을 기다리지 않고 혁명의 힘이 대의 과정에 오염되지 않은 지금, 가장 빠른 시간 내에 구성되어야 한다.
20. 그 구성은 개헌주체들의 요구를 대표할 수 있는 방식으로 구성하되 추천과 추첨을 기본방식으로 한다.
21. 시민사회 모든 개인, 단체 등은 개헌을 위한 특별한 토론 활동을 조직하고 그것의 성과를 헌법평의회에 제안해야 하며 헌법평의회는 이 제안을 수렴하여 필요한 만큼 개헌안에 반영해야 한다.
22. 논의 결과의 논리적 법률적 일관성과 사회적 책임성을 검토할 법률 감리 기구를 설치한다.
23. 시민헌법평의회는 어느 당에도 속하지 않고 추천과 추첨으로 결정되는 몇 사람의 공동의장을 둔다.
24. 시민헌법평의회에서 상시적으로 활동하는 사람들에게 급여가 주어진다면 그것은 한국 시민들의 평균 급여를 넘지

않아야 한다.
25. 차기 대선후보들은 시민 주도 개헌에 대한 입장(일정 포함)을 공약에 밝혀야 한다.
26. 당선자의 개헌 관련 공약은 당선과 동시에 입법화되어 그 공약 내용이 반드시 이행될 수 있도록 법률로 강제해야 한다.

탄핵해야 한다
2025년 4월 9일 수요일 오전 5시 7분

헌법재판소가 윤석열 탄핵 청구에 대한 판결을 미루고 시간을 질질 끌고 있던 3월 말~4월 초에 적지 않은 사람들이, 헌재가 재판관 문형배, 이미선의 퇴임일인 4월 18일까지 선고를 미룬 후 권한대행 한덕수가 마은혁 임명과 대통령 몫 두 명 지명을 강행하여 윤석열 복귀 프로젝트를 실행할 수 있다고 예상했던 것으로 기억한다. 만약 이 예상대로 되었다면 윤석열의 내란은 결국 성공하는 것으로 귀결되었을 것이고 그것은 헌법의 이름으로 헌법을 송두리째 파괴하는 성공한 반혁명이 되었을 것이다.

2025년 4월 8일 한덕수가 이완규와 함상훈을 헌법재판관으로 지명한 것은 윤석열이 파면된 후에도 이 프로젝트가 지속되고 있음을 보여준다. 이것은 무엇을 의미하는가? 한덕수는 국회 몫 재판관(마은혁)을 신속히 임명해야 하는 헌법에 규정된 의무를 오랫동안 지키지 않더니 이제는 헌법에 규정되지 않은 권한을 행사하는 헌법 파괴적 행동을 자행했다. 이렇게 정치적 목적으로 국민의 의사에 반해 국가권력과 헌법의 통치력을 저해하고 파괴하는 행위가 내란이 아니면 무엇인가? 한덕수는 최상목과 더불어 계엄령 없는 내란, 군사력 동원 없는 내란을 뻔뻔하게 자행하고 있다. 이들의 헌법 무시, 헌법 파괴 행동에 대해 커다란 불안과 분노를 느끼는 것은 시민들이다.

이 상황에서 국회는 무엇을 하고 있는가? 내란에 지금까지 지속적으로 동조해온 범죄 집단인 국민의힘은 어떤 기대도 걸 수 없는 정당이므로 제쳐두기로 하자. 야 5당은 지금까지 윤석열 내란진압에 시민들과 나름대로 성실히 보조를 맞춰 왔다. 그런데 한덕수, 최상목에 대해 보이는 태도, 특히 민주당의 태도는 문제적이다. 민주당은 이들의 헌법 위반에 대해 '묵과하지 않겠다', '좌시하지 않겠다', '경고한다'고 지금까지 몇 번이나 말해 왔는가? 실행이 되지 않음으로써 그 수많은 경고들이 빈말이 되어 돌아오고 있지 않는가? 지금 한덕수가 내놓는 반헌법적 결정은 이 숱한 경고들이 결국 묵과와 좌시로 귀결된 것의 결과가 아닌가?

탄핵권은 국민이 국회에 위임한 것으로 필요한 때에 그것을 행사하지 않는 것은 국민의 신임을 배반하는 것이다. 그것은 어떤 정략적 이유로도 변명 될 수 없다. 만약 정략적 이유로, 헌법 파괴 내란을 새로운 형태로 지속하면서 공동체의 위기를 가중시키는 행위들에 대해 그것을 중단시킬 유일한 방어책인 탄핵권을 행사하지 않는다면 내란을 방관했다는 책임을 면할 수 없을 것이다.

한덕수가 어떤 정치적 목적으로 이완규, 함상훈을 지명했을까? 혹자는 그것이 국민의힘 해산을 방어하기 위한 예방 조치일 것으로 추정한다. 헌법재판소의 정치적 구성을 극우적 방향으로 바꾸는 것은 이 단일 목표에만 그치지 않을 수 있다. 훨씬 공격적인 목표도 생각해 볼 수 있다. 헌재의 탄핵 결정권을 이용해 예컨대 새로 선출될 대통령을 탄핵할 수도 있을 것이다. 노무현 탄핵에서 우리가 이미 경험한 것이다. 단기적으로 윤석열 복귀가 불가능하더라도, 미국에서 트럼프의 복귀가 보여주듯, 장기적으로까지 그것이 완전히 불가능한 것은 아니다. 국회가 언제까지나 현재의 민주당 우위 구성을 갖고 있으리라 예상할 수는 없으며 민주당의 정치적 성격이 언제 어떻게 바뀔지 역시 알 수 없는 것이기 때문이다.

물론 한덕수의 지명 행동의 숨겨진 의도나 그것이 가져올 정치적 결과보다 더 중요한 것은 헌법 무시로 인한 국가 공동체의 붕괴다. 헌법이 무너진다면 국가도 무너지는 것이다. 한덕수와 최상목을 탄핵해야 한다. 늦기 전에 탄핵해야 한다. 할 수 있을 때 탄핵해야 한다. 조국혁신당은 이미 이러한 입장을 갖고 있는 것으로 알고 있다. 문제는 민주당이다. 헌법재판소가 선고기일을 지정하지 않고 시간을 끌었던 것만으로 국민들은 충분히 불안했다. 이제 민주당이 탄핵을 실행하지 않고 시간을 끄는 현실의 불안을 다시 국민이 감당해야 하는가? 헌법재판소가 파면을 하도록 촉구하기 위해 광화문으로, 안국동으로 나서서 철야와 단식을 했듯, 민주당이 탄핵을 하도록 촉구하기 위해 여의도로 나서서 철야와 단식을 해야 하는가? 이러면서 내란진압이 먼저고 개헌은 나중이라고 말할 자격이 있는가? 왜 선거가 먼저고 내란진압은 나중이라는 느낌을 국민들에게 주는 것인가?

'빛의 혁명'은 어디로?

2025년 4월 11일 금요일 오후 10시 5분

윤석열이 파면된 4월 4일로부터 일주일이 지났다. 관저에 머물면서 환송 만찬을 하는 등 세금을 유용하던 부부 윤석열과 김건희는 오늘(4월 11일)에야 용산 관저를 떠나 서초동 아크로비스타로 돌아갔다. 오래 제주 집을 비워두었던 나도 만 4개월이 넘어서 어제(4월 10일)야 집으로 돌아왔다. 제주의 지인들에게 파면을 시킨 후에 제주로 돌아오겠다고 공언했는데 약속을 지킨 셈이다. 오늘은 교직을 은퇴하고 와흘리에서 정원을 가꾸는 지인 김영란이 수고했다며 식사를 대접해 주었다. 마치 금의환향이라도 한 듯한 느낌이다.

선거일이 정상적으로 공고될 것으로 판단한 월요일(4월 7일)에 차를 몰고 서울을 출발하여 괴산 자연드림 파크, 구례 화엄사와 연기암, 강진 다산초당과 백련사와 사의재를 거치는 여행 끝에 세월호의 슬픔이 서린 진도 팽목항에서 배를 타고 제주도로 들어서는 데 3박 4일이 걸렸다. 마루와 방에 뽀얗게 앉은 먼지 때문에 온 창문을 열고 청소기부터 돌린 후에 짐을 풀어야 했다.

파면을 기념하는 귀가 여행길 동안 어떤 일들이 있었던가? 대의체계 속에서 각 당들은 빠르게 조기 대선 준비로 들어섰다. 그간 윤석열이 복귀할 것이라며 선거에서 물러나 있던 국민의힘도 앞뒤 안 맞는 승복 선언을 한 후 빠르게 대선 모드로 돌입했다. 세이브코리아의 손현보, 전한길도 헌재 결정을 받아들인다며 4월 5일로 예정되었던 집회를 취소했다. 불복을 선언하고 국민 저항권과 '윤석열 어게인'을 외치던 전광훈도 오늘(4월 11일) 자유통일당 후보를 내겠다며 선거를 향해 급변침했다.

이렇게 파면은 극우 세력을 대의 체계 속으로 끌고 들어왔지만 예외주의적 행보가 결코 끝난 것이 아니다. 권한대행 한덕수는 대행의 헌법적 권한을 넘는 대통령 몫 헌법재판관 지명(이완규, 함상훈)을 강행함으로써 국회 몫 헌법재판관인 마은혁 임명을 오랫동안 미루던 부작위적 헌법 위반으로는 모자라는 듯, 작위적 헌법 위반을 실행했다. 이제는 일상이 된 한덕수의 이 헌법 위반은 탈옥한 윤석열의 헌법 위반 파티와의 합주로 음울한 정치적 소음을 만들어 낸다.

나의 귀가 여행 동안 나를 어둡게 한 것은 이 음울한 소음만은 아니다. 파면은 극우 세력을 분열시켰지만 민주-진보-평등의 가치로 연합되었던 빛의 혁명 세력 사이에도 분열선이 생겨나기 시작하는 것으로 보였기 때문이다. 선거 시즌이 시작되자 서로를 위로하던 협동의 흐름에서 차이가 가시화되기 시작했다. 그중에서도 세 가지 주제를 둘러싼 갈등이 대표적이다. (1) 한덕수·최상목 탄핵 (2) 오픈프라이머리 그리고 (3) 개헌.

첫째, 한덕수·최상목 탄핵은 많은 사람들이 주장하고 또 지금까지의 과정으로 보면 당연한 듯 보이는 과제인데 뜸만 잔뜩 들일 뿐 실행되지 않고 있다. 이 두 사람의 헌법 위반은 도를 넘어섰다. 정당들 속에도 이들에 대한 탄핵이 필요하다고 주장하는 사람들이 분명히 있다. 그럼에도 불구하고 탄핵의 키를 쥐고 있는 민주당은 역풍을 경계하여 신중할 것을 주장하면서 탄핵을 주저하는 매우 조심스러운 행보를 계속해 왔다. 아마도 기회를 엿보는 보수언론과 국민의힘의 역공에 대한 두려움과 중도층의 이반에 대한 우려가 결합된 것이리라. 선거를 의식한 이 망설임의 과정에서 한덕수는 주저 없이 앞서 말했던 것처럼 자신의 권한 밖인 헌법재판관 지명 행위를 저질렀다. 이 지명 행위의 효과가 앞으로 어떻게 나타날지 사람들은 불안해하기 시작했다. 국민의힘 해산 조치를 막기 위한 방어 수단이라는 설명도 있지만 그뿐만이 아니라 민주당 대통령 후보 이재명이 대통령에 당선되더라도 그에 대한 재판을 계속하려는 포석으로서, 심지어 새로운 대통령에 대한 탄핵 수단으로 사용하기 위한 공격수단이 아닌가 우려되기 때문이다. 선거를 의식한 극우로부터의 역풍에 대한 고려와 신중함, 그로 인한 속도 지체는 이처럼 빛의 혁명을 위태롭게 하는 결과를 가져오고 있다.

둘째, 조국혁신당의 오픈프라이머리(국민 완전 경선제) 제안이 무력화되었다. 이 제안은 빛의 혁명에서 유지했던 전선을 선거 과정에서도 관철시키자는 취지를 담고 있다. 이 제안은 빛의 혁명에 참여했던 국민들이 대선후보자를 뽑고 공약도 국민들의 제안을 받들자는 것이기 때문에 혁명의 관점에서 정당성을 갖는 제안이다. 민주당은 이 제안을 받아들이지 않았다. 그 이유 중의 하나는 오픈프라이머리를 진행할 시간이 부족하다는 현실조건론이다. 또 하나는 그보다 더 중요한 것으로, 마땅히 누려야 할 후보 선출권을 당비를 납부하는 당원이 누리지 못하게 된다는 것, 즉 헌법이 규정한 당원민주주의에 충실하지 못하다는 것이다.

이것은 대한민국 헌법을 대의제 중심의 당원 주권 규정으로 해석함으로써 나오는 결론이다. 그러나 이것은 당원 주권(제8조)이 국민주권(제1조)에 종속된다는 사실을 간과하거나 애써 무시하는 해석 방식이다. 빛의 혁명은 극우 내란세력의 헌법 파괴와 주권 찬탈 시도에 대항하여 87헌법을 수호하고자 한 무지개 연합투쟁이었다. 그것의 완성은 이 연합의 가치와 실천을 내란청산까지 밀고 가는 것을 통해 거둘 수 있다.

그렇다면 오픈프라이머리 제안이 좀 더 진지하게 검토되었어야 하지 않을까? 극우나 반민주당 세력의 역선택 우려가 있다는 것, 시간이 부족하다는 것은 유의미한 반대 이유다. 하지만 제안의 정신을 살리기 위한 공동회의(원탁회의)의 재건 등을 통해 있을 수 있는 문제점을 방어하기 위한 기술적 방법을 진지하게 찾아가는 협력적 태도를 왜 국민들에게 보여주지 못하는 것일까? 오픈프라이머리가 아니라면 빛의 혁명을 추진할 그보다 더 나은 안이 무엇인지를 왜 제안하지 못하는 것일까? 왜 국민주권주의보다 당원주권주의를 앞세우는 보수적 해석에 머물러야 했을까?

셋째, 국회의장 우원식의 대선 동시 개헌 제안이 사실상 민주당 대표 이재명과 친명계에 의해 거부되었다. 주된 논리는 (1) 내란세력 청산이 먼저고 개헌은 나중이라는 것이다. 또 국민의힘은 대화 파트너가 아니라 청산 대상이라는 것이다. (2) 헌법에는 죄가 없고 행위가 문제라는 것이다.

확실히 국회의장 우원식의 제안에 문제가 있다고 생각한다. 우원식은 자신의 제안이 여야 간의 상당한 합의에 기초한 것이라고 주장했지만 민주당 주류의 반대는 사실이 그렇지 않았다는 것을 여실히 드러냈다. 그뿐만이 아니다. 그 제안은 빛의 혁명의 주체세력인 시민의 합의를 담고 있지 않았고 거기에 관심을 기울이지 않았다. 광화문 광장에서 많은 사람들이 '우리가 만들 헌법'에 관심을 기울였다는 사실을 모르거나 몰각했다.

하지만 내란세력 청산과 개헌은 결코 대립적인 것이 아니며 개헌이 내란세력 청산 뒤로 미뤄야 할 단계적 과제도 아니다. 내란세력에 대항하고 내란세력을 넘어서는 빛의 혁명의 실천 과정이 그 자체로 헌법제정 과정이고 개헌 과정이며 그 물질적 헌법 실천은 개헌이라는 법률적 절차로 구체화될 필요가 있기 때문이다. 내란청산이 어떤 헌법적 기획 하에서 이루어질 것인가에 따라 청산의 형태, 수준도 달라질 수밖에 없다. 내란청산과 개헌은 이런 의미에서 동시적 상호작용의 과정이지 단계적 과정이 아니다. 어떤 내용의 개헌이 이루어질지는 어떤 혁명적 실천이 이루어질지와 결코 분리된 과정이 아니다.

우리가 이 과정을 혁명이라고 부르는 이유는 이 과정이 위로부터 당 주도가 아니라 시민 주도적으로 이루어져 왔고 또 앞으로도 그럴 것임을 표현하는 말이다. 그러므로 헌법도 시민 주도적으로 개정되어야 한다. 시민 주도성이야말로 내란청산과 개헌을 동시에 추진할 수 있는 유일한 조건이다. 시민 주도 개헌 과정에서는 국민의힘은 변수로 등장할 수 없다.

당들은 선거가 시작되면 서로 분열되어 표를 얻기 위한 싸움을 하게 되고 청산 대상이라는 국민의힘은 이 과정에서 후보를 내고 목소리를 높이면서 지금까지의 과정을 정당한 것으로 선전하게 될 것이다. 선거에서 친극우 국민의힘은 (이제 극우 자유통일당도) 어떤 제한 없이 자기 목소리를 합법적으로 낼 수 있고 그것은 선거운동으로 보장받게 될 것이다. 이 점에서 내란청산의 가장 큰 장애물은 개헌논의가 아니라 선거 자체가 될 것이다. 그럼에도 '내란청산 먼저, 그다음에 선거'라고 말하지는 않는다. 이럴수록 어떤 헌법이 필요한가에 대한 아래로부터의 심도 있는 논의가 준비되고 개헌의 일정이 공약으로 되고 입법으로 강제되어야 한다.

이번 내란과 관련하여 현행의 헌법은 아무 문제가 없다는 주장은 터무니없을 정도로 위험한 주장이다. 헌법에 문제가 있어서 내란이 일어난 것은 아니지 않느냐는 주장은 일종의 헌법 허무주의를 가져올 수 있다. 내란의 동력은 사회 자체에서 주어지고 있었다고 할 수 있지만 그것이 비상계엄의 형태로 돌출한 것은 분명히 헌법의 빈틈 때문이다. 대통령에게 비상계엄권이 주어져 있었기 때문이다. 이번 내란에서 국회가 위헌·위법을 이유로 해제 결의를 하기까지 대통령은 국가권력의 핵심 무력인 국군을 통수할 수 있는 권한을 헌법에 따라 보장받고 있었다. 국회가 그 비상계엄을 해제한 것도 헌법에 의한 것이었지만 만약 군대가 비상계엄 해제가 의결되기 전에 국회를 무력화하는 데 성공했다면, 다시 말해 제헌활력인 시민의 저항권 행사가 없었다면 비상계엄은 성공했을 것이고 현행 헌법은 휴지로 돌아갔을 것이다. 헌법이 부여한 권력으로 윤석열이 헌법을 파괴했을 것이다.

대통령에게 엄청난 예외적 재량권을 허용한 헌법 조항은 반드시 수정되어야 한다. 이 외에도 이번 내란 사건은 헌법 위반에 대한 아무런 처벌 조항이 없는 것, 대통령 탄핵과 관련하여 헌법재판소가 국민의 운명을 좌우할 수 있게 되어 있는 것 등을 커다란 헌법상의 문제로 제기했다. 국민주권에 상응하는 직접민주주의가 현저히 부족한 것은 오래 전부터 지적되어 온 바다.

민주당이 빛의 혁명의 일원이라고 자임하고 이 혁명을 이끈 시민의 힘 덕분에 당으로서 살아남았으며 이 혁명 덕분에 당 지지율과 대선 잠재 후보 지지율이 높게 유지되고 있음을 인정한다면 좀 더 적극적으로 (당리당략적 관점이 아니라) 혁명의 관점에서 내란청산, 대선, 개헌에 대한 적극적 대안을 내놓아야 마땅할 것이다.

적어도 한덕수·최상목 탄핵, 오픈프라이머리, 개헌이라는 이번 주에 제기된 3대 주제에서 민주당은 빛의 혁명의 관점에서 다른 당이나 시민을 앞서기보다 뒤처져서 눈치를 보고 변명을 하기에 바빴다. 국민주권 관점보다 당 주권을 앞세우는 분파적 태도를 보였다. 제기된 주장들을 무조건 따라야 한다는 뜻이 아니다. 빛의 혁명을 완수하려면 무엇이 필요하며 어떻게 하는 것이 더 좋은지를 설명하면서 동의를 얻어가는 혁명 관점에서의 헤게모니와 지도력의 발휘가 절실하다는 것이다.

탄핵은 역풍 때문에 신중해야, 오픈프라이머리는 정치 하수가 분수를 넘어 제안한 것에 지나지 않아, 개헌은 나중에…식으로 모든 쟁점에 대해 회피를 일삼는 것은 지도력을 갖기 원하는 정당이 취할 태도가 아니다. 당과 당원의 권리를 앞세우기 전에, 당원과 함께 아니 당원보다 더 철저하게 혁명을 승리로 이끈 시민들을 먼저 생각해야 할 것이다. 이 시민들을 만족시키지 못하는 한 어떤 정치가든 제자리걸음이거나 뒷걸음질을 면치 못할 것이며 그러한 정치는 내란을 키우는 모판 이상이 되지 못할 것이다. 우리의 혁명이 선거에 이용되는 데 그치지 않고 선거를 딛고 한 걸음 더 나아가는 역사적 사건으로 되기 위해서 무엇이 필요할까?

빛의 혁명에서 발광체와 반사체
2025년 4월 14일 월요일 오후 4시 6분

4월 4일 이후 약 한 주간 우리는 "8 대 0은 예정되어 있었습니다"라는 주장의 홍수 속에서 살아야 했다. 텔레비전 뉴스에서도, 유튜브에서도 "나는 한 번도 8 대 0을 의심해 본 적이 없습니다"라고 말하는 사람들이 마이크를 들고 말하고 있었다. 앵커들, 인터뷰어들, 진행자들은 그런 사람들의 목소리를 전하는 것으로 4월 4일 승리의 분위기를 한껏 고조시키고 싶어 하는 것으로 보였다. 재판관이 양심이 있다면 법리적으로 기각 논리를 작성할 수 없었을 것이라는 것이 빛의 혁명을 결산하는 '8 대 0 예정론'의 방식이었다.

그런데 정말 그런가? 지난 3월에도 헌법재판관의 양심과 법리에 따라 헌법심판이 흔들림 없이 진행되었다고 말할 수 있는가? 만약 그랬다면 3월 7일 판사 지귀연의 윤석열 구속취소 결정 이후 광장과 거리에서 우리들의 마음을 지배했던 지울 수 없었던 불안감의 정체는 무엇이었던가?

법치에 대한 무지, 그것에 대한 근거 없는 불신과 망상의 산물이었던가? 만약 8 대 0이 예정되어 있었다면, 그리하여 다른 가능성이 없었다면 탄핵소추안 가결 이후 약 4개월에 걸친 광장 투쟁은 무엇을 위한 것이었던가? 헤아릴 수 없을 횟수로 광화문, 안국동, 전국 여러 곳에서 울려 퍼졌던 '탄핵하라, 파면하라'의 저 목청 터지던 외침들은 무엇을 위한 것이었던가?

나도 처음에는 법치주의 관점에 따라 파면이 불가피하다고 생각했지만 시간이 흐를수록 그렇지 않을 수도 있다는 생각을 갖게 되었다. 일차적인 것은 지하철 시청역에서 내려 동십자각 촛불집회장으로 가는 길에 거치게 되는 태극기집회의 규모와 열기, 그리고 그 구성의 변화 때문이었다. 탄핵안 가결 이후 태극기집회의 규모는 더 커지고 더 뜨거워진 데 반해 촛불·응원봉 빛의 집회의 규모는 점점 축소되고 열기는 식어갔다. 인용, 즉 파면이 피할 수 없다는 여론이 고조될수록 더욱 그랬다.

시간이 흐를수록 노년층 중심의 태극기집회에 젊은 세대가 수혈되었음에 반해 청년층 중심의 촛불·응원봉 집회는 장년화되어 가는 분위기였다. 집회 구성과 열기의 이런 변화와 비대칭화, 심지어 역전은 점점 언론의 이슈나 보도경향에 상당한 영향을 미쳤다.

왜 이런 사태가 나타났던가? 여러 가지 이유 중의 하나가 바로 "8

대 0 예정론"이었다고 나는 생각한다. 법률 전문가, 헌법학자, 국회의원, 정치평론가들이 탄핵소추안 인용은 법리적으로 불가피하다고 반복해서 말했고 실제로 헌재에서의 국회 측 변호인들의 변론 과정은 이러한 주장을 뒷받침하기에 충분할 만큼 윤석열 비상계엄의 위헌성을 뚜렷이 드러냈다. 탄핵 반대 변론은 몰상식하고 비논리적이며 법리에 어긋나는 것으로 보였다. 윤석열의 직접 변론은 이 취약함을 더욱 심화시키는 것으로 보였다. 게다가 이 과정에서 윤석열 변호인들이 제기한 법률적 이의들은 우여곡절을 겪었지만 결국 법치주의적 합리에 따라 모두 기각되어 갔다.

점점 길어진 헌법심판 기간 동안 "8 대 0 예정론"의 실천적 효과는 무엇이었던가? 결과를 기다리자는 심리의 확산이었다. 광장 집회도 축소되고 마은혁을 재판관으로 임명하라는 목소리도 약화되었다. 8 대 0 파면이 확정적이지 않고 그 믿음이 잘못되었을 수도 있음을 깨우쳐 준 것이 바로 3월 7일 지귀연의 윤석열 구속취소와 3월 8일 심우정의 즉시항고 포기 및 석방 지휘였다.

이것들은 법치주의 안에서 등장한 법치주의에 대한 도전이었다. 3월 7일 금요일 저녁 서십자각 터에서의 평일 긴급집회와 3월 8일부터의 집중 주말 집회 강화와 비상행동 의장단 단식투쟁 돌입, 그리고 평일 매일 집회 결정은 이 도전에 대한 시민적 응전이었다.

그런데도 마이크를 켠 국회의원들 상당수는 한동안 집회장에 모인 시민들을 향해 "파면은 불가피하다, 걱정하지 마시라"고 말하기를 멈추지 않았다. 때로는, "우리 당이 반드시 파면시키겠다"는 주의주의적이고 홍보 중심적인 발언도 뒤따랐다. 당들은 시민들을 위로하는 방식으로 시민들의 지지를 받으려 했다. 그런데 시민들은 당들로부터 위로를 받기 위해 거리로, 광장으로 나선 것이 아니었다. 어떤 시민은 집회 단상에 올라 "아버지께서 어차피 탄핵될 텐데 이 밤에 뭐 하러 집회에 가느냐고 말렸습니다. 하지만 여러분들과 함께 있지 않으면 불안해서 이곳으로 나왔습니다"라고 말했다.

함께하는 행동 속에서 서로 위로받고 서로 격려할 수 있었지만 법리나 당이 그렇게 할 수 있는 것이 아니었다. 12월 3일 밤 계엄군을 막는데 당들이 중요한 기여를 한 것은 분명하다. 하지만 비상계엄 소식을 듣고 달려온 시민들이 없었다면 그것은 원천적으로 불가능했을 기여였다. 2025년 3월 7일에도 구속취소 소식을 듣고 맨 먼저 광화문으로 달려와 야간 임시집회를 연 것은 당들이 아니라 시민들이었다. 1월 초 눈오는 날 한남동 관저앞에서 철야 집회로 윤석열 체포여론을 드높인 것도 시민이었다. 파면 때까지 매일 집회를 통해 파면을 압박한 주요 동력도 시민이었다. 4월 1~2일, 3~4일 철야 집회에서 끝까지 광장을 지키며 파면을 촉구한 것도 주로 시민들이었다. 당 깃발들이 없었던 것은 아니지만 그 다수는 보통 시민들과 다름없는 지위의 원외 정당 깃발이거나 소수정당 깃발이었다. (야 5당과 더불어서이지만) 3월 15일, 22일, 29일 연속 '100만', '200만' 집회를 만들어낸 것도 시민들이었다.

3월 7일 전에 지배적이었다가 탈옥 후 헌재 선고일의 기약 없는 지연 기간 동안에 일시 물러났다가 4월 4일 파면 이후에 다시 등장한 "8대 0 예정론"은 빛의 혁명 내내 주동력으로 작용한 시민들의 운동을 허무한 것으로 만드는 경향이 있다. 이것은 시민의 제헌주의적 직접행동의 힘과 영향을 평가절하하고 법치주의의 막강함과 안정성을 강조하는 논리이다. 이 논리가 사실과 부합하는지 않는지는 헌재의 내부 사정이 공개되지 않은 현실에서 확인하기 어렵다. 4월 4일의 선고가 이 논리의 정당성을 뒷받침해 준다고 믿는다면 그것은 사후 합리화의 오류에 빠지는 것이다.

우리가 주목해야 할 실천적 지점은, 그 논리의 부상이 12월 14일부터 3월 7일 사이에 집회 동력을 떨어뜨리는 것으로 작용했듯이 4월 4일 이후에도 동일한 작용을 할 수 있다는 것이다. 그것은 시민의 직접행동의 중요성을 격하한다. 지금 그 관점의 실천적 효과는 한편에서 헌법재판관, 특히 소장 권한대행 문형배의 역할을 부각시키고 김장하 장학금 쪽으로 주의를 돌리는 것이고 다른 한편에서는 대의 정당들의 대선 움직임으로 사람들의 관심을 끌고 가는 것이다. 법치는 불안해하지 않을 만큼 잘 가동되고 있으며 좋은 후보에게 투표하는 것으로 만사가 잘 풀릴 것이라는 분위기가 조성되는 것이다. 이 흐름은 지금 '빛의 혁명은 곧 정권 교체다'라는 등식으로 나타나고 있다.

하지만 정권 교체와 빛의 혁명의 동일시는 중요한 것을 잊게 만든다. 내란을 혁명으로 전화시킨 주요한 동력인 시민행동력(제헌활력)의 부차화와 시민의 사회대개혁 요구의 차순위화이다. 헌재 선고는 윤석열의 파면을 확실하게 만들었고 대선일 공고는 정권 교체 가능성을 일정에 올렸다. 하지만 빛의 혁명의 주요 의제와 정치 기술들은 차츰차츰 뒤로 밀려나거나 철회되고 있다. 내란진압과 개혁-개헌-7공화국이라는 의제, 그리고 연합정치, 무지개 정치 등의 정치 기술이 그것이다. 일찍부터 많은 사람들이 우려하고 경계한 사태다.

「'빛의 혁명'은 어디로?」에서 이 문제를 어느 정도 다루었기 때문에 여기서 재론하지는 않겠다. 다만 내란종식이 개헌보다 먼저라며 개헌 의제를 회피하는 시간에 권한대행 한덕수가 이완규·함상훈을 헌법재판관으로 지명하는 헌법 위반 행위를 추가적으로 자행했음이 상기되어야 한다. 게다가 윤석열은 3월 8일 탈옥 퍼레이드에 이어, 4월 11일 전후에는 국민들과 법치를 비웃듯이 이른바 '환송파티'를 벌인 후에 '다 이기고 돌아왔다'며 아크로비스타로 개선장군처럼 입성하는 정치쇼를 선보였다. 그리고 오늘(4월 14일) 그는, 파면되었음에도 불구하고, 평범한 시민들은 물론이고 형사재판을 받은 그 어떤 전직 대통령과도 달리 형사 법정에 서면서 비공개 출석으로 몸을 감출 수 있었고 법정 촬영 금지로 피고석에 앉은 모습도 가릴 수 있었다.

3월 7일에 그를 구속취소한 판사 지귀연의 예외주의적 배려 기제가 그가 파면된 후에도 계속 작동하고 있음이 입증된 것이다. 관저든 사저

든 집으로 갈 때에는 퍼레이드, 법정이나 감옥에 갈 때에는 비밀 행차를 시연함으로써 그는 비상계엄을 선포했던 때와 유사한 예외주의적 이미지를 차곡차곡 쌓아 가는 중이다. 이 예외주의 세력 앞에서 법치주의는 강력하거나 강직하기보다 굽히고 펴기를 반복하는 굴신 운동 중에 있다. 말하자면 불안정하다.

언제 법치주의가 굽혔던 몸을 폈는가? 2024년 12월 3일 국회의사당에서 시민들이 계엄군의 총부리를 붙들고 국회 진입을 막았을 때, 12월 7일과 12월 14일, 여의도에 수십만의 시민이 모여 탄핵을 외쳤을 때 비로소 법치주의는 고개를 들고 몸을 폈다. 비상계엄 해제 결의와 탄핵소추안 가결은 그 성과다. 그리고 3월 15일 이후 세 번의 주말에 연속 '100만'의 시민들이, 평일에 수만 명의 시민들이 광화문과 안국동에 모여 파면을 촉구하고 단식과 철야와 행진으로 헌법재판소를 규탄했을 때 흔들리던 법치주의가 비로소 제 자리를 잡았다.

법치주의는 그것을 뒤흔들고 파괴하는 세력이 없을 때에는 마치 자신이 동력을 가진 것처럼 자기운동을 하지만 12월 3일 비상계엄처럼 그것을 흔들고 해체하는 세력이 나타나면 동작을 멈추고 기회를 엿본다. 법리와 양심을 '재량'과 '정치적 편견'이 지배하기 시작한다. 선택적 임명, 선택적 수사, 선택적 기소, 선택적 판결이 부상하기 시작한다. 법치주의가 예외주의에 의해 흔들리기 시작한다. 이렇듯 법치주의는 '발광체'가 아니라 '반사체'다.

2024년 말에 갑작스럽게 시작된 법치의 동요, 해체, 파괴를 바로잡고 법치를 좀 더 안정적인 기반으로 옮겨놓기 위한 제헌적 시민투쟁을 우리는 빛의 혁명이라 부른다. 발광체인 제헌활력의 혁명이라는 것이다.[3] 그것은 예외주의 내란에 대항하는 투쟁에서 촉발된 혁명으로서 다

---

3. 대통령 이재명은 민주당 대표였을 당시인 2025년 12월 21일 페이스북에서 "빛의 혁명"이라는 말을 처음 쓰면서 그것을 빛고을로 불렸던 광주에서의 민중항쟁 및 2000년대 단속적인 촛불항쟁과 연결시켰다. 이 흐름들 모두는 발광체인 제헌활력의 표현이라는 점

양한 시민들, 다양한 정당들의 반예외주의 연합과 사회대개혁 공통되기의 운동이었다. 4월 4일의 주문, '대통령 윤석열을 파면한다'는 이 공통되기 연합운동이 만들어낸 중요한 성과였다.

혁명의 이 일차 승리 다음에 무엇을 만들어 낼 것인가? 이 연합한 공통세력들 사이에 분화와 경합이 나타날 수 있다. 하지만 윤석열 파면은 내란진압과 내란종식이라는 공통 과제 중에서도 겨우 첫 관문을 통과한 것에 지나지 않는다. 앞서 언급했듯이 윤석열 자신이 정치권력을 잃었으면서도 지지자들을 자신의 주변에 끌어모으며 아직 활개를 치고 있을 뿐만 아니라 윤석열'들'이 헌법과 법률을 짓밟으면서 법치주의를 뒤흔들기를 멈추지 않기 때문이다. 내란종식이라는 공통 과제는 엄연히 존속하고 있다.

이런 상황에서 개헌, 경선, 탄핵 등 몇 가지 이슈를 둘러싸고 정당 수준에서 연합 행보가 흔들리는 것은 국민다중의 시선에서는 안타까운 일이다. 제기되는 이슈들을 빛의 혁명의 완수라는 관점에서 평가하고 정치적으로 유효한 태도를 설정하는 것이 절실하다. 빛의 혁명은 정권 교체로 환원될 수 없다. 정권 교체는 목표가 아니라 빛의 혁명의 도구로 사고되어야 한다. 새로운 정부는 빛의 혁명을 완수함으로써, 다시 말해 정권 교체를 예외주의 내란세력 청산과 사회대개혁 입법 및 직접민주주의 7공화국 개헌을 완성하는 장기 혁명 과정으로 만들어 감으로써 비로소 자신의 책무를 다한다고 할 수 있다.

이 관점에서 보면 국민주권보다 당원주권을 강조하고 개혁과 개헌을 일정에 올리기를 주저하는 민주당 일각의 행보나 민주당에 대한 빛의 혁명 이전의 불신 위에서 민주당과의 연합 가능성을 미리부터 차단하는 좌파 일각의 행보는 위험해 보인다. 반예외주의 연합정치가 약화되면 그 틈새로 기회주의 정치세력이 스며들어 쐐기를 박고 벌어

에서 빛의 혁명이다. 나는 광주민중항쟁을 분석한 책 『공통도시:광주민중항쟁과 제헌권력』(갈무리, 2010)에 '광주민중항쟁과 제헌권력'이라는 부제를 붙였다.

진 틈을 더 벌리려고 한다. 보수우파 세력에게는 내각제 카드로 손을 내밀고 진보 평등의 개혁 세력에게는 직접민주주의 카드로 손을 내밀면서 말이다. 이것이 성공하면 지금까지 반예외주의 연합정치의 전선에서 행보를 함께해 온 이른바 '중도보수' 세력의 고립을 가져올 것이다. 평등파, 진보파를 포함하는 개혁파와 중도보수파의 진정한 연합정치, 공통되기의 정치가 각자의 독립성을 유지하면서 정당 차원에서 끈기 있게 추구되어야 하는 이유가 여기에 있다.

나는 이 연합정치는 지금까지의 과정으로 보아 정당 수준에서 자발적으로 이루어지기 어렵고 시민사회 차원의 연합과 섭정을 통해 동력을 얻을 수 있을 것으로 생각한다. 정당은 반사체이기 때문이다. 이런 맥락에서 지난 주말 비상행동이 4·16 연대를 주제로, 촛불행동이 내란종식 헌정수호를 주제로 파면 후 첫 주말 집회를 연 것은 시사적이다. 광장이 닫히면 법치주의가 흔들리고 사회대개혁은 일단 멈춤 모드로 들어가기 때문이다. 광장과 시민은 세상을 밝히는 발광의 실체이고 빛의 혁명의 현장이기 때문이다.

참칭주권과 실제주권 : 예외성 대 특이성
2025년 4월 16일 수요일 오전 10시 26분

시민들이 공통되기 연합정치의 발광체이고 정당과 국가는 그것을 반사한다는 생각은 윤석열이 오랫동안 회심의 미소를 머금으며 품었던 것으로 보이는 대통령의 비상대권이라는 생각, 즉 대통령이 발광체라는 생각과 정면에서 대립한다. 그는 탄핵되기 하루 전날인 2024년 12월 13일 담화에서 자신의 비상계엄이 고도의 통치행위로서 사법부의 판단 대상이 아니라고 자랑이라도 하듯이 주장했다. 이것은 대통령의 통치행위는 발광체이므로 기존 규칙의 규제를 받지 않는다는 예외주의적 생각을 표현한다.

칼 슈미트는 주권자를 '예외를 결정하는 자'라고 정의했다. 이 정의는 예외가 규칙을 보증할 뿐만 아니라, 규칙은 본래부터 예외에 의해서만 존속한다는 생각에 의해 뒷받침되었다. 그는 실제적 삶의 힘이 예외 속에서 반복됨으로써 굳어 버린 기계장치인 법과 규범의 껍데기를 깨부술 수 있다고 생각했다. 윤석열은 예외를 결정하는 그 실제적 삶의 힘을 대통령의 힘이라고 해석한다. 대통령이 주권자라는 것이다.

이것은 자구적으로도 국민을 주권자로 정의한 우리 헌법 제1조와 배치된다. 윤석열은 대통령이 주권자 국민을 반사하는 거울에 지나지 않음을 몰각했다. 아니 그것을 외면했다. 이와 관련하여 명태균이 흥미로운 이야기를 전한다. 그에 따르면 2021년 3월에 윤석열이 자신에게 [사람들이] "홍준표나 유승민과 달리 자신은 반사체가 아니고 발광체라는데 어떻게 생각하느냐?"고 물어, "정치인은 발광체가 없습니다. 존재하지 않습니다. 발광체는 오직 국민만 발광체입니다"라고 답해주었다고 한다. 같은 해 7월에 채널A는 윤석열이 지인에게 '모든 정치인과 공직자는 모두 반사체며 오로지 국민만이 발광체'라고 말했다고 보도했다. 이 보도를 통해 명태균은 윤석열이 자신의 생각을 받아들인 것으로 생각했다고 말한다.

그러나 그 생각은 착오였다. 3년 5개월 뒤인 2024년 12월 3일에 윤석열은, 자신을 발광체로 내세우면서 비상계엄을 선포하고 비상입법을 기획하는 유사 발광 행동을 시도했기 때문이다. 그가 국회와 지방의회, 정당의 활동과 정치적 결사, 집회, 시위 등 일체의 정치활동을 금지하고 국민의 기본권을 제한할 수 있는 예외 결정자인 것처럼 행세했기 때문이다.

이때 그의 그 발광체 행세를 막아선 것은 누구였던가? 거듭 강조하건대 국민다중이었다. 명태균은 이론적으로 윤석열에게 발광체는 국민

뿐임을 가르쳐주었지만 국민다중은 직접 행동으로 자신이 이 나라의 주권자라고 천명했다. 국민다중은 국회의사당으로 달려와 계엄군을 가로막고 윤석열에게 즉각 비상계엄을 해제하라고 명령했으며 계엄군에게는 국회의원과 시민의 국회 진입을 가로막지 말고 윤석열을 체포하라고 명령했고 국회의원에게는 월담을 해서라도 국회로 들어가 비상계엄 해제를 결의하라고 명령했다. 이것은 위헌적 포고령을, 저 법의 예외를, 예외 규범을 무력화하는 힘이었다. 이렇게 칼 슈미트가 말한 "실제적 삶의 힘"이 등장하는 순간 기존 규칙을 중단시킨 저 예외 규칙도 작동하지 않았다. 물론 그 실제적 삶의 힘은 슈미트가 상상한 것과는 달리 대통령-국군통수권자의 힘이 아니라 국민다중-주권자의 힘이었다.

칼 슈미트는 규칙보다 예외가 근본적이라고 보았다. 하지만 규칙과의 관계 속에서만 정립되는 예외도 또 다른 규칙에 지나지 않았다. 규칙만이 아니라 예외도 주권자 국민다중의 실제적 삶의 힘에 종속되는 것이었다. 나는 그 실제적 삶의 힘을 '제헌활력'이라고 불러왔는데 그 힘은 규칙rule을 만드는 예외exception의 힘처럼 보이지만 실제로는 공통적인 것the commons을 생산하는 특이한singular 힘이다.

이 말은 어떤 의미인가? 12·3 비상계엄 선포는 대통령이 자신을 비상규칙을 제정할 수 있는 예외 결정자, 즉 주권자로 참칭한 순간이다. 그러나 즉각적으로 실제의 주권자, 실제의 삶의 힘이 등장하여 그 참칭 권력을 기각함으로써 비상계엄은 무효화되었다. 비상계엄의 시간에 그 실제적 삶의 힘은 계엄하에 놓였지만 계엄에 대항했고 또 계엄을 넘어섰다.

포고령 1호의 시간에 그 힘은 포고령을 아래로부터 저월subscend하고 있었다. 저 특이한 힘들은 비상계엄 소식을 듣자마자 잠에서 깨어나고, 텔레비전을 끄고, 퇴근길을 바꾸고, 담소를 중단하고 국회의사당으로 달려와 집회-시위-다중으로 변형되었다. 이들은 계엄해제를 명령하는 집합적 장군으로, 국회의원들의 월담을 돕는 사다리로, 계엄군의 진입을 늦추는 바리케이드로, 핸드폰으로 소식을 퍼뜨리는 고지기로 변형된 특이한 존재들이다.

이날 국민다중의 제헌활력은 새로운 예외 규칙을 만드는 방향으로 움직인 것이 아니라 "아니요!"라고 말하는 부정의 기계로 움직였다. 이 움직임 속에서 그 활력적 다중은 자신들의 목소리, 달리기, 에워싸기, 주저앉기, 침묵하기, 생각하기, 느끼기, 말하기 등등 하나하나가 그 자체로 그 어떤 포고령도 규제할 수 없는 제헌활력이며 물질적 헌법임을 입증했다.

빛의 혁명은 주권 참칭자의 비상계엄과 포고령에 대항한 국민다중 발광체의 자기운동이다. 빛의 혁명은 그 발광체의 저 특이하고 실제적인 삶의 힘들이 윤석열 탄핵과 사회대개혁의 이름하에 공통되는 시간이다. 주권은 칼 슈미트의 생각과는 달리 예외를 결정하는 초월적 힘이라기보다 저 특이한 실제적 삶의 힘들의 저월적 공통되기였다. "비상대권"이라는 것이 있다면 그것은 공통장을 구성하는 국민다중의 이 특이한 삶의 힘, 새로운 삶과 사회를 만들어 내는 창조력 외의 다른 것으로는 있을 수 없다. 예외주의 내란에서 빛의 혁명으로 역전된 12월 3일의 사건이 우리에게 가르쳐 주는 교훈은 이것이다.

2025년 4월의 정치적 실험실과 나의 선택
2025년 4월 22일 화요일 오후 5시 27분

오늘(4월 22일) 녹색당에 가입했다. 그와는 별개로 21대 대선에 참가할 공동 대선후보를 선출하는 〈사회대전환대선연대회의〉 회원으로 참여했다. 자본, 국가, 정당으로부터 독립적인 다중의 자율운동을 주장해 온 내가 당에 가입하고 대선후보 선출 선거인단에 참여하려는 동기가 무엇인지에 대해 거칠게라도 말해둘 필요를 느낀다.

나는 1980년대 말에 사회주의 당건설 운동(사노맹)에 참여한 바가 있다. 하지만 1991년 이후 지금까지 35년 동안 정당운동에 참여하지 않았다. 그 이유는 정당 형태가 해방 형태라기보다 국가 형태를 모형으로 삼고 있는 잠재적 억압 기구라고 보았기 때문이다. 나는 수직적 정당 형태보다 수평적 네트워크 형태가 더 유효한 조직 형태라고 보았고 그러한 형태의 조직들에 참여해서 활동해 왔다. 나는 광장의 촛불집회를 개인들과 수평적 네트워크 조직들의 사건적 합류의 시간으로 이해했다.

세월호 사건에서 촉발된 박근혜 정권 퇴진 투쟁이 2016~2017년 촛불봉기로 폭발했는데 이것은 국회와 정당들을 탄핵 투쟁으로 이끌어내는 아래로부터의 섭정력으로 작용했다. 박근혜를 파면시킨 실제의 전략적 힘은 다중의 투쟁에서 나왔지만 대의제도하에서 그 파면의 전술적 기구는 국회였다. 나는 『절대민주주의』(2017)에서부터 다중이 권력을 장악하지 않으면서 대의제 권력기관들을 움직이는 섭정의 정치에 관심을 기울였다.

2024년 윤석열의 12·3 예외주의 내란과 그에 맞선 민주주의 투쟁은 내게 새로운 정치적 경험을 제공했다. 2024년 말 탄핵 투쟁은 일견 2017년 섭정적 탄핵 투쟁의 재연이었다. 하지만 그 투쟁은 헌법체제가 안정된 속에서[4] 이루어진 2017년과는 달리 내란세력이 비상계엄, 군사폭력, 그리고 거리 폭력을 통해 스스로를 예외주의 세력으로 주장하면서 헌법 질서 자체를 폭력적으로 파괴하는 상황에서 이루어졌다. 그것은 헌정 질서의 위기 속에서 전개된 섭정 투쟁이었다. 헌법의 불안정, 법치와 대의제 자체가 위기에 처한 상황에서 헌법, 법치, 대의제를 수호하면서 대의기관을 움직여야 하는 반예외주의 섭정투쟁이었다.

섭정의 정치학에서 법치와 대의제는 보존되지만 비판적으로 보존

---

4. 이때에도 헌법 파괴적 비상계엄이 준비되고 있었다는 것은 사후에 알려졌다.

된다. 2025년으로 이어진 2024년 말의 섭정민주주의 투쟁은 법치와 대의제에 대한 비판을 넘어 그것들을 좋은 것으로 가꾸고 지키기 위한 섬세한 대안 감각이 필요함을 깨우쳐 주었다. 2024년 빛의 '혁명'이 사회대'개혁'과 거의 동의어로 사용된 것은 이 때문일 것이다. 혁명과 개혁의 중첩.

나에게 있어서 사회대개혁은 대의제도와 법치주의의 다중 섭정적 대개혁을 의미한다. 아래로부터 시민들의 자기조직화와 자기가치화로서의 직접민주주의를 강화하고 이것의 힘으로 제도기관들이 자기 역할을 수행할 수 있도록 섭정할 수 있는 형태로의 구조개혁을 의미한다.

2024년 빛의 혁명은 비상행동과 촛불행동이라는 시민들의 자기조직이 야 5당 원탁회의를 움직이는 아래로부터의 섭정 구도를 보여주었다. 하지만 대선 국면으로 들어가면서 이 섭정 구도는 빠르게 역전되고 있다. 야 5당 연합이 시민들의 자기조직을 정치적으로 흡수하는 구도로 전환되고 있는 것으로 보이기 때문이다. 이 과정에서 시민들 사이에 이견들이 분출하여 광장 연합 시기와는 매우 다른 정치적 풍경이 연출되고 있다. 통합에서 갈등으로.

이런 사태는 현행의 대의제 헌법이 직접민주주의를 아주 취약한 형태로만 보장하고 있는 것과 무관하지 않다. 직접민주주의의 취약성은 사회대개혁을 가로막는 장애물일 뿐만 아니라 내란종식을 가로막는 위험물이기도 하다. 내란세력은 법치와 대의를 중심으로 한 87헌법 정신에서의 예외성을 주장하는 세력인데 이것을 타파할 수 있는 힘은 시민들의 직접행동과 직접민주주의에서 나오고 있기 때문이다. 선거와 같은 제도적 시간에 시민들에게는 투표 외에 다른 의미 있는 직접행동의 가능성이 닫히고 그 결과 시민들은 행동적 연합보다 선거적 갈등의 관계 속으로 들어간다. 광장에서의 직접민주주의적 행동의 과정과 성과가 직접민주주의 개헌으로 제도화되지 못하고 있기 때문이다.

안타깝게도 현재 가장 강력한 당인 민주당은 직접민주주의 개헌에 절실한 관심을 보이지 않는다. 당의 일정 속에서 날이 갈수록 사회대개혁보다 정권 교체가 목적으로 부각되고 있고 당내의 직접민주주의 목소리는 잦아들고 있는 것으로 보인다. 내란종식 이후라는 말로 많은 것들이 유보되어 가는 것으로 보인다. 그런데 직접민주주의의 강화야말로 내란을 실질적으로 종식시킬 수 있는 힘이고 장치다.

그렇기 때문에 탄핵 투쟁의 중심이었던 비상행동과 촛불행동이 직접민주주의를 실현하기 위한 공동 노력을 가속하는 것이 필요하다. 다중의 직접 행동 그 자체가 직접민주주의의 물질적 헌법이다. 하지만 그것은 조직으로 안정되고 헌법으로 형식화되어야 한다. (비상행동의) 사회대개혁특별위원회 같은 것을 통과하여 시민들의 직접민주주의 기구(평의회)를 조직하고 직접민주주의를 한층 강화한 헌법을 만들어 내는 것이 중요하다.

이것은 물질헌법의 제도화와 형태화의 시도이다. 그런데 이것만으로는 부족하다는 것이 12·3 예외주의 내란에 대항한 민주 투쟁의 교훈이다. 제도 밖에서 제도를 향하는 이런 노력은 기존 제도 속에서 이러한 방향의 사회대개혁을 지지하고 뒷받침하며 실행하는 제도 세력과의 연합을 필요로 한다. 12·3 내란이 빛의 혁명 세력과 야 5당의 연합에 의해 전개되었듯이 말이다. 빛의 혁명을 완수하기 위해서는 사회 속에 살아 움직이는 모든 힘을 모아내야 한다.

내가 〈사회대전환대선연대회의〉의 선거인단에 참여하는 이유가 이것이다. 민주당을 주축으로 하는 야 5당 2차 원탁회의는 현재의 내란종식 과제에서 매우 중요한 기관이다. 하지만 이 기관의 힘만으로 내란은 종식될 수 없다. '압도적 정권 교체'만으로 내란종식을 가져오기는 어렵다. 내란은 이미 사회 저 밑바닥에서 일고 있는 실망, 분노, 욕동과 연결되어 지속되고 있기 때문이다. 사회대개혁 없이 내란은 지속될 수밖에 없다는 점이 주목되어야 한다. 내란세력은 현재의 신자유주의적 자본주의의 일상에서 매일 매 순간 생성되고 있기 때문이다. 야 5당 2차 원탁회의가, 내란종식을 위해서도 필수적인 사회의 구조적 대개혁 과제를, 직접민주주의 개헌을 완수할 의지가 있는지 점점 불투명해져 가고 있다는 점이 주목되어야 한다. 이미 사회대개혁은 물 건너간 것이 아닌가라는 절망적 탄식의 목소리까지 터져 나오고 있는 실정이다.

내란종식과 사회대개혁을 단계적 과제가 아니라 동시적 과제로 사고하고 또 실행하기 위해서는 빛의 혁명의 요구들이 가감 없이 제도 개혁의 과제로 인입되게 해야 한다. 이것은 청원이 아니라 실제적 힘을 통해 달성되어야 한다. 선거 시기에 이것은 빛의 혁명을 물질화하는 후보를 통해 '제도 내 섭정의 방식으로' 달성되어야 한다. 나는 지금까지 비제도와 제도의 관계 속에서 사고했던 섭정 정치학을 제도 속의 관계들에로 확장할 필요를 느낀다. 이것이 〈사회대전환대선연대회의〉에 내가 가입한 이유다. 섭정 정치학을 내란종식과 사회대개혁이라는 빛의 혁명 대통령 후보 선출 및 활동의 시공간에까지 확대하기 위한 선택이다.

그렇다면 왜 나는 이번 대선에서 후보를 내지 않는 녹색당에 가입하는가? (녹색당은 후보를 내지 않고 연대회의 후보를 지지 지원하기로 결정했지만 앞서 말했듯이 나는 그 후보의 결정 과정에 선거인단으로 참여하기로 결정했다.) 녹색당은 내가 생각하는 직접민주제 강화를 통한 절대민주주의 섭정 정치학에 가장 가까운 강령과 정치학을 갖고 있기 때문이다. 추첨을 통한 대의원 선출과 같은 운영 방식을 통해 당 형태의 경직성과 위험성을 줄여나가고 있는 점에 주목했기 때문이다. 강령 전문에 "반정당의 정당"을 명시하고 있다는 점, 즉 당형태의 정치가 갖는 위험성에 대한 자각을 갖고 있다는 점도 중요한 이유다.

나는 시민의 일원으로서 비상행동, 촛불행동과 같은 비제도적 자기조직화 기관들과 행동을 함께할 것이다. 나는 예외주의 내란을 종식시키고 존엄, 연대, 자유, 평등, 행복의 대개혁을 열어가는 정치도구로서 〈사회대전환대선연대회의〉의 후보를 지지할 것이다. 다른 한편 나는 직접민주주의적 정치 공통장을 당 수준에서 구현하는 길에 녹색당의 일원으로 참여할 것이다.

이런 전망 속에서 어제(4월 21일) 나는 다음과 같은 말을 남기고 민주주의를 위한 지식인 종교인 네트워크 활동을 일단락 지었다. "…지난해 9월 말 민사네 선생님들을 만나는 행운을 얻은 지 6개월이 넘었습니다. 윤석열에 대한 탄핵 운동에서 파면 투쟁을 거쳐 마침내 2025년 4월 4일 감격의 1차 승리를 함께 거둔 뜨겁고 자랑스러운 동행의 6개월로 기억합니다. 이제 내란종식을 넘어 우리 사회의 대개혁으로 나아가야 하는 새로운 상황에 대응하기 위해 탄핵 투쟁에 집중되었던 그간의 민사네 회원 활동을 일단락하고자 합니다…."

당면한 상황에서 나의 선택에 대해 예상되는 반론이나 질문에 대해 미리 답하는 것이 필요할 것 같다.

문1 : 〈사회대전환대선연대회의〉 후보에 대한 지지는 "압도적 정권교체"를 방해하는 것이 아닌가?

답1 : 아니다. 그 이유는 다음과 같다.

첫째, 압도적 정권 교체는 내란종식과 사회대개혁을 압도적으로 달성할 수단이지 그 반대가 아니기 때문이다.

둘째, 내란세력에 대한 승리의 "압도성"은 민주당 후보의 득표 압도성이 아니라 내란정당 득표의 제로화를 통해 측정될 수 있는 압도성이기 때문이다. 즉 반내란세력 경향 후보들의 총 무지개 득표율의 압도성이기 때문이다.

셋째, 민주당이 중도보수를 천명한 현실에서 사회대개혁은 개혁 세력의 정치적 물질화를 통해 압도적, 압박적으로 실현되어야 하기 때문이다.

넷째, 개혁세력 중의 비민주당·비이재명 경향이 (내란정당들 쪽으로 빠져나가지 않고) 연대회의 후보를 통해 정치적 표현 창구를 얻는 것은 내란종식과 사회대개혁의 동력을 압도적 방향으로 늘리는 길이기 때문이다.

문2: 반내란세력 경향 후보의 총득표가 압도적이더라도 내란세력이 승리할 수 있도록 표가 분산 분할된다면 어떻게 할 것인가?

답2: 협상해야 한다. 반내란 후보 중에서 반드시 한 사람의 후보가 내란세력 후보에 대해 승리를 보장받을 수 있는 구도를 만들어야 한다. 여론조사에서 소수의 지지를 얻는 후보자의 완주 여부는 정치적 상황 및 여론조사 오차범위를 참조하여 결정할 수 있을 것이다. 후보의 완주 여부는 목적을 달성하기 위한 정치적 선택이지 승패의 표시가 아니다. 이번 선거에서 완주냐 사퇴냐의 결정은 그 결정이 내란종식과 사회대개혁의 압도적 추진에 어떤 것이 도움이 되느냐에 따라 내려져야 한다. 다중의 입장에서 이 기준은 모든 당의 모든 후보에게 동일하게 적용될 필요가 있다.

사회자
2025년 4월 23일 수요일 오후 12시 29분

촛불집회는 늘 새로운 집회 문화를 창조해 왔다. 2002년 촛불집회의 등장 그 자체가 새로움이었으며 2008년의 대규모화 이후 2014, 2016, 2017년으로 이어진 촛불집회는 매번 새로움을 갱신해 왔다. 나는 2024~5년의 촛불-응원봉 집회가 또 한 번 집회 문화를 업그레이드했다고 생각한다. 그 핵심에 집회를 진행한 사회자들의 역할이 있었다고 생각한다. 『매일노동뉴스』가 광장의 사회자들과 가진 집담회 기사[5]를

---

5. 임세웅, 「[집담회-광장의 사회자들] '위플래쉬 구호 박자'로 윤석열 끌어내렸듯… "새로운 집회문화, 새로운 한국사회로"」, 『매일노동뉴스』, 2025년 4월 23일 수정, 2025년 7월 4일

읽다 보니 이 생각이 더욱 뚜렷해진다. 기사가 다룬 네 사람 중 세 사람이 뚜렷이 나의 기억에 남아 있다.

박민주는 쾌활한 집회 분위기로 사람들을 엮어냈다. 내 기억에 12월 7일 저녁 집회는 하나의 문화혁명이었다. 탄핵소추안 투표가 불성립된 것에서 오는 아쉬움과 슬픔과 분노를 희망과 약속의 분위기로 역전시킨 힘이 그의 집회 진행 방식에서 나왔기 때문이다. 짧고 강렬한 리듬을 통한 집회의 축제화, 청년화.

김형남은 절규에 가까운 처절한 구호로 가슴을 울리는 사회자로 기억한다. 서십자각 터에서 행진 후에 있었던 어느 날의 마무리 집회에서, 밤바람을 이기고 대오 중간에 서 있던 나의 가슴에까지 파고드는 그의 선창이 너무나 감동적이어서 그 역사적 음성을 또렷이 녹음해 보려고 여러 차례 녹음 버튼을 눌렀던 기억이 난다.

나는 행진할 때 박지하가 탄 방송 차를 따라다니곤 했다. 어딘가 수더분한 분위기에 최선을 다하는 모습이 좋아 보였고 만담적 분위기로 집회 다중과 호흡하면서 행진을 재미있게 만들어 주었기 때문이다.

파면 후 열린 4월 5일 집회 단상에 오른 박민주가, 쑥스럽지만 담담한 표정으로, 목을 무리하게 사용해서 고음 불가가 되었다고 말했던 것 같은데 내가 제대로 들은 것이라면 참으로 안타까운 마음이다. 한동안 단상에 보이지 않았던 것이 그 때문이었던가 생각하니 더욱 그렇다. 영광의 상처이니 힘내라고 말하고 싶다.

파면이 되는 날 나는 안국동 로터리 광장에서 견디기 어려울 정도의 치통을 참으며 헌법재판관 문형배의 선고를 듣고 있었는데 선고가 끝난 후 달려간 병원의 치과의사가, 시민들이 권좌에서 윤석열을 끌어내리듯, 잇몸에서 세 개의 아랫니를 뽑아내고서야 나의 치통이 사라졌다. 윤석열은 '아무 일도 없었다'고 강변하지만 아마도 무수한 사람들이 이

접속, https://shorturl.at/Rxc9U.

와 유사한 아픔을 겪었을 것이다. 고통과 피로를 무릅쓰고 4개월 동안 단상을 지켜온 박민주를 비롯한 모든 사회자들께 연대와 고마움의 인사를 전하고 싶다. 그들의 몸과 말이 있었기에 우리가 여기까지 올 수 있었기 때문이다.

"위대한 대한국민의 훌륭한 도구"는 어떻게?
2025년 4월 24일 목요일 오후 12시 57분

대법원장 조희대가 항소심에서 무죄를 받은 이재명의 공직선거법 사건을 전례 없이 신속하게 전원합의체에 회부한 것을 정상적인 법치의 과정으로 보면서 "대법원장과 대법관들이 설마 국민의 상식에 어긋나는 조치를 취할 리가 있겠어?!"라고 생각하는 것을 나는 소박 법치주의적 관점이라고 부르겠다. 법치주의적 '설마'에 대한 배신은 주지하다시피 너무 많이 저질러졌다. 법치주의는 실제로 언제나 파도치는 갈등의 바닷속에 놓여 있었다.

윤석열의 비상계엄 자체가 법치주의 속에서 이루어진 반법치주의적 배신이었다. 그 배신의 목록에 지귀연, 심우정, 한덕수, 최상목의 이름도 또렷이 등록되어 있다. 우리는 3월 하순에서 4월 초에 헌재가 바람 앞의 등불처럼 깜빡이는 것을 경험했다. 그러므로 '설마!'라고 생각하기보다 '아니지!'라고 판단하고 행동하는 것이 더 유익할 것이다.

실제로 비상계엄이 선포된 12월 3일 전후, 체포가 문제였던 1월 5일 전후, 구속이 취소된 3월 7일 이후 등 법치주의가 국민을 배신하는 시간에 그것을 겨우 제자리로 갖다 놓는 힘은 늘 국민다중으로부터 나왔다. 법을 밀실에서 꺼내 광장 앞에 갖다 놓고 함께 살피고 토론하고 옳은 것이 무엇인지를 결정해 그 결정을 명령함으로써였다. 이런 과정을 고려하면 4월 23일 조희대의 조치가 3월 7일과 8일의 탈옥 사건과 같은 결과를 낳게 하지 않으려면 아마도 국민다중이 나서야 할 것이다.

그런데 4월 4일 이후 지난 20일 동안 (연합정치를 거부한다는 의미에서) '이재명주의'라고 불릴 수 있는 경향의 사람들은 아이러니하게도 광장에 모였던 시민들 중의 많은 사람들을 민주당 대통령 후보로부터 멀어지게 만들었다. 빛의 혁명과 광장은 정권 교체를 사회대개혁의 지렛대로 사고했는데 이재명주의는 정권 교체 그 자체를 사회대개혁과 동일시하고 사회대개혁을 정권 교체로 환원하는 태도를 보였기 때문이다. 그것은 빛의 혁명과 광장 운동 및 사회대개혁 이념의 정권적 흡수를 의미한다. 다행히 2차 야 5당 원탁회의가 살아있지만 '중도보수'를 자임하는 민주당 헤게모니가 너무 강해서 사회대개혁의 장치로는 역부족으로 느껴진다. 이재명주의는 다른 후보들의 등장을 위험시할 뿐만 아니라 적대시하는 태도를 보임으로써 정치적 의견의 다양성을 억압하는 역할을 수행한다.

광장의 힘은 결정적일 정도로 중요하다. 윤석열 탄핵 투쟁에서 광장에 나온 사람들의 수는 박근혜 탄핵 투쟁에서 광장에 나온 사람들의 수에 비하면 크게 줄어들었다.[6] 파면광장에서 야 5당 세력의 비중은 결코 결정적이지 않았다. 야 5당 세력의 힘만으로 법치주의의 배신을 막을 수 있을까? 어려우리라 생각한다. 빛의 혁명이 거둔 파면이라는 성과는 광범위한 연합이 이루어낸 성과다. 연합정치의 회복과 실력화 없이 예외주의 내란세력을 종식시키는 것은 불가능하다.

대의정당인 민주당이 중도보수 정치를 선택하는 것은 헌법에 보장되어 있는 정당의 정치활동 자유에 속한다고 할 수 있을 것이다. 하지만 현행 헌법에서 정당은 자신의 정치적 이념을 추구함과 동시에 국민의 의지에 복종해야 한다. 중도보수 정당이라도 국민다중이 원하는 것

---

6. 여러 가지 이유가 있겠지만 탄핵에 반대하는 집회의 규모가 상대적으로 커진 것이, 중요한 의미를 갖는 변수들 중의 하나일 것이다.

을 실행해야 한다. 이렇게 정당의 정치이념과 국민주권주의 사이에는 긴장이 있다.

이재명은 2016년 국민주권주의를 헌법조문에서 현실정치 속으로 가져오는 정치 실천을 통해 중요한 정치적 인물로 부상했다. 빛의 혁명에서 드러난 국민다중의 정치적 희망은 '사회대개혁'이다. 국민이 중도보수 소개혁 같은 것을 원하는 것이 아니다. 민주당 대표 이재명은 대선 출마 선언에서 "위대한 대한국민의 훌륭한 도구가 되겠다"고 말했다. 그런데 위대한 대한국민은 중도보수로 환원될 수 없다. 이재명 후보는 지금 사회대개혁을 원하는 국민과 중도보수를 지향하는 민주당 사이의 긴장된 정치공간 속에 서 있다. 진보의 문제는 진보파가 알아서 하라고 밀쳐둘 수 없는 입장에 놓여 있다.

이 긴장이 갈등으로 발전되지 않게 하려면 연합정치를 활성화해야 한다. 민주당만이 아니라 다른 정치적 당들이 실재하고 다른 시민세력이 있음을 인정해야 한다. 거대 양당 중심의 제도적 불구성으로 인해 현존의 당들의 세력 분포가 잠재하는 실제적 시민세력들의 정치적 의사를 제대로 반영하고 있지 못함을 고려해야 한다. 조갑제, 정규재, 반도체기업, AI 등을 둘러보는 이상으로 빛의 혁명에서 단식하고 철야하며 비상행동하고 촛불행동한 시민들을 둘러보아야 한다.

그렇지 않을 때, 조희대의 법치주의가 예외주의로 흘러갈 가능성은 더욱 커질 것이고 혁명의 빛은 희미해질 것이며 설령 집권하더라도 예외주의 내란세력에게 끌려다니는 수모를 (혹은 그 이상의 것도) 피하기 어려울 것이다. 1880년 당시 62세였던 맑스는 프랑스 노동당 지도자 쥘 게드에게 "확실한 것은, 내가 맑스주의자가 아니라는 점이다"라고 말함으로써 맑스주의를 넘어섰다. 올해 62세인 이재명도 "확실한 것은, 내가 이재명주의자가 아니라는 점이다"라고 시민들에게 말함으로써 그렇게 할 수 있으면 좋을 것이다.

빛의 혁명과 대선 : 21대 대선의 의미

2025년 4월 26일 토요일 오전 7시 55분

21대 대선을 맞아 이번 대선이 나와 다중의 삶에 무엇을 의미하는지 생각해 보고 싶다.

나는 꽤 오랫동안 선거 과정을 주로 부정적 측면에서 바라보았다. 다중에 대한 지배 질서의 재구성이 선거의 주된 효과였기 때문이다. 1987년 헌법이 규정하고 있는 직선의 자유대의형7 민주제는 실제로는 신자유주의적 자본주의의 발전을 뒷받침하는 군주·귀족 연합정치의 기제로 기능해 왔다. 국민이 주권자이고 권력원천으로 규정되어 있음에도 불구하고 실제로는 직선으로 뽑힌 대통령이 주권자로 행세했다. 국민주권은 투표권과 약한 기본권으로 축소되었다. 선출되었지만 국민으로부터 자유로워진 대의 엘리트들 및 선출되지 않은 관료들 사이에서 국가권력은 분점되었다. 엘리트에 의해 장악된 이 국가권력은 경제권력 및 문화권력과 동맹하여 다중을 지배했다.

이런 역사 속에서 2002년 이후 촛불집회는 이 지배에 대한 새로운 저항 양식으로 등장했다. 2008년 촛불봉기는 실제로 이루어낸 객관적 성과는 뚜렷하지 않지만 주체성의 측면에서 직접행동을 통해 국민주권 의식을 고조시키는 중요한 계기로 되었다.

2016년 촛불봉기는, 국회를 섭정함으로써, 세월호 사건에 대한 책임을 회피해온 대통령 박근혜의 파면을 이끌어내기에 이르렀다. 이때 박근혜 파면의 동력은 다중의 직접행동에서 나왔지만 파면 과정은 국회의 탄핵소추권과 헌법재판소의 탄핵 결정권을 제도적 수단으로 삼았

---

7. 나는 이것을 '가부장대의형', '기속대의형'이라는 말과 개념적으로 구분해서 사용한다. 자유대의형과 비교할 때, 가부장대의형은 선거와 같은 대의 절차가 없으며 기속대의형은 투표 후에도 투표자의 권한이 대표자에게 완전히 위임되지 않는다는 특징이 있다.

다. 만약 다중의 직접행동이 국회의 탄핵소추 거부나 헌법재판소의 탄핵소추안 기각에 부딪혔다면 파면은 불가능했을 것이다. 2016~2017년의 사건은 국민다중의 의지를 표현한 촛불 직접행동이 결정적으로 중요하지만 그것의 결정을 받아안을 수 있는 대의 구조를 갖추는 것도 중요하다는 것을 보여준 사건이었다.

이때부터 나는 국민다중의 직접민주주의적 행동과 대의 체제의 관계에 관심을 기울이기 시작했고 선거의 긍정적이고 구성적인 측면에 조금씩 눈을 돌렸다. 아래로부터 다중의 섭정 정치에 대한 관심이라고 볼 수 있을 것인데 이 섭정민주주의의 관점에서 보면 2017년 촛불혁명 이후의 두 정권은 아래로부터 촛불의 섭정정치에 대한 위로부터의 두 가지 대응 방식을 보여준다.

문재인 정권은 그람시적 의미의 수동혁명 정권이라고 말할 수 있다. 촛불혁명의 동력을 흡수하면서도 그 혁명이 요구한 근본적 변화는 회피했기 때문이다. 문재인 정부는 다중의 능동적 정치 행동을 정권 교체와 정권행동 속에 봉합했다. 이른바 '적폐청산'이 그것이었다. 촛불 다중이 요구한 것은 단순한 정권 교체가 아니라 신자유주의적 자본주의로부터의 구조적 전환과 민주주의의 실질화였음에도 불구하고 문재인 정부의 개혁은 기존 구조 안에서의 인적 청산이라는 제한적 수준에 머물렀다.

인적 청산의 형태로 진행된 적폐청산 과정에서 검찰은 개혁 대상이 아니라 개혁 주체로 부상했고 정권 말기에 겨우 시작된 검찰 개혁은 공수처 설치와 수사권 재분배 등 약간의 제도 개혁 수준에 머물렀다. 경제 민주화나 재벌 개혁에서는 실질적인 진척이 거의 없었다. 남북문제에 진척이 있는 듯했지만 결국 원위치하고 말았다. 촛불의 급진성은 국가 기구의 에너지로 흡수되고 다중은 다시 제도 밖으로 밀려났다.

문재인 정부 속에서 문재인 정부를 거부하며 나타난 윤석열 정권은 촛불의 정신과 가치만이 아니라 문재인 정권에 의한 그것의 수동혁명적 흡수 결과마저도 뒤집는 반혁명 정권으로 나타났다. 그것은 촛불의 요구에 정면으로 반대하고 물리적·제도적으로 그 성과를 거꾸로 되돌려 놓는 정권이었다. 검찰권력을 재강화하고 인적 청산의 결과를 뒤집고 언론·시민사회에 대한 탄압을 자행했다.

윤석열 정권은 촛불다중이 요구한 실제적 민주주의를 정면으로 거부하는 정부였다. 그 정권은 촛불정신과 요구에서 멀리 벗어나 전광훈과 연대하고 뉴라이트 역사관을 수용한 위에서 2024년 12월 3일에는 국회나 선관위 같은 민주주의의 기관들을 폭력과 강압을 통해 파괴하려 했다. 그것은 지배 질서의 회복적 재강화와 재확립을 위한 강권력의 사용이자 사회적 해방의 요소들과 움직임에 대한 탈법치주의적인 적대로서의 내란이었다.

빛의 혁명은 이 내란에 대한 촛불다중의 아래로부터의 즉각적인 응전으로서 촛불-응원봉 집회 및 시위로 나타났다. 그것은 수동혁명을 통해 체제의 동력으로 흡수되었거나 반혁명으로 파괴되었던 민주주의의 회복적 실질화로서의 직접민주주의를 재천명했다. 헌정 질서를 무너뜨리는 예외주의 내란세력의 움직임에 직면하여 다중은 자기 자신의 말과 행동이 물질적 헌법임을 주저 없이 주장했다.

박근혜 탄핵 투쟁이 압도적 다수의 청계천, 광화문, 시청 광장의 점거와 직접행동을 통해 국회와 헌법재판소로 하여금 대통령 박근혜를 탄핵하도록 압박하는 것이었다면 윤석열 탄핵 투쟁은 그보다는 작은 수의 다중이 여의도, 남태령, 한남동, 광화문, 안국동 등지에 집결하여 탄핵(국회), 체포(공수처와 경찰), 구속(법원), 기소(검찰), 파면(헌법재판소) 등의 매 국면마다 해당 대의기관을 지휘하는 집단적 명령행동이고 헌법행동이었다. 다중들은 매 국면마다 엄청난 집단지성과 행동력으로 예외주의 내란을 패퇴시켰다.

이번 조기 대선은 다중의 이 빛의 혁명이 열어낸 공간이다. 윤석열을 패퇴시킨 빛의 다중이 열어낸 공간이다. 카페 종업원, 금속노동자,

건설노동자, 편의점에서 아르바이트하는 학생, 자폐 장애인, 트랜스젠더, 페미니스트, 퀴어, 전세사기 피해자, 성폭력 피해자, 중국인 2세 노동자, 몰락하는 자영업자, 취업 준비생, 중고등학생, 술집 여자, 가정주부, 회사원, 사회활동가, 농사짓는 농부 등등…인 이들이 원하는 것은 두 가지로 집약할 수 있다.

하나는 내란종식, 또 하나는 사회대개혁. 요컨대 빛의 혁명을 선거 형태, 선거 과정 속에서 속행하고 제도화하는 것이다. 4월 24일 정의당TV에서, 4월 25일 프레시안TV에서 〈사회대전환대선연대회의〉 경선 토론에 나선 권영국, 한상균 두 후보자들은 이 요구에 충실했고 또 그것을 충족시켰는가? 토론은 무엇을 이루었고 무엇을 놓쳤는가? 이 질문에 답하기 위해서는, 선거의 시간에 구경꾼으로 물러서지 않고 광장의 시민처럼 움직이는 것, 대선을 스펙터클이 아니라 축제로 만드는 것, 빛의 혁명을 다른 형태로 계속하는 것, 후보를 빛의 혁명을 추진시킬 유력한 도구로 만드는 것이 필요하다.

정권 교체에 대해
2025년 4월 27일 일요일 오후 1시 16분

〈사회대전환대선연대회의〉의 선거인단에 참여한 것은 내게는 선거 시간을 대세 관망자로 보내지 않기 위한 기술적 장치라고 할 수 있다. 실제로 이 참여 덕분에 권영국·한상균 두 경선 후보의 두 차례 토론을 주의 깊게 살펴볼 수 있었다. 이 주의 깊은 듣기에서 느낀 점 네 가지.

경선 토론

두 차례 토론 전에 두 경선 후보가 일종의 자기소개를 하는 시간이 있었다. 〈김준우의 야망〉 프로그램이 그것이다. 투사 출신의 두 후보를 시청자들에게 친근하게 소개하려는 의도였는지 모르나 먹방 형식으로 자유분방하게 진행되는 그 시간이 별 내용 없이 길게 이어지는 바람에 두 후보의 삶과 생각에 대해 깊게 알고 싶은 나로서는 지루함을 어쩔 수가 없었다. 반쯤 보다가 '나중에 여유 있을 때 보자'라고 생각하면서 채널을 빠져나오고 말았다.

정의당TV에서의 토론은 정반대로 꽉 짜인 틀 속에서 각 후보의 생각을 간단명료하게 제시하는 방식이었다. 제도 방송에서 흔히 사용하는 모두발언-공통 질문-주도권 토론…식으로 시간에 맞춰 진행하는 틀 자체가 왠지 진부하게 느껴졌다. 큰 글씨의 제목에 짧은 답이 작은 글씨로 적혀 있는 선거공보물을 읽는 느낌이었다. 정동적 경향보다 지성적 경향이 강해 두 후보의 고유한 힘이 잘 표현되지 않았다. 후보들의 살아 있는 육성이 자유롭게 흘러넘칠 수 있는 토론이었으면 좋았을 텐데 하는 아쉬움이 남았다.

혹시, 외부에서 이어폰으로 들을 수밖에 없던 조건이라서 충분히 주의를 기울이지 못했던 것이 그런 느낌을 남긴 것이 아닐까 싶어 다음 날 다시 한번 유튜브로 돌려 보았지만 역시 기대한 감흥은 얻기 힘들었다. 1987년 겨울 어느 날 지금의 서울역사박물관 자리인 서울고등학교에서 열렸던 백기완 후보 대선 출마 집회 때 느꼈던 감흥과 비교되기 때문일까? 선거운동 활동가가, 종이돈과 동전으로 시민들이 모은 돈을 가마니에 가득 채워 백기완 후보가 올라선 연단에 올려놓으며 '여러분들의 힘으로 백기완 대선후보 등록비가 마련되었다'고 외칠 때의 감흥이 생각났다.

이 두 번에 비해 프레시안의 강상구TV 토론은, 형식은 자유로웠지만 내용이 빈약했던 〈김준우의 야망〉에서의 토론이나, 꽉 짜인 형식이 내용을 제약했던 정의당TV 토론에 비해 상대적으로 흥미로웠다. 굳이 말하자면 앞의 두 프로그램의 중간쯤 되는 형식이라고 할 수 있겠는데 사회자가 적게 개입하면서도 적절한 질문거리를 던짐으로써 후보들이 자신들의 이야기를 자유로우면서도 내실 있게 풀어낼 기회를 제공한 것으로 느껴졌다.

투사와 정치가

두 후보가 놀라울 정도로 비슷한 경향을 표현한다. 그래서 선거인단의 회원으로서 두 후보의 발언 내용을 통해 구별을 하고 선택을 하기가 쉽지 않다.

두 사람 모두가 거리나 공장의 투사 출신이기 때문에 TV 발언에는 익숙지 않은 것으로 보였다. 이재명, 김동연, 김경수가 벌이는 민주당 경선 후보들의 토론에 비하면 두 후보가 투사와 정치가 사이의 애매한 위치에 놓여 있음을 느끼게 한다. 민주당 후보들은 시장, 도지사, 국회의원 등 다양한 정부 내 이력을 갖고 있어 국가기관에 대한 전문 지식과 전문 감각을 갖고 이야기하는 것으로 느껴진다.

이에 비하면 권영국, 한상균 두 후보는 이들 민주당 경선 후보들과 연배들이 비슷함에도 불구하고 정부가 아니라 공장과 광장에서 성장해 온 후보이다. 기존의 세상을 운영한 사람들이라기보다 기존의 세상을 바꾸려고 해온 사람들이다.

그렇기 때문에 '대통령이 되면 무엇을 할 것인가?'라는 식의 질문은 이들에게 왠지 부적절하게 느껴졌고 그에 대해 주어지는 답변도 왠지 (민주당 경선 후보들이 답할 때와는 달리) 무게가 실리지 않았다. 그냥 하도록 되어 있는 정답을 연극 대사처럼 공연한다는 느낌이 들었다.

현재의 정치적 역관계에서 이번 대선이 이 두 경선 후보에게 당선 가능성을 거의 주지 않고 있다는 것도 이런 느낌을 주는 요소 중의 하나일 것이다. 그렇다면 투사 출신이자 여전히 투사인 이 후보들이 이번 대선에서 할 수 있는 역할이 무엇일까? 정권 교체, 내란종식, 사회대개혁 3대 의제를 놓고 이 물음에 대해 생각해 보는 것이 좋을 것이다.

정권 교체의 이중성 : 수평 교체와 수직 교체

윤석열 내란 때문에 공포와 충격을 받은 사람들이 가장 먼저 바라는 것은 정권 교체다. 윤석열 정권을 다른 정권으로 교체하면 그 공포와 충격에서 일단은 벗어날 수 있다는 생각에서일 것이다. 이 요구에 대한 강한 응답은, 내란으로 이어진 국민의힘-윤석열-정권에 대한 대안으로 민주당-이재명-정권을 수립하는 것에 대한 열망으로 나타나고 있다. 파면과 조기 대선 속에 들어있는 강력한 에너지 흐름 중의 하나가 이것이다.

그런데 이 열망이 놓치고 있는 것이 있다. 그것은 2016~2017년 촛불봉기에 대한 위로부터의 흡수였던 문제인 촛불정권이 윤석열 정권의 모태였다는 것, 그리고 촛불봉기에 대한 수동혁명 정권과 반혁명 정권이 2022년의 선거를 통해 어떤 의미에서는 연속되었다는 사실이다. 박근혜-새누리당-정권에서 문재인-민주당-정권을 거쳐 윤석열-국민의힘-정권으로 이르는 과정에 실질적인 정권 교체가 있었는가? 두 가지 다른 답이 가능하다.

첫째, 있었다는 답. 대통령과 내각 및 일부 관료들의 인사 교체가 있었던 것은 분명하다. 이에 따라 일부 정책의 변화가 있었다. 보수우파에서 중도보수로, 중보보수에서 다시 보수우파로의 정치권력 교체가 있었다. 12·3 내란은 보수우파에서 극우로의 교체 시도였다. 정권이 좌표상 우파에서 중도파로, 다시 중도파에서 우파로 수평 이동을 하면서 교체된 것은 사실이다. 윤석열 12·3 내란의 실패로부터 다시 수평적 정권교체의 길이 열리고 있고 정권 교체가 다시 과제로 제기되었다.

둘째, 하지만 국가권력의 성격은 변하지 않았으며 정치권력의 교체는 정치권력의 기본 성격의 교체라기보다 정치권력 담당층, 담당 인물의 교체로 나타났다. 신자유주의적 자본주의의 총체로서의 국가권력은 지속되었다. 선출·비선출 군주 및 귀족의 집권이라는 권력 현실이 전혀 바뀌지 않은 것은 이 때문일 것이다. 역사적 촛불집회를 통해 헌법 제1

조가 꽤 널리 회자되고 각성되었음에도 불구하고 국민다중들은 여전히 권력체제 바깥에 놓여 있었다.

이런 관점에서 우리는 다른 답을 내놓을 수 있다. 정권 교체가 없었다는 것이 그것이다. 모든 권력은 국민으로부터 나오는데 대다수 국민다중은 정작 정치권력에서 소외되어 있는 것이 현실이다. 이런 의미에서 군주·귀족-연합 권력은 2016~2017년 촛불혁명을 통해 교체된 적이 없다.

수평면에서 왼쪽으로의 게걸음 교체만으로는 부족하고 구조적으로 수직화되어 있는 권력 교체(즉 국민다중의 실질 권력화)가 필요하다. 이것은 대의제 군주귀족 연합권력에서 민주제 국민권력으로의 교체여야 한다. 이것을 수평적 정권 교체와 구분해서 수직적 정권 교체라고 부를 수 있을 것이다.[8] 2016~2017년 촛불혁명에도 불구하고 이러한 수직적 정권 교체는 발견되지 않는다.

그러면 윤석열 파면 이후 2024~2025년 빛의 혁명이 이재명-민주당-정권으로의 교체를 가져올 수 있다면 그 정권 교체는 무엇일까? 이 교체는 분명 수평적 정권 교체일 것이다. 하지만 이것이 곧바로 수직적 정권 교체를 의미하지는 않는다. 물론 민주당 대통령 후보 이재명은 다른 정치가에 비해 국민주권주의 이념이 강하고 그것에 충실한 편이다. 즉 수직적 정권 교체의 잠재력을 가진 정치가이다. 하지만 그의 국민주권주의는 여전히 국민주권의 직접성보다 대의성을 중시하고 대의제에 직접민주주의를 종속시키는 경향이 강하다. 대의제를 직접민주주의에 종속시키고 직접민주주의의 독자성, 우선성에 기초한 섭정제를 지향하기에는 불충분하다.

덧붙여 두어야 할 것은, 민주당보다 더 좌파적이고 진보적인 정치세력들이 집권한다 하더라도 그것이 곧바로 수직적 정권 교체를 의미하지는 않는다는 점이다. 〈사회대전환대선연대회의〉 후보라고 해도 마찬

---

8. 여기서 '수직적 정권 교체'라는 말은 '위로부터 아래로' 정치권력을 하방함으로써 다중을 정치적으로 활력화한다는 의미로 사용한다.

가지다. 연대회의 후보가 당선되더라도 권력은 군주·귀족 연합제의 수중에 있게 되고 국민은 권력에서 소외된 통치 대상에 머물러 있게 되기 때문이다.

물론 정도 차이는 있다. 연대회의 후보는 이미 시민사회의 직접적 자기표현을 함축하고 있기 때문에 민주당 후보에 비해 수평적 정권 교체를 넘어 수직적 정권 교체까지 나아가기에 상대적으로 쉬운 조건에 놓여 있다고 볼 수 있다.

연대회의 후보의 역할에 대한 생각

이런 점 때문에 나는 연대회의 후보가 다른 당들처럼 자기 당이나 자기 정치조직 중심으로의 수평적 정권 교체에 역점을 두기보다 권력을 국민다중에게 돌려주는 수직적 정권 교체 활동에 집중하는 것이 필요하다고 생각한다. 많은 사람들에게 정권 교체는 수평적 정권 교체(이 당에서 저당으로의 권력 이동)를 의미할 뿐 아직 수직적 정권 교체(군주와 귀족에서 국민으로의 권력 이동)의 개념은 익숙하지 않다. 1917년 4월 레닌은 "모든 권력을 소비에트로!"라는 슬로건을 통해 수직적 정권 교체와 유사한 어떤 정치적 생각을 표현했다. 지금 이 슬로건을 변용한다면 "모든 권력을 국민에게!"로 표현될 수 있을 것이다.

놀랍게도 이 슬로건은 이미 우리 헌법에 명문화되어 있다. 그러나 87헌법은 제1조에서 국민주권을 선언한 후에 그것을 국민의 기본권으로 치환한 후 나머지 조항들에서 서둘러 모든 권력을 대의기관들, 즉 군주제와 귀족제로 체계적으로 이전시키는 마법을 부린다. 그래서 모든 권력은 국민 밖에, 국민 위에 있다. 민주제는 형해화의 절차를 밟아 군주·귀족제 아래에 종속된다.

그러므로 수직적 정권 교체는 헌법 제1조에 규정된 바의 국민주권을 실질화하고 물구나무서 있는 그것을 바로 세우는 것을 의미한다. 촛불이나 응원봉을 든 빛의 집회는 우리 역사에 등장한 자생적 소비에트이고 코뮌이다. 촛불집회 속에서 많은 사람들이 직접민주주의를 요구하는 것은 권력을 촛불집회에로, 국민다중의 직접행동에로 가져오고자 하는 욕동의 표현이다. 문제는 주로 TAZ[9] 형태로 나타나는 빛의 집회를 PAZ[10] 형태로도 발전시켜 내는 것이다.

사회대전환은 권력을 빛의 집회의 국민다중에게로 가져와 다중을 충분히 활력화하는 수직적 정권 교체 없이는 이룰 수 없다. 연대회의로의 수평적 정권 교체를 이루지 못하는 경우에도 다양한 방식, 다양한 경로를 통해 국민다중에게 권력을 가져오는 수직적 정권 교체를 진전시키는 데 성공한다면, 직접민주화의 그 투쟁에서 소금 역할을 수행한다면 대선은 큰 의미를 가질 수 있다.

내란진압과 빛의 혁명은 국민다중의 직접행동의 과정이고 성과였기 때문에 지금 내란정당인 국민의힘을 제외한 어떤 당도 직접민주주의 강화를 위한 개헌을 적어도 입으로는 부정하지 않고 있다. 그 직접민주주의 강화를 대의제 아래에 종속변수로 묶어두려는(즉 상대화하려는) 의지의 강도에서 정당별 차이를 보일 뿐이다. 연대회의 후보가 선거운동을 직접민주주의 강화와 절대화에, 즉 국민다중 주권의 절대화에 투여한다면 그것은 수직적 정권 교체를 달성하는 데 핵심적 기여를 하는 것이라고 생각한다.

직접민주주의 수직 정권 교체 없는 수평 정권 교체는 장기적으로는 아무것도 바꾸지 못한다. 1917년 4월에 '모든 권력을 소비에트로!' 슬로건을 지지했던 레닌도 1917년 9월 코르닐로프 쿠데타 이후에는 이 슬로건을 철회하고 '볼셰비키 집권'으로 그것을 대체했고 이것이 이후의 러시아혁명에 부정적 흔적을 깊이 남겼다.

1918년 소비에트로의 권력 이양 의식이 있었지만 형식적이었을 뿐이다. 소비에트는 볼셰비키에 종속된 기관으로 되었다. 볼셰비키 당으

---

9. temporary autonomous zone : 임시자율공간.
10. permanent autonomous zone : 상설자율공간.

로의 수평적 정권 교체는 있었지만 소비에트로의 수직적 정권 교체는 없었고 군주·귀족제는 집권 공산당 수준에서 재생산되었다. 서기장-공산당-소비에트로 내려오는 권력의 이 수직적 위계가 역사적 현실 사회주의들에 대한 다중의 반발감의 중요한 원천이었다. 직접민주주의 수직 정권 교체는 이 권력 위계의 전복을 의미한다. 연대회의와 그 후보가 할 일은 수평적 정권 교체보다 수천 배는 중요한 이 수직적 정권 교체다.

이미 연대회의 경선 후보들의 공약과 정책 속에는 이 과제가 직접민주주의 강화라는 이름하에 포함되어 있다. 그런데 중요한 것은 이 과제를 여러 과제 중의 하나로 나열하는 것이 아니라 이 과제에 집중하고 실질적으로 진전시키는 것이다.

수평적 정권 교체 잠재력과 다른 과제의 달성 가능성은 수직적 정권 교체를 일관되게 추구하는 과정에서 한층 높아질 것이다. 기본권의 확대와 불가침성, 국민발안, 국민숙의, 국민결정, 국민소환, 시민평의회, 기속적 대의제 등을 포함하는 개헌과 7공화국의 제기는 이를 위해 필수적이다.

내란종식의 차원들과 사회대개혁이라는 이름의 유령

2025년 4월 29일 화요일

「정권 교체에 대해」에서 나는 정권 교체가 수평적 정권 교체와 수직적 정권 교체라는 이중성을 갖는다고 말했다. 수평적 정권 교체는 좌-우, 진보-보수 사이에서 여러 당들 사이의 대의정치 방향을 둘러싼 권력 교체이며 수직적 정권 교체는 국민다중의 직접민주주의적 권력 행사와 대의민주주의적 권력 행사 사이의 권력 교체를 의미한다.

우리에게 정권 교체는 주로 전자를 의미하는 용어였다. 윤석열 국민의힘 정권을 해체하고 좀 더 진보적이고 좀 더 좌파적인 방향의 정권을 수립하는 것은 지난 수십 년 동안 줄곧 우파와 보수를 중심으로 조직되어 온 한국 정치 지형상 꼭 필요한 일이다. 그런데 국민다중에게 더욱 절실한 것은 대의제 헌법에 의해 원리적으로 축소되고 부정되어 왔으나 4·3, 5·18, 6·10이나 2016, 2024년처럼 중요한 역사적 고비마다 실제적 권력으로 자신을 드러내 문제를 해결하는 국민다중의 비대의적 직접행동과 직접민주주의 정치를 원리적으로, 그리고 헌법적으로 회복하고 제도적으로 긍정하는 일이다. 대의권력의 근저에 자치권력이 있고 자치권력이 우선적임을 규정함과 동시에 자치권력이 대의권력을 섭정할 제도적 회로를 명확히, 그리고 구체적으로 정의하는 것이다. 국민다중의 삶정치로 하여금 대의정치에 대한 분명한 섭정권을 갖도록 사회를 재구조화하는 것이다.

　대의정치의 담당 주체 교체를 표층(수평)의 정권 교체라고 한다면 대의권력 우위에서 자치권력 우선으로의 교체는 심층(수직)의 정권 교체이다. 빛의 혁명은 이 두 가지 종류의 정권 교체를 누가 어떻게 수행할 것인가를 우리에게 묻고 있다. 내란종식의 문제는 이 질문에 연동된 문제이다.

　내란종식이란 무엇인가? 이것은 '내란이 무엇이었던가?'라는 질문, 즉 2024년 12월 3일 비상계엄의 성격에 대한 질문에서 출발하지 않으면 답할 수 없다. 12·3 비상계엄에서 우리는 명태균 사건으로 죄어오는 특검 위기에서 벗어나고자 하는 윤석열의 개인적 사익 동기를 결코 무시할 수 없다. 하지만 그것은 계기일 뿐 본질은 아니다. 거칠게 말해 12·3 비상계엄은 한국 신자유주의적 자본주의의 재생산 위기를 주권 강탈(이것은 자산 강탈로 이어졌을 것이다)을 통해 수습하고자 한 시도였다고 정의할 수 있다.

　반도체와 자동차를 핵심으로 하는 수출 의존형 체제에서 경제성장은 한계에 직면하고 청년층과 노년층의 불안정 노동 확대로 사회불안정이 심화되며 금융화로 자산 불평등이 극단화되는 국내 현실 위에 미·중 패권 경쟁으로 인한 전 지구적 질서 변동이 겹치는 불안정한 국제 정세 속에서, 윤석열 정권은 초긴축의 군사주의적 예외주의 국가화와 친미일 군사 정치 동맹 정책으로 대응하고자 했다. 이러한 예외주의 반혁명 조치는 갑작스럽게 돌출한 것으로 보이지만 실제로는 법치주의 속에서 제도를 통한 반동과 개악이 계속해서 실패한 다음에 이루어졌다.

취임 후 윤석열이 시도한 노동 개악(69시간 노동제)은 야당과 노동계, 청년층의 반대로 사실상 무산되었다. 대기업의 내부거래 규제를 완화하는 공정거래법 개악 안도 야당과 시민사회의 반발로 무산되었다. '반국가단체' 범위를 확대하는 국가보안법 강화를 통한 공안 통치 시도도 야당, 인권 단체, 국제사회의 반발로 무산되었다. 검찰권 재강화(수사권 복원과 경찰 수사에 대한 검찰 통제 강화) 시도도 야당의 거부로 입법화에 실패했다. 부동산 규제 완화는 지방정부와 시민사회의 반대로 완전 관철에 실패했다. 사회복지 예산, 지방교부세, 교육예산 삭감을 통한 긴축안도 복지단체, 교육단체, 노동계, 야당의 반대로 대규모 수정을 거치고서야 통과되었다. 한미방위비 분담금 대폭 인상 추진도 국회 비준 지연으로 비상계엄 직전(2024년 11월 28일)에야 겨우 비준 동의안이 통과되었다. 언론사 이사를 강제 해임하여 언론사를 장악하려던 조치는 일부 성공했지만 방송사와 시민사회의 반발을 불러왔을 뿐만 아니라 오히려 야당의 방송법 개정이라는 역풍에 직면했다. 제도를 통한 이러한 반혁명 과정은 시민사회 내에 촛불행동과 비상행동을 비롯한 광범위한 반윤석열 민주주의 저항 진지의 구축을 가져왔다.

전체적으로 검찰과 군부를 지렛대로 한 국가권력의 자본 중심적 사용으로 축적 위기를 돌파하려 한 헌정 내적 시도가 제도권 안팎의 저항에 부딪혀 실패함으로써 윤석열 정권은 헌정을 벗어나는 예외주의 내란에 돌입했다고 볼 수 있다. 그것은 의회를 정지시키고 국민의 기본권을 제한하는 위헌·위법한 위로부터의 '비상대권' 체제로서 사회 내의 제도권력만이 아니라 국민의 주권권력 자체를 강탈하는 독재권력 체제의 구축 시도였다. 헌정 질서를 통한 반혁명을 헌정 질서의 전복, 즉 내란을 통해 계속하고자 한 것이다.

지난 수개월 동안 우리는 윤석열의 내란이 군사쿠데타에서 출발했지만 그것의 실패 후에도 검찰쿠데타(심우정), 행정쿠데타(한덕수, 최상목), 사법쿠데타(지귀연과 조희대), 그리고 시민사회 폭동(서부지방법원 습격) 등의 형태로 지속되는 것을 보았다. 이것은 내란이 소수 정치가, 장성, 관료들의 위헌·위법한 범법 행동으로 표출되지만 실제로는 신자유주의적 자본주의 사회의 재생산 위기에 연관된 사회구조적 욕동에서 분출되고 있음을 보여주는 것이다.

행동하는 것은 인간이지만 그 행동은 구조 위기에 의해 제약되어 있다. 분산된 대의권력을 대통령에게 집중시키고 자치권력으로부터 제헌활력을 빼앗아 위로부터의 예외주의적 비상대권으로 전도시키는 주권 강탈을 통해 신자유주의적 가치 강탈을 가속화하는 순수한 자본 독재로의 길의 추구가 그것이다. 그것은 사회위기를 극단적으로 심화시킬 뿐만 아니라 필연적으로 인간의 멸종을 포함할 여섯 번째 대멸종을 재촉하는 길이다.

그렇다면 이 내란을 종식시킨다는 것은 무엇을 의미하는가? 그것은 법치 및 대의정치적 차원에서 완결될 수 없고 사회구조적 차원, 헌정 질서적 차원에서 동시적으로 깊이 있게 추구되어야 할 과제다.

상식의 차원에서 이해되는 첫째 차원, 즉 내란종식의 법치 및 대의정치적 차원은 대의제도 차원에서의 수평적 정권 교체와 내란에 대한 엄정한 수사, 그리고 관련 행위자에 대한 엄격한 처벌로 표현될 것이다. 법치주의와 대의주의 기관들과 인사들은 대체로 이 차원에서 내란종식을 이해하는 데 멈춘다. 그것이 그 기관들과 인사들에게 맡겨진 역할이기 때문이다. 그런데 특정의 행위자로 하여금 그러한 행위를 하게 만든 사회구조적 욕동은 수사될 수 없으며 기소될 수 없고 또 처벌될 수도 없다. 그래서 이것들은 법치주의와 대의주의적 조치 바깥에 남아 그 욕동의 해결 방법을 모색하게 된다. 이것이 제2, 제3의 내란 에너지로 작용한다.

이 때문에 둘째 차원의 내란종식 활동이 필요하다. 그것은 이미 2008년 금융위기로 한계를 드러낸 신자유주의적 자본주의의 실제적 대안을 찾아내어 실행해 가는 것이다. 그것은 금융화, 불안정화, 양극화하면서 독점, 차별, 혐오를 구조적 운영 논리로 삼는 자본주의 축적 질서를 혁명하는 일이다. 금융 독점에 대항하여 기본소득, 차별에 대항하여 평등, 혐오에 대항하여 돌봄이 제시되는 것은 이 새로운 질서에 대한 필요 때문일 것이다.

이 새로운 질서는 세 번째로 헌정적 차원의 내란종식을 필요로 한다. 내란세력은 대의권력인 국회의 무력화 외에 자치권력의 최소한인 국민의 기본권을 압류하고자 했다. 후자가 더 핵심적인 목표였다. 국회를 무력화하는 데 성공하더라도 국민이 저항하면 자신이 설정한 목적을 달성할 수 없게 되기 때문이다. 따라서 신자유주의적 자본주의를 대체할 새로운 질서의 수립은 시민들의 집단지성과 집단정동을 활성화할 직접민주주의적 자치권력의 강화에서 시작되지 않으면 안 된다.

예외주의적 비상권을 전면적으로 철폐하면서 자치권력이 대의권력을 섭정하는 직접민주주의 개헌은 그 출발점이다. 직접민주주의적 자치권력의 헌법적 강화와 가일층의 활성화는 예외주의적 내란을 억제할 수 있을 뿐만 아니라 그것의 돌출을 진압하는 근본적 힘으로 될 수 있을 것이기 때문이다.

경향적으로 각 당들 및 정치조직의 내란종식 기획에는 색깔의 차이가 있다. 민주당의 내란종식 기획은 위에서 말한 첫 번째 차원에 집중되어 있다. 〈사회대전환대선연대회의〉의 내란종식 기획은 두 번째 차원에 집중되어 있다. 세 번째 차원은 내란종식 기획으로서 아직 제대로 평가

받지 못하고 있다. 대의정치 차원에서 이 차원은 시민다중들이 광장과 거리에서 보여준 직접 행동과 직접 요구의 압박 때문에 무의식적으로 공약과 정책 속에 조금씩 스며들고 있을 뿐이다. 그것의 본령은 사회대개혁이라는 이름으로 유령처럼 비제도 공간을 떠돌고 있다. 이것을 좀 더 의식적으로 계획하고 실천적으로 추구하는 것이 필요하다. 하지만 이 추구의 힘 역시 아래로부터 광장의 압력에 의해서만 주어질 것이다.

이재명의 국민주권주의는 어디로?
2025년 5월 1일 목요일 오전 7시 59분

이재명의 제21대 대통령 후보 수락 연설은 '국민'을 강력하게 반복·호명하며 '민주주의 회복'과 '국민주권'의 시대를 강조한다. "국민"이라는 단어는 연설에서 52회 반복적으로 사용되며 국민주권주의는 "군림하는 지배자, 통치자의 시대를 끝내고 진정한 주권자의 나라, 진짜 대한민국이 시작된 날", "국민주권과 희망의 새로운 시대", "국민의 주권 의지가 일상적으로 관철되는 정상적인 지방자치, 진정한 민주공화국" 등의 문구 속에서 연설의 주조음으로 흐르고 있다.

윤석열의 12·3 비상계엄이 국민으로부터 주권을 강탈하려 한 반민주주의적 폭거였음을 상기하면 이러한 전환과 강조는 아무리 강조해도 지나치지 않을 만큼 중요하다. 그렇기 때문에 이제 우리는 웅변적으로 표현된 그 국민이라는 호명이 실제로 누구를 가리키는지, 그가 말하는 국민주권이 내란을 저지한 광장 국민다중의 정치적 열망과 부합하는지, 지난 시기 여러 대통령들이 반복적으로 언급했지만 그에 의해 다시 주창되고 있는 국민통합이란 어떤 결합을 의미하는 말인지, 그가 생각하는 국민주권 민주주의가 어떤 정치, 어떤 체제를 가리키는지, 묻고 또 살펴야 한다.

연설에서 국민은 크게 두 가지 형상으로 등장한다. 하나는 '고통받고 지친' 국민이고 또 하나는 '위대한' 국민이다. 전자는 수동적 형상이며 후자는 능동적 형상이다. 이것은 두 국민이 아니다. "고통"을 당하며 "절망" 속에 "지친 국민"이 특정한 역사적 순간에 "맨몸으로 총칼과 장갑차를 막아"내는 바로 그 "위대한 국민"으로 변형되기 때문이다. 국민 주체성의 이 변형은 "극한의 절망과 환란 속에서조차 빛을 찾아 희망을 만들어온 위대한 우리 국민"이라는 말로 표현된다. 이재명은 이 절망과 고통 속에서도 희망을 잃지 않고 위대함을 보이는 이 "평범한" 국민이 자신을 민주당 대통령 후보로 일으켜 세우는 국민이라고 주장한다.

여기서 그는 그 "위대한 국민"이 양적으로 국가 내의 모든 사람을 포괄할 수 없음을 의식하고 있다. 자신이 대통령 후보로 일어나는 것을 반대하는 국민이 있기 때문이다. 그것은 국민의힘이라는 정치조직을 통해 표상되는 국민이고 "분열"의 국민이다. "무질서와 분노, 상처와 절망"의 국민이다. 지난 수년간 우리는 이 다른 국민들이 한 손에는 태극기와 성조기를 겹쳐 들고 다른 손에는 창살에 갇힌 이재명 피켓을 들고 입으로는 "이재명을 감옥으로!"를 외치던 장면을 기억한다. 이재명은 "온 국민" 속에서 '위대한 국민'과 이 '분열, 무질서, 분노의 국민' 사이의 간극과 균열을 의식하고 있다.

그런데 이 "위대한 국민" 내부를 관통하고 있는 질적 차이와 사회적 갈등도 그는 의식하고 있을까? 지난 4월 11일 민주당 대선 경선에 출마한 예비후보 이재명은 국회 소통관에서 비전 발표회를 마치고 기자들과 질의응답을 가졌다. 한 기자가 "응원봉을 들고 광장을 주도했던 2030 여성들에 대해서는 언급이 없다. 일부러 피하는 것처럼 보인다. 2030 여성 유권자를 위한 비전은 어떻게 구성하고 있나?"고 묻자 그는 "빛의 혁명 과정에는 모든 국민이 함께했다. 국민들이라는 거대 공동체 모두의 성과다. 모든 국민들과 함께 가야 한다고 생각한다"고 답했다.

여기서 그는 "위대한 국민" 내부를 관통하고 있는 차이를 "모든 국민" 속에 묻어 덮는다. 주체성의 변형이라는 관점에서 더 크게 고통받고 더 많이 지친 사람들이 빛의 혁명에서 더 큰 위대함을 보여주었다고 말했어야 하지 않을까? 성별 차이를 사회적 차별로 겪어온 사람들이 내란을 삶의 더 큰 위기로 느끼고 그것을 혁명으로 전화시키려는 각별한 결집을 이루었다고 말했어야 하지 않을까? 빛의 혁명은 차별에 대한 민감성의 표현이었고 빛의 혁명의 힘에 기대 예비후보로 출마하는 자신이 차별을 없애는 데 앞장서겠다고 말했어야 하지 않을까?

민주당의 예비후보 이재명이 빛의 혁명의 이름으로 "위대한 국민"의 후보를 자처하며 대통령에 출마했음에도 불구하고 세월호 사건 11주년을 맞은 지난 4월 16일에 권영국, 한상균 두 사람이 〈사회대전환대선연대회의〉의 이름하에 광장의 지속, 광장의 정치화를 주장하며 21대 대선 출마 선언을 한 것은 이런 맥락 속에 놓여 있다. 그것은 여성만이 아니라 노동과 기후 주체성까지 모든 국민 속에 묻어 덮는 이재명 후보의 추상적 국민 개념에 대한 거부의 표현이었기 때문이다. 내적으로 다른 차이 존재들을 "모든", "온", "전체"로 추상하는 힘이 실제로는 차이를 차별로, 생산적 잠재력으로서의 차이를 고통스러운 위계로 전환시키는 국가권력이었다는 사실에 대한 도전이었기 때문이다.

국민다중의 내적 차이의 이 사회적 차별화를 덮어 놓은 상태에서, 이재명은 자신이 "민주당"의 후보임을 넘어 "내란종식과 위기 극복"을 갈망하는 "위대한 국민"의 후보이고 더 나아가 "통합과 국민 행복을 갈망하는" "'모든 국민'의 후보"임을 천명한다. 요컨대 자신을 국민통합의 후보로 내세운다.

그가 그리는 이 국민통합의 그림은 "위대한 국민"이 "분열의 국민"을 포용하는 것이다. 아마도 이것이 "이념과 사상 진영에 얽매여, 분열과 갈등을 반복할 시간이 없다", "어떤 사상과 이념도 우리 국민의 삶과 국가 운명 앞에서는 무의미"하다 등으로 표현되는 "실용주의" 행보, 이른바 '우클릭'이라고 불리는 '중도보수' 행보를 뒷받침하는 논리일 것이다. 이 통합 구상 속에서 "위대한 국민" 내부를 갈라놓으면서 고통과 피로를 재생산하고 누적시키고 있는 계급적 성별적 인종적 문화적 차별들은 간과된다. 아마도 그것들은 "위대한 국민"과 "분열의 국민" 사이의 "진영" 갈등만큼이나 "무의미한" "이념과 사상"으로 치부될 것으로 보이는데 더 심각한 것은 이 차별의 실재마저 연설문에서는 부정되고 있다는 것이다. "위대함"과 "통합"이라는 말이 모든 차별을 삼키는 정동적 블랙홀로 작용하기 때문이다. 그 결과 빛의 혁명은 '크게 통합시키는 우두머리'로서의 대통령에게로 수렴되고 만다.

그런데 과연 대통령에게 "모든 국민" 혹은 "온 국민"을 통합시킬 힘이 있을까? 국민이 분열되어 갈등하고 있을 때, 아니 그 내적 차이로 인해 본래적으로 갈등하는 다중인 국민에 직면해서 대통령이 "통합"의 역할과 권능을 갖는다고 생각하는 것 자체가 하나의 사상, 이념이지는 않을까?

"트럼프 2기가 불러온 약육강식의 무한대결 세계질서, AI 중심의 초과학기술 신문명 시대 앞에서, 우리 안의 이념이나 감정 이런 것들은 정말 사소하고도 구차한 일 아닙니까."라는 상황적 이유로 내적 차이, 갈등, 분열을 사소한 것으로 치부하고 외면하면서 위로부터 통합을 상상하고 또 강제할 때 그것이 차이, 균열, 상처의 봉합 이상으로 나아갈 수 있을까? 아니 이 통합주의적 시도 그 자체가, 끝내 봉합되지 않는 그 차이의 존재론적 힘과 차별에 대항하는 절규들에 직면하여 다시 저 끔찍한 "비상대권"에 대한 유혹과 갈망으로 이끌려가는 것을 막을 장치는 누가 어디서 어떻게 마련할까?

국민다중들 사이의 내적 차이가 갈등과 분열로 비화하지 않도록 하기 위해서는 대통령에 앞서 국민다중들 자신이 서로 이견들 속에서 숙의하고 서로를 조금씩 더 이해하고 가능한 협력의 길을 찾도록 하는 과정이 필수적이다. "통합"이라고 상상되는 '연합'의 힘은 대의 과정 이전에 삶과 직접민주적 정치 속에서 생성되어 나와야 한다. 대의민주주의적 협의는 결코 직접민주주의적 숙의를 대체할 수 없다. 후자의 숙의를 전자의 여야 간 협의로 대체해 온 역사 속에서 국민다중들은 서로 대면할 길 없는 원자적 개인들로 흩어져 갈등하기를 반복했다. 대의적 협의 이전의 집단적 자기 숙의 속에서 다중들 사이의 협업의 길이 열릴 때 대통령을 포함하는 대의민주주의 체제가 그 길을 구현하는 기관으로 순기능을 할 수 있다. 시민사회 내에 차별, 분열, 갈등을 방치한 상태에서 진행되는 정치적 국민통합은 이데올로기일 뿐만 아니라 폭력으로 기능할 가능성이 높다.

이재명 후보는 2025년 4월 18일, MBC 백분 토론에 출연하여 직접민주주의에 대한 긍정적인 입장을 밝힌 바 있다. 그는 스위스와 캘리포니아의 사례를 언급하며, 국민들이 정치인들을 감시하고 견제할 수 있는 구조의 필요성을 강조했다. 이것은 그가 직접민주주의의 필요성과 중요성을 인식하고 있음을 보여준다.

하지만 2025년 4월 27일 21대 대통령 후보 수락 연설문에서 그의 민주주의는 이로부터 크게 퇴행한다. 직접민주주의라는 말은 단 한 번도 등장하지 않았다. 민주주의는 전적으로 "회복", "복원"의 과제로 제시되었다. "공존과 소통의 가치를 복원하고, 대화와 타협의 문화를 되살리는 것이 내란이 파괴한 민주주의를 복원하는 지름길이다, 이렇게 믿습니다." "내란을 극복하고 민주주의를 회복하라!" "민주주의 복원이 바로 국민통합의 길입니다." "민주주의와 평화를 복원하는 일." 민주주의와 결부된 모든 구절들은 복원, 회복에 한정될 뿐 민주주의의 진전, 심화, 절대화, 직접화와 연결되지 않고 있다. 그것은 미래가 아니라 과거를 향하며 정치적 상상을 과거에 가둔다.

윤석열의 내란이 대의민주주의를 상처 내고 파괴한 것이 분명하므로 민주주의의 회복이나 복원이 필요하다는 것은 엄연한 사실이다. 하지만 그것으로 2024~2025년 광장에서 솟구쳐 오른 민주주의 열망,

"위대한 국민"의 민주주의 열망을 충족시킬 수 있을까? 그것으로 "30년, 50년 후의 국가 미래"에 대응할 수 있을까? 직접민주주의 강화를 위한 가능한 조치들, 특히 직접민주주의 개헌에 침묵함으로써, 그리고 민주주의를 김대중, 노무현, 문재인 시대에 역사적으로 제한함으로써, 국민다중의 민주주의적 자기조직화와 협치라는 미래적 길은 봉쇄되는 것으로 느껴진다. 2024~2025년의 광장에서 응원봉 다중들이 그 미래의 길을 이미 또렷하게 보여주었기에 후보 수락 연설문에서 민주주의 개념의 퇴행성은 더 선명하게 부각된다.

이재명 후보는 국민이 "내란과 퇴행의 구시대를 청산하고, 국민주권과 희망의 새로운 시대를 열어가라"고 명령하고 있음을 알고 있다. 하지만 그가 실행하려는 것은 구시대를 청산하고 희망의 미래를 여는 조치가 아니다. 그의 실행 계획은 87체제라는 구시대의 대의민주주의를 회복하고 온존하는 수준에 머문다. 국민의 명령은 이러한 실행계획 속에서 굴절된다.

돌아보면 국민다중의 기본 권력과 대의제 권력의 몰수를 꾀한 12·3 내란은 대의민주주의의 한계 속에서 돌출한 예외주의 행보였고 대의민주주의의 회복만으로는 풀릴 수 없는 체제적 궁지의 자백이었다. 광장에 켜진 혁명적 빛은 직접민주주의적 대전환의 절박성을 웅변했다. 12월 3일 밤 민주당 대표 이재명은 비상계엄이 선포되자마자 국민을 향해 국회로 와 달라며 "우리의 힘만으론 부족하다. 이 나라의 주인이신 국민 여러분께서 나서 주셔야 한다"라며 내란을 저지하고 진압할 궁극적 힘이 국민다중의 직접행동에 있음을 인정하지 않았던가?

이 호소로 직접민주주의의 판도라 상자를 열었던 그가 왜 지금 그 상자를 닫으려 하는가? 왜 직접민주주의는 연설문에서 그토록 완전히 자취를 감추는 것인가? 왜 주인인 국민은, 특히 위대한 국민은 주권자로 호명될 뿐 기본권 외에는 그 어떤 권리도 갖지 못하는 유령적 실체로 전화하는 것인가? 위대성은 왜 평범성으로 축소되는가? 위기의 순간에 목숨을 내놓고 싸웠던 광장의 주인들이 왜 회복적 민주주의의 헌정 질서 속에서는 배경으로 밀려나는 것인가?

주인의 이 유령화는 대의제의 마법이다. 대의제주의적 국민주권 개념은 국민을 주권자요 권력의 원천으로 삼지만 권력의 실체로 설정하지 않는다. 국민은 주인이지만 자신들의 주권을 대표자들에게 위임하고 맡기는 사람들이다. 주기적으로 반복되며 지속되는 그 위임의 시간 동안 국가권력의 점유권과 사용권은 대표자들에게 있다. 주인은 형식적이고 선언적인 소유권만 갖고 있다. 주권의 이 형식적 소유권자는 위기의 시기에만 겨우 자신의 형식적 소유권을 실재적인 것이라고 주장할 수 있게 된다. 하지만 일상이 회복되면 그 소유권은 다시 형식화되며 그들은 아무것도 아닌 사람들로 밀려난다.

이재명은 "주권자가 맡긴 권력으로 주권자의 의지를 꺾고, 국민의 혈세로 국민을 공격하는 반정치, 반민주주의를 내 손으로 극복하고 싶었습니다"라고 말한다. 그런데 윤석열들의 예외주의적 반민주주의 이전에 대의민주주의가 바로 주권자가 맡긴 권력으로 주권자의 의지를 꺾는 반정치를, 반민주주의를 반복하고 축적해 왔다. 이것은 대의민주제가 서구에서 18세기에 아래로부터의 봉기(자크리)의 요구를 흡수하되 실제 권력에서는 봉기의 힘을 추방하는 군주·귀족제의 유지 방법으로 고안되었던 역사와 무관하지 않다. 20세기 초의 평의회주의자들이, 멘셰비키나 볼셰비키나 모두 소비에트를 봉기의 기관으로만 인정할 뿐 권력기관으로는 인정하지 않았다고 비판할 때, 우리는 21세기까지 이어지는 군주·귀족제의 저 끈질긴 힘을 다시 확인하게 된다.

"국민의 주권의지가 일상적으로 관철되는 정상적인 지방자치, 진정한 민주공화국"이 대의민주주의의 회복을 통해 만들어질 수 있는가? 대의민주주의는, 특히 자유대의제 민주주의는 그것의 군주·귀족제적 특성 때문에 평범한 국민의 주권의지를 결코 일상적으로 관철시킬 수 없다. 대통령이 마음속에서 아무리 원한다 하더라도 자유대의제의 민주주의가 주권자 국민의 진정한 민주공화국으로 기능하기는 어렵다.

국민다중의 주권의지의 일상적 관철을 위해서는 국민다중이 자신의 주권을 대표자에게 위임해서는("맡겨서는") 안 된다. 주권에 대한 소유권을 실질화하기 위해서는, 즉 민주주의를 실질화하기 위해서는 주권은 어떠한 위임도 없이 일상에서 직접적으로 행사되어야 한다. 국민다중은 권력의 원천(즉 봉기 주체)일 뿐만 아니라 직접적으로 권력을 행사하는 활력체이고 권력의 직접적 표현기관이어야 한다.

대의는 필요한 경우로 한정되어야 한다. 대의 행위가 주권자로부터 자유로워져서는 안 되고 주권자의 의지에 상시적으로 기속羈束되어야 한다. 요컨대 대의제도는 직접민주제에 기속된 제도로 배치되어야 한다.

권력은 대의기관들 사이에서만 분산되고 그 기관들 사이에서만 서로 견제되는 것으로 불충분하다. 그보다 더 중요한 것은 권력이 다양한 국민다중들 사이에 분산되어 서로 견제하고 협의하고 소통되도록 만드는 것이다.

법의 측면에서 국민다중은 만들어진 법에 의해 지배되는 존재가 아니라 법들을 집단적으로 발의하고 집단적으로 숙의하고 집단적으로 결정하는 존재여야 한다. 대의기관과의 관계에서 국민다중은 대표자들을 선출하고 언제든지 소환하며 필요에 따라서는 해임하는 방식으로 그것을 섭정하는 존재로 자리 잡아야 한다.

직접민주제의 섭정을 벗어난 대의민주제는 본질적으로 반민주적이다. 구조적으로 그것은 정치적이기보다 치안적이다. 대의민주제에서 예외주의적 일탈이 빈번한 이유는 이 때문이다. 권력이 주권자에서 멀어지는 위임적 자유대의제는 그것이 정상적으로 기능하는 경우에조차 국민다중의 주권의지에서 벗어나는 예외주의적 특징을 다분히 갖고 있다.

이것이 대의주의적 국민주권 개념의 본원적 문제점이다. 국민에게 기속되지 않는 자유대의제하에서는 국민통합이 이루어진 것으로 보이는 바로 그 순간에 국민의 중요한 부분이 억압받고 고통받으며 비국민으로 내몰린다. "국민통합"은 대의제도 수준에서의 군주적·귀족적 통합일 뿐 국민다중의 민주적 연합이 아니다.

따라서 "진정한 민주공화국" 건설은 국민 개념과 주권 개념의 혁신을 필요로 한다. 국민이 차이로 횡단되는 갈등적 다중으로, 주권이 그 누구에게도 위임되지 않는 직접 행사와 직접 구성의 힘으로, 국민주권이 형식적으로 민주주의적일 뿐만 아니라 실질적으로 민주주의적 힘으로 이해될 때 민주공화국에 대한 새로운 상상이 열릴 수 있다. 지금이야말로 이재명의 21대 대선후보 수락 연설이 이러한 생각과 얼마나 가깝고 또 얼마나 먼가를 살펴야 할 시간이 아닌가? 그의 생각과 실천이 국민다중의 희망에 조응하는 방향으로 발전해 갈 수 있도록 함께 숙고하고 감시하는 것이 필요한 시간이 아닐까?

대의민주주의 속에 온존된 군주제가 내란을 돕는다
2025년 5월 2일 금요일 오전 10시 45분

2025년 5월 1일 오후 3시. 대법원장 조희대를 중심으로 고압적으로 높은 단상에 앉은 대법관 12명이 10:2로 이재명 선거법 사건에 대한 유죄 취지 파기환송을 결정했다. 법치가 정치와 겹쳐지며 정확하게 자신의 임명권자를 반영한 사법적 판단이다. 국민의힘 윤석열이 임명한 10인은 파기환송 다수의견을, 문재인이 임명한 2인은 반대의견을 냈다. 사법이, 그것도 최종심인 대법원이 대통령으로 대표되는 행정 권력에 장악되어 있었다는 것을 이보다 더 명료하게 보여줄 수 있을까?

이것은 사법의 정치화라는 현상을 새롭게 보여주는 사건이기 전에 이미 사법이 줄곧 정치의 연장이었고 정치에 장악되어 왔음을 또렷이 드러낸 사건이다. 그렇다면 삼권의 한 축인 사법권력은 왜 독립성을 잃고 정치에, 정확하게는 행정 권력에 장악되어 왔는가?

답은 분명하다. 87헌법이 대의민주주의 속에서 오래된 군주제를 온존하고 있기 때문이다. 흔히 내각제를 지향하는 사람들이 "대통령에 집중된 권력", "제왕적 대통령제"라는 말로 드러내는 문제의식이 그것이다.

지난해 12월 3일에 우리가 충격적으로 경험했듯이 87년 헌법은 예외를 결정할 수 있는 대통령의 비상계엄권을 온존시키면서 그 권한을 국무회의, 국회의 권한으로 견제하는 것에 머물렀다. 그리고 탄핵소추안이 가결된 2024년 12월 14일 이후 2025년 4월 4일 사이에 우리가 조마조마한 마음으로 경험했듯이 그것은 헌법재판관 임명에서도 대통령에게 지나치게 큰 권한을 부여했다. 다시 5월 1일에 우리가 경험했듯이 그것은 대법관 구성에서 대통령에게 너무 큰 권한을 부여했다. 헌법적 절차에서 국민이 최종적인 헌법적 법률적 의사결정에 직접 참여할 여지는 봉쇄되었다. 대의라는 간접적 과정에서 국민의 의지가 왜곡될 여지는 너무나 크다.

물론 대통령중심제의 대안으로 제시되곤 하는 내각제는 대의민주주의에서 군주제 헤게모니를 귀족제 헤게모니로, 즉 비대통령 대의권력인 의회의 헤게모니로 교체하는 것에 지나지 않는다. 그 본질에서 민주제 강화와는 거리가 멀다.

그러면 우리 헌법의 군주제적 성격과 불가분하게 얽혀 있는 저 "유죄 취지 파기환송" 결정을 접한 이재명의 반응은 어떠했는가? 노동절을 맞아 청년 노동자들과의 대담을 마친 후에 파기환송 결정을 확인한 이재명은 '생각과 전혀 다른 판결이 나왔지만 국민의 뜻이 가장 중요하다'는 취지로 반응했다. 국민주권주의자답게 주권이 국민에게 있음을 다시 한번 강조한 것이다. 사법 귀족들인 대법관들이 자신이 대통령이

되는 것을 막으려 하고 있지만 국민들이 그런 시도를 좌절시킬 것이라는 믿음의 표현으로 해석된다. 김계리의 변론이 윤석열을 더 깊은 궁지로 몰아넣었고 지귀연과 심우정 합작의 윤석열 탈옥이 국민다중의 재결집을 불러와 파면을 공고히 했음을 고려하면 조희대 주도의 사법 내란도 사법 귀족들의 의도에 반하는 결과를 가져올 가능성이 높다는 점에서 이러한 믿음은 경험적 근거를 갖고 있다.

확실히, 유례없는 속도의 무리한 재판 진행으로, 그리고 원심(2심)의 무죄판결의 논리를 고의적으로 뒤집는 사실 해석과 맥락 해석으로 대법원이 대통령 선거라는 국민의 대의 과정에 개입하려 한 것이 누가 봐도 분명해 보이는 5월 1일의 파기환송이 "국민의 뜻"을 최종적으로 무너뜨릴 힘을 가졌다고 생각되지는 않는다. 하지만 5월 1일 늦은 밤 국회에서 최상목 탄핵소추안을 상정하는 시간에 국민의힘 의원들이 국회의장 우원식을 에워싸고 "이재명 범죄자"라는 구호를 볼썽사납게 연호하는 풍경이 시사하듯, 저 비정형의 "국민의 뜻"이 윤석열 사법 귀족들의 뜻으로 인해 굴절되고 상처 입게 될 가능성은 커지게 되었다.

이재명은 "국민의 뜻"이 더 중요하다는 말을 하는 데 그쳤지만 민주당 일각에서는 집권하면 사법의 이런 농단적 실행이 없도록 사법 체계를 손보겠다는 말이 나온다. 하지만 그 다짐이 "국민의 뜻"의 '직접적 형성'과 '왜곡 없는 표현'을 위한 민주제의 회복과 강화로 나아가고 있는지는 의문이다. 왜 그런가?

당들의 개혁 구상이 군주·귀족 연합제의 틀을 좀체 벗어나려 하지 않기 때문이다. 국민다중과 가까운가 먼가, 민감한가 둔감한가 등에서 당파들 간에 차이가 있는 것은 분명하고 지금의 야당이 국민다중과 더 가까이에서 민감하게 그 의지를 경청하려는 태도를 갖고 있는 것도 분명하다. 하지만, 일반적으로 선출된 의원들은 반대파 의원들도 "동료의원"으로 부르며 귀족제를 유지하는 데 공동의 이해관계를 갖고 있음을 서로 표현한다.

그래서 그들은 직접민주의를 강화하는 실질 민주제 개헌을 "정의"로서 인정하는 경우에도 말로만 인정할 뿐 입법과정에서는 계속 지연시키는 방식으로 부정의의 상태를 지속시킨다. 그 결과 윤석열, 한덕수, 최상목, 심우정, 지귀연, 조희대, 김문수, 윤상현 등등으로 이어지며 행정 사법 입법 전 영역에서 소용돌이치는 쿠데타 동맹체의 활동공간은 굳건한 것으로 남아 있게 된다. 즉 대의제 본위의 국민주권주의로는 쿠데타와 내란을 막을 수 없게 된다. 그러므로 "세 번째 내란은 있을 수 없는"(권영국) "진짜 대한민국"(이재명)은 "국민주권 시대"의 천명만으로는 실현될 수 없다. 그것은 지금 '어떤 국민주권주의인가?'라는 물음 앞에, 요컨대 대의제 본위의 국민주권주의인가 직접민주주의 본위의 국민주권주의인가라는 물음 앞에 서 있다.

'광장 민주주의'와 '물민주의'
2025년 5월 3일 토요일 오후 12시 49분

이재명의 후보 수락 연설문(4월 27일)에는 '국민'이라는 단어가 52번 나오는데 비 내리는 광화문에서 136번째 노동절에 비를 맞으며 낭독된 권영국의 후보 수락 연설문에는 그 단어가 왜 단 한 번도 나오지 않을까? 연설문의 처음에 등장하는 슬로건, "차별 없는 나라, 함께 사는 대한민국"에 '나라'와 '대한민국'은 등장하는데 '국민'이 없다. 어디로 사라진 것일까?

자세히 보면 '국민'이라는 말이 연설문에서 체계적으로, 그리고 의식적으로 '시민'으로 대체되어 있음을 확인할 수 있다. "사랑하는 시민 여러분", "사회대개혁을 꿈꾸는 모든 시민들", "나라다운 나라와 인간다운 삶을 염원하는 무수한 시민들", "돌아가야 할 일상이 계엄과 다름 없는 시민들", "더 심각해지기만 하는 불평등 앞에 시민들은 절망하고 체념했습니다", "다시 한번 시민의 힘으로 되찾은 바로 이 광장", "평범한 시민들의 존재와 바람이 이번 선거에서 사라지지 않도록", "우리가 지켜야 할 시민들의 삶"…. 이런 방식으로 길지 않은 연설문에 '시민'이라는 용어는 13번 등장한다. '시민'이라는 용어는 이재명이라면 '국민'이라고 말했을 바로 그 자리에, 그 말을 대체하는 용어로 터 잡고 있다.

왜? 이유가 무엇일까? 나는 그것을 그의 연설문에 단 한 번 등장하는 "광장 민주주의"라는 말, 민주주의 개념의 직접민주주의적 재정식화에서 찾는다. 그는 자신이 진보 대통령 후보로 나서는 이유가 선거 공간 속에 "광장의 목소리, 그리고 민주주의의 목소리를 되살리"기 위해서라고 말한다. 광장은 '다시 만들 세계', 새로운 세상이 어떤 모습이어야 하는지 치열하게 함께 토론하는 "정치의 공간"이다.

그 코뮌적 정치공간에서 함께 토론하고 함께 행동한 것이 '국민'이었는가? 권영국은 그렇지 않다고 주장하는 것으로 보인다. 왜 그는 이렇게 주장하는가? 왜 그는 '국민'이라는 말보다 '시민'이라는 말로 광장의 주체성을 규정하고자 하는가?

그 이유가 명백하게 제시되어 있지는 않지만 배제적 정체성 개념인 국민이 광장의 다양성을 담아내지 못한다는 문제의식 때문일 것이다. "양극단 진영정치로 갈라진 대한민국을 광장을 닮은 다양성의 정치로 치유하고 통합해야 합니다"라는 구절이 그것을 시사한다.

당명에서 국민을 쓰고 있는 국민의힘과 대의주의 국민주권을 지향하는 더불어민주당이 양당 중심적으로 만들어내는 세계에서 '국민'은 국적법에 규정하고 있는 '국적주의' 국민 개념을 벗어나지 않는다. 국적법에서 국민은 '대한민국 국적을 가진 자연인'으로, 국적은 출생(부 또는 모가 대한민국 국민)과 귀화(일반귀화의 경우 5년 거주, 성년, 품행, 생계 능력, 한국어 능력 충족)에 의해 취득된다. 이것이 우리의 '법률적' 국민 개념이다.

억압받는 자들에게는 '예외상태'가 늘 규칙이었다.

발터 벤야민

이 개념으로 광장 촛불집회의 역동성을, 비근한 예로 2016~2017년 박근혜 퇴진광장과 2024~2025년 윤석열 퇴진광장의 역동성을 온전히 설명할 수 있는가? 이재명은 2016년 박근혜 퇴진광장에서 거리에 생동하는 국민주권의 실상을 파악했고 이후 그 국민주권에 비교적 충실한 행보를 보였다. 2017년 대선 경선 출마, 2022년 대선후보로서의 행보가 그의 광장 해석에 기초한다.

　그런데 권영국이 보기에 이 독해는 불철저하거나 현재의 광장에 부적합하다. 이 시각은, 광장의 동력에 대한 불철저한 독해가 문재인 민주당 정권 실패와 윤석열 정권의 난동 및 붕괴의 근저에서 하나의 원인으로 작용하고 있다는 생각으로 이어진다. "첫 번째[2017 – 인용자] 탄핵 이후 이뤄진 정권 교체는 우리 사회에 누적된 차별과 불평등의 굴레를 끊어내지 못했습니다. 양극화된 정치를 바꾸지 못했습니다. 우리의 삶을 바꾸지도, 지키지도 못했습니다"라는 구절 속에 표현된 생각이 그것이다.

　퇴진과 탄핵을 위한 광장에서 우리는 실제로 법률적 의미의 국민을 넘는 수많은 존재들의 움직임을 보았다.

　우선 광장에는 법률적 의미의 국민만 있었던 것이 아니며 정치적 국민들이 있었다. 법률적 국민의 요구만 제기된 것이 아니라 정치적 국민의 요구가 제기되었다. 여기서 정치적 국민의 요구란 무엇인가? 유아, 어린이, 청소년처럼 법률적 국민이지만 정치적 국민에서 법률적으로 아예 배제되고 있는 존재들의 정치적 요구. 동성애자, 퀴어처럼 법률적 국민임에도 불구하고 제도적 문화적으로 정치적 국민에서 배제되는 존재들의 정치적 요구. 이주민처럼 국민의 경계에 선 존재들의 정치적 요구. 난민처럼 법률적 정치적 국민이고자 소망하여도 국가에 의해 국민으로 받아들여지지 않는 존재들의 정치적 요구. 여성이나 장애인처럼 법률적 국민이자 정치적 국민으로 인정됨에도 불구하고 차별에 의해 이등, 삼등의 국민일 것을 강요받는 존재들의 정치적 요구. … 등등이다. 요컨대 분할, 위계화, 배제에 의해 국민의 아래층 혹은 경계 지대 혹은 바깥으로 계속 내몰리는 존재들의 정치적 요구가 광장에서 제기되었다.

다음으로, 광장에는 틀림없이 비국민인 존재들도 함께했다. 대한민국 국적 없는 외국인이 그들이다. 이들만이 아니다. 광장 주체성은 이보다 더 넓었다. 비인간도 함께했기 때문이다.

우선 동물들. 등허리에 청색의 '윤석열을 즉각 파면하라' 피켓을 두른 개들도 함께했다. 다음으로 기계들. 농민들의 트랙터들, 비정규직 배달 노동자들의 오토바이들이 함께했다. 그다음으로 사물들. 얼마나 많은 집회 시위 도구들이 집회장에서 움직이고 있었던가? 응원봉들, 스마트폰들, 방송 트럭들, 마이크들, 스피커들, 은박담요들…등등.

이런 비인간 동물들, 기계들, 사물들 없이 광장을 구성하는 것은 불가능하다. 특히 주목해야 할 것은 2024~2025년의 광장에서 기후정의의 요구가 거셌다는 것이다. 3월의 혹한은 '기후정의 있는 나라'에 대한 요구에 실감을 더했다. 기후정의에 대한 요구란 비인간 기후에 시민권을 부여하고 기후를 돌보는 기관, 위기의 기후를 살리기 위한 실천들을 필요로 한다는 사실을 역설하는 것이다. 이에 응하여 권영국은 "기후위기를 이야기하지만 화석연료 중독을 끊어내지 못하는 세상을 바꾸어 지구 온도 상승을 기어코 멈추어내는 것"을 광장의 요구로 받아들인다.

이 정도만으로도 광장이 시사하는 주권 개념이 대한민국의 법률적 국민에 한정될 수 없다는 점은 명백할 것이다. "광장을 닮은 다양성의 정치"를 사고할 새로운 개념이 필요하다는 점이 분명해졌을 것이다.

'거리의 변호사' 권영국이 이 지점에서 제시하는 것이 '시민'이다. 거리에는 국민에서 배제된 무수히 다양한 사람들이 고통 속에 살아가고 있으며 그들에 대한 변호가 국민이라는 정체성 위에서 이루어질 수 없다는 자각이 여기에 포함되어 있다. 그리고 광장에는 바로 이 배제된 존재들이, 비상계엄으로 인해 주권에서 배제될 위험에 처한 사람들과 함께 민주주의를 외치며 공통의 투쟁 공간을 구성했다는 사실주의적 인식이 여기에 포함되어 있다.

이 자각과 인식은 국민을 법률의 수준에서 정치의 수준으로 열고, 국민의 문을 인간, 비인간 다중에로 열어야 함을 지시한다. 그것은 우리의 민주주의가 법률적 의미의 국민의 주권에 갇히지 않고 시민의 주권으로, 생태의 주권으로 넓어져야 하며 규범적 주권을 넘어 구성적 주권으로 동태화되어야 한다는 것을 시사한다. 광장의 시민들의 물질헌법적 실천이, 형식헌법 수준에서, 87헌법을 시민헌법으로, 생태헌법으로 바꾸자고 요구하고 있음을 시사한다.

광장에 입각하여 민주주의를 다시 해석하는 일은 우리의 민주주의를 국민주의를 넘어 시민주의로, 시민주의를 넘어 물민주의로 개조하는 일과 겹치게 된다.

물민주의에서 물物은 한자에서 여러 가지 색, 여러 가지 것을 의미한다. 예컨대 '물의를 빚다'에서 물의物議는 글자 그대로는 사물들의 토론을 의미한다. 그것은 여러 가지 의견들이 서로 소용돌이치는 상황을 지칭한다. 영어에서 '물'을 의미하는 thing이나 독일어 Ding은 '여러 가지 것들의 회집'을 의미하는 말로 지금도 북구어 계통에서 Ding은 의회, 집회 즉 assembly를 의미하고 있다.

생물을 물의 특수한 형태라고 볼 때 이번 12·3 내란에 대항하는 다중의 투쟁은 사람, 깃발, 꽹과리, 피켓, 소리, 행진…등 다양한 차원의 물들의 저항적이고 창조적인 결집이었다고 해석될 수 있다. 민民은 한 눈을 찔려 앞을 보지 못하던 성밖 노예를 의미하다가 지금은 아래로부터의 당당한 정치적 주체로서 명명되는 만큼 '물민'이라 함은 인간과 비인간, 생물과 비생물을 넘어선 다양한 민주주의 정치적 주체성들을 지칭하는 용어로 될 수 있을 것이다.

국민과 시민을 광장의 물민으로 재해석함으로써 민주주의 정치공간은 국가를 넘어 사회를, 사회를 넘어 세계를, 세계를 넘어 생태를 사실과 가치 모두에서 포함하는 공간으로 거듭날 수 있을 것이다. 물민은 광장이 '다시 만들 세계'의 새로운 주체성이다.

이 관점에서 다시 보면 12·3 내란은 아래로부터 치솟는 물민의 힘과 제헌적 요구에 대한 폭력적 거부권 행사에 다름 아니었다. 물민의 요구를 짓누르는 세계를 물구나무 세워야 한다. 권영국은 2022년 서울 용산구 한남동 SPC 빌딩 앞에서 물구나무 1인시위를 시작했다. 폭력경찰에 대한 항의의 표시였다. 내란으로 어지럽혀진 세상을 바로 세우려면 그 세상을 다시 물구나무 세워야 한다. 권영국은 진정한 정권 교체와 내란청산의 길에서 자신이 기수가 되겠다고 한다. 시민=물민의 삶을 지키기 위해 새로운 세상을 함께 꿈꾸자고 제안하며 손을 내민다. 여러분들은 이 손을 어떻게 할 것인가?

헌법재판소 결정문과 이재명 공직선거법 위반 사건 대법원 판결문 반대의견에 나타난 국민주권주의의 양상

2025년 5월 5일 월요일 오후 7시 30분

나는 2025년 4월 4일에 나온 헌법재판소의 '대통령 윤석열 탄핵 결정문'[11](2024헌나8)의 전문을 읽다가 다음 구절을 이해하는 데에 큰 어려움을 겪었다. 왠지 사태가 거꾸로 해석되고 있다는 느낌을 지울 수가 없어 읽고 또 읽어보았지만 역시 이해가 되지 않았다.

피청구인은 이 사건 포고령을 통하여 국회의 활동을 금지하는 것에서

---

11. 헌재 2025. 4. 4. 2024헌나8, 결정문,「대통령(윤석열) 탄핵 (대통령에 대한 탄핵심판 사건) 결정문」, 2025년 6월 29일 접속, https://isearch.ccourt.go.kr/viewdo?idx=00&docId=84503_010500.

더 나아가 일반 국민의 정치적 기본권 언론 출판 집회 결사의 자유 등을 포괄적 전면적으로 제한하고 그 행사를 범죄 행위로 규정하였다. 이는 위와 같은 기본권의 행사를 허용하면 국회와의 대립 상황을 타개하는 데 지장을 초래한다는 판단하에 일반 국민의 비판 자체를 원천적으로 배제하기 위하여 이루어진 조치이므로 헌법의 근본 원리인 국민주권주의의 자유민주주의적 기본 질서를 위반한 것이다.[12]

나는 윤석열 정권이 국회와의 대립을 해결하기 위해 국민의 기본권을 침해한 것이 아니라, 국민의 기본권과 주권을 원천적으로 약탈하려는 의도를 가지고 장기간에 걸쳐 국회와 대립하였고, 결국 폭력적 수단으로 이를 무력화하려 했다고 본다. 즉, 기본권 행사에 대한 제한은 윤석열 정권의 비상계엄이 추구하는 종속적 목표가 아니라, 오히려 그것의 독립적 목표였다고 본다.

이 관점에서 보면 헌법재판소의 결정문은, 국민주권주의를 대의민주주의 체계 내부에 위치시키고 윤석열 정권이 대의민주적 국민주권주의를 어떻게 침해하고 파괴했는지를 설명하는 데에서 효능을 보여주지만, 비상계엄 이후 성문헌법 밖 광장에서 내란에 대항해 실질적으로 헌법을 수호한 국민다중의 국민주권적 직접행동의 힘을 표현하는 데에는 한계가 있다.

파면 결정에 이르는 논리 전개의 충실성이 국민주권주의에 대한 대의민주주의적 해석에 철저히 근거하고 있고 그것이 설득력 있는 논지로 전개됨으로써 국민주권주의에 대한 직접민주주의적 해석 가능성과 헌법의 직접민주주의적 미래를 오히려 닫는 효과를 발휘하는 것이 아닌가 생각되는 것이다. 그래서 국민다중들의 직접행동은 다음 구절에서만 나타난다.[13]

---

[12] 같은 판례.
[13] 물론 「대통령(윤석열) 탄핵 (대통령에 대한 탄핵심판 사건) 결정문」은 12·3 비상계엄

피청구인의 국회 통제 등에도 불구하고 국회가 신속하게 비상계엄 해제 요구 결의안을 가결시킬 수 있었던 것은 시민들의 저항과 군경의 소극적인 임무 수행 덕분이었으므로 결과적으로 비상계엄 해제 요구 결의안이 가결되었다는 이유로 피청구인의 법 위반이 중대하지 않다고 볼 수는 없다.[14]

많은 사람들이 통쾌함을 느꼈다고 하는 이 구절에서도 시민들의 저항과 군경의 소극적인 임무 수행은 주동자로서보다는 보조자로 나타난다. 그리고 이것이 대의민주주의 질서에서 직접민주주의적 힘이 표상되는 기본적 방식인데 결정문은 이 방식에 놀라울 만큼 충실하다.

형법 제87조에 따르면 내란은 "대한민국 영토의 전부 또는 일부에서 국가권력을 배제하거나 국헌을 문란하게 할 목적"으로 일으킨 "폭동"이다. 그리고 제91조에서 "국헌을 문란할 목적"이라 함은 첫째, "헌법 또는 법률에 정한 절차에 의하지 아니하고 헌법 또는 법률의 기능을 소멸시키는 것" 혹은 둘째, "헌법에 의하여 설치된 국가기관을 강압에 의하여 전복 또는 그 권능 행사를 불가능하게 하는 것"이다.

둘째는 이해하기 쉽다. 우리가 12월 3일에 보았던 국회나 선관위 침탈 같은 것을 가리키기 때문이다. 대의민주주의에서 국회나 선관위가 폭력적으로 침탈되는 것의 핵심적 문제는 국민주권의 대의주의적 행사가 불가능해진다는 데서 찾아진다. 그것은 간접적 방식으로 국민주권이 약탈되는 것을 의미한다.

그런데 위에서 말한 첫째는 무엇일까? 이것은 둘째를 포함하면서도 더 근본적으로 국민의 '직접적' 주권 행사를 저지하고 주권의 기능을 약탈하는 것을 문제 삼는다고 볼 수 있다. 즉 위헌·위법한 방식으로 헌

의 위헌·위법성만을 다루는 것이기 때문에 그 성격상 12·3 이후에 분출한 국민다중의 직접행동을 다룰 수 없다는 한계가 있다.
14. 같은 판례.

법권력의 본체인 국민주권의 기능을 소멸시키고 내란권력의 수중으로 주권을 약탈하는 것을 가리킨다. 이것은 2024년 12월 3일의 포고령에서는, 헌법에 보장된 최소한의 직접민주주의적 주권 행사 방식인 기본권에 대한 금지로 나타났다. 생각해 보면 국민의 기본권은 대의민주주의를 가동시키는 동력이기도 하지만 그것에 그치는 것이 아니고 새로운 헌법을 가능케 하는 구성력, 즉 제헌활력의 한 형태이다.

내가 보기에는 국회, 선관위와 같은 제정권력 기관의 무력화보다 국민의 제헌활력의 무력화가 비교할 수 없을 만큼 더 위험하다. 제정권력 기관의 무력화는 국민의 저항 잠재력 자체를 무력화할 수는 없지만 제헌활력의 무력화는 제정권력 기관의 무력화까지 동시에 가져오기 때문이다.

12·3 내란의 본질은 단적으로 말하면, 국회나 선관위 침탈에서 간접적으로 표현되고 국민의 기본권에 대한 침해에서 직접적으로 표현되는 이 제헌활력, 즉 국민주권의 약탈에 있다. 그렇다면 비상계엄과 포고령을 통해 어떤 주권들이 침해되었던가?

포고령은 첫째로 국민다중의 정치적 자유를 전면적으로 제한했다. 국회 및 지방의회 활동, 정당의 활동, 정치적 결사, 집회, 시위 등 모든 정치 활동을 금지했다. 이것은 헌법 제21조가 보장하는 집회·결사의 자유와 제8조의 정당 활동의 자유, 제10조의 행복추구권을 침해하는 조치이다.

둘째로 포고령은 표현의 자유 및 언론의 자유를 통제했다. 모든 언론과 출판이 계엄사의 통제를 받도록 했다. 이것은 헌법 제21조가 보장하는 언론·출판의 자유를 심각하게 제한하는 조치로, 표현의 자유에 대한 중대한 침해다.

셋째로 포고령은 노동권 및 직업 선택의 자유를 침해했다. 사회 혼란을 조장하는 파업, 태업, 집회 행위를 금지하고, 전공의를 비롯하여 파업 중이거나 의료 현장을 이탈한 모든 의료인은 48시간 내 복귀하도록 명령했다. 이는 헌법 제33조가 보장하는 노동자의 단결권과 단체행동권, 제15조의 직업 선택의 자유를 침해하는 조치다.

넷째로 포고령은 포고령 위반자에 대해 계엄법 제9조에 따라 영장 없이 체포, 구금, 압수수색을 할 수 있도록 했다. 이것은 헌법 제12조 제3항이 보장하는 영장주의 원칙을 위반한 것으로, 국민의 신체의 자유를 심각하게 침해하는 조치다.

국민은 이런 기본 주권의 약탈을 통해 주권자 국민에서 무력한 비국민으로 변형된다. 12월 3일 밤 국민들의 즉각적인 국회의사당 앞 결집은 국회로 하여금 비상계엄을 해제하도록 결의하게 만들려는 섭정 행동이었을 뿐만 아니라 더 근본적으로는 윤석열 계엄권력에 의한 주권 약탈에 저항하고 자신이 주권자임을 천명하기 위한 직접 행동이었다. 그러므로 빛의 혁명에서 주권자 국민다중의 직접행동이 갖는 근원적인 위치와 역할을 말소하거나 약화시키려는 모든 사법적 이론적 해석들에 저항하는 것은 내란을 종식시키고 빛의 혁명을 지속하기 위해 중요하다.

이런 측면에서 "이재명 공직선거법 위반 사건 대법원 판결문 중의 다수의견에 대한 반대의견"[15](이흥구, 오경미)은 중요한 의미를 갖는다. 이 반대의견은, 다수의견이 다음 네 가지 문제가 있다고 비판한다.

첫째, 법원이 기소편의주의에 따른 검찰의 자의적 기소에 동조하는 잘못을 하고 있다.

둘째, 사법의 정치화를 주도할 뿐만 아니라 그 과정에서 정치의 사법화를 조장한다.

셋째, 허위사실유포죄의 법률적 모호성을 유지하면서 선거의 자유, 경쟁의 자유, 정치적 표현의 자유를 위축시키는 방향으로, 그리고 피고

---

15. 대법관 이흥구와 오경미의 반대의견 전문은 다수의견 전문과 함께 다음 주소에 포함되어 있다. 「[전문]이재명 공직선거법 위반 사건 대법원 판결문 전문」, 『동아일보』, 2025년 5월 1일 수정, 2025년 6월 29일 접속, https://www.donga.com/news/Society/article/all/20250501/131530198/1.

인에게 불리한 방향으로 그것을 자의적으로 적용한다.

넷째, 법원이 특정한, 그것도 야당의 유력한 후보를 무리한 방법으로 사법적으로 단죄함으로써 국민의 선택권을 강제로 박탈한다.

그런데 이 네 가지는 동등한 수준에서 나열할 수 없는 것들이다. 왜냐하면 네 번째의 것이 근본적인 것으로서 나머지 세 가지를 규정하고 있기 때문이다. 왜 그런가? 선거에서 국민의 선택권이란 주권자 국민이 권력을 구성함에 있어 결정적으로 중요한 것으로서, 국민의 선거 선택권을 박탈하는 것은 국민주권주의에 대한 중대한 침해를 의미한다. 그것은 국민다중의 제헌활력을 사법권력에 종속시키는 것으로서 국민주권을 약탈하는 행동에 해당하며 12·3 내란이 의도했던 국민주권 약탈을 군사적 방식이 아니라 사법적 방식으로 지속하는 것이다.

이것이 앞의 세 가지에 비해 근본적인 이유는 무엇인가?

첫 번째 논점 즉 검찰의 기소편의주의에 대한 법원의 동조도 국민의 선택권 제약을 통한 국민주권 약탈의 한 방식이기 때문이다. 국민이 선택할 수 있는 정치인이 검찰의 편의주의적 기소권 행사의 결과로 낙마하면 권력은 국민으로부터 검찰로 넘어가는 효과를 가져온다. 국민의 선택권이 아니라 검찰의 선택권이 작용하는 것이기 때문이다. 실제로 이재명의 공직선거법 사건은 그가 낙선한 20대 대선 때의 행위에 관한 것으로서 이미 지난 대선에서 국민의 평가가 이루어진 것이다. 또 당시 경쟁자였고 당선자였던 윤석열의 공직선거법 위반 건에 대한 검찰의 태도와 비교할 때 지극히 편의적이고 선택적인 정치 기소라고 할 수 있다. 이렇게 검찰이 편의적으로 행한 기소를 놓고 대법원이 고등법원의 무죄판결을 뒤엎기까지 하면서 전례 없는 속도로 유죄 취지 파기환송을 하는 것이야말로 국민의 주권을 짓밟고 검찰과 법원이 그 권력을 행사하겠다는 주권 약탈 행위에 속한다.

두 번째에서 지적하는 정치의 사법화도 주권자 국민의 자율적 선택권을 법원으로 이양하는 결과를 가져온다는 점에서 국민주권의 약화라는 효과를 낳는다. 모든 정치적 분쟁을 법적 판단 영역으로 가져와 법 집행을 경쟁자에 대한 공격 수단으로 이용하게 되면 국민들 사이에서 이루어져야 할 숙의와 토론 및 결정을 법원이 대신하게 되는 셈이기 때문이다. 정치가 사법화하면 사법도 정치화되는데 법정이 정치적 논쟁과 갈등의 장소로 변질되기 때문이다. 법정이 정치적 논쟁 공간으로 된다는 것은 국민들의 공론 공간을 축소시키고 그만큼의 권력을 법원이 약탈한다는 것을 의미한다.

세 번째의 방법에 따라 선거의 자유, 경쟁의 자유, 정치적 표현의 자유가 위축되면 국민들은 부족한 정보 속에서 선택하게 되고 권력을 자신의 의지에 맞게 구성할 수 없게 된다. 그런데 이재명 공직선거법 사건에서 허위사실유포죄의 자의적 적용은 국민들의 후보 선택권을 박탈하는 방식으로 법원이 국민의 주권을 약탈하는 결과를 가져올 수 있는 것이다. 대법원 판결에 대한 지금의 국민적 공분은 바로 이 점을 표현한다.

판결문의 '다수의견'이 사건에 대한 사실 제시, 추론, 판단에서 보이는 억지스러움과 철학의 빈곤, 그리고 규범적 태도와는 사뭇 다른 태도를 보여주는 '반대의견'은 다수의견에 따른 유죄 취지 파기환송 결론이 위 네 가지 측면에서 국민주권을 법원이 약탈하는 행위, 즉 일종의 사법적 내란임을 대법원의 법 실천의 역사와 법철학적 논거에 입각하여 적시하면서 그에 반대하고 있다. 내 귀에는 이것이 2024년 12월 3일 이후 국회, 관저, 행정부, 헌법재판소 등으로 이동하던 예외주의적이고 반민주적인 내란이, 이제 법원으로 장소를 옮겨서, 그리고 윤석열에서 조희대로 기수를 바꿔서 지속되고 있음을 알리는 대법원 내부에서의 긴급 사이렌으로 들린다.

김문수 후보에 대한 어떤 생각
2025년 5월 7일 수요일 오후 1시 5분

윤석열의 비상계엄이 군사력으로 국민의 주권을 약탈하려 한 반헌법적 내란행동이었음에도 불구하고 그의 당인 내란정당 국민의힘이 그의 파면 이후에도 파면되지 않고 살아남아 버젓이 대선후보를, 그것도 내란 옹호 후보를 내고 있는 현실이 개탄스럽다.

게다가 권영세와 권성동은 수차례의 경선을 거쳐 당 후보로 선출된 김문수를 단일화 압박으로 후보에서 끌어내리려는 행동을 백주대낮에 서슴지 않고 행하고 있다. 조희대 대법원이 한 줌밖에 되지 않는 사법권력으로 민주당이 국민과 당원의 의사를 모아 선출한 대선후보를 끌어내리려는 것과 똑같은 반민주적 행태를 당 권력을 이용해 자행하고 있는 것이다. 이것이 국민다중의 공분을 자아내는 대의민주주의 세계의 실풍경이다.

2024년 12월 3일 만이 아니라 그 이후 2025년 5월 1일 대선 출마를 위해 사퇴하기 전까지 줄곧 내란을 수호했던 한덕수는 11일까지 단일화가 되지 않으면 아마도 자진 하차할 수밖에 없을 것이다. 당선 가능성이 없는 상태에서 조희대가 이재명을 낙마시켜 줄 날만을 기다리기에는 평생 관료였던 그의 모험 정신이 너무 약하기 때문이다.

단일화 실패에 책임을 지고 권성동, 권영세가 당직에서 사퇴하고, 한덕수가 대선후보에서 하차한 후에 김문수가 국민의힘 대통령 후보 자격으로 윤석열 내란에 대한 책임 있는 사과의 방식으로 국민의힘의 해체와 후보직 자진 사퇴를 선언한다면 아마도 민주 다중들은 기뻐할 것이다.

그것이 70~80년대 노동자들의 집단운동의 성과를 사유화해 권력과 교환해 온 지금까지의 죄과에 대해 노동자들과 국민들께 용서를 구할 수 있는 최소한의 윤리적 태도일 것이다. 20억 원 이상의 당비를 갖다 바치며 그토록 오래 중앙당에 아부하며 청빈의 삶을 살았건만 40년이 넘은 지금도 "좌파식 조직 찬탈"이라는 색깔 공세를 받으며 권력 세계에서 찬밥 신세로 구차하게 사느니 국민의힘 해체와 후보직 사퇴의 방식으로 국민다중께 용서를 구하고 참 인생을 구할 때가 되지 않았는가?

"국민의 뜻"에 대하여
2025년 5월 8일 목요일 오후 12시 13분

5월 2일 나는, 조희대가 주도한 5·1 사법쿠데타의 실패 가능성과 관련하여 이렇게 썼다. "김계리의 변론이 윤석열을 더 깊은 수렁으로 빠뜨렸고 지귀연과 심우정 합작의 윤석열 석방이 국민다중의 재결집을 불러와 파면을 공고히 했음을 고려하면 조희대 주도의 사법 내란도 사법 귀족들의 의도에 반하는 결과를 가져올 가능성이 높다."[16] 이재명 공직선거법 사건이 6월 18일로 기일 변경된 것은 그 실패가 나타나는 첫 단계로 보인다. 하지만 이것이 최종적 실패를, 내란 시도의 중단을 의미하는 것은 결코 아닐 것이다.

이재명이 국민주권주의를 헌법의 명문적 원칙을 넘어 정치의 실제 규칙으로, 문구를 넘어 정치 행동으로 전화시키는 정도만큼 기존의 반민주주의적 대의제가 설 자리는 좁아질 것이기 때문이다. 현행 대의제는 귀족제를 하위파트너로 삼는 군주제에 가깝고 민주제는, 현재의 '사회대개혁' 혹은 '사회대전환' 파가 토로하는 것처럼, 끊임없이 침식되어 껍데기만 남아가는 중이다. 현행의 군주제는 역사적 촛불혁명의 에너지를 파먹으며 위기를 다층화, 총체화하고 사회체의 반민주적 몰락 과정에서 최대한의 사적 수익을 채굴하려 한다.

윤석열의 친위 군사쿠데타는 시민의 가축화를 통해 이 경향을 영구 가속하려는 반혁명 시도였지만 빛의 혁명에 부딪혀 좌초했다. 그러나

---

[16] 「대의민주주의 속에 온존된 군주제가 내란을 돕는다」(이 책 460쪽).

그것이 그 시도의 포기가 아니었음은 이후의 연속적인 도발들, 가령 시민사회에서의 폭동들, 행정, 입법, 사법 각 영역에서의 국지적 쿠데타들에 의해 입증되었다. 조희대의 5·1 쿠데타도 이 흐름 속의 일부로서 국민주권의 약탈이라는 핵심 표적을 정확하게 겨냥하고 있다.

그런데 조희대의 사법쿠데타에 대한 대응이 정말 국민주권주의에 충실하게 이루어졌는가? 시민들의 분노는 국민주권 약탈에 대항하는 것으로서 직접민주주의적 방식으로 기민하게 표현되었다. 광장에서의 빛의 행동과 온라인을 통한 규탄 운동, 로그인 기록 공개 서명운동 등 등이 그것이다. 특히 시민들은 조희대 대법원과 고등법원 형사7부 판사들[17]에 대한 탄핵을 목소리 높여 촉구했다.

야당의 태도는 어떠했는가? 야당은 법사위에 법원행정처장 등을 불러 청문하는 한편 형사소송법 개정(대통령 당선 시 재판 정지)과 공직선거법 개정(허위사실공표죄에서 '행위' 문구 삭제)을 통해 이재명 후보의 당선 전 피선거권과 당선 후 통치권 침해를 막으려 하고 있다. 검찰의 선택적 기소와 법원의 사법쿠데타가 지속되고 있는 조건에서 불가피한 선택이라는 측면을 이해할 수 있지만 방향이 잘못 잡힘으로써 악순환을 가져올 수 있을 것으로 느껴진다. 5월 2일의 글에서 나는 "민주당 일각에서는 집권하면 사법의 이런 농단적 실행이 없도록 사법 체계를 손보겠다는 말이 나온다. 하지만 그 다짐이 '국민의 뜻'의 '직접적 형성'과 '왜곡 없는 표현'을 위한 민주제의 회복과 강화로 나아가고 있는지는 의문이다"[18]라고 썼는데 이 우려가 여전히 지속되고 있는 것이다.

국민주권주의는 우리 헌법 제1조에 선언되어 있지만 대의제 헌정 현실에서 국민은 어처구니없을 정도로 약자의 처지에 놓여 있다. '주권

---

17. 2025년 5월 1일 조희대 대법원은 이재명 공직선거법 위반 사건을 유죄취지로 파기환송하여 고등법원으로 돌려보냈고 고등법원은 단 하루 만인 5월 2일에 2심에서 이 사건에 대해 무죄를 선고한 형사6부를 배척하고 그 대리부인 형사7부에 사건을 배당했다.
18. 같은 글(이 책 460쪽).

자'보다는 오히려 '개돼지'의 처지에 더 가까운 상태다. 이유가 무엇인가? 권력이 체계적으로 대의권력에게 위임=양도=박탈되고 있고 헌법이 그것을 뒷받침하고 있기 때문이다. 국민들은 지난 수개월간 "말이 안 되는" 상황에 직면해서도 울화만 치밀뿐 제도적으로 자신의 의사를 표현할 경로가 없는 것에 답답함을 금치 못했다. 할 수 있는 것이라곤 광장에서 모여 소리를 지르거나 신고한 한도 내에서 도로를 행진하거나 온라인에서 거친 언어로 욕설을 하는 것뿐이었다. 스스로 결정할 수 있는 것이 없고 모인 힘으로 압박하거나 아니면 청원, 즉 무릎 꿇고 빌어서 원하는 결정을 끌어내야 했다.

그런데 야당의 형사소송법과 공직선거법은 검찰과 법원의 국민주권 약탈 시도에, 약화될 대로 약화된 국민주권을 강화하는 방향에서 대응하기보다 대통령을 포함한 대표자, 즉 대의권력을 강화하는 방향에서 대응한다. 형사소송법 개정안은 지금도 지나치게 거대한 권한, 즉 대통령에 주어진 특권을 더 강화시키는 방향이다. 공직선거법 개정안은 표현의 자유를 확대한다고 하지만 국민들의 표현 자유를 확대하는 것이 아니라 대표자들이나 그 지망자들의 표현 자유를 확대하는 것이다. 이미 막강한 대의권력이 아니라 국민의 직접민주주의 권력을 강화하는 방향의 개헌이나 입법이 필요하다. 조희대의 5·1 사법쿠데타에서처럼 검찰과 법원의 부당한 사법권력 행사 때문에 발생하는 국민주권 약탈 문제를 제어할 수 있는 법 개정 방안도 이 방향에서 찾도록 노력하면서 국민다중의 제헌활력과 집단지성에서 해결책을 구하는 것이 민주주의적 길이라고 생각한다. 그렇지 않을 때에는 '방탄 입법'이라는 국민의힘의 비난이 사람들에게 점점 설득력을 얻어갈 것이다.

대의권력과 국민주권의 물구나무선 비대칭 문제는 탄핵을 둘러싸고도 나타난다. 한덕수와 최상목 탄핵을 많은 시민들이 요구했지만 야당은 중도층의 이반을 두려워하여 탄핵을 주저했다. 이번에도 조희대를 비롯한 대법관과 고등법원 판사들에 대한 탄핵 요구가 거셌지만 초기에는 역풍을 고려하여 신중해야 한다는 입장이 나타났고 그럼에도 탄핵 요구가 더 거세지자 정확한 타이밍을 찾자는 쪽으로 제자리를 잡아갔다. 국회의 탄핵권은 국민의 탄핵권을 대의하는 것이다. '중도층'에서 불어올 수 있는 역풍에 대한 선차적 고려는 이 대의 과정이 왜곡되고 있음을 보여주는 것이다. 이 현상은 앞으로도 국민의 의사를 대의하고자 하는 정당들이 반복해서 직면할 수밖에 없는 헌법적 법률적 문제다.

이 문제와 관련해서도 직접민주주의 개헌 혹은 법률 개정을 통해 해결할 수 있는 길이 있다. 선출된 대표에 대해서는 선출한 국민에게 소환권과 해임권을 부여하고(개헌 과제) 선출되지 않은 대표에 대해서는 탄핵 청구에 대한 국민발안권을 부여하면(입법 과제) 소환이나 탄핵이 정당이 아닌 국민의 행동으로 나타나므로 정당이 표를 의식해서 국민의 탄핵권을 왜곡하는 문제는 사라질 수 있을 것이다. 이러한 해법이, 빛의 혁명을 통해 현실의 온·오프 광장에서 뚜렷이 표출되었고 이재명이 "국민의 뜻"[19]이라고 부르는 것에 충실한 경로일 것이다.

---

19. 물론 나는 여러 차례 강조해 왔듯이, '국민' 정체성이 '물민다중'에로 개방되어야 한다고 생각한다.

8장
오래 지연된 과제

물민다중의 섭정민주주의와
사회대개혁

2025. 5. 9 ~ 2025. 6. 3

'국민의 위대함'의 직접민주주의적 제도화의 길

2025년 5월 9일 금요일 오후 7시 25분

오늘(5월 9일) 아침에 최민희를 비롯하여 네 사람의 민주당 국회의원이 유튜브 방송 〈겸손은힘들다〉에 출연하여 이구동성으로 이렇게 말한다.

국민들이 고비고비마다 앞장서 의견을 제시하고 그것이 집단적으로 토론, 공유되어 행동으로 표현되고 이 집단지성의 힘이 제시하는 방향을 국회의원들이 따라갔을 뿐이다. 국회의원들이 국민들에 앞서서 한 것은 없다. 앞으로도 국회의원들은 국민들만 믿고 잘 따라가면 될 것 같다.

민주당에서 상대적으로 진보적인 국회의원들이 내놓는 이러한 견해는 국민다중들의 집단지성과 주권을 존중하고 받들려고 한다는 점에서 끊임없이 국민주권을 약탈하여 국민다중을 가축화하는 데 동조하는 국민의힘 의원들에 비하면 천 배는 진실하고 합리적이다.

그런데 이러한 생각이 놓치는 다른 면이 있다. 지난 12·3 비상계엄 이후, 아니 그보다 훨씬 이전부터 국민다중들이, 기울어가는 공동체를 바로잡기 위해 어떻게 살아 왔고 또 어떻게 살고 있는가?, 하는 실질적 물음이 그것이다.

일상이 무너져 내린 지 오래다. 직장을 마치고 지친 몸으로 집회에 참가하고, 비상시에는 오들오들 떨며 밤샘을 하고, 부산에서 광화문으로 올라와 텐트 단식농성을 하고, 쉴 새 없이 SNS나 메일함으로 쏟아지는 서명지에 서명을 하고, 없는 돈에 각종 단체나 조직에 회비나 후원금을 보내고, 고공 농성장에 연대 방문을 하고… 하느라 쉴 틈도 여유도 없고 여기저기 몸이 아프다. 한 사람의 시민으로서 자신의 정치적 의사를 표현하고 그것을 집단 의지로 모아내는 제도적 통로가 없기 때문에 온몸을 바쳐 뛰어야 겨우 집단 의지를 만들어 낼 수 있다.

그런데 대의민주주의의 대표자들은 제도 밖에서 지금의 정치 상황을 전략적으로 이끌어가는 시민들이 매 순간 겪고 있는 삶의 고통에 둔감하다. 그것에 대해 '위대하다'고 말할 뿐 그 고통을 실제적으로 덜어 줄 생각을 하지 않는다. 그렇게 할 권한과 권력을 수중에 갖고 있으면서도 말이다. 현 시기에 국민다중이 국회를 비롯한 대의기관들을 직접민주주의적 힘으로 섭정하기 위해 치르고 있는 전쟁 같은 삶에 대해 몰지각하거나 무관심하다.

선출된 공무원들에 대한 소환권, 비선출직 공무원에 대한 탄핵 요구권, 삶에 필요한 입법 발의권, 국민투표 결정권, 그리고 개헌권 등등이 제도적 형식으로 국민다중에게 주어진다고 생각해 보라. 그러면 시민평의회나 동학농민혁명기의 집강소와 같은 다중의 자치 조직들을 통해 훨씬 쉽게 집단지성과 집단의지를 형성하여 집행할 수 있고 이것의 힘으로 '국민의 뜻'이 국가 수준에서 대의되는 과정이 왜곡되지 않도록 섭정할 수 있을 것이다. 직접민주주의가 제대로 제도화되어야 대의민주주의 기관들이 국민다중의 전략적 결정들을 전술적으로 실행하는 것이 훨씬 쉽고 또 효율적으로 될 수 있다.

현직 국회의원들이 직접민주주의의 헌법적·법률적 제도화를 위한 노력을 기울이지 않으면서 국민들이 위대하다고 추켜세우기만 하는 것은, 국민을 믿고 따라가겠다고 말하기만 하는 것은, 의원 각자의 의도와는 무관하게, 국민들의 삶과 투쟁의 에너지를 착복하기만 하겠다는 탐욕을 표현하는 것으로 귀결되고 만다. 국민다중의 자기 행동이 위대하다고 실제로 생각한다면, 그에 걸맞은 정치제도적 형식을 만들어야 한다. 그래야 그 위대함이 사회의 에너지로 순환하지 않겠는가? 현행 헌법에서 개헌권과 입법권을 국회의원들이 독점하고 있다는 사실이 중요하다. 그들이, 국민다중들이 자신의 의사를 직접 표현할 제도적 통로를 헌법 개정과 법률 개정 혹은 입법을 통해 확실하게 만들어 내기 위해 국민다중과 보조를 맞춰 노력하는 것이야말로 "국민이 위대하다"고 말하는 저 시간이 정당화될 수 있는 최소한의 정치윤리적 조건일 것이다.

쿠데타들의 음울한 운명
2025년 5월 10일 토요일 오후 4시 59분

내란을 일으킨 윤석열의 정당 국민의힘이 오늘(5월 10일) 새벽, 당내 경선을 거쳐 대선후보로 선출된 김문수의 대선후보 자격을 강제 박탈하고 새벽 3시부터 4시까지 1시간 동안 제21대 대통령 후보자 재선출을 위한 선거 후보자 등록을 받는다고 공고한 후, 유일하게 입당과 서류 절차를 밟은 한덕수를 국민의힘 후보로 결정하는 기습적인 정치 쿠데타를 일으켰다.

조희대 쿠데타에 대한 방어적 대응으로 제안된 형사소송법과 공직선거법 개정안이 이재명 개인을 위한 법이고 그것은 위인설법爲人設法이라고 비난하던 그들이 이날 새벽의 쿠데타를 통해 아예 자신들의 당이 국민을 위한 당도 당원을 위한 당도 아닌 한덕수와 비대위를 위한 당이라고, 굳이 말하자면 위인설당爲人設黨이라고 자백했다.

이승만, 박정희, 전두환·노태우, 박근혜(미수), 윤석열에 이어 심우정-지귀연-조희대, 권성동-권영세-한덕수에 이르기까지 국민과 당원의 주권을 약탈해 온 국민의힘 전통의 이 면면한 반민주적 쿠데타의 흐름을 되새겨 보면 '국민의힘은 내란 DNA를 가진 당'이라는 누군가의 생물학적 비판이 흥미롭게 느껴지기도 한다.

한덕수는 지난 12·3 군사쿠데타에 자신이 가담한 바 없고 개인적으로 반대했다고 말하더니, 이번 5·10 정치 쿠데타에는 웃통을 벗고 국힘 비대위와 함께 주요 임무 종사자 정도를 넘어 적극적인 공모자, 즉 수괴급 공모자로 나섰다.

내란 DNA의 본질은 헌법에서 국민에게 주어진 주권을 약탈하는 것이다. 이런 의미에서 그것은 생물학적 DNA라기보다 사회정치적 DNA이며 노동하는 다중의 역량을 착취하거나 수탈하는 자본주의 경제적 DNA의 정치적 동족 형태이다.

그러므로 (윤석열을 염두에 두면서) 한덕수와 비대위 배후에 누가 있는가? 라고 묻는 인격 중심적 질문은 그다지 중요하지 않다. 윤석열의 파면 이후에도 내란이 담당 인물, 형태, 장소를 바꾸어 가며 지속된다는 사실은 이것이 주권의 정치적 약탈과 노동력의 경제적 강탈에 공동 이해를 가진 사회집단들이 수행하는 위로부터의 지속적이고 집단적인 계급투쟁 형태임을 보여주기 때문이다.

12·3 내란에 맞서 일어난 빛의 혁명은 윤석열 정권을 조기 붕괴시키고 조기 대선을 가져왔다. 이 과정에서 발생한 심우정의 검찰쿠데타와 지귀연 및 조희대의 사법쿠데타는 이후에 검찰과 사법의 쿠데타 행위를 막으려면 어떤 실제적 개혁이 필요한가를 구체화할 수 있는 반면교사로 되고 있다. 위로부터의 내란들의 이러한 역전은 국민다중의 민주적 역량의 혁명적 결집이 가져온 결과다. 다시 말해 직접민주주의적 주권 활력이 작용한 것의 효과다. 5·10 정치 쿠데타가 국민의힘 비대위와 한덕수의 종말만이 아니라 국민의힘 그 자체의 해산 종말을 앞당기는 것으로 작용할 가능성이 높은 것은 바로 빛의 혁명이라는 민주적 활력이 아직 살아 있기 때문이다.

퇴진광장의 직접행동과 대의민주주의 사이 : 하나의 지도
2025년 5월 12일 월요일 오후 12시 25분

퇴진과 탄핵을 위한 광장은 비제도적 직접민주주의의 광장이었다. 국민주권을 약탈하려 한 내란수괴 윤석열에 대한 탄핵과 파면을 위한 직접행동이 그것의 공통어였다. 무지개색의 직접행동들이 광장과 거리를 수놓았다. 무지개색의 성별, 무지개색의 피부, 무지개색의 깃발, 무지개색의 사회집단들이 저항의 공통장을 형성했다.

'빛의 혁명'이라 불리는 이 저항 공통장 내부에 이미 '내란종식-정권 교체파'와 '내란종식-사회전환파'의 분화가 있었지만 파면의 절박성은 이 분화를 경향적 수준에 머물도록 묶어두는 역할을 했다.

4월 4일 헌재의 윤석열 파면과 4월 8일 대선 공고 이후에 펼쳐진 조기 대선 국면은 광장 투쟁의 선거 투쟁으로의 전환을 강제했다. 이것은 광장의 에너지가 비제도적 직접민주주의 정치공간에서 제도적 대의민주주의 정치공간으로 이행하는 과정이다.

직접민주주의의 조직화나 제도화가 부재한 정치적 헌법적 현실로 인해 이 이행은 곧장 대선후보의 문제로 상상되고 또 실제로 그렇게 환원되었다. 민주주의가 대선후보의 문제로 나타난다는 것은 투쟁이 득표 투쟁을 중심으로 구성됨을 의미한다. 이 득표의 세계에서 민주주의의 주체인 '국민다중'은 더 이상 투사가 아니라 유권자로 환산된다.

광장의 '내란종식-정권교체' 경향은 〈광장대선연합정치시민연대〉로 결집했고 '내란종식-사회전환' 경향은 〈사회대전환대선연대회의〉로 결집했다.

이 두 흐름의 핵심적 시각 차이는 무엇인가? 전자는 압도적 정권 교체를 통해서 내란종식과 사회대개혁을 달성할 수 있다는 것이며 후자는 사회대개혁의 완수를 통해서만 내란종식과 실질적 정권 교체가 달성될 수 있다는 것이다.

전자는 국민의힘이 집권하는가 더불어민주당이 집권하는가(혹은 예외상태인가 정상상태인가)가 자신의 삶에서 현실적으로 커다란 차이를 갖는 비교적 안정된 사회계급과 사회집단의 시각을 표현한다. 이해를 위해 다른 변수를 빼고 거칠게 사회계층적 용어로 표현한다면 중산층과 정규직 중심의 노동자 상층이 이러한 시각을 갖기 쉬울 것이다.

후자는 국민의힘이 집권하는가 더불어민주당이 집권하는가(혹은 예외상태인가 정상상태인가)가 자신의 삶에서 현실적으로 커다란 차이를 갖지 않는 불안정한 사회계급과 사회집단의 시각을 표현한다. "일상이 계엄인 사람들"이라는 권영국 후보의 말이 표현하듯 위 어느 당이 집권하건 삶이 비상계엄 상태와 크게 다를 바 없는 비정규직 중심의 노동자 하층이 (역시 다른 변수를 빼면) 이러한 시각을 갖기 쉬울 것이다.[1]

전자는 국민의힘에서 민주당으로 정권을 교체한 후 그 정권을 도구로 내란을 종식시키고 가능한 범위의 사회개혁을 수행하고자 한다. 후자는 조기 대선으로 열린 정치공간 속에서 무엇이 개혁되어야 하는지를 사람들에게 알리고 그것에 동의하는 사람들의 득표력으로 내란을 실질적으로 종식시킬 수 있는 사회대개혁을 압박하고자 한다.

대의정당 세계에서 원내 조국혁신당, 진보당, 기본소득당, 사회민주당은 시민사회의 전자적 흐름과 손을 잡았고 원외 정의당, 노동당, 녹색당은 시민사회의 후자적 흐름과 손을 잡았다.

전자는 5월 9일 〈광장대선연합정치시민연대-제정당연석회의〉 이름으로 공동선언문을 발표하고 이재명을 자신들의 대통령 후보로 지지하면서 진보당 대통령 예비후보로 선출되었던 김재연도 후보 등록을 포기했다.[2]

〈사회대전환대선연대회의〉의 후보로 선출된 후자의 권영국 예비후보는 민주노동당으로 이름을 바꾼 구 정의당 플랫폼의 후보로 5월 10일 대통령 후보 등록을 마쳤다.

---

1. 발터 벤야민은 「역사철학 테제」 8에서 "억압받는 자들의 전통은 우리가 살아가는 이 예외상태가 곧 규칙임을 우리에게 가르쳐준다"고 썼다.(발터 벤야민, 『역사의 개념에 대하여/폭력비판을 위하여/초현실주의 외』, 최성만 옮김, 길, 2008.)
2. 대표단 결정에 의한 후보 등록 포기의 비민주성 문제는 여기서 논하지 않는다.

그 결과 전자는 후보 없이 선언문에 기초한 선거연합 지지 정치를 선택했고, 후자는 독자 후보 출마를 통한 선거 투쟁의 길을 선택했다.

여론조사 지표상 민주당으로의 정권 교체 가능성이 높은 상태에서 나는 이 두 가지 노선을 개혁과 내란종식의 심도를 둘러싼 분화로 이해한다. 사실상 온건 개혁 노선과 급진 개혁 노선은 많은 부분에서 교집합을 이룬다. 빛의 혁명이 지금 개혁주의의 회로를 따라 움직이고 있기 때문이다. 조기 대선으로 열린 정치공간에서, 광장에 등장했던 두 가지의 개혁주의 소연합 정치들이 별도의 방식으로, 별도의 회로를 따라 움직이기 시작한 것이다.[3]

나는 〈사회대전환대선연대회의〉 후보 경선 선거인단과 권영국 대통령 후보 후원인으로 참여하는 방식으로 후자의 흐름을 지지하는 길을 선택했다. 하지만 이것이 전자의 길에 대한 전면적 부정을 의미하지는 않는다. 두 가지 모두가 현대의 재구성된 프롤레타리아트인 생산자 다중이 자신의 정치적 진로를 모색하는 길들 중의 하나로 보기 때문이다.

이런 이유에서 나는 쌍방 간의 진지한 비판에는 주의를 기울이되 쌍방에서 타방을 향해 이루어지는 도덕적 정치적 비아냥에 대해서는 거리를 두고자 한다. 서로를 우리 시대에 임하는 진지한 정치적 실험으로 받아들이고 서로 물으면서 걸어가는 것이 백배는 더 중요하다고 보기 때문이다. 두 가지 소연합이 대연합으로 될 수 있는 가능성을 발견하는 것이 중요하다고 보기 때문이다.

그러므로 전자든 후자든 자신의 선택의 실효성을 입증하기 위해 최선을 다하고 사후적으로 나타나는 결과에 대해 정치적 책임을 질 자세를 갖추는 것이 더 중요하다고 생각한다.

---

3. 〈광장대선연합정치시민연대-제정당연석회의〉는 이름에 명시적으로 '연합정치'라는 말을 담고 있지만 〈사회대전환대선연대회의〉도 민주노총 일부를 포함하는 시민사회와 원외 녹색당, 노동당, 정의당의 정치적 연합체이며 연합 정치의 형태이다.

선거 공간에서 쟁점으로 부각되는 것은 주로 대의 지평에서의 차이다. 우와 좌, 보수와 진보의 차이가 그것이며 정당들 사이의 차이가 그것이다. 이 대의정치의 수평 스펙트럼을 위로부터 아래로 가로지르는 또 하나의 차이는 대의민주주의인가 직접민주주의인가의 차이이다.

이 차이가 대의정치 스펙트럼 내부에서의 차이보다 훨씬 중요하다. 직접민주주의적 구성력이 빛의 혁명 과정에서 실재적이고 강력한 광장의 힘으로 드러났음에도 불구하고 대선 공간에서 직접민주주의의 제도화에 대한 목소리는 낮기만 하다.

〈광장대선연합정치시민연대〉의 선언문에서 그것은 "기본권 강화" 개헌이라는 표현으로 축약되어 있다. 나는 권영국 후보가 과거(2015) 직접민주주의 실현을 당의 목표로 내걸었던 '시민혁명당' 시기의 문제의식과 경험을 창조적으로 되살려 좀 더 적극적으로 "직접민주주의 개헌"의 기치를 들어줄 것을 기대한다.[4] 국민다중의 직접민주주의 제도권력의 강화가 비제도적 직접행동의 활력과 연결되어 좌-우나 보수-진보의 갈등을 포함하는 대의민주주의의 충격 효과를 아래로부터 제어하는 정치적 평형수의 역할을 할 수 있을 것이며 새로운 삶이 생성되는 텃밭을 우리에게 제공할 수 있을 것이기 때문이다.

나라의 평형수, 직접민주주의
2025년 5월 13일 화요일 오전 11시 15분

김문수에서 한덕수로, 다시 한덕수에서 김문수로 국민의힘 21대 대선 예비후보는 진자운동을 했다. 첫 번째 진자운동은 국민의힘 '성골'

---

[4]. 민주노동당 대통령 후보 권영국은 5월 26일에, 시민의 직접민주주의와 노동자의 이익균점권을 담은 광장개헌을 공약했다.

지도부에 의한 반민주적 폭거로서 정치 쿠데타로 규정되었다. 그것은 '진골' 김문수의 후보 자격 강제 박탈과 한덕수 기습 옹립이라는 형태로 나타났다. 두 번째 진자운동은 (보도된 그대로가 사실이라면) 평민당원들에 의한 민주적 거사로서 당내 정치 혁명으로 규정될 수 있을 것이다. 그것은 한덕수의 후보 자격 무효화와 김문수의 후보 자격 회복을 가져왔다.

널리 알려져 있다시피 김문수가 후보로 선출된 것은 당내 경선 과정에서 (경선 후 당외 한덕수로의) 단일화를 위해 단일화 의지를 여러 차례 밝혀온 김문수에 대한 지지 쪽으로 이동했던 탄핵 반대파 당원들의 전술적 움직임을 떠나서는 이해하기 어렵다. 이들의 투표력 때문에 탄핵 찬성파 한동훈과 안철수가 낙마되었기 때문이다. 위의 두 번째 진자운동은, 경선 과정에서 민주주의적이라고 보기 어려운 태도를 보였던 이 당원들이 갑자기 당내 민주주의 편으로 기욺으로써 나타난 결과이므로 경선 시기와는 간극이 있다고 해야 할 것이다. 나는 이 간극만큼 국민의힘 당원 세계 속에 국민의힘 후보 결정을 격렬하게 비판한 빛의 혁명이 영향을 미쳤다고 생각한다.

그 영향은 민주주의에 대한 감각의 변화다. 오랫동안 민주주의는 내용적 실체적인 것('국민다중의 지배')으로 이해되기보다 형식적 절차적인 것('정해진 규칙 준수에 의한 절차적 정당성')으로 이해되어 왔다. 형식적 절차적인 측면을 중심으로 민주주의를 규정하게 되면 국민의힘 후보 결정 과정이 규칙을 어겼다는 증거는 확실하지 않다. 당헌 제74조 제2항에 근거했기 때문이다. 새벽에 기습적으로 후보를 공모하는 풍경이 기이했을 뿐이다.

그런데 "제5장(대통령 후보자의 선출)의 규정에도 불구하고, 상당한 사유가 있을 때에는 대통령 후보자 선출에 관한 사항은 대통령 후보자 선거관리위원회가 심의하고, 최고위원회의(비상대책위원회)의 의결로 정한다"는 그 제74조 제2항은 대한민국 헌법 제77조의 비상계엄

조항처럼 비상대책위원회에 어떤 예외권을 부여한다.

12월 3일 윤석열의 비상계엄이 국민으로부터 "상당한 사유"를 인정받지 못한 내란으로 규정되었듯이 5월 10일 국힘 비대위의 비상조치도 "상당한 사유"를 인정받지 못한 정치 내란으로 규정되었다. 그것은 대의 귀족들이 당원이 선출한 후보를 끌어내릴 수 있는 현실(제74조 제2항의 비상대권)에 대한 평당원들의 거부의 표현이다. 이런 의미에서 실체적 민주주의의 논리는 이제 보수정당에서도 거역할 수 없는 것으로 되고 있다. 이 변화는 국민주권을 약탈하려 한 비상계엄에 불복했던 국민다중의 민주주의적 직접행동, 즉 빛의 혁명의 영향력이 당원주권에 대한 자각이라는 형식으로 보수정당 세계에도 스며들고 있음을 보여준다.

국민의힘 비대위의 정치 쿠데타 하루 전날(5월 9일) 진보당 대통령 예비후보로 선출되었던 김재연 후보가 후보직을 사퇴했다. 〈광장대선연합정치시민연대-제정당연석회의〉가 이재명을 공동 지지하기로 결의하고 그 일부로 참가한 진보당의 대선후보 자격을 자신이 속한 대표단 결정에 따라 스스로 포기한 것이다.

여기에 국민의힘에서 보였던 것들, 즉 선출된 후보 자격 강제 박탈이나 기습적 후보 옹립과 같은 추문은 없다. 그런데 진보당에서 "국힘보다 반민주적"이라는 내부 비판이 왜 나오는 것일까? 당원들이 선출한 대선후보가 평당원들의 의사와는 무관하게 위로부터 대표단 결정에 따라 사라졌기 때문이다. 전봉준 트랙터 3차 투쟁단 농민당원 일동은 이런 현실에 대한 실망과 분노의 감정을 "어떻게 전 당원의 투표로 선출된 후보를 대표단들이 둘러앉아 사퇴시킬 수 있단 말인가?"라는 말로 표현한다.

한 걸음 더 나아가, 국민의힘은 후보 교체에 대한 찬반 당원 투표를 거쳐 당원의 경선 결정이 지켜지게 되었지만 진보당은 당원 투표 없이 사퇴가 이루어져 당원의 경선 결정이 지켜지지 못했다. 이것이 진보당 당헌·당규에 의해 절차적으로 정당화될 수 있는 결과인지 아닌지에 대해 나는 알지 못한다. 하지만 이것이 당원들의 직접민주주의에 충실하지 않다는 점은 분명하다. 당원들의 직접 투표의 결과가 대표단에 의해 왜곡되는 점이 그러하며 그 왜곡을 바로잡을 당원들의 직접 개입의 통로와 기회가 닫혀 있는 점이 그렇다. 국민다중의 직접민주주의였던 빛의 혁명이 정작 그 혁명의 일부였던 진보당 내부에는 스며들지 못했던 것일까? 아니면 빛의 혁명이 지금까지 당의 관행에 가까운 것으로 승인되어 왔던 실행들을 비非 혹은 반反 민주주의적인 것으로 지각하도록 만들고 있는 것일까? 나는 후자 쪽이 좀 더 사실에 가까울 것이라고 생각한다.

나는 국민의힘과 진보당에서 일어난 이 두 사건을 통해 민주주의에 대한 다중의 감각이 변하고 있음을 느낀다. 대의민주주의는 국가의 정치 문법이었을 뿐만 아니라 당들의 정치 문법이었다. 여기서 말하는 당들에서 우리가 보수적인가 진보적인가, 우파적인가 좌파적인가를 구분하기는 어렵다. 모든 당들이 대의주의를 문법으로 삼아 왔으며 정당의 본령이 대의에 있는 것으로 여겨 왔기 때문이다. 그리고 그 대의가 편의, 보안, 비용 등 여러 가지 이유로 아래로부터 당원다중들의 의사를 임의 해석, 왜곡, 차단하는 예외주의적 행보를 관행적으로 정당화해 왔기 때문이다.

촛불혁명의 연속으로서의 빛의 혁명은 무엇보다도 국민다중들의 직접민주주의적 행동이며 지금까지의 대의민주주의의 한계를 넘어서고자 하는 운동이고 대의민주주의에서 자연스럽게 자라 나오는 예외주의적 관행에 대한 거부의 표현이다.

전봉준 트랙터 3차 투쟁단의 농민들은 이렇게 말한다.

불과 나흘 전 도열한 트랙터 앞에 찾아와 새로운 농민헌법을 쟁취하기 위한 농민들의 투쟁에 항상 함께하겠다던 김재연 후보의 카랑카랑한 목소리가 아직 귀에 쟁쟁하다. 그런데…사람으로 살아보겠다고 투쟁하는 농민들에게 어떻게 우리 농업과 농민을 파괴하고 사지로 몰아넣은 민주당 후보를 지지해달라 말할 수 있단 말인가? 이건 배신과 기만을 넘어 등에 비수를 꽂는 행위와 같다. 우리는 이 꼴을 보자고 당원이 된 것이 아니다. 전봉준투쟁단 농민당원들은 상임대표 김재연을 비롯한 당 대표단의 일괄 사퇴, 퇴진을 명한다.5

(실행할 수 있다면 중요한 정치적 의미를 가질 결의들을 담고 있는) 〈광장대선연합정치시민연대-제정당연석회의〉 공동 선언문은 여러 국회의원과 시민사회 대표들이 둘러앉아 돌려 읽는 방식으로 우아하게 발표되었지만, 그것이 이처럼 귀 기울이지 않으면 들리지조차 않는 아우성을 잠재우면서 나오는 한, 광장의 염원의 집약이라고 말하기 어려울 것이며 빛의 혁명의 온전한 표현이라고 보기도 어려울 것이다. 빛의 혁명은 아래로부터 국민다중이 내리는 직접민주주의적 명령이며 이 명령에 충실한 방식으로 대의 정치공간을 개조하려는 개혁적 움직임에 다름 아니기 때문이다.

5월 9일 권영국 후보는 자신과 함께 "포괄적 차별금지법을 공약하고 성평등 정책을 이야기하"던 김재연 후보의 사퇴에 아쉬움을 표하는 글을 썼다. 여기에서 그는 김재연 후보가 단일화 명분으로 내세운 '내란세력 청산'은 압도적 정권 교체를 통해 이룰 수 있다기보다 "극우 세력을 키운 불평등과 차별을 해소하고 내란세력의 자양분인 기득권 양당 진영 정치를 해소해야 비로소 이룰 수 있"다고 주장했다.6

정권 교체를 넘어, 양당 진영 정치와 같은 정치구조 및 불평등하고

---

5. 손가영, 「"김재연의 이재명 지지, 배신 넘어 비수 꽂아"…후폭풍 거센 진보진영의 '민주당 지지'」, 『프레시안』, 2025년 5월 11일 수정, 2025년 6월 29일 접속, https://www.pressian.com/pages/articles/2025051117081625736 참조.
6. 권영국, 「권영국 후보, 진보당 김재연 후보 사퇴에 대한 입장」, 〈정의당 홈페이지〉, 2025년 5월 9일 수정, 2025년 6월 29일 접속, https://www.justice21.org/landing/president2022/board_view.php?num=165034&page=15&c1=보도자료.

차별적인 사회구조를 변화시켜야 내란이 종식될 수 있다는 생각은 논리적으로 타당하다. 하지만 정권 교체와 그 정권의 민주적 견인을 통해 내란종식과 사회개혁에 접근하고자 하는 태도의 현실적 타당성 그 자체를 완전히 논박할 수 있는 주장이라고는 보기 어렵다.

양자는 대립적이라기보다 양립 가능하며 협력 가능하다. 5월 11일에 쓴 페이스북 글에서 권영국 후보가 "윤석열 퇴진을 위한 광장에 함께했던 일부로서, 다섯 정당들이 밝힌 정책적인 지향과 대안에 대체로 공감합니다. 이를 이루는 과정에서 민주노동당도 기여할 수 있는 바가 있다면 함께하겠습니다"라고 쓰게 된 것도 이 때문일 것이다.

이 양립과 대립의 주장 속에서 내가 주목하고 싶은 것은 5월 9일 글에 등장하는 "기득권 양당과 경쟁해야 할 진보 대통령 후보로서 책임을 다하겠습니다. 차별 없는 평등한 나라로 사회의 방향을 바꾸고 광장 시민의 목소리를 받들겠습니다. 그것이 저와 민주노동당의 내란청산, 사회대전환입니다. 우리 사회를 수구 대 보수의 기울어진 운동장이 아니라 보수와 진보의 경쟁 구도로 바꾸어내기 위한 모든 노력을 기울여가겠습니다"라는 구절이다. 이것은 "다섯 정당들이 밝힌 정책적인 지향과 대안"에서 누락되거나 약화되어 있는 것이 무엇인가 하는 문제와 관련된다.

세월호는 과적단속을 피하기 위해 평형수를 뺐다. 평형수는 적정량의 4분의 1로 줄였고, 화물은 적정량의 3배를 실었다. 이것이 배가 전복된 한 요인이었다. 배가 수구와 보수 쪽으로 기울어지는 이유는 표면적으로는, 즉 대의 세계에서는 진보 쪽이 약한 때문이다. 그런데 근원적으로는, 배의 아랫부분에 차 있어야 할 평형수가 부족하기 때문이다. 평형수가 적정수준으로 차면 화물 적재의 불균형이 배의 운항에 큰 영향을 미치지 못한다. 평형수가 부족하면 화물 적재의 작은 불균형도 배를 전복시킬 정도의 영향을 미친다. 즉 배가 급경사로 기울어진다.

제헌활력의 표현인 직접민주주의는 우리가 촛불혁명이나 빛의 혁명에서 보듯이 비제도적 직접행동으로 표현될 수 있다. 하지만 그것은 일시적 간헐적 단속적이다. 평상시에 직접민주주의 권력은 공동체가 필요로 하는 적정량 이하로 빠진다. 배 밑바닥의 직접민주주의 평형수가 빠져나가 대의권력이 임의적으로 지배하는 현실에서 진보나 좌파 의제는 약화될 수밖에 없다. 왜냐하면 대의권력에 속한 사람들 자체가 구조적으로 보수적이거나 우파적일 수밖에 없는 귀족계급의 일부로 되기 때문이다. 이것이 '운동장'이 기울어지는 심층 원인이 불러일으키는 표층의 효과이다.

좌파나 진보가 대의 세계에서 제 몫을 찾기 위해서는 무엇보다도 나라에 직접민주주의 평형수가 적정수준으로 차도록 만들어야 한다. 그것은 직접민주주의가 비상시의 일시적이고 간헐적인 직접행동의 형태를 넘어 평상시의 안정적이고 제도적인 장치를 갖추어야 한다는 것을 의미한다.

현시기에 직접민주주의의 제도적 강화는 진보 대의세력의 핵심적 의제로 자리 잡아야 한다. 차별 금지, 평등, 기후 등의 의제가 뿌리내리기 위해서는 직접민주주의가 보충되고 강화될 뿐만 아니라 일상화되어야 한다. 헌법과 법률의 뒷받침을 받으면서 사회 전체에 그것의 숙의와 결의를 유통시킬 수 있는 각종의 시민평의회들이 각 지역과 마을에서 섭정 기관으로서 살아 움직여야 한다.

10대 공약으로 본 한국 정치 지형과
권영국 후보 공약에 대한 나의 생각
2025년 5월 15일 목요일 오후 12시 59분

권영국, 이재명, 이준석, 김문수 각 후보의 10대 공약을 중심으로 한국 사회의 정치 지형을 어림해 보고자 한다.

나는 다중의 자율력을 사회 구성과 재구성의 원천동력으로 보면서 이 동력의 직접민주주의적 자기조직화와 자기가치화에 기초한 직접민주주의의 제도화가 빛의 혁명이 우리에게 제시하는 가장 중요한 정치적 과제라고 이해한다. 기존의 대의민주주의를 다중의 이 직접민주주의적 자율력과 제헌활력으로 어떻게 아래로부터 섭정적으로 재구성할 것인가는 이 과제로부터 따라 나오는 주요한 관심사다.

나는 여기서 현대에 기능하고 있는 정형화된 정치 전략을 크게 신자유주의, 사회민주주의, 공통주의로 좁혀 보고 싶다. 이외에 수많은 정치 전략들이 있지만 위 세 가지의 좌우파적 경향 혹은 이것들의 혼합 형태이거나 혁명적 사회주의, 네오파시즘처럼 쇠퇴 혹은 발생으로 인해 뚜렷한 자기 형태를 취하지 못하고 있는 것으로 보이기 때문이다.

신자유주의는 자본(시장)에 최대한의 자유를 보장하면서 국가는 그 자유를 보장하는 호위병단으로 배치한다. 사회민주주의는 국가가 자본의 운동 자유를 보장하되 그 운동의 결과인 잉여(부)를 재분배하는 것에 역점을 둔다. 신자유주의는 국가에 대한 자본의 이익 헤게모니를 승인함에 반해 사회민주주의는 시장에 대한 국가의 조정 헤게모니를 주장한다.

이 두 정치 전략이 위로부터 사회를 구성하고 재구성하는 것에 동의함에 반해 공통주의는 아래로부터 다중의 삶을 구성하고 재구성하려는 역방향의 정치 전략이다. 공통주의는 자기조직화된 다중의 활력으로 사회를 새롭게 발명해 내는 것에 일차적 관심을 가지면서 자본과 국가에서 독립되고 연합된 다중의 힘으로 기업이나 국가가 자신들의 기획에 봉사하도록 만드는 것에 관심을 갖는다. 후자를 나는 다중의 직접민주주의적 섭정이라고 불러왔다.

이 같은 나의 관점에서 볼 때 김문수 후보의 10대 공약은 신자유주의에 국수주의적 보수주의의 요소를 결합한 것(일종의 '12·3 내란의 제도화')이다. 이준석 후보의 10대 공약은, 정부에서 시장으로의 권력 이월과 기업국가라는 신자유주의의 교본에 충실하다. 이재명 후보의 10대 공약은 사회민주주의 우파 전략을 축으로 우로 신자유주의, 좌로 약간의 공통주의를 혼합하고 있다. 권영국 후보의 10대 공약(선관위본 기준)은 사회민주주의 좌파 전략을 축으로 공통주의를 폭넓게 결합하고 있다.

나는 여기서 나의 관심과 부합하는 권영국 후보의 공약에 대해 나의 관점에서 그것의 가능성과 한계를 살펴보고 싶다.

권영국 후보에게서 공통주의가 표현되는 공약들은 다음과 같다. 3번 공약 "불평등을 넘어 함께 사는 경제구조." 여기서 "함께 삶"이라는 표현은 생산과 유통과 분배와 소비로 이루어지는 경제적 삶에서의 공동성에 대한 추구를 담고 있다. 4번 공약 "차별 없고 안전한 공존사회"에서 명시적으로 공존성이 강조될 뿐 아니라 그것이 차별 없는 공존성이어야 함을 명시적으로 표현한다. 5번 공약 "기후위기 정의로운 탈탄소 전환"에서 기후위기는 시장이나 국가보다 사회정의의 관점에서 즉 기후 공통장의 달성이라는 윤리정치적 전환의 관점에서 다루어진다. 6번 공약, "세입자를 위한 주거정책"도 부동산을 사유재산이 아니라 주거권 중심의 공통재로 전환하고자 하는 취지가 엿보인다. 7번 공약 "더 많은 민주주의를 위한 개헌"에서도 대의제의 개선이라는 차원을 넘어 아래로부터 다중에 의한 시민주권, 생태주권의 구성 의지가 표명되어 있다. 8번 공약 "전 국민 돌봄 시대"에도 탈가족화, 보편적 돌봄을 통해 사회적 재생산을 공통화하고 돌봄을 서비스가 아닌 공동사회 구성의 조건으로 위치시키는 시각이 엿보인다. 9번 공약 "행복의 교육"도 능력주의적 경쟁보다 협력을 통한 삶의 행복의 신장에 교육의 초점을 맞추는 관점이 나타난다.

그럼에도 불구하고 내가 권영국 후보의 공약에 사회민주주의 좌파 관점이 축을 이룬다고 말하는 것은 1번 공약(개정 공약에서는 2번으로 이동)이 "증세를 통한 불평등 해소"로 설정되고 그 불평등의 주요 원천이 상속, 증여, 금융투자소득, 가상자산 소득 등을 중심으로 하는 불로소득에서 찾아지며 국가권력을 통한 조세 부과와 재분배를 통해 현대 자본주의의 부정적 결과를 제어하는 것으로 설정되기 때문이다. 2번 공약인 "모든 일하는 사람의 노동권과 사회안전망"에서 "일하는 사람" 앞에 "모든"을 붙여 이주민, 비정규직, 플랫폼 노동자들의 노동권을 인정하는 방향으로 노동 주체의 다중화가 명시되지만 장애, 연령, 실업 등으로 '일하지 않고(못하고) 있는 사람' 혹은 '일'로 간주되지 않고 있는 일을 하고 있는 사람들, 혹은 동물들이나 식물들의 노동, 권리, 안전 문제는 공약 밖으로 밀려나 있어 그 다중화에 한계가 있는 것으로 보이기 때문이다.

이 2번 공약은 개정 공약에서는 1번 공약으로 배치되면서 "불안정·무권리·저임금 노동자 1,500만 명 권리 보장으로 불평등 해소의 전환점을 만들겠습니다"로 바뀌었다. 권리 보장은 이 다수의 비보장 노동자들의 삶을 개선하는 데에 도움이 되겠지만 이들이 노동조합, 협동조합, 평의회 기타의 연대 형태를 창출하면서 스스로 가치화하고 그 연대력으로 기업과 국가기관을 섭정해 나갈 수 있는 직접민주주의적 제도화가 이루어질 때에만 권리 보장 그 자체도 공통주의적 의미를 갖게 된다.

국가를 문제 해결의 핵심 요소로 보는 사회민주주의적 관점은, 수정 공약에서도 동일하게 5번 공약으로 남아 있는 기후 공약에서도 엿보인다. "공공재생에너지 중심의 기후정의 확립으로 생태평등사회를 이루겠습니다"에서 기후정의가 확립된 생태평등사회의 주축 단위는 '공공'이다.

현 시기에 공공의 핵심은 무엇보다 국가이다. 그런데 기후가 기온이나 탄소 수준과 같은 것으로 지표화될 수 있는 어떤 자원이 아니고 생산과 재생산의 사회적 관계를 표현하는 것이라면, 즉 어떤 방식으로 인간이 에너지를 만들고, 어떤 방식으로 먹고살고 돌보며, 어떤 방식으로 생명과 자연을 재생산하느냐에 의해 규정되는 것이라면 국가의 탈탄소 정책만으로(그것이 중요하지 않다는 것이 아니다!) 기후위기가 해결될 수는 없다.

　기후위기는 현재 우리들이 맺고 있는 사회적 관계인 자본주의적 생산양식이 생태, 돌봄, 시간, 삶과 같은 재생산 조건을 파괴함으로써 발생하는 결과이기 때문이다. 이것은 궁극적으로 삶과 생산의 다른 관계, 다른 양식의 창출을 통해 해결될 수 있는 문제이다. 즉 삶과 사회의 구조 전환이 필수적인바 이것은 아래로부터 다중이 제도 안팎의 직접민주주의적 과정에서 정치·경제·사회·문화적 공통장들을 구축하고 이 공통장들의 힘으로 대의기관들을 섭정함으로써 달성해 나갈 수 있는 과제이다.

　7번 공약이었다가 수정 공약에서 10번 공약으로 밀려난 개헌 공약에 다행히 이런 발전 방향이 포함되어 있다. 눈에 띄는 것은 5·18 광주민주화항쟁 헌법전문 수록, 국민발안권 도입, 모두를 위한 성평등 개헌, 지속 가능한 미래를 위한 기후 개헌, 존엄과 평등을 위한 기본권 확대 등의 시민주권 확대인데 직접민주주의의 대폭 확장을 기대하는 '직접민주주의 개헌'의 관점에서 보면 다소 소극적으로 느껴진다. 시민평의회 구성권, 국민소환권, 국민투표권, 시민예산권, 주권주체의 복수화 등 가능한 직접민주주의적 개헌 방안들이 제시되지 않고 있기 때문이다.

　그럼에도 불구하고 권영국 후보의 10대 공약은 함께 만들어 가는 것으로서 미래를 향해 열려 있는 공약이며 내가 기대하는 바대로, 즉 공통주의 기반으로 사회민주주의를 섭정론적으로 배치한 것은 아니지만 다른 어떤 후보들에게서도 찾기 어려운 공통주의적 요소들을 다분히 담고 있고 그것을 사회민주주의 좌파적 지향과 결합하고 있다는 점에서 소중한 역사적 디딤돌로 삼을 만하다고 생각한다.

국민주권 정부에 대한 테제
2025년 5월 16일 금요일 오후 5시 13분

12·3 내란은 국민주권에 대한 총체적 약탈 기도였다. 주권자 국민다중이 직접행동과 대의기관을 통해 그 약탈 기도를 중단시키고 내란 우두머리 윤석열을 파면시킨 것이 빛의 혁명이다. 2024년 빛의 혁명은 국민다중이 자신의 뜻을 직접 표현할 수 있고, 대의기관을 자신의 뜻에 따라 직접 섭정할 수 있는 국민주권의 직접적 제도화와 직접민주주의를 요구한다. 국민주권의 직접적 제도화 없는 간접화된 국민주권은 실제로는 귀족정이나 군주정인 무늬뿐인 민주정으로 귀착된다. 새로운 국민주권 정부는 대의민주주의가 아니라 직접민주주의가 주도하는 지금까지와는 다른 국민주권 정부여야 한다. 국민주권의 직접민주주의적 전환 없이 내란종식과 사회대개혁은 완수될 수 없다.

無主空山전展을 보고 無主共山을 생각하다[7]
2025년 5월 18일 일요일 오후 12시 10분

노동과 소통과 혁명으로 이 세상을 만들고 다듬고 바꾸어온 물민다중들은 이 세계의 창조자이고 제작자이면서도 예술가라고 불리어온 적이 없다. 물민다중의 작품은 이 세계 자체이고 이 세상 만물인데 그것은 도처에서 그리고 하시에도 물민다중이 아닌 누군가의 낙관이 찍히고 소유권이 주장되어 물민다중의 것으로 지각되지 않는다. 세상은 자

---

[7] 이미정(이름) 작가의 〈작품 없는 작품:무주0산〉전 관람 후기.

본가들의 것으로, 권력자들의 것으로 등기되어 있기에 창조자인 물민다중은 자신의 작품의 소비자나 구경꾼으로 내몰린다.8

물민다중의 눈에는 어디에도 무주공산이 없다. 세상은 주인들의 것이다. 그런데 그 주인들은 물민다중의 창조 활동의 시공간을 무주공산으로 만드는 마술을 부린다. 상업자본주의 시대에 선원들의 선상 활동이 무주공산이 되고, 산업자본주의 시대에 공장 노동자들의 생산 활동이 무주공산이 되며, 인지자본주의 시대에 사회 노동자들의 데이터 활동이 무주공산이 된다. 선박, 공장, 플랫폼은 물민다중의 작품 세계를 무주공산으로 만드는 마술 장치들이다. 무주공산의 것으로 된 그 물민다중의 활동들에서 잉여가치가 채굴되어 이윤으로, 지대로 전화한다. 그리고 그것들의 축적은 더 많고 더 다양한 무주공산화 기계들(국가, 자본, 교회, AI, 도처에서의 전쟁, 그리고 우주전쟁 등등)에 투자되어 ('송곳 박을 땅 하나 없다'는 말처럼 도처에 주인뿐인 세계에서) 무주공산이 내부적으로, 그리고 인공적으로 내부 식민지로 계속 창출되는 것이다.

12·3 내란은 국민주권 약탈, 그러니까 국민을 무주공산으로 만들기 위한 군사 폭동이었다. 존엄권과 행복권(헌법 제10조), 사회권(제34조)만이 아니라 자유권(제12조, 제15조)과 참정권(제24조~제27조)도 광범위하게 약탈함으로써 국민의 주인됨(즉 민-주)을 폭력적으로 부정하는 정치적 시초축적을 21세기 세계에서 대통령이었던 윤석열이 다시 시작한 것이었다.

국민주권에 대한 약탈이 폭력적으로 재개된다는 것은 21세기에 촛불혁명들을 경유하면서 민주주의가 소리 없이 강화되어 왔다는 사실을 반증하는 것이며 다른 한편에서는 민주주의의 강화 과정에 빈틈이 있다는 것을 증거하는 것이다. 경제적 시초축적이 공유지에 깃든 농민권

---

8. 조정환, 『예술인간의 탄생』, 갈무리, 2015 참조.

력의 해체를 지향했듯이 12·3 내란의 정치적 시초축적은 도시에 깃든 시민권력의 해체를 지향했다. 주지하다시피 시민의 민주주의는 극우파 시즘적 반혁명을 제어할 만큼은 강했다. 하지만 그것의 빈틈은 여전히 남아 있다.

그 빈틈이 무엇인가? 나는 현재적 실천 가능성의 관점에서 그것을 대의제 중심주의에서 찾는다. 나는 여러 차례 87헌법의 대의제 중심주의가 물민다중을 무주공산화하는 기제라고 말해 왔다. 자본이 소외된 노동의 권력이듯이 국가형태로 집약되는 대의권력은 소외된 시민의 권력이다. 헌재나 헌법학자들, 그리고 대의기관들은 헌법 제1조 제2항을 '국민은 선거를 통하여 자신들의 주권을 대표자에게 위임하고, 대표자는 국민의 대리자로서 권력을 행사한다'는 식으로 해석함으로써 그 조항에 대한 대의제 중심주의적 해석을 정당화하고 강화해 왔다. 이것은 일상 속에서 반복되는 국민의 무권력화=무주공산화의 해석 기제이다. 헌법에 대한 대의제 중심적 해석 투쟁을 통한 국민주권의 약탈 기제이다.

그 결과 선거는 대의권력을 둘러싼 대의정당들 혹은 대의후보들 사이에서 집권을 위한 탈권奪權 투쟁을 벌이는 것으로 나타난다. 이것은 거대 양당의 선거 투쟁의 전형적 표상이며 소수 야당들의 권력 표상도 여기에서 자유롭지 못하다. 이것은 국민주권 약탈투쟁의 극단화로서의 내란이 앞으로도 지속될 수 있는 헌법적 빈틈으로 남아 있다.

무주공산은 식민주의나 자본주의, 그리고 대의제의 시각에서는 주체가 점령하고 착취하고 약탈하고 채굴해야 할 대상으로 나타나겠지만 이 주-객의 인간중심주의 시각이 등장하기 전에는 그 자체로 공통장이었다. 새가 날고 멧돼지가 뛰고 나무가 마시고 사람이 식량을 구하는 곳이었다. 소유 개념을 삽입한 공유지라는 표현조차 너무 인간중심주의적이라고 느껴지는 공간이었다. 요컨대 차이들의 공생이 이루어지던 곳이었다. 이것은 기후 공간이기도 하다. 흔히 기후 climate의 어원이 기울어지다는 뜻의 klinare인 점에 착안하여 기후를 지구의 기울어진 자전축과 연결 지어 해석하곤 하지만 나는 에피쿠로스의 klinamen(편위, 클리나멘)과 원자론 그리고 맑스의 클리나멘에 대한 자유론적 해석과 결합하여 기후를 원자론적 차이 자체의 관계행위(동사 common으)로 생각해 보고 싶다.

이런 의미에서 무주공산은 피에르 클라스트르의 원시공동체 사회가 왕과 국가의 탄생을 저지해 왔듯이[9] 누구도 주인이 되는 것을 저지하는 차이적 힘들의 관계로서의 공통장일 터이다. 그것은 오래된 미래이다. 대의제 중심주의가 품고 있는 약탈적 성격이라는 그 정치적 빈틈은 권력 탈환이라는 방식으로는 해결할 수 없다. 좀 더 진보적인 방향의 권력이라 할지라도 마찬가지다. 이것은 역사 속에서 사회주의 당국가권력의 실패가 여실하게 보여주는 것이다. 아래로부터 공통장(의 섭정활동) 없는 진보적 탈권은 물민다중의 답이 되기 어렵다.

특이한 것들의 공통장화로서 물민다중의 무주공산無主共山에서 길을 찾는 것이 필요하다. 기후위기는 물민다중의 세계가 내란을 일으키는 자본＝주인들[10]의 세계로 점령되어 그 내란수괴들 시각의 무주공산無主空山으로 대상화될 때 나타난다.

어려운 것은 무주無主다. 무주는 민주民主 없이 가능한가? 현행 헌법에서 국민은 정의되어 있지 않지만 국적법에서 그것은 혈통과 귀화에 의해 정의되는 명확한 정체성 실체다. 그러한 의미에서의 국민의 주인인 민주는 무주공산과 길항한다. 국민 개념을 국민다중으로, 물민다중으로 확장하고 개방하는 것이 필요한 이유가 여기에 있다. 만물이 주인일 때 주인은 사라진다. 이것이 민주를 통한 무주의 길이다. 이것은 현존 주인들의 저항들을 부단히 극복하면서 실현해야 할 실천적 미-래다.

다시, 空 없이 共이 가능한가? 물민다중의 공산共山은 두 가지 과제

---

9. 피에르 클라스트르, 『국가에 대항하는 사회』, 홍성흡 옮김, 이학사, 2005 참조.
10. capital은 어원 자체로 우두머리라는 뜻이다.

를 포함한다. 하나는 보이지 않는다는 의미에서 비어 있는^率 물민다중의 힘을 움직이는 것이다. 이것은 제도 이전의, 제도에 대항하는, 비제도적 힘의 움직임이다. 45년 전 오늘(5월 18일) 광주 시민들의 금남로로의 쇄도나 지난해 12월 3일 시민들의 국회의사당으로의 쇄도는 제도가 보장한 움직임이 아니라 계엄령과 포고령이라는 제도적 권력 속에서 그것에 대항해 그것을 넘어서기 위해 나타난 움직임이다. 그 움직임의 동력은 그 전에 누구에 의해서도 가시적으로 그려진 바가 없다. 사람들은 술 마시다가, 자다가, TV를 보다가, 귀가하다가 국회의사당으로 움직였다. 그것은 "이 나라의 주인인 여러분이 나서주셔야 합니다"(이재명)라는 대의적 국민주권도 넘어선다. 오히려 그것은, '이건 아니지!'라고 말하는 부정과 비움^率의 움직임들의 함께-모임^共에 더 가깝다.

또 하나는 대의권력을 비우는 일이다. 대의권력은 오늘날 물민다중의 활력에서 분리되어 자립적 권력처럼 행세한다. 이것은 권력의 물신화이다. 이것은 사회관계가 자립적 사물처럼 기능하는 화폐 물신화에 대응한다. 물민다중의 상호 관계가 외화되어 대의기관들 자신의 권력인 것처럼 행사되는 것이다. 물민다중의 공산^{共山}은 이 대의권력의 유사-자립성11을 비우고 그것을 물민다중의 직접적이고 구성적인 활력에 종속시키는 것을 통해 성취될 수 있다. 직접민주주의 중심으로의 개헌이 이 일에 속할 것이다.

'다시 만난 세계'는 어떻게?
2025년 5월 19일 월요일

---

11. 다급할 때는 대의권력이 실제 주인인 물민다중을 호출하여 나서 달라고 하기 때문이다. 주지하다시피 민주당 대표 이재명은 2024년 12월 3일 윤석열이 내란을 일으켰을 때 국민에게 국회의사당으로 와 달라고 호소했다. 그로부터 약 130년 전인 1894년 7월 일본군이 경복궁을 기습 점령했을 때 조선의 국가권력도 전라도의 동학농민들에게 봉기를 일으켜 한양으로 와달라고 호소했다.

어제(5월 18일) 보지 못한 대선후보 첫 TV 토론을 오늘(5월 19일) 유튜브로 시청했다. 집회와 행진에서 반복해서 듣고 따라 부른 나머지 꿈속에서 웅얼거릴 정도로 익숙해진 노래가 '다시 만난 세계'다. 대선이 다른 세상을 만나게 해 줄까? 그것이 어떤 세상일까? 토론 내용을 간단히 스케치해 보자.

김문수와 이준석이 만들려고 하는 세상은 상당히 공통점이 많다. 아니 놀라울 정도로 거의 대립점이 없다.

[생산] 기업의 생산력을 향상시켜야 한다. 과학기술 투자로 인력 양성해야 한다. 이것으로 경제를 성장시켜야 한다. [분배] 기본소득은 나쁘다. 최저임금도 자율에 맡겨야 한다. 국가가 강제로 재분배를 하면 베네수엘라처럼 나라 망한다. [노동과 정치] 중대재해처벌법, 노란봉투법은 악법이다. 이런 것을 만들어서 기업 자유를 침해하면 안 된다. R&D 분야에서는 52시간 노동시간 규제 예외로 해야 한다. 규제를 해제해서 폭넓은 기업 자유를 보장해야 한다. [에너지] 재생에너지보다 저비용인 원전을 확대 발전시켜야 한다. [한반도] 북한에 대한 핵억지력을 가져야 한다. [국제] 미국·일본과 가치 공유하는 우방국이 되어야 한다. 중국은 경쟁국이거나 적대국이어서 우방할 수 없다.

요컨대 규제 완화로 자본에게 최대한의 자유를 보장하고 원전, 노동 탄압, 재분배 억제로 자본 축적을 가속시키는 신자유주의적 자본주의 한국이 이들이 만들고자 하는 세상이다. 이준석은 이 착취적이고 수탈적인 체제를, 그 속에서 자신이 성공 신화를 써온 기회의 체제라고 미화한다. 윤석열도 비슷한 출발점에서 시작하여 여의치 않자 비상대권이 필요하다면서 군사쿠데타를 일으켰다.

권영국은 처음부터 국민의힘 김문수가 대선후보 자격 없는 사람이라고 다그쳤다. 석고대죄하고 즉각 사퇴하라는 것이었다. 내란수괴 윤석열 아래에서 노동부 장관을 했고 '꼿꼿이' 비상계엄을 지지했으며 윤석열 출당은커녕 탈당조차 입 밖에 꺼내지 못했다는 이유에서였다.

내란정당 해산을 외쳐온 광장 다중의 정동과 유일하게 부합하는 태도였다.

그는 이번 대선은 '심판 대선'이라고 단언했다. 그는 중대재해처벌법, 노란봉투법을 악법이라 부르며 52시간 노동제, 최저임금법을 흔드는 김문수·이준석 같은 후보들이 불평등과 차별을 조장하는 사람들이라며 여성, 성소수자, 장애인, 비정규직 등등 모든 형태의 차별을 금지하는 차별금지법을 만들고 근로기준법 밖의 1,300만 노동자를 포함하는 모두에게 4대 보험을 적용 실시하여 불평등한 세상을 갈아엎자고 주장했다.

부자에게 증세하여 국민에게 환원하고 GDP와 무역 실적이 아니라 삶을 기준으로 바꿈으로써 자살률 1위, 노인빈곤율 1위의 오명을 벗어나자고 말했다. 트럼프의 관세 정책은 약탈 정책이므로 자결권의 입장에 서서 세계 노동자와 연대하여 싸워야 한다고 말했다.

토론 의제가 '경제 활성화', '트럼프 시대의 통상 전략', '국가경쟁력 강화 방안' 등 자본의 관심을 중심으로 짜여진 자본 위주의 '경제' 토론에서 부자보다 가난한 사람을, 자본보다 노동을, 불평등 타파와 차별금지를, 성장보다 삶을, 내란세력 척결을 이야기하는 것이 쉽지는 않았을 것이다.

이재명 후보는 세 사람의 공격을 받아내야 했으므로 전체적으로는 방어적 입장에 놓였다. 이 과정에서 그가 내놓은 다른 세상의 긍정적 그림은 무엇인가? 요약하자면 김문수·이준석 신자유주의와 권영국 사회민주주의의 실용주의적 혼합이다. 성장+분배, 원전+재생에너지, 관세전쟁에 대한 투쟁+협상 양면 전략, 무역+내수⋯등, 여러 쟁점에서의 하이브리드 전술이다.

분배를 하기 위해서는 성장도 해야 한다. 지금은 마이너스 성장 상태이므로 새로운 성장동력을 찾아야 한다. AI, 재생에너지, 문화산업이 그것이다. 기본소득은 농촌부터 점차적으로 도입하자. 규제는 줄일 것은 줄이고 늘릴 것은 늘리는 식으로 합리화하자. 원전도 쓰면서 점차 재생에너지 체제로 나아가자. 북핵에 대응하기 위해 한반도를 비핵화하자. 중국 러시아와도 국익 중심으로 실용주의적으로 접근하자. 트럼프의 압박에 국익 중심으로 투쟁과 협상 양면으로 임하자. 관세 인상 보완책으로 내수를 키우자. 이를 위해 코로나 시기 자영업자의 채무를 탕감하여 내수경제를 순환시키자. 지방 소멸 문제를 해소하기 위해 지방분권을 달성하자. 차별금지법은 방향은 맞지만 여러 현안이 맞물려 있어 지금은 어렵다.

광장의 시민들이 이 토론에서 무엇을 어떻게 느꼈을지 궁금하다.

'국민'의 신화화에 묻히는 '삶'의 소리
2025년 5월 20일 화요일 오후 12시 3분

그제(5월 18일) 토론에서 이재명 후보는 '국익'을 정치적인 것을 판단하는 근본 기준으로 여러 차례 언급했다. 중국, 러시아, 미국과의 관계 설정의 기준이 국익이어야 한다는 대목에서는 명시적이었고 어떤 에너지 형태를 선택할 것인가에서는 암묵적이었고 신성장 동력을 설정할 때에는 전제되어 있었다. 이재명의 국가는 성장과 분배라는 두 바퀴를 굴려 국익을 도모하는 수레와 같은 것이다.

이런 관점에서 이재명은 김문수-이준석을 성장 편향으로, 권영국을 분배 편향으로 규정하면서 그것들을 중도실용의 입장에서 견제하는 자세를 취했다. 권영국에게는 "국가의 성장이 있어야 국민들에게 분배가 가능하지요"라고, 김문수-이준석에게는 "국민들에게 분배가 되어야 국가의 성장이 가능하지요."라고 응수한 셈이다. 성장과 분배의 조화로운 조정이 이재명의 국익인 것이다.

상식적으로 타당해 보이는 이 생각이 상대방 측에게까지 설득력이 있는 것은 아니다. 왜냐하면 김문수와 이준석은 분배를 통해 성장하는 방법보다 약탈을 통해 성장 하는 방법을 중심에 놓고 있기 때문이다. 재분배 없이도 52시간 노동제 유연화로 노동자에게 장시간 노동을 시켜 초과이윤을 계속 뽑아내면 성장이 가능하다고 생각한다. 또 노란봉투법을 가로막음으로써 노동자들이 저항하면 손해배상을 청구해서 임금 몫까지 빼앗아올 수 있기 때문이다. 기업가들을 대변하는 이들에게 이재명의 관점은 너무 유약한 것이다.

다른 한편 권영국에게 분배는 지금 시점에서 성장을 전제로 하지 않는다. 과잉 성장 상태라서 분배를 통해 비로소 건강을 되찾을 수 있는 기울어진 운동장이기 때문이다. 그에게 이재명의 해법은 기울어진 것을 더 기울어지게 만드는 것, 즉 너무 탐욕적인 대책이다. 김문수·이준석에게서 국익은 자본과 기업의 이익이며, 권영국에게 국익이 있다면 그것은 시민들의 삶의 이익이다.

자본과 기업의 이익과 시민들의 삶의 이익이 첨예하게 균열되고 심지어 대립해 가는 현실 상황에서 이재명은 아마도 성장과 분배를 통해 기업의 이익과 시민의 이익을 조정하는 것이 국가의 역할이고 그것을 성취하는 것이 국익이라고 말할 것으로 짐작된다. 이 어려운 난제를 달성하는 것이 중도보수 입장에서의 실용주의라고 말할 것으로 예상된다. 그것이 국민주권을 일시 위임받은 국가권력의 책무라고 말할 것으로 추정된다.

지금까지의 대의제 국가권력과 정부들이 지나치게 약탈적으로 국민주권에 접근하고 국민이 주권자임을 외면해 왔기 때문에, 심지어 국민을 개돼지쯤으로 여기면서 가축 보듯이 해 왔기 때문에 국민이 주권자임을 인정하고 기업의 이익을 국민의 이익과 조화시켜야 한다는 생각만으로도 괄목상대할 만한 것임은 분명하다.

'이재명 현상'이라고 부를 수 있는 작금의 정치적 분위기를 설명하기는 쉽지 않다. 우리 역사를 지배해온 우익 편향에 대한 이재명 정치의 이러한 중도적 교정의 효과가 작용하고 있을 것이다. 또 검찰정권에 의한 오래되고 잔혹하고 저열한 억압과 그로부터 받은 희생의 경험에 대한 시민들의 공감과 공동의 부채감이 작용하고 있을 것이다. 그리고 내란에까지 이른 윤석열 검찰정권의 패착에 대한 분노가 작용하고 있을 것이다. 무엇보다도 출생의 고난을 능력으로 딛고 일어나 검정고시, 대학생, 사법고시, 변호사, 시장, 도지사, 대통령으로 온갖 억압을 물리치고 진격하는 만화 같은 영웅적 승리와 출세 서사의 체현자라는 점에 대한 감동이 작용하고 있을 것이다. 아마도 이재명 현상은 이 모든 것이 결합되어 만들어내는 정동정치적이고 윤리정치적인 종합 현상으로 이해될 수 있을 것이다.

이러한 상황에서 대선후보로서 이재명은 시민들의 이 정동적이고 윤리정치적인 지지를 탈이념, 탈가치의 중도보수 실용주의와 이른바 '잘사니즘'으로 수렴해 가고 있다. 그리고 '우리도 한번 잘 살아보세'라는 박정희 슬로건을 상기시키는 이 '잘사니즘'은 "위대한 국민"이라는 호명에서 나타나듯 "국민"에 대한 찬양 및 신화화와 결합되어 있다.

그런데 국민에 대한 이 찬양이 2030 여성의 국민으로의 환원, (헌법 제11조에 선언된) '차별 금지'를 실정법으로 입법하는 것에 대한 거부의 태도와 동시에 나타나는 것은 예사로운 일이 아니다. 국민 한 사람 한 사람의 구체적 삶에 대한 실감이 결락된 채로 국민을 호명하는 것은 지금까지 지배적 대의권력의 언어적 관습이 아니었던가?

광장 투쟁은 "2030 여성이 주도한 것이 아니라 국민이 함께한 것"이라는 사고법은 국민을 커다란 통으로 만들어 그 속에 특이한 개개인들, 계급들, 인종들, 세대들, 성별들 등을 담으면서 그것들의 차이를 지워 없앤다. 문제는 차이를 없애는 이 과정이 차별을 보존하는 것으로 나타난다는 점이다. 즉 국민은 거대한 통이면서 동시에 여러 차별적인 것들이 위계적으로 걸려 얹히는 뼈로 된다.

여기서 우리가 상기해야 할 것은 권영국이 '국가경쟁력 강화방안'을 주제로 한 토론 대목에서 GDP가 아니라 삶을 기준으로 삼자고 한 제안이다. GDP를 기준으로 삼는다는 말은 지금까지 늘 그렇게 측정해 왔으니까 쉽게 이해되는데(물론 GDP라는 개념이 정확하게 뭘 재는 것인지 우리는 실감으로는 이해할 수 없다) 삶을 기준으로 한다는 것은 대체 무슨 뜻일까? 토론에서는 이 질문에 대한 답이 주어지지 않았으므로 그가 전개하지 못한 부분을 조금 더 전개할 필요를 느낀다.

단적으로 말해 국민을 삶을 기준으로, 삶에 근거해서 이해하기 위해서는 국민을 통이나 뼈가 아니라 '살'로서 이해하는 것이 필요하다. 메를로-퐁티가 강조하다시피 살$^{la\ chair}$은 주체와 객체가 분리되기 이전의 존재의 공통 매질이고 감각적 공통장이며 살아있는 상호작용의 장이다. 이 살의 운동과 자기표현이 삶이다.

질 들뢰즈의 베이컨은 뼈가 빠진 살을, 그 유동체의 삶을 그렸다. 국민은 국가의 살이다. 그런데 살로 이해된 국민은 더 이상 '국민'이라는 정체성으로 명명할 수 없다. 국민이 국가라는 뼈에 걸쳐 있다면 살-국민은 국가를 빠져나가는 흐름으로만 실재하기 때문이다. 국가주의 속에서 살의 삶이 이해될 수 없는 이유가 여기에 있다.

광장의 다채로운 깃발들, 트랙터들, 몸짓들, 아우성들, 성별들, 밤샘들, 떨림들, 눈물들 다중을 국민으로 치환하고 나면 국가라는 뼈에 걸린 추상적 옷들밖에 남지 않는다. 이 앙상한 국민들은 소득을, 화폐를 먹고 살 것으로 기대되고 그것이 많아지면 잘사니즘을 향유하는 것으로 기대되고 있지만 이 세계의 어느 누구도 화폐나 소득을 그 자체로 먹고 살지 않는다. 존재들은 다른 존재들을, 살을 먹고 보살피며 살에서 산다. 인간·비인간 타자의 삶이 나의 삶의 터전이요 생산물이고 먹거리이다.

다중의 주권은 거대한 통이나 뼈로서의 국민들의 주권이 아니다. 그것이 주권성을 갖는 것은 그것이 살이기 때문이다. 이 세계를 만들고 살피며 아파하고 즐거워하는 살이기 때문이다. 성장은 이 살의 삶에 국가가 붙인 이름이다. 그런데 그것은 오칭誤稱이다. 베르그송이 '변화'가 지성에게는 '이행'으로 지각된다고 말했듯이 국가의 죽은 시각에 살의 자기운동(생성)이 성장으로 혹은 쇠퇴로 지각되는 것이다.

살의 생성에 함께함과 나눔은 내재적이다. 국가는 생성에 내재적인 이 함께함과 나눔을 분배로 지각하고 성장과 분배를 시차적으로 연결짓는다. 내재적인 것의 외재화로 인해 살들은 고통받는다. 그런데 국가는 살의 이 아픔을 직접적으로 지각할 수 없다. 그것이 살 밖으로 튀어 나간 뼈로 경직되어 있기 때문이다. 국민이라는 이름에는 살의 이 아픔이 포함되어 있지 않다. 도축장의 소들이 지르는 비명 소리가 축산업에는 들리지 않듯이 국민의 살적 아픔, 삶의 고통은 국가에게는 들리지 않는다.

국가는 계산을 통해 국민-살의 저 감각적 아픔에 접근해 보려고 하지만 계산과 아픔 사이에는 항상 어긋남이 개입한다. 이 어긋남이 심해지면 국가는 그것을 외과수술적으로, 폭력을 통해, 내란을 통해 조정하려고 한다.

이재명의 언어에는 소년공의 실감이 여기저기 깃들어 있다. '국민주권' 개념의 발견은 아마도 그 실감의 효과일 것이다. 그런데 지금 이재명은 소년공이 아니다. 소년공을 국민으로 보는 자리에 그는 서 있다. 그는 이제 대의권력 체계의 일부로서 감각하고 생각한다. 그곳은 소년공의 아픔의 직접성이 추상되는 공간이다. 시민사회 속의 차별이 국민 속에 용해되는 장소이다. 방향(추상)에는 동의하지만 현안(실재) 때문에 안 되겠다고 생각하는 자리이다. 실재의 정의를 추상의 필요 때문에 지속적으로 유예시키는 자리이다.

김대중 정부에서 처음 입법 제안되었지만 노무현, 문재인 정부를 거쳐서도 입법되지 못했고 "지금은 이재명" 후보로 하여금 차별금지법만은 "나중에"라고 말하도록 정의를 지연시키도록 만드는 자리다. 권영국이 "저는 혼자 오지 않았습니다. 여성, 노동자, 성소수자, 장애인, 농민, 빈민…등과 함께 이 자리에 왔습니다"라고 하면서 호명한 그 사람들은, 권영국의 입을 빌려 이재명에게 이러다가는 "영원히 안 될 것 같습니다"라며 입법 지연을 한탄한다.

이 지연된 정의를 바로잡는 길은 살의 직접성을 회복하는 길뿐이다. 이 세계의 살이 직접 자신이 헌법이고 정의임을 몸으로, 실천으로 감각적으로 입증하고 역시 실천으로 제도화를 강제하는 길뿐이다. 4년 연임, 4년 중임 등의 권력구조 개헌에 가려진 직접민주주의 주권 개헌을 살려내는 길은 이 여정의 일부이다.

진보좌파 목소리를 침묵시키려는 시도의 헌법적 부당성과 정치적 위험성
2025년 5월 21일 수요일 오후 8시 11분

투표일이 가까워져 오면서 이재명을 지지하는 사람들 중의 일부가 권영국을 지지하는 사람들을 (1)과격한 극단주의자 (2)당면한 현실과 시급한 투쟁을 회피하는 이상주의자 (3)민주진영 표를 분산시켜 국민의힘과 극우 윤석열을 돕는 자로 비난하면서 이재명으로의 단일화를 위해 권영국의 후보 사퇴를 촉구하고 압박하는 현상이 온라인을 중심으로 나타나고 있다. 이것은 〈광장대선연합정치시민연대-제정당연석회의〉에 속한 당들이 대선후보 출마를 자진 포기하거나 출마한 후보를 사퇴시킨 뒤에 일어나고 있는 사태이다. 이것은 어떤 정치적 경향을 가리키고 어떤 위험성을 갖고 있는가?

이것은, 한마디로 압축하면, 권영국을 지지하는 주권자-다중들의 주권12에 대한 심리적 정치적 부정이며 국민주권에 대한 정치적 약탈 시도라고 할 수 있다. 대법원장 조희대가 이재명 공직선거법 위반 사건 판결의 이례적 가속화와 유죄 취지 파기환송을 통해 이재명을 지지하는 주권자들의 주권적 선택인 이재명 후보 자격을 법률적으로 부정하려 했을 때, 이재명을 지지하는 사람들만이 아니라 그보다 훨씬 더 많은 사람들이 분노했다. 나 역시도 그것을 법률적 방식의 국민주권 약탈 기도라고 비판했다. 나는 그것이 윤석열이 12·3 내란을 통해 폭력적 방식으로 국민주권을 약탈하려 한 것을 다른 형태로 지속하는 것이라고 썼다.[13]

그런데 안타깝게도 이재명주의자들이[14] 이 주권 약탈 관행을 정치적 형태로 실행한다. 다른 주권자들의 주권적 독립성, 특이성, 실재성을 인정하지 않는 정치적 태도가 그것이다. 이재명 후보로의 단일화를 위한 후보 사퇴를 압박하는 것은 주관적 의도와 무관하게 주권 약탈 행동에 해당된다.

여기에 몇 가지 논거가 동원되는데 그 첫 번째 논거가 권영국의 정치는 과격한 극단주의라는 것이다. 지극히 이념적인 이 접근은 중도만을 유효한 것으로 인정하는 독선주의와 결합되어 있다. 보수주의가 지배해온 한국 사회에서 수십 년 동안 좌파에 대한 전형적 비판 방식인 이것은 엄연히 우리 사회에 실재하는 극단적 고통들(실업자와 비정규직 노동자, 여성, 장애인, 성소수자, 노인과 어린이, 이주민 등)의 실재를 외면하고 회피하는 이념적 전략이다. 그것의 효과는 극단적으로 고통받고 있고 소외된 사람들이 어떤 목소리에 의해서도 대의되지 못하

---

12. 나는 여기서 주권이라는 말을 다중의 자율적인 정치적 구성력의 헌법적 표현으로 이해한다.
13. 「대의민주주의 속에 온존된 군주제가 내란을 돕는다」(이 책 460쪽)와 「헌법재판소 결정문과 이재명 공직선거법 위반 사건 대법원 판결문 반대 의견에 나타난 국민주권주의의 양상」(이 책 469쪽) 참조.
14. 이재명의 당선이 모든 문제를 해결하는 열쇠라고 생각하면서 이재명에서 독립적인 것 일체를 부정하거나 격하하는 경향이 있는 사람들을 편의상 "이재명주의자"로 부르겠다. 물론 나는 '이재명'을 '이재명주의자'와는 엄격하게 구분한다.

도록, 그래서 그 고통 체제의 희생자로 계속 기능하도록 만듦으로써 이 체제의 수혜자들이 더 큰 이익을 볼 수 있도록 돕는 것이다.

두 번째 논거는 권영국 후보를 지지하는 사람들의 생각은 좋은데 당면한 현실과 시급한 투쟁을 회피하는 이상주의자들이라는 것이다. 이것은 현실이라고 불리는 사태 자체가 다양한 세력들의 갈등 공간이며 투쟁의 장임을 몰각하는 것이다. 이러한 비판을 하는 사람들이 지금 앞세우는 시급한 투쟁들 중의 대표적인 것이 일반적으로 정권 교체이다. 그런데 그 정권 교체가 어떤 방식으로, 누구에 의해, 어떤 조건에서 이루어지는가와 같은 쟁점들 하나하나도 시급한 투쟁 사안에 속한다. 좌파가 침묵을 강요당하고 끌어내려진 후에 이루어진 정권 교체와 그렇지 않으면서 이루어진 정권 교체는 매우 다른 결과를 가져온다. 파시즘 연구서들[15]은 파시즘 정권이 등장할 때마다 중도보수가 파시즘 세력에게 기회를 준 것을 확인시켜 준다. 그 역할은 좌파를 고립시키고 침묵시키는 것이었다. 실질적 저항 세력인 좌파가 고립되어 침묵하는 것이 파시즘이 성장하기에, 즉 피지배 대중들을 파시즘으로 유도하기에 가장 좋은 환경이라는 것이다. 이탈리아와 독일 외에도 20세기 유럽 여러 나라에서 파시즘이 발생했지만 좌파가 기층 대중들을 대의하면서 조직되어 있는 나라들에서 파시즘은 고사되었고 결코 집권에 이르지 못했다. 요컨대 좌파 목소리를 억누르고 중도보수에 복속시키려는 노력은 윤석열과 같은 파시즘을 불러오는 결과를 가져온다.

이 두 가지 반대보다 더 거세고 감정적인 비난의 논거는 세 번째의 것이다. 그것은 권영국 후보의 존재가 '민주진영' 표를 분산시켜 국민의 힘과 극우 윤석열을 돕는다는 것이다. 이것은 2021년 대선에서 정의당 심상정의 완주로 '인해' 윤석열 정권이 탄생했다는 잘못된 논리에 기대고 있다. 이것은 또 윤석열 정권의 악마화에 기초한 정치 분석으로 윤

---

15. 가령 로버트 팩스턴, 『파시즘』, 손명희·최희영 옮김, 교양인, 2024 참조.

석열 정권의 탄생과 같은 정치적 사건을 준종교적 선악 개념으로 단순화하는 것에 기초한다. 이런 관점의 문제는 무엇인가?

첫째로 윤석열 정권의 탄생은 한국 사회의 신자유주의 위기와 연동된 것으로 그 뿌리는 한국 사회의 심층에 있지 2022년 대선 투표에서 발생한 것이 아니다. 대선은 그것의 표층적 계산(반영)의 결과이지 원인이 아니다. 윤석열 정권을 낳은 원인은 아직 제거되지 않고 있다. 그렇기 때문에 한국 사회의 시민들과 정당 체제가 그 원인을 제거할 수 있는가 없는가의 실천 결과에 따라 윤석열 유형의 정권들이 다시 출현할 것인가 그렇지 않을 것인가가 결정된다.

둘째로 이 표층적 대선 경쟁만을 두고 보더라도 이재명 후보의 패인은 2022년 당시 이재명 후보와 민주당이 국민들의 지지를 충분히 얻지 못한 것에 있지 다른 것이 핵심 원인은 아니다. 이재명은 이재명주의자들과는 달리 "본인이 모자라서 패배했다"고 솔직하고 정직하게 인정한다. 그 모자람이 중도층 확장 실패인지, 남성층의 이탈인지, 조국 사태에 대한 대응 실패인지, 문재인 정부의 부동산 정책의 실패인지는 여기서 논할 문제는 아니다. 이 어느 것에서 기인했던 패배 원인은 이재명 후보와 민주당 내부에 있지 다른 곳에 있는 것이 아니다. 이 패인을 심상정 후보에게 돌리는 것은 자기책임을 감추고 외부에 책임을 전가하는 논리이다. 백 보 양보하여 책임 전가 논리를 인정해 본다 하더라도 다수를 얻지 못해 당선되지 못한 일차 패인(즉 다수 득표자가 되지 못함)은 윤석열에게 48.56%의 표를 뺏긴 것에 있다. 심상정은 그것의 20분의 1 정도에 불과한 2.37% 득표했다. 물론 책임 전가 논리는 윤리적으로 정당화될 수 없다.

셋째, 그럼에도 불구하고 이재명주의자들이 이 부당한 책임 전가 논리에 빠져들고 그것도 윤석열이 아니라 심상정에 책임을 잘못 지우는 것은 이재명주의자들이 불안정 노동자, 농민, 빈민, 여성, 소수자, 이주민 등등의 주권을 주권으로 인정하지 않는 반헌법적 주권 묵살 태도를

떨쳐 버리지 못하고 있기 때문이다.

"민주진영"이라는 이름으로 소수자 주권을 부정하는 정치적 억압을 실행하는 것은 이재명주의가 민중을 가축으로 보는 윤석열주의의 위헌적 시각 일부를 무의식과 정치적 욕망의 수준에서 공유하고 있다는 것을 보여준다. 조희대의 위헌·위법한 조치로 이재명의 예비후보 자격이 위태로워졌던 시기에 민주당 일각에서는 '민주진영에 후보가 없어질 수 있으니 다른 후보 대안을 준비해야 한다'는 주장이 나온 적이 있다. 그때 이재명주의자들은 권영국을 이른바 '민주진영'의 예비후보로 조금이라도 고려했던가? 그렇지 않았다. '민주진영'이라는 말은 정치적 이득을 위해 이현령비현령처럼 임의로 사용되고 있다.

이재명이든 권영국이든 후보 사퇴 여부는 이들을 대선후보로 만든 주권자들의 의사에 의해 결정되어야 한다. 김재연 진보당 예비후보의 사퇴에 대해 전봉준투쟁단의 진보당원들은 당원 의사를 무시한 사퇴라고 울분에 찬 비판 문건을 내놓은 적이 있지 않은가.

"민주진영"은 다양한 주권자들이 공통의 목적, 공통의 필요, 공통의 조건, 공통의 방식에 따라 함께 구축할 때에 형성되는 고귀한 공통장이지 이러한 구축 이전에 특정한 사람들의 생각에 따라 미리 만들어져 있는 어떤 것이 아니다. 그렇기 때문에 광장에서 제기된 내란종식과 사회대개혁이라는 두 가지(이지만 실은 한 가지인) 과제를 대의적으로 받아안고 있는 이 대선 국면에서, 각 후보 진영은 어떻게 이 광장적 과제를 잘 달성할 수 있을지를 숙고하고 또 협의하면서 주권자 국민다중의 간절한 염원에 더 잘 복무할 길이 무엇인지를 국민다중과 함께 찾아나가야 할 것이다.

물민다중의 마을
2025년 5월 23일 금요일 오후 12시 8분

아침 식사를 하고 페이스북을 여니 눈에 띄는 글이 있다. 「다중, 살림다중, 공동적인 것」(강주영)[16]이다. 이 글을 읽다 보니 어린 시절 생각이 난다. 이 글이 지금까지 한 번도 생각해 보지 않은 방식으로 수십 년 전의 그 시절을 바라보게 하는 창이 되는 것 같다.

현대 자본주의 사회에서 사적인 것, 공동적인 것, 공公적인 것에 해당하는 것은 개인과 공동체, 그리고 국가다. 자본주의는 공동적인 것을 해체하여 사적인 것과 공적인 것의 양분 구도로 재편성하는 경향이 있다. 미리 말해 두자면 나는 그 구도를, 사적인 것의 특이한 것으로의 해방, 공동적인 것의 공통적인 것으로의 혁신과 재건, 공적인 것의 공공公共적인 것으로의 하향 수평화의 구도로 삼분 재구축하는 것에 관심이 있다.

내가 농촌 마을에서 살았던 것은 1956년에서 1968년까지 12년이다. 대략 100호 남짓으로 기억되는 집들이 있고 얕은 산과 강으로 둘러싸인 전형적인 시골마을이었다. 1969년 5월 30일 삼랑진에서 밤열차를 타고 5월 31일 아침에 서울역에서 기차를 내렸을 때는 하늘이 뱅글뱅글 도는 현기증을 느꼈던 것을 기억한다. 그 전 3개월, 그러니까 1969년 2월 말부터 5월 말까지 3개월 동안은 지방 소도시 진주에서 중학생으로서 유학생활(?)을 했다. 그러니까 농촌에서 소도시로, 소도시에서 대도시로 이동한 셈이다.

대도시 서울로의 이런 이동이 자연스러웠던 것은 아니다. 남강댐 건설이라는 국가의 난폭한 정책에 의해 강제된 것이었기 때문이다. 용수 공급, 홍수 조절, 전력 생산 등을 이유로 내가 여섯 살 때인 1962년에 착공하여 1970년에 완공된 이른바 '다목적' 남강댐은 내 개인만이 아니라 우리 마을의 삶에는 궤멸적인 것이었다. 순식간에 마을 전체가 물밑에

---

16. 강주영, 「다중, 살림다중, 공동적인 것」, 〈페이스북〉, 2025년 5월 23일 수정, 2025년 6월 29일 접속, https://www.facebook.com/gangjuyeong.69298/posts/4109186589358290?ref=embed_post.

가라 앉았기 때문이다. 공동적인 것의 궤멸이 그 다목적의 일부였는지도 모른다.

위의 글에 공동적인 것이라는 이름하에 나열된 여러 가지 것들, "빨래터, 공동 우물, 장터, 구판장, 관혼상제 물품, 모내기, 추수, 학교, 설·추석 등의 세시 풍습" 중에서 우리 마을에서 수 킬로미터 떨어져서 5일마다 서곤 했던 완사 장터만 빼고 모두 물밑으로 사라졌다. '관혼상제 물품'으로 공동묘지 상엿집에 보관되었던 공동 상여는 침수를 피했지만 사람들이 수몰을 피해 이곳저곳으로 흩어져 없어졌으므로 불필요하게 되었다.

나에게 가장 큰 상실감을 주는 것은 지리산 계곡물이 흘러 내려와 모이던 남강 상류의 덕천강이 댐공사로 생긴 진양호에 휩쓸린 것이다. 어린 시절 공동적인 것의 추억들 대부분이 덕천강과 얽혀 있다. 동네의 동무들, 형들, 동생들과 함께 고기를 잡고 먹을 감고 배를 타고 수박 서리를 하고 메뚜기를 구워 먹고 강 건너 동네 단성 아이들과 노래로 집단싸움을 벌이던 기억들. 여름에는 하루 종일 덕천강에서 놀았다고 해도 과언이 아니다.

이때 몸에 밴 물과의 친화성 덕분에 지금 나는 제주 바다에서 자유롭게 유영하며 덕천강 대신 함덕 바다를 나의 놀이터로 삼고 있다. 어릴 적 동무들은 없지만 물고기, 해초, 모래, 바위, 갈매기와 같은 친구들이 있다. 무엇보다도 파도치는 바닷물이 나의 감미로운 친구다. 보드로 파도에 올라타기 위해 좋은 파도를 기다릴 때는 그 파도가 정다운 친구가 아닌가?

그런데 공적인 것을 자처한 박정희 정부의 저 거대한 댐이 공동적인 것을 물리적으로 쓸어가기 전에 마을의 공동적인 것은 이미 허물어지고 있었다. 토지보상금을 둘러싼 갈등들이 부상하고 있었고 젊은 세대들은 마을에서의 탈출을 시도하기 시작했다.

내가 기억하는 마을과 가정, 학교는 도시와는 다른 유형의 폭력성을 갖고 있었다. 학교에서는 다른 부락 출신들끼리 거의 주기적으로 닭싸움하듯 패싸움을 해서 우열을 가렸고 가정에서는 아내와 자녀에 대한 폭력이 관행화되어 있었고 마을 내부에서도 싸움이 빈번했다. 주로 관혼상제 때 싸움이 많았다. 이것이 공동체의 본래 모습인지 우리 마을처럼 수몰 예정지 마을만이 가졌던 어두운 그림자인지는 잘 모른다.

여름은 물놀이로 즐거운 시간이 많았지만 겨울의 마을은 나의 기억에 적막과 고독으로 남아 있다. 협동조합 창고 햇볕 비치는 곳에서 동무인 누가 혹시 나오지 않을까 기다리는 시간이었다. 나이 많은 형들이 밤에 라면 내기 화투치기를 하며 시간을 때우는 시공간이었다.

사적인 것, 즉 개인은 어떠했는가? 가정과 마을에서 권력을 쥔 개인들은 공동적인 것의 재생산을 위해 몸부림쳤다. 이 말은 근대 이전 사회에서 공동적인 것 자체가 권력을 쥔 사람들(가부장, 이장 등등)의 사적인 욕망을 구체화하는 수단으로 기능하는 측면을 갖고 있었음을 시사한다. 그래서 젊은 세대들은 기회가 되기만 하면 마을의 공동적인 관습과 관행으로부터 탈출하여 도시로 가고자 했다.

공적인 것인 국가가 공동적인 것인 마을을 파괴해 오고 있는 상황에서 사적인 것, 개인적인 것, 시장적인 것이 기존의 공동적인 것의 우울에서 벗어나기 위해서는 잔혹하지만 달리 없는 기회의 장으로 받아들여지고 있던 시간이 내가 겪은 56~68년의 시간이었다.

그리고 이후 대도시 서울에서의 삶은 어땠는가? 많은 사람들이 이에 대해서는 너무 잘 알고 있을 것이므로 굳이 말하지 않아도 짐작되는 바가 있을 것이다. 그 삶의 여러 의미에서의 가파름은, 나로 하여금 사적인 것에서 특이한 것으로, 공동적인 것에서 공통적인 것으로, 공적인 것에서 공공적인 것으로의 전환이 필요하다고 생각하게 만들고 특이한 것들의 공통장에 의한 공공적인 것에 대한 섭정을 정치 재구성의 방향이라고 생각하도록 만든 바탕이었다.

여기서 공통은 공동과 동의어가 아니다. 공동은 동일성을, 공통은 특이성을 깔고 있기 때문이다. 나는 공통적인 것, 공통장의 한 사례로 전통적 마을보다 광장마을을 생각하고 있다. 퇴진과 탄핵의 광장에서 어떻게 공동적인 것과는 다른 '공통적인 것'이 움직였던가?

2024년 12월 3일부터 적어도 2025년 4월 4일까지 4개월여 123일 동안 서울을 비롯한 대도시 광장에서는 광장마을이 마치 오일장처럼, 때로는 매일장처럼 주기적으로 형성되었다. 사전에 정해진 어떤 규범도 법적 강제도, 중앙집권적으로 조직된 지도부도 없는 가운데 메트로폴리스에 자발적으로 시민들이 모여들어 내란종식과 사회대개혁을 외쳤다.

이 광장마을의 정체가 무엇일까? 어떤 성격의 것일까? 이 마을은 어떻게 최소 4개월을 지속할 수 있었는가? 또 새롭게 도래하리라 기대하게 하는가? 이 투쟁 마을에서는 추위에 대비한 난방 버스, 키세스 담요, 핫팩, 오뎅 국물 등이 무상이었다. 커피나 빵도 무상인 경우가 많았다. 간단한 의료가 무상이었으며 법률 상담이 무상이었다. 당연히 교육도 무상이었다. 많은 경우에 깔개가 무상으로 보급되었다. 자발적 후원금과 선결제, 그리고 다양한 자원봉사활동 때문이었다. 사실 '무상'이라는 말이 어색하고 부적절하다. 그냥 필요한 것들이 거기서 흐르고 유통되었다.

이렇게 결집되는 힘을 나는 제헌활력이라고 불렀고 이 공간을 공통장이라고 불렀다. 그 공통장을 구성하는 것은 이름 없는 사람들, 즉 2030의 여성들, 트랜스젠더 퀴어임을 선언하는 성소수자들, 이란·미국 등지에서 온 이주민과 여행객들, 휠체어를 탄 장애인들, 피켓을 두른 개들, 트랙터나 스마트폰 같은 기계들, 피켓·천막 같은 사물들 등등을 포함하는 다양하고 이질적인 다중들, 즉 물민다중들이다.

이들의 의회(물민의회)가 결국 대통령 윤석열을 파면시켰고 조기 대선이라는 정치 재구성의 기회를 열었다. 물민다중이 내란 때문에 위기에 처한 삶과 헌법 공간을 살렸다고, 생명의 재구성 기회를 열고 있다고 말해도 좋지 않을까? 이때의 물민다중은 개인, 개체로 환원할 수 없는 특이한 것들이다. 광장마을을 이루기 위해 발걸음을 떼고 온라인에 글을 쓰는 그 존재는 시장에 구속된 개체도 아니고, 국가에 구속된 개인도 아니다. 그것은 변화 속에 있는 어떤 특이점이며 특이하기 때문에 공통하는 역량이다.

평화
2025년 5월 26일 월요일 오후 8시 59분

어제 일요일 늦은 오후. 걸어서 한강 공원으로 나갔다. 그렇게 멀지도 않은 곳이건만 언제 왔던가 기억이 아득할 정도다. 눈에 먼저 들어온 것은 저물어 가는 저녁 햇살에 반짝이는 강. 강변의 자전거 도로에 쏜살같이 내달리고 있는 청소년-자전거들. 성산대교 강변 경사 공원에서 들리는 노랫소리. 기타를 치며 노래를 부르는 버스커에는 아랑곳하지 않고 여기저기 모여 앉아 이야기를 하다가 노래가 끝나면 한 번씩 박수를 쳐주고 다시 이야기에 열중하는 젊은 여남들. 물오른 푸른 나무 아래 텐트를 치거나 돗자리를 깔고 앉아 하하호호 웃으며 이른 저녁 식사를 하는 사람들. 물끄러미 사람들을 쳐다보는 개. 농구장에서 뻘뻘 땀을 흘리며 공을 던지고 뺏는 사람들. 서울함공원 배에 올라 이곳저곳 기웃거리는 사람들. 여기저기 붉게 피어 있는 양귀비들. 물살을 가르며 천천히 불광천을 가로지르는 오리들. 천과 강이 합류하는 지점에 수백 마리 몰려들어 천천히 몸을 비비고 있는 이름 모를 물고기 떼. 너무나 평화로운 풍경화. 하마터면 하룻밤에 잃어버릴 뻔했던, 그래서 더 고귀하게 느껴지는 지극한 아름다움.

김문수는 어디로?

2025년 5월 27일 화요일 오후 12시 31분

내가 김문수를 만난 것은 아마 1988년 말이었을 것이다. 김문수가 그해 10월 3일 개천절 특사로 석방되었다고 보도되어 있는 것으로 보아 그 직후였을 것이기 때문이다. 당시 나는 월간『노동해방문학』창간 작업에 참여하고 있었고 개별 면담 방식으로 편집위원을 구하고 있었다. 애초 무크지로 구상했다가 준비 과정에서 계간지로, 다시 월간지로 구상이 부풀어 가면서 문학예술연구회, 민족문학작가회의의 평론가들과 노동 시인에 한정되지 않는 폭넓은 분야의 편집위원이 필요하다고 생각하게 되면서 당시 수배 중이던 박노해 시인의 추천으로 서노련의 노동 투사 김문수를 만나게 되었다.

서강대 부근의 어느 2층 카페였다. 만남 시간은 짧았다. 나는 그에게 "1987년 시민 항쟁과 노동자 대투쟁으로 열린 대중적 계급투쟁의 시대에 이 투쟁을 노동해방의 방향으로 의식적으로 끌어나갈 정론적 문예지를 창간하려고 하는데 편집위원으로 함께해 주시면 고맙겠습니다"는 취지로 말했다. 내가 기억하는 김문수의 대답 취지는 이랬다. "그런 취지라면 비합법 잡지 아닙니까? 나는 비합법 활동에는 가담하고 싶지 않소." 나는 비합법 잡지를 만들려는 것이 아니라 합법적으로 등록된 잡지를 만들려고 하는 것이라고 했지만 소용없었다. 불참 의사가 분명하고 확고했던 탓에 아마 30분도 채 되지 않아 헤어졌던 것 같다.

내가 한 말은 사실이었지만 김문수의 감각이 틀린 것도 아니었다. 월간『노동해방문학』은 당시 현장의 대중적 계급투쟁력에 상응할 정도로 출판 영역에서 합법의 경계를 넓혀 보려고 시도했기 때문에 운동적 합법화와 권력적 불법화 사이의 경계 지대에 불안정하게 놓여 있었다. 이 불안정성을 알고 있었기 때문에 창간호를 인쇄소에 넘길 무렵인

1989년 3월에 나는 집을 나와 자발적 수배 생활에 들어갔고 1990년 10월 30일 전국 공개수배가 될 때까지 집 밖에서 떠돌며 주간 역할을 담당했다.

그렇다면 월간 『노동해방문학』 창간 시도가 "비합법"이라는 김문수의 성격 규정의 의미가 무엇일까? 그것은 글자 그대로 "체제와 법 제도가 용인하지 않을"이라는 의미다.

김문수는 1986년 5·3 직선제 개헌 투쟁 주도 혐의로 구속되어 1988년 10월에 석방되었다. 그러므로 1987년 전후의 혁명적 시기 2~3년을 거리가 아니라 감옥에서 보낸 셈이다. 우리가 ('전위조직의 건설을 기다리는'이라는 해석을 담아) "대중적 계급투쟁의 시대"라고 말한 것이 바로 이 1987 이후 시기의 역사적·정치적 성격을 규정하는 용어였다. 1986년 말에 가파르게 고조된 이 혁명적 고양기는 1987년을 넘어 최소한 1989년까지는 계속되며 그 이후에 퇴조하지만 1991년 5월까지는 그 강렬한 투쟁의 기운이 소멸되지는 않았다. 당시 우리는 그것을 군사독재 체제의 극복('직선제 세상')을 넘어 노동자 주도의 민중권력('노동해방 세상')을 가능케 할 잠재력으로 해석했다.

김문수는 86년 5·3 직선제 개헌 투쟁에 앞장섰으므로 직선의 대의민주주의에는 동의하고 있었다고 판단된다. 하지만 시민항쟁과 노동자 대투쟁이 연속된 87년 경험의 누락[17]은 "대중적 계급투쟁의 시대"를 참여적으로 경험할 기회를 빼앗고 그로 하여금 그 시대에 조응하기 위한, 즉 그 투쟁적 활력을 따라잡기 위한 잡지 창간 시도로서의 『노동해방문학』을 자신이 불참하고 거부해야 할 활동으로 인식하게 만들었을 것이라고 나는 해석한다.

정동적 측면에서 석방된 지 얼마 안 된 그에게 나의 제안은 아마 두려움-거부감이었을 것이다. 그것은 2년이 넘는 기간 동안 투옥되어 있

---

17. 나도 1987년 상반기 6개월 동안 수감되어 있었고 6월 항쟁 때는 병 보석으로 출소하여 입원 중이었기 때문에 신문을 통해서만 6월 항쟁을 경험했다.

있던 운동적 좌절의 경험과 결합되어 자신이 통제할 수 없는 상황 속으로 끌려 들어갈 수 있다는 불안감을 주었을 것으로 예상할 수 있다. 87년 투쟁 경험의 부재는 대중적 계급투쟁의 시대라는 시대 규정의 정치적 실재성을 확신할 수 없게 만들고 그것을 비현실적 환상으로 보도록 하는 경험적 조건이었다고 분석된다. 이것이 "비합법"이라는 김문수의 말속에 담겨 있는 함의다.

김문수는 민청학련, 서노련 활동에 참여했고 1988년 당시 그 활동들의 결산은 개인 수준에서는 '실패'였다. 이 실패의 경험 속에서 새로운 정동적 인지적 출구를 찾지 못할 때 쉽게 선택하게 되는 것이 기존 권력 질서에의 참여다. 새로운 활력에 대한 부적응과 뒤처짐이 권력에의 의지를 불러온다는 의미다.

기존의 권력 질서는 김문수가 잃어버린 노동운동의 조직 기반 대신 지역 기반, 자원 기반, 인맥 기반을 제공해 준다. 민중당 실험의 실패 후 김문수가 자신의 노동운동 이력을 기반으로 김영삼의 민자당에 참여하게 되는 것은 개인적으로는 좌절된 사회운동 체험에 대한 심리적 정치적 보상을 선택하는 것이며 사회적으로는 노동운동의 성과를 사유화하여 권력과 교환하는 길을 선택하는 것이다. 권력의 한 가닥을 잡게 됨으로써 그는 이전에 자신이 조직 체계 속에서 지도했으나 이제는 더 이상 그렇게 할 수 없게 된 노동자 대중의 혁명적 에너지를 권력 기구를 통해 통제하는 위치에 놓이게 된다. 혁명적 지도에서 반혁명적 통제로의 자리 이동이다.

그는 국회의원, 경기도지사, 고용노동부 장관을 거쳐 이제 대통령 후보로서 움직이고 있다. 그가 줄곧 노동 관련 직책을 담당했던 것을 잊지 않아야 한다. 자본이 자신이 직면하는 위기를 노동력의 흡수 방식의 재편을 통해 극복해 나가듯, 권력은 자신의 위기를 운동력의 흡수를 통해 권력을 재구성하는 방식으로 극복해 나간다.

권력에게는, 아래로부터 다중의 저항을 설득하거나 억제하여 흡수하는 데 혹은 분리시켜 진압하는 데에, 운동 이력을 가진 인사들이 도움이 된다. 그런 인사들이 그렇지 않은 인사들보다 훨씬 쉽고 효율적으로 권력의 목표를 충족시키고 권력의 안정적 재구성에 도움을 주기 때문이다.『조선일보』가 운동 이력을 가진 필진들로 끊임없이 재충전을 하는 것도 같은 이치다. 권력이 사용하는 이이제이以夷制夷 기술이라고 할 수 있을 것이다.

권력 질서에의 진입을 통해, 좌절한 노동 투사 김문수가 받았던 심리적 정치적 보상을 가지고, 그가 극우화로 나아가는 길까지 설명할 수 있을까? 부족해 보인다. 그것은 전광훈 개신교와의 결합이라는 또 다른 변신 과정을 통해 이해되어야 한다.

정동정치적 관점에서 그의 극우화는 권력 질서가 그에게 제공한 지역적·인맥적·정치적 안정감이 그의 좌절감과 불안감, 그리고 자신에 대한 배신감을 극복하기에 충분치 않았음을 시사한다. 권력이 그에게 제공한 질서와 안보의 안정감은 늘 상대적인 것이었고 요동치는 것이었다.

그는 이것으로 회복할 수 없을 만큼 깊어진 자신의 정서적 상처를 달랠 수 없었다. 그는 대안을, 자신을 피해자화하는 것, 적을 설정하는 것, 절대적 질서(신적 질서)를 희구하는 것이라는 세 가지 방향에서 찾는다. 언론을 통해 우리가 잘 알다시피 그는 공산주의, 중국, 동성애자, 성소수자와 같은 절대적 적(악)의 설정을 통해 자신을 절대적 선의 위치에 옮겨 놓고 싶어 한다.

대통령 후보가 된 그가 추구하는 것은 이렇게 '절대 악'의 절멸을 향하는 '절대 선'의 (브레이크 없는) 자기운동이다. 우리는 역사에서 이런 운동을 파시즘이라고 불러왔다. 독일이 1차 세계대전 패전 후 자신을 희생자화하면서 공산주의와 유대인이라는 절대 악에 대한 절멸을 향해 나아갔던 역사가 보여주는 것이 하나의 사례다. 노동의 나라, 민중의 나라를 꿈꾸었던 그는 이제 위기에 빠진 자본의 나라를 지키는 용병대장 후보로서 전국 각지를 누비고 있다.

이준석 혐오정치의 "압도적 새로움"의 정체

2025년 5월 29일 목요일 오후 1시 18분

나는 윤석열의 비상계엄이 예외주의 독재 수립을 통해 국민주권을 약탈하려는 시도였다고 보았다. 내가 보기에 그것은, 대의민주주의가 제도화하고 있는 주권의 회귀적 자유 위임을 폐지하고 회귀를 불가능하게 하는 권력의 탈법치적 일탈을 통해 국민의 탈주권화와 가축화를 꾀하는 것이었다.

나는 자유-위임을 구속적-위임으로 전화시키는 국민주권의 민주주의적 실질화를 위해서는 직접민주주의의 강화와 더불어 대의제를 아래로부터 자기조직화한 다중이 섭정하는 섭정제도가 필요하다고 생각했고 이와 동시에 우리 시대에 시급하게 등장한 생태 문제와 관련하여 비인간에 존엄한 주권의 자리를 제공하는 것(주권주체의 확장)이 필요하다고 생각했다.

그제(5월 27일) 대선후보 토론에서 젓가락 발언으로 윤리적 지탄을 받고 있는 이준석은 나로 하여금 두 가지 측면에서 다시 정치적 주권 문제를 생각하도록 만든다. 이준석의 차별과 혐오 정치에서 발견되는 것은 첫째, 내가 제안하고 있는 바의 주권주체 확장과는 정반대되는 것으로, 주권주체를 양적으로 축소하려는 의지이다. 둘째, 주권의 질적 규정과 관련된 것으로 주권을 생산적 구성력으로 주체화하는 것이 아니라 소비적 감정 반응력으로 대상화함으로써 질적으로 부패시키려는 의지다. 이 두 가지를 차례로 살펴보자.

이준석은 지금까지 여성, 장애인, 성소수자를 주권주체에서 배제하는 정치를 해 왔다. 2022년 대선 과정에서 이준석은 윤석열과 함께 여성가족부 폐지를 공약으로 만들었다. 여성가족부가 남성에 대한 역차별을 조장한다는 것이 그 명분이었다.

그는 여성운동, 특히 페미니즘이 과잉 요구를 하여 남성을 역차별 피해자로 만든다고 주장했다. 한편에서 이것은 청년 남성에게 피해자 의식을 주입하여 페미니즘의 주장에 감정적으로 반응하는 반페미니즘 유권자로 결집하도록 만드는 것이었다. 다른 한편에서 그것은 2015년 이후 해시태그 성폭력 말하기 운동, 미투운동, 페미니즘 운동을 통해 상승하던 여성들의 주권적 구성력을, 공정성을 침해하는 요구 즉 불공정 과잉 요구로 낙인찍어 기존의 남성 우위 가부장 질서 내에 봉쇄하려는 것이었다. 이것은 젊은 여성 대 젊은 남성이라는 세대 내 적대 전선을 형성하는 갈라치기였고 궁극적으로는 민주주의적 국민주권을 분열시키고 국민주권에서 궁극적으로는 여성을 배제하기 위한 포석이었다.

2022년 이준석은 전국장애인차별철폐연대의 시위가 출근길 시민의 자유를 침해하는 행위라고 규정하면서 장애인들이 법을 어기면서 무리한 요구를 한다고 규탄했다. 이 역시 '정상 시민 대 장애인 시민'이라는 억지 대립 구도를 형성하는 갈라치기 전술이었다. 이것은 헌법에 누구에게나 평등하게 보장된 기본권으로서의 거주이전의 자유와 이동권, 행복권, 존엄권, 인간다운 생활권을 장애인에 대해서는 제약하려는 반헌법적 움직임이었다.

이것은 장애인의 이동자유권(즉 주권적 구성력)을 비장애인 시민의 교통을 방해한다는 일방적인 이유로 축소하려는 것이다. 이러한 주장과 움직임 속에서 이준석은 장애인을 이동권을-제약당하는-2등-시민으로 재배치하여 그들의 구성력인 주권을 박탈하려는 차별 의지를 드러낸다.

그는, 지극히 자연스러울 뿐만 아니라 합헌적인 장애인의 이동권 요구를 이기적 과잉 요구로 묘사함으로써, 반헌법적으로 이동권이 제약되고 있는 장애 시민이 아니라 비장애 시민이 오히려 그 이동권 요구의 피해자라는 적반하장의 전도된 논리를 전개한다. 이 전도를 통해 그는 장애인 혐오를, 질서의 회복을 뒷받침하는 긍정적이고 정당한 정동으로 자리매김한다.

이준석은 "합리적인 이유 없이 특정한 속성을 이유로 사람을 특정한 영역에서 구별하거나 배제하거나 불리하게 대우하는 행위"를 금지하는 '포괄적 차별금지법'에 대해 2021년에는 사회적 합의가 충분히 이루어지지 않았고 현실의 국민감정과 배치된다는 이유로 반대하다가 최근에는 그 '포괄성'에 형식 논리적 일관성이 없다는 이유로도 반대한다. 포괄성의 형식 논리에 따르면 조두순이 학교 수위로 취업하는 경우에도 그를 '차별'할 수 없게 된다는 것이다. 그런데 제안된 차별금지법의 포괄성은 별도의 법이 있을 경우 그 입법취지를 침해하지 않는 선에서의 포괄성이라고 규정하고 있으므로 법형식 논리상 일관성 문제는 전혀 발생하지 않는다. 결국 그의 차별금지법 반대 논리는 사회적 합의, 국민의 현실 감정, 논리 일관성 등을 들어 성소수자를 비롯한 차별 피해자들에 대한 법적·사회적·정치적 배제와 주권 침해를 어떻게든 정당화하려는 시도에 지나지 않는다.

문제적인 것은 국민들의 일부를 주권에서 배제하고 적대시하는 이준석의 혐오 정치가 마치 공정하고 합리적이며 현실적인 것처럼 담론적으로 포장된다는 것이다. 담론 재구성을 통해 이루어지는 이 차별적 혐오와 적대 형성적 갈라치기 정치는 그 본질에서 윤석열의 내란 정치와 동일하다. 윤석열의 내란이 폭압을 통해 반국가세력으로 규정된 사람들의 국민주권을 약탈하려 했듯, 이준석의 차별과 혐오도 여성, 장애인, 성소수자 등의 국민주권을 축소하여 자신의 수중으로 그들의 주권력을 이전시키는 주권 약탈 정치이기 때문이다. 차이가 있다면 윤석열이 반국가세력, 공산전체주의, 야당 등에서 정치 이념적 적을 찾는 것과 달리 여성, 장애인, 성소수자 등 우리 사회의 약자들에게서 적을 찾는다는 점이다.

이제 우리가 두 번째로 살펴야 할 것은 이 주권 축소가 주권 그 자체의 부패를 겨냥한다는 점이다. 차별과 혐오에 기반한 적대적 정동정치는 이 정치에 동원되는 사람들을 피해의식에 사로잡힌 감정적 존재로 만들고 오직 자신의 이익만을 고려할 뿐인 이기적 이익집단으로 만든다.

정치적 타자를 적으로 인식하기 때문에 그 타자의 목소리를 귀담아 들을 수 있는 윤리적 역량은 사라지고 그 자리를 분노의 감정이 가득 채우게 된다. 이로써 소통의 확대와 공통장을 구성함으로써 차이를 생산적 잠재력으로 전화시킬 기회는 제거된다.

이것은 제헌활력이자 구성력인 주권의 심각한 부패를 의미하며 구성력으로서의 주권력의 실질적 소멸을 의미한다. 주권력의 이 부패와 소멸은 통치기구와 행정기구에 전권을 부여하게 됨으로써 국민주권의 약탈을 통한 독재라는 윤석열의 내란기획과 동일한 효과를 가져온다.

윤석열이 군사 폭력과 반공주의, 그리고 비상계엄에 기대는 군사 파시즘에 대한 향수를 버리지 못했음과 비교하면 이준석은 비상계엄에 반대하면서 담론적 전도의 힘으로 국민주권을 약탈하려 한다는 점에서 차이를 보인다. 그는 2024년 12월 3일 밤 국회의사당 앞에서, 비상계엄 해제를 위해 '담을 넘어가는 것이 어떤가?'라는 한 남성의 제안을 "시끄러워, 임마"로 일축했다. 이것은 그의 비상계엄 반대가 수단에 대한 반대이지 목적에 대한 반대가 아니었음을 시사한다. 적어도 주권 약탈의 방법과 형식의 측면에서 이준석은 윤석열에 비해 자신의 "압도적 새로움"을 자랑할 만하다. 그러나 그 본질과 목적에서는 압도적으로 동일한데 이 양자가 모두 제헌활력으로서의 국민주권을 국민다중의 수중에서 행정기관의 수중으로 철저히 이전시키는 약탈술이기 때문이다. 폭력적 억압 약탈을 통해서인가(총-파시즘) 담론적 부패 약탈을 통해서인가(혀-파시즘)에서는 차이가 나지만 국민다중을 국가권력과 자본에 종속시키는 반민주주의적 주권 찬탈과 예속화를 추구한다는 점에서는 동일하다.

그가 지키겠다고 약속하는 '기회의 사다리'는 이처럼 우리 사회에서 차별 받아온 타자들을 더욱 무력하게 만들어 그 타자들의 구성력=주권을 약탈할 기회를 노리는 사람들에게 제공될 특권의 사다리임이 분명하다. 이런 방식으로 그는 대안을 찾는 우파와 갱신을 요구받는 파시즘, 그리고 특권을 찾는 사람들에게 "압도적으로 새로운" 담론적 정동적 기술을 제공함으로서 정치적 헤게모니를 장악하려 한다.

여성 노동자 "설난영"의 "인생"에 대하여
2025년 5월 30일 금요일 오후 4시 33분

이른바 '진보' 유튜브 세계에는 유시민이 등장하는 동영상과 말이 흘러넘친다. 알고리즘 때문에 어디를 둘러보아도 부딪히게 되는 그 영상과 말들을 나는 가급적이면 피한다. 유시민을 신화화하는 방식으로 달린 과잉된 콘텐츠 제목, 유시민의 과도한 감정적 제스처와 오만한 표정, 다른 사고를 허용하지 않도록 조직된 단정적이고 고압적인 어투 등이 콘텐츠의 내용에 접근하는 것을 방해하고 메시지가 내게 도달하기도 전에 보는 이를 감정적으로 불편하게 만드는 경향이 있기 때문이다. 메시지가 유익하고 좋은 것일 때도 그렇다.

그래서인지 유시민이 내란정당 국민의힘 대선후보 김문수의 부인 설난영에 관해 다음과 같이 말했다는 것이 여러 가지 이유에서 아주 놀랍지는 않다.

(1) 설난영 씨는 세진전자라는 회사 노동조합 위원장이었어요. 김문수 씨가 대학생 출신 노동자로서 찐 노동자하고 혼인한 거예요. 그 관계가 어떨지 짐작하실 수 있죠. (2) 김문수 씨는 너무 훌륭한 사람이에요. 설난영 씨가 생각하기에는, 나하고는 균형이 안 맞을 정도로 대단한 사람

이에요. 원래부터 그런 남자와의 혼인을 통해서 내가 좀 더 고양되었고, 그렇게 느낄 수 있죠. (3)이런 조건에 남편이 감옥 들락날락하면서 살다가 국회의원 사모님이 됐죠. 남편을 더욱 우러러봅니다. 경기도지사 사모님 더더욱 우러러보죠. 대통령 후보까지 됐죠. 원래 본인이 감당할 수 없는 자리에 온 거예요. 대통령 후보 배우자라는 자리가 이 설난영 씨의 인생에서는 거기 갈 수 없는 자리예요. (4)그래서 제정신이 아닌 거예요.18

누군가가 풀어놓은 이 말-글을 읽다가 나는 (1)번 인용 속의 문장에서부터 어려움에 부딪쳤다. "김문수 씨가 대학생 출신 노동자로서 찐 노동자하고 혼인한 거예요." 이 문장을 어떻게 해석해야 하는 것일까?

처음에는 '김문수가'라는 표현 그대로 김문수를 주어로 읽고 김문수가 세진전자 노조위원장이던 '진짜' 노동자 설난영과 혼인했다는 의미로 읽었다. 그런데 나머지 모든 문장의 주어가 '설난영'인데 유독 이 문장에서만 '김문수'가 주어인 것이 이상해서 다시 읽게 되었다. '찐'이 '진짜'라는 뜻 외에 '최고', '아주 좋은'의 뜻으로 사용된다는 것을 검색을 통해 확인한 후에야 "찐 노동자"가 설난영이 아니라 김문수를 가리킬 수도 있겠구나 생각하게 되었다. "찐 노동자"를 "최고인 노동자", "아주 좋은 노동자"로 읽으니 인용 구절 전체의 주어 일관성이 나타났다. 그러니까 이 구절에서부터 유시민은 노조위원장 설난영이 아니라 대학생 출신 노동자 김문수를 "찐 노동자"로 가치 평가한 것으로 나는 읽는다.19

---

18. 번호는 인용자.
19. 이후 유시민의 해명에 따르면 '찐 노동자'는 설난영을 가리킨다. 나로서도 그랬을 가능성이 더 높다고 판단하지만 그러면 주어가 문맥상 일관성을 잃고 흔들리게 될 뿐만 아니라 대통령 후보 배우자라는 자리가 왜 이 '찐 노동자' 설난영의 인생에서 갈 수 없는 자리라고 유시민이 추론했는지 알 수 없게 된다. 학생이 대학을 포기하고 노동자로 존재 이전하던 그 시대에 '찐 노동자'는 노동운동의 일종의 잠재적 특권 신분으로

이 관점 속에 들어 있는 여성혐오는 뒤에서 다시 살피기로 하고 먼저 그의 "대학생-출신"에 대한 주의부터 살펴보자. 우리가 쓰는 엘리트주의elitism라는 말에서 'el-'은 '바깥으로'라는 뜻이다. 엘리트의 상대어가 '대중'이므로 학벌을 통해서건, 선거를 통해서건, 부를 통해서건 대중이라는 묶음 뭉치 범주 바깥으로 빠져나온 사람을 엘리트라고 부른다. 여기서 유시민은 "찐 노동자"의 조건을 '대학생 출신'에서 찾는다. 대학생 출신 노동자야말로 대학생 출신이 아닌 노동자와 구분되는 '최고 노동자', '엘리트 노동자'인 것이다. 우리는 그것이 레닌주의를 경유해서 "전위"라는 말로도 변용되었음을 알고 있다.

김문수는 내란 우두머리 윤석열 정권의 고용노동부 장관 자격으로 2025년 2월 14일 국회 대정부 질문에 나와 너무 어울리지 않게도 자신을 "전태일 선배"가 소망하던 그 "대학생 친구" 중 한 명이라고 소개했다. 주지하다시피 전태일은 대학생 출신이 아니다. 대학생은 그에게 필요했던 친구 모델이었다. 김문수는 전태일에게는 없었던 노동자의 대학생 친구 중 한 명임을 자처했다.

위 인용에 나타난 유시민의 구분법에 따르면 전태일이 아니라 김문수가 "찐" 노동자가 된다. 만약 시간을 거슬러 김문수가 (과시용의 비유법 친구가 아니라) 실제로 전태일의 친구가 되었다고 가정해 보자. 그러면 유시민은 자신의 가치관대로 "전태일 씨는 평화시장 재단사였어요. [그는—인용자] 대학생 출신 노동자인 찐 노동자 김문수 씨와 친구가 된 거예요. 그 관계가 어떨지 짐작하실 수 있죠."라고 말할 수 있을까?

위의 인용(1)에서 유시민은 이미 '짐작하실 수 있죠?'라는 반문을 통해 가부장적 관점을 상식화한다. 짐작은 상식적 추론 형태이기 때문이

서 노동자 권력을 수립할 핵심 주체로 상정되지 않았던가? 적어도 운동권 속에서는 노동자가 학생보다 더 우위의 신분이지 않았던가? 이러한 모순들 때문에 글을 쓸 당시의 독해 방법을 하나의 독해법으로서 수정하지 않고 그대로 둔다.

다. 여성은 혼인을 통해 신분 변동을 하는 종속 주체라는 관점이 그것이다. 여성을 자기 결정하는 존재로 보기보다 "그런 남자와의 혼인을 통해" 비로소 "좀 더 고양"되는 종속적 존재로 격하하는 것이다. 인용구 전체에서 설난영을 대리하는 시각적 대리 주체의 자리에 자신을 놓고 말하는 유시민이 보기에 김문수는 설난영에 비해 "너무 훌륭한 사람", "균형이 안 맞을 정도로 대단한 사람"이다.

이 대목에서 유시민은 아이러니하게도 21대 대선 국민의힘 후보인 김문수에게 깊이 감정이입하고 있고 심지어 자신과 동일시하고 있는 것으로까지 보인다. 설난영의 인식, 감각이라며 그가 진열하는 내용 하나하나가 실은 대학생 출신 남편 김문수가 가부장적 남성주의자로서 가졌을 법한 인식 내용이고 감각 내용이기 때문이다.

유시민이 설난영의 것으로 상상하고 투입하는 [김문수는 나와는] "균형이 안 맞을 정도로 대단한 사람"이라는 인식은 실제 설난영의 것이라기보다 유시민이 남성주의적 엘리트주의 편견 속에서 그려낸 김문수이며 김문수 자신이 가졌을 법한 인식이다. 김문수-유시민이 유시민의 상상 속에서 동맹을 맺는 이 정동정치적이고 인식론적인 전투에서 '균형'의 개념은 젠더적인 것만이 아니라 계급적인 것, 신분적인 것("대학생 출신")이라는 이중기준 위에서 측정되고 있다. 계급차별주의에 입각한 낯익은 엘리트주의가 가부장주의적 남성주의와 손을 잡고 '균형'을 판단하는 위계적 사고 기준으로 작동하고 있는 것이다.

(3)에 등장하는 "남편이 감옥 들락날락하면서 살다가"라는 표현은 나로 하여금 복잡한 감정을 갖게 한다. "감옥을 들락날락한다"는 표현이 수감 경험이 있는 남편을 가진 여성들에게는 모욕감을 갖게 할 것이기 때문이다. 우리 역사에서 흔히 부정적 의미의 '범죄자'를 묘사하는 데 사용되곤 하는 이 관용구를 사회 활동가의 삶을 묘사하는 데에 적용함으로써 유시민은 사회적 실천에 대한 비하를 담아낸다.

이런 표현을, 사회적 실천으로 인해 수감생활을 한 경험이 있는 유시민 자신이 사용한다는 것은 그가 자신의 민주화 운동 이력을 부정적으로 격하하는 것일 뿐만 아니라 사회운동으로 인해 수감 생활을 한 활동가들 전체를 모독하는 것이다.

그런데 이 문장의 숨어있는 주어는 남편인 김문수가 아니라 아내인 설난영이다. 깊은 모욕은 "감옥을 들락날락하는" 남편을 둔 '가련한'(이 말이 주는 관용적 느낌이다) 주체인 설난영에게 가해진다. 그리고 그 모욕은 아내의 삶을 지우고 그 자리에 남편의 삶을 얹어 놓는 것, 즉 여성의 정체성 지우기와 결합된다. 여성으로서의 설난영은 이전에 '감옥을 들락날락하는 남편을 둔 아내'에 지나지 않았듯이 이제 '국회의원 사모님', '경기도지사 사모님', '대통령 후보 사모님' 외에는 아무것도 아니다. 즉 남편과의 관계 외에는 어떤 독립적 존재 이유도 갖지 않는다.

대학생 출신이 아니라는 이유로 "남편을 우러러" 보아야만 했던 하위주체 설난영은 이제 여성이라는 이유로 자신의 삶을 잃어버린 채 남편의 삶을 살아야 하는 껍데기 존재로 치환된다. 대통령 후보인 김문수의 자리는 "설난영 씨의 인생"을 갖고는 결코 "갈 수 없는 자리"로, 오직 자신의 인생을 버리고서 껍데기로서만 겨우 갈 수 있는 자리로 된다.

위 짧은 인용 속에 한꺼번에 쏟아진 유시민의 엘리트주의, 가부장주의, 그리고 여성혐오적 시선에 의해 "인생"을 박탈당한 설난영에게 그가 마지막으로 던지는 말은 모질다. "(4) 그래서 제정신이 아닌 거예요."

연가시는 자신의 번식을 위해 숙주의 행동을 조종하여 물속에 뛰어들어 자살하게 만드는 특이한 기생 방식을 갖고 있다고 한다. 설난영이 "제정신이 아니"라는 유시민의 말이 만약 맞다면 그것은 남성과 '엘리트'가 여성과 노동자를 숙주로 삼아 기생하면서 이들이 자기 인생을 놓치고 '제정신이 아니도록' 살게 만드는 특수한 기생적 생존 방식에 대한 설명 외에 다른 것이 아닌 것으로 느껴진다.

…여기에 이르니 위의 인용문이 새삼 놀라워진다.

여성혐오 유통의 양상들 : 국가제도화, 감정주체화, 철학적 정당화
2025년 5월 31일 토요일 오후 1시 11분

사전 투표의 첫날인 그제(5월 29일) 국민의힘 대선후보 김문수는 경기도 안양시 평촌 문화의 거리에서 진행된 집중 유세에서 마이크를 잡고 자신의 '출산 장려 수당' 공약을 밝혔다. 그는 "아이를 낳는 우리 엄마들한테 아이 하나 낳으면 1억 원씩 줄 생각이다"라고 운을 뗐다. 그의 눈에 여성은 아이 낳는 기계다.

대선후보 김문수는 그 기계에 칠 윤활유를 약속한다. "초등학교 들어갈 때 2,500만 원, 중학교 들어갈 때 2,500만 원, 고등학교 들어갈 때 5천만 원 그래 가지고 해서 1억 원이다." 국가는 그 아이를 성장시킨 후 국가 경제 성장과 (같은 말이지만) 자본축적의 동력인 노동력으로 거두어들일 것이다. 이러한 관점은 여성을 국가와 자본을 위한 합법적 대리모로 자리매김하는 것이다.

김문수는 이 전 국가적 대리모 제도에 내재하는 위험성까지 신중하게 고려한다. 여성에 대한 의심이 그것이다. 그 의심은, "제일 처음에는 이게 무조건 아이 낳자마자 1억 원씩 통장에 입금시켜 주려 했는데 그러면 혹시 엄마가 그거를 가지고 다른 데 혹시 뭐 주식에 넣었다가 다 들어먹고 이러면 애를 못 키우잖아…그래서 한꺼번에 주는 건 문제가 있다. 그래서 학교에 들어갈 때마다 조금 나눠 가지고 1억 원을 주는 게 더 아이들에게 도움이 되지 않겠냐"고 표현된다. 여성을 아이 낳는 기계로 보는 도구론적 혐오 관점이 여성에 대한 불신과 결합되면서 인생 3회 분할 지급 출산 지원금 제도로 공약되는 것이다.

대선후보 토론에서 여성혐오 발언을 의제로 내놓았던 이준석은 이 문제로 자신을 국회의원직에서 제명시키겠다는 시도가 "이재명 유신독재의 출발을 알리는 서곡과도 같"다며 이재명 후보 비판으로 역공의 자세를 취한 후 곧 자신을 피해자, 희생자로 위치시킨다. "윤석열은 정권을 잡고 나서 저를 죽이려 들더니, 이재명은 정권을 잡기도 전에 저를 죽이고 시작하려는 것 같습니다."

이렇게 여성혐오 발화자인 자신을 피해자로 둔갑시킨 후 한 걸음 더 나아가 자신을 그 피해 회복을 위해 "분연히 맞서 싸우"는 투사로 분장한다. 이 투사에게 적과 전선은 분명하다. "이재명 같은 독재자, 유시민 같은 궤변론자, 김어준 같은 음모론자와의 싸움입니다."

그리고 싸움의 성격도 분명하다. "그들을 교주처럼 떠받들면서 우리 사회의 자유와 민주, 과학과 합리의 공기를 질식시켜 왔던 세대에 맞선 총력전입니다." 세대적 총력전. 이 총력전에서 이준석은 이제 인권의 수호자, 약자의 변호사, 갈라치기 문제의 해결사의 옷을 입고 책임 전가 세력을 축출하기 위한 전면전의 지휘관으로 등장할 뿐만 아니라 위선의 역사에 종지부를 찍는 획기적 역사 전환의 기획자로도 등장한다.

자신의 여성혐오를 은폐하기 위한 이 변신적 총력전과 전면전의 총구가 향하는 것은 무엇인가? 그것은 "여성을 앞세우더니 음침한 골방에서 여성을 성희롱하고 폭행하는" "위선"의 세대다. 이 세대가 "정치권을 떠나고 젊은 세대가 나라를 이끌 수 있도록, 이번 선거에서 심판하는 것"이 전쟁의 목적이다. "선거 결과를 통해 그들이 부끄러움을 알도록" 만드는 것이다.

이준석이 말하는 그 "젊은 세대"는 어떤 세대인가? 이준석은 스스로 그 모범적 선례를 보여주었다. 그는 낡은 세대처럼 위선을 떨지 않고 "음침한 골방" 같은 곳이 아니라 수천만이 지켜보는 대선 토론 같은 공공연한 자리에서 여성혐오와 성폭력을 과감하게 실행하는 압도적으로 새로운 세대의 기수요 선봉장이다. "저 이준석은 이재명을 비롯한 위선 세력과의 싸움에서 맨 앞에 서 왔습니다. 그들이 저를 두려워하고, 이준석 죽이기에 혈안이 된 이유가 바로 거기에 있습니다. 이 싸움은 제가 앞장서고 있지만, 결국은 국민 여러분과 함께 이겨내야 할 싸움입니다."

설교는 끝났다. 이제 궤변을 멈추고 "함께 이겨내야 할 싸움"을 위해 헌금함을 돌릴 차례다. "저희 개혁신당은 의석이 3석밖에 되지 않고 기득권 정당에 비해 자금도 턱없이 부족합니다. 국민 여러분께서는 그런 저에게 10% 넘는 지지로 시작할 용기를 주셨습니다. 이제 15% 넘는 지지로 저희에게 갑옷을 입혀주시고, 20% 30% 넘는 지지로 적토마와 긴 창을 주신다면 우리는 이 전쟁에서 반드시 승리할 수 있습니다." 국민다중들은 여기서 자신의 유일한 정치적 자산인 주권을 솔직담백한 여성혐오 전사와 그 정당의 갑옷과 적토마, 창을 위한 헌금으로 내놓도록 재촉당한다.

김문수가 여성을 출산 도구화하면서 여성의 주권을 매매한다면 이준석은 투사로 분장하여 젊은 세대의 감정적 분노 행동을 자극하는 방식으로 주권을 부패시키고 세대 전쟁과 대여성 젠더 전쟁을 위한 분노 투표를 요구하는 방식으로 주권을 훔친다.

유시민은 어제(5월 30일) 유튜브 채널 사람사는세상노무현재단에 출연해 '설난영 발언'에 대해 해명했다. 그는 설난영이 "제정신이 아니다"라는 표현은 거칠었다고 사과했다. 그러면서도 그는 여성혐오적 추론 그 자체는 자신의 추론이 아니라 내재적 접근법에 따른 표현이라며 정당화했다. 그가 말하는 그 내재적 접근법이 대체 무엇일까?

김어준 유튜브 채널에서 방송인 김어준이 자신에게 "설 여사는 노동운동가 출신인데 왜 노조를 비하하고, 유력한 정당의 대선후보 배우자인데 왜 다른 후보 배우자를 공개적으로 비방하느냐. 이해가 안 된다"고 말하길래 "저는 이해한다"면서 자신이 이해하는 바를 말한 것이기 때문에 내재적 접근이다. 자신이 그 부부를 옛날에 잘 알았기 때문에

"내가 이해한 바로는 이랬던 것 같다"고 설명했기 때문에 내재적 접근이다. "찐 노동자 설난영 씨가 대학생 출신 노동운동가를 만나서 혼인했는데, '내가 이 남자와 혼인을 해서 고양됐다고 설난영 씨가 느낄 수 있다'고 말한 것"이기 때문에 내재적 접근이다. 즉 자신이 그렇게 생각한다는 게 아니고, "설난영 씨가 그렇게 생각하기 때문에 저렇게 말하고 행동하는 것일 거라고 이해하고 있다고 말한 것"이기 때문에 내재적 접근법이라는 것이다.

한 인물에 대한 내재적 접근은 그 인물이 왜 그렇게 말하고 행동하는가를 그 인물 자신의 언어와 논리 속에서 이해하려는 방법이다. 그런데 문제의 표현 전체에서 설난영 자신의 언어와 논리는 전혀 등장하지 않는다. '대학생 출신', '찐 노동자', '혼인', '고양', '○○○의 사모님', '우러러보다' 등 어느 것도 설난영이라는 인격의 개별적인 언어나 논리로서 확인되지 않는다.

유시민의 서술은 노동자였던 한 여성의 변화를 자신이 갖고 있는 관점, 언어와 논리 속에 대입해서 추론하는 과정에 대한 서술일 뿐이다. 문제는 그 언어와 논리가 가부장주의적이고 성차별주의인 남성 중심적 상식의 체계 그대로라는 것이다. 그것은 어떤 개별성이나 특수성의 여과도 거치지 않은 보편성 논리로서 여성 노동자라면 대학생 출신의 뛰어난 남성과 혼인할 때 당연히 이렇게 생각하고 느꼈을 것이다라는 자신의 '짐작'을 보편적인 것으로 재현하고 있을 뿐이다. 이것은 내재적 접근에 따른 서사라기보다 남성중심적인 대리주의 서사이다. 그녀의 생각, 감정을 언어적으로 대리해 줌으로써 그 타자를, 말할 수 없는 서발턴으로 만들어 침묵시키는 서사법이다.

유시민은 "제정신이 아니다"라는 표현이 거칠지만 그 실 뜻은 "합목적·이성적 판단을 하지 못했다는 뜻"이라고 말했다. 이 말이 무슨 의미일까? 유시민의 답은 이렇다. "보통 대통령 후보 배우자로 선거운동을 돕는 건데, 합목적적이라면 남편에게 표를 붙여주는 활동을 해야 하고, 이성적이라면 선거 승률을 높이는 활동을 해야 하는데 설난영 씨가 하는 행동은 남편의 표를 깎는 일이라는 이야기를 한 것.”

이것보다 조금 더 구체적인 설명도 있다. "김 후보가 이재명 후보를 맥락도 없이 비방하는 선거 캠페인을 해 왔는데, 그러면 배우자가 집에서 야당 역할을 해야 한다. 그러려면 남편에게 비판적 거리감을 가져야 그런 조언을 할 수 있는데, (설난영 씨가) 남편을 우러러보기 때문에 남편에게 비판적 조언을 해주기 어렵고, 본인도 남편 따라 (비방을) 해버린다는 것.”

이 해명에서도 여성의 역할은 남편에게 종속적인 것으로 배치되며 그것을 정당화하는 단어는 '보통'이라는 말이다. 여성의 합목적성은 남편에게 표를 붙여주는 활동을 하는 것에서 찾아지고 여성의 이성理性은 남편의 선거 승률을 높이는 것에서 찾아진다. 여성의 합목적성과 이성은 철저히 남성에 도구적인 것으로 간주된다.

왜 다른 목적, 다른 이성을 가지면 안 되는가? 12월 3일 내란에서 민주주의를 지킨 것은 대통령 윤석열의 목적과 이성에 동조한 사람들이 아니라 그것과는 다른 목적, 다른 이성을 표현한 사람들이었다. 공무원 사회에서조차 '이건 아니지!'라고 생각한 사람들이 중요한 기여를 했다. 2030 여성은 이 '이건 아니지!'를 주도했다.

유시민은 '보통'이라는 보편성의 언어로 김문수의 대선 출마에 대해 아내가 다르게 생각하고 느낄 가능성을 차단한다. 사퇴를 종용한다거나 이혼을 요구한다거나 가출을 한다거나, 반대당 후보에게 투표한다거나 할 수 있는 가능성 등을 차단한다.

물론 유시민도 어떤 특수한 지점에서 아내가 남편과 다르게 생각할 여지를 남겨둔다. 김문수가 '이재명 후보를 맥락도 없이 비방하는 선거 캠페인'을 할 때 '배우자가 집에서 야당 역할을 해야 한다'고 말할 때다. 그러나 이 다른 역할의 가능성은 남편의 합목적성과 이성 속에서만 이루어질 수 있는 것일 뿐 그것을 벗어나서 이루어지는 것이 아니다. 그런데 설난영은 이 작은 달라짐도 보여주지 못하는데 그 이유는 남편에 대한 "우러러"봄 때문이다. (설난영의 대리 화자인 유시민이) 이 우러러봄을 대학생 출신과 노동자 출신의 차이에서 비롯되는 것으로 본다는 것에 대해서 나는 이미 언급했다.

남는 문제가 있다. '설난영이 노동운동가 출신인데 노조를 비하하고, 유력한 정당의 대선후보 배우자인데 다른 후보 배우자를 공개적으로 비방하는 것'이 정말 대선후보 김문수의 합목적성과 이성에 대립할까? 오히려 그것에 충실하기 위한 노력이 아닐까? 내가 보기에 이준석은 지금까지는 '위선'이 득표에 도움이 되었다면 이제는 '위악'이 도움이 된다고 생각하는 대안우파적이고 네오파시즘적인 정치가다. 설난영은 김문수와는 달리 노조를 대놓고 비하하고 노동운동가를 조롱하고 상대 후보 배우자를 노골적으로 비방했다. 설난영이 이준석처럼 위선보다 위악을 택하면서 파시즘적 정치 실천의 새로운 합목적성과 새로운 이성을 표현하고 있을 가능성은 없을까? 오히려 유시민의 여성비하적 감정 안에서 '위선'의 논리가 이 '새로운' 정치 실천 형태를 있는 그대로 이해하는 것을 방해하고 있는 것은 아닐까?

김문수는 설난영이 "위대한 사랑과 헌신으로 저와 가족을 지킨 훌륭한 사람"이라는 식으로 다시 남편과 가족에 아내를 묶어놓으면서도 "인생에서 갈 수 있는 자리가 따로 있고, 갈 수 없는 자리가 따로 있나"라고 차별 금지의 덕담을 늘어놓았다. 이준석과 설난영의 시각에서 보면 위선이다. 불과 며칠 전인 5월 20일에 TV조선 방송 연설에서 차별금지법은 성소수자에게 취업 특혜를 주는 역차별법이라고 주장했던 그가 아닌가?

극우와는 다르게 극우와 싸우기
2025년 6월 1일 일요일 오후 2시 50분

"인생에서 갈 수 있는 자리가 따로 있고, 갈 수 없는 자리가 따로 있나."라는 김문수의 말이 그의 진심일 가능성은 1%도 없다고 본다. 그리고 그 말은 우리 현실에 부합하지도 않는다. 오늘날의 현실 인생에서 대부분의 사람에게는 갈 수 있는 자리, 없는 자리가 문턱으로 경계 지어져 있기 때문이다. 그렇다면 "대통령 후보 배우자라는 자리가 이 설난영 씨의 인생에서는 거기 갈 수 없는 자리예요."라는 유시민의 말이 현실에 더 부합하는 말이 아닐까? 김문수가 위선적이고 유시민이 솔직했던 것이 아닐까? 이 점에서는 김문수보다 유시민이, 위선 없는 성차별과 성폭력이 신세대의 미래가치인 듯이 말하고 행동하는 이준석의 윤리관에 더 가까웠던 것이 아닐까? 내재적 접근법이라는 부적실한 철학적 변명만 없었다면 말이다.

한국여성의전화는 정치가 이준석에게 사퇴하라고 요구하고 지식인 유시민에게 사과하라고 요구했다.[20] 만약 정치와 지식이 있는 그대로의 현실을 실증하는 행위 양식이라면 이런 요구는 부당할 것이다. 이들이 있는 그대로의 현실에 가까운 그림을 정치와 지식으로 보여주기 때문이다. 그럼에도 한국여성의전화의 이 요구가 많은 사람들에게 호소력을 갖고 윤리적 감응을 불러일으키는 것은 정치와 지식이 현실 실증을 넘어 잠재적인 것의 실재성을 말하고 그것을 가능성으로 만드는 행위 양식이어야 한다는 기대가 공감을 얻고 있기 때문일 것이다. 그것이 여성 노동자라는 이유로 갈 수 있는 자리와 없는 자리가 따로 있어서는 안 된다는 윤리적 보편 요청을 담고 있기 때문일 것이다. 그것이 헌법 제11조 제1항 "모든 국민은 법 앞에 평등하다. 누구든지 성별·종교 또는 사회적 신분에 의하여 정치적·경제적·사회적·문화적 생활의 모든 영역에 있어서 차별을 받지 아니한다"와 제2항 "사회적 특수계급의 제도

---

[20] 김문수에게는 사퇴를 요구하지 않았는데 내가 보기에는 그의 출산장려금 공약이 여성의 신체를 출산도구화하여 자기결정권을 박탈하는 심각한 성폭력적 관점을 내장하고 있다.

는 인정되지 아니하며, 어떠한 형태로도 이를 창설할 수 없다"에 부합하는 것이기 때문일 것이다.

　헌법 제11조는 실증법 없는 헌법 조항으로, 현실에는 없는 이상주의적 조항으로 남아 있다. 그것을 현실화하기 위해 제안된 방책이 차별금지법 제정이다. 국민의힘처럼 헌법에 맞서 차별금지법에 반대하는 정당이 다수당일 때 차별금지법이 제정되지 않는 것은 정치적으로 '이유가 있다'고 이해가 된다. 그런데 민주당은 차별금지법을 지지한다는 인상을 남기면서 다수당일 때도 차별금지법을 제정하지 않았다. 이번 조기 대선의 민주당 후보인 이재명도 방향은 맞는데 여러 현안들 때문에 보류하겠다는 태도를 취하고 있다.

　민주당이 다수당이 된 문재인 정부 이후 지금까지 차별금지법이 제정되지 않고 있는 것은 그 법안을 긍정하는 듯한 태도를 취해온 민주당에 큰 책임이 있다. 문재인 정부는 집권당이면서 다수당이었을 때도 차별금지법을 제정하지 않았다. 윤석열 정권하에서 민주당이 차별금지법을 제정하지 못한 것은 윤석열의 거부권 때문이었다고 변명할 수 있다. 하지만, 앞으로 민주당이 다수당인 상태에서 이재명 후보가 당선되고도(즉 집권당이 되고도) 차별금지법을 제정하지 않는다면 그 책임은 우선적으로 민주당에게 돌아가게 된다. 민주당은 반헌법적 정당이라는 낙인을 피하기 어렵게 될 것이다. 내란을 종식시키겠다는 약속도 빈말로 될 수 있다. 내란은 헌법 질서를 어지럽히는 행위인데 차별금지법 입법을 실행하지 않는 것은 (헌법 질서를 위반한다고 볼 수는 없을지라도) 헌법을 공문구로 만든다는 점에서 일종의 헌법 질서 교란 행위이고 그런 한에서는 내란의 은근한 지속에 해당될 것이기 때문이다.

　내란은 2024년 12월 3일에 드라마틱한 군사쿠데타로 모습을 드러냈지만 과연 제헌과 정부수립 이후 내란이 그친 적이 있는가? 이승만 박정희 전두환 노태우는 노골적이고 폭력적인 방식으로 내란을 조직했다. 그런데 그 밖의 정부들이 과연 국민다중의 헌법적 요구로서의 헌정 질서를 충실하게 지켜 왔는가?, 묻지 않을 수 없다. 사실상의 내란이 질서라는 이름으로 지난 수십 년간(아니 한 세기가 훨씬 더 넘게) 지속되어 오지 않았는가? '헌정 질서 교란하는 내란의 종식'을 공약으로 내놓고 있는 민주당이 차별금지법을 나중으로 미루지 말고 즉각적으로 제정해야 하는 이유 중의 하나가 여기에 있다.

여론조사 공표가 금지된 상태에서 6월 3일이 가까워져 오자 이재명 후보 지지자들 속에서 권영국은 사퇴하라는 목소리가 흘러나오고 있다. 지금까지 은근히 진행되어 온 압력이지만 유시민 발언에 대한 권영국의 비판 성명을 촉매 삼아 가속되고 비등하면서 표면화하고 있는 느낌이다.

이 흐름의 성격은 무엇인가? 첫째, 두려움. 둘째, 책임 전가와 희생양 만들기. 셋째, 주권 약탈. 하나하나 살펴보자.

첫째는 유시민 발언이 이재명 후보의 득표 잠재력을 침식하여 선거에서 패배할지 모른다는 두려움이다. 군사구테타 형태로 나타난 노골적 내란을 함께 겪은 입장에서 이 두려움은 공감할 수 있다. 그러나 두려움이라는 반응에 사로잡힐 때 문제 해결적 대응력은 약화된다. 유시민의 발언이 문제로 되었을 때 이재명 후보 지지자들이 보인 일차적 반응 방식은, 진영논리(즉 유시민에 대한 비판은 국민의힘을 이롭게 한다)를 수반한, 유시민에 대한 인격적 옹호였다. 발언에 대한 옹호가 어려웠기 때문에 주요한 옹호는 인간 유시민을 옹호하는 방식으로 나타났다. 이러한 지지 방식이 유시민으로 하여금 (본인이 원하는 경우에조차) 깊이 있는 반성과 사과를 하지 못하도록 가로막고 민주당과 이재명 후보로 하여금 "문제 있는 발언이지만 본인이 사과했으니 국민들께서 용서하리라고 생각한다"는 식의 애매한 태도를 취하도록 만드는 조건으로 작용하게 된다.

성추행 미투나 고발을 당한 이른바 '진보' 인사들은 (추후에 사실로 입증되는 경우에조차) 반성이 담긴 사과를 하기보다 일단 부인하고 정치적 진영논리에 따른 무고라며 역습을 하는 관행을 만들어 왔다. 이 부인의 태도가 사법적 가중처벌의 조건(가령 재범 우려)으로 작용하여 예상보다 높은 수위의 처벌을 받게 되면 사법부가 진영논리에 따라 상대 진영과 야합해 과잉 처벌의 판결을 내리고 있다고 사법부를 비난하곤 했다. 반성과 사과라는 진정한 해결책이 있는데도 명예 자산을 지키기 위해 사태를 계속 악화시키는 길을 걷곤 해온 것이다. 유시민의 발언 사태에서도 이러한 관행이 반복되는 것을 느낀다. 그 관행의 결과가 선거 결과에 악영향을 미칠 것이 분명한데도 관행을 반복한다. 유튜브를 비롯한 미디어들은 그 관행을 품고 감싸준다. 그 결과 젠더 문제도 인권 문제도 모두 정치적 좌/우, 보수/진보의 진영 논리에 걸려 미결의 문제로 이월된다. 이러한 과정의 근저에 깔려 있는 것이 패배나 실패에 대한 두려움의 정동인데 이것이 제기된 문제에 대한 실효적인 대응을 방해한다. 사람들이 분노하는 것은 실수나 부족 그 자체가 아니라 그것을 방어하고 보존하려는 태도다.

둘째는 책임 전가. 권영국 후보의 비판 성명은 유시민의 발언이 자신의 지지자들인 여성, 노동자, 소수자에 대한 모독을 포함하고 있는 한에서[21] 자연스러울 뿐만 아니라 의무적인 것이었다. 바로 그들을 대의하기 위해 그들로부터 공탁금과 선거자금을 모금하여 후보로 나섰기 때문이다. 만약 유시민의 진심 어린 반성과 사과, 그리고 민주당의 명확한 태도가 있었다면 발언은 득표 하락으로 곧장 연결되지 않을 것이다. 오히려 그 반대일 가능성도 배제할 수 없을 것이다. 문제는 변명과 회피이지 '발언에 대한 비판'이 아니다.

셋째는 주권 약탈이다. 이재명 지지자들은 유시민의 여성혐오 발언이 아니라 권영국의 여성혐오 비판이 선거 패배를 가져올 수 있는 위험의 원인이라고 주장한다. 본말이 전도된 책임 전가다. 이해를 돕기 위

---

21. 유시민은 모독할 의도가 없었다고 답하지만 문제는 발언이라는 실재지 그 배후의 의도가 아니다.

해 책임 전가의 한 예를 들어보자. 1923년 관동대지진 당시 일본 당국은 자연재해의 참혹한 결과에 대한 일본인 대중의 불안을 조선인에게 책임 전가함으로써 그 불안을 잠재웠다. 그 전가의 방식은 학살이었다. 최근 유시민 발언에 대한 책임 전가 방식은 권영국 후보에 대한 사퇴 요구로 나타난다.

정치에서 주권은 자율적 결정력과 정치적 구성력이다. 대의제도는 이 결정력과 구성력이 대표자를 통해 재현되도록 하는 장치다.[22] 권영국 후보의 사퇴를 요구하는 것은 권영국 후보를 자신의 대표자로 지지하는 사람들의 주권을 무력화하여 약탈하는 방식이다. 이것은 자본이 농민으로부터 생산수단을 빼앗아 농민을 임금 노예로 바꾸어 착취했던 논리의 또 다른 반복이다. 이 시초축적 과정에서 국가와 자본은 폭력을 동원했는데 윤석열도 국민들의 주권을 약탈하기 위해 군사폭력을 동원했다. 유시민의 발언을 비판한 권영국 후보에게 대선 패배 위험의 책임을 돌려 사퇴를 요구하는 것은 무장폭력은 결코 아니다. 하지만 그것은 부당한 정치폭력으로 작용한다. 이 부당한 정치폭력이 폭력으로 느껴지지 않게 만드는 장치가 현행의 양당 본위의 선거제도이다. 결선투표제의 부재, 위성정당을 허용하는 연동형 비례대표제, 높은 문턱의 교섭단체 등등.

여론조사는 권영국 후보 지지율이 1% 전후임을 보여준다. 지지율을 해당 집단의 정치권력 자산의 정도로 한번 해석해 보면 어떨까? 한국에서 경제적으로 하위 30%의 인구가 전체 자산의 1% 정도를 갖고 있다. 그 1%는 거의 대부분 임금으로 구성될 것이다. 최저임금을 둘러싼 자본 대 노동의 투쟁은 이 1%를 둘러싸고 전개된다고 해도 과언이 아니다. 이와 유비해서 정치에서 30%의 인구의 주권을 대표하는 것으로 해석 가능할 이 1%의 지지율을 뺏기 위한 투쟁이 지금 전개되고 있는 것

---

22. 대의 제도가 이 주권을 "타인의 부자유를 즐길 자유"(푸코)로 변질시켜 주권이 마치 대표자들에게 있는 것처럼 보이게 만드는 효과에 대해서는 여기서 논외로 하자.

일까?

민주주의는 선거에서 승리하는 것 자체를 통해 달성되지 않는다. 민주주의는 다중들이 자신의 결정력과 구성력인 주권으로 사회가 직면하는 문제들을 끊임없이 새롭게 풀어나가는 정치적 과정의 이름이다. 선거에서 내란정당을 이기는 것은 이 민주주의적 구성과 재구성 과정의 일부일 뿐이다. 타자들을 주권에서 배제하고 그들의 주권을 약탈하는 극우 예외주의적 방법으로 선거에서 승리한다고 해서 민주주의가 달성될 수 없다. 극우 예외주의적 방법을 통해서는 극우 예외주의 사회가 실현될 뿐이다.

선거에서의 승리가 의미가 있으려면 그것이 다중의 결정력과 구성력을 어떤 배제도 없이 최대한 실현되도록 하는 방향에서의 실질 민주주의적 승리여야 한다. 광장이 우리에게 가르쳐준 것이 그것이다. 이 이외의 모든 승리는 다중의 입장에서는 사실상 패배일 것이다. 삶의 새로운 구성에서의 실패일 것이기 때문이다.

대선 본투표를 하루 앞두고
2025년 6월 2일 월요일 오후 6시 26분

내일이면 2024년 12월 3일 비상계엄으로부터 정확히 6개월, 일수로는 183일째이다. 비상계엄의 위헌·위법성으로 인해 진행되는 조기 대선의 윤곽도 드러나게 된다. 국가권력이 재구성된다는 의미다.

그 권력은 어떤 권력일까? 어떤 모습으로 행사될까? 어떤 것을 바꾸고 어떤 것을 보존할까? 누구에게 감동을 주고 누구로부터 미움을 살까? 우리의 삶을 행복하게 하는 것으로 작용할까, 불행하게 만들까?

며칠 전 어떤 방송은 민생 위기를 다루었다. 아마 KBS의 추적60분이 아니었나 기억된다. 노래방을 경영하는 한 여성이 어려움을 토로한다. '경기가 좋을 때 노래방 2개를 운영했다. 코로나 때 경기가 악화되어 그중 하나를 닫았다. 코로나가 끝나고 경기가 좀 나아져서 지난겨울 연말 특수를 기다렸는데 윤석열 대통령이 비상계엄을 선포하는 바람에 아무도 노래방에 오질 않아 가게가 망했다. 윤 대통령이 당선되었을 때 아크로비스타까지 달려가서 축하를 해주었는데.' 비상계엄의 정당성이 아니라 그 시점만을 문제 삼는 다음의 마지막 말이 인상적이었다. "왜 하필 연말에 비상계엄을 했는지…!"

6월 3일 이후에 들어설 국가권력은 누구의 권력일까? 헌법상으로 그것은 국민의 권력이어야 한다. 주권은 국민에게 있고 모든 권력은 국민으로부터 나오기 때문이다. 그런데 우리는 대표자에게 우리의 주권을 위임하는 방식으로 국가권력을 구성한다. 우리의 주권이 일시적이지만 우리의 손을 떠나 타자의 수중으로 들어간다. 철학적으로 말하면 주권이 국민으로부터 이접$_{disjunction}$하는 방식으로 국가권력이 구성된다. 분리되는 방식으로 연결되는 것이다.

대선을 통해서 대통령에게 위임되는 권력은 국민의 것이면서 더 이상 국민의 것이 아닌 권력이다. 대통령에게 국민 전체의 권력이 위임되므로 대통령은 국민 개개인은 전혀 갖지 못한 엄청난 권한을 갖게 된다. 국가의 원수이자 행정부 수반으로서 정부를 구성, 운영하고 군을 통수하며 대외관계를 결정한다. 국회와 사법부에도 영향을 미칠 수 있다. 무엇보다도 윤석열의 비상계엄 선포가 예증했듯이 긴급권을 갖는다. 일정한 제한이 있다고 하지만 실제로는 국민 개개인의 운명과 생사여탈을 결정할 수 있을 정도의 막강한 권한이 대통령에게 주어진다. 이 엄청난 권력이 국민들로부터 나오지만 더 이상 국민의 것이 아닌 것으로, 국민에 대해서 행사될 수 있는 권력이다. 국가권력은 이런 의미에서 역설적이다. 표를 던져 주고 아크로비스타로 달려가 당선을 축하해준 그 권력이 영업을 망치는 파괴권력으로 그 투표자에게 돌아왔듯이 말이다.

 욥기의 괴물 리바이어던은 많은 창으로도 가족을 뚫을 수 없을 만큼 강력하고 무시무시한 악어 같은 괴물이다. 올해 초 수십만, 수백만의 사람들이 눈 내리는 밤을 아스팔트에서 지새며 체포하려 했으나 쉽지 않았고 겨우 감옥에 가두었으나 끝내 탈옥한 '대통령 윤석열'이 그랬듯이 말이다. 국민이 만들어 냈으나 국민을 거슬러 국민에게 행사되는 리바이어던의 이 괴물적 권력을 홉스는 아무도 없앨 수 없는 무한한 혼돈과 무질서 상에서 역설적으로 항상 반드시 존재하는 질서라며 정당화했다.

 먼저 재검토되어야 할 것은 홉스의 명제의 전반부, 즉 '무한한 혼돈과 무질서는, 아무도 없앨 수 없는 것'이라는 그 전제이다. 구축된 리바이어던의 질서 체계 속에서 개개인들은 무한한 혼돈과 무질서로 이끌리곤 하지만 리바이어던이 없는 상태에서 개개인들이 혼돈과 무질서로 이끌린다는 사실을 입증할 수 없다. 사람들의 본성적 이기심과 적대, 이리의 이리에 대한 투쟁은 리바이어던의 질서가 가정하고 리바이어던의 질서를 통해 실제로 만들어내는 의제된 생산물일 수 있지 않을까? 크로포트킨은 자연상태에서 경쟁이나 전쟁보다 협력과 상호부조가 더 큰 역할을 한다는 것을 보여주었지 않았는가?

 한 개인에 불과한 나는 며칠 전 어쩔 수 없이 사전 투표를 통해 나의 주권을 위임했고 수많은 사람들이 줄을 서서 각자의 주권을 위임하는 의례를 지켜보았지만 정말 이렇게 하는 것이 좋은 삶을 만드는 길일까에 대해서는 의문을 갖지 않을 수 없었다. 위임된 그 하나하나의 주권들이 무엇이 되어 돌아올지 알 수 없고 불투명한 정치공간 속에서 순환하던 그 권력이 국민들을 수거, 처분하는 내란권력으로 되돌아올 수 있다는 것을 이미 여러 차례, 어쩌면 상시적으로 경험했기 때문이다.

 이 불안함을 극복할 수 있는 길이 무엇인가? 내가 생각할 수 있는 유일한 길은 우리가 광장에서 체험했던 바와 같은 개개인들의 직접적이고 자유로운 연합뿐이다. 비상행동이나 촛불행동과 같은 것으로 연합한 시민들의 직접행동이 내란권력을 가두고 기소했듯이 국가권력의 괴물적 힘은 자유로운 개인들의 연합력을 통해서만 제어될 수 있고 시민들에게 유익한 것으로 선용될 수 있다. 나는 이것을 아래로부터 다중의 섭정이라고 불러왔다.

그런데도 개인들의 자유로운 연합은 간헐적이며 제도 외적이어서 압도적 섭정력으로 나타나지 못하고 있다. 아직 어떠한 제도적 보장도 받지 못하고 있는 것이 현실이다. 직접민주주의 개헌이 필요한 이유다. 투표를 하러 나가는 우리 시민들은 뿔뿔이 흩어진 개인들일 뿐이고 또 그런 분산된 존재로서만 참정할 수 있도록 규제되고 있다. 국가권력 체제가 시민들의 상호 연합이 아니라 분리를 조장하고 시장체제가 그러한 분리 위에서 번성하도록 국가권력에 의해 조직되고 있다.

어떻게 개인들이 국가권력의 괴물성을 제어할 수 있는 방식으로 연합할 수 있을 것인가? 역사는 우리에게 코뮌(프랑스), 집강소(조선), 소비에트(러시아), 래테(독일), 코르돈(칠레), 민주시민투쟁위원회(광주), 오큐파이 어셈블리(미국) 등 다양한 유형의 시민평의회의 경험을 사례로 제공한다. 2000년대 이후 단속적인 촛불집회들과 2024년 빛의 혁명의 응원봉 집회도 이러한 역사적 경험의 일부일 것이다. 빛의 혁명이 새로 구성될 국가권력의 일부로 흡수되어 버리는 것으로 끝나지 않고 국가권력을 국민다중의 삶의 유기적 기관으로 용해시키는 영구혁신의 활력으로 살아남으려면 무엇이 필요할까? 대선 본투표를 하루 앞두고 묻게 되는 질문이다.

9장
문제는 삶이다

2025. 6. 4 ~ 2025. 6. 9

권영국 지지 투표 0.98%의 의미

2025년 6월 4일 수요일 오후 1시 18분

    윤석열 예외주의 내란에 맞서 일어난 다중의 빛의 혁명은 4월 4일 윤석열 파면으로 1차 승리(사법)한 후 6월 3일 대선에서 2차 승리(대의정치)를 거두었다. 빛의 혁명의 대의정치적 표현은 권영국, 이재명, 이준석의 표, 그리고 김문수의 표 일부¹를 합친 것으로 나타난다. 숫자로 표현하면 58.74(0.98+49.42+8.34)+α다. 이 수치는 최소한 60%의 인구가 광장 혁명에서부터 선거 혁명에까지 일관되게 동참한 것을 보여준다. 내가 이렇게 생각하는 이유는 빛의 혁명은 조직된 특정 정치세력의 무장봉기와는 달리 녹색당 노동당 정의당 같은 사회전환파 진보정당, 사회민주당 기본소득당 진보당과 같은 원내개혁파 진보정당은 물론이고 중도보수 민주당, 대안보수 개혁신당, 수구보수 국민의힘의 일부까지 다중의 혁명적 의지에 복종하도록 끌어내 연합시킨 복합적 섭정 혁명이라고 보기 때문이다.

    파면에 이르기까지 광장 다중 속의 일원이었던 나는 대선 기간에 〈사회대전환대선연대회의〉의 선거인단, 권영국 후보 후원자의 1인으로서의 자의식을 갖고 참여했다. 나는 권영국 후보의 득표가 1% 정도일 것으로 예상했는데 방송3사 출구 조사에서 1.3%라는 수치가 나와 선전한 것으로 평가했다. 개표 결과로 나타난 0.98%는 이에 못 미치지만 그래도 의미 있는 수치라고 생각한다. 약 34만 명의 사람들이 권영국 후보의 공약과 선거운동에 공감하고 온갖 악조건을 뚫고 사표^{死票}가 아니라 투표^{鬪票}를 던졌다고 보기 때문이다.

    오늘 나는 권영국 지지표 0.98%가 어떤 악조건을 뚫고 나온 표인지

---

1. 여기서 나는 국민의힘 한동훈계 일부가 2024년 12월 14일 탄핵 가결에 투표했던 것을 고려하고 있다.

에 대해서 관심 있는 지점들(가령 열악한 재정력 같은 너무나 당연한 조건들은 빼고)을 중심으로 살펴보고자 한다.

첫째는 결선투표제가 없는 조건에서 치러지는 조기 대선의 구도 그 자체였다.

선거기간에 이재명이 누차 강조했듯이, 만에 하나 김문수가 당선되면 사실상 윤석열이 복귀하는 것이고 내란은 고비를 넘어 성공하는 것이며 빛의 혁명은 윤석열에 대한 파면에도 불구하고 결국 실패로 돌아가는 것이었기 때문이다. 그리고 빛의 혁명의 실패, 그것은 12월 3일 다중의 저항에 가로막혀 중단되었던 극우 파시즘 통치의 본격적 재개를 의미하는 것이었기 때문이다.

빛의 혁명은 다중의 직접행동이었지만 대의기관을 도구로 사용하는 탄핵 섭정행동이었기 때문에 헌법상 탄핵권을 가진 원내야당의 역할이 중요했다. 그중에서도 압도적 다수의석을 가진 민주당의 역할이 결정적으로 중요했다. 민주당을 선두로 하는 야당들이 비상계엄을 위헌·위법한 것으로 규정하고 다중의 파면 의지(주권자에게 소환해임권이 있었다면 다중이 직접 파면했을 것이다)를 비상계엄 해제 결의, 탄핵 가결과 탄핵 소추로 대의해 낸 것은 다행이었고 그만큼 소중한 것이었다. 그 결과로 쟁취한 조기 대선에서 이재명의 민주당이 다수 집권당이 되는 정치 재구성이 이루어진 것에 대해 나는 현행 헌법의 조건 속에서 당연히 그럴 권리가 있다고 생각하고 또 누구나처럼 그렇게 될 것이라 예상했다.

하지만 빛의 혁명은 대의정치를 도구로 사용했을 뿐 대의권력의 재구성 자체가 최종 목적인 것은 아니다. 그것은 예외주의 내란을 종식하고 그 내란을 가능케 하는 원인을 제거하는 것이었다. 나는 선거기간에 예외주의 내란의 목적에 대한 일면적인 생각이 유통되었던 것을 알고 있다. 그것은 예외주의 내란이 야당, 특히 민주당의 활동을 봉쇄하는 것에 주요 목적이 있었다는 생각이다. 전적으로 틀린 말은 아니지만 그것은 빛의 혁명의 심층 의지를 잊게 만든다.

    윤석열 예외주의 내란은 다중의 주권에 대한 강탈을 통해 위기에 처한 가부장-신자유주의-자본주의 체제의 활로를 열고자 하는 것이었다. 야당 활동의 봉쇄는 그 목적을 달성하기 위한 정치적 걸림돌을 제거하는 것이었지 그 자체가 목적은 아니었다. 만약 야당이 내란의 목적에 동조하여 협조한다면 봉쇄하지 않고 이용했을 것이다. 이재명은 선거운동 과정에서 수시로 빛의 혁명을 상기시키고 소환함으로써 대선과 빛의 혁명의 연결성을 놓지 않으려 했다. 하지만 '이재명주의'는 이 양자의 연결성보다 김문수와 국민의힘을 누르고 승리하는 것(정권 교체)에 더 집중하는 모습을 보였다. 그래서 조기 대선을 가능케 한 것이 빛의 혁명이라는 사실에 대한 기억 투쟁, 그리고 빛의 혁명이 무엇인가를 둘러싼 해석 투쟁은 끝난 것이 아니라 앞으로의 문제로 남아 있다.

    권영국은 빛의 혁명을 급진적으로 해석하는 하나의 정치적 흐름으로 출현했다. 그 흐름의 요체는 정권 교체만으로 내란이 종식될 수 없고 계급과 성별 및 인종에서의 사회대개혁을 통해서만 내란이 종식될 수 있다는 것으로 요약할 수 있다.

    하지만 윤석열의 '아바타' 김문수가 후보로 등장한 조기 대선에서 정권 교체를 통하지 않고 사회대개혁이 달성될 수 없다는 것 역시 엄연한 사실이었다. 이 점은 진보당을 비롯한 광장 세력 중의 일부로 하여금 〈광장대선연합정치시민연대〉의 이름으로 후보 출마 없이 민주당 후보 이재명을 지지하는 선택을 하게 만든 요소였다고 생각한다.

    권영국이 단독으로 김문수를 이길 수 없는 여론 지형에서 '빛의 혁명이 열어낸 조기 대선'이라는 이번 대선의 성격은 이재명의 승리라는 조건을 권영국의 득표 상한으로 묶어 놓았고 압도적 정권 교체론은 권영국의 득표를 0으로 내리누르는 정치적 조건이었다. 다행히 김문수와 이준석의 단일화가 성사되지 않음으로써 득표 공간은 다소 넓어질 수 있었지만 막판의 보수우파 결집과 패배에 대한 두려움은 권영국 후보의 운신 공간을 계속 좁히고 사퇴 압박을 높이는 요소로 작용했다. 이 악조건에서 거둔 0.98%의 득표는 '사회대개혁 없이 내란종식 없다'를 대표자 '이재명 대통령'의 대의주의적 '선의'에 기대지 않고 물질적으로 섭정해 나갈 수 있는 작은 기관차다.

둘째는 여론기관, 특히 언론의 다수자주의다. 6월 3~4일의 개표방송을 예로 설명해 보자. MBC 개표방송은 KBS2 개표방송과 차이를 보였다. 예상과 달리 후자는 권영국을 포함한 다섯 후보의 개표 집계를 지속적으로 보여준 반면, 진보적 TV로 알려진 MBC는 대부분의 시간 동안 권영국을 제외한 선두 세 후보의 개표 집계만을 보여주었다. 소수자는 배제되었다. 대선 기간 초기에 MBC는 마찬가지로 선두 세 후보만을 집중 보도했고 유세 기간에 들어서서야 권영국 후보를 포함시켜 보도하기 시작했다. 윤석열 내란과의 싸움에서 가장 치열한 전투적 태도를 보였던 MBC는 빛의 혁명 과정에서 사실상 핵심을 차지하고 있었던 정치적 소수자 집단을 상당 정도로 배제했다. 나는 이것이 선거기간 내내 권영국의 선거운동을 불편해하고 때로는 적대시했던 이재명주의 정동과 유사한 언론 정동의 표현이 아닐까 추측한다. 이론적으로 그것은 다수자 중심주의이며 거대 양당 중심으로 돌아가는 현행 대의제 메커니즘의 정동 기제이다. 물론 이러한 특징이 윤석열 내란정권 비판에서 MBC가 수행한 적극적 역할을 말소한다고 할 수는 없다. 모든 객체는 다양체이기 때문이다.

셋째로 이 다수자 중심주의가 개개인에게 내면화된 형태로 나타나는 것이 이른바 '사표 방지 심리'다. '사표 방지 심리'는 당선 가능성 있는 후보에게 투표하려는 심리이다. 사표 방지 심리에서 세계 구성과 재구성의 주체인 주권자는 유권자로 규정되어 왜소화된다.

현행의 대의제가 주권자 개인들에게 강제하는 이 유권자화는 측정 불가능한 구성력이자 제헌활력으로서의 주권을 계산 가능하고 위임 가능한 '권리'로 전환시키는 것을 통해 이루어진다. 유권자는 이 세계를 구성하고 재구성하는 창조의 주체인 주권자가 아니라 자신의 계산된 권리로서의 한 표를 대표자에게 위임하는 재분배의 주체이다. 유권자에게서 자신의 구성력은 타자에게 위임됨으로써만 행사될 수 있는 간접적 힘으로 나타난다. 유권자에게서 세계 구성력은 대표자에게 위임된 후에 그 대표자의 영웅적 선의에 의해 발휘될 것으로 기대된다.

그래서 유권자 자신은 그 대표자에게서 자신의 분신을 기대하는 대리적이고 수동적이며 구경꾼적인 존재로 된다. 이 변신 기제는 대의제가 주권자를 정치적으로 침묵시키는 방식으로 이용된다. 유권자의 투표권은 세계를 직접적으로 구성하는 주권적 구성력과는 달리 주어진 현실에서 계산 가능한 권리이기 때문에 현실적 보상을 기대하는 권리행사를 지향한다. 사표 방지 심리는 주권자가 유권자로 격하되면서 세계 창조적인 기쁨이라는 능동적 정동 대신에 이길 가능성이라는 보상 기준에 따라 선택하게 되는 현실주의적 권리행사 경향이다. 즉 위대한 주권자가 왜소한 유권자로 전환되면서 방어적으로 선택하는 보상 기제이다.

이때부터 정치참여는 능동적 행동이 아니라 수동적 반응으로 바뀌고 공론장은, 다양성을 흡수하여 거대해진 정당이 헤게모니를 행사하는 동질화의 공간으로 되며 가능성의 공간인 정치는 경쟁의 게임으로 바뀐다. 이것은 오늘날의 대의제 정치가 주권자에게 강요하고 있는 주권의 부패 과정으로서, 직접민주제의 회복과 강화를 통해 치유되어야 할 주요한 문제다.

권영국 후보에게 던져진 0.98%는 이 세 가지 악조건을 뚫고 나온 투표이다. 그것은 投票에 반대하는 鬪票였다. 이 지지율은 빛의 혁명을 주도한 세력 중의 하나인 20대 이하 여성에게서는, 의미심장하게도, 5.9%(6월 3일 8시 방송3사 출구 조사 기준)로 치솟는다.

겸손의 정부, 하방의 정부

2025년 6월 5일 목요일 오후 1시 40분

　물민다중의 존재론적 눈으로 보면 참으로 공정한 선거도 너무나 불공정한 행위 양식이다. 극히 일부인 인간-유권자들이 위임이라는 방식으로 주권을 모아 대의제 국가권력을 구성하고 그것으로 이 세계를 찬탈할 자격을 강변하는 절차이기 때문이다.

　저기 저 바다와 갈매기는 6월 3일에 투표하지 않았고 사전 투표도 하지 않았다. 바닷속을 헤엄치고 있는 물고기들과 해초들도 투표하지 않았다. 담장 주변을 어슬렁대다가 자동차 바퀴 곁에 기대 잠드는 저 고양이도 투표하지 않았다. 돌담을 감싸고 올라가 사자가 된 저 사자-돌담-담쟁이덩굴도 투표하지 않았다. 멀리 보이는 한라산의 나무들도 투표하지 않았다. 길을 건너다가 달리는 자동차 전조등에 놀라 굳은 몸으로 아스팔트 도로에 멈춰 서는 노루들도 투표하지 않았다.

　그들은 전혀 대의되지 않았다. 선거를 통해 구성될 국가권력이 행할 것들을 이들은 수동적으로 겪어야만 할 뿐이다. 닥쳐오는 것이 원전이든 풍력이든 파력波力이든, 핵 오염수든, 송전탑이든, 기름띠든, 도로 확장공사든.

　대의에서 배제되는 것은 이들만이 아니다. 사람이라 할지라도 미성년이라는 이름으로, 미등록 이주민이라는 이유로, 수형자라는 이유로… 배제된다. 스스로 대의를 포기하는 사람도 적지 않다. 역대 최고 투표율이라는 이번 선거에서도 20.6%의 유권자가 투표에 참여하지 않았다. 이렇게 물민다중의 거시적 시각에서 보면 선거는 극히 일부의 인간 존재가 국가권력이라는 폭력을 구성하여 세계에 대한 자신들의 욕망을 충족시키려 하는 환원주의적 의례다.

　환원주의는 여기에 멈추지 않는다. 이 선거 게임에 참여한 사람들의 활력이 권력으로 전환될 때 다수결 제도는 모든 활력을 승자에게 귀속시키는 싹쓸이형 환원제도로 기능한다. 대통령은 자신에게 투표한 사람만의 대통령이 아니라 모든 사람의 대통령이다. 국가수반인 대통령의 권력은 자신에게 투표한 국민에게만 미치는 것이 아니라 자신에게 투표하지 않은 국민에게도 미친다. 투표에 불참한 국민들에게도 미친다. 투표권이 없는 사람들에게도 미친다. 사람 아닌 비인간 객체들에게도 미친다.

대한민국의 국가권력은 한반도와 부속 도서를 영토로 선포하기 때문에 그곳의 주민만이 아니라 조개, 물고기, 새, 뱀, 바위, 공기 모두에 미친다. 어떤 형태로도 대의권이 주어지지 않은 말 없는 존재들 모두에게 국가권력이 공권력을 행사할 수 있다.

이것은 물민다중의 입장에서는 매우 불공정한 권력 구성 절차인데 이에 저항하면 반국가세력이 되고 집단적으로 그렇게 하면 반국가단체가 된다. 이 규정에 따라, 한반도의 북쪽에 사는 사람들의 국가는 집단을 이루어 대한민국 영토를 참절하는 반국가행위를 하는 단체로 규정되어 있다.

코로나바이러스도 대한민국 영토와 주민 신체를 참절한다. 뜨거워지는 기후도 국가권력의 통치권을 교란시킨다. 해수면을 높여 영토 질서를 어지럽히고 산불을 일으켜 숲-영토를 불태우고 폭염으로 국민들의 신체 건강을 훼손하기 때문이다. 이런 의미에서는 코로나바이러스나 뜨거워지는 기후도 국가 질서에 저항하는 반국가세력일 것이다.

이재명은 6월 4일 새벽 1시 15분 대통령으로의 당선이 확실시되는 시간에 국회로 나와 연설했다. 먼저 그는 국민의 대표자로서 지난 6개월의 빛의 혁명을 정치적으로 해석했다. 국민으로부터 나온 권력을 국민을 위해 쓰지 않고 사유화한 윤석열의 국가권력 오용을 비판하여 그를 파면하고 선거를 통해 권력이 국민의 것이고 나라가 국민의 것임을 입증한 사건이었다는 것. 나는 이 해석의 기본 취지에 동의한다.

여러분들이 작년 12월 3일 그 내란의 밤부터 지금 이 순간까지 풍찬노숙하면서 간절히 바랐던 것, 그중의 하나, 이 나라가 평범한 시민들의 나라라는 사실, 대통령이 행사하는 모든 권력은 모두 국민으로부터 온 것이고, 그 권력은 대통령의 사적 이익을 위해서가 아니라 더 나은 국민의 삶과 이 나라의 밝은 미래만을 위해서 온전하게 쓰여져야 한다는 사실을 증명하려고 했습니다. 이제 6개월이 지난 이 시점에서야, 비로소 그들을 파면하고 이 나라의 주인이 바로 우리 자신이라는 것을 여러분 스스로 투표로서, 주권 행사로서 증명해 주셨습니다.

이어지는 것은 정치적 약속이다. 이후에 이 약속이 지켜지는지를 지켜보기 위해 여기에 다섯 가지 약속을 있는 그대로 기록으로 보관해 두고 싶다.

여러분이 저에게 맡기신 첫 번째 사명, 내란을 확실히 극복하고 다시는 국민이 맡긴 총칼로 국민을 겁박하는 군사 쿠데타는 없게 하는 일, 이 나라의 민주주의를 회복하고 민주공화정, 그 공동체 안에서 우리 국민들이 주권자로서 존중받고 증오·혐오가 아니라 인정하고 협력하면서 함께 살아가는 그런 세상을 만드는 것, 반드시 그 사명에 따라서 지켜내겠습니다. 그리고 두 번째, 여러분이 맡기신 경제를 살리고 민생을 회복시키는 것, 당선자로 확정되는 그 순간부터 온 힘을 다해서 여러분들의 이 고통스러운 삶을 가장 빠른 시간 내에 가장 확실하게 회복시켜 드리도록 하겠습니다. 세 번째, 대한민국 국가가 국민들의 생명과 안전을 책임져야 합니다. 지난 시기에는 국가가 왜 존재하는지를 우리 국민들은 의심해야 했습니다. 국민들의 안전과 생명을 책임질 그 책무를 생각하지도 않았고, 해야 될 기본적인 의무조차도 이행하지 않았습니다. 대규모 참사가 수없이 많은 사람들을 떠나게 했습니다. 국민의 생명과 안전을 지키는, 국가의 제1의 책임을 완벽하게 이행하는 안전한 나라를 꼭 만들도록 하겠습니다. 그리고 네 번째로, 평화롭고 공존하는 안정된 한반도를 만들겠습니다. 확고한 국방력으로 대북 억제력을 확실하게 행사하되, 싸워서 이기는 것보다는 싸우지 않고 이기는 것이 상책이고, 싸우지 않고 이기는 것보다는 싸울 필요가 없는 평화를 만드는 것이 진정한 안보라는 확신을 가지고 남북한이 대화하고 소통하고 공존하면서 서로 협력해서 공존·공동번영하는 길을 찾아가겠습니다. 한반도 정세를 최대한 신속하게 안정화해서 '코리아 리스크'를 최소화하고, 한반도의 안보 때문에 우리 국민들의 민생이 더 나빠지지 않도록 최선을 다하겠습니다. 마지막으로, 우리 대한민국 국민들은 대한민국, 이 공동체 안에서 서로 존중하고 함께 살아가야 하는 동료들입니다. 남녀로, 지역으로, 노소로, 장애인·비장애인, 정규직·비정규직, 기업가와 노동자, 이렇게 틈만 생기면 편을 갈라서 서로 증오하고 혐오하고 대결하게 하지 않겠습니다. 혐오와 대결을 넘어서서 존중하고 공존하고 협력하면서 함께 어우러져 행복하게 살아가는 진정한 공동체, 우리가 꿈꾸었던 완벽한 대동세상은 못 될지라도, 이웃이 경계해야 될 적으로 느껴지지 않는, 필요할 때 의지할 수 있는 진짜 이웃으로 함께 살아가는 그런 공동체를 꼭 만들겠습니다.

특히 마지막 약속은 의미심장하고 희망적인 것으로 다가왔다. 그것이 공동체 실현에 대한 약속이었기 때문이다. 그런데 이 약속을 지키기 위해 내놓는 방법론은 무엇인가?

정치가 먼저 앞서고, 정치가 이해관계 때문에 다투더라도, 정치가 편을 가를지라도, 국민은 편을 가를 필요가 없습니다. 국민은 이 나라의 주인이고, 정치는 국민들의 삶을 대신 책임지는 일꾼들입니다. 일꾼들이 편을 갈라 싸우는 것은 피할 수 없더라도, 우리 대한민국 국민들이 편을 갈라 증오하고 혐오할 필요는 없지 않습니까? 통합된 나라, 대통령의 책임은 국민을 통합시키는 것입니다. 큰 통치자가 아니라, 국민을 크게 통합시키는 대통령의 그 책임을 결코 잊지 않겠습니다. 어우러져 함께 살아가는, 공평하게 기회를 함께 누리는 억강부약의 대동세상을 우리 함께 만들어 가면 좋겠습니다.

억강부약의 대동세상을 이루기 위해 그가 내놓는 전제는 '일꾼들(대의권력들과 정치)은 편을 갈라 싸우는 것이 피할 수 없더라도 국민들이 편을 갈라 증오하고 혐오할 필요는 없지 않습니까?'이다. 이것이 사실적인가? 타당한가? 효과적인가?

일꾼들의 당파화는 시민사회의 국민들 사이에 이미 발생한 편 가름, 증오, 혐오의 반영이자 가시화이며 그것에 대한 선동적 역작용으로서의 극단화이지 않은가? 인용문의 생각에 따르면 대의권력 세계에서의 당파적 분열과 투쟁은 불가피한 것으로 보존하되 제헌활력 차원에서의 시민들의 갈등은 자연스럽지 않은 것으로 상상된다. 대통령은 갈등이 없는 시민적 통합에 대한 이러한 상상을 '국민통합'이라는 이름으로 실현하는 존재로 상정된다. 국민 차원에서의 차이와 분열은 불필요한 것으로 가정되어 배제되는 것이다. 국민은 차이적이고 갈등적인 존재가 아니라 동일적이고 통합적인 존재로 해석된다.

나는 국민에게는 통합이 자연스럽다는 '대통령 이재명'의 이 가정이 사실에 부합하지 않으며 국민의 통합이 대통령의 역할이라는 대안 설정이 실효를 거둘 수 없고 오히려 배제를 극단화할 수 있는 위험성을 갖고 있지 않은가 우려한다. 왜 그렇게 생각하는가?

첫째, 이 세계에 어떤 자연상태를 한 번 가정해 본다면[2] 존재들은 다양체이지 통합체가 아니다. 차이는 불필요한 것이 아니라 존재와 삶의 가능 조건이다. 물론 이재명은 차이가 아니라 찢어짐, 증오, 혐오와 같

---

2. 실제로는 나는 그런 자연상태가 있다고 보지 않는다.

은 차이의 부정적 현상들에 대해 말하고 있다.

그런데 차이를 긍정적 힘으로 전화시키는 방법은 통합에 있지 않다. 역설적이게도 통합의 의지가 차이를 찢김, 증오, 혐오의 공간으로 만들어 왔기 때문이다. 국가권력이 통합하기보다 분산하고 개방하려 할 때 차이들이 부정적으로 현상하기를 멈추고 긍정적 힘으로 전화할 가능성이 커진다. 강한 통합의 권력이 아니라 겸손한 개방의 권력이 더 효과적이다. 나라를 통일체로 만드는 권력이 아니라 다섯 번째 약속에서 그려진 대로의 공존공생체로 만드는 연방의 권력이 필요하다. 국민통합의 이념은 공존공생의 삶을 실현하기 위한 방법으로는 부적절하다.

이재명은 남북 관계에 대한 네 번째 약속에서 이 공존, 공생, 평화에 대해 이미 언급했다. 한반도는 쪼개서 통치하려는 강대국의 의지에 의해 분단된 측면이 크지만 민족은 하나, 국가도 하나라는 가정에 따라 강제로라도 그 분단을 통일시키려는 국가권력들의 의지(예컨대 이승만)가 이 분단을 더욱 심화시켜 온 것도 사실이다.

통일에의 의지는 시민들의 제헌활력을 부단히 억제하고 약탈하는 과정을 수반했다. 국가는 시민들의 제헌활력을 자신의 수중으로 집중시키는 기관이다. 국가가 강할수록 활력은 권력으로 전화하고 활력들의 협력이 아니라 권력을 둘러싼 갈등이 부상된다. 시민들의 다양성이 긍정적 차이의 힘으로 나타나는 것은 국가권력 속에서 국민이라는 전체주의적 힘으로 통합될 때가 아니라 국민이되 다중이라는 활력적 차이 주체로 전화할 때이다.

이것은 국가권력의 세포인 국민이 특이성으로 해방되어 국가를 나라로, 일종의 공통장으로 향유할 때이다. 좋은 정부, 좋은 대통령이 있을 수 있다면 그것은 국민통합의 정부, 국민통합의 대통령이 아니라 국민을 시민으로, 시민을 다중으로, 다중을 물민다중으로 원심적으로 해방시켜 그것의 잠재력이 춤출 수 있도록 하방하는 정부, 하방의 대통령이 아닐까? 박정희(한국)와 호세 무히카(우루과이)의 차이가 여기에 있는 것이 아닐까?

문제는 삶이다
2025년 6월 6일 금요일 오후 6시 19분

나는 빛의 혁명이 두 차례의 '승리'(파면, 조기 대선)를 거두었다고 표현했지만 '승리'라는 표현에는 약간의 문제가 있다. 과정보다 결과에 눈을 돌리도록 만들기 때문이다. 그리고 그 결과를 계산 가능한 '이익'利의 관점에서 보도록 만들기 때문이다. 맑스가 말했듯이, 이 세상을 해석하는 것보다 바꾸는 것이 중요한데 그 바꿈이 사적이거나 공적인 이익보다 공통하는 행복의 실현이라는 방향에서 이루어지게 하는 것도 중요하다.

최근 유행한 말인 '압도적 승리'보다 더 중요한 것이 있다는 의미다. 굳이 표현하자면 그것은 각자의 자유로운 발전이 모두의 자유로운 발전의 조건이 되는 사회로의 대전환이라고 말할 수 있다. 대전환의 관점에서 민주주의는 다중에 의한 세계 구성과 재구성의 영구혁신적 과정이며 승리와 패배는 이 과정의 계기들일 뿐이다.

이런 시각에서 나는 권영국의 0.98%가 의미 있는 수치라고 보았는데,[3] 권영국과 마찬가지로 승패의 구도에서 한 발 벗어나 있었던 이준석의 8.34% 득표 역시 주목할 만한 가치가 있다. 이 득표와 관련하여 다양한 관점들이 제시되고 있는 가운데 나는 '전통 보수 위기 상황에서 대안보수(우파)의 형성과 발전'이라는 시각에서 이 현상을 파악해 볼 생각이다.

---

[3] 「권영국 지지 투표 0.98%의 의미」(이 책 552쪽).

한국 보수의 권력 기반은 1948~61년까지는 분단 냉전의 영향으로 친미-반공주의에 두어졌고 1961~87년은 군사쿠데타와 유신, 그리고 경제개발 영향하에서 반공-권위-산업주의에 두어졌다. 직선제를 쟁취한 1987년 이후 2016년까지는 반공주의가 쇠퇴하고 민주주의의 외형 속에서 신자유주의적 경쟁에 기초한 성장주의로 전환했다. 이후 현재까지는 전통 보수의 역사적 기반이었던 친미주의, 반공주의, 권위주의 모두가 설득력을 잃었고 신자유주의의 쇠퇴와 기후위기로 인해 성장주의도 설득력을 상실해 가고 있는 상황, 다시 말해 권력 기반이 총체적으로 붕괴하는 위기 상황이다. 보수우파는 정치적 생존 자체가 문제로 되고 있다.

이런 보수 위기 상황에서 전광훈은 극우 개신교를 중심으로 우파를 신정주의적 신앙 감정으로 재편하려 시도했다. '하나님에 의해 선택된 국가'로서의 대한민국에 대한 애국심을 강조하면서(태극기) 그것에 기초하고 있는 애국보수를 반북-자유통일의 기치하에 구축하려 했다. 그는 전통우파의 반북친미 이념을 반중친미(친이스라엘) 이념으로 확대하고 여기에 선택된 자만이 진실을 알 수 있다는 식의 계시론에 입각한 부정선거 음모론과, 비이성애를 악으로 보는 반동성애, 그리고 종교적 차별주의(차별금지 반대)를 결합하여 보수우파의 위기를 탈정당정치적이고 혐오정치적인 극우화를 통해 재구성하려고 했다. 이것은 정치를, 대의적 의제 설정과 토론, 협상, 합의를 거치는 공적 공간이 아니라 선악이 싸워 악을 물리치는 절대적 믿음의 전장으로 전화시키는 것이었다.

20대 대통령 윤석열은 전통 보수의 정치 수단들이 고갈되어 무속에까지 의지하게 된 여소야대의 정치 현실에서 야당의 도전(탄핵, 특검)과 다중의 저항(퇴진)에 직면하여 통치의 위기를 겪게 되고 그 출구를 비상계엄에서 찾게 된다. 이것은 전광훈과 직간접적으로 연결된 유튜브 극우가 제안한 위기 탈출 책이기도 했다. 이 점에서 윤석열의 군사쿠데타는 제도 내 보수우파를 전광훈 아스팔트 극우와 결합하여 한국의 보수 우파를 극우적으로 재구성하고자 하는 마디 점이었다.

출신은 다르지만 김문수는 이 점에서 윤석열과 거의 궤를 같이한다. 보수우파는 극우화를 통해서만 생존할 수 있다는 믿음을 공유하는 것이다. 대선후보가 된 김문수가 '윤석열과 절연해야 한다'는 전통 보수의 요구에도 불구하고 윤석열 제명은 물론이고 출당조차 거부했던 것은 이 때문이다.

2023년 말 국민의힘을 탈당하여 개혁신당을 창당하고 2024년 22대 총선에서 국회의원에 당선된 이준석은 보수의 위기를 윤석열, 김문수, 전광훈과는 다른 경로로 타개해 나가려는 정치적 경향을 표현한다.

그는 전통 보수의 오랜 근거였던 지역 기반을 세대 기반으로 전환시키는 것에서 출발한다. 물론 이번 대선에서 그가, 대구·경북에서 김문수로의 지역주의적 쏠림(67.62%)에도 불구하고 8.29%라는 만만찮은 득표를 한 것이 보여주듯, 지역 기반을 완전히 벗어난 것은 결코 아니다.

이준석도 전통 보수처럼 반북, 반중, 반공, 반좌파 담론을 이용한다. 하지만 그 맥락과 의미는 매우 다르다. 전통 보수가 북한, 중국, 공산주의, 좌파를 이념적으로 악마화, 불순분자화함에 반해 이준석은 이것들을 국내 진보, 좌파의 '위선'을 폭로하는 정치 기술적 도구로 활용한다. 진보좌파가 입으로는 민주주의를 이야기하면서 실제로는 북한과 중국 같은 권위주의 정권들을 편든다고 말함으로써 진보좌파의 위선적 이중성을 고발하기 위한 것, 즉 진보좌파가 실제로는 반민주적 정치세력에 다름 아님을 고발하기 위한 전술 도구로 사용하는 것이다. 이준석은 핵무기로 군사 강국이 된 북한이나 미국과 어깨를 겨루는 경제 대국 중국을 (전통 보수처럼 이념적으로, 극우처럼 종교적으로) 악마화하여 적

---

4. 남한에서는 동서 분할로 표현되는데 반북주의로 표현되는 남북 분할도 지역 기반 정치분할의 한 축으로 볼 수 있다.

으로 삼는 것이 정치 실용적 관점에서는 쓸모가 없다는 태도를 보인다는 점에서 전통 보수와는 다르다.

대신 그가 내세우는 새로운 적이 있다. 그것은 장애인과 여성, 그리고 이주민이다. 그는 오래전부터 장애인을 이동권이라는 이름으로 특혜를 요구하는 집단으로 비난해 왔고 장애인 단체와의 갈등과 충돌을 자신의 정치적 표지로 내세웠다. 그럼으로써 그는 비장애인을 장애인에 의한 피해자로 위치시켰다.

여성에 대한 태도도 이와 유사하다. 그는 성차별에 반대하면서 성평등을 제도화할 것을 요구하는 페미니즘 단체를 특혜 요구 집단으로 파악하면서 여성가족부의 해체를 주장했다. 이번 대선에서 그는 이주민에 대한 지역별 최저임금 차등화[5]를 주장하여 서구 대안우파의 반이민 차별주의 주장을 경제적 방식으로 전용했다.

이준석의 논리 속에서 비장애인, 남성, 자국민은 피해자이다. 국가가 장애인, 여성, 이주민에게 제공하는 복지나 보호 모두가 경쟁의 공정성을 해치는 특혜 조치로 해석되기 때문이다. 공정에 대한 이 경쟁주의적이고 능력주의적인 해석은 그가 말하는 '피해자 집단'에게 억울함, 피해의식을 갖게 만들고 그것의 원인으로 지목되는 장애인, 여성, 이주민에 대한 분노와 혐오 감정을 불러일으켜 적대하게 만드는 정동정치적 선동 논리로 기능한다.

이준석은 이 새로운 '특혜 집단'이 기득권화된 전통 진보 혹은 좌파의 위선이 만들어낸 산물이라고 보면서 청년 세대 중심의 능력주의적 사회 재편을 제안한다. 그가 말하는 '공정사회' 공약은 청년 창업 펀드, 스타트업 규제 완화, 능력 중심 교육 시스템 구축, 직업교육 강화 등으로 구성된다. 그리고 여기에 기술주의적 약속으로 디지털 인프라 투자 확대와 AI와 빅데이터 산업 육성을 내놓는다. 이것은 전통 보수가 박정

---

5. 국내 노동자 최저임금 기준 30% 이내에 자체 조정.

희 정권 이후 추진해온 성장주의 담론을 새로운 세대, 새로운 기술 기반으로 재구성하고자 하는 신자유주의 기획의 일종이다.

성장론을 반페미니즘 반이주민 반장애인 능력주의에 기초하여 재구성하려는 이 기획이 20대 남성 투표의 37.2%(1위)를, 30대 남성 투표의 (3위였지만 매우 높은 수준인) 25.8%를 끌어들인 주요 득표 요인이 아닐까? 이 기획은 한국 사회에서 가장 진보적인 표심을 표현하는 20대 여성에서도 권영국(5.9%)보다 높은 10.3%를, 30대 여성에서는 9.3%를 끌어들였다.

21대 대선에서 이 우파 대안은 패배했지만 많은 사람들에게 충격을 줄 정도의 높은 득표를 하면서 패배했다. 이 우파대안은 형성 중에 있고 그것의 미래는 아직 불투명하고 유동적이다. 분명한 것은 이 흐름이 전광훈-윤석열로 이어지는 기독교 극우 흐름과 동일시될 수 없고 구분된다는 것이다. 이 흐름은 윤석열식 비상계엄에 대해서는 반대의 태도를 보였다.

이 흐름에서 이준석과 같은 지도부와 지지 세력이 결코 통일되어 있지 않다는 점도 고려되어야 한다. 지도 경향이 어떤 방향을 겨냥하고 있건 간에, 지지층의 상당 부분은 현존 사회에서의 불안에 의해 이끌리면서 기성 정당에 대한 불만을 표현하는 수단으로 이준석에게 투표한 것으로 보이기 때문이다.

20대 대선에서 20대 남성의 윤석열 지지율(58.7%)과 21대 대선의 김문수 지지율(36.9%)의 차이는 -21.8%이다. 이재명 지지율은 36.3%에서 24%로 -12.3% 변동한다. 도합 34.1%다. 이준석 지지율 37.2%의 거의 대부분이 국민의힘이나 민주당에서 이동해온 표이다. 30대 남성의 경우 그것은 도합 23%(윤석열로부터 18.3, 이재명으로부터 4.7%)로 역시 이준석이 얻은 25.8%의 거의 대부분이다. 이 사실은 이들이 사회적 문화적으로 겪고 있는 불만과 불안을 해결할 방향을 찾고 있고 그 해결의 방향이 무엇인가가 이들의 미래 움직임을 결정할 것임을 시사한다. 비우파적 대안과 비대의적 직접민주주의 대안의 가능성은 여기에서 찾아져야 할 것이다. 문제는 삶이다.

'국민주권 정부'의 실질화를 위하여
2025년 6월 8일 일요일 오후 1시 7분

후보 시절 이재명은 당선되면 정부 명칭을 국민주권 정부로 하겠다고 말했지만 당선 후 대통령실은 그 명칭이 확정된 것이 아니라며 숙고하는 태도를 보였다. 그것이 주저였다면 그 내막이 무엇인지 궁금하다. 하지만 6월 6일 대통령실은 이재명 대통령이 이끄는 새 정부의 명칭과 관련해 '국민주권정부'와 '이재명정부'를 병기하기로 했다고 밝혔다.

김영삼 정부의 별칭 '문민정부'가 이전에 정부가 군인의 것이었음을 상기시키고 김대중의 '국민의 정부'가 그 이전에 정부가 국민의 정부가 아니었음을 상기시키고 노무현의 '참여 정부'가 그 이전에 국민들이 국정에 참여하기 어려웠음을 상기시키듯이 '국민주권 정부'라는 이름은 지금까지의 정부에서 주권이 국민에게 있지 않았음을 상기시키는 역할을 한다. 아이러니하다. 그리고 새삼스럽다. 헌법 제1조 제2항을 상기시키는 것이 정부의 역할이어야 하다니!

윤석열은 포고령을 통해 정당만이 아니라 국민의 정치활동까지 금지했다. 나라의 모든 주권을 자신의 수중으로 집중시키려 했다. 독재의지를 천명했다. 나는 이런 의미에서 비상계엄을 국민주권을 약탈하는 행동이라고 불렀는데 만약 그것이 성공하고 정부가 들어섰다면 '국민주권 약탈정부'라는 이름이 제격이었을 것이다.

이에 비추어보면 국민주권정부라는 이름은 헌정을 수호하려는 의지를 밝힌다는 점에서 윤석열이 비틀어놓은 정부의 길을 바로잡는 의미가 있다고 볼 수 있다.

하지만 문제가 있다. 대의제 헤게모니다. 1987년 헌법은 직선제 개헌을 통해 유신제가 말소했던 국민의 직접적 국민투표권을 회복했지만 제헌헌법에 담겨 있던 직접민주주의 요소의 핵심을 회복하지 않았다. 국민발안권, 즉 국민이 헌법과 법률을 발의할 수 있는 권리다. 심지어 제헌헌법 제32조에 담겨 있는 불법 공무원에 대한 파면청원권(소극적 소환해임권)마저 회복하지 않았다. 2006년 〈주민소환에 관한 법률〉 제정으로 지방자치단체장, 지방의회 의원에 대해서만 소환권이 회복되었을 뿐이다. 국회의원, 대통령은 소환해임의 예외 지대에 놓여 있다. 21대 대선후보 이재명이 '국회의원 소환해임권'을 공약했는데 이것을 대통령으로까지 확장하여 개헌하는 것이 필요한 이유이다. 그래봐야 제헌헌법의 회복에 불과하기 때문이다.

윤석열에 대한 해임 과정에서 우리는 탄핵소추를 위해 개혁신당과 국민의힘 의원에까지 안절부절못하며 의지해야 했고[6] 파면을 위해서는 선출되지 않았고 통제될 수도 없는 헌법재판관들에게 목을 빼고 의지해야 했다.[7] 위헌·위법한 공무원을 해임함에 있어 주권자 국민이 대통령이라고 해서 해임할 수 없다는 것은 대통령을 주권자인 국민 위에 올려놓는 전도된 정치 질서다.

국민발안권, 국민거부권, 소환해임권, 국민투표권 없는 대의제, 다시 말해 주권을 국민의 수중으로부터 제도적으로 분리시키는 대의제는 그 본질에서 보면 국민의 주권을 약탈하여 권력으로 축적하는 정치적 시초축적의 권력 제도이다. 그것은 주기적으로 재개되면서 주권 약탈이라는 폭력 행위를 합법적 방식으로 수행한다.

대의제 민주주의는 폭력적으로 전개되었던 시초축적을 보완하는 정당화 기제로 도입되었다. 대의제 선거는 비폭력의 옷을 입은 폭력장

---

6. 12월 7일과 12월 14일을 염두에 두고 있다.
7. 3월 말에서 4월 초.

치다. 투표는 일반적으로 국민의 권리일 뿐만 아니라 의무로 규정된다. 주권을 대표자에게 위임하는 투표 행위를 통해서 대표자들은 비로소 지배자의 자격을 얻을 수 있기 때문이다.

오스트레일리아와 벨기에, 브라질 같은 나라에서는 의무투표제로 투표 의무를 이행하지 않을 시 벌금을 부과한다고 한다. 이전에는 투표 의무 불이행 시 형사재판과 감금까지 가능한 경우가 있었다고 한다. 무솔리니 정권이나 소련에서는 공식 입장에 반대하는 투표를 했을 때 충성 의무 위반으로 처벌되는 사례들도 있었다고 한다. 이것은 투표, 즉 주권 위임의 본질이 강탈이고 선거는 이 주권 강탈의 합법적 제도화임을 보여주는 사례들이다.

대의제가 본질에서 주권 강탈 제도라는 것은 윤석열처럼 군사폭력으로 주권을 약탈하지 않는 경우에도 주권강탈이 체계적으로 또 주기적으로 이루어지고 있다는 의미이며 윤석열과 같은 경우는 그것의 극단적 경우임을 의미한다. 대의제 법치주의를 통해서 주권을 정권의 통치력을 보장할 수준만큼 가져올 수 없을 때 법치를 위반하고 대의제를 폐기하는 예외주의 방식으로 주권을 강탈하려는 동기가 치솟는 것이다.

대개의 대의제 정부는 자신이 국민주권을 행사한다고 주장하는데 이때 대다수 국민들에게 그 주장이 위선이나 거짓으로 비치지 않는다. 그 정부가 공정한 규칙에 따라 자신이 선출한 정부라고 생각하게 되기 때문이다. 일종의 환등상 효과다.

현재의 이재명 정부는 정확하게 이렇게 간접적이고 대의적인 의미에서의 국민주권 정부이다. 국민의 주권을 선거를 통해 위임받아 수중에 장악한 정부이기 때문이다. '위임받아'의 역사적 정치적 의미는 '약탈하여'임을 상기하자. 이것은 정권 담당자의 의지에서는 독립된 객관현실이다. 우리가 권리 장치로 인식하는 선거제도가 바로 그 약탈 장치다.

이것은 가족이 역사적으로 여성 노동을 무상으로 약탈하는 장치로 사용되었고 식민제도가 원주민과 그 땅을 약탈하는 장치였으며 공장

제도가 노동력을 착취하는 장치인 것과 동형적이다. 인지자본주의에서는 플랫폼이 다중의 창의력과 구성력을 약탈하는 장치로 사용되며 상업자본주의에서는 원양 선단이 노예를 비롯한 선원의 노동력을 수탈하는 장치였다.

맑스는 원시적 축적을 분석하면서 "폭력 자체가 경제적 힘(권력)이다"Die Gewalt ist selbst ökonomische Potenz라는 의미심장한 말을 남겼는데 경제적 권력과 폭력, 그리고 정치적 권력은 서로 분리된 이질적 권력처럼 보이지만 실제로는 얼음이 물이 되고 물이 수증기가 되고 다시 수증기가 물이 되는 것처럼 호환되고 순환된다.

국민주권 정부라는 이재명 정부의 별칭이 참칭이 아니라 정칭일 수 있으려면 위에서 말한 국민발안권, 국민소환권, 국민거부권, 국민투표권을 국민에게 보장해 주어야 한다. 이 보장이 대의제도와 대의기관을 진정한 국민주권의 피섭정 제도나 기관으로 만듦으로써 그것들이 국민주권으로부터 형식적으로 분리되어 있음에도 불구하고 내용적으로 국민주권의 제도나 기관으로 기능하도록 만들 수 있을 것이기 때문이다.

이러한 직접민주주의적인 조건들이 없는 대의제 기관이나 제도는 그것이 아무리 국민주권의 것이라고 주장해도 소용이 없다. 국민들은 그것이 진짜 자신들의 것으로 기능하는지 않는지를 밤을 새우며 지켜보아야 할 것이고 내란 기간에 우리가 한남동이나 안국동에서 경험했듯이 지켜본다 한들 그들이 국민의 말을 듣지 않으면 그만이었기 때문이다. 외침, 한숨, 욕설 외에 국민이 사용할 수단이 마땅치 않았다. "위대한 국민"의 발걸음은 참으로 어처구니없게도 거리에서 매연을 마시고 눈비를 고스란히 맞으며 겨우겨우 내딛는 노숙의 걸음이었다.

직접민주주의 개헌, 혹은 그 핵심으로서의 국민발안제 개헌은 국민주권의 이 위태로움, 불명확함을 조금이라도 안전하고 분명하도록 만들기 위한 최소한의 장치다.

지난 5월 26일 민주노동당 후보 권영국은 광장개헌 공약을 내놓았다. 개헌 시민의회 주도로 시민의 개헌권, 입법권 보장, 기본권 강화, 시민의 새로운 권리 확장, 경제민주화와 노동자의 이익균점권을 담은 개헌을 추진하겠다는 약속이었다.8 이것은 마그나카르타(정치헌장)와 삼림헌장(경제헌장)을 개헌을 통해 구체화하려는 구상이다. 이것은, 권력구조 개편 논의에 기울어져 있는 지금의 개헌논의를 실질적 국민주권주의에 의해 바로잡고 이재명 후보의 공약이었던 국회의원 국민소환권을 국민주권 정부라는 이름에 실질적으로 부합하는 것으로 확장하기 위해 반드시 참조해야 할 출발점이자 준거가 아닐까 생각한다.

윤석열의 내란에서 트럼프의 내전으로
2025년 6월 9일 월요일 오후 6시 35분

수방사, 방첩사, 특전사 등의 군대를 동원하여 시민의 기본권을 중지시키고 이에 저항하면 처단한다고 포고한 윤석열의 계엄내란이 아직 종식되지 않은 상태인데 민주주의의 지도 국가라 불리는 미국에서, 그것도 가장 진보적인 도시의 하나인 로스앤젤레스에서 트럼프의 명령으로 주방위군이 시위대에게 최루탄, 고무탄, 섬광탄, 스펀지탄, 후추탄을 발사하는 계엄 상태가 6월 6일부터 지속되고 있다.

주방위군이 연방정부 대통령의 명령으로 시위진압에 투입된 것은 1965년 민권 시위대 보호를 위해 연방정부 대통령 린든 존슨이 앨라배마에 주방위군을 투입한 이후 60년 만이라고 한다.

시위대의 요구는 DHS(국가안보국)와 그 산하 ICE(이민세관집행

---

8. 권영국 후보 개헌 공약, 「광장의 모습을 닮은 '광장개헌'으로 평등 시대를 열겠습니다」, 〈정의당〉 홈페이지, 2025년 5월 26일 수정, 2025년 6월 29일 접속, https://www.justice21.org/landing/candidate/board_view.php?num=165237&page=6.

국)에 의해 이루어진 미등록 이주자에 대한 기습적이고 강압적인 과잉 단속을 중단하라는 것이다. ICE는 평상시보다 훨씬 강경하게 무장병력을 동원해 '전격적인 공포'를 조성했고 고의적으로 다인종 지역과 패션 디스트릭트 같은 서민 상권을 타깃으로 삼아 이민 커뮤니티를 마비시키는 방법을 사용했다.

이번 시위는 로스앤젤레스 남쪽 30킬로미터 지점에 있는 히스패닉계 이민자 거주지역인 패러마운트를 중심으로 인근 콤프톤으로 확산되었고 북쪽 보일 헤이츠로도 확산되었다. 시위대는 이렇게 도심을 분산점거하면서 돌멩이나 콘크리트 덩어리를 던지고 쓰레기통이나 쇼핑카트로 도로를 봉쇄했으며 도로에 세워져 있는 자율주행차인 웨이모에 방화를 하고 콤프톤에서는 1992년에 그랬듯이 쇼핑센터를 약탈하고 있다고 전해진다.

연방정부의 지휘를 받는 주방위군과 시위대의 이 충돌에서 연방정부와 주정부 간에 주권 분쟁이 핵심 문제로 부상하고 있다. 트럼프는 주지사 동의 없이 연방군 투입이 가능한 긴급 조항인 Title 10(연방군 개입 조항)을 활용했는데 주방위군의 연방 지휘로의 편입을 규정한 1878년 포시 코미타투스 법은 그것을 반란 시에만 가능한 것으로 규정하고 있기 때문이다.

이번 시위가 과연 반란인가? 로스앤젤레스 경찰국LAPD은 시위가 자체 방어가 가능한 수준이었다고 말하고 있다. 그러므로 결코 반란이라고 말할 수 없는 시위를 트럼프가 고의적으로 반란으로 규정하여 주방위군을 연방 명령으로 투입함으로써 갈등을 고조시키려 하고 있음이 분명하다.

트럼프는 군대로 "내란 폭도"를 몰아내어 로스앤젤레스를 이민자의 침공에서 해방시키자는 과격한 언어를 남발하고 있다. 주방위군으로 모자라면 연방군을 투입하겠다고 협박하면서 말이다. 이에 대해 케런 배스 로스앤젤레스 시장은 트럼프의 조치가 주권 침해라고 말하고 있고 개빈 뉴섬 주지사는 군대 배치 발상이 광기라고 규정하면서 피트 헤그세스 국방장관에게 주방위군 배치 결정을 철회하고 군 통수권의 주정부로의 환원을 요구하고 있다. 〈미국시민자유연맹〉ACLU도 트럼프의 조치에 대한 법적 대응을 준비 중이라고 한다.

트럼프의 이 과격한 조치는 어떤 목적하에서 전개되고 있는 것일까? 『내전, 대중혐오, 법치』[9]의 첫 문장은 "신자유주의는 애초부터 내전이라는 근본적인 선택에서 출발했다"라는 구절로 시작하는데 이를 참조하면 트럼프의 정치야말로 정확히 내전 정치에서 출발한다고 볼 수 있을 것이다.

이번 사태에서 트럼프는 이민자를 내전의 제일 적으로 설정했다. 이민자 문제를 정치적 적대의 중심으로 배치하면서 미등록 이민자는 곧 범죄자라는 인식을 강화해 백인 보수 유권자의 불안을 자극하는 한편 국경 보호와 국내 불법 이민을 "청소"하는 것을 동일한 안보 과제로 설정하여 군사적 대응을 정당화하고 있는 것이다. 이민자에 대한 전형적인 내전 논리라 아니할 수 없다.

로스앤젤레스를 내전의 공간으로 선택한 것은 왜일까? 캘리포니아 주정부 및 LA시는 피난자 도시[10] 정책을 펼쳐 왔다. 트럼프는 이것을 반국가행위로 간주하여 LA를 '무정부적 공간'으로 낙인찍고 연방 권력으로 이 공간에 법과 질서를 회복하는 모습을 연출한다. 이로써 그는 '무질서 공간'인 로스앤젤레스에서 질서를 회복하는 모습을 연출하여 그것을 연방정부 권위의 정치적 전시장으로 삼으려 하는 것으로 보인다.

시위대의 자율주행차 웨이모 방화 파괴는 기술과 기술주의적 정책에 대한 두려움과 불만을 표현한 것으로 해석될 수 있다. 트럼프는 이 파괴 행동을 미디어로 전시함으로써 시위대의 폭력성을 강조하고 군대 파견을 정당화하는 근거로 사용한다. 시위대가 문명 파괴 세력이므로

---

9. 피에르 다르도 외, 『내전, 대중 혐오, 법치』, 정기헌 옮김, 장석준 해제, 원더박스, 2024.
10. Sanctuary City, 즉 이민자를 보호하는 성역 도시.

군대로 진압해야 한다는 것이다. 그는 자율주행차 방화 등 시위대의 폭력성을 보여줄 수 있는 이미지들을 광범위하게 방송하면서 군대를 통한 시위대 진압(이른바 '질서 회복')을 자신의 지지자들에게 공연함으로써 이들에게 시위대에 대한 두려움과 자신의 권위에 대한 숭배를 각인시키려 하고 있다.

나는 트럼프의 이러한 군사동원이 본질적으로 윤석열과 동일한 주권 약탈 기획이라는 점에 관심을 갖고 있다. 군대를 동원한 이민자 단속, 추방은 이들의 정치적·사회적 주체성 자체를 박탈하는 폭력적 행동이며 이민자를 주권의 공간 밖으로 내모는 것을 통한 배제적 주권 재구성으로 볼 수 있기 때문이다. 만약 윤석열의 내란이 성공했다면 로스앤젤레스의 풍경이 대한민국 곳곳에서 펼쳐졌을 것이다.

주권 약탈은 주민으로부터 토지나 집과 같은 생산 및 생활수단을 빼앗는 '경제적 수탈'과 함께 진행되는 것으로 주민의 정치적 존재로서의 자격, 권리, 표현 가능성을 빼앗는 정치적 수탈이다. 이 관점에서 보면, 트럼프의 이번 강압적이고 군사적인 시위 진압은, 특정한 사람들은 정치 공동체의 일원이 될 자격이 없다는 물리적 선언이다. 이것은 다중의 특정 집단에 대한 주권 박탈이라는 점에서 유태인을 정치공동체에서 학살로 배제했던 나치의 정책과 본질적으로 동일하다.

그것은 무슬림에 대한 배제 정책, 멕시코 국경 장벽 및 ICE 강화, DACA(청년 추방 유예) 폐지 등을 통해 이미 나타났던 것이다. 이것은 단순히 국경 밖의 타자의 주권주체성을 부인하는 것이 아니라, 이미 국내에 존재하는 타자의 '주권주체성'을 제거하는 것이었다. 이것은 미국 내 저임금 노동시장을 보호 강화하는 효과를 가져온다. 그런데 더 중요한 것은 이 조치가 그 저임금 노동자의 정치적 주권을 박탈함으로써 "노동은 허용하되, 주권은 금지하는 방식"으로 신종 노예제를 창출한다는 것이다. 이로써 트럼프는 자신을 "누가 미국인인가?"를 규정하는 절대 군주로 선언하고 싶어 한다.

"어떤 기준에 따라 이런 조치를 취하는 것입니까?"라고 묻는 기자의 질문에 그는 이렇게 대답했다. "기준은 내가 정합니다." 그런데 민주주의는, 기준은 자신이 정한다는 트럼프주의들에 맞서 다중과 이들의 제헌활력이 삶의 "기준"criteria을 결정하기 위한 부단한 운동이었다. 내란수괴 윤석열의 유토피아가 바로 대통령이 기준을 정하는 국가였다. 1기 트럼프의 내란을 흉내 낸 윤석열의 내란은 종식되고 있지만 2기 트럼프의 내란은 이제 시작되고 있다. 윤석열의 내란은 일국적으로 현상했지만, 2기 트럼프의 내란은 본질적으로 세계적이다. 한국의 빛의 혁명은 국민다중의 힘에 의해 수행된 민주주의 광장 투쟁이었지만, 세계의 빛의 혁명은 물민다중이 수행하는 지구생태적 '총력전'일 것이다.

:: 맺음말

혁명 이후를 사유하기

　시진핑의 등장 이전인 2012년까지 미국과 중국은 '차이메리카'라는 단일한 합성국명으로 불릴 정도로 긴밀히 결합되어 있었다. 2024년 12월 3일의 윤석열 내란은, 미국과 중국의 이 제국적 네트워크 관계가 서서히 해체되어 2016년 트럼프 1기 정부의 등장 이후 '신냉전'이라 불리는 제국주의적 갈등 관계로 빠져들고 2024년 11월 5일 트럼프가 재선되어 2025년 1월 20일 2기 정부가 들어서기까지의 사이 시간에 발생했다.

　제국적 네트워크 관계가 제국주의적 갈등 관계로 전화했다고 해도 미·중 간의 이 갈등은 아직 대립의 형태를 띠는 공생적 갈등이다. 중국이 (미국을 모델로 삼아) 당-국가 체제하의 관료적 국가자본주의를 시장지향적 국가자본주의로 재편한 가운데, 축적 위기를 맞은 신자유주의적 서방은 (중국을 모델 삼아) 신자유주의의 위기를 권위주의적 통치기제의 확립을 통해 돌파하려 하고 있기 때문이다. 양자가 서로를 상호 모방하면서 대립하는 관계를 형성하고 있는 것이다. 이 공생적 갈등은 민주주의에 대한 억압을 공통분모로 국가권위주의를 강화하는 효과를 낳고 있는데 이 점에서 양자는 경쟁적으로 수렴한다. 국가자본주의의 위기와 신자유주의의 위기를 공히 반민주주의를 통해 극복하려 하는 것이다. 국민다중의 주권, 즉 다중의 구성력=제헌활력을 약탈하는 이 반민주적 권위주의는 중국에서는 디지털 감시 체제로, 미국에서는 사법적·군사적 감시 체제로 나타나고 있다.

　윤석열의 내란은 세계질서의 이 국가권위주의적 재편 흐름 속에서 예외주의적 파시즘의 방식으로 사회를 재조직하려는 극우화 추세의 일부였다. 세계적으로 파시즘의 부상은 두 가지 방식으로 이루어져 왔다. 하나는 법치적 대의주의 회로를 따라 국민다중의 주권을 합법적으로 위임받는 것이고 또 하나는 군사력이건 시민폭동이건 폭력을 동원하여 국민다중들로부터 주권을 강탈하는 것이었다. 주권을 위임받거나 강탈하는 주요 수단은 싸워야 할 적의 형상을 국민다중 앞에 설정해 주고 자신을 그 적과 싸우는 강력하고 효과적인 도구로 제시하는 것이었다. 표적은 나라마다 다르게 설정되었지만 주로 좌파, 여성, 이민, 성소수자, 중국, 다문화 등의 일부가 선정되었다. 표적으로 된 다중은 비정상, 위험 세력, 스파이, 악의 축 등의 이름으로 명명되고 차별되어 주권적 구성 역량을 부정당하고 박탈당했다.

대의주의 회로를 따르는 극우 파시즘 흐름은 주로 유럽에서 뚜렷하게 나타난다. 이탈리아의 극우정당 '이탈리아의 형제들'은 2022년 총선에서 1당에 올랐고 대표 조르자 멜로니는 총리가 되었다. 프랑스 국민연합^{RN}은 2024년 유럽의회 선거에서 31.4% 득표로 1위를 했으며 독일을 위한 대안^{AfD}은 16%를 득표했다. 오스트리아의 자유당^{FPÖ}은 2024년 총선에서 29.2%로 1위를 했고 포르투갈의 체가^{Chega}는 2024년 총선에서 18.07% 득표하여 의석 50석을 확보했다. 루마니아의 루마니아인연합동맹^{AUR}의 조르제 시미온$^{George\ Simion}$은 2025년 대선 1차 투표에서 41% 득표로 1위를 했다. 영국 개혁당도 2025년 2월 여론조사에서 25% 지지율로 집권당인 노동당(24%)을 제치고 1위에 올랐다. 이들은 반이민, 반EU, 국가우선주의, 유사-반엘리트주의 등의 공통분모를 갖고 있다.

예외주의적 폭력 회로를 따르는 극우 흐름은 어떤가?

그 흐름에서 가장 주목되는 것은 무엇보다도 2021년 1월 6월 미국 국회의사당 난입 사건일 것이다. 일군의 폭도들이 2020년 대통령 선거를 부정선거라고 주장하면서 대통령 당선자 바이든의 의회 인증일인 이날 국회의사당 무력 점거를 시도했다가 진압되었다. 이것은 미국 사회에서 대의주의가 제대로 기능하지 않고 있음을 단적으로 보여주었다.

브라질의 보우소나루는 2022년 10월 대선에서 패하자 극우 지지자들을 동원해 전국의 군 병영 앞 농성을 부추기는 방식으로 군부에 선거 결과에 불복하는 쿠데타를 주문했다. 룰라 대통령이 취임한 지 일주일 뒤인 2023년 1월 8일에는 보우소나루를 지지하는 극우 시위대가 수도 브라질리아에 위치한 의회, 대통령궁, 대법원 등 주요 권력기관에 난입하기도 했다. 이 때문에 2024년 12월 보우소나루와 그 측근들이 기소되었다.

독일의 극우 테러 단체인 애국연합PU은 현재의 공화국 체제를 거부하고 군주제 독일제국으로의 복귀를 달성하기 위해 2022년 12월 7일 쿠데타를 모의했다. 여기에는 독일의 극우정당인 '독일을 위한 대안'AfD의 전직 국회의원, 시의원들과 현직 판사, 특수부대 출신 군인들이 포함되어 있었고 독일인만이 아니라 오스트리아인, 이탈리아인도 연루되어 있었다. 이 경우는, 대의주의 흐름과 예외주의 흐름이 필요에 따라 언제든지 교차될 수 있음을 보여준다.

윤석열의 2024년 12월 3일 내란은 친위 군사쿠데타라는 형식을 띠고 있지만 극우 파시즘 부상의 예외주의적 폭력 흐름의 일부로 볼 수 있다. 그는 행정부의 국무위원들과 경찰 간부뿐만 아니라 특전사, 수방사, 방첩사, 정보사 등의 군부 내 장성세력, 국민의힘이라는 의회 내 수구세력, 검찰 내의 보수세력, 그리고 전광훈과 같은 종교 내 극우 기독교 포퓰리스트 세력을 동원했을 뿐만 아니라 현 체제에 불만을 갖고 있는 청년 내 남성주의 세력을 동원했다. 이 동원에는 극우 유튜브와 같은 디지털 매체가 선동과 행동의 수단으로 동원되었다. 최근의 재판 과정은 사법세력 일부도 내란에 직간접적으로 연루되었을 가능성을 시사한다.

극우 파시즘의 대두는 2008년 서브프라임 모기지 사태와 그것에서 파생된 금융 및 재정 위기에서 명확하게 드러난 신자유주의 체제의 모순과 한계에 대한 반작용이다. 금융 붕괴는 부채 체제를 심화했으며 대규모의 실업과 고용 불안정을 가져왔고 주거 불안정을 극단화시켰다. 이 위기는 국가에 의한 거대 규모의 재정 투입을 통해 겨우 봉합될 수 있었는데 그것은 시민이 아니라 자본을 구제한 것으로서 실제로는 더 큰 위기를 준비하는 과정이었다. 하지만 사회민주주의는 그간 신자유주의와 타협해 왔을 뿐만 아니라 2011년 전 세계에서 부상한 다중의 혁명적 구성력을 직접민주주의로 제도화하는 일도 외면·방기했기 때문에 위기를 해결할 세력으로 평가되지 못했고 오히려 유사직접민주주의 성격의 극우파시즘이 대안 세력으로 부각되었다.

이런 세계적 분위기 속에서 윤석열 정권(2022~2025년)은 고소득자와 대기업들을 대상으로 한 대규모 감세로 재정 건전성을 악화시키고, 노동시장 유연 정책으로 고용 불안정성을 질적으로 심화시켜 유효수요 감소와 사회적 불만을 증대시켰으며, 이와 연동된 자영업의 매출 저하로 대출 연체율이 증가하도록 만들었고, 대중對中 적대 정책으로 인한 대중 수출 감소로 무역적자를 심화시켰다. 그 결과가 성장률 둔화(1%대)와 경기침체 가속이었고 그것의 국민다중적 표현이 삶의 고통과 불만 증대였다.

아래로부터 시민들의 불만은 부분적으로는 직접적으로 표출되었지만(촛불행동과 비상행동) 주로는 의회 권력을 장악한 야당을 매개로 분출되었다. 그것은 정권의 부패에 대한 특검(채상병 특검, 김건희 특검 등)과 개혁 입법(노란봉투법, 차별금지법, 방송법, 간호법, 농업4법 등)으로 나타났다.

이 제도 안팎의 저항에 윤석열 정권은 검찰권력의 자의적 전용과 남용, 그리고 거부권으로 대응하다가 결국 선택한 것이 신자유주의 위기의 폭력적 돌파로서의 친위 군사쿠데타였고 극우 유튜버들이 해법으로 제시하고 있던 극우 파시즘의 수용이었다. 그것은 이른바 '비상대권'을 통해 의회 권력을 몰수하고 아래로부터의 시민 저항을 무력화하려 한 것으로서 국회의 대의적 국민주권만이 아니라 궁극적으로는 직접적 국민주권인 기본권을 약탈하여 폭력으로 국민들을 '가축화'하려는 길이었다. 이것은 국민다중의 저항적 직접행동과 대의주의적 법치에 의해 실패했지만 OECD 국가에서 21세기에 처음으로 실행된 군사쿠데타로 남게 되었다.

쿠데타를 패퇴시킨 일차적인 힘은 시민들로부터 나왔다. 시민들은 군사력을 사용한 국민주권 약탈에 격렬하게 저항했고 촛불과 응원봉으로 그것의 부당성과 위헌·위법성을 규탄하고 단죄를 요구했다. 이에 힘을 얻은 야당들이 적극적으로 계엄해제와 탄핵에 나섬으로써 약탈한 국민주권으로 21세기형 군주정을 구축하려던 윤석열의 시도는 좌초되었다.

그러나 신자유주의의 위기는 계속되고 있으며 점점 심화되고 있다. 한덕수·최상목을 주축으로 하여 행정부에서, 권성동·권영세를 주축으로 하여 국민의힘에서, 심우정을 주축으로 검찰에서, 지귀연과 조희대를 주축으로 사법부에서 국민주권에 대한 부단한 약탈 시도가, 즉 연성내란이 지속되었던 것은 이 때문이다. 신자유주의 지지 세력은 자신의 위기 극복을 위해 폭력을 사용해서라도 시민들의 노동력, 활력, 주권을 착취·수탈하려 한다. 시민다중들은 이에 맞서 빛의 혁명이라는 이름으로 이에 저항하면서 정권 교체를 넘어 내란종식과 사회대개혁을 요구하고 시민들이 나라와 삶의 실제적 주인으로 될 수 있는 체제로의 전환을 주장하고 있다.

조기 대선에서 내란정당 국민의힘은 빛의 혁명의 바리케이드를 넘지 못했다. 국민의힘은 이 기간에 신자유주의적 자본주의의 위기 탈출을 위해 신자유주의를 극우 파시즘과 결합시켜 극단화할 것인가, 대의민주주의의 기존 문법 속에서 신자유주의의 위기를 관리할 것인가라는 문제 틀 속에서 움직였다. 우여곡절 끝에 이루어진 김문수의 후보 등록은 국민의힘이 극우 파시즘과 대의민주주의를 절충하는 연성 내란의 제도화라는 길을 선택했음을 의미했다. 그 길은 중국, 북한, 좌파, 노동에 대한 혐오에 동성애자 혐오를 섞어 표적을 구축하는 것이었다. 개혁신당과 이준석은 여성과 장애인, 이민자 등의 정체성 집단에 대한 차별과 혐오를 중심에 놓았다. 이 차별과 혐오가 낳는 대중 분열 효과를 통해 신자유주의의 위기가 폭발하는 것을 일정 기간 유예시킬 수 있을지 모르나 그것을 멈추게 하는 것은 불가능할 것이다.

빛의 혁명은 예외주의 내란에 대한 촛불다중의 즉각적인 응전으로서 아래로부터의 솟구친 촛불·응원봉 집회 및 시위 행진으로 나타났다. 그것은 문재인 정권하에서 수동혁명을 통해 체제의 동력으로 흡수되었거나 윤석열 정권의 반혁명으로 파괴되었던 민주주의의 회복적 실질화로서의 직접민주주의를 행동으로 재천명했다. 헌정 질서를 무너뜨리는 예외주의 내란세력의 움직임에 직면하여 다중은 자기 자신의 말과 행동이 물질적 헌법임을 주저 없이 주장했다.

2016~2017년 박근혜 탄핵 투쟁은 압도적 다수의 시민이 광장 점거와 직접행동을 통해 국회로 하여금 탄핵하도록 압박하는 것이었다면 윤석열 탄핵 투쟁은 (그보다 줄어든 수의) 다중이 여의도·남태령·한남동·광화문·안국동 등지에 집결하여 탄핵(국회), 체포(공수처와 경찰), 구속(법원), 기소(검찰), 파면(헌법재판소) 등의 매 국면마다 해당 대의기관을 지휘하는 집단적 명령행동이고 헌법행동이었다. 다중들은 매 국면마다 거대한 집단지성과 행동력으로 예외주의 내란을 패퇴시켰다.

이번 조기 대선은 다중의 이 빛의 혁명이 열어낸 공간이다. 윤석열을 패퇴시킨 빛의 다중이 열어낸 공간이다. 조기 대선은 빛의 혁명을 선거 형태, 선거 과정 속에서 속행하고 제도화하는 과정이었다. 카페 종업원, 금속노동자, 건설노동자, 편의점에서 아르바이트하는 학생, 자폐 장애인, 트랜스젠더, 페미니스트, 퀴어, 전세사기 피해자, 성폭력 피해자, 중국인 2세 노동자, 몰락하는 자영업자, 취업 준비생, 중고등학생, 술집 여자, 가정주부, 회사원, 사회활동가, 농사짓는 농부 등등⋯ 인 이 빛의 다중이 지금 요구하는 것은 두 가지다. 하나는 약탈된 국민주권의 회복이며 추가적 약탈 가능성의 종식으로서의 내란종식, 또 하나는 정체성주의에 갇혀 있는 국민주권의 구성적 혁신인 사회대개혁. 이 두 과제는 긴밀하게 결합되어 있다. 내란종식을 위해서는 사회대개혁이 필요하다. 신자유주의의 위기를 민주적 체제 전환을 통해 실제적으로 극복하는 사회대개혁 없이 그 예외주의 내란은 종식될 수 없다. 왜냐하면 내란은 신자유주의 위기를 권위주의적 통치 기제의 구축과 국민주권의 총체적 약탈을 통해 봉합하려는 반민주적 책략 외의 다른 것이 아니기 때문이다.

　대의권력보다 더 근본적인 것이 국민다중의 제헌활력이다. 좌, 우, 중도 사이의 집권 투쟁은 대의권력 세계에서 주로 벌어지는 것이며 그 권력계는 국민다중의 제헌활력을 재현·대의하는 것에 불과하다. 빛의 혁명이 시사하는 체제 전환의 핵심은 현행의 대의주의 중심 체제를 직접민주주의가 대의주의에 대해 헤게모니를 갖는 섭정민주주의 체제로 교체하는 것이다. 대의권력의 교체, 즉 정권 교체 문제는 이 교체를 누가 더 효과적으로 또 성공적으로 수행할 것인가라는 문제와 분리될 수 없다. 대의제 중심 체제를 제헌활력의 섭정민주주의 체제로 바꾸는 것은 대의주의 수준에서 여당 권력을 야당 권력으로 교체하는 정권 교체보다 근본적이고 중요하며 광장의 실제 요구에 부합하는 과제이다. 이것은 공동체의 안정적 운행을 위한 삶정치적 기반을 구축하는 일이며 지금 한국 사회라는 배를 기울게 만드는 조건인, 배 바닥의 평형수 부족 문제를 해결하는 일이다.

　대의제는 국민주권을 대표자에게 위임하는 체제인데 이 위임 체제의 본질은 대표자들에 의한 국민주권의 전용이다. 주권의 대부분을 위임한 후 주권자는 대표자들의 시혜 대상으로 놓인다. 이렇게 국민다중이 주권자 아닌 주권자로 되면 국가주권이 절대주권인 것처럼 부상한다. 이것이 '대통령 비상대권'이라는 환상이 자라 나오는 구조다. 대표자가 유권자에게서 임기 내에 자유로워지는 자유대의제에서 주권은 정기적으로 본래의 주권자에게 환류되도록 되어 있지만 그 환류는 새로운 박탈 회로를 가동시키는 계기에 지나지 않는다.

12·3 내란에서 확인되는바, 예외주의는 이 환류를 차단하여 주권박탈을 영구화, 총체화하는 전략이다. 주권의 약탈이라는 점에서 예외주의와 대의주의는 본질적으로 동일하다. 그 약탈이 계약적인가 폭력적인가, 주기적인가 영구적인가, 부분적인가 총체적인가의 차이가 있을 뿐이다.

흔히 자유주의는 중도를, 파시즘은 우파를, 사회(민주)주의는 좌파를 대의 세계에서 대표한다. 하지만 그것들의 그러한 경향적 차이에도 불구하고 국민다중을 수동적이고 무권력한 탈주권적 존재로 배치한다는 점에서는 이들은 역사적으로 서로 공통적이었다. 국민이 주권자로 되기 위해서는 언제, 어디에서나 대의권력에 대항하는 저항과 봉기를 필요로 했다.

촛불혁명이 그랬듯이 빛의 혁명은 연성 봉기다. 집회, 시위, 행진, 피케팅, 발언, 서명의 형태로 나타난 집단봉기다. 이것은 헌법 제1조 제1항인 민주공화국의 위기에서 나타난 헌법 제1조 제2항의 주권력, 즉 구성활력의 물질적 현현이다. 빛의 시민들은 물질적 헌법 존재들이었고 빛의 광장은 물질적 헌법 공간이었으며 시민들의 요구들은 새로운 헌법에 대한 제헌적 상상이었다.

빛의 시민들은 자신이 주권자임을 천명하고 주권의 위임을 거부했다. 빛의 혁명 기간에 대표자들이 국민들을 대표하는 순간은 국민들의 명령을 충실히 이행하는 순간뿐이었다. 계엄해제 의결, 대통령 윤석열에 대한 탄핵, 체포, 구속, 기소, 파면에 이르는 모든 고비에서 국민들은 주권자로서 직접적으로 권력을 행사했다.[1] 대통령 윤석열에 대한 파면은 정권에 대한 파면이면서 동시에 예외주의화한 대의권력에 대한 파면이었다. 그것은 직접민주주의의 헤게모니의 행동적 실증이면서 직접민주주의적 개헌의 필요성에 대한 웅변이었다.

광장에서 행동한 헌법적 주권자들은 누구였던가? 그것을 '국민'으로 표상하기 위해서는 국민 개념의 혁신이 필요하다. 앞서 언급한 "카페 종업원, 금속노동자, 건설노동자, 편의점에서 아르바이트하는 학생, 자폐 장애인, 트랜스젠더, 페미니스트, 퀴어, 전세사기 피해자, 성폭력 피해자, 중국인 2세 노동자, 몰락하는 자영업자, 취업 준비생, 중고등학생, 술집 여자, 가정주부, 회사원, 사회활동가, 농사짓는 농부 등등"을 서술하기에도 국민이라는 말은 너무 추상적이다. 이들 사이의 차이를 전혀 담아낼 수 없기 때문이다. 여기에 우리는 이주민, 외국인, 동물, 깃발, 트랙터, 스피커, 스마트폰, 택배 오토바이가 남태령으로 배달해 준 담요, 펄펄 내리는 눈 등등을 추가해야 한다. 광장의 주권자는 인간·비인간 사물들의 혼성체였다. 물민들의 광장이었다.

빛의 광장은 국민주권을 물민주권으로, 시민주권을 다중주권으로, 국가주권을 생태주권으로 확대해야 할 필요성을 증언한다. 빛의 혁명의 헌법광장은 '국민'을 물민으로, 다중으로, 생태로 재해석하고 재규정할 것을 요구한다. 시민, 물민, 다중, 생태의 필요와 목소리를 직접적으로 표현할 자치기관들의 헌법적 자리를 요구하고 있고 대의기관들이 이들의 필요와 목소리를 충실히 대의할 것을 요구하고 있다. 빛의 혁명 속에서 탄생한 새로운 국민주권 정부가, 지금까지와는 다른 유형의 국민주권 정부일 것을 요구하고 있다. 권력을 엘리트들 사이에서 회전시키는 회전문 정부가 아니라 권력을 국민다중 속으로 순환시키고 국민다중의 힘으로 늘 새롭게 충전되는 다중 자치적 공화 정부일 것을 요구하고 있다.

그래서 빛의 혁명의 광장시민들은 대선을 통해 등장한 새로운 정부

---

1. 매개되지 않고 다중이 직접적으로 행사하는 권력이 활력이다.

가 시민과 함께 직접민주주의 개헌을 완성할 물민주권 정부일 것을, 물민다중들에 대한 차별금지를 법으로 규정할 평등 정부일 것을, 물민들 사이의 생태 관계의 표현인 기후가 오늘날 처한 비상사태를 기존 생태 관계의 혁명을 통해 극복할 기후정의 정부일 것을 요구하고 있다.

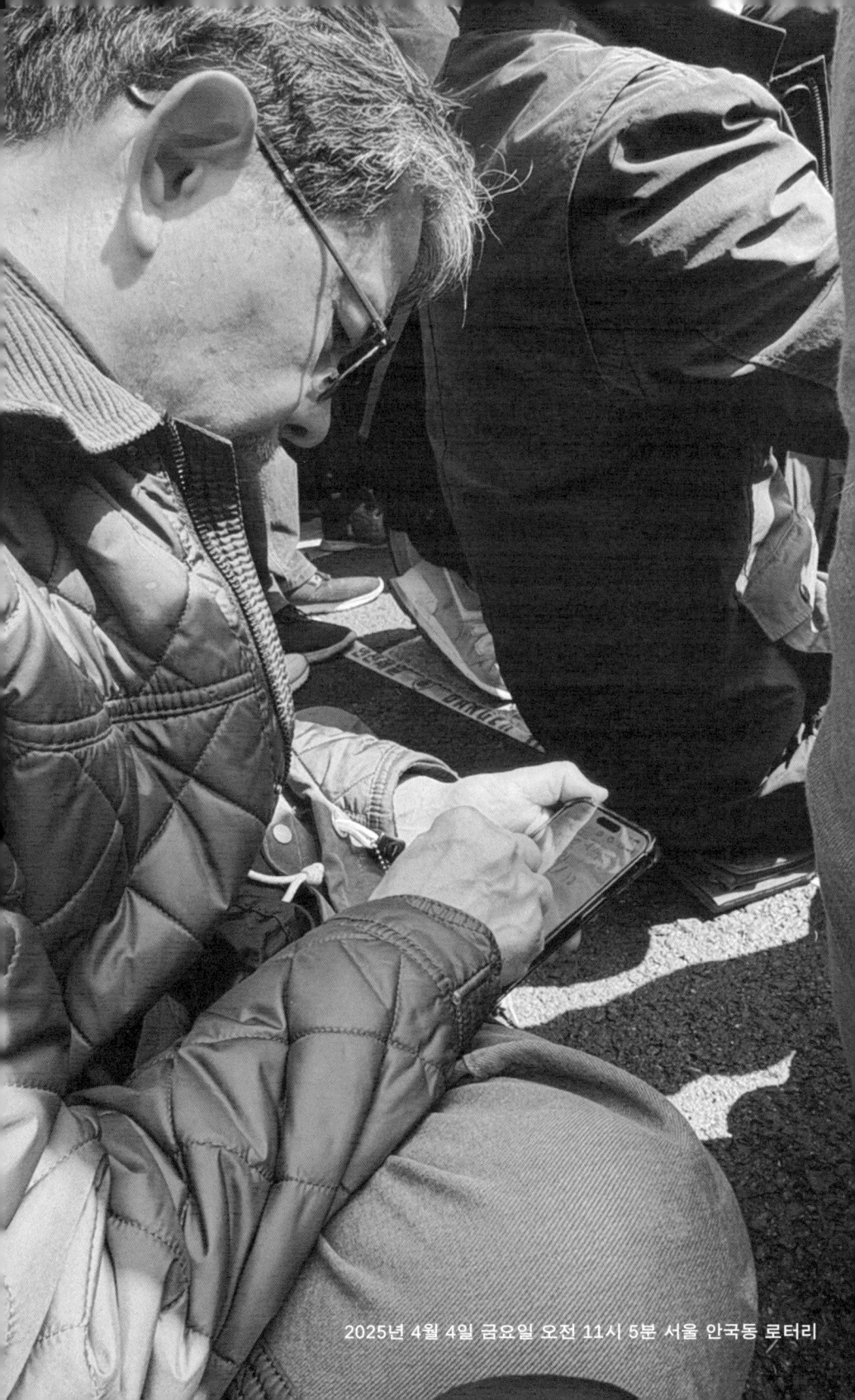

2025년 4월 4일 금요일 오전 11시 5분 서울 안국동 로터리

인류는 언제나
자기 자신이
해결할 수 있는
과제만을 제기한다.

칼 맑스

부록
파시즘이 도래했다[1]

해리 클리버 글 / 조정환 옮김

잭 런던은 1908년에 "강철군화"Iron Heel 2에 맞서 저항할 시간이 오고 있다고 경고했다. 1930년대와 1940년대에 그 "강철군화"가 도래했지만 그것에 대한 저항은 성공했다. 그런데 그 시간이 마침내 미국에 도래했다. 이번에는 파시스트 공화당의 지원을 받는 새로운 트럼프 행정부가 그것이다.

지금 우리의 임무는 분명하다. 과거에 파시즘에 어떻게 저항하고 그것을 궁극적으로 극복했는지에 관한 모든 것을 배우는 시간을 갖는 것이다. 그것이 길고 유혈적인 과정이 될지라도 말이다. 이 배움의 시간은 억압적인 국가 기구를 갖춘 소련식 국가 자본주의의 유사 파시즘에 대한 저항도 포함된다. 그곳에서는 국가에 맞서 노동을 거부하면서 대부분의 저항이 비밀 네트워크로 숨어들지 않을 수 없었다. 출판물들은 그 저항의 소식을 유통시켰다. 이러한 상황은 19세기 동안 혁명가들이 권위주의 정부 아래에서 맞닥뜨렸던 것과 크게 다르지 않다. 우리는 그들로부터도 배울 수 있다.

안타깝게도 많은 경고와 징후에도 불구하고, 우리들 대부분이 현재 형태의 파시즘과 권위주의적 억압에 맞서 저항을 조직하는 방법에 관해 공부하거나 배우지 않았을 것으로 생각된다.

기억을 할 수 있을 만큼 충분히 나이 든 이들에게, 현재 상황은 미국 정부가 세계 곳곳에서, 특히 동남아시아의 베트남, 필리핀 등지에서 식민지 권력을 대체하기 시작하고, 다국적 투자에 그 지역을 개방하기 시작했을 때와 크게 다르지 않다. 그리고 이때 미국 정부는 식민지 착취를 다국적 착취로 대체하는 것에 저항하는 그 지역의 독립운동을 누르

---

1. 트럼프의 당선이 확정된 직후인 2024년 11월 6일(미국 시간)에 『사빠띠스따』(이원영·서창현 옮김, 갈무리, 1998)와 『자본을 어떻게 읽을 것인가』(조정환 옮김, 갈무리, 2018)의 저자인 해리 클리버가 페이스북에 올린 상황진단과 정치적 제안의 글 'Fascism has arrived.'의 전문을 한국어로 번역했다. 지금의 한국 상황을 이해하는 데에 중요한 참고가 될 수 있을 것이다. 2024년 11월 8일, 조정환.
2. 잭 런던, 『강철군화』, 곽영미 옮김, 궁리, 2009.

기 위해 자국의 군대를 파견하기 시작했다. 우리가 준비가 되어 있지 않았기 때문에 우리는 기존의 민권 운동과 (버클리, 콜럼비아 등에서의) 언론 자유를 위한 학생 투쟁을 바탕으로 조직을 시작했다. 이 조직화의 중요한 부분은 지적 작업이었다. 그것은 미국 제국주의의 동기와 목적에 대해, 그리고 해외에서의 전쟁 수행과 국내에서의 반동에 과거의 운동들이 어떻게 저항했는지에 대해 공부하는 것이었다. 이제는 그러한 공부들을 갱신하고 그러한 것들을 계속해서 공부해온 소수의 사람들로부터 배우는 것이다. 지금은 그 소수의 사람들이 자신들이 공부해 온 것을 다른 사람들과 공유해야 할 시간이다.

오늘날 미국에서 가장 강력한 저항 운동은 자신들을 가부장적 지배와 착취에 종속시키려는 반동적이고 파시즘적인 노력에 맞서 싸우고 있는 여성운동임이 분명하다. 그들이야말로 바로 현대 민권 운동의 중심이다. 이들의 노력에, 팔레스타인 지지 운동, BLM[3], 부활하는 원주민 운동, 환경 운동, 그리고 유치원에서 고등학교(K-12), 단과대학과 종합대학교에 이르는 모든 수준의 학교에서 커리큘럼의 종속에 대항하는 학생, 부모, 교사 및 교수들의 전투를 더해야 할 것이다. 이 전투는 흑인, 원주민에 대한 체계적 인종차별의 역사, 여성에 대한 가부장적 억압의 역사, 그리고 파시즘과 이에 대한 저항의 역사와 관련해 무엇이 가르쳐져야 하고 무엇을 숨겨야 하는가에 대한 파시즘적 사고에 대항하는 것이었다.

법정에서의 전투(기대하기가 어렵지만), 거리에서의 전투, 그리고 공장, 사무실, 학교와 가정에서의 전투가 있을 것이다. 여러분, 준비를 하라. 연락망과 네트워크를 강화하기 시작하라. 그것이 비단길은 아닐 것이다. 하지만 공부하고, 배우고, 조직하기를 시작하자!

---

3. 흑인 생명이 중요하다(Black Lives Matter).

2025년 3월 9일 일요일 오후 8시 46분 서울 광화문 동십자각